"十四五"时期国家重点出版物出版专项规划项目

存量时代·城市更新丛书

庄惟敏 唐 燕｜丛书主编

U0647361

城市更新制度

与北京探索：

主体—资金—空间—运维

唐 燕 张 璐 殷小勇｜著

中国城市出版社

图书在版编目（CIP）数据

城市更新制度与北京探索：主体—资金—空间—运维 / 唐燕，张璐，殷小勇著． —北京：中国城市出版社，2023.2（2025.6重印）
（存量时代·城市更新丛书 / 庄惟敏，唐燕主编）
ISBN 978-7-5074-3560-3

Ⅰ．①城…　Ⅱ．①唐…②张…③殷…　Ⅲ．①城市建设—研究—北京　Ⅳ．①F299.271

中国版本图书馆CIP数据核字（2022）第244063号

责任编辑：黄　翊　徐　冉
书籍设计：锋尚设计
责任校对：张辰双

存量时代·城市更新丛书
庄惟敏　唐　燕　丛书主编
城市更新制度与北京探索：主体—资金—空间—运维
唐　燕　张　璐　殷小勇　著
*
中国城市出版社出版、发行（北京海淀三里河路9号）
各地新华书店、建筑书店经销
北京锋尚制版有限公司制版
建工社（河北）印刷有限公司印刷
*
开本：787毫米×1092毫米　1/16　印张：24¼　字数：560千字
2023年2月第一版　　2025年6月第三次印刷
定价：**99.00**元
ISBN 978-7-5074-3560-3
（904592）

丛书前言

    城市自诞生之日起，更新改造便伴随其发展的全过程。城市更新的内涵在不同时期侧重不同，并随着社会经济的进步而不断丰富，涉及文化传承、经济振兴、社会融合等不同目标，也涵盖保护修缮、局部改建、拆除重建等不同手段。当前，随着我国城镇化进程迈入后半程，经济社会发展和城乡空间建设面临日益复杂的挑战：全球气候变暖带来资源与环境保护的新要求、科技变革带来生产生活方式的信息化转变、人口结构调整带来社会需求的不断多元……这无疑对城乡发展方式转型和治理变革提出了新诉求。

    因此，在新的存量规划时代，城市更新作为一种综合性的城乡治理手段，其以物质空间的保护和再利用等为基础，逐步担负起了优化资源配置、解决城乡问题、推进功能迭代、提升空间品质等诸多责任。2020年，国家面向"十四五"时期提出"实施城市更新行动"的全面战略部署，使得城市更新在城乡建设和城乡治理中的地位更为突显，成为助推国家与地方高质量发展的关键领域。

    然而城市更新不同于新建项目，更新实践需要处理和应对更为复杂的现状制约、更加综合的改造诉求、更趋多元的利益关系等，因此在我国空间规划体系改革和经济社会转型的特殊时期，探索适应现阶段实际需求的城市更新理论、政策和实践路径势在必行。总体来看，尽管我国城市更新的实践开展日趋广泛，但依然存在系统性不足、症结问题多等困境亟待破解，对城市更新制度设计、体制机制保障、分级分类施策、精细化规划设计等的深入探究及经验总结供不应求。

    首先，由于自然地理条件、经济发展水平、规划治理方式等差异，我国不同城市的更新发展阶段、制度演进与运作方式等呈现出不同特征，如深圳城市更新强调市场参与动力的激发，上海城市更新突出城市空间的综合治理，北京城市更新重在服务首都职能等。研究不同城市的更新历程与实操经验，明确不同发展阶段城市更新面临的差异化挑战，对于不同城市的更新活动推动具有实践指引意义。其次，工业用地、老旧小区、老旧商办等空间历来是城市更新的重要关注对象，随着乡村振兴战略的深入开展，村镇地区的更新改造也成为助力城乡融合和存量盘活的重要手段，因此根据这些具体更新对象探寻"针对性"的改造策略和盘活出路是城市更新战略的重中之重。不同空间对象由于功能类型、产权关系、建设特点的差异，在更新中需要处理迥异的利益博弈关系、产权转移方式、功能升级方向和空间改造需求等，导致分级、分类的更新手段和工作模式提供变得尤为重要。再者，随着广州、深圳、上海、成都等各地城市更新条例或者管理办法的相继出台，我国的城市更新进一步迈入制度化和规范化的新阶段。同时在城市更新乃至社会发展的整体过程中，正规化的制度引领和非正规化的包容性行动历来相辅相成，两股力量共同推动城市更新实践和社会治理手段的螺旋进步。

    综合上述思考，立足中国实践，紧扣时代脉搏，我们组织策划了本套城市更新丛书，期望能够在梳理我国城市更新理论与实践发展状况的基础上，针对我国城市更新工作存在的"关键痛点"和"重要议题"展开讨论并提出策略建议，为推动我国存量空间的提质增效、城市更新的政策制定、国家行动的部署落地等给出相应思考。丛书从"城市治理、制度统筹、历史保护、住区更新、非正规行动、存量建筑再利用"等维度进行基于实证基础的科学探讨，主要包括《城市更新的治理创新》

《城市更新制度与北京探索：主体—资金—空间—运维》《城镇老旧小区改造实践与创新》《包容性城市更新：非正规居住空间治理》《存量更新与乡土传承》等卷册，特色不一。

丛书已经成稿的各卷，选题聚焦当前我国城市更新领域的重点任务和关键问题，对促进我国城市更新行动开展具有参考意义。分卷《城市更新的治理创新》在推进国家治理能力和治理体系现代化的背景下，从城市治理角度综合研究城市更新的行动实施和路径落地；分卷《城市更新制度与北京探索：主体—资金—空间—运维》侧重"主体—资金—空间—运维"导向下的城市更新制度建设框架结构，剖析北京城市更新从制度建设到实践运作的多方面进展；分卷《城镇老旧小区改造实践与创新》针对国内老旧小区改造实践开展系统化分析，揭示问题、探寻理论与技术支撑、总结经验并提出做法建议；分卷《包容性城市更新：非正规居住空间治理》阐述了非正规城市治理理论，采用"准入—使用—运行"分析框架，对国内外多个大城市非正规居住空间治理实践案例进行剖析，提出面向包容性城市更新的对策建议；分卷《存量更新与乡土传承》分析研判了城乡更新中存量建筑再利用的可行性、必要性，以及其中蕴含的文化价值，从设计学维度阐述了传承乡愁与乡土文化的更新改造策略。

整套丛书由清华大学、中国城市规划设计研究院、中国建筑设计研究院、深圳市城市规划设计研究院等一线科研、实践机构共同撰写，注重实证，视野开阔。各卷著作基于统筹、治理、保护、利用等思考，系统化地探讨了当下社会最为关注的北京、上海、深圳等前沿城市，以及老旧街区、老旧工业区、老旧小区、老旧村镇等多类型城乡空间的综合更新与治理问题。著作扎根实践又深入理论，融合了城乡规划、社会学、管理学、经济学、建筑学等不同学科知识，围绕存量盘活与提质增效、空间规划改革、乡村振兴等重点方向开展探讨，展现了国内外城市更新的新近成果及其经验，并剖析了我国城市更新的发展趋势及关键议题。

衷心感谢为丛书出版给予不断支持和帮助的撰写单位、行业专家及出版编辑们。丛书是响应国家号召和服务社会所需而进行的探索思考，望其出版可对我国城市更新的实践发展和学科进步作出应有的绵薄贡献，同时囿于时间、精力和视野所限，本书存在的不足之处也有待各位同行批评指正。

丛书编者于清华园

2022年6月

序 一

　　2011年我国城镇化率首次超过50%，至2022年末这一指标达到65.22%，城镇GDP占比超过90%以上，表明我国迈入以城市型社会为主体的存量转型阶段。前一阶段快速城镇化时期重速度、轻质量的增量发展模式留下了城市宜居性不足、包容性欠缺、城市病凸显等问题，亟须通过对存量资源的更新与再利用来解决既有矛盾。2010年以来，我国从"严控增量、盘活存量"等方面对各地城市更新的推进和开展不断提出方向指引，2020年"实施城市更新行动"被正式写入我国"十四五"规划纲要和党的二十大报告，标志着城市更新上升成为国家战略行动，是新时期实现我国城市高质量、可持续发展的重要手段。

　　经历40余年的大规模增量发展后，我国积累了大量存量空间资源和多元化的更新需求，根据住房和城乡建设部的概略统计，截至2021年，我国建成区面积约达6.2万平方公里，城乡房屋建筑约达6亿栋，存量更新的潜力和挑战均十分巨大。2012年至2022年的近十年间，全国棚户区改造累计开工4300多万套，老旧小区改造累计开工16.3万个。诸如此类的更新建设活动在促进城市功能优化与环境品质改善等方面起到了重要作用，但由于许多更新改造由不同政府部门主导、从单一维度开展，其重点解决了"有没有"的问题，在"好不好"等方面仍有待提升。与此同时，市场推进的城市更新常常因为逐利性而造成空间的过度开发与文化传承的破坏，社会大众对城市更新的认知、重视和主动参与则长期缺失。

　　因此，城市更新行动需要系统的理论支撑与制度工具引导。在城市更新目标、诉求和做法不断变化的当前，更新工作的重中之重在于通过有效的"制度"建设来应对利益关系复杂、规则规范滞后、运作模式转变、工程难度提升等一系列问题，以推动形成多元主体合作共赢、各类更新项目有序推进的新局面。2021年住房与城乡建设部先后发布《关于在实施城市更新行动中防止大拆大建问题的通知》《关于在城乡建设中加强历史文化保护传承的意见》等指导政策来规范城市更新行动，同年还确定全国21个城市（区）作为第一批城市更新试点，并于2022年底形成了六批《城镇老旧小区改造可复制政策机制清单》。在地方层面，深圳、上海、广州、北京等地先后推进城市更新立法工作，省、市、区（县）等不同层级的城市更新指导意见、管理办法、专项规划、行动指引、技术指南等如雨后春笋般纷纷出台，债券、基金等金融工具在更新领域逐步探索应用，城市更新联盟、社区规划师、责任规划师、社会组织等新型介入主体竞相出现。

　　在我国系统性与本土性城市更新理论、制度与实践研究急缺的新时期，唐燕老师团队基于多年的持续深挖与积累形成了《城市更新制度与北京探索：主体—资金—空间—运维》一书。这是她进一步体系化探讨城市更新制度建构理论及制度实施路径的有益尝试，与其2019年出版并广受关注的《城市更新制度建设：广州、深圳、上海的比较》一书形成了可贵的互补。著作前半部分从基础理论出发，创造性地提出了"主体—资金—空间—运维"相互支撑的城市更新"4S"理论框架，丰富了我国本土市更新理论研究的维度，并以此为框架深刻揭示了现阶段我国城市更新制度建设的重点与难点，对比总结了国内外城市制度探索和实践推进的经验得失。著作后半部分聚焦北京城市更新，在梳理北京城市更新发展演进历程的基础上，重点探讨了北京城市更新的制度体系特点、北京街区更新的内涵、责任规划师的制度发展、更新政策建设与最新实践进展等，以此提出北京街区更新的动力激发与制度完善建议。

北京作为首都城市，其新时期的城市更新工作是一项复杂的系统工程，需要综合多维发展目标，平衡多元利益诉求，兼具刚性控制与柔性引导，统筹减量诉求与民生保障——而制度建设则是引导北京更新实践有序开展的关键所在。相较于广州、深圳、上海等城市，北京因其独特的城市定位、都城关系、减量要求、多元诉求等，城市更新需要立足于大国首都的"四个中心"定位，着力解决"大城市病"，全面推进"历史保护""提质增效""创新升级"等多重目标和任务的落地。依托"主体—资金—空间—运维"提供的诊断框架，著作揭示出北京的城市更新工作需要"有所为，有所不为"，破解通过"拆低建高"实现更新增值的路径依赖，并统筹解决首都功能强化、城市发展持续、民生保障提质以及资金平衡困难、社会资本参与路径尚需厘清等各种挑战。在"以街道为抓手、以街区为单位、以更新为手段、以规划师为纽带"的特色制度引导下，北京为我国其他城市和地区的更新发展提供了重要的案例参照。

本书内容深刻而又翔实，是一项系统研究城市更新理论、探讨城市更新制度、提供北京及各地城市更新实践经验的重要成果。一方面，著作探索建立的城市更新"4S"框架提供了分析和理解城市更新的综合而又简明的系统工具，理论和实用价值显著；另一方面，著作具体讨论的北京城市更新制度与实践，为我国城市更新的实证研究提供了丰富而又鲜活的样本，表明北京是继上海、广州、深圳之后，我国又一座基于地方立法来全面开展城市更新制度探索的先验城市。

我国城市更新行动的实施，需要着眼于战略性与引领性，兼顾保障性与多样性，通过系统安排引导更新行动的常态化与可持续开展。各地需要建设形成一套与存量提质改造相适应的金融、财税、土地等政策体系，在统筹城市经济需要、生活需要、生态需要、安全需要、文化需要的前提下，全面促进城市发展质量和效益的综合提升。期待随着我国城市更新研究的不断深入，更多具有本土特色的城市更新理论、机制、技术与实践创新等得以持续涌现；也期待，通过实施城市更新行动，我国城市建设与发展的方式能够不断优化创新，在迈向"中国式现代化"的过程中，走出一条具有中国特色的城市更新道路。

杨保军

中国城市规划学会理事长
中华人民共和国住房和城乡建设部总经济师
2023年2月于北京

序 二

　　城市发展模式从"增量扩张"转为"存量更新"是城镇化步入中后阶段的历史必然。在我国，以城市更新为手段实现城市功能优化、空间品质提升、经济社会发展、人民幸福感增强等综合目标，已经成为新时期国家战略的重要内容和各地创新探索的重点领域。在推动城市高质量发展的过程中，城市更新的实施手段从大拆大建为主转向更加关注小微更新、从单一的开发带动转向多途径并举、从政府主导转向共建共治共享等日新月异的变化，使得综合价值塑造、多元主体参与、更新利益平衡等都成为当下社会各界持续热议的话题。

　　当前，中央和地方通过城市更新制度建设来保证更新活动有序开展的需求和任务格外迫切。清华大学唐燕老师团队长期耕耘于城市更新制度的理论与实践领域，她在2019年出版的《城市更新制度建设：广州、深圳、上海的比较》一书中率先体系性地分析、对比和总结了我国先驱城市的更新制度探索之路，为其他城市和地区的城市更新发展提供了重要经验启示。特别令人欣喜的是，在新著《城市更新制度与北京探索：主体—资金—空间—运维》中，唐燕老师团队将考察视野投向了首都北京，敏锐地抓住了"都城关系""减量发展""多元共治"等北京作为首都城市所特有的城市更新背景和制度建设特点，梳理了北京近年来城市更新制度建设与实践推进的体制特征与经验得失等，为我们提供了一个显著区别于广州、深圳、上海城市更新制度建设路径的个案，对丰富城市更新制度探索的地方经验作出了新的贡献。

　　作为同在在北京从事规划工作的我，有幸参与和见证了首都规划诸多历史性的转型变化。2017年《北京城市总体规划（2016年—2035年）》获中共中央、国务院批复，北京迈入高质量发展的新赛道，也推动着首都规划主动进入存量提质和精细化治理的新阶段。相比其他城市，北京城市更新既面临来自超大城市转型发展的共性挑战，更要有首都城市的独特诉求和责任担当。可以说，北京的城市更新活动纷繁复杂，既是千年古都的保护更新，也是践行新发展理念、响应国家战略的首都更新，既是建设规模自我约束下的减量更新，也是满足人民美好生活向往的治理更新。

　　正如著作所概括的，北京的城市更新实践自新中国成立以来经历了百废待兴的首都建设阶段的更新起步期、改革开放后首都经济阶段的更新发展期、以2008年奥运会大事件为节点的更新转型期，以及新型城镇化战略实施以来以首都发展为统领的更新提升期。自2017年以来，随着绿色、创新、高质量发展以及"以人民为中心"的城市发展理念的确立，北京城市更新迈入了以规划为引领、以政策为保障、以治理体系和治理能力现代化为支撑的系统化与法制化建设时期。特别是2020年之后，北京市的城市更新相关政策密集出台，形成了以《北京市人民政府关于实施城市更新行动的指导意见》为导向的"1+4"政策文件包，以《北京市城市更新行动计划（2021—2025年）》《北京市城市更新专项规划（北京市"十四五"时期城市更新专项规划）》为统筹的规划及行动指引，以及以《北京市既有建筑改造工程消防设计指南（试行）》等系列标准规范和技术规定为支撑的规范创新体系。2022年11月，《北京市城市更新条例》正式审议通过，提出以新时代首都发展为统领、加强"四个中心"功能建设、提高"四个服务"水平，并从规划管理与土地保障、项目运作与资金支持、部门分工与主体责权等方面明确了系列政策支持举措，是北京推进城市更新地方立法的重要里程碑和标志性事件。

可见，在城市更新制度的建立健全过程中，北京经过长时期试点试行下的小步慢跑之后，已经进入政策的井喷期和制度的系统化建构阶段。2019年《北京市城乡规划条例》修编时首次纳入"街区更新"概念，用以指导北京更新实践的统筹开展。著作以此为线索，梳理了北京"以街道为抓手、以街区为单位、以更新为手段、以规划师为纽带"的整体工作思路，并结合近年来北京规划体系建构与控规改革、优化营商环境、责任规划师制度等一系列体制机制创新，总结提炼了更新型详细规划、更新街区统筹和推进"多主体合作、多类型项目、多渠道资源、多环节运作"的具体做法。

值得一提的是，《城市更新制度与北京探索：主体—资金—空间—运维》一书首次提出了由"主体—资金—空间—运维"四个维度构成的城市更新制度4S分析框架，全方位涵盖城市更新中的"人、财、物、事"及其相互关系，提供了可以简明、有效地分析和理解城市更新制度建设全流程的重要工具。利用4S框架这一理论创新，著作对北京"1+N+X"的更新政策体系与关键政策内容进行了梳理，指出实现空间增值与完善利益分配是当前激发城市更新动力的关键所在，并从组织优化与多元共治（主体）、资金保障与共担共享（资金）、空间管理与机制创新（空间）、精细运营与持续维护（运维）四个方面系统性地探讨了北京城市更新的制度要点和策略建议，为北京更新制度完善提供了理论支撑和方向讨论。

北京与其他城市一样，历经多年的探索与实践之后，城市更新的春天已经到来。针对保护性更新、功能性更新、保障性更新和社会性更新，北京借助系统组织、规划引领、专项行动、项目试点等工具推动实践创新，诞生了一大批具有启发性的更新改造案例。围绕北京实践的最新进展，著作梳理了北京城市更新的典型实例——涵盖居住、产业、设施、公共空间及区域综合等多种类型，从主体参与、资金保障、空间利用、运作维护等维度对更新实践的过程做法及利弊得失进行剖析，形成了全面、生动的北京城市更新实证素材库。北京在开创"保护性修缮""恢复性修建""申请式退租"等创新路径与积累"首开经验""劲松模式"等过程经验中，逐步建构出了一条渐进式、可持续的特色化更新道路。

然而，城市更新的制度建设并不能一蹴而就。新时期，北京的城市更新制度架构与行动体系依然需要因地制宜、因时而动地持续变革调整和优化完善。如何促进多元主体协同、吸引社会资本参与、提高空间利用绩效、深化细化政策规定、保障高效运作和得力的实施监管等问题，都是下一步北京城市更新制度建设工作的重点。这些工作的关键是构建起整合、完善的工作体系，以保障首都功能为本质、以高质量发展为要求、以"首善"为标准、以让人民生活幸福为出发点和落脚点，推动"国与都、都与城、京与畿、城与乡、历史与未来"等关系的协同优化，为"建设一个什么样的首都，怎样建设首都"这一重大时代课题交出新的答案。

我们期盼着，北京能够逐步建设成为我国乃至世界上超大城市更新治理的"首都样板"，为方兴未艾的城市更新行动提供更多有益镜鉴！

北京市城市规划设计研究院院长
中国城市规划学会常务理事
2023年1月于北京

本书前言

2019年，在《城市更新制度建设：广州、深圳、上海的比较》一书付梓后，我们便将下一本著作的目标城市锁定在了北京——这座我每天工作和生活，却一直深感未能细致体会其厚重历史和日新月异变化的城市。

自2017年北京新一版城市总体规划发布以来，北京城市更新的政策建设和行动推进迅猛提速，但因为首都城市建设的特殊性和挑战性，北京体系化的更新制度迟迟未能形成。面对扑面而来的各类更新信息和千头万绪、纷繁复杂的更新事项，我们一边思考和梳理城市更新的基础理论，一边积极对接北京的更新政策研究与规划设计工作，并借助在街道担任责任规划师的契机深入了解基层，由此形成了《城市更新制度与北京探索：主体—资金—空间—运维》的书稿雏形。历经四余年的打磨，著作终于在2022年底《北京市城市更新条例》正式发布后得以出版。

在探索基础理论的过程中，我从自己的认知困惑出发，深刻期望能寻找到一个简明、有效的城市更新理论分析框架，来帮助人们快速洞见每个具体城市更新项目的关键维度和重要特征，这便是本书尝试提出"主体（Multiple Stakeholders）—资金（Capital Source）—空间（Physical Space）—运维（Operation Service）"的4S城市更新制度框架的由来。框架覆盖了我们讨论城市更新所涉及的"人—财—物—事"等各个方面："主体"关注城市更新的介入对象及其利益关系；"资金"聚焦城市更新的多元经费来源与财税、金融等保障措施；"空间"重视物质空间环境的具体处置及伴随其间的产权、容量和用途调整；"运维"讲求高效的政府管理、专业的空间运营和有序的后期维护等。

在对接北京政策研究和规划设计的过程中，我们透悟到都城关系、减量规划、有机更新对北京城市更新带来的深刻影响，将北京城市更新的阶段性制度特色概括为"以街道为抓手、以街区为单位、以更新为手段、以规划师为纽带"。特别感谢北京市规划与自然资源委员会和北京市城市规划设计研究院在北京市城市更新专项规划中交给我们的"北京城市更新政策体系框架研究与搭建"任务，促使我们系统梳理了近年来北京城市更新相关的土地、资金、规划等各类政策，并在各方帮助下形成了"1+N+X"的政策体系建议。同时感谢北京市规划和自然资源委员会朝阳分局，在朝阳区持续开展街区设计导则、街道精细化设计与治理指引、城市有机更新路径措施等系列研究，极大程度地深化了我们对北京城市更新中规划引导技术的变革思考。

在介入基层城市更新工作的过程中，得益于小关、亚运村、紫竹院、东坝、首都机场等街道办事处的大力支持，我们通过街道责任规划师工作在基层落地了数个老旧小区改造、小微空间更新、存量建筑再利用等更新项目，这是我们能够真实理解基层城市更新实施运作、接触城市更新实施流程的重要契机。感谢北京市国有资产监督管理委员会、北京城市更新联盟、全联房地产商会城市更新分会、中房协城市更新委员会，以及首开、金隅、首钢、首农、首创等城市更新项目的实操企业，他们的任务交托、交流合作或调研访谈等，为我们带来了大量北京城市更新的一线经验、前沿信息和实践案例。

最后，衷心感谢著作成稿期间支持和帮助过我们的诸位师长、学者和朋友们，感谢住房和城乡建设部杨保军总经济师、北京市城市规划设计研究院石晓冬院长百忙之中为本书赐序，感谢中国城市出版社的编辑们为本书出版付出的辛勤劳动。本书主体内容成稿于2020年，但由于北京的城市更新政策和规划设计引导文件在2021到2022年间爆发性增长，为了适应最新的更新形势和制度建设进展，我们将著作的出版日期一再后延，反逼自己不断跟进前沿信息并修正著作内容。特别是《北京市城市更新条例》在2022年底的出台，推动我们对著作内容在"临门一脚"时再次作出大篇幅的应对修改。在著作马上面市的当前，我们忐忑不安地知道，虽竭尽全力但仍未将北京城市更新的最新政策与实践经验完整地整合与纳入，只能等待后续的持续跟踪和完善。望本书内容能为社会各界思考城市更新提供些许启发与借鉴，也时刻期待着大家的反馈和指正。

唐燕
2023年2月于清华园

目 录

第 8 章　北京街区更新：街区统筹与简政放权

第 9 章　北京责任规划师制度：走向多元共治

第 10 章　北京城市更新的项目带动：专项行动与试点示范

第 11 章　北京城市更新政策的系统化推进

第 12 章 结语：北京街区更新的动力激发与制度完善

附 录 1 《北京市城市更新条例》

附 录 2 北京近年城市更新政策建设清单

第 1 章
绪论

2011年我国城镇化率首次超过50%，2019年达到60.6%且城镇化率高于80%的城市突破20个[1-2]。随着国家经济步入"新常态"、城镇规划建设迈入"下半程"，城市更新成为我国推动快速城镇化向深度城镇化转型的重要路径，城市发展模式由传统的"增量扩张"转变为"存量提质"[3]。2020年，党的十九届五中全会通过《中共中央关于制定国民经济和社会发展第十四个五年规划和2035年远景目标的建议》，明确提出"实施城市更新行动"，对我国下一阶段的城市建设作出重要指引和战略性部署，有效带动了老旧小区、历史街区、老旧厂房、老旧商办楼宇、城中村等更新改造行动在不同城市和地区的火热开展与积极推进。

1.1 认识城市更新

城市更新自城市诞生起即相伴而生，在城市发展的不同时期和不同背景下，其概念内涵、价值导向、实践方式呈现出不同特征[1]。二战以来，更新改造实践在世界范围内的逐步普及，使得城市更新日渐成为学术讨论和政策制定的热点。1958年，荷兰前沿性地召开现代城市更新研究会，指出城市中的人会对其生活环境表达不满并要求尽快改善所处环境（包括但不限于住宅、街道、公园绿地等），由此带来的改造活动就是城市更新。

总体上，城市更新是针对城市的物质性、功能性或社会性衰退地区，以及不适应当前或未来发展需求的建成环境进行的保护、整治、改造或拆建等活动，内容随着社会经济的发展和实践经验的积累而不断丰富。英国学者罗伯茨（Roberts）将城市更新定义为针对处于变化之中或有改善机会的地区，以解决城市问题和持久性改善为目标进行的经济、物质、社会和环境方面的全面和综合性行动。现代"城市更新"概念①经历了城市重建（Urban Reconstruction）、城市振兴（Urban Revitalization）、城市再建（Urban Renewal）、城市再开发（Urban Redevelopment）、城市再生（Urban Regeneration）、城市复兴（Urban Renaissance）等系列用词迭代[1]，在德国和日本还被称为"城市整修""都市再生"等。从学者们对城市更新提出的差异化界定来看（表1-1），其认知几乎都超越了单纯的物质空间变化，而将城市更新认为是经济、社会、文化等多方面因素共同作用的过程。

国际学者的城市更新概念界定　　　　　　　　　　　　　　　　　表1-1

时间	学者	概念	定义或理解
1985年	D. 怀斯（D. Wise）	Urban Regeneration	采用保护、修复、功能重塑与再利用等方式来实现一种综合的、谨慎的、和谐的城市发展过程
1990年	C. 库奇（C. Couch）	Urban Renewal	在经济和社会力量对城区的干预下所引起的基于物质空间变化（拆除、重建、修复等）、土地和建筑用途变化（从一种用途转变为另一种更能产生效益的用途）或者利用强度变化的一种动态过程
1992年	G. 梅特塞拉尔（G. Metselaar）	Urban Renewal	为保护、修复、改善、重建或清除行政范围里的已建成区，而采取的作用于规划建设、社会、经济、文化领域的一种系统性干预，以使该区域中的人们获得规定的生活标准
1992年	D. 利歇菲尔德（D. Lichfield）	Urban Regeneration	以全面及融汇的观点与行动为导向来解决城市问题，以寻求一个地区可在经济、物质环境、社会及自然环境条件上获得持续改善
2000年	P. 罗伯茨，H. 塞克斯（P. Roberts, H. Sykes）	Urban Regeneration	综合协调和统筹兼顾的目标和行动，引导着城市问题的解决，寻求持续改善亟待发展地区的经济、物质、社会和环境条件

（资料来源：根据参考文献［4］~［8］整理）

---

① 目前"城市更新"的常用英文主要为Urban Renewal和Urban Regeneration。

与学理上的城市更新定义不同，政策上的城市更新概念并非重在描述客观世界中的城市更新到底是什么，而是根据更新政策的"适用对象"来界定城市更新。因此，立足于不同工作重点，不同国家和地区的政策文件对城市更新的定义不尽相同（表1-2），但均强调通过多元手段实现城市衰败地区的综合复兴。

不同国家政策文件提出的城市更新概念　　　　　　　　　　表1-2

时间	国家	政策文件	定义
1954年	美国	《住宅法》 （Housing Act）	城市更新通过维护、整治、拆除等方式使城市土地得以经济合理地再利用，并强化城市功能，增进社会福祉，提高生活品质，促进社会健全发展
1977年	英国	《内城政策》 （Policy for the Inner Cities）	城市更新是一种综合解决城市问题的方式，涉及经济、社会文化、政治与物质环境等方面，城市更新工作不仅涉及一些相关的物质环境部门，也与非物质环境部门联系密切
1985年	荷兰	《城市和村庄重建法案》 （Wet op de stads-en Dorpsvernieuwing）	在规划和建设以及社会、经济、文化和环境标准等领域中进行的系统努力，以此来保存、修复、改善、重建或是清除市区范围内的建成区
2000年	法国	《社会团结与城市更新法》 （Loi Solidarit et Renouvellement Urbain）	城市更新是解决空间和能源问题、复兴衰败的城市地域、提高社会混合特性的新兴城市发展模式
2002年	日本	《都市再生特别措置法》 （としさいせいとくべつそちほう）	为改善城市功能和城市人居环境，保障城市防灾相关功能，优化住房和以规划为基础的城市功能提升，从而促进社会经济结构的转变，促进国民经济和人民生活的健康发展

（资料来源：根据参考文献［6］［9］及各国相关法律法规整理）

西方城市更新思考引入我国后引发了诸多国内探讨：1980年代初期，陈占祥提出城市"新陈代谢"理念；1990年代，吴良镛基于北京旧城菊儿胡同更新实践提出"有机更新"思想；2000年以来，城市再生、城市复兴和社区营造等更新概念相继兴起和使用（表1-3）。李德华主编的《城市规划原理》（第三版）将城市更新定义为：对不适应现代城市社会生活的地区进行的一种有计划的改造活动[10]。城市更新不仅包括细微空间改造，大规模的城市再建、城市土地利用与功能调整等都属于城市更新的范畴[11]。

国内学者的城市更新概念界定（1980—1990年代）　　　　　表1-3

时间	学者	概念	定义或理解
1980年	陈占祥	城市更新	城市总是经常不断地进行着改造和更新，经历着"新陈代谢"的过程。城市更新的目标是振兴大城市中心地区的经济，增强其社会活力，改善其建筑和环境，吸引中、上层居民返回市区，通过地价增值来增加税收，以此达到社会的稳定和环境的改善。更新的方法，除了对设施过于简陋的地区进行"推倒重来"的改建以外，还注意对有历史价值和反映地方风土人情的旧建筑物和地区进行维修保护，在保护房屋原有外貌的前提下，改建内部，装备现代化的设施
1994年	吴良镛	有机更新	采用适当规模、合适尺度，依据改造的内容与要求，妥善处理目前与将来关系——不断提高规则设计质量，使每一片的发展达到相对的完整性，这样集无数相对完整之和，即可促进北京旧城的整体环境得到改善，达到有机更新的目的

（资料来源：根据参考文献［11］［12］整理）

1.2 城市更新研究的国际进展

现代城市更新研究主要始于1950年代的战后修复和重建，当时的工作重点聚焦在住房领域（表1-4）。二战后，西方诸多国家开展了大规模的拆除重建与清除贫民窟行动，用以提供城市住宅和改善生活环境，英国、美国等国家和地区实施了政府主导下的"推土机式"重建[13]。然而，大规模拆建虽然短期内改变了城市中心区的环境，但大量贫民被迫搬离原有社区，他们的居住质量并未因此得到改善，反而造成邻里关系断裂和社区贫富差距增大[14]。1960年代凯恩斯主义兴起，弱势群体与社会公平等话题成为社会关注的焦点。政府推动下的社区更新开始强调满足居民诉求、修复邻里关系及复兴本地文化[15]，城市更新的国家福利主义色彩和公共政策属性显著增强，英美各国在这一时期逐步建构起系统化的城市更新制度体系与政策目标。

西方城市更新的阶段特征   表1-4

发展阶段	1950—1960年代	1960—1970年代	1980—1990年代	1990年代后
发展背景	二战后复兴	经济增长、社会富足	经济趋缓，自由主义盛行	人本主义和可持续发展理念盛行
更新特征	推土机式重建	国家福利主义色彩的社区更新	地产开发导向的旧城再发展	物质环境、经济和社会多维度的复兴
更新对象	贫民窟和衰退地区	旧城贫民社区	城市旧城	衰退地区和规划欠佳的非衰退地区
空间尺度	地方性的宗地尺度	宗地和社区尺度	宗地尺度向区域尺度转变	社区尺度和区域尺度
参与者	中央政府主导	中央政府与地方政府合作，社区和私有部门参与度低	政府与私有部门的双向伙伴关系，社区居民的意愿被剥离	政府、私有部门和社区的三方合作，强调社区的参与和作用制衡
资金来源	公共部门投资少量私人投资	中央财政为主，地方财政补贴	大量私人企业和个人投资者，政府少量启动资金	公共部门补贴，大量私人企业和个人投资
管制特点	政府主导、自上而下	政府主导、自上而下	市场主导、自上而下	三方合作

（资料来源：根据参考文献［19］［25］［26］整理）

1970—1980年代以来，城市更新对政府的依赖逐步减弱，多元主体参与的更新格局开始涌现：一方面随着房地产开发项目的增加，政府与私人部门合作的更新实践越来越多，西方城市的更新进程得以快速推进[13]；另一方面，自下而上的社区规划及公众参与得到重视[16-17]，倡导式规划、交互式规划等理论不断推出[18]。社区更新也带来中产阶级回归城市中心[19]以及不同阶层人口的空间置换现象，引发了有关空间正义[18]、社会公平[20]、绅士化[21]等的争论和探讨。

1990年代，随着人本主义和可持续发展理念的逐渐盛行，城市更新从早期单纯的建筑拆除和重建议题，拓展到经济发展与社会福利并重，并与可持续发展联系在一起[22]。城市更新的目标和内容越来越综合，从物质空间改善日益走向城市综合治理，全面应对功能退化、社会分异、环境污染及交通拥堵等城市问题[23]，推进城市经济、物质、社会、环境等的整体提升[24]。2000年以来，国际城市更新研究更为关注城市更新对地方竞争力的提升作用，关心促进经济发展的城市更新活动带来的空间正义与绅士化问题、大都市连片发展背景下的收缩城市问题、城市中心区复兴下的城中村与住房问题应对，以及欠发达地区的城市更新做法等[25]。

进入21世纪，国际研究立足不同国家和地区的更新实践，综合空间、经济和社会等多元视角，分析了城市更新的实施绩效、治理模式、制度构建等。在空间视角上，学者们对城市更新项目的空间品质提升及其影响进行了定性与定量分析，评估了城市更新的价值和不足，如H. 莱斯利（H. Lesley）[27]等提出了城市更新项目的可持续绩效评估指标；E. 科蒂切利（E. Conticelli）[28]提供了利用城市安全、地区融合、城市创造力等要素来评估更新改造成效的新模型；J. 威斯曼（J. Waisman）[29]等探讨了圣保罗市发明广场改建项目对城市流动性的影响。在经济视角上，学者们发现城市更新是提升城市竞争力的重要方式，会带动公共和私人部门投资、促进住房市场振兴和拉动地区经济发展，如J. 克迪（J. Keddie）[30]提出了工业经济向服务型经济转型的具体模式，指出公私投资的更新行动创造了新的宜居中心；C. 纳庇（C. Nappi）[31]揭示了房地产投资与私人开发商在法国巴黎城市更新中发挥的重要作用；M. 史蒂文（M. Steven）[32]等关注文化驱动下的城市更新兴起，认为文化在拉动经济模式转型和塑造城市景观方面作用重要。在社会视角上，"包容性社会"正在成为城市更新的重要目标之一，强调通过城市更新促进阶层融合、改善社会福利和优化城市治理，如M. 伊根（M. Egan）等[33]分析了弱势群体在城市更新中的困境与诉求；M. 理查德（M. Richard）[34]等研究了英国城市更新政策中的邻里变化和凝聚力考量；A. 罗伯（A. Rob）[35]认为城市更新中的伙伴合作关系能够强化现有的社会关系。

1.3 我国城市更新理论研究的近期重点

自新中国成立以来，我国的城市更新工作主要经历了四个阶段（表1-5）：更新目标从"保民生""优住房""促经济"发展为"提品质"，策略方针从生产导向、发展导向演变为以人为本的新型城镇化导向，更新机制也从政府"一元主导"、政企"二元合作"逐渐发展为形成政府、市场、社会等共同参与的"多方共治"格局。

中国城市更新的阶段特征 表1-5

时期	1949—1977年	1978—1987年	1988—2012年	2013年至今
更新目标	保民生	优住房	促经济	提品质
策略方针	解决基本的民生问题，变消费城市为生产城市	应对知青和下放人员返城需求，增加住房供给	控制大城市规模，促进经济快速发展	重城市发展规律，推进以人为本的新型城镇化，提高城市治理能力，实施城市更新行动
更新重点	棚户区和危房简屋改造、城市基础设施完善、城市面貌提升	"填空补实"推动旧城更新建设	城中村改造、历史街区保护与整治、老工业基地改造、重大基础设施建设	老旧小区改造、老工业区更新生态修复、城市修补
更新机制	一元主导：政府主导，高度依赖财政支持	一元主导：政府主导，国企开始参与投资建设	二元合作：政企合作推动更新，出现"增长联盟"	多方共治：政府、市场、社会等多元主体共同参与

（资料来源：根据参考文献［36］，http://news.sohu.com/a/528195320_121123726等改绘。）

对比国内外城市更新发展历程①可以发现，二者的发展特征具有一定的相似性：更新目标从住房和民生保障发展为经济、社会、文化的多维度复兴；更新对象从贫民窟、棚户区发展为工业、居住、公共空间等多种用地类型；参与主体从政府主导发展为多元合作。但二者亦有显著区别，国外城市更新大多是在高度城镇化的背景下开展，经历了中心城区衰退到复兴的过程，而我国的城市更新与城镇化扩张进程同步进行，城市用地增长与内部功能重组同步，中心城区普通保持活力（图1-1）。

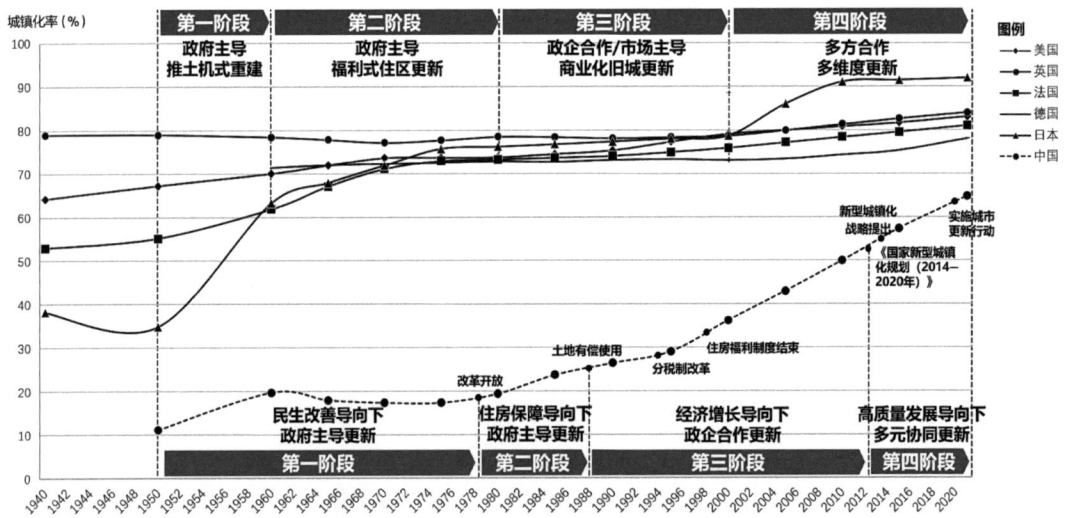

图1-1 中外城市更新阶段与城镇化率的关系对比

---

① 国内学者关于国内外城市更新发展历程的梳理已有较为丰富的研究成果，具体可参见：丁凡，伍江. 城市更新相关概念的演进及在当今的现实意义［J］. 城市规划学刊，2017（6）：87-95；阳建强，陈月. 1949—2019年中国城市更新的发展与回顾［J］. 城市规划，2020，44（2）：9-19，31等。

自2013年以来，"控制增量、盘活存量"理念指引下的城市更新，日渐成为我国城市建设与发展的持续任务和常态化工作[36]。2019年全面推行的国土空间规划改革强调生态文明导向下的"三区三线"管控，对生态保护红线、永久基本农田、城镇开发边界的严格底线约束使得城市用地的扩张进一步面临制约，以"存量提质"为内核的城市更新成为推进城市高质量发展的关键路径[37]。随着城市更新在我国获得空前重视，国内城市更新研究呈现出新的特点[38]。

一是关注城市更新的制度建设。如唐燕等[1]所著的《城市更新制度建设：广州、深圳、上海的比较》一书，分析了三地城市更新的制度体系、核心政策和实施路径，对比了三个特大城市更新制度建设的经验得失；王世福等[38-40]梳理了广州城市更新的制度创新、三旧改造策略及基本开发模式；钟澄等[41]分析了深圳城市更新政策的演进过程，重点剖析了更新项目的操作流程、问题挑战与政策建议；贺倩明[42]、刘敏[43]针对深圳城市更新项目分别研究了法律实务和操作指引。

二是关注地方实践总结。如伍江、沙永杰所著《历史街道精细化规划研究：上海城市有机更新的探索与实践》总结了上海精细化规划与有机更新的实践、制度、政策与更新理念变迁；司马晓等[44]所著《深圳城市更新探索与实践》梳理了深圳城市更新与城市发展的关系，深圳城市更新的阶段演进、总体成效与典型案例，以及城市更新的规划政策等。

三是关注城市更新的多元主体协作与利益平衡。如田莉等[45]提出构建"政府统筹+村集体自主更新"的城市更新实施模式，建立居民协商谈判和参与式规划平台来实现城市更新的多主体参与；叶裕民[46]从社会视角探讨了包容性的城中村改造模式创新；袁奇峰等[37]通过对广州联滘地区的跟踪调查研究发现，地方政府是"三旧"改造的主要推动力，并提出构建联系"政府—社区—市场"三元主体的"协商型发展联盟"设想。

四是探索城市更新的空间治理与规划设计方式。如阳建强[47]所著《城市更新理论与方法》，总结了城市更新规划的一般工作方法、编制过程和技术标准，倡导有序治理下的"有机更新"和"微更新"；祝贺[48]所著《城市更新与城市设计治理：英国实践与中国探索》关注设计治理在城市更新中的方法体系建构，提出了适用于我国制度背景和社会环境的城市更新设计治理路径。

1.4 城市更新地方实践：从上海、广州、深圳到北京

从实践进展来看，上海、广州、深圳成为近期我国城市更新制度探讨和实践研究的焦点对象。上海城市更新研究侧重公众参与和社会治理：孙施文[49]在分析田子坊地区更新改造过程及其困难的基础上，揭示了其动力原因和作用机制；冯立、唐子来[50]分析了虹口区划拨工业用地更新的困境，辨析了产权制度对于城市更新模式的根本性影响；马宏、应孔晋[51]依托上海实践案例分析了城市有机更新背景下社区营造的路径，揭示了城市更新理念和政府规划管理姿态的转变特征。广州城市更新从

"三旧改造"拓展而来：王世福等[52]在对比广州城市更新决策机制基础上，分析了政府、市场、居民等多个主体之间的权利、责任关系并归纳出五个范型；丁寿颐[53]利用"租差"模型对广州城市更新的作用机制进行了辨析；姚之浩、田莉[54]指出21世纪以来，广州城市更新由政府出资主导的福利型更新管治逐渐向政府与市场合作的引导型管治转型；谢涤湘[55]、刘垚[56]等在辨析广州恩宁路更新改造过程中的多方利益博弈机制基础上，强调了公众参与在城市更新中的重要性。深圳城市更新的模式选择与制度安排探索走在全国前列：黄卫东[57]归纳概括了深圳城市更新制度、政策与规划技术对城市治理需求的响应机制；邹兵[58]从宏观层面对深圳的城市更新模式进行了系统性的总结与反思；林强[59]在分析深圳城市更新政策的制度优势基础上，剖析了制度短板对空间资源配置、规划管理以及城市基础设施产生的影响。

相比于上海、深圳、广州等城市，北京在城市更新制度设计方面一度滞后。因此2017年以来，北京市通过一系列政策引导，推行"街区更新+项目带动+责任规划师"的城市更新路径，形成了"以街道为抓手、以街区为单位、以更新为手段、以规划师为纽带"[60]的工作创新。北京依托《北京城市总体规划（2016年—2035年）》《北京市城乡规划条例》《北京市城市更新条例》《北京市责任规划师制度实施办法（试行）》《北京市国民经济和社会发展第十四个五年规划和2035年远景目标纲要》等，逐步明确了新时期北京城市更新的目标和原则，推动了顶层制度设计的建设步伐，为后续各类城市更新政策出台和实践探索提供了依据。因此及时梳理北京城市更新机制的运作进展，研判北京城市更新的制度建设需求、总结北京街区更新的体系创新、评价北京更新实践的实施效益，对助推北京城市更新制度的优化完善具有重要意义。

1.5　研究内容与框架

全书内容包括三大部分，共12章，分析了不同国家、地区和城市的城市更新制度建设与实践开展，建立起以"主体（Multiple Stakeholders）—资金（Capital Source）—空间（Physical Space）—运维（Operation Service）"4S维度为关键要素的更新制度分析框架，以此总结和梳理北京城市更新的历程演进、制度建设与实践进展（图1-2）。

第一部分重在明确研究对象与构建理论框架：第1章辨析城市更新的概念认知，综合国际研究进展和国内研究重点提出北京城市更新制度研究的重要性；第2、3章提出"治理尺度""动力机制"和"管控维度"三者之间的规则适配是实现高质量城市更新制度供给的关键，由此构建城市更新制度建设的"主体—资金—空间—运维"4S理论框架。

第二部分对比分析了国内外城市更新制度建设与实践做法的相关经验：第4、5章从"主体—资金—空间—运维"角度归纳了日本、英国、德国、美国、新加坡等国家和地区的更新制度建设特点，以及上海、广州、深圳、成都等地的城市更新制度与实践创新。

第三部分将研究重点转向北京，辨析了北京城市更新的演进发展、制度特征与项目推进：第6章在梳理北京城市更新演进历程的基础上，明确现阶段北京城市更新的工作导向、特殊要求与制度诉求；第7—10章分析提出了北京城市更新制度建设的三个特征，包括街区统筹与简政放权的街区更新、走向多元共治的责任规划师制度、专项行动与试点示范的项目带动；第11章结合北京城市更新政策和制度建设的最新趋势，剖析了城市更新条例、"1+4"政策、专项规划与行动计划、细则规范供给等关键政策内容；第12章在讨论城市更新动力问题和利益博弈的基础上，提出北京街区更新制度的体系优化策略。

总体上，著作尝试提出"主体—资金—空间—运维"导向下的城市更新制度建设4S框架，并以北京城市更新为例开展实证探讨。从"主体—资金—空间—运维"来看，北京的城市更新发展表现出以下变革趋势："主体"方面，多元共治已成为新时代北京城市建设的主要原则，畅通公众参与渠道、有序引导市场参与、引入责任规划师等新兴专业力量，成为推动城市更新的重要手段；"资金"方面，吸引社会资本出资、探索"微利可持续"的更新盈收平衡机制、研究综合财税和地价优惠政策、创新金融产品等，将为城市更新项目有序落地实施提供保障；"空间"方面，立足服务首都功能，落实新时期北京减量发展空间策略，以街区更新为抓手推动城市更新，持续实施老旧小区改造、历史文化保护、工业空间焕新等重点更新工程；"运维"方面，探索建立"规划、建设、管理"相统筹的全生命周期城市更新运作机制，推动行政管理体制改革、优化更新标准和管控手段、推进先进产业导入和空间活化利用。

绪论	概念辨析	国际研究进展	国内研究重点	地方实践与北京探索

制度供给	城市更新制度供给的规则适配		
	治理尺度	动力机制	管控维度

理论建构	城市更新制度建设的4S维度			
	主体 Multiple Stakeholders	资金 Capital Source	空间 Physical Space	运维 Operation Service
	相关理论		制度供给	

实践经验	城市更新制度建设的国际经验	制度建设与实践探索的国内先驱
	日、英、德、美、新等国家	沪、穗、深、蓉等城市

北京更新特点	首都城市更新的发展演进			北京城市更新制度体系创建		
	主要研究进展	四个发展阶段	策略方向演变	工作导向与特殊性	制度供给不足	街区更新提出

北京街区更新制度建设	北京街区更新：街区统筹与简政放权			
	街区/片区/单元统筹	街区界定	简政放权与街道赋权	街区统筹的作用
	北京责任规划师制度：走向多元共治			
	基层规划师的兴起	国内外制度比较		建设历程
	运作机制与角色转型		制度挑战与优化发展	
	北京城市更新的项目带动：专项行动与试点示范			
	专项行动与工作计划	"劲松模式"与"首开经验"		分类实践与典型案例

北京更新制度进展	北京城市更新政策的系统化推进				
	政策与制度建设概况	"1+4"政策进展	专项规划与行动计划	细则政策供给	城市更新条例

结语	北京街区更新动力激发与制度完善				
	城市更新动力问题	利益博弈	空间增值与利益分配	框架与体系优化	政策工具与政策包

图1-2 研究技术路线

第 2 章
城市更新的
制度供给

　　进入新时期，城市更新成为我国国家发展战略的重要组成内容，推行系统化、制度化的更新行动是促进城市高质量发展、落实城市发展模式创新升级，以及保障国计民生的关键所在。然而在我国，现有的诸多城市建设与管理制度是改革开放以来为支持大规模、快速城镇化进程而确立的，在应对城市存量发展转型时表现出越来越强的不适应性，对城市更新工作开展形成一定阻力，致使各地更新实践不时陷入困境之中。因此，如何建立体系化的更新制度以有效推进城市更新活动的秩序化开展，成为当前国家和地方亟待解决的客观问题与重大挑战[1]。本章针对我国城市更新制度建设的现实进展和薄弱环节，从"治理尺度—动力机制—管控维度"三方面探讨城市更新制度建设的趋势特征、关键维度和策略做法。

2.1 存量时代我国城市更新全面兴起下的方向指引

2010年以来，国家对城市更新的推进和开展提出了一系列方向指引（表2-1），主要包括推进国家治理体系与治理能力现代化、"严控增量、盘活存量"、高质量发展、建构"双循环"新发展格局、实施城市更新行动、不搞大拆大建等。这意味着在新的时代背景下，城市更新强调运用综合性、整体性、公平性的观念和行动来解决城市的存量发展问题[24]，更新理论与实践从过去主要关注物质形态改造，转向以人为本的综合与可持续更新[19]，并注重思考背后的政治、经济、社会等动力机制[61]。

城市更新的方向指引　　　　　　　　　　　　　　表2-1

政策指引	提出时间	行动方向
治理体系与治理能力现代化	2013年11月（党的十八届三中全会）	将"推进国家治理体系和治理能力现代化"作为全面深化改革的总目标。城市建设须担负起推动和优化社会治理的相关责任，通过城市更新实践促进城市精细化治理
严控增量，盘活存量	2013年12月（中央城镇化工作会议）	"严控增量，盘活存量，优化结构，提升效率""由扩张性规划逐步转向限定城市边界、优化空间结构的规划"
高质量发展	2017年10月（党的第十九次全国代表大会）	根据高质量发展要求，城市发展应注重"量"的合理增长与"质"的稳步提升，着力解决城市区域发展不平衡、不充分等问题，补足短板并提质增效
"双循环"新发展格局	2020年5月（中央政治局常委会会议）	在全球化经济总体下行和新冠肺炎疫情的影响下，推进国内国际"双循环"相互促进的新发展格局。通过城市更新实现空间品质提升的同时，激发经济发展动力
实施城市更新行动	2020年10月（党的十九届五中全会）	对城市建设工作进行战略部署和方向指引：明确城镇化过程中要解决的城市发展问题；制定实施相应政策措施和行动计划；提出内涵集约式发展的具体举措
不搞大拆大建	2021年8月（《住房和城乡建设部关于在实施城市更新行动中防止大拆大建问题的通知》）	明确实施城市更新行动要顺应城市发展规律，坚持"留改拆"并举、以保留利用提升为主，加强修缮改造。明确要严格控制大规模拆除、大规模增建、大规模搬迁，确保住房租赁市场供需平稳；保留利用既有建筑，保持老城格局尺度，延续城市特色风貌；加强统筹谋划，探索可持续更新模式，加快补足功能短板，提高城市安全韧性等具体要求

（1）推进国家治理体系与治理能力现代化

2013年11月，党的十八届三中全会强调要"推进国家治理体系和治理能力现代化"，深化经济体制、政治体制、文化体制、社会体制、生态文明体制和党的建设制度等六方面重大改革[4]，促进城市建设管理创新。城市建设管理水平反映着城市的治理能力，其创新是推动和优化社会治理创新的重要组成部分[3]。城市更新内生提质阶段能促进城市精细化治理的落实，实现存量空间的可持续发展。

（2）严控增量，盘活存量

2013年12月，中央城镇化工作会议提出"严控增量，盘活存量、优化结构，提升效率"，将存量更新要求提高到了国家高度。2014年《国土资源部关于推进节约土地集约利用的指导意见》发布，通过管控与激励并举，促进城区用地优化调整与集约利用。2015年，中央城市工作会议继续明确"框定总量、限定容量、盘活存量、做优增量、提高质量"的发展理念。2016年，国土资源部发布多项通知，提倡节约用地，"管住总量、严控增量、盘活存量"，控制新增用地开发、提升现有用地质量与效能。2019年国家发改委发布《2019年新型城镇化建设重点任务》，坚持严控增量、盘活存量，引导用地高效集约并增强资源集聚。北京、上海、深圳等一线城市率先在城市总体规划中明确"用地规模不增加"的"减量规划"战略。

（3）高质量发展

2017年，党的第十九次全国代表大会首次提出"高质量发展"概念，以推进我国从经济高速增长向保质保量、经济新常态阶段有序过渡。2018年3月，政府工作报告围绕高质量发展提出多项决策部署，推动深化供给侧结构性改革、加快建设创新型国家。根据高质量发展要求，城市发展应注重量的合理增长与质的稳步提升，充分发挥各地的比较优势和潜力，提高新型城镇化的质量，打造共建共治共享社会治理格局。

（4）建构"双循环"新发展格局

2020年，针对新冠肺炎疫情冲击与全球经济的总体下行趋势，中央提出"构建国内国际双循环相互促进的新发展格局"，明确进一步推动新型城镇化发展，建设现代化都市圈，形成新的增长极；持续提高城市发展质量，通过环境保护与整治、公共服务提升、产业升级更新等方式全面促进社会、经济、民生健康发展；推动供给创造和引领需求，支撑投资和消费，推动扩大就业和提高收入水平，健全多层次社会保障体系。

（5）实施城市更新行动

2020年党的十九届五中全会通过的《中共中央关于制定国民经济和社会发展第十四个五年规划和2035年远景目标的建议》提出"实施城市更新行动"，成为国家对今后阶段城市建设工作的战略部署，是城镇化过程中解决城市发展问题、制定和实施相应政策行动、走内涵集约式高质量发展道路的具体举措。城市更新行动的任务与目标主要包括推进城市生态修复、功能完善工程，统筹城市规划、建设、管理，合理确定城市规模、人口密度、空间结构，促进大、中、小城市和小城镇协调发展等，同时还需要强化历史文化保护、塑造城市风貌、加强城镇老旧小区改造和社区建设、促进房地产市场平稳健康发展、强化基本公共服务保障等。

（6）不搞大拆大建

2021年8月，为纠正各地城市更新实践中出现的继续沿用过度房地产化的开发建设方式，以及大拆大建、急功近利等倾向，住房和城乡建设部《关于在实施城市更新行动中防止大拆大建问题的通知》明确应积极稳妥地实施城市更新行动，防止大拆大建：①坚持划定底线，防止城市更新变形走样。严格控制大规模拆除，原则上老城区更新单元（片区）或项目内拆除建筑面积不应大于现状总建筑面积的20%；严格控制大规模增建，原则上更新单元（片区）或项目内拆建比不宜大于2；严格控制大规模搬迁，更新单元（片区）或项目居民就地、就近安置率不宜低于50%；确保住房租赁市场供需平稳，明确城市住房租金年度涨幅不超过5%。②坚持应留尽留，全力保持城市记忆，保留利用既有建筑，保持老城格局尺度，延续城市特色风貌。③坚持量力而行，稳妥推进改造提升，加强统筹谋划，探索可持续更新模式，加快补足功能短板，提高城市安全韧性。

2.2 城市更新的制度供给：治理尺度—动力机制—管控维度①

　　在实践中，由于缺乏系统的理论指导和有效的制度设计，我国城市更新工作开展时常受阻。一方面，受传统规划和土地管理等体制的制约，城市更新过程中的资金来源、土地或建筑使用权限的取得、居民或企业物产的拆迁与补偿、建筑或用地的功能改变、旧建筑改造的消防审核与工商注册等一系列相关行动的落地经常举步维艰或者成效不佳——或者要经历复杂的规划调整或项目审批流程，或者要投入高昂的时间、资金和机会成本，或者带来利益主体间的权益分配不均，又或者造成社会矛盾产生和历史文化破坏与邻里关系断裂等问题。另一方面，在行政管理上，传统的发改、规划与国土（自然资源）、民政等部门分别从各自领域出发开展工作，不同部门之间缺乏有效联动，使得行政审批、公共资金使用等城市更新配套措施无法实现跨部门的有机衔接，导致更新政策沦入"最后一公里"陷阱而难以落地。因此，若旧有制度不加变革，可能会带来此类问题的持续发生，造成城市更新活动偏离其价值目标或者停滞不前。

　　可见，在我国城市建设与发展模式转向存量提质的过程中，政府亟须建立和提供新的行动规则来保障和促进城市更新行为的有序发生，即通过制度建设来维护城市更新的秩序化开展。D. C. 诺斯（D. C. North）指出制度是"人为设计出来构建政治、经济和社会互动关系的约束，它由'正式的制度（宪法、法律、产权）'和'非正式的制度（奖励、禁忌、习俗、传统及行为准则）'组成"[62]。"正式"和"非正式"制度对城市更新的促进作用均显而易见，在我国现行城市建设管理规则主要服务增量模式的当下，建立具有外部强制性的正式行为规则，即助推城市更新实施的"正式制度"建设，更应成为政府工作的重中之重。城市更新正式制度作为规制更新行为的具体约束性规则，包括法律法规、政策②、体制、机制等，其影响和塑造着城市空间建设，关乎着其他社会、经济、文化等不同力量介入城市更新的结果。

　　从城市更新的内部运作看，更新目标、更新导向、产权构成、更新规模、更新对象、参与主体、改造方式、功能变更、土地流转、安置模式等，成为理解和认识当

---

① 本节主要观点参见：唐燕. 我国城市更新制度建设的关键维度与策略解析［J］. 国际城市规划，2022
　（1）：1-8.
② 这里的"政策"是狭义概念，与"法律法规"相区别。

更新目标		更新导向
物质空间提质、专类空间供给、土地利用效率提升、历史文化保护、功能结构调整、地区活力复兴、生态环境修复等		自上而下（供给导向）、自下而上（需求导向）、供需双向对接等

图2-1 认识城市更新特征的十种角度

代中国城市更新特征的重要角度[1]（图2-1），也是城市更新制度施加约束、进行干预或实行调节的重要领域；而差异化的社会、政治、经济、文化等制度则共同组成了影响和制约城市更新实践开展的外部环境。

城市更新制度体系建设离不开不同行动规则的相互支撑和配合。从我国城市更新制度建设的薄弱环节出发，整合思考十种视角涉及的产权变更、主体协作、用途转换等规则需求可以发现，"治理尺度"（国家和地方）、"动力机制"（约束、规范和激励）和"管控维度"（主体—资金—空间—运维）对我国更新制度建设的创新推进具有重要考量价值，这三者之间的规则适配是实现高质量城市更新制度供给的关键（图2-2）。

从"治理尺度"来看，A. 塔隆（A. Tallon）在探讨英国城市更新时，将相关政策划分为"国家政策"和"城市政策与战略（地方）"两类来辨析不同层级的更新规则供给[63]。由此可见，城市更新制度在国家与地方等不同空间尺度上发挥着作用，故而中央与地方（省、市等）之间的制度协同与行动配合，或两者之间的利益博弈与规

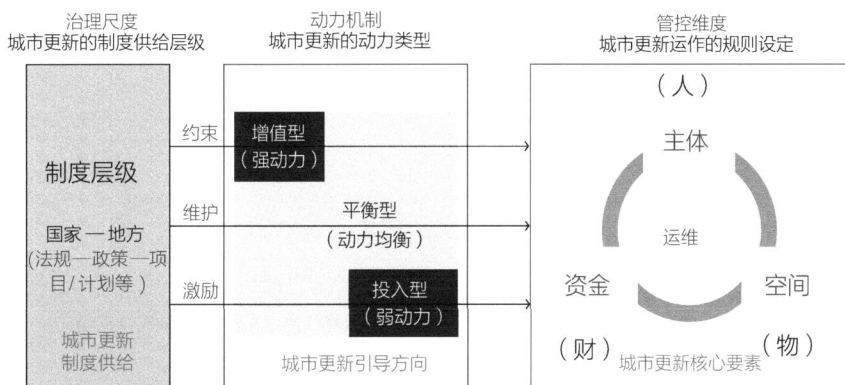

图2-2 城市更新制度建设过程中"治理尺度—动力机制—管控维度"的规则适配

则错位等关联行为普遍存在[64]。在时间尺度上，欧洲等西方国家因为政党换届所致的城市更新政策"断裂"时有发生，如荷兰的执政党更替使得其近年的城市更新政策从关注社会融合走向新自由主义导向的市场化进程[65]。政策机制的"突变"在我国亦存在类似情形，原因往往在于行政工作者任期变化或人员调动等造成的干预措施波动。

从"动力机制"来看，城市更新实践因动力强弱的不同，需要差异化的管控措施加以调节以保障更新行动落地。制度作为人们活动需要遵循的规则与依据，具有约束性和激励性、控制性和指导性、规范性和程序性等多元机制特点。具体到城市更新制度，则通常表现出三类主要的引导机制倾向，即注重"抑制"的约束/管束机制，突出"鼓励"的激励机制，以及施加"规范"的程序/维护机制。M. 黑塞（M. Hesse）从卢森堡的内向"填充式"更新策略出发，指出城市更新的显著矛盾往往集中体现在市场力量与公共政策之间的紧张关系上[66-67]，即城市通过更新规制建设，陷入既想促进开发又想控制开发的两难境地。因此，从更新动力的客观实际出发，推进精细、精准、差异化的城市更新管控机制供给显得愈发重要，对动力弱者需施加激励，动力强者需强化管束。

从"管控维度"来看，城市更新活动的发生几乎都离不开依托要素的资源投入、关系协调或利益分配，包括人的要素、物的要素，以及资本、信息、技术等其他要素。这些要素的相互结合是城市更新实践需要具备的基本条件。然而长期以来，我们通常仅关注"物"的要素在城市更新中的投入与产出，其他要素的地位和作用要么被忽视，要么重视程度不足。由此，针对"主体—资金—空间—运维"维度的全要素进行统筹的制度设计，将成为保障城市更新综合目标达成的重要途径。

2.3 治理尺度：国家层面与地方层面的制度供给

2.3.1 城市更新制度的国家引导

国家层面的城市更新制度建设需要统筹提出一般性的引导方向和规则框架，帮助各地推进城市更新实践并应对客观问题。发达国家的城镇化进程开始得早，也更早面临来自存量更新的各项挑战，其在国家层面的城市更新制度供给一直未曾停歇。早在1980年代之前，日本、英国、德国、美国基本就已出台诸如《都市再开发法》(日)、《内城法》(英)、《城市更新和开发法》(德)等国家层级的城市更新法律法规，并不断通过增补、迭代或完善，来建构日趋体系化的国家城市更新规则体系①。这些制度确定了城市更新在不同国别"干什么"和"怎么干"的基本规定，并常常配合国家层面的城市更新项目/计划和资金计划等产生作用，带动和指导全国城市更新活动的实践开展。

新中国成立以来，我国城市更新首先经历了百废待兴的建成空间充分利用与改造期，后陷入社会、政治、经济波动中的无序开展；1978年改革开放政策实施后，城市

---

① 具体参见本书第4章。

功能完善和大规模旧城改造着力推进；1990年代以来，在市场经济的导向下，住宅开发建设的热潮和针对历史街区、城中村、工业区等的拆改行动变得十分普遍；2014年随着新型城镇化战略的逐步探索确立①，城市更新向着更加复合多元的模式转型，渐进式改造、有机更新等做法得以强调。2020年以来，我国从国家战略层面提出了诸多社会经济和城市建设策略来引导城市更新发展（表2-2）。此外，不同部委针对老旧小区改造、老旧厂房转型文创空间等更新活动出台的各种专项政策，则提供了更具体和更有针对性的国家层面的城市更新专类指引（表2-3）。

国家层面的主要城市更新政策（2020—2022年）　　　　　表2-2

时间	文件	政策主要内容
2020年12月	《中共中央关于制定国民经济和社会发展第十四个五年规划和2035年远景目标的建议》	◆ 推进以人为核心的新型城镇化； ◆ 实施城市更新行动，推进城市生态修复、功能完善工程，统筹城市规划、建设、管理，合理确定城市规模、人口密度、空间结构，促进大中小城市和小城镇协调发展
2020年12月	中央经济工作会议	◆ 立足于扩大内需战略基点，实施城市更新行动，推进城镇老旧小区改造，建设现代物流体系
2021年3月	全国两会政府工作报告	◆ 要实施城市更新行动，完善住房市场体系和住房保障体系，提升城镇化发展质量； ◆ 2021年新开工改造城镇老旧小区5.3万个，较2020年实际完成量增加约1.3万个
2021年3月	《中华人民共和国国民经济和社会发展第十四个五年规划和2035年远景目标纲要》	◆ 加快转变城市发展方式，统筹城市规划建设管理，实施城市更新行动，推动城市空间结构优化和品质提升； ◆ 加快推进城市更新，改造提升老旧小区、老旧厂区、老旧街区和城中村等存量片区功能，推进老旧楼宇改造，积极扩展新建停车场、充电桩
2021年4月	《2021年新型城镇化和城乡融合发展重点任务》	◆ 要实施城市更新行动，在老城区推进以老旧小区、老旧厂区、老旧街区、城中村等"三区一村"改造为主要内容的城市更新行动； ◆ 加快推进老旧小区改造，2021年新开工改造5.3万个，有条件的可同步开展建筑节能改造； ◆ 在城市群、都市圈和大城市等经济发展优势地区，探索老旧厂区和大型老旧街区改造。因地制宜将一批城中村改造为城市社区或其他空间
2021年9月	《关于在城乡建设中加强历史文化保护传承的意见》	◆ 严格拆除管理，在城市更新中禁止大拆大建、拆真建假、以假乱真； ◆ 按照留改拆并举、以保留保护为主的原则，实施城市生态修复和功能完善工程，稳妥推进城市更新
2022年5月	《国务院办公厅关于进一步盘活存量资产扩大有效投资的意见》	◆ 推动基础设施领域不动产投资信托基金（REITs）健康发展； ◆ 规范有序推进政府和社会资本合作（PPP）； ◆ 积极推进产权规范交易； ◆ 发挥国有资本投资、运营公司功能作用； ◆ 探索促进盘活存量和改扩建有机结合； ◆ 挖掘闲置低效资产价值

（资料来源：根据相关政策与文件整理）

---

① 2012年党的十八大提出"新型城镇化"战略方针；2013年12月中央城镇化工作会议在北京举行，提出了推进城镇化的主要任务，指出解决好人的问题是推进新型城镇化的关键；2014年3月《国家新型城镇化规划（2014—2020年）》正式发布。

我国国家层面推进住区更新改造的主要近期政策（2020年）   表2-3

编号	政策文件名称	政策文件要点	发布情况
1	《国务院办公厅关于全面推进城镇老旧小区改造工作的指导意见》	明确改造内容；健全组织实施机制；建立政府与居民、社会力量合理共担改造资金的机制；完善配套政策	国办发〔2020〕23号
2	《住房和城乡建设部办公厅关于印发城镇老旧小区改造可复制政策机制清单（第一批）的通知》	加快改造项目审批；存量资源整合利用；改造资金由政府与居民、社会力量合理共担	建办城函〔2020〕649号
3	《住房和城乡建设部等部门关于开展城市居住社区建设补短板行动的意见》	合理确定居住社区规模；落实完整居住社区建设标准；因地制宜补齐既有居住社区建设短板；确保新建住宅项目同步配建设施；健全共建共治共享机制	建科规〔2020〕7号
4	《住房和城乡建设部等部门关于印发绿色社区创建行动方案的通知》	建立健全社区人居环境建设和整治机制；推进社区基础设施绿色化发展；营造社区宜居环境；提高社区信息化、智能化水平；培育社区绿色文化	建城〔2020〕68号
5	《住房和城乡建设部办公厅关于成立部科学技术委员会社区建设专业委员会的通知》	充分发挥专家智库作用，包括研究城市社区建设发展动态和趋势，制定城市社区建设工作发展战略、标准规范等，参与相关领域评审、评估、检查工作	建办人〔2020〕23号

（资料来源：刘思璐、唐燕根据相关政策整理）

但总体上，我国尚未出台全局性、统领性的国家级城市更新法律法规或管理办法，因此一些学者认为这方面的制度建构将成为未来我国城市更新的重点任务[68]。国家可逐步研究出台全国城市更新工作的行动纲领（指导意见），持续推进相应的法制建设（如编制条例等），积极引导城市更新与规划体系变革的有效融合，并创新融资渠道、优化更新收益分配、增强空间设计指引，赋予市场和社会等主体充分参与更新的机会和途径①。由于我国地域辽阔，东、中、西部城镇化进程不一，且各城市当前阶段的核心建设任务有所差异，因此，国家引导需给地方规则设立预留出弹性空间，鼓励地方管理部门因地制宜地建构本地化的城市更新工作指引。

2.3.2 地方城市的更新制度探索

我国地方层面的城市更新制度供给主要集中于省、市、区三个尺度②，目前省级层面（不含直辖市）的统筹制度建设正在起步（如安徽、辽宁、云南、贵州、内蒙古等省级行政区已出台省级管理文件），市级层面的制度创新日渐兴盛，部分城市在简政放权的过程中不断强化各区在城市更新政策供给上的权限配置。2008年以来，城市层面的城市更新制度创新在我国首先兴起于沿海发达城市，如广州、深圳和上海等地，这些城市在扩张过程中率先面临来自新增土地资源不足、城市产业转型升级等方面的挑战，通过制度建设破解此类难题成为共同选择。

---

① 立足我国基本国情，借鉴发达国家在土地、税收、法律等方面的更新机制，国家可考虑逐步研究制定全国城市更新的行动纲领、管理办法或条例，以明确城市更新的基本框架内容，包括更新原则、更新目的、管理主体、资金和项目、规划与计划、编审流程、实施流程、运作主体及行动方式等，并对相应的土地管理法、规划法、民法等有关条款进行对接、统筹和协调。

② 在推进精细化城市治理的过程中，部分城市还在街道、社区等层面实现了创新性的城市更新制度供给。

（1）地方城市更新制度的"顶层设计"

广州、深圳、上海等城市近10年来持续推进城市更新政策与体制的改革创新，涉及机构设置、资金来源、法规建设、规划编制、审批流程等多方面[①]。这些城市基本都专设了城市更新管理机构（通常由住建或规自部门主管，联合其他部门协同工作），出台了城市更新管理办法（或条例）和一系列配套政策法规。总体上，无论强调市场导向还是政府导向，这些城市基本都明确了城市更新从规划编制到实施落地的具体流程和要求，通过多主体申报（政府、业主、开发商等）等程序来确定更新项目，并探索划分"旧城—旧厂—旧村""全面改造—微改造—混合改造"或"拆除重建—综合整治"等更新类别，差异化引导推进实践项目的审批管理和实施建设。其间，标图建库、圈层引导、容积率奖励和转移、公益用地上交、保障性住房和创新产业用房提供等单项创新举措也不断出台。

（2）地方城市更新制度的"基层创建"

各地涌现出的基层规划师制度，开始发展成为联结政府与社会的重要纽带，在推动公众参与、协调多方诉求、优化利益分配等方面发挥着桥梁作用，表征了我国规划师从"技术精英"向"中间者/协调者"转型的新趋势。上海和广州推行的社区规划师制度、北京推行的责任规划师制度（图2-3）等，为自下而上地探索更加灵活多元的城市更新实施路径创造了有力的机制保障。不同城市竞相摸索的公共空间微更新、老旧小区改造、参与式设计、社区花园等百花齐放的试点项目，也为城市更新制度建设"摸着石头过河"提供了积极的基层创建路径。

2021年以来，佛山、厦门、徐州、长沙、福州、成都、无锡、重庆、贵州等地先后发布城市更新实施意见、管理办法或更新导则（表2-4），推动城市更新管理的细化和完善。2021年，《住房和城乡建设部办公厅关于开展第一批城市更新试点工作的通知》中明确，在北京、唐山、呼和浩特、沈阳等21个市（区）开展第一批城市更新试点工作，以探索城市更新统筹谋划机制、城市更新可持续模式，以及建立城市更新配套制度政策。

曾经的街角闲置建筑　　　　　　　居民参与改造过程　　　　　　　改造后的社区中心

图2-3　北京惠新东街：责任规划师通过发起公众参与推动闲置建筑改造成为社区中心

---

① 具体参见本书第5章。

2021年我国主要城市出台的城市更新指导性政策　　　　　　表2-4

时间	城市	文件	政策主要内容
2021年3月	徐州	《徐州市加快开展城市更新工作的实施意见（试行）》	◆ 明确城市更新重点，主要包含老旧小区改造、城中村改造、老旧街区改造、老旧厂区改造、自有产权改造更新、公共服务设施配套更新
2021年4月	长沙	《长沙市人民政府办公厅关于全面推进城市更新工作的实施意见》	◆ 城市重点功能区中对完善城市功能、提升产业结构、改善城市面貌有较大影响的更新项目，提倡采取全面改造方式
2021年4月	福州	《福州市"城市更新+"实施办法》	◆ 规定城市更新应结合地块实际，单独或组合采取修缮、改造、拆除重建等方式推动实施
2021年5月	无锡	《关于加快推进城市更新的实施意见（试行）》	◆ 重点推进启动运河湾、惠山北麓等重点城市更新单元； ◆ 全面实施一般城市更新单元、城镇（乡）更新单元和微更新单元，实现建成区城市更新全覆盖
2021年6月	珠海	《珠海经济特区城市更新管理办法》	◆ 完善实施主体选择方式和项目全过程监督制度，补充实际工作中需要给予支持的措施
2021年6月	重庆	《重庆市城市更新管理办法》	◆ 明确更新对象、适用范围； ◆ 强调发挥城市体检、专家咨询、社区规划师制度； ◆ 明确规划计划、项目实施流程； ◆ 提出资金筹措与政策支持措施
2021年7月	贵州	《贵州省城市更新行动实施方案（送审稿）》	◆ 明确九项重点任务：强化规划引领、着力推进"四改"（城镇老旧小区、棚户区、背街小巷、管网）、优化交通体系、完善城市绿化、补齐设施短板、完善城市功能、提升城市风貌、增强城市韧性、加强城市治理； ◆ 发布老旧小区、棚户区、背街小巷、地下管网建设改造工作实施方案，明确工作领导小组组成及职责分工，提出重点工作责任分工表
2021年9月	亳州	《亳州市城市更新实施办法》	◆ 围绕"一都一区一基地，一城一市一中心"建设目标，结合城市体检工作和国土空间规划，将城市更新与全国文明城市创建等有机融合，实现城市布局更科学、功能更完善、产业更多元、品质更优良
2021年9月	湛江	《湛江市人民政府关于印发湛江市城市更新（"三旧"改造）管理暂行办法的通知》	◆ 提出鼓励成片连片改造，对于改造地块不在历史文化街区范围内，确实不能与周边地块整合且满足用地规划条件规定的，可以进行城市更新
2021年11月	唐山	《唐山市城市更新实施办法（征求意见稿）》	◆ 明确唐山市城市更新的实施范围、实施原则、项目来源、工作机制、资金筹措等主要问题
2021年11月	西安	《西安市城市更新办法》	◆ 对城市更新的职责要求、城市更新规划、城市更新实施计划、城市更新项目管理等多方面作出明确规定
2021年12月	沈阳	《城市更新管理办法》	◆ 明确城市更新规划引领、问题导向、绿色低碳、提升品质，政府引导、市场运作，民生为本、共建共享的基本原则； ◆ 明确工作机制、策划实施、资金筹措、政策保障等核心问题
2021年12月	大连	《大连市城市更新管理暂行办法》	◆ 提出城市更新综合整治或者拆除重建的推进方法； ◆ 明确工作机制、工作流程与支持政策
2021年12月	兰州	《兰州市城市更新实施办法（征求意见稿）》	◆ 制定城市更新年度实施计划和实施方案，计划将老旧小区改造、危旧房改造、老旧街区改造、历史文化街区保护、既有建筑节能改造、综合整治、保障性住房建设等工作纳入城市更新范围； ◆ 通过单独或综合采取微改造、综合整治、拆除重建等方式推动实施

（资料来源：作者根据相关政策整理）

2.4 动力机制："增值型—平衡型—投入型"更新的制度供给

在分类引导的城市更新管理中，更新对象通常被划分为"老旧厂房""老旧住区""老旧商办"等不同功能类型，或按照"拆除重建""综合整治"等不同改造力度类型来实施政府管控。但从常常被我们忽视的极其重要的经济动力视角来看，城市更新还可简要划分为"增值型""平衡型""投入型"三类——更新管理的制度供给需根据这三类对象的差异进行针对性的规则设定（图2-4）。

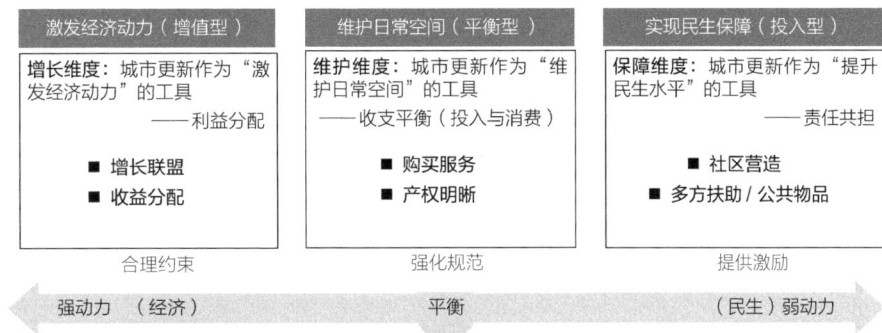

图2-4 "增值型""平衡型""投入型"城市更新及其引导方向

（1）更新动力强劲的"增值型"城市更新

一些城市更新项目的实施会带来可观的增值收益，如将一片老旧工业区改造为城市CBD或商住片区的拆除重建行为。政府和市场等主体参与和推动这类更新项目的潜在动力大，且政府、开发商等往往通过结成"增长联盟"来共同实施地区更新，并在此过程中各自获取相关收益。因此，这类更新活动的管控关键在于如何更加合理地进行增值收益分配，如何避免更新改造在环境、社会等方面可能造成的负面影响，如何保障更新对地区综合长远发展的贡献等。

（2）日常空间维护的"平衡型"城市更新

平衡型城市更新几乎每天发生在城市的不同角落，是对空间环境老化的一种持续性修缮和维护工作，如业主出资的房屋外立面维修等。这类城市更新的空间对象往往责权边界相对清晰，业主等通过购买服务来修缮物产并获得相应的品质回报，投入与收获达成平衡关系。针对此类投入与消费过程，更新管控的关键在于通过规范建构（如完善物业管理机制、优化相关法规建设等）进一步明晰产权关系，保障业主意愿的合理实现，确保相关服务有效供给和获取的路径提供等。

（3）为保障民生开展的"投入型"城市更新

这类城市更新往往并不能带来直接的增值收益或经济收入，相反需要更多地投入资金、人力等成本，以保障基本民生所需和拉动落后地区的发展，如对一些老旧社区、贫困地区开展的改造和优化行动。因此，这类更新通常离不开来自政府、社会组织、第三方机构等的扶助，其管控关键在于如何调动居民出资、明确责任共担机制、保障公共物品供给，以及如何通过推动社区营造、激发市场参与等实现以在地居民为核心的多元主体共建共治。

总体来看，上述三类更新的有效管控需要机制设计与策略举措上的区别应对。例如，针对"增值型"城市更新，需更多地考虑如何进行好的"管束/约束"和公平的利益分配，确保开发容量不"超容"、建设行为不破坏生态环境和历史文化等，以避免强劲更新动力带来的一味追求经济收益的再开发影响；针对"投入型"的城市更新，政府需要提供更多的支持、保障和激励措施，如局部放宽对功能用途等的管制要求（对"补短板"行动的弹性管理支持等），提供一定的资金帮助或容积率奖励等；针对"平衡型"的城市更新，则需建构有序的维护和维修等保障机制，以便物业公司、业主在公共维修基金使用等问题上实现良性互动，确保城市物产能够获得持续有效的渐进式"修补"，这对于减少"短命建筑"和实现存量空间的长远稳定发展至关重要。

2.5 管控维度："主体—资金—空间—运维"的制度建设4S维度

综合考量城市更新过程中的"人—财—物—事"要素，我们可建构得出"主体（Multiple Stakeholders）—资金（Capital Source）—空间（Physical Space）—运维（Operation Service）"相互支持的4S制度框架（图2-5）。其中，"空间"是城市更

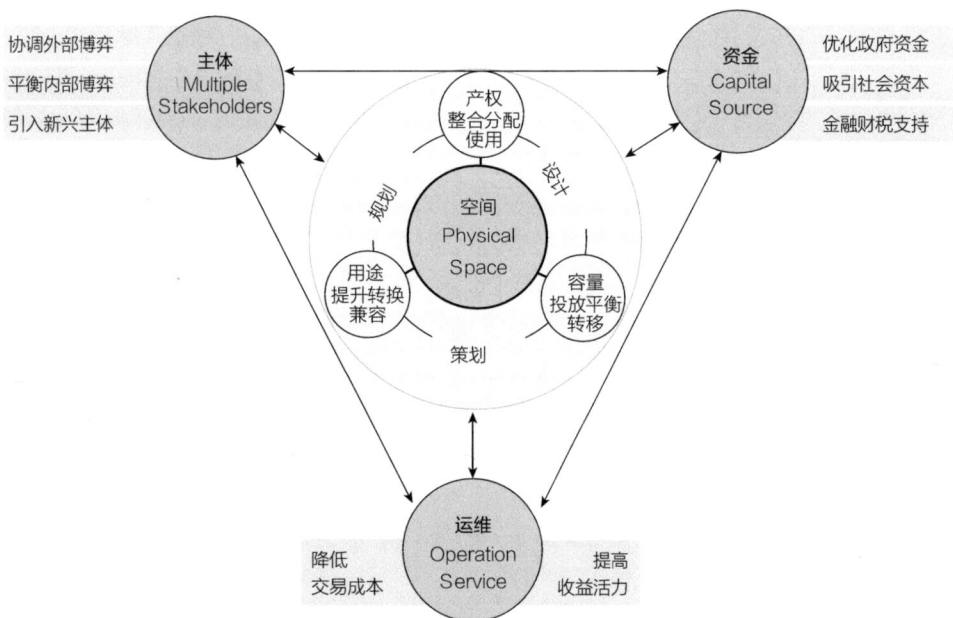

图2-5 基于"主体—资金—空间—运维"的城市更新制度建设4S框架

新作用的核心物质载体，是满足不同主体诉求、推进多元资金投入、落实长效运维的具体对象，也是影响更新动力与红利的关键要素；"主体""资金"和"运维"互相关联、互为支撑，可结成规则合力来有效保障城市更新活动的开展，例如主体间博弈达成的利益平衡，既是对更新责权的分配，也是实现高效运维的基本保障；丰富的资金来源离不开多元主体的积极投入，而创造资金收益亦是诸多主体的共同目标；长效运维是形成资金收益的重要手段，前期资金投入则是保障运维开展的基本前提等。

实现"主体—资金—空间—运维"综合统筹和相互适配的更新制度安排，将传统制度建设仅关注"空间"的做法，拓展到更为广泛的主体、资金和运维探索，推进四位一体的更新制度建设，是保障我国城市更新可持续发展的工作重点。

2.6 城市更新行动的体系化建构

当前，城市更新行动在全国范围内的推广和实施，带来相关城市建设管理的体系化变革。不同城市和地区在系统理解城市更新概念内涵、研判本地城市发展阶段与演进历程、透析国家上位政策指引的基础上，重点通过"管理架构—政策体系—专项规划—行动计划—项目库"五个方面的改革（图2-6），搭建面向存量空间发展的城市更新管理系统[①]。

在"管理架构"上，城市政府通常会成立专门的城市更新"领导小组"（部分城市会对应建立"城市更新办公室"或"城市更新专班"），并明确具体落实更新管理的牵头部门机构（如住建部门或规自部门）。在此基础上，城市会对政府各部门承担的城市更新相关职责加以界定，提出跨部门协同工作的要求和机制。在政府分层级协作

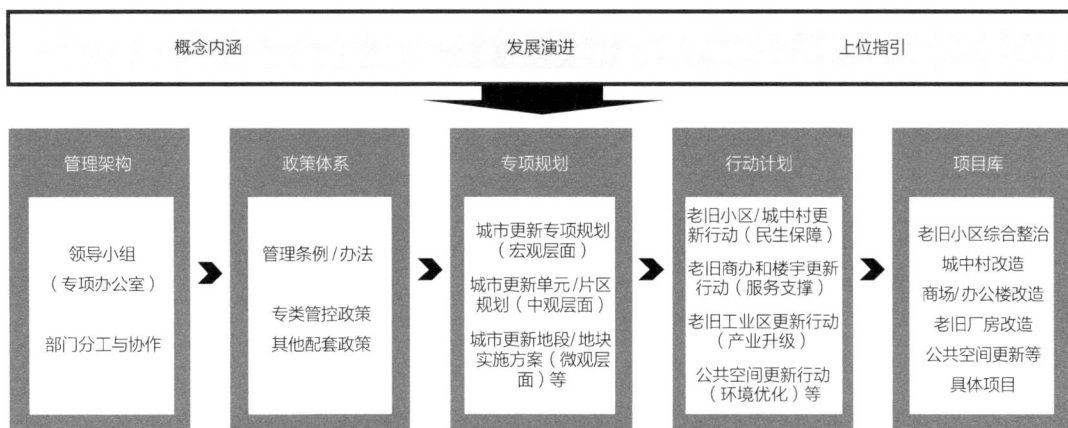

图2-6 城市更新行动的体系化建构

---

① 本书第5章将结合上海、广州、深圳等地探索具体展开讨论。

方面，通常市级部门发挥统筹决议作用，负责制定市级层面城市更新相关政策、开展
规划计划审批及进行重大事项决议；区级（县/管委会）政府一般是城市更新的责任
主体，负责本行政辖区内城市更新的具体实施推进；街道/居委会等基层行政部门负
责推动公众参与，配合落实城市更新工作进程（图2-7）。

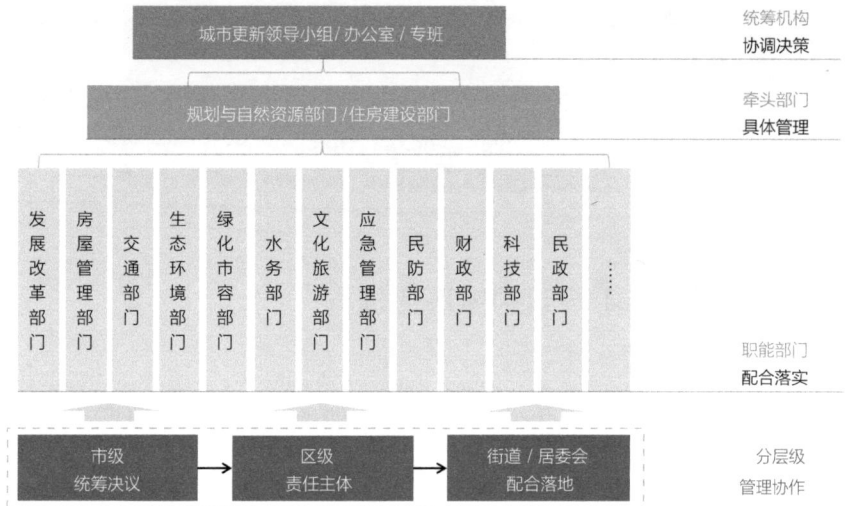

图2-7 城市更新管理架构优化

在"政策体系"上，各地通常会开展系统化的城市更新政策建设，积极出台具有
地方纲领作用的城市更新条例、管理办法或指导意见（"1"）；并针对更新项目的分
类管控，发布专类的城市更新管理文件（"N"，如分别针对旧厂、旧城、旧村的"三旧
改造"政策文件；分别针对拆除重建、综合整治的政策文件等）；其他围绕更新流程、
更新细则、标准规范等出台的城市更新细化政策（"X"）则处于持续的按需编制中。由
此，"1+N+X"或者更加扁平的"1+N"政策体系在不同城市均可以见到（图2-8）。

在"专项规划"上，专门针对城市更新的专类规划不时涌现（通常为规自部门负

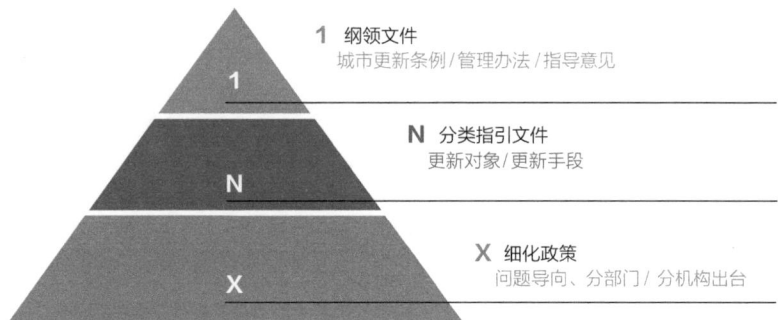

图2-8 城市更新政策体系构建

责组织编制），可涵盖宏观、中观、微观多个层级，规划的名字或称呼各有差异。在城市总体或者分区层面，编制城市更新专项规划成为一种新趋势，这些专项规划要么"衔接"或者"融入"市县国土空间总体规划之中（规自部门组织编制），要么以"城市更新'十四五'规划"等"五年规划"的形式加以呈现（发改部门组织编制）。在中观层面，针对"片区统筹"或者"更新单元"的新型城市更新规划编制越发频繁，许多此类规划还直接对接成为（控制性）详细规划相关单元的法定规划编制成果。在微观层面，更新段或地块的规划设计实施方案由政府或项目的市场实施主体等组织编制，获得政府批准后即进入建设实施阶段（图2-9）。

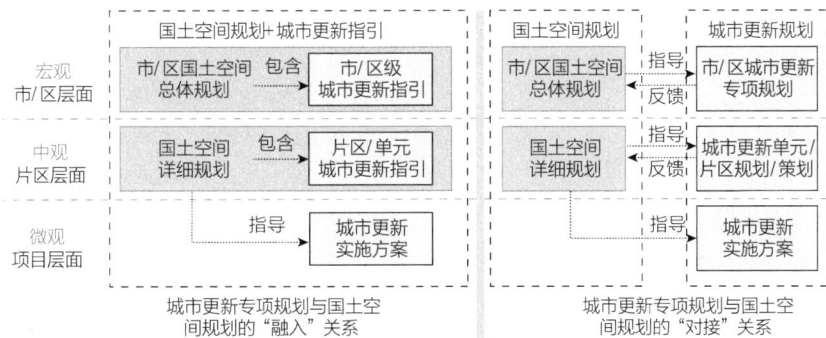

图2-9　城市更新专项规划与国土空间规划的关系
（资料来源：叶珩羽、殷小勇绘制）

在"行动计划"和"项目库"上，住建部门常常以此为工具来管理和落地城市更新的项目实施，针对一定期限内预期要完成的城市更新实践行动及其具体项目库等编订计划。行动计划和项目库通常相伴而行，既包含自上而下的行动指引，也包括自下而上的更新项目自主申报。

显然，在当前城市更新热潮全方位掀起的特殊转型期，无论是城市更新制度供给的"治理尺度—动力机制—管控维度"应对，还是基于"管理架构—政策体系—专项规划—行动计划—项目库"的城市更新行动体系建构，都不可能一蹴而就。制度建设目标与政策运行的实际成效之间时常会出现偏差，因此对城市更新制度规则的采用和评判需要十分谨慎，既不应"一窝蜂"地草率出台，也不应将政策简单地当作政府工作业绩的"门面装点"。城市更新制度或政策一旦出台后，需要不断通过实践检验来持续地优化和调整，以有效发挥城市更新制度在统筹开发与保护，控制与激励，责任与权力，政府、市场与社会，跨部门和跨层级管理衔接等方面的综合作用。

第 3 章

城市更新4S维度：主体—资金—空间—运维

城市更新活动不同程度地涉及利益协调、资源投入、空间处置和运作维护等工作，为规避过去城市更新仅仅关注"空间（物）"要素处置而造成的种种不足，针对主体（人）、资金（财）、空间（物）、运维（事）等全维度要素进行多元统筹下的更新制度设计，成为城市更新目标达成的重要途径。本章基于"主体—资金—空间—运维"相互适配的城市更新4S框架，梳理与主体、资金、空间、运维密切关联的理论思潮及制度做法，为城市更新制度分析提供基础理论支撑。

3.1 城市更新制度建设的4S维度：主体—资金—空间—运维①

《牛津词典》认为，理论（Theory）是"对事实、状态或事件的一种合理解释，是一种系统或科学的解释"，理论代表着"对一套规则的正式陈述，而这些规则提供了课题研究的基础"，即理论提供了一组概念和观点用来解释事实或事件。具有普适性的理论能够以合理的方式解释论据、提出新的规范，并以新的学理基础开辟新的学术领域[69]。本章探讨了"主体—资金—空间—运维"的理论支撑与制度供给，从而搭建起城市更新制度理论分析与实践运作之间的桥梁（图3-1）。城乡规划学、政治学、社会学、经济学、地理学等不同学科领域的诸多理论，均可用于解释或理解城市更新制度建设的"主体—资金—空间—运维"问题（图3-2）。

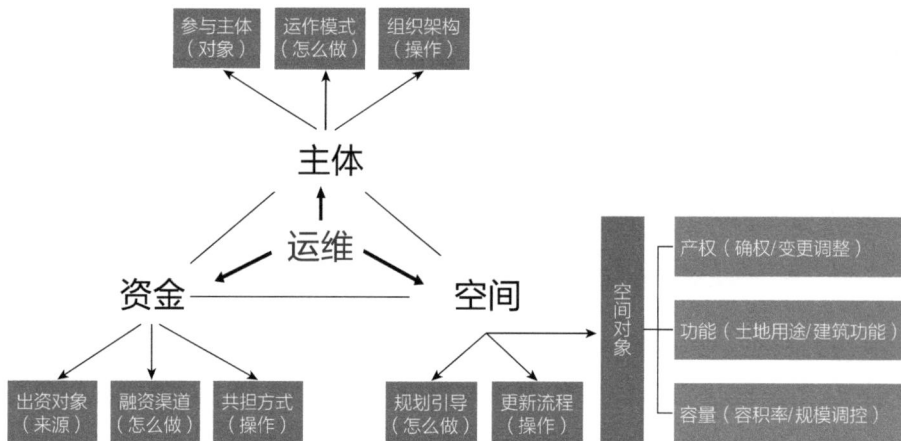

图3-1　城市更新制度建设的"主体—资金—空间—运维"关系

3.2 关于主体（Multiple Stakeholders）的理论支撑与制度供给

随着产权制度改革和市场经济探索的不断深入，市场主体越来越多地介入到我国的城市建设与发展中，加之市民社会意识的觉醒，城市空间的权力归属和利益关系呈现出日趋多元的层次分化特征，促使城市更新的参与主体、主导模式和博弈过程等变得越来越复杂[70]，"能否达成主体间共识"成为决定城市更新可否落地的关键因素。

---

① 本章主要观点具体参见：唐燕. 我国城市更新制度建设的关键维度与策略解析［J］. 国际城市规划，2022（1）：1-8；唐燕，殷小勇，刘思璐. 我国城市更新制度供给与动力再造［J］. 城市与区域规划研究，2022（1）：1-19.

		政治、经济、管理学	城乡规划学

图3-2 关于"主体—资金—空间—运维"的城市更新理论解释

3.2.1 主体的相关理论

从主体维度来看，"利益相关者"理论为辨析城市更新的参与主体及其角色提供了解释框架，涉及城市更新的产权主体、管理主体、实施主体、社区主体等不同对象[71]；"利益集团""增长机器"和更加广泛的"博弈论"可用于进一步解析不同主体之间的合作关系和组织模式。"多中心治理"和"公众参与"理论的逐步兴起使得传统自上而下的更新管理模式日渐被打破，城市更新的多主体协作逐渐成为主流，如以"城市政体"为基础的PPP理论及其衍生模式，均强调通过政府与私营机构之间的合作来推动城市更新实施（表3–1）。

城市更新主体维度的相关理论 表3-1

分类	理论	代表人物	理论延伸
主体对象	利益相关者理论	• R. E. 弗里曼（R. E. Freeman），1951年 • J. P. 查克汉姆（J. P. Charkham），1992年 • M. B. E. 克拉克逊（M. B. E. Clarkson），1995年 • R. K. 米切尔等（R. K. Mitcherll, B. R. Agle, D. J. Wood），1997年	—
	利益集团理论	• B. 亚瑟（B. Arthur），1908年 • M. L. 奥尔森（M. L. Olson），1965年 • D. 杜鲁门（D. Truman），1971年 • 塞义伯里（Saiibury），1970年代 • D. C. 诺斯（D. C. North），1980年代	• 多元主义：J. C. 卡尔霍恩（J. C. Calhoun），1840年 • 精英主义：M. E. 奥尔森（M. E. Olsen）和M. N. 马杰尔（M. N. Marger），1960年代 • 法团主义：P. C. 施密特（P. C. Schmitter），1970年代
	增长机器理论	• H. 莫罗奇（H. Molotch），1967年	
	城市政体理论	• C. N. 斯通（C. N. Stone），2005年	• PPP模式：美国，1950年代
主体关系	博弈论	• J. V. 诺伊曼（J. V. Neumann），1928年	• 纳什均衡：J. F. 纳什（J. F. Nash），1950年代
	多中心治理理论	• E. 奥斯特罗姆（E. Ostrom），1990年	—
	公众参与理论	• S. 阿恩斯坦（S. Arnstein），1969年	—

3.2.1.1 利益相关者理论

"利益相关者"概念来自R. E. 弗里曼（R. E. Freeman）[72]，他对企业利益相关者给出的经典定义是"指那些能影响企业目标的实现或被企业目标的实现所影响的个人或群体"。利益相关者理论（Stakeholder Theory）认为，将各利益相关者纳入组织决策，既是一种伦理要求，也是一种战略资源。R. K. 米切尔（R. K. Mitcherll）等[73]从利益相关者的认定及其属性两方面出发，认为利益相关者应当具备三个条件（图3-3）：①影响力（Power），利益相关者拥有影响决策的地位、能力和相应的手段；②合法性（Legitimacy），利益相关者在法律和道义上赋有相关索取权；③紧迫性（Urgency），利益相关者的要求能立即引起管理层的关注。米切尔将拥有上述三项属性的主体定义为确定型利益相关者（Definitive Stakeholders），拥有其中两项属性的定义为预期型利益相关者（Expectant Stakeholders），拥有其中一项属性的定义为潜在利益相关者（Latent Stakeholders）。

J. P. 查克汉姆（J. P. Charkham）[74]按照相关利益群体与企业是否存在交易性合同关系，将利益相关者分为：①契约型利益相关者（Contractual Shareholders），包括股东、雇员、顾客、分销商、供应商、贷款人等；②公众型利益相关者（Community Shareholders），包括消费者、监管者、政府、媒体、社区等。M. B. E. 克拉克逊（M. B. E. Clarkson）[75]根据相关者群体在企业经营活动中承担风险的方式，将利益相关者分为主动利益相关者（Positive Stakeholders）和被动利益相关者（Passive

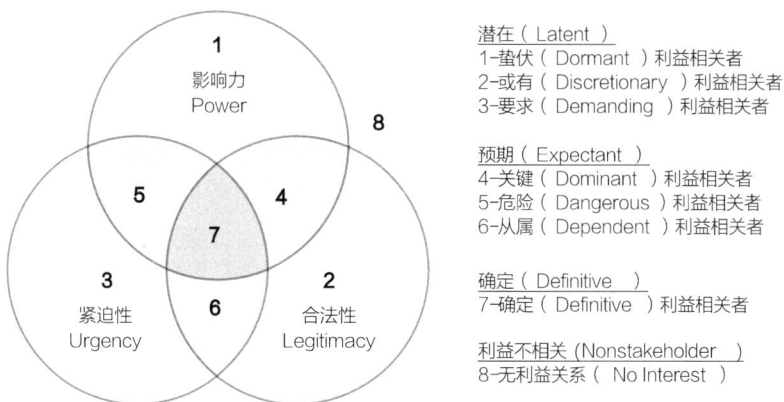

图3-3　利益相关者重要性的类别
（资料来源：根据参考文献［73］整理）

Stakeholders），又根据利益相关者与企业联系的紧密程度，将利益相关者分为主要利益相关者（Primary Stakeholders）和次要利益相关者（Secondary Stakeholders）。

城市更新活动涉及诸多利益相关者，他们共同决定了城市更新项目能否开展以及如何开展。从参与城市更新的热情、满足利益要求的紧迫性、发挥作用的强弱等方面考量，城市更新的主要（核心）利益相关者通常包括政府、开发商、产权人（业主、居民和居民组织等），次要利益相关者可能包括建设单位、设计单位、周边市民等[9]；除此之外，专家学者、媒体、NGO组织、非政府组织等相关行动者也开始发挥日趋重要的作用[55]。

城市更新参与主体的多元化进程，实质上是城市更新的"民主化"过程，也是空间权利分散到更多利益相关方手中的过程。城市更新参与方之间的关系可简单分解为"权力关系"和"利益关系"：权力关系是指参与方拥有的空间归属、地位、话语权力等的相互作用机制，主要体现的是空间的权属关系；利益关系是指参与方对空间的使用、收益等的相互作用机制，主要体现的是空间的价值关系[70]。姜杰等[78]把城市更新中涉及的利益，从影响地域上划分为全局利益、局部利益和本位利益，从时段上划分为长远利益、短期利益和眼前利益。李彦伯、诸大建[79]基于利益相关者分析，提出了城市历史街区发展中的"回应性决策主体"模型。周安远、施建刚[80]探讨了城市更新中局部（短期）利益与整体（长期）利益、同一主体多元利益诉求、不同主体利益冲突等问题，提出建立平等、实质性的参与决策路径。钱艳等[81]用关键程度矩阵方法分析了重庆"二厂文创园"改造中的关键利益相关者诉求，以此提出工业遗址再利用的可持续性评价框架。总体来看，随着城市更新的利益主体关系日益复杂，规划、设计、实施、运营等各阶段的主体介入越来越多，如何厘清不同阶段不同利益主体的重要性与诉求所在，是协调更新主体关系、开展利益平衡的基础。

3.2.1.2　利益集团理论

"利益集团"（Interest Group）概念最早出现于西方政治学领域，源于对各类复杂社会矛盾中不同个体之间关系的研究，后被经济学、社会学、法学等学科广泛使用[82]。J. 麦迪逊（J. Madison）[83]首次使用"派别"来阐述利益集团概念，并将其定义为"为某种共同的感情或利益所驱使而联合起来的一定数量的公民"，认为利益集团作为局部利益是与公共利益相悖的；R. A. 达尔（R. A. Dahl）[84]定义其为"任何一群为了争取或维护某种共同的利益或目标而一起行动的人"；J. B. 史蒂文森（J. B. Stevens）[85]把利益集团看作"一个由拥有某些共同目标并试图影响公共政策的个体构成的组织实体"。

　　20世纪上半叶，利益集团理论开始进入系统研究阶段。B. 亚瑟（B. Arthur）[86]于1908年指出，组织的重要性在于它代表的利益，政府的作用是了解集团及其代表人群，政治过程是集团间相互作用的结果；D. 杜鲁门（D. Truman）[87]综合解释了利益集团在政府和政治中的作用，公共选择理论学派学者M. L. 奥尔森（M. L. Olson）[88]分析了利益集团的形成以及内部运作情况，将利益集团按照规模分为小集团和大集团①，按照利益性质分为相容性（Inclusive）利益集团和排他性（Exclusive）利益集团。1970年代，塞义伯里（Saiibury）提出利益集团的交换理论（Exchange Theory of Interest Groups），包括集团组织者、成员、利益、交换四个主要概念[82]。1980年代中后期，新制度学派学者D. C. 诺斯（D. C. North）探讨了利益集团之间的博弈对经济制度变迁的影响过程，认为制度的形成是利益集团之间博弈的结果，并提出"行动集团理论"②[82]。T. 洛伊（T. Lowi）指出利益集团会使用非正式的讨价还价来反对政府的程序，削弱民主组织的机构及其制度，使政府变得无能[89]。

　　不同形式的利益集团在城市治理过程中发挥不同的作用，涉及多元主义、精英主义、法团主义等不同探讨。多元主义、精英主义强调市民社会或者精英社会与国家的分立与制约，而法团主义重点关注国家与社会之间的联合与协作，强调维护社会的整合与团结，更具公正性和效率优势[90]。景跃进[91]指出，三种理论之间具有内在的深层联系，其中多元主义与精英主义处于权利"分散与集中"连续谱的不同位置，多元主义与法团主义则处在组织的"开放与封闭"连续谱上的不同位置。

　　多元主义（Pluralism）主要从社会变迁的角度解释利益集团的形成机制，指出人们能够为实现共同目标志愿组建利益集团，这不仅是公民社会富有活力的体现，还是政治系统有效运行的重要条件[92]。1840年，J. C. 卡尔霍恩（J. C. Calhoun）[93]提出"多数共存"，认为社会中的每种利益都是影响国家政策的力量，只有由所有利益集团构成的多数共存，才能使整个国家的政策得以发展，才能代表广泛的社会利益。麦迪逊提出利益集团之间的"遏制与平衡"概念，认为应该增加派别的数量来促进公平③[89]。1950年代，多元主义理论在政治学领域得到较快发展，包括厄尔·莱瑟姆、罗伯特·达尔等的探索：理论以个人主义为基础与核心，认为多元社会源于社会结

---

① 小集团的行动比大集团更有效，相容性的利益集团比较容易实现集体的共同利益。奥尔森认为有理性、寻求自身利益的个人不会采取行动来实现他们共同的或集团的利益，集团利益的公共物品性质会导致集团成员普遍的"搭便车"行为。

② 诺斯提出了利益集团与制度变迁的关系，在出现新的获利机会的基础上，由个别的人所组成的集团捕捉到了新的机会，进而提出选择新的制度方案。集团要在与其他集团的博弈中取得优势，获得国家的认可之后才能获得共同增加的利益，从而建立新的制度。

③ 部分政治学家也认为，多元的利益集团存在本身就是民主的一种形式。

构变化和社会分工，由此产生了有别于家庭的以共同利益为核心的集团。在现代社会中，多元集团对公共政策有着重要的影响作用，集团是个人与国家之间的中介，是领袖和公民之间的媒介，集团能够填补政治制度的空缺，国家决策能够通过集团来反映公众利益[①]。

1960年代，精英主义（Elitism）理论逐渐发展，该理论承认人类社会中权力与资源分配的不平等性，认为在任何社会中，精英都是不可避免的，他们控制着国家政治并作出重要决策。M. E. 奥尔森（M. E. Olsen）和M. N. 马杰尔（M. N. Marger）指出精英取向的基本原则包括：①在所有社会和大型组织当中，一直存在少数强有力的统治精英；②尽管精英数量占比较小，但他们却控制着大份额的资源，以保证他们能够有效地使用权力；③精英不主动让渡权力，只有在利于自身利益时，他们才与他人分享权力；④精英使用控制政府、支配经济等多种手段统治社会；⑤重大的社会转型总是遭到精英的反对；⑥随着社会变得越来越大而复杂，精英的权力趋于隐秘。

法团主义（Corporatism）作为阶级合作的一种方式，又称为社团主义、合作主义、统合主义，是政治经济学"制度主义"的一个分支[②]。P. C. 施密特（P. C. Schmitter）[94]认为，"法团主义可以定义为一种利益代表制度，由数目有限、功能分化的利益集团构成，这些利益集团在其代表的范围内是独一的、强制性的、非竞争的，并具有等级结构"。法团主义是政治制度中有关社会团体之间及其与国家（政府）间的结构和功能安排的学说，是沟通政治系统与社会系统的桥梁。法团主义的核心观点认为：经济、社会、政治行为之间，不能仅仅根据主体选择和偏好或仅仅根据公共机构的指令来理解，而是在三者之间存在大量的中介性组织和中介性媒介，政府、市场和社会需要依赖这些中介性组织和媒介搭建沟通、合作甚至解决冲突的桥梁，从而达成一种共赢[95]。法团主义使国家与社会关系处于"国家社会化"与"社会国家化"的双向过程中[91]。与"政府—市场—社会"三元制衡观念不同的是，法团主义主张中介化的治理的权威政体模式，强调利益集团具有官僚化的集中趋势；某一领域的利益表达由特定的团体所垄断，国家与垄断性的利益集团之间建立了一种制度化的协商、合作关系；国家让出了部分公共权力，允许垄断性的利益集团进入公共政策的决策过程，从而在政策制定过程中扮演特殊的角色，导致政策过程的封闭。

3.2.1.3　增长机器与城市政体理论

"增长机器"（Growth Machine）理论认为城市犹如一台增长的机器，要输出政策用以支持和促进增长[96]。H. 莫罗奇（H. Molotch）[96]将以经济增长为导向且持续主宰地方政府的同盟称作"增长机器"，他认为城市空间的生产是充满各方利益博弈的过程，占主导地位的始终是有权势的一方[97]；地方官员发展地方经济的强烈动机和基于土地的经济精英聚敛财富的动机，主导着城市政治的发展方向，并因此在城市发展中形成了政治精英和经济精英的联盟[98-99]。

① 政治过程中，通过利益集团之间的制约、政策问题的网状系统、赞助人的作用、社会运动可以产生相互作用及相互抵消的力量，促进社会民主过程。
② 法团主义起源于近代欧洲斯堪的纳维亚地区的权威主义政体，其完整理论体系出现于1970年代。

在增长机器理论看来，城市中的许多力量共同推动着城市增长，增长目标由诸多不同团体共同设定——他们根据共同的利益诉求和目标而达成联盟和结成集团①[55]。每个城市都有一个"支持城市增长同盟"在控制着城市发展，这个联盟包括政府部门、规划机构、房地产商、其他利益团体等，他们常常忽视社区发展、低收入群体需求等公益性的议题，强调通过促进经济增长、城市开发推动城市发展[100]。城市增长联盟广泛存在于各种政治体制的国家中，不同国家增长联盟的主导方以及联盟内部的关系存在差异，同一国家内部的增长联盟也并非稳固不变，会随着社会变迁而兴起或衰落。

在我国城市化进程中，基于发展政绩和土地盈利等目标，地方政府与各类商业团体、金融机构等常常以土地开发项目为基础，共同组建城市增长联盟，促成了中国城市的"增长主义"发展模式[101]。这种城市增长联盟的特点与后社会主义国家有相似之处，但与西方多元主义政治不同。中国社会的经济精英鲜有对政府施加政治压力来获得利益，而主要通过与官员结盟来实现自身利益②[90]，利益联盟的核心成分和主导方通常是政治精英，政治利益与经济利益联系相对紧密[77]。当前关于我国城市发展增长联盟的结盟特点讨论，主要集中于以下三个方面：①政府主导：朱介鸣[102-103]等认为我国政府在城市发展与建设过程中具有绝对主导权，时常扮演着"划桨"与"掌舵"的双重角色；谢涤湘[70]提出权力集中于政府在一定程度上有利于提高更新效率，但不利于社会稳定和空间正义；②政府与市场联盟：张京祥[104]认为中国当前发展背景决定了城市治理首先是"政府与市场"的结盟，而不是"政府与公众"或"市场与公众"的结盟；胡娟[105]提出在经济和政治利益的驱使下，政府很容易与市场（开发商、拆迁公司、评估公司等）结成联盟，还可能利用各种潜规则、灰规则、黑规则等破坏合法的博弈平台③；这一发展模式高度关注城市土地开发的政治与商业利益，而忽略了多元化的社会利益与需求，容易造成社会矛盾与冲突[106]；③开发商与公众联盟：开发商会为了追求利益最大化而在一定程度上与公众合作开发，以减小交易成本和获得更好回报，但开发商与公众的有限合作往往建立在经济原则之上（通常并不能解决社会问题）[70]，甚至出现居民与开发商倒逼政府修改规划条件的情况。

城市政体理论（Urban Regime Theory）认为，社会由三方力量构成，即具有行政力的政府、具有经济力的企业、具有社会影响力的社会，政策是各方力量博弈的结果。"政体"（Regime）是城市"政府—市场—社会"所构成的某种联盟状态，重在从政治经济角度探讨公共与私人之间的关系。通常，城市政体被定义为公共和私人利益之间的非正式安排，这一非正式安排的目的是为了让利益攸关各方在治理决策中能够共同发挥作用，并最终达成目标。对地方政府与市场之间的权利结构研究表明，城市政体的重点在于公共与私人领域联盟在市政建设方面的合作[107]。

---

① 这类联盟和集团会随着博弈过程而变化。
② 这类经济精英阶层没有相对于政府的独立性，而是与政府合作形成了利益联盟。
③ 城市政府以"积极不干预"的行为原则，仅充当规划引导、政策提供等支持性角色，结合补偿性政策来平衡改造项目的财务可行性，从而鼓励和吸引私人投资；开发商作为主导者，通过市场机制获得用于开发的土地，再利用其资金、技术和知识等优势推进商业开发获利。

欧美的城市更新经历了政府主导模式、政企合作模式、社企合作模式等不同政体主导发展阶段。C. N. 斯通（C. N. Stone）[108] 基于亚特兰大的实证研究，揭示出政府、企业和社会为实现各自的利益目标必须展开合作，并根据城市发展目标将城市政体分为维持型政体（Caretaker Regime）、发展型政体（Development Regime）、进步型政体（Progressive Regime）和致力于下层阶级机会的扩张型政体（Regimes Devoted to Lower Class Opportunity Expansion）。

总体上，空间治理研究基本以政府、市场和公众的三元政体理论为基础，政体间的不同合作关系对城市发展和空间动态演变发挥着不同作用，最具代表性的是各国正广泛应用的"公私合作伙伴关系（Public Private Partnership，PPP）"[107]。PPP可追溯到1950年代的美国，当时的教育及城市更新领域中产生了一批公共和私营部门合作的合资企业。随着PPP的内涵拓宽①，其被用于指代公共政府部门同私营机构之间的合作关系，通过资产、财务、资源等互补分配方式，共担风险和共享回报，以实现为市民提供优质服务及社会资源的目的。过去，政府通过公共采购形式为市民提供社会服务及公共设施，即由政府明确供给的需求、质量和模式，再寻找建筑公司进行建造或改造，最后选择运营商开展资产管理并供给服务。PPP的出现逐步取代了传统的政府服务供给方式，具体形式包括 BTO（Build Transfer Operate）、BOT（Build Operate Transfer）、BOO（Build Own Operate）等。PPP模式在公共部门与私营机构之间实现了平衡和互补，推动私营机构积极参与社会治理与城市更新并充分发挥其经营能力，政府通过政策和法律等构建起有序的实施环境，社会由此获得更加高效、便捷、优质的服务。

3.2.1.4 博弈论

J. V. 诺伊曼（J. V. Neumann J V）[109] 于1928年正式提出博弈论（Game Theory）。博弈是一种决策行为，指决策主体在作决策时不仅依赖于自身选择，更要受到其他主体的影响并作出应对，故决策行为与多个主体相关。博弈论主要研究相互依存情况下的理性行为及其结果[110]，博弈主体不限于两方，多方博弈的情况时常发生。城市更新中的博弈主体常常涉及政府、企业、开发商、居民等，各方利益之间相互制衡，呈现混合博弈倾向。城市更新是对现有存量空间的优化调整，需要协调牵扯其中的各方的现有权益及更新后的效益，博弈关系复杂。

1950年代，J. F. 纳什（J. F. Nash）[111] 扩大了博弈论的外延，提出纳什均衡理论（Nash Equilibrium），用以表述参与博弈的各方在做出理性决策并经过相互利益制衡后达成的稳定状态。城市在不同时期因历史环境及政策限制等影响，政府、开发商、企业、居民等在博弈中形成了不同的纳什均衡状态，但当时代背景或某些重要因素发生变化时，原有纳什均衡会被打破，各方需要重新开始博弈并最终产生一定的政策制度

---

① 欧盟委员会（2004年）将 PPP 定义为"公共当局与商业界之间的合作形式，旨在确保基础设施的融资、建设、改造、管理和维护或服务的提供"；标准普尔（2005年）将PPP定义为"公共部门和私营部门之间的任何中长期关系，涉及多部门技能、专业知识和资金的风险和回报的分担，以实现预期的政策结果"；欧洲投资银行（2004年）将PPP定义为"私营部门和公共机构之间形成的关系的通用术语，通常旨在引入私营部门资源和/或专业知识，以帮助提供和交付公共部门资产和服务"。

和更新模式，形成新的纳什均衡。任绍斌[76]指出，城市更新的三方核心利益主体的诉求互相关联又存在冲突（图3-4）。①政府和开发商之间的利益冲突焦点为规则性冲突，即两者在开发规则和开发条件上的博弈。一方面，政府通过设定开发条件来引导和控制开发商的开发行为；另一方面，开发商为了利益最大化，不断试图去改变和突破制约其利益实现的开发规则和开发条件。②政府与产权人之间的利益冲突聚焦在公共利益分配上，政府作为公共利益的维护者和监管者，需全域、全方位考虑公共利益的分配，而产权人从局域利益和个人利益出发，希望尽可能多地分得城市公共利益蛋糕。

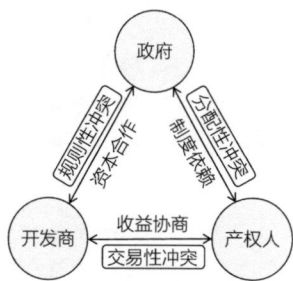

图3-4　城市更新中的利益主体和利益冲突焦点
（资料来源：根据参考文献[76][77]改绘）

③开发商和产权人之间的冲突关注交易性，两者可按照市场规则进行讨价还价，以最终达成交易[76]。城市更新博弈的理想模型包括决策上的公开化、投资上的多元化、设计上的交互化以及管理上的民主化[112]，通过制度性建构形成"利益共享、风险共担"的合作博弈[113]。但现实中的城市更新博弈中，政府、市场和公众常常处于不平等的地位，公权的异化、市场的膨胀和私权的弱化导致了博弈的结构性失衡[114]。

城市更新中博弈参与群体的多元化带来博弈结果的多样性，相关解释重在剖析博弈方式、博弈所应遵循的游戏规则及博弈各方的利益需求等[115]：①根据行动先后顺序，博弈可分为静态博弈与动态博弈，城市更新往往是在持续动态博弈中寻求利益制衡，并不断优化各方利益关系与集体利益保障；②根据博弈主体获取信息是否充分，博弈可分为完全信息博弈与不完全信息博弈，不完全博弈下部分主体只能采取有限的行动，如城市更新中居民通常所处的不完全信息状态；③根据博弈内容与主体关系，博弈可分为合作博弈与非合作博弈，主要区别在于各行为主体在采取各自行动时，能否达成具有约束力的共同协议①，城市更新应避免非合作博弈，通过多主体利益协商实现合作博弈并最终达到纳什均衡；④博弈结果可以分为"正和""零和"和"负和"三种类型。"正和"即博弈各方都认为自己作出的选择是最优决策②，"零和"指博弈结果是一种对城市建设和经济发展不起作用的结局③，"负和"即非合作博弈，其结果不仅没对城市建设和经济发展起到正面作用，还阻碍了城市发展的顺利进行。

王春兰[77]认为目前我国城市更新中，各主体主要通过谈判、对话、协商类的"柔性博弈手段"实现对自身利益的追求；刘昕[116]认为我国城市更新中的权益博弈须建立合理的规则结构，包括准入、举证、谈判、确认、责任、救济6个方面。城市更新需要强化公共利益维护、弱势权益保障、城市服务供给等：在政府与开发商的博

---

① 达成约束双方行为协议的称为合作博弈，不能达成的则为非合作博弈。合作博弈强调团体理性和整体最优，即给博弈双方都能带来最好的效果，提出效率、公平、公正；非合作博弈强调个人理性，即个人决策最优，其结果可能是有效率的，也可能是无效率的。

② 博弈各方达到了"纳什均衡"状态，利益各方实现共赢。

③ 对博弈各方来说，通常就是一方（或者一部分）实现了最优选择，但另一方（或者另一部分）没有达到最优选择。

弈中，需通过政策管控与引导保护公共利益不被侵犯，鼓励开发商提供有益于公共利益的项目开发；在政府与居民的博弈中，需强化居民在规划编制和更新过程中的力量，由政府垄断的精英式规划转向公众参与的共建共治模式；在开发商与居民的博弈中，要控制过度的营利性开发，优先补足基本生活服务设施以保障基本民生。

3.2.1.5 多中心治理与公众参与理论

在英国社会学家M. 波兰尼（M. Polanyi）的"社会秩序理论"基础上，经济学家E. 奥斯特罗姆（E. Ostrom）[117] 提出的"多中心治理"是超出传统政府与市场二元治理逻辑的"第三条治理"路径，其核心是"除了扩大和完善官僚性结构之外，还可以有其他提供公益物品和服务的组织形式；特定的公益物品和服务可以超越特定政府管辖的限制，通过多个企业的协作行为来共同提供"。也就是说，在市场和国家之间存在着其他多种治理方式，只有各类治理主体优势互补，才能实现更好的公共产品配置。

多中心治理表现出以下四大特征。①治理主体应该多元平等，涉及事物利益的各级政府及其派生机构、私人组织、社会组织及公民个人等都应是治理主体，各主体之间自愿平等协作，才能促进治理结构网络的建构和稳定。②在治理公共事务和提供公共服务时，社会组织应发挥积极作用①。多中心的行动主体既会独立自由地追求自己的利益（即传统市场行为），又会为了某一共同目标相互协调适应（自主治理），从而建立高效平衡的治理网络与结构。③公共产品的供给是多元的，单中心的供给模式无法满足社会多元需求，也就不能实现帕累托最优。在多中心治理模式下，政府、市场和社会的相互依赖、相互竞争、相互合作与制衡，可以有效解决某种单一供给模式无法解决的供给低效率问题②。④治理目的是提高社会公共事务的治理效能，维护和增进公共利益。

"多中心"意味着许多决策中心在形式上相互独立，通过竞争关系来考虑对方和开展多种契约性和合作性事务[118]。多中心治理以自主治理为基础，允许多个权力中心或服务中心并存，通过相互合作给予公民更多的选择权和更好的服务，减少了搭便车行为，避免了"公地的悲剧"和"集体行动的困境"，扩展了治理的公共性。多中心理论契合当前民主政治社会的价值意识与新公共管理逻辑，对于公共事务治理具有较为突出的优点：有利于保障各利益主体的权利，保障公共事务供给与需求的高效匹配；有利于建立共同遵循且符合契约精神的规则制度；能最大限度地保障公共利益和减少搭便车。城市更新中的多中心治理涉及复合主体，包括政府、企业、非营利组织、公民社会、社会组织等，其结构多为网络型，治理方式是"合作—竞争—合作"，有助于公民利益最大化和多样化需求的实现。

公众参与理论萌发于西方城市更新中的民权运动。1961年，简·雅各布斯在《美国大城市的死与生》中提出应创造市民需要的城市空间，关注社会不同群体的诉求。1969年，S. 阿恩斯坦（S. Arnstein）[119] 在《市民参与的阶梯》中，将公众的参与程度从低到高划分为三个层次和八种形式（图3-5）：①最低层次是非参与，其最低形式为

---

① 这种社会组织在波兰尼看来是"自生的"和"自发的"，是以自主治理为基础的。
② 在多元供给模式下，各生产主体之间的竞争可迫使各生产者自我约束、降低成本、提高质量和增强回应性。

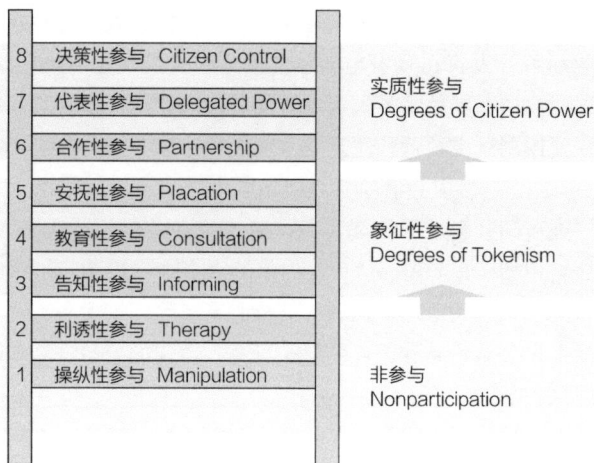

图3-5 公众参与的梯子
（资料来源：根据参考文献［119］改绘）

操作性参与，即权力部门或机构事先制定好方案，让公众直接接受方案；②第二层次的参与程度有所提高，权力机关开始将方案的部分信息向公众告知或披露，并会对预先制定的方案进行少许的妥协或退让，如"公告、公示、通告"等参与方式——但这种参与中的信息流动基本是单向的，从权力机关流向公众，公众缺乏反馈的渠道和谈判的权力，故而实际上是一种象征性的参与；③第三个层次是目前欧美正在实践的参与形式，公众在知情权得到保障的情况下全程参与，发表看法并共同决策，其最高形式是决策性参与，即公众直接掌握方案的审批管理权力。1990年代以来，公众参与理论不断深化，参与方式与手段日趋多样。1998年L. 桑德库克（L. Sanderock）指出要建立以基层民众和社区为基础的规划，规划师要发挥沟通性作用，帮助社区发现自己的声音，真正实现不同利益团体在共同命运基础上的协同工作[110]。英国、美国、德国等国家从宪法到规划法规都详细制定了公众参与的程序与保障[111]，社区规划师、社区组织和非政府组织等自治力量也不断涌现。蔡定剑[120]认为公众参与是指民众通过提案、投票、沟通、听证、质询、公示等方式参与到地方事务决策与公共政策制定中，旨在采用非暴力形式解决"精英代议"与"全民公投"之间的价值差异与利益冲突问题。张庭伟[121]指出，我国的城市建设主要依靠政府，形成了由领导人提出构思、委托规划院画图、城投公司实施的缺乏各方参与的决策过程，由此将公民社会、市场企业两个客观存在的重要力量排除在城建决策之外，故而应该建立政府、市场、社会共同运作和互相制约的决策机制。

3.2.2 主体的制度供给

发达国家和地区的城市更新实践表明，政府可采用多种制度措施来调节更新过程中多方主体博弈中的内外部关系（表3-2）。城市更新"主体"制度供给的核心在于有效保障多元角色的参与和优化多方利益协调机制。在我国的城市更新活动中，政府长期扮演主导角色，市场尤其是社会的参与时有缺失，因此新时期如何强化城市更新的多方参与、推进精细化的社会治理成为重要使命。这需要从上述不同理论思潮出发，借助制度的持续建立健全，推动产权人、开发公司、社会组织、规划设计者、非营利机构、相关公众等积极介入城市更新，实现政府主导、社会主导、市场主导等不同更新模式的多元共存。

发达国家和地区城市更新中的多方博弈平衡措施 表3-2

目标	国家	举措	形式	具体内容
协调外部博弈	英国	推动多元主体参与及合作	"城市挑战"策略（中央基金）	提高各方积极性并促成合作：中央政府设立"城市挑战"基金。各地方政府与其他公共部门、私有部门、当地社区及志愿组织等组成联合团体进行基金申请和竞争，获胜者可用所得基金发展共同策划的城市更新项目
			"城市自豪"运动（搭建平台）	搭建多元共治平台：由地方政府协会组织发起，通过搭建活动平台吸收公共机构、私人机构与志愿者组织等多元主体加入城市更新
平衡内部博弈	英国	权力下放机制	地方邻里规划（Neighborhood Planning）	多方赋权的邻里规划：在地方和社区公共服务与开发建设中，赋予社区、第三方组织等一定的自主决策权，包括社区建设挑战权、邻里规划权、社区建设权、社区土地再开发权等
	德国	推进社区共同参与	"社会整合"策略	成立邻里评委会：通过居民授权和交流协商巩固邻里关系，从公共政策和公共参与两方面确保稳定的参与主体
引入新兴主体	美国	建立自主更新团体	商业提升区（BID）	针对一定区域结成多主体联盟：社区居民和商业团体自发形成联盟，雇佣专业人员协助运作，具体负责辖区内城市更新的活动开展和资金运作
	德国	引导社会参与主体加入	国际建筑展（IBA）	组织活动激发主体参与：政府组织建筑展等活动，提供资金并授权私营公司负责城市更新项目实施，由地方自主开展方案设计、资金分配和统筹协调等工作
	日本	成立政府独立主导主体	都市再生机构	建立政府专门机构：作为行政独立机构，负责制定都市更新的推动框架、协助都市更新的各项工作

（资料来源：根据参考文献［9］［122］［123］整理）

我国城市更新行动要逐步迈向以参与主体多元化、角色关系平等化、决策方式协商化、利益诉求协同化为特征的"多元共治"[124]，更新制度建设需重点维护各类主体的更新参与权力，调动不同主体的参与热情，达成主体间的协商合作或一致同意。在这个过程中，政府将从过去单一的城市更新"实施者"转型为城市更新的"管理者""协调者"或"服务者"，通过有效的机制提供推动城市更新中的利益相关者协作，并对各主体间的利益博弈和关系协调发挥必要的调节作用。

从协调外部博弈、平衡内部博弈、引入新兴主体等方面入手，城市更新可采用必要的制度举措来激发主体参与的积极性，并合理分配城市更新的成本和收益（图3-6），进而解决当前我国城市更新中的参与主体单一问题。当前，因红利不足导致城市更新主体参与动力薄弱的问题普遍存在，如老旧街区改造中，由于资金投入难以获得可观的经济回报，造成衰败空间急需提升但市场和社会主体参与积极性不高的两难境地，按照"谁投资，谁获益"等思路推动"成本—利益"的合理配置，成为主体政策供给的关键内容。

3.2.2.1　协调外部博弈

在更新主体的外部博弈过程中，优化分配机制以达成政府统筹、居民响应、市场参与的城市更新，对于综合整治及责任型的更新

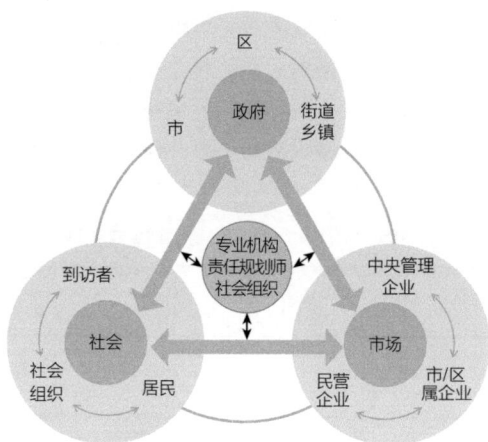

图3-6　城市更新主体的内外部博弈[①]

项目推进十分重要。城市更新的核心利益主体包括"政府—居民—市场"，其利益诉求呈现对立统一的互动关系。尽管三方共同诉求通常包括资产增值、回报获取、环境改善等，但各主体间的利益常常存在"此消彼长"的对立关系，如拆除重建类城市更新中的土地出让金是开发商的成本，但同时是政府的收益；拆迁补偿款是政府的成本，但同时是居民的收益等。因此，为推动政府主导、市场运作、居民自治等更新模式的齐头并进，政策创新需平衡和协调三方的外部博弈关系，例如：①对市场获利少的更新项目，探索如何借助土地协议出让、地价减免、税收优惠、持有运营等方式吸引市场主体加入；②对居民被动等待的民生型更新项目，可倡导物业权利人自主申请更新改造，发起社区动员与社区营造等，以释放产权人的更新动力和意愿；③对于政府担负过多的更新项目，可通过公私合作、鼓励产权方出资等方式来分解压力和实现多方共赢。

3.2.2.2　平衡内部博弈

利益诉求、权责关系以及行为习惯的个体差异，导致政府、居民、市场三方的主体内部，即不同层级政府之间、不同居民之间及不同市场企业之间存在着内部博弈关系。通过政策建设来设定城市更新的参与要求、架构精细化的更新工作流程、明确主体冲突解决的方法和路径等，有助于平衡更新主体的内部关系和推进更新实践有序开展。从城市政府内部来看，在市、区、街道/乡镇等不同层级政府（含派出机构）围绕行政权限、任务与责任分配等进行的内部博弈中，赋予区级政府更多城市更新管理的行政审批和财务决策权等成为趋势。在简政放权过程中，市级政府主要发挥制定管理规则、协调部门行动、决策重大事项和开展评估监管等作用；区级政府侧重项目精细

---

① 中央管理企业，指由中央人民政府（国务院）或委托国有资产监督管理机构行使出资人职责，领导班子由中央直接管理或委托中组部、国资委或其他等中央部委（协会）管理的国有独资或国有控股企业；民营企业，包括所有的非公有制企业，是指民间私有资本投资、民间私人进行经营且由民间所有人享受收益、承担风险的经济实体；市（区）属企业，指由市（区）国资委或市（区）财政投资、参股或控股的企业。

管控、建设实施和监督维护等作用；街道/乡镇需充分对接基层，重点协调居民权益和回应居民诉求等。从居民内部博弈关系最为复杂的社区更新改造来看，由于居民个体诉求与预期、获益与受损情况等存在差异常常导致意见不一致下的更新行动举步维艰，故而推动民主决策、确立可操作的争端解决方案、建立明晰的补偿或收益标准等成为政策供给的急需领域。从市场方来看，不同开发企业会因获取优质更新项目的运作权、实现自我利益最大化等而形成内部博弈，需要不断建立和完善公平公正的市场竞争机制，协调并发挥不同企业在不同规模、不同类别城市更新项目中的高效作用，提供政策保障来调动市场参与更新的积极性并维护企业主体应有的权利。

3.2.2.3 引入新兴主体

近年来，社区规划师、高校师生、社会组织、志愿者、其他专业机构等角色参与城市更新的行为在我国逐渐增多，成为在政府、市场、居民之外需不断鼓励、培育和引入的新兴参与主体。城市更新制度供给应有序引导新兴主体的介入，充分发挥他们在专业指导、协调沟通和治理实践上的积极作用，并在必要时赋予其相应的法定工作地位[125]。一方面，专业的监管平台、评估机构、咨询机构等正在帮助提高城市更新决策的科学性，减少信息不对等造成的利益失衡。另一方面，北京的责任规划师、上海的社区规划师等基层规划师制度已经成为连接政府和居民的重要桥梁，可以通过规划师的沟通协商，来落实政府规划意图和满足居民诉求[126]；高校师生团体、艺术家、志愿者、社会组织等也在不断通过丰富多元的特色化途径，服务、参与和推动城市更新的落地实施，激发自下而上的更新动力。

3.3 关于资金（Capital Source）的理论支撑与制度供给

资金往往是城市更新活动能够得以开启的重要前置条件。无论是对产权人进行拆迁补偿或居所安置，还是推行空间的综合整治或拆除重建，抑或开展公共环境的运作维护或提质升级，缺少资金几乎都会导致项目构想成为一纸空文。除公共财政外，大多数资金来源不会"无缘无故"或"无偿"地投入到更新项目中，这使得如何保障资金的"投入—回报"平衡、建构合理的"责任—权利"分配关系，成为城市更新制度建设需要不断考量的重要方面。

3.3.1 资金的相关理论

空间生产理论和资本循环理论指出，随着空间的资本化，城市更新呈现出越来越强的经济利益驱动性，因此资金成为城市更新能否实施的重要约束条件，也是资本是否参与城市更新的主要判定因素。关于城市空间形成机制的研究已从分析具体建设项目的起因，逐步扩展到探索普适的空间生产机制（Space Production）上[127]。就城市更新的驱动力来看，更新项目启动的动力主要来自正向经济收益，符合经济学的"成本—收益"分析且可以为租差理论所解释。当前，随着城市更新改造的投资模式由过去单纯依靠国家拨款转变为社会各界共同出资，国家、地方、金融界、商界等多渠道和多层次的投资体系渐渐形成[70]。为保障不同主体资金投入的公平性，建立起城市更新运行的长效机制并有效应对外部性问题，庇古理论提出可以通过税收来调节收益，帕累托最优理论则建构了理想的利益产生和分配原则，以帮助实现更新成本和收益的公平分担与合理分配（表3-3）。

城市更新资金维度的相关理论 　　　　　　　　　　　　　　　　　　表3-3

分类	理论	代表人物	理论延伸
内在逻辑	空间生产理论	H. 列斐伏尔（H. Lefebvre），1974年	—
	资本三级循环理论	D. 哈维（D. Harvey），1982年	—
动力来源	租差理论	N. 史密斯（N. Smith），1979年	◆ 实际租差、预期租差 ◆ 三元租差 ◆ 多元主体租差
	"成本—收益"模型	—	◆ 静态平衡、动态平衡
长效平衡	庇古理论	A. C. 庇古（A. C. Pigou），1920年	—
	帕累托最优理论	V. 帕累托（V. Pareto）	—

3.3.1.1　空间生产与资本三级循环理论

法国马克思主义思想家H. 列斐伏尔（H. Lefebvre）是城市社会学理论的奠基人[127]，自1970年代，他借助马克思主义的分析工具，从资本主义城市发展的实际出发，通过对空间概念的系统梳理和历史批判，认为"社会已经由空间中事物的生产（Production in Space）转向空间本身的生产（Production of Space）"，以此首创空间生产理论。城市空间的生产指资本、权力和利益等政治经济要素和力量对城市的重新塑造，从而使城市空间成为其介质和产物的过程[128]。基于"（社会的）空间是（社会的）产物"这一核心观点，列斐伏尔认为马克思提出的"生产关系的再生产"问题已经不再局限于狭义的劳动（剩余价值生产）过程，而直接体现在空间生产过程之中[129]，"空间作为一个整体，进入了现代资本主义的生产模式，它被用来生产剩余价值"，由此可以构建展现空间生产过程的三元一体理论框架（图3-7）[130]。

空间生产理论为城市更新研究提供了一个解释其背后深刻社会经济过程的有力视角。资本积累是塑造现代城市空间的主要力量之一，城市空间的更新变迁都打上了资本积累、资本增值的烙印。我国的经济改革将土地使用权和城市建设商品化、市场化，从而刺激了城市的发展建设[132]。因此，张京祥等[129]认为，城市更新的本质是城市政府、工商资本等利用城市空间类型与区位的置换，来获取"城市中心区—外围区"的土地级差地租收益，以实现资本的增值与积累；郭文[130]指出城市更新是资本、权力和利益等要素博弈过程中对空间的重新塑造；刘彬等[133]等以成都太古里为例，分析了"政府的企业化"和"资本的城市化"特点，认为城市新型消费空间的生

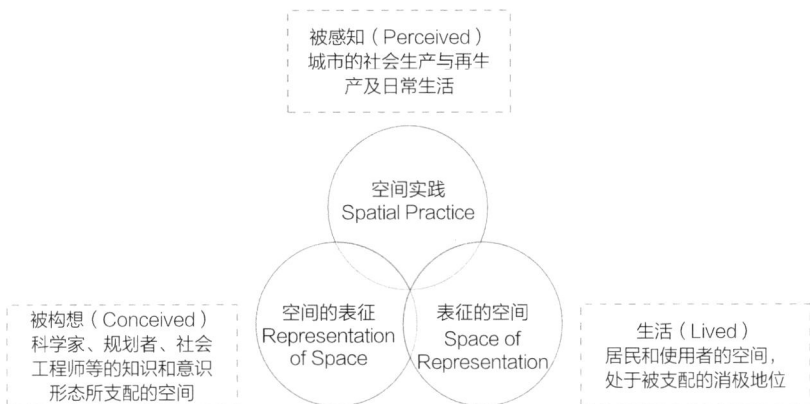

图3-7　空间生产过程的三元一体理论框架
（资料来源：根据参考文献［131］改绘）

产在权力与资本共同作用下完成。空间生产理论表明，现代意义上的城市化进程，本质上是资本主义不断扩大再生产的过程。随着资本主义在生产上的扩大，资本利用城市空间实现再生产，并通过占有、生产和消费空间来最终达到增值的目的。城市空间由此成为一种生产资料，加入了资本进行商品生产的过程之中。

大卫·哈维（D. Harvey）在列斐伏尔观点的基础上，把资本的逻辑及其背后隐藏的矛盾作为核心分析对象，对列斐伏尔"知道症结所在，但未能解释资本为何要进行空间生产"的问题作了深刻阐述，由此提出"资本三级循环"的模型过程（图3-8）[130]。哈维认为，立足资本主义的城市空间负载了资本积累的使命，城市空间组织和结构是资本生产的需要和产物，中产阶级郊区化和城市中心区的衰落是资本积累与阶级斗争矛盾作用的必然结果。

资本的三级循环理论建立在马克思主义资本循环、资本周转和资本积累理论的基础上，主要包括：① "第一循环"（Primary Circuit），即马克思关于资本的分析，投资主要集中于制造业生产领域——因为相较于农业，资本向工业的投入可以吸纳更多的

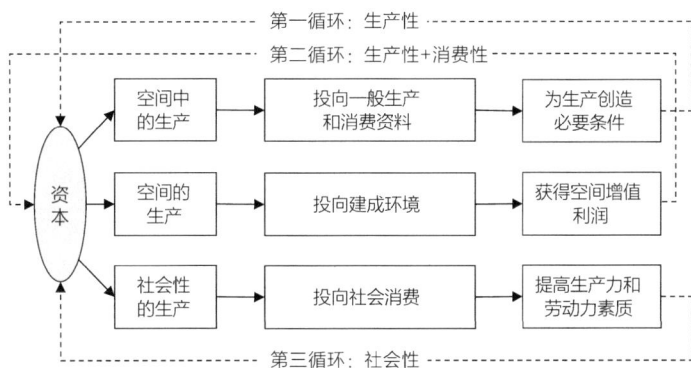

图3-8　资本的三重循环理论
（资料来源：根据参考文献［130］改绘）

劳动力，创造出更高的增值收益；②当工业生产部门的第一循环产生矛盾而危机逼近时，资本将流向包括城市建筑在内的固定资产和消费项目，即为资本的"第二循环"（Secondary Circuit）——此时建筑地产开发比重上升，通过建成环境投资，大量剩余又无处安放的资本找到了增值的出口，铁路、港口等生产性建成环境的投资可以促进劳动生产率的提高，住房、商区等消费性建成环境的投资可以促进劳动者的再生产，消费也为生产提供了需求和动机；③当资本在二级循环的空间生产出现危机时，便转入"第三循环"（Tertiary Circuit），即对科技创新、社会公共领域及各种社会消费进行投入——投入科学技术的目的在于利用科学成果转化进行生产，从而对社会生产力的革新作出贡献，投入教育、健康等社会公共事业可以提升劳动者在劳动过程中的能力。"空间"对促进资本流动、修复资本积累体系的关键作用被称为"空间修复"（Spatial Fix）[134]，物质基础设施不断创造价值的能力，使资本在三级循环中不断地获取利润。

3.3.1.2 租差理论

租差指现状土地利用的"实际地租"和建设条件改善后预期能获得的"潜在地租"的差值[135]。该理论由N. 史密斯（N. Smith）于1979年正式提出。通过对欧美内城地区"衰退—再开发"过程的观察，史密斯认为城市更新的核心是"资本的回归"，其关键要素在于租差的实现和分配。租差理论认为，在地块建设初期，通常实际地租与潜在地租一致，之后随着城市环境和基础设施的改善，潜在地租逐渐提高；而相对应的是建筑老化需要投入人力和资金进行维修，导致实际地租下降或者相较于潜在地租增长缓慢，由此产生的两者差距即资本的利润空间，即"租差"，这代表着开发商再投资的收益预期。据此，当地块的租差扩大到足以支付城市更新所需的各项成本，并且能产生所有投资者都满意的收益时，资本就会重新流向老旧城区，城市更新行为便会发生（图3-9）。

与西方土地私有和市场调节占主导的制度环境有所不同，我国城市更新多为政府主导和控制，因此学者们结合我国国情对租差模型进行了修正（表3-4）。宋伟轩[136]将我国的城市更新租差分为政府能够获取的"实际租差"和房地产投资者可获利的"预期租差"。其中，实际租差指制定房屋拆迁补偿标准，使资本化地租低于潜在地租，保障政府获益；预期租差指通过招拍挂，推动资本化地租大于潜在地租，保障地产投资者获利。姜凯凯等[137]提出涉及折旧租差、发展租差、规则租差的"三元租差"模型（表3-5），以更好地解释城市更新中各方主体、各种因素产生的作用。丁寿颐[53]细化建构了涵盖业主、政企联盟、非业主等不同主体的租差模型，以此分析广州城市更新不同阶段的租差实现与分配机制，提出现阶段资本主要集中在租差较高的全面改造模式，而对于整治修缮

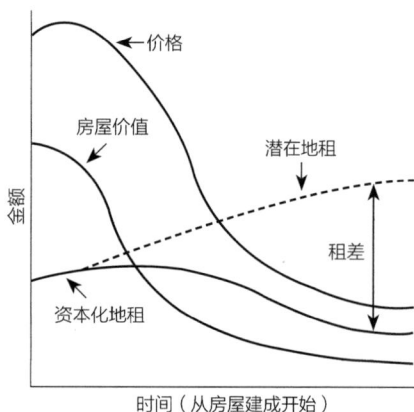

图3-9 "租差"演变过程
（资料来源：参考文献[135]）

模式兴趣不大，为此需要通过细化土地权利束、适当授予再开发权、构建社会共同体等手段，进一步推动整治修缮模式的租差实现。

"租差"模型的修正与演绎　　　　　　　　表3-4

	实际租差、预期租差	三元租差	多元主体租差
修正理由	自20世纪末住房市场化改革以来，城市"地租"与住宅"价格"一直快速波动上涨	潜在地租持续增长，地租增长具有规模效应，政府改变开发规则带来地租突变	对于城市更新中的同一地块，不同利益主体往往可以实现差异化的潜在地租
模型图示			
主要内容	◆ 实际租差 ◆ 预期租差	◆ 折旧租差 ◆ 发展租差 ◆ 规则租差	◆ 政企垄断租差阶段 ◆ 政府抑制租差阶段 ◆ 业主共享租差阶段 ◆ 多方平衡租差阶段

（资料来源：根据参考文献［136］［137］［53］整理）

"三元租差"中折旧租差、发展租差、规则租差的特点　　　　表3-5

	折旧租差	发展租差	规则租差
相关定义	建筑折旧等原因导致使用功能和实际地租下降形成的租差	在土地利用方式不变的前提下，因为城市发展带动潜在地租增长形成的租差	政府通过改变土地使用方式和开发规则带来的潜在地租增长形成的租差
关联主体	建筑物、使用者	城市、政府	政府
形成原因	建筑折旧、使用者生活方式改变	城市公共投资的价值外溢	用途、开发强度等规则改变
相关属性	自然属性、社会属性	经济属性	制度属性
可控性	较低	一般	极高

（资料来源：根据参考文献［137］整理）

在我国，诸多推进环境提升、设施完善、生活保障等公共目标导向下的更新改造，虽能满足"人"的发展需求，但不能创造大量资本利润，存在租差不足甚至负租差等情况，导致更新驱动乏力或过度依赖公共投资。租差理论认为城市更新的本质是创造更多的土地租金，但也因此被诟病过于强调"资本逻辑"而忽视了"社会逻辑"，仅关注资本在城市更新中的主导作用而缺乏对"人"的需求和主导能力的考量，这为遵循社会逻辑、通过主动的制度和政策供给来推进城市更新提供了行动和解释的空间。

3.3.1.3 "成本—收益"模型

在微观经济学看来，收益大于成本是经济人行动的基本出发点。按照时间周期，成本可分为短期成本和长期成本；按照表征状态，成本可分为显性成本和隐性成本；相应地，收益也包括短期收益和长期收益，以及显性收益和隐性收益。经济利益的驱动特点决定了很多城市更新项目与其他投资一样，需要满足"收益（Income）-成本（Cost）=利润（Revenue）≥0"，这是推动城市更新项目发生的关键。若一个城市更新项目在财务上不能实现平衡，无论这个项目在短期看起来多么成功，其发展也往往是不可持续的[125]。因此，城市更新过程中，不同阶段和不同主体的合理盈利是保障城市更新持续增值与公平分配的重点。

赵燕菁等[125]将城市更新的成本投入分为"资本性投入"和"经营性投入"两个阶段，认为城市更新不能仅考虑项目"投入—产出"的局部静态平衡，而是要考虑全过程的动态平衡。当城市更新涉及资产重置（征用、拆除、重建）时，就必须（通过贷款、发债、卖地等）找到一次性的资本注入加以平衡，即需获得资本性投入；当城市更新（因用途或强度改变）带来新增运维支出（如公共服务增加、折旧维护、融资还款付息等）时，则还需获得经常性、现金流性收入（税、费）来加以平衡，即需进行经营性投入。在此基础上，段一行[138]进一步明确了城市更新的启动条件和闭合条件（表3-6），认为在一定周期内足够大的运营收益是实现城市运营闭合运行的核心：运营收入应大于融资收入，且运营收益应大于成本投入与运营支出之和。

城市更新的"成本—收益"模型演绎　　　　　　　　　　　　　　　　表3-6

	静态平衡	动态平衡
赵燕菁等	$I_0 - C_0 = R_0 \, (R_0 \geq 0)$ $I_k - C_k = R_k \, (R_k \geq 0 \, k=1, \, 2, \, 3 \cdots n)$	$R_0 \sum_{k=1}^{\infty} \delta^k S_k$
	I—收益 C—成本 R—利润 0—资本性变量 k—运营性变量	R_0—更新投资 δ^k—贴现乘数 S_k—现金流性收益
	启动条件	闭合条件
段一行	$FI_t - CI_t = R_{t1} \, (R_{t1} \geq 0)$ $OI_t - OE_t = R_{t2} \, (R_{t1} \geq 0)$	$OI_T - FI_T = S_{T3} \, (S_{T3} \geq 0)$ $OI_T - (CI_T + OE_T) = S_{T4} \, (S_{T4} \geq 0)$
	FI—融资收入 CI—成本投入 OI—运营收入 OE—运营支出 R—利润 t—时间点	S—剩余 T—周期

（资料来源：根据参考文献［125］［138］整理）

3.3.1.4 庇古理论与外部性问题

各类社会活动普遍存在外部性，城市更新更是不出其外①。R. 瓦伊纳（R. Varianhal）指出，当一个行为个体行动不是通过影响价格而影响到另一个行为个体的环境时，即存在着外部性。米德（Meade）认为外部经济或者不经济是指：将可以察觉的利益或者可以察觉的损害加于某个人或某些人，而这些人并没有完全赞同，由此直接和间接导致的该事件的决策。通常，"正外部性"的社会收益大于私人收益、社会成本小于私人成本；"负外部性"的社会收益小于私人收益、社会成本大于私人成本。但现代经济学认为，无论是负外部性还是正外部性都会导致资源配置的失灵，因此有必要将其内在化[139]。庇古理论提出通过税收等措施调节项目运作，是处理城市更新外部性的一种路径。

A. C. 庇古（A. C. Pigou）系统地探索了经济活动对全社会及其各集团、个体间的总的福利的影响，被认为是旧福利经济学的代表，其研究重在解决社会贫困问题，增加社会经济福利。庇古提出了两个基本命题：国民收入总量越大，社会经济福利就越大；国民收入分配越均等，社会经济福利也越大[140]。由于富人收入增加的边际效用低于穷人，庇古主张通过财产转移，使得穷人和富人的边际效用相等，以实现"福利最大化"[141]。他提出国家通过税收、津贴等手段进行干预是消除市场外部性的重要手段，这种手段被称为"庇古税"（Pigovian Tax），最开始源于对环境污染企业负外部性的研究，提出应根据污染所造成的危害程度对排污者征税，用税收来弥补排污者生产活动对社会造成的负面影响。将这种认知拓展至社会活动产生的正外部性层面，则会认为通过税收的方式对生产和消费中的外部成本进行矫正，可以促进社会、私人的成本和收益平衡。当私人成本和私人利益与相应的社会成本和社会利益相等时，可以实现资源配置的高效状态，这便是庇古理论。学者们对庇古理论有不同见解，科斯认为庇古忽略了外部性的"相互性"，任何处理的结果只是改变外部性的方向，而不是消除外部性——这种方式违反经济效率，会造成资源配置失调[142]。奈特也认为，庇古所证明的市场失灵，实际上是代表政府建立和保护私有财产权利的失败。布坎南则指出，庇古提出的强制性征税和补偿，无论从总体或边际的角度来看都是得不偿失的。但即便如此，庇古理论与绝大多数经济学家和官员的价值取向达成了共识，不能让创造者得不到利益，也不能让无端获益的情况大规模存在，由此庇古税仍旧是实际操作中平衡各方利益、促进社会公平正义的重要手段[139]。

3.3.1.5 帕累托最优理论

新福利经济学的理论出发点是"帕累托最优（Pareto Optimality）"[143]，也称"帕累托效率（Pareto Efficiency）"。该理论认为，当多个主体分配定量资源时，会形成多种分配方案，如果对某一种方案存在着一种调整策略，使得原方案经过调整后，能让至少一个人受益的同时不让其他人受到损失，那么这种调整策略就是"帕累托改进"；

---

① 诺斯认为，个人收益或成本与社会收益或成本之间的差异，意味着有第三方或者更多方在没有他们许可的情况下获得或者承受一些收益或者成本，这就是外部性。

而随着调整策略的完善，在没有人收益损失的前提下让其他人收益达到最高，即达到"帕累托最优"。

相对于单个或部分"经济人"的局部立场而言，帕累托最优是一种经济社会达到一种没有进一步互利或者互惠机会的、全局最优的效率状态之一，是独立于制度、经济运行和经济主体及其意志的客观存在，已经成为福利经济学评价个人福利和社会总福利以及之间的相互关系的标准[144-145]。

帕累托最优近似为一种绝对理念，其假设条件极为苛刻。有学者将其充分条件概括为产品和要素间的边际替代率递减、产品和效用间的边际技术替代率递减；必要条件包括交换条件最优、生产条件最优、交换和生产条件最优[146]；其经济活动环境要素包括完全信息、完全竞争和外部性。由于实际的经济社会活动都是在不对称信息或不完全信息、垄断竞争和外部性广泛存在的情况下进行，导致脱离实际而假设出的帕累托最优成为一种高度抽象的理想状态，而真正实际的生产、分配方式变革与优化过程实则是"帕累托改进"[147]。帕累托改进将经济效率的评价标准从狭隘的追求利润最大化，扩展到利润以外的其他许多于个人和社会有用的效用形式，即效用最大化；从成本与利润的比较拓展至成本与效用的比较，增加了价值判断的多元性，但同时也增加了计量和比较的困难度和复杂性[145]。

城市更新的帕累托最优要求更新保障没有主体利益受损，并在此基础上使得相关主体获得最大收益。通过制度设计实现城市更新帕累托改进的重点在于：从生产视角来看，城市更新应从追求经济利润转换为追求包括文化价值、社会民生等在内的社会综合效用的提升；从分配视角来看，当存量更新的价值增量有限时，收益的合理分配是平衡多方主体关系的关键，因此需要建立公平的收益分配机制，通过提高信息透明度、降低交易成本、提供充分竞争的市场防止垄断、降低城市更新的外部性、减少"搭便车"行为等途径优化收益分配。

3.3.2 资金的制度供给

政府资金、市场资金、社会资金和金融财税手段并存的多元资金保障模式，在世界各地的城市更新中均有应用（表3-7）。从国际经验来看，政府吸引社会资本（来自国企、民企、居民等的资金）参与更新行动的举措可以非常多元，包括收益共享、项目合作、空间/土地的激励和优惠措施、税收调节和创新金融产品等。然而，我国城市更新工作的开展仍普遍面临资金来源不足、投入途径单一等挑战，例如，诸多责任类、公益类或形象提升类的更新项目主要依靠政府投资；社会资本参与不够且缺少政策激励；相关金融和财税措施尚未完全建立；居民出资和缴费意识不强等。在减量规划的新背景下，城市更新项目投资周期变长、成本投入大、资金回收慢等问题，进一步加剧了资金来源的投入困境。如何吸引政府之外的资金积极投入城市更新实践，尤其是参与那些获利少的投入型更新项目，往往成为更新制度建设的核心挑战，亟待探索能有效降低更新成本和增大收益来源的资金保障途径。

发达国家和地区的城市更新资金保障举措 表3-7

类型	国家	举措	资金形式	具体内容
政府资金	美国	专项拨款	联邦基金（Fed Funds）	向私人开发商和投资者提供公共资金资助，以公共资金为杠杆撬动私人投资
			社区发展拨款计划（Community Development Block Grant）	按照"应得利益计划"和"非应得利益计划"，向不同类型的更新项目分别提供70%和30%左右的资金支持
	英国	财政奖励	城市发展基金（Urban Development Fund）	主要用于支持旧城改造中的基础设施更新，可通过利润分成和低息贷款方式支持社会主体参与更新
		部门资金整合	综合更新预算（SRB）	将不同部门分头负责的多个城市更新基金加以整合，针对性地为城市发展公司等机构提供资金
社会资金	美国	多主体注资	商业提升区（Business Improvement District）	由社会主体申报形成商业改良区，通过向区内的企业和居民进行募款、申请捐赠以及自营项目运营等获得收益，以用于城市更新支出
	日本	吸引民间资金	不动产证券化	创新不动产金融商品，对外发行不动产证券并向大众开放认购
金融财税	美国	抵押融资	税收增值筹款（Tax Increment Financing）	利用再开发后的潜在土地增值收益作为城市再开发的资金抵押支出
		金融产品	金融手段发起公共融资	贷款和抵押担保（Loan Guarantee）、税金减免（Tax Credits）、债券融资（Bond Financing）、不动产投资信托基金（REITs）等
	英国	税收支持	社区基础设施税（Community Infrastructure Levy）	地方政府对新开发项目征税，用于支持地区发展所需的基础设施建设
			社区信托（Civic Trust）	通过社区信托机构筹募社区改造资金，提供债务减免与法律支持

（资料来源：根据参考文献［9］［148］［149］［150］整理）

3.3.2.1 优化政府资金使用

政府通过设立专项资金、提供财政拨款等方式促进城市更新的立项与实施，是我国城市更新资金来源的重要渠道[①]，并以此自上而下地推动了老旧小区改造、环境整治、公共空间提升等更新行动的落地。但以政府资金为依托的更新项目推进，在不同部门资金来源的整合使用上还缺少有效的机制保障和必要的弹性管理，导致僵化的"专款专用"、公众诉求与资金使用错位等情况不时出现。对此，更新制度建设的关键在于：一方面，提升城市更新政府资金的有效利用，将改造内容与居民等的客观诉求匹配起来，特别是在使用公共资金的过程中要尽力避免诸如"店招"单一化改造等资金投入脱离实际诉求的争议现象；另一方面，充分发挥市区两级财政资金的"撬动"和"整合"作用，通过政府注资吸引市场等更多主体对城市更新进行出资和开展合作，采用政府授权、特许经营、政府与私人资本合作（PPP）等模式推进更新项目实施。

3.3.2.2 吸引社会多方出资

存量发展和减量发展的政策要求使得一味通过拓展建设规模、增加容积率吸引市

---

① 以北京为例，政府公共资金的来源和使用口径非常广泛，如城管委负责拨款的口袋公园建设、街道整治提升等资金；住建委拨款的老旧住房改造资金；环境办拨款的环境改善资金；农委和财政局拨款的乡村建设资金等。

场参与城市更新的路径被"掐断"，造成社会资本介入更新面临成本高、风险大、周期长、收益薄等挑战，为此急需建立相应的市场激励政策：地价优惠、政策补贴、主体授权、合作运营等方式有助于吸引市场主体参与更新改造，建构从投入到产出的全过程资金循环与平衡系统；在更大空间范围内通过资源统筹、肥瘦搭配、新旧结合、片区整合等实现更新项目的多类型资金供给，打破"就项目论项目"的孤立思维，也是吸引市场资金投入的重要手段；"以奖代补"等相关措施则有助于鼓励社会资本参与养老、托育等社会服务类更新实践。

在强化居民出资方面，需要按照"谁受益、谁出资"的原则合理落实居民出资责任，清晰界定各主体间的"责权利"关系，并通过公众参与使更新改造更加契合居民的需求与愿景。居住类更新项目的共有资金（如公共维修基金等）筹集和管理制度需要持续完善，以保障空间的日常维护与修缮费用的落实。同时，政府可通过产权调整、面积补偿等方法，推动公共住房的产权变更，深化住房租售制度改革[151]，以住房成套化改造、变租为售等政策加大居民出资意愿。

3.3.2.3　加大金融财税支持

我国城市更新的资金激励措施目前主要集中在土地关联政策上（包括地价优惠或返还、土地使用的过渡期政策、用途转变与功能混合、新旧捆绑开发等），税收和金融手段的应用还处在起步探索期——这将成为解决城市更新资金不足问题的潜力措施领域。具体而言，金融财税措施的应用可多措并举，如通过税收减免、稳定经营收益权等方式保障更新主体的运营收益；通过金融机构的长期低息贷款支持、灵活的质押担保与资金退出方式等降低资金投入压力；加大金融产品支持范围，通过股权融资、债券融资等多种形式出台用于拆迁安置、土地整备、建设施工等全周期的城市更新基金产品；推进更新项目的资产证券化进程，通过推行类REITs、ABS等为投资退出提供渠道。对于民生保障型的更新工作来说，要特别注重有序引导国家政策性银行提供长周期、低成本的贷款支持。以空间经营收益权融资的做法在目前依然面临实操困境，尚未形成运营权质押融资类的成熟金融产品，未来需要清晰界定可供抵押融资的经营权使用边界，完善审批流程，解决足额资产抵押、高担保费用等硬性要求问题[152]。

3.4 关于空间（Physical Space）的理论支撑与制度供给

"空间"是城市更新的物质载体和作用对象，其主要属性涉及产权、用途和容量三个方面（图3-10），这亦是城市规划管控的重要内容。当前我国城市更新制度创新的诸多突破点和争议点正好聚焦在空间的产权、用途和容量处置上，每一个或大或小的新制度变革都不可避免地触及这三大关键议题，其背后折射的是权力和利益等在不同利益相关者之间的再分配[1]。唐燕[1]等认为，一方面，城市更新项目开展首先需要面对的是如何处理已经存在的城市开发，特别是现存建筑物、构筑物、景观环境和相关设施等建成环境实体的权利归属问题，即"产权"问题；另一方面，已有建设在更新过程中对"用途（功能）"的变更会直接导致项目的增值收益变化，而"容积率

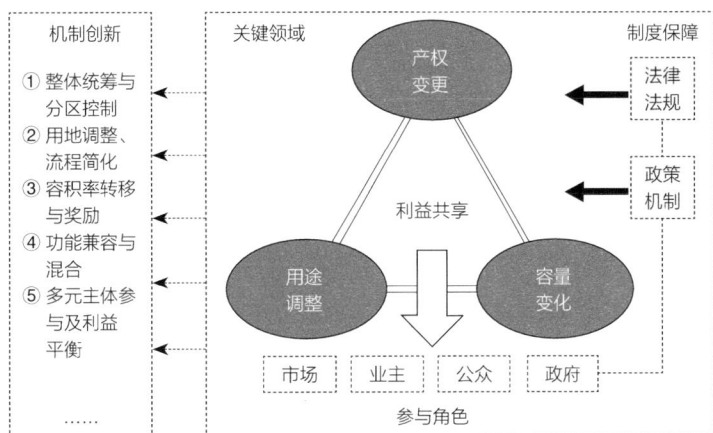

图3-10　城市空间管控的三大重要属性：产权、功能和容量
（资料来源：参考文献［1］）

（容量）"则是平衡"成本—收益"、决定开发增值力度等的重要指标，二者均为城市
更新中最为敏感的规划管控内容。

3.4.1　空间的相关理论

产权理论为厘清城市空间的权属配置提供了制度分析框架；紧凑城市理论认为城
市应保持相对集约的建设强度和建设容量；功能混合理论强调不同功能之间的灵活布
局和混合安排，以有效配置城市空间资源和提高城市土地使用效率。在规划管理中，
土地发展权理论为城市空间的容积率转移、产权关系调整和用地性质设定等管控决策
提供了依据，设计治理理论强调通过正式和非正式的多元共治来落实城市空间的精细
化设计与高品质建设（表3-8）。

城市更新空间维度的相关理论　　　　　　　　　　　　　表3-8

分类	理论	代表人物/地区	理论延伸与应用
空间要素	产权理论	• R. H. 科斯（R. H. Coase），1960年	• 公地悲剧：G. 哈定（G. Hadin），1968年 • 反公地悲剧：M. A. 黑勒（M. A. Heller），1998年
	紧凑城市理论	• 欧洲，1990年代	• 精明增长理论：美国
	功能混合理论	• J. 雅各布斯（J. Jacobs），1961年 • C. 亚历山大（C. Alexander），1966年	• 《马丘比丘宪章》，1977年 • TOD模式，1980年代
空间治理	土地发展权理论	• 英国、美国、法国等，20世纪上半叶	• 土地发展权购买/转移
	设计治理理论	• M. 卡莫纳（M. Carmona），2016年	—

3.4.1.1　产权理论：产权设置与交易过程

产权理论是新制度经济学至关重要的基础理论之一，重点关注经济运行背后的
财产权利结构（即运行的制度基础），由此将经济系统与政治结构和法律制度相联

系[132]。马克思系统研究了与经济领域的生产关系相对应的法律领域的财产关系，将产权（Right of Property）定义为与财产有关的各种法定权利，包含所有权、占有权、使用权、支配权、经营权、索取权、继承权和不可侵犯权等[153]。H. 德姆塞茨（H. Demsetz）指出产权是界定一个人或其他人受益或受损的权利；E. G. 菲吕博腾（E. G. Furubotn）认为产权不是指人与物之间的关系，而是指由物的存在及其使用所引起的人们之间相互认可的行为关系[154]；Y. 巴泽尔（Y. Barzel）认为产权包括经济权和法律权，经济权是个人对某一资产运用其权利的能力，法律权是那些为法律所规定和承认的权利[132]。在国内，刘诗白认为财产权简称产权，是主体拥有的对物和对象的最高的、排他的占有权；于光远认为产权（财产权）也就是所有权，是某个主体拥有作为财产的某个客体所得到的法律上的承认与保护[155]。

由此可见，产权的定义多种多样，它是社会认同的经济、法律和政治权利，包括以所有权为基础派生出来的占有、使用、支配、经营等权利①。R. H. 科斯（R. H. Coase）是现代产权理论的奠基者，他指出产权是物的存在所引起的人与人之间的关系[154]，并把产权分为所有权、使用权、处分权和收益权等[156]。科斯阐述了产权设置、交易成本与资源配置效率之间的关系，形成"科斯定理"：①科斯第一定理认为当交易成本为零时，产权的界定清楚和完整，在自由交易中资源配置最终会实现整体最优状态；②科斯第二定理认为现实世界中交易成本不可能为零，所以经济制度的运行效率主要受到合法产权的初始界定影响；③科斯第三定理指出现实世界中交易成本不为零，产权的清晰界定将有助于降低交易过程中的成本，提高经济效率。

根据不同物品的自然属性和社会属性，社会制度中存在着差异化安排的不同产权方式：①共有产权和私有产权。共有产权指一定范围内的人们可以自由地、不被干涉地享受某种公共物品的权利，不具有排他性和自由转让权，其弊端体现在交易成本高昂、导致投机行为、资源限制等问题上。私有产权指权利所有者对物品或资源所能采取的行为权利，包括排他性使用权、自由转让权和排他性的收入索取权，私有产权有利于降低交易成本、促进外部性成本和收益的内部化、推进专业化的发展[142]。②清晰产权与模糊产权。产权的清晰界定是提高资源配置效率的基础。然而，由于各种冲突的存在，产权界定及监督执行需要支付费用，所以有时候产权界定并非越清晰越好[157]。如土地作为商品，其征收拆迁过程主要由买卖双方协商推进，当涉及不同产权人时，产权界定越清晰则交易成本越高；③绝对产权与相对产权。绝对产权指具有明确的产权主体的权利，相对产权指能够施加于一个或多个特定人身上的权利，一般表现在权利的分割和转移中。现代产权的重要发展方向是通过产权分置实现权利分

---

① 具体到土地，相关产权主要包括使用权、出租及收益权、开发权、出让以上部分或全部权属的权利；培杰维奇（Pejovich）认为土地所有权包括资产使用权、资产收益权、资产形式与内容的改造权，以及以双方同意的价格将以上各项权利全部或部分转让给他人的权利（具体参见：Pejovich S. The Economics of Property Rights: Towards a Theory of Comparative Systems [M]. Dordrecht of the Netherlands: Kluwer Academic Publishers, 1990; 朱介鸣，罗赤. 可持续发展：遏制城市建设中的"公地"和"反公地"现象 [J]. 城市规划学刊, 2008（1）: 30-36）。

享，让公众享有更多的社会资源。

不同产权界定形式下，资源会产生不同的利用方式，"公地悲剧"和"反公地悲剧"即是对这一问题的讨论。公地悲剧（Tragedy of the Commons）由 G. 哈定（G. Hadin）[158] 提出，他指出公共产权的资源，往往会被过度使用，相应的解决办法通常是创造私有产权。但破碎化的产权也容易造成反公地悲剧（Tragedy of the Anticommons），这一概念由 M. 黑勒（M. Heller）[159] 提出，他认为如果某一资源有很多所有者，那么这种资源必须在整体利用时才能达到效率最优，由于每个所有者都可以组织他人使用，在合作难以达成的情况下资源就可能被浪费。实际上，公地悲剧和反公地悲剧在城市土地资源的使用中同时存在，要么造成过度利用，要么造成资源利用不足。城市建设中的"公地"缺少产权保护，负外部性会不断积累，造成城市环境恶化；而"钉子户"、老旧小区加装电梯困境等作为"反公地"的典型，会引发社会资源分配不均、资源未能有效利用等现象[160-161]。

在城市更新研究中，学者普遍认为产权细碎、产权不明晰带来的交易成本高昂是我国城市更新面临的主要问题之一。朱介鸣[132] 指出，我国土地市场由计划经济向社会主义市场经济转变的过程中，过渡阶段模糊产权产生的价值推动了土地的开发，但也造成了房地产供应过剩的局面；刘超[162] 从珠三角的城乡用地情况出发，提出城市更新的土地陷阱来源于产权细碎、集体产权用地遗留问题、利益主体多等造成的交易成本提升；周详、成玉宁[163] 以上海石库门里弄社区保护为例，提出社会经济变革造成的私有、共有、经租等多种产权混杂，是当前遗产社区改造的难点；何鹤鸣等[164]分析了我国土地产权背后的利益格局，指出现行土地所有权、土地发展权、土地使用权相互分离的产权格局，是存量用地再开发中政府等主体相互博弈制衡的原因。在策略应对上，郑晓伟[165] 指出界定绝对产权的做法不适应我国的土地政策，提出在控规中对"相对产权"进行控制的制度性理念；刘芳、张宇[166] 以深圳为例，指出传统产权处理逻辑不适用于城市更新，应通过产权细分将土地开发权进行一定程度的赋予与分离，重新整合不同利益主体之间的利益分配模式，保障地方政府、开发商、集体和农民等不同利益主体的诉求，同时推动土地产权关系的进一步明确；段德罡等[167] 在西安市碑林区的旧城更新项目中探索了产业规划先行、产权联合共建、更新时序划分的更新规划策略和方法；黄军林[168] 指出在城市更新中，综合空间置换、容量奖励、功能变更等产权激励手段，可以使配置过程的外部性内在化，提高产权运行效率。

3.4.1.2 容量理论：紧凑城市与精明增长

近代城市规划历史上，支持分散还是集中的城市形态发展一直争议不断。紧凑城市理论（Compact City）最初由西欧学者针对土地资源利用浪费、内城衰退与城市蔓延现象而提出，是对现代主义工业化城市快速拓展的反思，也是力图实现城市可持续发展的一种策略。1990 年，欧共体发布《欧洲城市环境绿皮书》（*Green Paper on the Urban Environment*），提出避免城市扩张的观点。埃尔金（Elkin）提出，可持续性城市"必须具有便于步行、非机动车通行及建立公共交通设施的形态及规模，并具有一定程度的紧缩性以便于人们之间的社会性互动"；霍顿和亨特（Harghton, Hunter）认为较高的城市密度有助于提供经济上可行的市政设施并促进社会的可持续发展。1996年，M. 詹克斯（M. Jenks）发表《紧缩城市：一种可持续发展的城市形态》（*The Compact City: A Sustainable Urban Form*），明确紧凑城市以限制城市扩张为前提，通过对集中设置的公共设施的可持续综合利用，能有效减少交通距离、废气排放量并促进城市发展。随后，美国为应对低密度郊区化带来的问题，借鉴欧洲紧凑城市理论提出精明增长（Smart Growth）概念，并在波特兰等地区进行实践[169]。

不同地区城市的历史、人文、自然环境等条件不同，城市规模和城市密度千差万别，但紧凑城市的设计原则引发了一种共识[169]。紧凑城市提倡高密度的城市土地利用开发模式，一方面可以遏制城市蔓延、有利于节约用地[170]；另一方面可以缩短通勤距离，鼓励公共交通、步行和自行车出行，减少能源需求和环境污染[169]。除此之外，紧凑城市还可以在有限的城市范围内容纳更多的城市活动，提高公共服务设施的利用效率，减少城市基础设施建设的投入，符合规模经济原理[171]。当然与此同时，城市也需要控制超高密度（Ultra High Density）带来的交通拥堵、生活成本上升、城市环境质量下降、活动空间不足等弊端，建设"紧凑但不拥挤"的城市环境[172]。

3.4.1.3 用途理论：功能混合与灵活管理

19世纪末的工业化发展加快了城市化进程，工业区和居住区杂乱布局对城市功能运行造成影响，E. 霍华德（E. Howard）提出"花园城市"、T. 戈涅（T. Garnier）提出"工业城市"理念，且基本都建立在明确的城市功能分区基础上。1933年，《雅典宪章》总结提出居住、工作、游憩、交通四大类城市功能并明确了各功能适宜发展的条件，对改变当时的城市功能布局混乱问题起到了积极作用，但也在之后被认为是导致城市失去有机性和活力的重要原因，用于指导现代城市建设与发展存在显著缺陷[121]。

1961年，简·雅各布斯（Jane Jacobs）在《美国大城市的死与生》中提出"多样性是城市的天性"，认为"功能分区"的规划思想使得城市规划建设缺乏弹性，破坏了城市的多样性和活力。1966年，亚历山大在《城市并非树形》中指出，城市功能的严格分区和等级化组织方式是错误的，城市在无外力作用下的过程中常常呈现出复杂的居住结构形式，富于活力的城市区域应该是功能混合使用的半网络形态。1977年《马丘比丘宪章》提出功能混合思想，明确了综合、复合、多功能的城市环境规划建设方向。1980年代，美国新城市主义提出公共交通导向的发展模式（Transit Oriented Development，TOD），建议围绕区域性公共交通节点，将中、高密度住宅及配套的公共服务设施、商业金融业建筑等设置于步行距离合适的用地范围内，鼓励建设复合功能社区。1988年，日本东京以"混合开发的展望"为题目召开国际研讨会，借鉴农业"复种"①概念提出"复合城市"理论，倡导中心区、居住区、城市边缘地带等城市范围内的功能混合使用[173]。

---

① 复种：指一年内于同一块田地上连续种植两季或者两季以上作物的方式，如"麦—稻—麦"一年三熟的模式。

通过"用地功能（用地性质）分类"来引导和监管城市土地使用与开发建设，
是国内外城市规划管理部门的普遍做法[174]。国内的土地用途（功能）混合管控主要
包括"用地兼容""混合用地"等途径，以解决单一土地用途管控带来的活力不足和
空间不集约问题。其中，用地兼容提供了城市建设的更多可能性和功能选择的多样
性[175]，包括"水平兼容"与"垂直兼容"等模式[176]；混合用地则将一些基本功
能用地组合成为一个新的用地分类，如新加坡的"白色用地"、香港的"综合发展用
地"等[174]。随着信息技术的高速发展，人们的生活与工作方式发生改变，复合多元
的用地功能布局更能满足工作、学习、娱乐逐渐一体化的城市活动习惯与诉求。城市
更新为城市用地功能动态调整带来契机，混合使用常常给更新项目创造出特殊的吸引
力[173]，这为芝加哥伊利诺伊中心、加拿大温哥华格兰威尔岛建设等实践所证明。

3.4.1.4　土地发展权理论与土地增值

土地增值的方式包括自力增值和外力增值[177]：自力增值即产权人自行投资、改
造带来的土地增值，外力增值指由于外部环境和设施改善造成的土地增值。政府可以
通过用途功能管制、开发强度调控、建设许可授予等规划管理手段[178]对土地价值
进行干预和调节，既包括对自力增值范围的限制，也包括通过设施和环境改善实现土
地的外力增值。由于外力增值造成的土地价值涨跌与土地自身的经济行为无关，属于
"意外"的收益或损失，主要因规划管理的外部性所导致，因而产生了土地发展权涨
价"归公"还是"归私"的讨论。在各国实践中，英国法律明确土地发展权归公，美
国的土地发展权归私人所有，而法国介于二者之间[177]。

土地发展权（Land Development Rights）也称土地开发权，其概念形成于20世纪
上半叶，是土地权利社会化思潮影响下产生的权利制度，指土地所有者对土地进行
开发、利用的权利[178-179]，是一种可以与土地所有权相分离的独立财产权。在各国差
异化的土地利用和管理制度下，土地发展权是涵盖对土地进行使用、租赁、出售、
遗赠、抵押贷款、地面建设、地下开采等不同内容的权利束[179-180]。基于土地发展权
归私，美国发展出土地发展权的购买（Purchase of Development Rights，PDR）和转移
（Transfer of Development Rights，TDR）制度，即为了消除土地价值的"暴利—暴损"
（Wind Fall–Wipe Out）而形成的专门政策。这类政策不仅适用于城市环境和历史文化
保护，也适用于对农用地和开阔空间等的保护，有利于减少土地利用中的非理性行
为，达到保障社会公共利益的目的[181]。

我国法律中尚未明确界定"土地发展权"的概念，但与土地发展权对应的实质性
规定内容在土地管理体系中隐性存在。根据土地所有权公有和保障私有土地使用权的
制度设计，我国土地发展权呈现出公权与私权兼具的"二重性"[180]特征①：公权方面，
土地发展权是由政府统一调控的公共资源，在基于政府行为逻辑的体制场域中强调
"责任边界"；私权方面，国家法律保障土地的用益物权人对于土地的使用权，在基于

---

① 关于土地增值收益，朱介鸣等认为，城市土地价值的高低取决于政府在基础设施和社会设施上的投入，
所以土地升值所带来的经济利益不应只归属于业主，而应该是全社会所共享才符合社会公平的原则（具
体参见：朱介鸣，郭炎. 城乡统筹发展规划中的土地经济租金、"乡乡差别"与社会公平 [J]. 城市规
划学刊，2014（1）：33-38）。

社会行为逻辑的社会场域中强调"权益边界"[182]。土地发展权是我国土地要素市场化改革的重要手段，城市更新中土地再开发的核心是土地发展权的重构①。通过引入土地发展权工具来解决土地增值收益分配问题，对破解反公地困局和平衡多主体利益等至关重要，例如：分析多方利益关系并进行产权重构[182]；提出密度分区、更新单元公共服务设施配套等规划要求[183]；调控容积率和用地性质，推进容积率奖励、容积率转移、容积率救济、土地用途变更等。

3.4.1.5　设计治理理论

传统城市更新中的空间设计往往聚焦如何优化物质形态，而较少关注其背后的政治社会意义[127]。但实际上，物质空间品质的改变会对城市社会、经济乃至政治环境产生深远影响。现代城市设计作为"规划—建筑"之间的桥梁，是为了应对建筑设计专注且局限于单个项目，城市规划越来越倾向于土地利用、空间地理和产业经济分析的客观状况而产生[184]。20世纪末，R. 罗杰斯（R. Rogers）倡导"以设计为主导"的城市更新，在21世纪初推动了英国"设计引导城市复兴"的全国性实践[185]。随后，J. 彭特（J. Punter）等强调了城市设计对于城市更新工作的全局领导作用，认为城市设计的优劣是影响城市更新开展和发挥良好作用的前提条件[186-187]。A. 戈斯波迪尼（A. Gospodini）等进一步指出，城市设计带来的空间品质提升，是强约束条件下城市更新成本与效益相平衡的价值来源[188-190]。

近年来，城市设计越来越将城市空间的物质创造与基本社会过程相联系[191]，从美学层面的物质环境创造转变为社会治理层面的综合整治手段，涉及城市社会生活的经济、政治、社会和文化等各方面。2016年，M. 卡莫纳（M. Carmona）[192]正式提出"设计治理"（Design Governance）理论，认为设计治理应该成为城市设计学科下独立的次级研究领域，并开放给多种学科和专业进行共同研究[193]。该理论旨在建立政府、专家、投资者、市民等多元主体间的行动与决策体系，利用"正式"与"非正式"治理工具推进城市空间在社会、政治、经济等维度的全方位塑造。其中，"正式工具"主要包括依托政府公权力的控制工具（开发许可、授权等）、激励工具（投资、奖励）及引导工具（设计标准、导则和政策等）；"非正式工具"主要包括曾经被忽视的证明工具（研究、听证）、知识工具（实践、教育、培训等）、提升工具（奖项、合作、倡议等）、评价工具（指标、认证、竞赛等）和辅助工具（资金保障、政府授权）[194]（图3-11、图3-12）。

国内学者同样认识到城市设计作为一种综合性的技术手段，在城市更新中发挥着不可替代的作用。王建国[195]提出，城市设计因其特有的处理城市公共空间环境品质的技术属性及在城市环境改善和塑造方面的创新属性，在环境优化、功能提升中发挥着不可忽视的重要作用；王世福等[196]认为，城市设计走向可操作性实际上就是城市设计成为公共政策化的专业技术的过程；梁思思[197]提出存量空间更新的"空间策

---

① 土地再开发的管制成为政府行使公共权力、保障各类资源公平高效配置的重要手段（具体参见：邱杰华.
基于土地发展权的广州土地再开发管制策略 [C]//中国城市规划学会. 面向高质量发展的空间治理：
2021中国城市规划学会论文集（02城市更新）. 北京：中国建筑工业出版社，2021）。

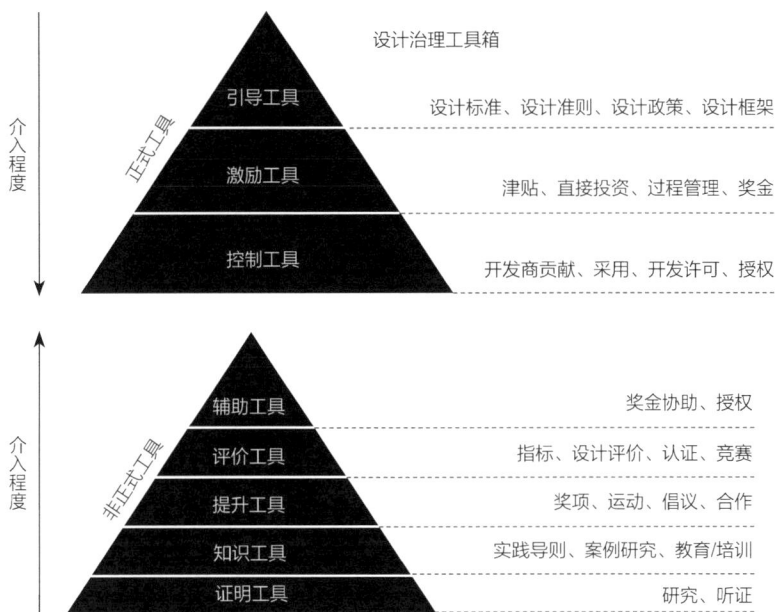

图3-11　城市设计治理中的正式与非正式工具体系
（资料来源：参考文献［194］）

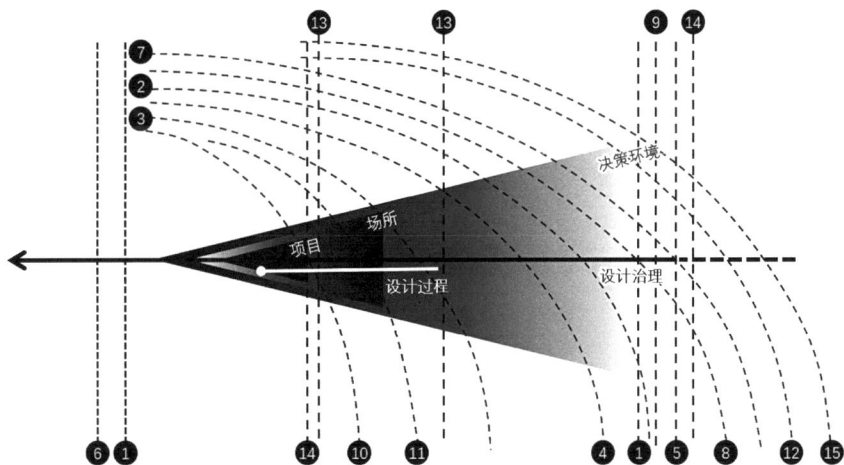

1 听证；2 研究；3 案例研究；4 实践导则；5 教育/培训；6 奖项；7 合作；8 运动；9 倡议；
10 认证；11 设计评价；12 指标；13 竞赛；14 协助；15 授权

图3-12　不同治理工具作用于城市设计运作的不同阶段
（资料来源：参考文献［193］）

划—城市设计"联动机制，认为城市更新对城市设计方法的运用应从物质空间环境营
造转向策划和经营兼顾的城市空间管理；祝贺等[198]从引导工具、辅助工具、统筹工
具、动员工具四个方面，提出了北京街区更新的设计治理手段。

3.4.2　空间的制度供给

高品质的空间设计及优化提升是保障城市更新获得成功的核心手段，更新制度需要对空间的"产权—容量—用途"进行合理的规则设定：有序的产权重组能促进空间资源的高效配置；建设容量的合理投放和必要提升是产生经济收益和维护社会公平的重要措施；用途优化能盘活存量空间并有效提高空间利用的附加值。要达成项目落地和"用实用好"空间，城市更新应借助科学的"策划—规划—设计"过程，推进空间的精细化设计和活化利用（图3-13）。然而现阶段，我国存量空间产权处置的纷繁复杂、建筑规模与管理规范的僵化约束、土地用途转变的流程与成本制约等，仍在阻碍更新工作的顺利开展。因此，城市更新制度建设需要进一步界定政府干预空间改造的边界，推进不同管理部门之间的对接，明确更新实践的适用规范与标准，保障更新规划的编制与落地，并细化更新项目审批的流程与要求。

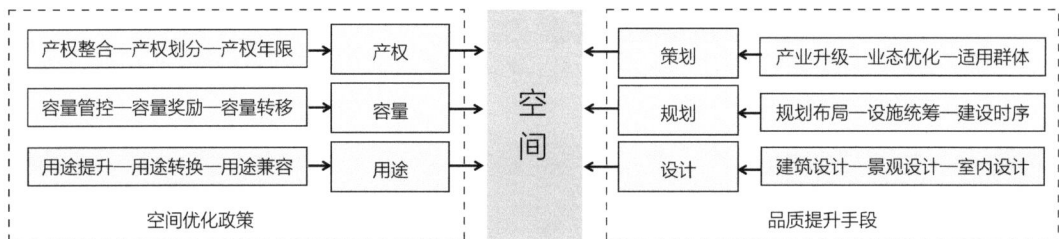

图3-13　城市更新空间维度的制度供给框架

3.4.2.1　优化"产权—容量—用途"规制

破解产权调整困难、功能变更复杂、空间利用不足等难题并非易事，需要在实践中不断探索尝试。在"产权"方面，经年累月的物业流转、主体变化和政策革新等，造成了复杂的城市空间产权归属与期限情况，部分存量房屋（土地）还存在产权归属不清或不合规等历史问题。若无法取得空间的产权处置权或难以达成产权归拢、分割或变更等共识，再好的更新构想也难免搁浅，因此城市更新中的产权制度创新主要集中在对产权收拢或分割的政策设计上。细化来看，在归属上可采用重新确权、政府收储、产权置换等途径明确存量用地或建筑的产权关系，出台相关政策厘清历史用地的权属关系等；在权益上需合理保障原产权人的土地发展权，并探索通过土地协议出让、土地租赁、作价入股等方式重新调配产权的可能；在使用上可优化土地产权的使用期限和类型设置，探索以"年租制"代替土地出让等措施，减少更新改造的一次性投入。

"容量"是城市更新中开发建设面积的表征，也是平衡成本与收益、决定开发获益等的重要指标。增加容量从而增加经济收益，仍是当前大量城市更新项目得以实现的支柱做法，更是开发商介入城市更新并进行利益博弈的重点[1]。但仅仅借助建造更高楼房和提供更多建筑面积的方式来推进更新开发，从长远来看是不健康、不可持续和难以为继的，很可能导致城市建设在强度和密度上的失控。随着存量时代城市"建设规模"变得日趋有限和珍贵，如何合理分配城市开发建设容量、如何建立容积率转移及奖励机制、如何形成跨地区的开发联动或更新合作等路径急需明确。为城市空间整体效益出发对建设容量进行精细化的调配与使用引导，更新制度建设可推行城市开发强度分区以确定不同地区容积率增加、保持或减少的管理要求，实现区位条件与开发容量的有效匹配；或借助容积率转移和奖励、新旧地区开发容量捆绑管理等方式，统筹建设需求、激发公益建设行为和平衡改造成本等。

城市更新中的存量空间"用途（功能）"变更也常常带来更新前后的空间收益变化。但缺乏科学高效的变更机制，用途转变的审批流程繁琐，以及用途变化带来的高地价和高成本支出等，使得许多更新意愿望而却步，或带来低成本和不合规的空间"非正式"使用。制度创新重点应以实现更加弹性灵活的用途管控为导向，满足建成空间在业态升级、用途转换或功能混合（兼容）上的客观需求，破解过去用途管制严格、功能建设单一、规证办理和工商注册手续衔接不畅等一系列问题。具体来看，可以优化控制性详细规划的更新条件认定流程和强制性内容设定，出台功能混合与转换的特殊规定，施行过渡期与地价优惠政策等。因此，研究出台城市用地功能兼容的正负面清单[①]、明确功能混合的比例要求、简化规划审核流程、合理设定功能转变的地价补缴要求、确定物产更新后的不动产登记方式等，是推进土地利用综合升级的有效手段。

3.4.2.2　通过"策划—规划—设计"提高空间附加值

"好的"或"差的"设计会直接影响空间增值已经成为社会共识。好的设计可以全面提升空间价值，成为激发更大区域整体进步的关键"触媒"或"旗舰"项目。因此，城市更新用好"策划—规划—设计"手段（表3-9），不仅能强化更新项目特色和彰显建设品质，还能通过更为有效的"空间提供"来实现物质载体增值和更新红利捕获。科学的"策划"有助于找到促使空间盘活的适宜业态、功能内容和使用群体；合理的"规划"能统筹和协调区域关系，梳理项目建设时序与改造方式，确定空间利用的整体布局及设施配置要求；优质的"设计"可充分挖掘空间特点，传承历史文化和创造个性化场所，进而提升项目的受众吸引力与空间活力，保障更新运作的成功推进。更新制度供给需要帮助避免那些流水线、低品质、仓促上马的规划设计结果，强化方案比选和公众决策等环节，并探索出台与更新实践相匹配的新规范和新标准，为优秀项目提供设计支持和专项经费，推进建筑与环境设计的高质量建设。

---

① 2021年北京市《建设项目规划使用性质正面和负面清单》按照鼓励疏解非首都功能、鼓励补齐地区配套短板、鼓励完善地区公共服务设施、鼓励加强职住平衡的原则，明确了首都功能核心区，首都功能核心区以外的中心城区，城市副中心，中轴线及其延长线、长安街及其延长线，顺义、大兴、亦庄、昌平、房山等新城，共五类区域的差异化功能指引的正负面清单。

1999年英国城市工作组提出的城市更新建议：注重策划、规划与设计　　　表3-9

阶段	工作重点	具体建议
策划	通过策划简化规划	◆ 以加强策划的方式简化地方性发展规划，使得城市规划更加灵活变通
规划	住宅需求规划	◆ 根据城市住房需求，在循环利用的棕地上开发更多新的住宅项目
	绿色交通规划	◆ 减少私家车出行，逐渐增加步行、自行车和公共交通工具出行比重；优先建设步行、自行车、公共交通设施，并确保线路的联通； ◆ 针对新的城市住宅区发展项目，设定每户住宅限一个停车位的标准
	保障规划实施	◆ 制定具体详细的城市规划政策指南；确保城市规划在区域空间战略、地方发展框架和规划决策中的贯彻实施；加强区域规划指南的实施力度； ◆ 将社区更新规划转变为更加变通和目标更加明确的区域计划
设计	强调竞赛比选	◆ 所有重要区域更新项目都应当以设计竞赛的形式确定方案，城市更新资金都应分配出相应的比例来满足此类竞赛的公共支出； ◆ 所有重要的公共建筑需举办相应的设计竞赛
	强化城市设计	◆ 发展并实施全国性的城市设计框架，通过土地利用规划和公共资金引导来传播关键性的设计准则，并建立一系列实践指南； ◆ 采用整合的方式来对不同类型城市社区进行以设计为导向的区域更新

（资料来源：根据参考文献［199］整理）

过去因"宏大叙事"而忽视的社会与空间的多样性和多元化，正在回归城市空间设计的核心领域，推动着我国的规划设计从"图景规划"向"运营规划"、再向"政策规划"和"治理规划"持续转变。当前许多存量空间的改造亟需可直接落地实施的设计方案。很多城市空间改造涉及的面积范围都不大，这类更新项目对直接可建造的设计方案的需求远高于宽泛的规划导则与指引——特别是空间微更新和一些依托公共资金快速推进的更新项目。随着设计出高品质、可直接建设的设计成果需求的增长迅猛，城市设计也要从政策性的"后台管控"向建设性的"前台实施"迈进[194]。

3.5 关于运维（Operation Service）的理论支撑与制度供给

城市更新项目正在从过去主要关注开发建设，拓展到同时注重前期沟通谋划、中期开发建设、后期持续运营和改造维护的主流程，以"投融建管营"一体化为特征的城市更新全生命周期管理获得重视。城市更新实践的"立项、投资/融资、规划、设计、建设、管理、运营、维护"等各环节工作，都是保证项目持续成功的关键所在，这充分揭示出城市更新"运维"机制的重要性。强化城市更新的运维制度建设，既需要将"全生命周期""全过程""全业态"等理念贯穿城市更新系统的规划、建设、管理流程，运用政策、市场和法律等手段对城市资源进行整合、优化和创新，取得城市资源的增值和城市综合竞争能力的增强；也需要探索政府引导、市场运作、公众参与的更新运作路径，鼓励城市更新从"开发方式"向"经营模式"转变，精准把控更新项目的功能定位和内容导入，促进空间利用和产业需求的高度融合对接①。

---

① 具体参见：吴晨. 加强城市运营管理能力 以全生命周期管理统筹城市复兴［EB/OL］.［2022-08-10］. https://mp.weixin.qq.com/s/H_d7o8S09RRF6XU9DJBz8w.

3.5.1 运维的相关理论

在城市更新运维的优化过程中，政府可以变革管理机制，通过降低交易成本、推动制度变迁等途径提高行政效率；规划技术人员可以运用沟通性规划、倡导性规划、协同式规划等思想推广社会参与，实现更加公平公正的城市更新规划编制与利益协同；业主、企业或专业机构针对空间运营，可从"城市有机体"的维度深入理解城市更新的动态性和过程性，利用场景理论塑造特色化城市空间，推进适应后工业城市发展的产业导入和消费场所营造（表3-10）。

城市更新运维维度的相关理论 表3-10

分类	理论	代表人物	理论延伸
管理机制	交易成本理论	• R. H. 科斯（R. H. Coase），1937年 • O.威廉姆森（O. Williamson），1985年	—
	制度变迁理论	• D. C. 诺思（D. C. North），1994年	—
规划过程	沟通性规划	• J. 福雷斯特（J. Forester），1989年	—
	倡导式规划	• P. 大卫多夫（P. Davidoff），1965年	—
	协作式规划	• P. 希利（P. Healey），1997年	—
空间运营	城市有机体理论	—	• 城市建筑生态学: P. 索勒（P. Soler），1960年代 • 整理有机论: C. 亚历山大（C. Alexander），1979年 • 城市有机生长: E. 沙里宁（E. Saarinen），1967年 • 城市新陈代谢: 黑川纪章等，1960年代
	场景理论	• T. N. 克拉克（T. N. Clark），2010年代	—

3.5.1.1 交易成本理论

"交易成本"（Transaction Cost）也称交易费用，最早由R. H. 科斯（R. H. Coase）提出。交易成本是"经济制度运行的费用"[92]，是"为获得准确的市场信息所需要付出的费用，以及谈判和经常性契约的费用"。科斯认为交易成本的降低，对提高资源配置效率起着至关重要的作用。O. 威廉姆森（O. Williamson）立足于人的"有限理性"和"机会主义"倾向，综合考虑资产的专用性、不确定性和交易频率以及交易的市场环境因素，将交易成本分为"事先交易成本"和"事后交易成本"。其中，事前交易成本指事先规定交易双方的权利、义务和责任的过程所花费的代价；事后交易成本指交易已经发生之后的成本，包括当事人想退出某种契约关系所必须付出的费用、交易者发现事先确定的价格有误而需改变原价格所必须支付的费用、交易当事人为政府解决他们之间的冲突所付出的费用、为确保交易关系长期化和持续性所必须付出的费用等[200]。也有学者将交易成本分为"必要"和"非必要"两类：必要交易成本包括谈判、签约、履约、监督经济绩效等费用，其是制度存在的必要条件之一；非必要交易成本是制度中存在的应予以消除的成本，如政府机构臃肿、人员过多等引起的效率低下而导致的交易成本[201]。

城市更新项目的完成除要承担建设工程成本之外，还存在着大量为实现这个目的的其他人、财、物等成本耗费——交易成本就在其中。城市更新过程中，如果获取信息、协商谈判、取得土地和物产、开展规划设计、进行项目建设等环节投入的交易成本过高且无法通过收益加以平衡，就会导致更新行动停滞不前。理顺政府部门职能、改革行政审批机制、建设"公共服务型"政府等变革，都可以有效减少企业参与更新的非必要交易成本[201]。

3.5.1.2 制度变迁理论

D. C. 诺思（D. C. North）将制度因素纳入解释经济增长的原因之中，认为制度是"一系列被制定出来的规则、服从程序和道德、伦理的行为规范"，是"社会的游戏规则"[202]，有效的制度设计可以弱化环境的不确定性、降低交易成本[203]。制度可以视为由个人或组织生产出来的公共产品，由于人们的有限理性和资源的稀缺性，制度的供给是有限的和稀缺的。随着外界环境的变化或自身理性程度的提高，人们会不断提出对新的制度的需求，以实现预期收益的增加。当制度的供给和需求基本均衡时，制度是稳定的；当现存制度不能使人们的需求得到满足时，就会发生制度变迁[204]。

诺斯的制度变迁理论（Institution Change Theory）认为，制度变迁是新制度产生、替代或改变旧制度的动态过程，是制度框架的创新和被打破。制度变迁是一个演进的、渐进的、连续的过程，而制度选择的决定因素包括行动者的动机（效用函数）、环境的复杂性（特别是不确定性）、行动者辨识和安排环境的能力（衡量和实施）三方面[203]。诺思指出由于制度变迁存在着报酬递增和自我强化的机制，导致过程中容易产生"路径依赖"，成为影响经济增长的关键因素。如果路径选择正确，制度变迁能充分利用现有资源从事收益最大化的活动，促进市场发展和经济增长；如果路径选择不正确，则制度变迁不能给人们带来普遍的收益递增，而是有利于少数特权阶层，加剧了不公平竞争，导致市场秩序混乱和经济衰退①。

过去的许多规划认知建立在制度影响忽略不计的假设上，造成规划方案脱离现实或者难以实施[205-206]。存量发展时期对城市更新的管理制度变迁提出了新要求，滕熙[207]认为更新改造政策是明确土地增值收益归属的制度安排，同时也是交易成本逐渐降低的过程；石峰[206]以工业转变为研发空间为例，认为制度变迁的原因是企业和地方政府想要获取潜在利润和满足各自偏好。可见，城市更新的制度变迁应促进不同利益主体意识形态的协同，打破既得利益集团对现有制度的不恰当维护，解决制度变迁中的路径依赖问题等。

---

① 诺思指出了意识形态在制度变迁中的重要作用。意识形态由互相关联的、包罗万象的世界观构成，包括道德和伦理法则。市场机制得以有效运行的一个重要条件是人们能遵守一定的意识形态，"社会强有力的道德和伦理法则是使经济体制可行的社会稳定的要素"，如果集团的每个成员都具有共同的意识形态和共同的利益，就容易组织起来实现集团的目标；反之，存在分歧的意识形态，利益目标互不相同且不了解对方的行为信息，则在集体行动时就会有人不承担任何代价而享受集体行动的利益，"搭便车"现象就不可避免（具体参见：马广奇. 制度变迁理论：评述与启示 [J]. 生产力研究，2005（7）：225-227, 230-243）。

3.5.1.3 沟通性规划、倡导式规划与协作式规划

J. 福雷斯特（J. Forester）[208] 于1989年将德国社会哲学家J. 哈贝马斯（J. Habermas）的"沟通理论"引入规划领域，在《面对权力的规划》中诠释了规划的批判理论。他认为规划师不是为民众工作（for），而是与民众一起工作（with），认为规划应该动员公众广泛地参与和表达，通过与政府、开发商等相关人员的沟通对话来作出决策。福雷斯由此提出沟通性规划（Communicative Planning）理论，寻求一种"政府—公众—开发商—规划师"的多边合作关系。沟通规划强调主体的多元性，规划师应游走在各利益集团之间，组织并促进他们之间的互动，通过倾听与设计影响决策①。福雷斯特指出，沟通规划中的规划师要关注交谈和倾听，寻求对独特规划与实践的理解[209]，在实际工作中可以采用六种策略，即管制者，预先调解和协商，作为中立资源、穿梭式外交、积极并有见地的调解以及分解工作。

1965年，P. 大卫多夫（P. Davidoff）[210] 在《规划中的倡导和多元主义》中分析了规划的价值及政治属性，认为规划师不应作为技术专家代表公众意见进行实践，而"应在公众中充当各色市民团体的'支持者'，特别是要支持那些弱势群体或者少数民族"[109]，进而提出倡导式规划（Advocacy Planning）理念②。他认为，任何人都无法代表整个社会的需求，包括专家和规划师；理性规划并没有考虑公共利益分化问题，只代表了一部分人的价值取向——这种自上而下的规划是"贵族式"规划，其价值观在设计中得不到社会的认同，与社会发展不符。倡导式规划强调规划过程的公平性，特别强调对弱势群体的关注。该理论聚焦程序理性（主要用于公共决策过程），希望通过民主程序解决不同争端，提倡多元主义和群体辩护，这对推进我国城市规划的观念和方法改进具有重要意义[211]。

协作式规划（Collaborate Planning）概念源于1981年J. 哈贝马斯（J. Habermas）提出的"具有畅谈性的合理性"[212]。1997年，P. 希利（P. Healey）[213] 在《协作规划：在碎片化社会中塑造场所》中正式提出相关理论，认为：①规划方法方面，应要求不同利益相关者采用辩论（Argumentation）、分析（Analysis）与评定（Assessment）的方法（AAA），通过合作而不是无序竞争来达成共同目标；②协作主体方面，应要求政府及非政府部门在共同的发展框架下，一起为实现政策目标而努力，参与相关事务的协作主体包括私人部门、公共部门、专业机构与客户群等；③协作关系方面，公众

---

① 姜梅（2008年）在《"规划中的沟通"与"作为沟通的规划"——当代西方沟通规划理论概述》中指出，相对于传统规划的工具理性，沟通规划方法基于沟通理性，提出通过沟通行为达到最终目标。在沟通规划中，规划主体数量多且多元化、主体间关系复杂、主体处于动态调整过程中；规划成果更强调对物质空间设计以外的社会经济发展背景的关注。

② 倡导式规划理论认为：平等和公正应该是人类社会和政治发展的共同目标，应该为公民在多元化治理结构中争取更多的权利和更高的地位，以进一步完善民主政治体制；规划过程应将城市社会的各方面要求、价值判断和愿望等结合在一起，在不同群体之间进行充分协商，为后期行动进行预先协调，并通过法律程序形成规范"契约"；规划师应代表各种不同的社会团体，特别是弱势团体，通过交流、辩论解决城市规划问题（具体参见：于泓. Davidoff的倡导性城市规划理论 [J]. 国外城市规划，2000（1）：30-33，43）。陈方全（2007年）在《倡导性规划理论及其启示》中提出，我国应借鉴倡导式规划理论，进一步提高社会群体参与城市规划的意识，增加规划的透明度，健全法律法规保障。

组织机构中良好和成功的协作关系应强调合作①，需要弱化政府的强制性管理，尽可能采用公共协商、咨询的方式减少财产和权利等争端；④规划运作过程方面，要关注规划过程的集体理性②，在利益多元化条件下基于集体理性建立共识性决策③[121]。

3.5.1.4　城市有机体理论

"有机"源自生物学概念，表述具有生命现象的生物体的内在特征。有机理论的核心是把世界看成是相互关联、动态平衡的整体。法国哲学家孔德指出，社会是最高级的生物有机体；芒福德认为，"城市经历了从无到有，从简单到复杂，从低级到高级的发展过程"。1965年，国际现代建筑协会（CIAM）以"组织的流动性（Cluster Mobility）：建筑和城市规划的变化和成长"为题召开年会，总结指出城市是一个变化和生长的极为复杂的有机体。P. 索勒（P. Soler）创建"城市建筑生态学（Arcology）"，认为城市是"一个有着上千思维的有机体"，城市成长与演变过程具有"缩微化（Miniaturization）—复杂性（Complexity）—持续性（Duration）"特点。C. 亚历山大（C. Alexander）提出整体有机论，在《秩序的本质》一书中以整体性（Wholeness）和过程（Process）为核心，明确城市或街区的生长规则来自于自然演化的基本法则，强调城市演化是一个不断发生的、渐进的过程④。1967年，E. 沙里宁（E. Saarinen）在《城市，它的发展衰败与未来》中提出城市有机生长理论，认为城市更新在绝大多数时间都是以一种小规模、渐变式的方式进行，是一种"适应性的改变"（Adapative Change）。他强调动态设计（Dynamic Design），要求形成充分灵活的规则，"可以在条件变化而出现新的要求时作出必要的修改"。日本学者黑川纪章等立足于城市与生命体的相似性，提出城市新陈代谢（Metabolism）理论，即建筑和城市应该像有生命的组织一样，在时间和空间上都是开放的系统。

立足保护与发展双重诉求，吴良镛结合北京旧城社区更新的实际情况，提出"有机更新"理论，并在北京菊儿胡同的住宅改造中加以应用。他认为城市永远处于新陈代谢之中，要保留相对完好的细胞，逐步剔除破烂不适宜的细胞[172]。有机更新需要采用适当的规模、合适的尺度，依据改造内容与要求，妥善处理目前与将来的关系，不断提高规划设计质量，使每一片地区的发展都实现相对的完整性。这样，集无数相对完整性之和，即能促进旧城的整体环境得到改善，达到有机更新的综合目的[214]。

---

① 良好的协作关系会促进整体运作成本的降低，参与协作的伙伴关系要达成共同的发展目标与准则，可使用合同、契约等法律形式来保障实施。

② 帕齐从系统制度设计的角度选择了五个因子，以帮助判定政策开发及其运行是否具有可协作性，包括：协作者来源的多样性；对政府机构的权力进行扩展与适当的分散；为非正式组织、地方组织积极提供发展机会；鼓励与培养社区自治能力；以上过程持续公开进行并提供公共解释。

③ 该理论在不同尺度的规划中均能发挥重要作用，如跨国界协作式规划（如1999年编制完成的《欧盟空间发展前景框架》，简称ESDP）、国家内部层面协作式规划、跨流域协作式规划（如美国田纳西河流域开发协调管理的法人机构TVA）、都市区协作式规划等（具体参见：董金柱. 国外协作式规划的理论研究与规划实践［J］. 国外城市规划，2004（2）：48-52）。

④ 亚历山大认为，与有机体的演化过程一样，"过程"本身支配着一个城市的生长，"是部分之间精妙组织起来的、协同作用而得出的奇迹"。过程包含着秩序，"城市所有大尺度的秩序是可能单纯通过许多渐进的点滴行为创造出来的"，而不是形式或者规划指导而成的，"在成长的有机体中，任何给定的时刻，成长的'终止'或最终的'目的'都没有意义"。

3.5.1.5 场景理论

1980年代末，随着后工业社会的来临，大批制造业从城市中心撤离，取而代之的是文化创意、休闲娱乐、高新技术和金融服务等新兴产业，城市形态开始由生产型向消费型转变（图3-14）。T. N. 克拉克（T. N. Clark）等学者在"娱乐机器"

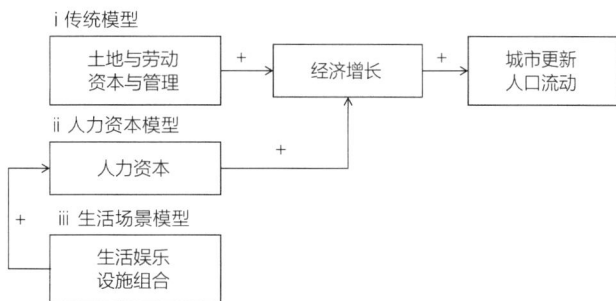

图3-14　城市发展的三种模型
（资料来源：参考文献［216］）

和"消费城市"的理论基础上，从消费角度提出后工业城市的发展理念，即场景理论（Theory of Scenes）。场景理论把城市空间研究从自然与社会属性层面拓展到区位文化的消费实践层面，从城市社会学视角为城市转型和发展动力转换提供了一项新的理论工具[215]，成为新芝加哥学派的城市研究新范式[216]。场景理论秉持"城市文化支撑着城市发展"的理念，着重探讨城市场景的功能及其对城市发展的作用，认为后工业化时期的城市以消费为导向、以生活娱乐设施为载体、以文化实践为表现形式，通过优质的生活质量可以吸引不同群体到城市中居住、生活和工作，因而便利的都市设施及由此带来的消费是推动区域经济发展的重要力量[217]。

　　这里的"场景"是指群体对特定活动的共同兴趣或特定地点的典型特质[218]，是一定区域内蕴含特定符号意义的城市舒适设施组合，是一种由各种消费实践所形成的具有符号意义的社会空间。场景经由文化消费实践不断产生新的符号意义，并在符号意义的共享和传播过程中形成对人群的吸引力。个体在场景中进行着消费实践，收获着由实践而带来的情感体验[216]，因此城市舒适设施不仅是物质概念，也同样是表征符号意义、具有符号功能的客体等。场景由客观结构体系和主观认识体系两部分构成（图3-15）：客观结构体系是构成场景的必要物质性条件，由被研究区域中的生活娱乐

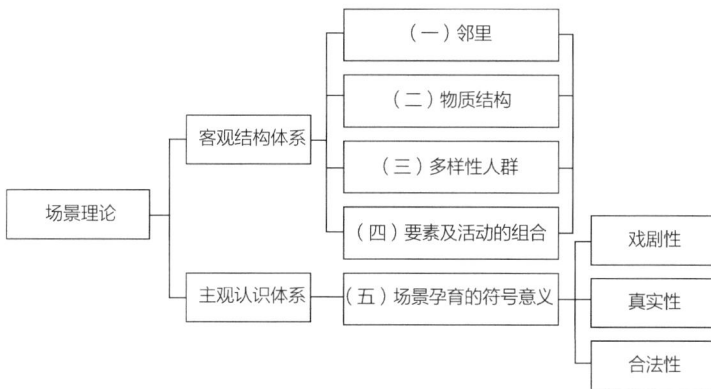

图3-15　场景理论框架
（资料来源：根据参考文献［216］［218］绘制）

设施构成，包含邻里、物质结构、多样性人群以及这三个要素及活动的组合；主观认识体系是指文化价值观场景的戏剧性、真实性和合法性，其中戏剧性涉及人们看待别人以及被人看待的方式，真实性是对社会个体身份内涵和意义的鉴别，合法性体现了人们为社会存在所进行的对错判断。

在城市更新中，场景的实践操作即场景的营造，既关注物质空间，也关注可能承载的所有活动和事件[191]。吴军[216-217]提出不同的地区具有不同的特点，即使同一个地区的不同街区也会拥有自己的特点，即文脉知识（Context Knowledge），因此城市更新应在尊重区域内在差异性的基础上，制定内在多样的公共政策，形成特定的区域文化。赵炜等[218]将场景理论中的戏剧性和真实性策略，应用于成都望平社区的场景营造实践中；王韬等[219]依托场景理论，构建出定量分析的指标体系框架，并对广州市工业用地转为文化创意产业园的更新实践展开分析，认为更新过程应该进一步打造个性化的场景特征，形成特色化、有辨识度的园区文化与价值。

3.5.2　运维的制度供给

城市更新项目要获得成功，很大程度上取决于有效的项目运营和持续维护。城市建设的存量转型正在迫使一些传统的短周期、重资产改造项目逐步向"建设+运营+维护"的长周期、重运营模式转变。更新建设阶段的红利减少甚至负盈利状况，需通过高效运维形成的长期收益来加以平衡。英国在1980年代开始推行基于企业区（Enterprise Zone）的城市更新政策，将城市衰败地区划入企业区内，通过政府管理创新和空间运营支持其复兴发展（表3-11）。尽管面向"全生命周期""全过程""全业态"的城市更新运维内容十分广泛，但在当前相对重要的是，其制度供给需借助简政放权等改革，优化政府组织管理以降低更新项目实施的交易成本，提升运作效率；同时为富于活力的存量空间盘活与持续经营（包括渐进微盈利）提供支持，提供足够的使用权保障等政策配套。

英国城市更新中的企业区运维政策　　　　　　　　　　　　表3-11

对象	策略	政策内容
政府管理	权力下放	由地方理事会或开发公司托管，赋予其征用和强制性购买土地、规划权等权利
	简化流程	减少政府对统计信息的要求；雇主无需向工业培训委员会提供信息
	优先支持	区内公司的申请事项优先处理，并且放宽标准
空间运营	灵活使用	制定简化的规划方案，区分允许用途和禁止用途，简化功能管控；赋予特定土地用途自动开发权，对于符合规划的项目免除规划许可申报程序
	持续维护	将企业所得税合理反馈企业，用于工业和商业建筑修缮；免费对雇主进行培训

（资料来源：根据参考文献［220］［221］整理）

3.5.2.1　优化政府管理，降低更新项目运作的交易成本

交易成本是除直接生产成本、间接外部成本之外的城市更新项目总成本的重要构成内容。更新过程耗费的交易成本包括资金、人力、物力和时间，主要用于沟通多元主体（具有有限理性和机会主义倾向）、获取必要信息、协调复杂利益诉求、推进规

划管理流程等。我国政府近年推动的简政放权、优化营商环境等系列变革，是通过制度创新降低更新管理交易成本的有效尝试。

一方面，由于城市更新运作的"程序性"政策供给在很多城市长期不足，需要对不同类型城市更新项目由谁发起申请、如何立项、如何编制规划、怎样纳入年度计划、如何审批和建设等给出清晰规定并合理精简环节，这样才能使得政府、业主、开发商等参与或发起城市更新行动变得更加途径清晰和有据可依。特别是，针对跨部门政策对接与管理不畅带来的项目审批和执照申请困境[①]，需要强化部门之间的协同与合作，破除条块分割管理造成的更新阻力。各城市可持续建立健全城市体检评估机制，精准查找城市建设的短板、不足和更新重点，通过编制城市更新规划、建立项目库等有序推进更新实践落地。

另一方面，信息不对称及由此引发的行为不确定性，亦是推高城市更新交易成本的关键，制度供给应通过搭建信息公开平台和公众参与路径，来实现更新信息的透明化和更新决策的公开化。依托城市既有信息平台、建筑信息模型（BIM）、物联网、国土空间基础数据等，建立开放共享程度高、多维多尺度的城市信息数据平台，有助于合理放宽城市更新业务市场，推进城市更新全生命周期管理。为避免不同利益主体间的谈判冲突和协调困难，在制度层面明确各类主体协商谈判的秩序、规则和流程，并适时引入专业力量促进共识结果的达成，同样不可或缺。

3.5.2.2　优化空间运营，提高项目收益与活力

城市更新运维涉及项目运作的统筹管理、更新空间的产业导入和业态经营，以及建成空间的持续修缮和养护等。运营体系缺失、维护主体不清、经费保障不力等空间运维与管理的后继乏力问题，对诸多更新实践项目的"存活"形成了挑战。因此，明确空间运维的责任主体、创新运营经费来源、引入企业提供专业化服务等是未来探索的重要方向，如吸引市场力量、推进专业团队运作、完善物业管理、创新街巷长制、鼓励居民志愿经营和维护等。

空间运营需要准确分析城市的实际情况和市场需求，围绕现代产业导入、产业转型升级、文化消费创新、人居环境改善、历史资源保护等，探索城市经济增长的新模式。依托新的功能需求点开展专业化的空间运营，有助于更大程度地实现城市更新的空间获利，相关制度供给应从激发业态活力、保障使用权限（租用年限、使用权持有等）、培育长期收益等方面给予保障。专业化运营团队接管产业空间的管理运作或物业管理，有助于形成可靠的后期运营收入以反哺前期改造投入。北京等城市已经通过明确产业准入门槛、提供新兴产业优惠制度等措施，来推动城市功能和空间运营的转型升级，并借助在历史街区、文创园区、公共空间等中引入艺术展览、文化活动等来增强空间吸引力，实现空间运营内容的多样化。

3.5.2.3　培育统筹主体，引入新型城市运营商

城市更新事务纷繁复杂，这使得"统筹"成为更新实施进程中至关重要的任务。

---

① 当前，对城市更新不同环节、不同对象进行管理和决策的政府职能部门之间常常缺乏联合与互动，各级政府、各部门间缺少工作统筹，没有形成有效合力来助推更新项目落地。

在"投融建管营"一体化导向的项目统筹影响下，上海在城市更新条例中首次法定化地提出"统筹主体"的创新制度构想。在上海，更新统筹主体作用和地位十分重要，其负担的社会责任也大于盈利诉求，将主要由国有性质企业、承担政府功能保障的平台公司等来承担，各区可以根据本区域城市更新工作的重点和特点来明确统筹主体的入围标准。城市更新统筹主体比一般性实施主体具有更大的职责权限，其工作领域跨越了政府行为和市场行为。统筹主体拥有更新区域内的城市更新活动统筹权，包括参与规划编制、实施土地前期准备、配合土地供应、统筹整体利益、推进更新项目实施等职能；可负责完成特定更新区域的现状调查、更新意愿征询、市场资源整合等工作；特定更新区域内的城市更新活动及各物业权利人需接受其工作指导。

近年来，也有一些学者开始探讨如何引入"城市运营商"来提供更专业的城市更新综合服务，期待通过具有统筹意识、社会责任、战略眼光的城市运营商，实现城市更新从单一市场定位迈向城市区域的综合目标选择，从分散的项目改造迈向区域资源的利用整合，以全面带动城市经济发展和促进城市居民就业。城市运营商需要与政府保持良好的合作关系，以高质量的服务设施提供、专业化的产业运营支撑等，长期稳定地服务城市的更新与发展。

综上所述，"主体—资金—空间—运维"所构成的城市更新制度分析框架建立在系列理论支撑之上。

在"主体"维度，利益相关者、利益集团、增长机器、城市政体等理论揭示出城市更新相关利益主体及其诉求构成的复杂性，并探讨了参与主体之间的结盟方式；博弈论、多中心治理、公众参与等理论则分析了不同主体参与城市更新的机制与方式，以及各主体间的利益平衡与决策行为。

在"资金"维度，空间生产理论和资本三级循环理论分析了城市空间资本化的本质；获得正向租差和平衡"成本—收益"是城市更新活动产生的主要动力；而庇古理论和帕累托最优理论强调通过不同手段和机制调节更新收益及其分配，为更新资金参与的长效机制建立提供路径。

在"空间"维度，产权、紧凑城市、功能混合等理论分别阐述了对存量资源的产权、容量、用途等施加引导的价值方向；土地发展权理论为城市土地实施规划管控提供了规则制定依据；设计治理理论则强调了"正式"与"非正式"治理工具在城市更新中的重要作用。

在"运维"维度，交易成本和制度变迁理论提供了城市更新制度创新的理论解释和认知基础；沟通性规划、倡导式规划、协作式规划等提倡规划中的多主体参与以实现更加公平公正的更新运作；城市有机体理论和场景理论为推进城市更新空间的有效运营提供了行动工具。

城市更新制度建设的关键维度表明，"主体—资金—空间—运维"四者需要统筹兼顾的机制安排。我国当前的诸多城市更新制度创新都聚焦在"空间"规则上，特别是存量空间改造中有关产权、用途和容量的相关规定上，未来需要进一步重视策划、规划、设计等技术手段的综合推广与应用，持续围绕"主体""资金"和"运维"等多元维度，进行更为丰富全面的要素统筹和治理体系建构。

第 4 章
城市更新制度建设的国际经验

　　发达国家和地区的城市更新开始较早，二战结束后开始积极出台更新政策以支持住区改善、住房提供、城市重建等行动，此后又各自经历了工业化、郊区化、去郊区化、中心城区复兴等不同发展时期和更新阶段，在城市更新的制度建设与实践运作上为我国提供了一定的做法参照。二战结束至今的70余年间，发达国家通常会根据不同时期国家的社会经济态势与综合发展需求设计相应的城市更新制度，以此引导与时俱进的城市更新模式与行动，并取得一定的进展和成效。尽管发达国家城市更新的演进历程和特点各不相同，但各国实践行动大致

经历了几个时期：二战后以住房供应为核心的城市再开发；1960—1970年代郊区化趋势兴起导致内城衰退，旧城复兴成为城市更新的主要关注点；1980年代后随着城市功能和产业不断换代升级，老工业区、老码头区等更新项目越来越普遍；进入21世纪，日趋多元并面向社会、经济、文化综合发展的更新行动与内生提质得以兴盛。本章通过分析不同国家和地区的城市更新制度建设经验，检验和思考"主体—资金—空间—运维"导向下的城市更新制度建设框架的适用性。

4.1 城市更新的国家行动与政策方向

概括起来，日本、英国、德国、美国、新加坡等发达国家，已经在国家层面逐渐形成了相对完备的城市更新制度与行动导引（表4-1），针对不同更新对象建立起差异化的管控工具[222]，配以相应的资金支持、项目申报、利益分配等机制，从而建构出"主体—资金—空间—运维"统筹下的城市更新运作体系，依需要提供约束、维护、激励型的政策调节措施。

发达国家不同时期的城市更新政策方向与国家行动 　　　　表4-1

时期	日本	英国	德国	美国	新加坡
1950年代	政府主导的集中重建	物质更新： ◆ 改善房屋不合格与城市蔓延两大问题	◆ 住房建设与旧区翻新	◆ 联邦政府主导，以内城贫民窟清理和改善为目标	国家住房供给： ◆ 公共住房计划
1960年代	政府协调，市场与第三方加入的都市再开发： 市街地再开发事业				
1970年代		社会与社区福利： ◆ 城市计划； ◆ 社区发展计划； 内城地区研究	旧城保护： ◆ 保留原有城市结构	◆ 政府与市场共治的城市再开发； ◆ 公私合作伙伴关系	◆ 品质和特色增长； ◆ 城市形象塑造
1980年代		企业式城市更新（释放市场力量）： ◆ 企业区； ◆ 城市开发公司	谨慎的城市更新（强调维护式更新）		
1990年代	上下结合的都市再生： 社区营造； 紧急整备区	竞争和城市政策： ◆ 城市更新资金与收益； ◆ 城市挑战计划； ◆ 单一更新预算计划（SRB）	—	◆ 多向合作综合治理	◆ 概念规划影响下的城市发展
2000—2010年		城市复兴和街区更新： ◆ 促进内城复兴与街区重建			
2010年后		紧缩时代的更新			

4.1.1 日本[①]

日本经历了战后重建、经济恢复等不同阶段后，在更新重建、都市再生方面开展持续探索，逐渐形成以市街地再开发、社区营造、紧急整备区为主要特点的更新模式。1950—1960年代，战后的日本为恢复城市秩序与城市功能、消除贫民区、改善居住环境，提出了"土地区划整理事业"。1955年日本住宅公团成立并参与城市重建工作。政府对土地及建筑进行修复、重建与开发，通过用地置换、腾退等方式消除贫民区，并将之统一规划为大规模居住区。经历重建后的日本经济逐渐发展起来，进入1970年代后，日本政府提出"市街地再开发事业"，通过设置容积率奖励机制吸引

---

① 主要内容参见：李晋轩，曾鹏. 中日两国基本制度差异对城市更新模式的影响 [C]. 2020年中国城市规划学会城市更新委员会分会，2020.

市场主体参与城市再开发。政府不再作为实施主体直接进行城市更新项目实施，而是转型成为制定政策和机制以引导、调节、服务城市更新的新角色。1981年日本住宅公团更名为"住宅、都市整备公团"，由曾经直接参与重建工作转向提供管理与服务职能。1990年代遭遇经济危机后，日本政府再次集中力量推进都市再生来重振经济。2002年日本颁布《都市再生特别措施法》，大力支持城市再开发。2004年"住宅、都市整备公团"改为独立行政法人都市再生机构（Urban Renaissance Agency，UR都市机构），通过政策出台鼓励私人机构等多元主体参与城市更新。同时期，社区营造在日本广泛兴起，自下而上地开展历史街区更新；紧急整备区自此也得以发展，使得日本积极推行的城市更新模式主要涉及三类：市街地再开发事业、社区营造和都市再生紧急整备地域[①]。

4.1.2 英国[②]

英国城市更新政策变迁与政治、经济环境密切相关，经济发展好则政策宽松，以市场为主导；经济低迷则政策紧缩，由政府主导城市建设。二战后的百废待兴时期，英国采用新城建设、绿带规划、新建住房等措施促进城市重建。1968年后，英国政府采取三大行动引导城市重建：制定城市计划改善城市功能与优化公共服务配置；制定社区发展计划监督管理社区自主更新；通过内城地区研究为城市重建提供政策建议。1980年代撒切尔执政期间，英国政府给予市场力量参与城市更新的宽松政策支持，一方面划定企业区，提供特定的财政、规划政策优惠以鼓励企业入驻更新区；另一方面设立城市开发公司负责地区更新，城市开发公司通过土地开发获取收益，推动地区经济发展。进入1990年代，英国城市更新更加关注弱势群体与社区诉求，通过引入竞争式招标来获取更新资金，倡导越来越多的主体参与到城市更新行动之中。政府不仅通过制定城市挑战计划鼓励地方政府、社区、私人部门和志愿组织之间合作开展城市更新活动；还通过制定单一更新预算计划（SRB）等，将不同部门负责的工作计划进行统筹协调，有效提升了城市更新效率。1997年后新工党上台，其工作主要着重于城市中心复兴与街区更新，并不断加强政策引导。《全英国一起行动：街区更新的全国战略》提出街区重建，旨在整体性地解决内城贫困问题与社区问题，破解社会住房难题。街区更新计划通过破解犯罪、地方社区、住房和物质环境、教育、健康、失业六个方面的问题来达成设定目标。2010年后，英国推行紧缩型城市更新，中央政府出台地方主义法案，将规划建设的权力下放至地方政府，并制定城市协议赋予地方政府更多治理工具与权力。在推进多主体合作方面，政府通过直选市长制度来促进地方民主自治与公私合作，通过建立地方企业合作组织来推动地方政府与企业合作，以助推城市更新与地区经济发展；在资金来源方面，政府建立了区域发展基金与税收增额融资制度，用以撬动私人投资。

[①] 都市再生紧急整备地域是通过城市开发项目进行集中开发的城市复兴区域，并给予相关鼓励措施：放宽土地使用规定、缩短营业执照办理期限；给予特别财政支持和税收措施；放松对私营部门使用能源、道路等设施的限制等。
[②] 主要内容参见：安德鲁·塔隆. 英国城市更新 [M]. 杨帆，译. 上海：同济大学出版社，2017.

4.1.3 德国①

德国对社区更新、历史建筑保护进行了持续深入的探索，在城市更新行动中制定了多种更新策略及机制来保护历史文脉。二战后，联邦德国着重修复被破坏的城市及改善住房问题。1950年联邦德国颁布《联邦住宅建设法》，地方政府必须将住宅建设作为重要工作，不断满足社会各阶层、各群体的需求。1950年代德国开展的城市重建工作主要遵循《战后重建法》，并且政府在1959年资助了一批"城市研究和示范项目"。1960年代，联邦德国城市快速发展，旧区大量拆除，居民反对意见强烈。1963年德国提出维护式更新，改变了过去拆除重建式的更新做法。1970年代中期，历史街区保护更新与社区邻里单元更新成为德国城市更新的重点，更新注重保护现有城市肌理，强调尊重社区居民意见。在维护式更新的基础上，1978年柏林国际建筑展览有限公司（IBA）提出了"谨慎的城市更新"理念，强调公众参与的重要性。之后，政府提出"社会整合策略"来保持稳定的更新投资环境，通过成立更新机构负责地区更新项目，并推动政府部门、市场部门、业主居民间的共同参与。为落实谨慎城市更新理念，联邦德国于1986年修订《城市更新法》对此加以强调。1990年两德统一，过渡时期德国以柏林为首都进行了大规模建设，原联邦德国的城市更新经验被推广至东部地区。1993—1995年，德国设立第一批"城市更新区"，更新工作注重改善住宅环境品质；2011年德国设立第二批"城市更新区"，重在改善社会文化基础设施和公共空间。

4.1.4 美国②

美国城市更新政策的松紧变化体现在联邦政府与地方政府的权责关系调整上，并与经济环境密切相关。美国城市更新资金的投入机制决定着公私部门在城市更新中作用和角色的此消彼长（表4-2）。1949年，美国出台新版《国家住宅法案》，允许联邦基金用于城市更新发展。1950—1960年代的美国城市更新主要由政府主导，以改善贫民窟为目标，带有相当强的福利性质。政府清理土地后由私人开发商和投资者接手承建，政府提供公共资金资助（联邦政府与地方政府资助比例为2：1）。1970年代美国经济低迷，财政紧缩，急需大量引入私人投资。因此，联邦政府将城市更新权责下放，城市更新导向从福利型居住条件改善转变为刺激地方经济发展。随着公私合作伙伴关系作为经济发展的公共政策被正式提出，地方政府和土地开发机构通过发行债券、税息减免、基金补贴等手段撬动私人投资。1990年代以来，美国城市更新从房地产开发商主导、以振兴经济为目的的商业性开发转向经济、社会、环境等多目标的综合治理。公私合作从政府直接提供公共资金资助的"赠予型"发展到合资入股以回收投资的"入股型"，公私关系从投资型合作伙伴关系向社会型合作伙伴关系演进。

① 主要内容参见：挂云帆. 德国城市更新相关政策与立法 [EB/OL]. （2021-03-09）[2022-8-10]. https://www.guayunfan.com/lilun/86129.html.
② 主要内容参见：姚之浩，曾海鹰. 1950年代以来美国城市更新政策工具的演化与规律特征 [J]. 国际城市规划，2018（4）：18-24.

美国城市更新阶段特征 表4-2

更新阶段	二战结束—1960年代	1970—1990年代	1990年代至今
更新主体	政府主导	投资型合作伙伴关系	社会型合作伙伴关系
更新资金	公共资金资助	引入私人部门投资	合资入股以回收投资
更新目标	贫民窟改善，福利型	地方经济增长，商业型	经济、社会、环境等多目标，综合治理

（资料来源：根据文献［223］整理）

4.1.5 新加坡①

　　新加坡城市规模小，城市更新行动关注城市及以下尺度，注重总体规划引领、城市设计管控、城市风貌塑造及城市可持续发展，总体上政策变动小、延续性强。二战后，新加坡面临住房短缺等问题，为改善城市居住空间不足、公共卫生混乱等现状，新加坡于1955年制定第一个城市总体规划，通过土地利用分区预留出绿色空间与新城镇地区。1960年新加坡设立建屋发展局（HDB）执行公共住房计划，即"居者有其屋计划"，由国家提供住房。1971年，新加坡制定的概念规划获得联合国开发署支持，用来指导长期的城市开发，加速了城市更新的进程。这一时期新加坡规划的重点转向城市形象塑造、生活质量改善、环境品质提升等，推动城市发展并形成了独特的热带城市与建筑风格。1991年，新加坡概念规划修订，城市发展从经济基础建设、交通网络完善、住宅新建、绿色网络和水域连通、社会和文化设施增补、环境控制等方面开展，通过容积率奖励政策促进城市用地性质改变与功能提升。2019年新加坡总体规划草案公布，重点关注城市经济功能和社会功能的整体提升，出台了"综合CBD奖励计划"（Central Business District Incentive Scheme）、"战略发展奖励计划"（Strategic Development Incentive Scheme）、"场所营造和伙伴计划"等激励计划与政策，推动容积率、高度、土地用途等规划参数的灵活化管理。长期以来，新加坡重视空间品质与活力的提升，借助改善绿色城市走廊、公共空间和行人连通性等手段，将商业区从工作场所转变为充满活力的生活和娱乐场所，推动地区更新与社区的融合发展。

　　综上可见，早在1940年代，以英、美等为代表的西方发达国家就在法律建设中对城市更新作出了规定，并通过法律法规的持续制定与优化，逐步形成了涵盖建筑、社区、街区、城区、城市等各种尺度，涉及开发、建设、发展、自然环境与历史保护等各类内容的相对完善的法规体系，减少和降低了城市更新决策的盲目性和随意性。发达国家在不同时期出台的城市更新专项法律法规或政策文件，如英国1952年制定的《城市再开发法》、美国1954年制定的《城市重建计划》、日本1969年出台的《都市再开发法》、德国1971年制定的《城市更新和开发法》等，是引导城市更新在全国范围内规范化开展的重要工具。这些国家立法作为顶层指导与实施保障，明确了城市更新在"主体—资金—空间—运维"上的基本制度安排，对地方城市更新的政策制定、规划实施、权责关系界定、资金筹措等规则确定具有重要引导作用。

　　到1990年代，西方发达国家已基本形成了相对完整的城市更新法律框架，但不同

---

① 主要内容参见：毛大庆. 新加坡的城市规划［J］. 城乡建设，2012（6）：87-89.

国家的立法进程、工作重点等不尽相同（表4-3）。各国通常颁布有城市更新的主干法，关注土地区划、建筑容积率、各类物质空间的更新机制等空间管控内容，以及更新工作流程与主体权责界定；部分法规关注更新的资金来源问题，如日本的《城市建设补助金制度》、德国的《减轻投资负担和住宅建设用地法》等，明确了城市更新的资金支持渠道。

发达国家的国家层面城市更新法规建设与整体引导　　　　　　表4-3

时期	日本	英国	德国	美国
1950年代	◆ 政府主导集中重建 《建筑基准法》(1950年) 《土地区划整理法》(1954年)	◆ 物质更新：改善房屋与空间蔓延 《城乡规划法》(1944年) 《城市再发展法》(1952年)	◆ 住房建设与旧区翻新 《联邦住宅建设法》(1950年)	◆ 联邦政府主导住房建设 《城市重建计划》(1954年)
1960年代	◆ 都市再开发 《市街地改造法》(1961年) 《都市计划法》(1968年) 《都市再开发法》(1969年)	《美化城市环境法》(1967年) 社区发展计划制度(1969年) 一般改善区制度(1969年)	《住宅补金法》(1963年) 《空间秩序法》(1965年)	《示范城市法》(1966年) 《美化法》(1966年) 《住房与城市发展法》(1968年)
1970年代	《都市绿地保全法》(1973年) 《国土利用计画法》(1975年)	◆ 社会与社区福利 内城区研究计划(1972年) 住宅改良事业地区制度(1974年) 综合社区计划(1974年) 《内城法》(1978年)	◆ 旧城保护 《城市更新和开发法》(1971年) 《城市建设促进法》(1971年) 《特别城市更新法》(1971年) 《住宅改善法》(1977年)	◆ 政府、市场与民间参与 《住房与社区开发法》(1974年) 《土地开发法》(1975年)
1980年代	《民间都市开发特别推动法》(1987年)	◆ 企业式城市更新 城市开发公司制度(1981年) 企业区制度(1982年) 城市开发项目制度(1982年) 城市再生项目(1987年)	◆ 谨慎城市更新 《城市建设资助法》(1984年)	《经济复兴计划》(1981年)
1990年代至今	◆ 上下结合的都市再生 《都市再生特别措施法》(2002年) 《城市建设补助金制度》(2004年) 《民间都市再生整备项目的认证制度》(2005年) 《特定都市再生紧急整备地区制度》(2011年)	◆ 城市竞争和城市政策 城市挑战计划(1991年) 单一更新预算计划(1994年) 《全英国一起行动：街区更新的全国战略》(1998年) ◆ 城市复兴和街区更新 《我们的城镇：迈向未来的城市复兴》白皮书(2000年) ◆ 紧缩时代的更新 《地方化法案》(2010年)	《减轻投资负担和住宅建设用地法》(1993年) "福利城市"计划(1999年) 《城市发展促进资金指引和项目指南》	◆ 多向合作综合治理 "希望六"计划(1992年) 《精明增长的城市规划立法指南》(1999年)

4.2　主体：政府主导到多元治理

发达国家的城市更新制度普遍鼓励多元主体参与，政府也从城市更新的早期实施者转向管理和引导者。在具体更新实践中，各国大都注重设立更新机构以加强管理、设立开发公司推动公私合作、制定措施鼓励私人自主更新、发布政策保重公众参与等做法（表4-4）。

发达国家城市更新的主体相关政策措施　　　　　　　　表4-4

管控性措施	维护性措施	激励性措施
【美国】地方政府、私人房地产开发公司及联邦城市更新行政机构组成地方公务局 【新加坡】设立更新管理部门URA（城市更新局）	【德国】成立项目委员会，负责项目评估、规划、实施 【日本】"UR都市机构"推动连锁型城市更新	【日本】都市再开发政策：促进私有部门参与都市中心区的规划和开发 【英国】成立开发公司：对应特定城市区域，负责吸引私人投资、改造内城地区

（1）政府角色

二战结束后，发达国家急需开展城市重建工程，这一时期政府及公共部门是推动城市重建的主导力量。以英国为代表，1960年代，英国颁布《地方政府补助（社会需要）法》，由政府拨款和提供重建工程资金。随后中央政府主导推行"城市计划"（Urban Program）[224]，用以改善居民生活环境、恢复内城经济和促进城市建设。这一时期市民和社会力量的城市更新参与相对薄弱，政府通过政策支持与行动计划迅速推动了早期城市更新的发生，行动带有浓重的福利主义色彩。进入1970年代以后，政府作用逐步减弱，在城市更新中更多承担"守夜人"角色，通过政策建设和管理行动调控城市更新行为。

（2）市场参与

政府主导的城市更新由于长期维护与投入支出的成本巨大且灵活性不足，导致其与高度发达的资本主义经济市场相脱节。随着战后经济的逐步恢复，市场力量在城市更新中扮演着越来越重要的角色，鼓励私人投资和强调物有所值成为城市更新政策的主流。在政府逐渐放手的过程中，市场力量往往以房地产开发为主要形式，以经济增长为主要目的开展更新实践。政府部门逐渐放松对城市更新的管控，各种城市开发公司、城市更新项目不断成立或启动，部分地区还形成了政府与私人投资联合组成的更新联盟，通过公私合作共同推进城市更新。市场参与日益增强、政府力量逐步减弱，这反映出了城市更新走向自由市场的变化过程，同时市场参与也带动了社区人士或相关组织的更新行动，为公众参与的全面推进提供了条件。

（3）公众参与

二战结束后，许多发达国家都把精力投放在城市重建、消除贫民窟、新建住房等方面，以解决城市衰败与严重不足的居住空间问题。随着城市建设与经济增长的快速发展，各类开发行动涌入城市中心区，导致地价高涨，城市中心区人口混杂和拥堵不堪。于是，各国在城市功能调整与土地利用方面开展了大量新的探索，更新行动转向郊区新城镇建设，但城市又因此再次面临内城衰败与人口外流问题。在城市经济的快速发展与几次低迷期内，城市发展策略在新城扩张与老城中心复兴之间不断波动。除经济效益追求与土地价值升值之外，社会维度的城市更新问题越发激烈，越来越多的社区底层居民开始维护自身权益，要求解决城市交通、社会治安、公共环境卫生、居

住环境与社会融合等问题。由此，民权、民生运动推动下的社区规划、社区更新逐渐
成为更新的重点，市民要求改善居住环境、维护业主利益、获取稳定的就业机会，并
反对地方政府与企业等精英联合下的更新实践，倡导自主、自治的社区维护与更新。
交往理论、参与式规划、协商式规划理论开始出现，城市更新领域涌现出越来越多的
自下而上的社区运动与社区规划。由此，城市更新的工作模式发生转变，经过了自上
而下的政府主导城市重建，到市场参与的融资与城市开发，再到自下而上的多主体协
作和公众参与式社区更新。

4.3 资金：国家支持与项目申请

资金是城市更新能否实施的重要前提。城市更新由于现状条件复杂，常常面临
高昂的交易成本，同时由于其激活地区活力、改善居民生活、提升地区经济的属性要
求，更新行动普遍兼具营利性与公益性。一些城市更新带来的经济收益十分有限，导
致资金短缺成为实施城市更新行动的重要挑战。早期，各国城市重建都主要采用了政
府主导、政府提供资金补贴的方式，但随着更新工作的日趋复杂，各国逐渐探索创新
出其他融资渠道，积极引入社会资本与市场主体，同时在项目申请与资金支持方面给
予多元主体更多的公共政策与措施支持（表4-5）。

发达国家城市更新的国家资金支持与项目申请　　　　　　　表4-5

国家	项目申请	公私合作	开发公司	管理经营中的资金平衡	国家资金支持	引入私人投资	融资贷款	土地权利证券化	租金收益	税收筹资
日本	都市再生框架内更新立项	多方联合（PPP）	√	开放大众共同持有资产，民间企业管理租赁	购买"种子用地"	不动产证券化；民间企业租赁经营	√	√	—	—
英国	城市挑战计划竞价投标	鼓励私人投资与公众参与	√	融资贷款	综合更新预算（SRB）	私人投资计划（PFI）	√	—	√	—
德国	城市更新区自主申请	—	—	出租物业时，需要以低于市场一定比例的租金出租给低收入群体	政府部门专项资金	私人自筹资金和开发商、企业投资	—	—	√	—
美国	政策区划定	充分发挥非政府、非营利组织的作用	√	税收增额融资进行再开发	税收增额融资	自行征税资金机制	√	—	√	√
新加坡	新规划体系（DGPs）	—	—	获得计划收益的开发商必须开发可以给公众带来利益的项目及基础设施	经济及税收的激励政策	—	—	—	—	√

发达国家在国家层面通常会提供针对城市更新的专项资金支持，并设置特别的机构或者启动专门的城市更新计划（号召各地申请）来助推城市更新进程。这些国家一般会在国家或地方层面制定更新计划；在空间上通过划定更新区来明确更新范围与政策目标；在资金上注重城市更新全过程的资金平衡，政府会制定相应的财政预算或提供专项基金，并拓展多渠道的私人部门资金投入，通过税收机制等优化社会公平与福利分配，保障更新所获收益被更多人共享。也就是，国家制度安排明确了城市更新计划的资金共担模式与项目申请机制，政府通过更新计划、预算、评估等途径管控城市更新项目，同时利用税收等工具调控更新市场和吸引私人投资（表4-6）。

发达国家城市更新的资金相关政策措施　　　　　　　　　　表4-6

国家	管控性措施	维护性措施	激励性措施
日本	—	政府财政补贴	连锁型城市更新中，不动产证券化，筹措民间资金
英国	开发主体需缴纳社区基础设施征费	专项资金支持；政府财政补贴	综合更新预算（SRB）；私人投资计划（PFI）
美国	税收调节	城市更新专项低息贷款、发展基金；城市开发计划，列入专项资金	税收奖励措施：①授权区（EZS）②税收增值筹资（TIF）③商业提升区（BIDs）；税收抵免；城市开发活动津贴资助私人和公司合营的开发计划
新加坡	—	—	DGPs实施中，政府通过整合土地配套基础设施建设，为私人投资提供激励政策
德国	对交易、开发环节征收开发增值税；对开发前后房地产状况进行评估	支持城市更新改造的专项补贴计划；联邦政府、州政府、地方政府各出1/3经费	商业提升区（BIDs）

（1）日本城市更新资金举措

日本创新采用"连锁型"城市更新模式来实现资金与用地滚动实施的城市更新。2000年以来，日本由政府牵头，多方力量联合出台《连锁型城市更新计划》并提出"种子基地"的概念：即以政府腾挪出的用地作为开发起点，先将改造用地内的住户迁入种子用地内，再对改造用地内的老旧建筑进行局部改造或整体更新，以此作为下一个项目的种子用地，由此形成连锁式的用地更新，帮助实现整个片区的渐进更新（图4-1）。这种更新方式可在保证所有住户都正常使用空间资源的情况下完成更新，集约、高效且可循环。2004年7月，日本"UR都市机构"成立，其作为介于政府与民间之间的独立行政法人，负责建构"连锁型"都市更新推动框架，以及支援都市更新的各项工作。机构通过率先购买种子用地，推动连锁型更新的运作启动。连锁更新借助不动产证券化等工具带动私人投资，既能实现大规模资金筹措，又可引入私人资本接手后续管理运营[225]。

（2）英国城市更新资金举措①

英国通过城市挑战计划来提供专项资金预算吸引公众参与、鼓励社会资本投资。

---

① 主要内容参见：安德鲁·塔隆. 英国城市更新［M］. 杨帆，译. 上海：同济大学出版社，2017.

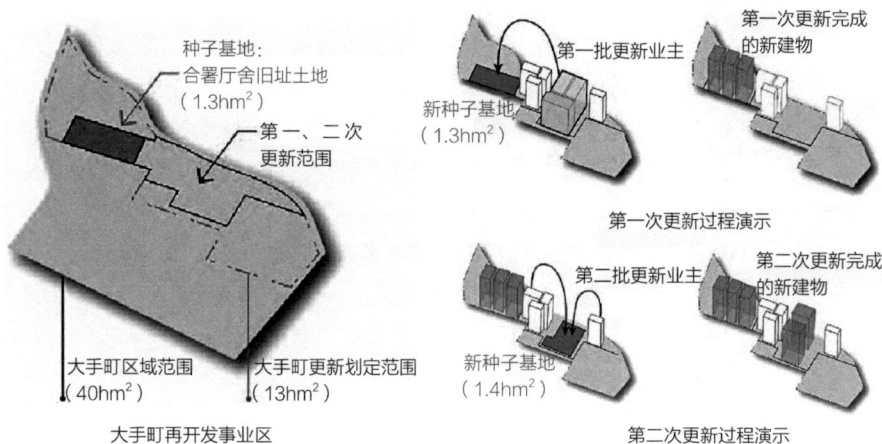

图4-1 日本"种子基地"更新方式
（资料来源：参考文献［225］）

城市挑战计划包括竞价投标和计划实施两部分。竞价投标鼓励公众参与，申请方需要制定符合公众诉求的更新目标与方案，提供社区参与的办法与策略，竞标成功的项目可获得来自政府的750万英镑的资助。计划实施期间采用年审制度审核资金使用情况，剩余资金将投入下一年的资金使用计划中。为统筹多种城市更新资金，英国还提出了"综合更新预算"（SRB）来提升资金的支持力度与效率，尤其关注对衰败地区社区更新的资金支持。为鼓励私人投资，英国出台有私人投资计划（PFI）。在公益性的社会保障性住房提供方面，英国政府采取了更加多样的融资方式，引导多主体、多渠道资本共担，主要包括三种途径：一是地方政府将原有的大量公租房转移到房协，由房协通过私人贷款或者自有资金进行修缮，使之达到安居房标准；二是设立地方政府附属的管理机构，专职建造和管理住房，主要依赖政府拨款和租金收入来开展运作；三是私人主动融资，通过政府部门和社会企业部门合作成立项目公司，政府财政向社会企业等提供融资贷款，用于保障房建设和维护。

（3）德国城市更新资金举措

德国常常通过制定城市更新综合规划开展城市更新，即划定城市更新区，为地区提供优惠的更新政策与特定的资金支持。划定的城市更新区需要编制更新成本预算与资金筹措计划，鼓励和吸引私人部门投资。由于城市更新区更新后，片区土地价值、公共服务设施及环境品质等均会有所提升[1]，因此政府会要求片区内受益的业主提供一定的融资，设立公共基金用于地区改善。1987年，联邦德国的《城市建设资助法》和《住房现代化法》被整合纳入《建设法典》，住房更新的公共财政资助逐步减少，政府转向通过政策措施来激励私人资本投入旧建筑的现代化改造与翻新。1999年德国启动"福利城市"等计划，积极拓展专项基金、募集私人投资等[226]。2008年后，德国各地开始设立"社区合作性基金"，将联邦及州政府分配的城市发展资金用于支持小尺度更新项目。尽管如此，社区合作性基金并不完全来源于政府财政支出，而会

---

[1] 德国在更新中倡导维护式更新，设立"城市遗产保护促进项目"推动遗产保护。

同时吸纳来自房地产企业、社会企业的民间资本加入，从而实现由公共资金带动社会资本投入的城市更新资金供给新模式。然而在德国，政府始终是城市更新资金的重要来源者之一，国家制定有一系列城市更新专项补贴计划（图4-2）。德国通过立法赋予联邦政府资金分配的特定权力[1]，提出城市更新资金按照联邦政府、州政府和地区政府各出1/3的比例要求来进行提供，以此确定不同层级政府对城市更新项目的支持责任。那些通过享受政府补贴来完成更新的地区，在房屋出租时需以较低价格优先供给低收入群体，以此保证社会公平。长期稳定的国家资金是德国改善老旧城区的关键保障，各级政府之间的密切合作为资助计划提供了强有力的制度支撑。其中，联邦政府扮演着超越地方权力的重要角色，能够组织和指引全国范围的城市更新实践[227]。

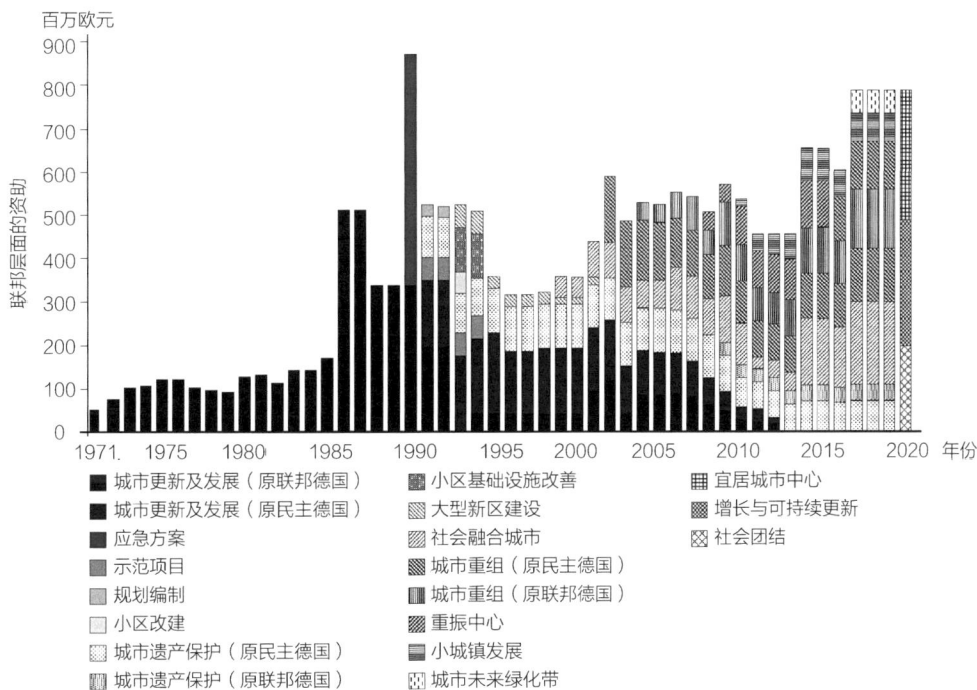

图4-2　德国城市更新资助计划的演进（1971—2016年）
（资料来源：城市更新及发展资助数据库（BBSR），2020年；参考文献［227］）

（4）美国城市更新资金举措①

美国注重利用金融税收工具调节城市更新，平衡城市更新过程中各参与主体的资金投入与利益相关者的经济收益。美国依靠房地产物业税的增值和其他各类税收、公共融资工具实现更新项目的资金保障，其中公共融资工具包括提供贷款抵押担保、再开发补助金、税金减免、债券融资等。面向城市更新的主要融资模式包括税收增额

---

① 主要内容参见：姚之浩，曾海鹰. 1950年代以来美国城市更新政策工具的演化与规律特征［J］. 国际城市规划，2018（4）：18-24.

筹资（TIF）和商业提升区（BIDs）。税收增额筹资是州和地方政府提出的基于房产税增值的融资方式。地方再开发机构可以划定TIF政策区，对政策区内现状进行调研分析，对房地产价值进行评价，然后制定更新计划并对更新完成后的效果、房地产增值、未来物业增值等情况进行预测评估，以此作为可预见的收益吸引前期投资。项目的最终实际更新收益还将用于本地区的基础设施改善与更新项目投资。美国城市还会划定商业提升区，为其提供特定的公共服务与设施改善资金，用于商业区的日常管理维护、环境整治、商业活动组织等。BIDs运行中，由商业团体、本地业主自主评估确定征税标准用于城市更新（一般占总资金的80%以上），地方政府提供一定的拨款与公共资金支持，以实现合作共赢。

（5）新加坡城市更新资金举措[①]

新加坡城市更新注重引入私人投资，在旧城改造中，政府将土地出售给私人投资者，由其遵照规定的土地用途、开发性质等进行开发；政府制定经济及税收政策，激励开发商承接项目。私人投资者获得开发收益后，必须向公众提供可带来公共收益的改造内容及基础设施支持。新加坡鼓励居住区整体改造，社会权益委员会（STB）颁布的土地权益规章提供了促进销售的相关条例，不同开发年限的用地在获得不同比例居民的支持后可实施更新。当收益分配存在分歧、居民意见难以统一时，社会权益委员会通过调节与平衡各方利益促进整体项目的改造落地。

4.4 空间：更新管控与利益分配

为保护历史文化遗产和自然生态环境、保障公共资源不受破坏、保障市民的基本居住权和居住环境改善等，各国提供了约束性的管控和维护措施来确保城市更新公共效益的实现，并编制规划成果与设计导则来引导更新改造的方向，通过容积率奖励、基础设施兴建、弹性管理等激励城市更新行动的发生（表4-7）。

发达国家城市更新的空间相关政策措施　　　　　　　　　　表4-7

国家	管控性措施	维护性措施	激励性措施
日本	历史建筑保护	团地再生：现代化社区复兴再造	奖励容积率、新增公共设施
英国	注重文物保护，整旧如旧	设置商转住宅开发许可权豁免区域	划分城市更新政策区，降低更新成本
美国	区划工具	更新政策区内允许功能转换	容积率奖励； 私有化公共空间（POPS）
新加坡	概念规划指导，制定发展引导计划（DGPs）	开发与保护相结合	鼓励突出地方特色的创造性修复
德国	城市遗产保护区内制定城市设计导则进行管控	保障性的房屋租金管控	土地与建筑弹性管制

---

① 主要内容参见：贝贝，李刚. 新加坡旧城改造经验及启示 [J]. 合作经济与科技，2011（9）: 14-15.

4.4.1 管控性政策约束

（1）城市遗产保护区

管控性政策多使用于城市更新中需严格保护、谨慎开发的地区，这在历史遗产保护区更新中最为常见。德国划定了城市遗产保护区，通过制定综合规划与设计导则来明确区内物质空间保护与更新改造的细节要求，并通过前期调查、研究规划、改造实施三个阶段的多次循环，不断对更新目标及实施成效进行监督与调整。政府同时通过加强各环节的公众参与，以此保证城市历史保护区不被破坏。

（2）弹性区划调整

自1950年代以来，美国普遍利用区划工具对城市的发展建设施加管控。在历史保护区和不鼓励开发的特殊地区，政府允许在原有区划基础上划定"特区"，从而对原有区划进行微调以适应新的发展需求；还可设置叠加特殊建设要求的"浮动区划"，并通过文字对基本分区要求进行说明。借助这些区划调整手段，政府既可以坚持区划的严肃性，落实对城市更新的管控与约束，又确保了规划管理的弹性和变更余地。

4.4.2 激励性措施拉动

（1）容积率奖励

容积率一方面可用于控制开发商的大规模逐利建设行为，另一方面可作为引导城市建设方向的有力工具——如容积率奖励可引导开发商建设城市需要的公共设施，提供公共服务与公共活动空间等。日本政府通过奖励容积率、新增公共设施等手段为土地设定更有吸引力的交易价格；通过容积率奖励和转移等，平衡历史建筑的保护与再利用；在大力发展的TOD轨道站点周边，借助容积率奖励鼓励开发商围绕站点进行高密度建设。

（2）公共空间的私人提供

"私有公共空间"（Privately Owned Public Space）是指私人企业建设和拥有的城市公共空间，很多是开发商为了换取容积率奖励而建设的，这些空间在一定程度上缓解了政府公共产品的供给压力。私有公共空间举措重在鼓励私人开发商在其拥有的建筑与用地内提供一定的公共活动空间、公共服务设施并面向大众开放，以提升城市的整体空间品质。为了避免这些空间在实际使用上存在"不公共"问题，美国纽约城市管理部门制定了一系列政策，促使私人部门拥有的公共空间能够全时段或分时段对外开放，并对这类公共空间的设计、设施外摆等提出明确的建设和使用要求[228]。

（3）城市更新政策区

划定城市更新政策区并对其提供一定的优惠措施和良好公共服务配套设施的做法，可以吸引私人投资者积极投资更新政策区内的建设项目。政府可以提供多样的融资手段来撬动私人投资，促进地区更新的发生，例如纽约、伦敦、汉堡等地都实行了商业提升区（BID）街区更新政策，由地方政府与业主共同制定地区发展目标和确定资金筹措标准等[229]。

4.4.3　维护性措施供给

　　维护性措施供给注重过程性的更新运作与维护，并力图保证产权人能够持续性地自主开展空间维护与修缮，如日本通过团地再生推行的社区复兴再造。1955年后，日本推出系列公共住房政策缓解居住困境，单元住房标准化的住宅公团成为重要的居住形式，因此日本社区复兴的一类重要对象就是团地住宅。日本都市再生机构通过编制《住宅再生·再编方针》确定了"全面改建""部分改建"和"集约处理"三种途径，同时引入社会资本、社区居民参与团地再生实现共同改造、运营维护，建立起都市再生机构牵头、规划引导、政策支持、私人资本投入相结合的社区复兴模式，形成居住空间更新的良性循环与可持续行动。

4.5　运维：更新流程与高效运营

　　城市更新的运营维护体现在项目实施和空间经营的全流程中，从立项、实施、建成、运营到后期维护的各个环节都离不开多主体参与和资金支持，制度建设涉及简化规划管理和审批流程、自上而下的经营决策、自下而上的自主申报、多样化的融资和运作模式、运作工具的政策创新等[230]。城市更新运维制度在不同国家均有创新：日本主要体现在全流程的主体协商与自治方面；英国强调从政策制定与规划审批等程序上给予灵活调控；德国探索建立城市更新全过程的议事平台与协商体系；美国将与城市更新利益直接相关的空间容积率作为运营维护的关键要素，通过"容积率银行"实现可持续的更新循环及资源保护与统筹；新加坡充分发挥公私合营优势建立系统化的城市更新运维机制。

　　日本城市更新运维高效开展的关键在于充分发动以UR都市机构为代表的共治机构或民间组织的协同作用。通过建立一系列城市更新机构，日本将政府各个部门、不同民间主体团结起来，通过凝聚共识来形成城市更新行动计划。由此，日本推出的都市再生计划成为协调"人员"和"资金"效率及民间力量的平台。1990年代，日本城市更新从物质空间改造提升转变为地方自治事务[231]，社区居民在片区更新中发挥着越来越大的作用。多主体协同机制贯穿城市更新的全过程：社区更新多由街区居民代表发起，商请主管人员指导，并邀请专业人士介入帮助达成共识；城市更新启动期间，相关权利人组成再开发工会，共同协商、推进、制定城市更新目标与方案并加以实施，同时对城市更新资金分配进行监督。

　　英国城市更新项目强调全生命周期管理[232]。国家和地方通过制定相关政策，在规划许可中附加必要的可持续发展指标，来要求城市更新改造不仅仅是物质空间更新，还需要为城市公共服务产品供给提供支持，从社会、经济等各方面增加更新的社会效益，提升城市更新工作的系统性与可持续性。通常更新项目改造完成后，既能为当地社区提供一定的就业岗位，带动地区经济发展，又能为社区周边提供商业设施及其他公共服务，综合提升片区生活品质。为更好地实现全生命周期管理，英国城市更新从政府主导向政府、企业、社区三方合作模式转型，政府重在制定激励性政策吸引社会投资，促进资源要素流动，实现收支平衡与利益共享。

德国城市更新提出了"整合性城市发展构想"（ISEK）模式。ISEK贯穿城市更新的全流程：在城市更新前期，ISEK会调查社区更新需求，对更新流程进行充分研究形成调研成果，以此作为评估更新资金分配及项目立项的依据；项目更新过程中，ISEK一方面积极推动不同层级的规划协调，另一方面搭建议事平台服务多元主体的参与协商，形成基于地方实际需求与多方利益平衡的可实施项目方案。作为一套完整的城市更新运营维护机制，ISEK从更新需求研究、更新立项、更新资金审查、更新方案设计、更新实施过程、更新实施成效等方面开展系统性监督和评估，既有助于将更新需求有效转化为可落地实施并兼顾各方诉求的更新项目，也有助于监督更新资金流向及其成效，进一步带动和激励社会资本的投入——这种良性循环过程，可以保障社会效益最大化，"实现更为长远的综合性城市更新目标"[226]。

美国利用"容积率银行"来调控城市更新。容积率银行是"针对空间权在应用中遇到的困难而产生的一种规划管理工具，即将容积率作为一种特殊的不动产，以'虚拟货币'的方式由政府或其他非营利机构购买储存，再视开发需求进行分配或转让"[233]。容积率银行通过设置最低和最高购买价格，借助购买和储存可转移的容积率来调节市场开发和建设时序。容积率银行有利于推进资源统筹利用，在更大范围内平衡和调节建设容量指标，实现城市空间建设要求的优化。容积率银行还可以通过建立"种子循环资金"促进资源保护，建立容积率交易信息库推动资源整合，以及宣传普及相关知识和提升公众认可度等。

新加坡城市更新通过公私合营形成了一套相对完整的运作体系：首先由政府主导确定项目的属性要求并向公众公布条件；随后政府部门调研了解市场需求形成决策，通过开发税率优惠等措施激励私营部门参与更新；之后，政府公共部门与私营机构进行合作，确定共同的更新目标，推动城市更新在社会效益与商业利益之间实现平衡[234]。

国际城市更新政策与行动表明，"主体—资金—空间—运维"是保障城市更新秩序化开展的四个重要维度："空间"是城市更新的直接对象，"主体"是城市更新的实施者与参与者，"资金+运维"是促使城市更新可持续运作的条件。"主体—资金—空间—运维"的科学运转需要法律法规的保障与政策调节，是城市更新制度建设的核心。考察发达国家和地区的城市更新发展历程可知，我国的城市建设未来需要更加依靠"上下结合、多方参与"的存量空间再利用来实现发展，依靠多渠道的完善来推动进步。

当前，从中央到地方系统化的城市更新法律法规和政策体系在我国尚未完全建立，城市更新实践涉及的土地流转、功能变化、产权变更、容积率调整等问题还未得到切实有效的普遍性破解。未来完善法规政策推进我国城市更新制度建设的重点包括：建立健全城市更新的国家和地方立法，优化城市更新规划体系与政府管理；创新和畅通投融资渠道，调节增值收益分配方式；加强存量空间的规划设计指引；构建有序的城市更新工作框架和工作流程等。总体上，我国现行的土地、规划、财政等更新制度，尚无法有效应对精细化的城市治理与更新需求，需要借鉴发达国家在土地、税收、协作制度等方面的建设经验，创新更新体系以回应新时期的城市更新发展诉求。

从主体来看，政府干预不当或多元主体参与不足，容易导致更新活动集中在市场获利明显的工业仓储、交通场站、棚户区、城中村等再开发中，并以大尺度的集中拆建为主，加剧地区发展失衡和引发"绅士化"等现象。目前，许多自下而上的城市更新诉求无法在制度框架内得以合理表达，造成社会多方主体参与更新的环节缺失，未来应进一步鼓励市场企业和更新权利人充分表达更新意愿，并通过确权和所有权、使用权、经营权等的分离来优化土地发展权设定。

从资金来看，可以考虑通过改革增加"房产税/费"等财产性税收的比重来平衡更新利益分配。直接税的缺位一方面导致城市更新中政府投资的正外部性无法有效内化；另一方面也降低了相关权利人持续提升物业价值的动机（只想搭便车）。增设针对土地或房产的财产性税收，可以在解决这些问题的同时为政府带来持续的现金流，减少城市发展对土地财政的依赖——这一直接税收可用于支撑公共服务所需的长期投入，带来城市发展的持久动力。

从空间与运维来看，需要在国家、省、市等层面建立整合的城市更新制度体系。城市可以通过编制城市更新专项规划来指导全市更新工作的整体开展；划定不同类型的更新政策区并匹配差异化的政策支持；建立更新行动计划和项目库来统筹工作重点与更新时序，并按照更新实施年度计划进行审查、预算、评估、调整等。政府还可借鉴国外的商业改善区、城市遗产保护区等做法，对重点地区针对性地给予金融政策与资金支持，如信托基金、不动产证券化、税收增额融资制度等，以激励可持续的更新运作。

第 5 章

城市更新制度建设与实践探索的国内先驱

现阶段我国城市更新制度建设面临着存量规划转型、国土空间规划体系改革、规划管理制度重构等多重挑战，更新活动的各方权责和行动规定亟待进一步明确。近年来，我国上海、广州、深圳等特大城市在城市更新制度与实践建设方面发展迅速，成为第一批入选住建部实施城市更新试点的城市。2021年，深圳、广州、上海、北京陆续出台城市更新条例（或征求意见稿）（表5-1），从立法层面提出了城市更新的工作内涵和实践要求，为破解城市更新工作中的痛点、难点和堵点提供了重要法律依据。本章分析了上海、广州、深圳、成都四地城市更新制度建设的进展趋势和最新特点，并对上海上生新所、广州永庆坊、深圳城中村、成都猛追湾等代表性更新项目进行分类解读，为辨析北京城市更新相关工作提供比较。

广州、深圳、上海、北京城市更新条例出台情况　　　　　　　表5-1

城市	条例	城市更新界定	施行日期
广州	《广州市城市更新条例（征求意见稿）》	城市空间形态和功能可持续改善的建设和管理活动	2021年7月7日（征求意见）
深圳	《深圳经济特区城市更新条例》	根据更新条例规定进行拆除重建或者综合整治的活动	2021年3月1日
上海	《上海市城市更新条例》	在建成区内开展持续改善城市空间形态和功能的活动	2021年9月1日
北京	《北京市城市更新条例》	建成区内城市空间形态和城市功能的持续完善和优化调整，不包括土地一级开发、商品住宅开发等项目	2023年3月1日

5.1 城市更新制度建设：上海、广州、深圳、成都①

　　"新常态"下，我国经济增长动力逐步由要素驱动、投资驱动转向创新驱动，带来城市发展模式的转变与调整[235]，城市更新成为适应新时期城市治理模式转变的重要抓手。上海、广州、深圳、成都等地在城市制度建设与政策探索方面率先积累了一定的经验（表5-2），为其他城市和地区的更新工作开展提供了参考，例如：①设定专门的城市更新管理机构（领导小组与主责部门）来统筹负责城市更新事务，并明确不同政府部门之间的责权分工与协作方式；②建立健全城市更新立法/政策体系，逐步出台城市更新的主干政策、配套政策与其他规范性文件，规范化指导城市更新工作有序推进；③明确政府、市场与公众共同参与、合作开展的城市更新运作模式；④根据各地实际，提出差异化的城市更新分类管控办法；⑤形成"城市更新规划+城市更新行动计划+建设实施方案（项目）"的更新运作体系，重视城市更新的实施与运营等。

上海、广州、深圳、成都的城市更新制度创新比较　　　　　　　表5-2

内容	上海	广州	深圳	成都
主要机构	市政府统筹（办公室设在市住房城乡建设管理委员会）；住房和城乡建设、规划和自然资源等相关部门协同	市政府成立城市更新领导机构；住房和城乡建设局（主管部门）、规划和自然资源局；其他相关部门协同（原城市更新局撤并②）	城市更新和土地整备局（隶属深圳市规划与自然资源局）；住房和城乡建设等相关部门协同	成都市城市有机更新工作领导小组；市住建局设领导小组办公室；相关主管部门依法按职责分工推动
管理规定	《上海市城市更新条例》	《广州市城市更新条例（征求意见稿）》	《深圳经济特区城市更新条例》	《成都市城市有机更新实施办法》
政策特点	政府推动，市场运作	政府统筹，多方参与	政府统筹，市场运作	政府引导，属地管理，市场运作
对象分类	区域更新，零星更新	全面改造、微改造、混合改造(原为"三旧"改造)	拆除重建，综合整治	保护传承，优化改造，拆旧建新

---

① 本节有关上海、广州、深圳的城市更新制度内容部分参见：唐燕等. 城乡制度与规划管理［M］. 北京：中国建筑工业出版社，2022；唐燕，杨东，祝贺. 城市更新制度建设：广州、深圳、上海的比较（第二版）［M］. 北京：清华大学出版社，2023.

② 广州于2015年成立了我国内地历史上第一个"城市更新局"，后因新一轮国家机构改革撤并。

续表

内容	上海	广州	深圳	成都
规划引导	城市更新指引+更新行动计划+区域/项目更新方案	城市更新专项规划+单元详细规划+地块详细规划	城市更新专项规划+城市更新单元	专项规划+区域评估+实施计划+实施方案
实施单元	更新区域	实施片区	更新单元	有机更新单元
运作实施	审批控制，更新统筹主体统筹，实施主体运作，产权人推动	政府指引，审批控制	审批控制，多主体申报	审批控制，策划、设计、运营一体化
特色创新	城市更新中心、社区规划师制度、浦东新区创新试点、城市更新信息系统、金融创新（城市更新基金等）、用地功能转换、公共要素清单等	城市更新基础数据库（标图建库）、专家论证、协商审议、异地平衡、争议纠纷解决制度、社区设计师+乡村规划师制度等	"个别征收+行政诉讼"制度、城市更新信息系统、保障性住房配建、容积率奖励、社区规划师制度、公服配套要求、创新产业用房、公益用地移交等	"城市有机更新"理念、区域评估、"策划—设计—运营"一体化的更新项目实施、资金筹措与合作建设

（资料来源：根据各地城市更新政策整理）

各地城市更新制度建设有其相似之处，又有各自明显的特征：①更新对象分类方面，上海以项目规模为标准，将更新项目分为区域更新与零星更新[①]，广州、深圳、成都根据改造手段的差异，将更新项目分为保留、改造、拆除等不同类型；②运作实施模式方面，广州强调"自上而下"的政府管控，深圳强调"自下而上"的多主体申报与市场运作，上海则在不同类型项目中呈现出政府与市场并举的特征。各地城市更新的演进过程表明，政府与市场力量在城市更新项目中的角色博弈处于不断变化之中，与地方经济社会发展水平、制度建设完善程度等因素息息相关。

5.1.1 上海

上海城市更新自1840年代开埠后就已逐步开展。2015年《上海市城市更新实施办法》颁布，标志着上海迈入城市更新的系统化制度建设阶段（图5-1）。此时期的上海城市更新注重公众参与，使用城市更新单元作为基本的更新管理单位及规划管控工具，突出"公益优先、多方参与"的价值理念，采用公共要素清单评估和引导项目落地，并倡导通过容积率奖励与转移等措施激励更新项目增加公共开放空间与公共设施。以此为依据，上海突出城市精细化治理与有机更新，积累了一批富有特色的城市更新实践案例和机制做法。

新一轮国家机构改革后，2019年11月，"上海市城市更新和旧区改造工作领导小组"成立[②]，同时出台《上海市人民政府关于印发本市全面推进土地资源高质量利用若干意见的通知》《关于本市推进产业用地高质量利用的实施细则》《上海市历史风貌保

---

① 上海的区域更新强调政府与统筹主体的统筹管理，零星改造鼓励产权人自主更新。
② "上海市城市更新和旧区改造工作领导小组"由上海市旧区改造工作领导小组、上海市大型居住社区土地储备工作领导小组、上海市"城中村"改造领导小组、上海市城市更新领导小组合并成立。参见：中国城市规划. 上海市成立城市更新和旧区改造工作领导小组［EB/OL］.（2019-11-12）［2021-03-12］https://mp.weixin.qq.com/s/fd3aletS7sPj9EJKKaWlnA.

更新背景	提高人居环境的住房改造（1980年代~2000年）	完善城市功能与形象（2000-2013年）	城市更新制度综合建设（2014年至今）
	• 人均住房面积小、环境质量水平差 • 1980年，上海住宅建设工作会议召开	• 2002年，上海获得筹办世博会举办权，开始进行城市风貌与形象的整体提升	• 2014年，上海第六次规划土地工作会议召开——城市更新成为上海全面提升城市环境水平的综合战略
工作重点	• "365棚改计划" • 对全市范围内成片的"危棚简屋"进行拆除重建 • 改造居住区和城区内部分商业中心地区	• 推进群众改造意愿强烈的旧里弄更新 • 历史文化风貌区和优秀历史建筑保护工作推进	• 从商业商办、工业、居住、风貌保护等方面分别出台政策 • 居住、老旧厂房、设施、公共空间各类实践推进
典型案例	肇嘉浜改造	上海新天地	上海艺术空间季
成效特征	• 城市更新资金以政府筹措为主 • 极大地改变了旧区的城市风貌，解决了住房短缺的困境	• 提出"拆、改、留、修"四种更新方式 • 提出"零星改造"与"成片改造"相结合的工作思路 • 疏通自下而上的城市更新项目立项通道	• 2015年《上海市城市更新实施办法》以及配套政策 • 此后城市更新制度体系逐步完善

图5-1　上海城市更新实践历程
（图片来源：https://baike.baidu.com/item/%E8%82%87%E5%98%89%E6%B5%9C；https://www.qiyeku.com/xinwen/104174.html；https://sghexport.shobserver.com/html/baijiahao/2022/03/09/679645.html）

护及城市更新专项资金管理办法》等文件指导城市更新行动开展。2020年4月，《上海市扩大有效投资稳定经济发展的若干政策措施》发布，进一步明确实施城市更新，以城市更新带动社会投资、促进经济发展[236]。2021年1月，《上海市国民经济和社会发展第十四个五年规划和2035年远景目标纲要》提出要"加强政策有效供给推动城市有机更新，完善城市更新法规政策体系"。

2021年8月，上海市十五届人大常委会第三十四次会议表决通过了《上海市城市更新条例》，从地方立法层面为推进城市更新工作提供了法治保障。条例共计8章64条，从资金支持、税收优惠、用地指标、土地政策支持、公房承租权归集等方面多渠道保障城市更新项目开展，主要政策进展表现在[237]（图5-2）：①建立区域更新统筹机制，由更新统筹主体负责推动达成区域更新意愿、整合市场资源、编制区域更新方案，统筹推进更新项目实施；②提升公共服务供给能力，优先对市政基础设施、公共服务设施等进行提升和改造，推进综合管廊、综合干箱、公共充电桩、物流快递设施等新型集约化基础设施建设；③健全城市更新公众参与机制，依法保障公众在城市更新活动中的知情权、参与权、表达权和监督权；④推进历史文化保护，明确"风貌协调"和"风貌保障"相关要求，并给予容积率奖励、异地补偿、组合供应土地等特殊政策支持；⑤明确公有旧住房的拆除重建和成套改造项目在达到规定同意和签约比例（95%）后，公房承租人拒不搬迁的，按照"调解+决定+申请执行"的方式处理；⑥建立产业优胜劣汰和土地高效配置的更新机制，根据资源利用效率的评价结果，推进产业用地高效配置，完善产业绩效和土地退出机制建设；⑦明确更新区域内的项目用地性质，在保障公共利益、符合更新目标的前提下可按照规划予以优化；⑧从标准、规划、用地及财政、金融、税收等方面提出城市更新的具体支持措施；⑨支持浦东新区在城市更新机制、模式、管理等方面率先创新，条件成熟时可在全市推广[238]。

上海城市更新遵循"政府推动、市场运作"的原则，坚持"留改拆"并举，并以

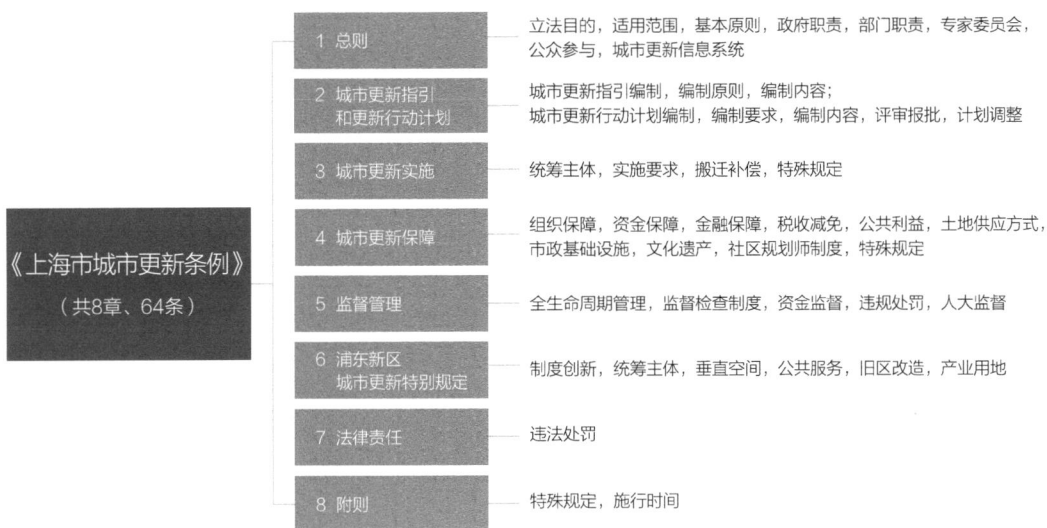

图5-2 《上海市城市更新条例》结构框架
（资料来源：根据《上海市城市更新条例》内容绘制）

保留保护为主。城市更新的方式分为"区域更新"和"零星更新"，通过"城市更新指引（市级，经上海市人民政府审定后向社会公示）+更新行动计划（区级，报市政府审定后，向社会公开）+区域/项目更新方案"（区域更新方案由更新统筹主体负责编制，零星更新项目由物业权利人编制实施）的整体体系推进更新工作①（图5-3）。上海从财政政策、金融支持、税费政策三个层面提供城市更新的资金策保障，实行"全生命周期管理+部门监督"的监督管理方式，并为实现城市更新机制、模式、管理等方面的率先创新，给予浦东新区特殊政策支持。具体来说，上海近期在管理机制、政策支持等方面的创新主要表现在[239]：

①明确市政府统筹、各部门分工管理、成立城市更新中心及专家委员会、区政府（管委会）具体推进本辖区内城市更新工作的管理机制。市政府负责建立城市更新协调推进机制（办公室设在市住房和城乡建设管理部门），统筹、协调全市城市更新工作，并研究、审议城市更新相关重大事项；规划资源部门、住房城乡建设管理部门、经济信息化部门以及商务部门作为城市更新主要管理部门明确了各自职责分工；设立城市更新中心②和专家委员会，保障城市更新的顺利实施、提高决策的科学性；各区政府（管委会）是推进本辖区城市更新工作的主体，负责组织、协调和管理辖区内城市更新工作，同时街道办事处、镇人民政府按照职责做好城市更新相关工作。

---

① "城市更新指引"为城市更新的指导性文件，主要明确全市城市更新的总体目标、重点任务、实施策略、保障措施等内容；"更新行动计划"是更新指引的具体落实，主要由区人民政府编制，并征求公众意见（物业权利人以及其他单位和个人），编制内容包括城市更新区域范围、目标定位、更新内容、统筹主体要求、时序安排、政策措施等。

② 上海专设有"城市更新中心"，按照规定职责参与相关规划编制、政策制定、旧区改造、旧住房更新、产业转型，以及承担市、区人民政府确定的其他城市更新相关工作。

图5-3 上海城市更新制度体系（国家机构改革后）
（资料来源：根据《上海市城市更新条例》等相关政策内容绘制）

②优化土地、规划、标准、资金保障等具体支持措施。土地政策方面，为协议出让方式供地留下空间，为市场主体自主归集房地产产权并重新设定土地使用期限提供制度保障；明确土地评估依据，明确旧房征收拆迁的实施路径。规划保障方面，更新区域内项目的用地性质、容积率、建筑高度等指标，在保障公共利益、符合更新目标的前提下，可以按照规划予以优化；旧住房更新可以按照规划增加建筑量，明确容积率异地补偿和容积率奖励的要求。标准优化方面，出于历史风貌保护、旧住房更新、重点产业转型升级等需要，更新中的建筑间距、退让、密度、面宽、绿地率、交通、市政配套等无法达到现有标准和规范的，有关部门应当按照环境改善和整体功能提升的原则，制定适合城市更新的标准和规范。资金方面，从财政政策、金融支持、税费政策三个层面为解决城市更新的资金问题提供保障，市、区人民政府安排资金对城市更新项目予以支持，鼓励通过发行地方政府债券等方式筹集改造资金；鼓励金融机构研发多样化金融产品和开展服务创新，满足城市更新融资需求；支持符合条件的企业在多层次资本市场开展融资活动。此外，全市通过建立统一的城市更新信息系统，实现对城市更新活动的统筹推进和监管，并向社会公布城市更新相关信息。

5.1.2 广州

广州城市更新主要始于1980年代改革开放后的住房改革，其城市更新政策发展经历了从"开放市场"向"政府主导"的演变。近年来广州大规模的城市更新活动起兴起于2009年的"三旧"改造，为广州市城市更新探索积累了诸多经验。2015年广州市政府进行机构改革，成立了我国第一个"城市更新局"取代原"三旧办"，并编制《广州市城市更新总体规划（2015—2020年）》，推进全市进入城市更新的系统化建设期。2016年，《广州市城市更新办法》出台，从"三旧改造"向着更为综合的城市更新思路转变，工作方式也从大拆大建、独立产权单位更新迈向"全面改造"与"微改造"相结合的新模式（图5-4）。

	自由市场探索期（1980—1990年代末）	政府强力主导期（21世纪初）	"三旧"改造执行期（2009—2015年）	城市更新系统化建设期（2015年至今）
更新背景	· 福利分房制度逐渐结束 · 住房紧缺、人居环境恶劣	· 土地出让提高政府财政收入 · 政府决定主导项目的投资、安置和建设	· 2009年，广东省国土资源厅出台《关于推进"三旧"改造促进节约集约用地的若干意见》《关于"三旧"改造工作的实施意见》	· 2015年，成立全国首个城市更新局 · 2016年，出台《广州城市更新办法》
工作重点	· 1979年，广州市政府引入港资进行城市更新 · 以城中村为改造重点	· 2000年，划定138个城中村纳入改造名录 · 2003年，"再造一个新广州" · 2006年，"中调"战略	· 大量城市更新项目快速上马，城市更新工作大幅提速 · 2018年，广州598.32平方公里存量用地纳入"三旧"改造标图建库	· 从大拆大建、独立产权单位转向全面改造与微改造相结合的模式
典型案例	五羊新城	三元里	猎德村	恩宁路
成效特征	· 规划管控失效问题 · 新建商品房小区价格过高 · 后期市场混乱、烂尾楼、拖欠临迁费等	· 政府主导、计划性强，资金以市、区两级财政投入为主 · 政府以微盈利或非盈利为主，要求更新前后开发强度基本不变	· 改造主体从政府转向村集体经济组织和产权人 · 注重短期的经济效益和投融资平衡，以拆除重建为主要特征，突破规划容积率的现象屡屡发生	· 逐步建立更新规划、改造策划、用地处理、资金筹措、监督管理等在内的全流程政策框架

图5-4　广州城市更新实践历程
（图片来源：https://www.sohu.com/a/339991302_100013155；https://m.anjuke.com/gz/community/192992/；https://www.sohu.com/a/302199634_717776；https://www.meipian.cn/1wjwd3ph）

　　2019年，伴随新一轮国家机构改革，广州城市更新局撤销，相关职能分别纳入市住房和城乡建设局、市规划和自然资源局等机构。同年，广州市发布《广州市深入推进城市更新工作实施细则》，从标图建库动态调整、旧村庄全面改造、加大国有土地中旧厂房改造收益支持、成片连片改造、城市更新微改造、完善历史用地手续等方面对已有政策进行补充和完善，并启动编制《广州市城市更新专项总体规划（2018—2035年）》，以此总结过往经验和对全市城市更新进行总体安排。2020年，广州《关于深化城市更新工作推进高质量发展的实施意见》《广州市深化城市更新工作推进高质量发展的工作方案》审议通过，并陆续完善15个配套政策文件，合称城市更新"1+1+N"政策文件，对新一轮城市更新工作作出了重要指导[240]。

　　2021年7月，广州市住房和城乡建设局就《广州市城市更新条例（征求意见稿）》公开征求意见。条例共8章53条，包括总则、规划管理、策划实施、用地管理、监督管理、权益保障、法律责任及附则（图5-5），主要政策进展表现在：①推进历史文化保护与利用，对涉及历史文化遗产的城市更新从法律法规、容积率奖励、活化利用、资金等方面作出明确规定；②提升公共服务供给能力，通过连片更新、时序设定、资源整合、容积率奖励等措施配置高标准公共服务设施；③结合国民经济和社会发展规划、国土空间规划精准配置产业空间，通过城市更新促进产城融合，微改造项目允许通过用地兼容、功能转变提供产业发展空间；④强化对多方主体权益的保障，有序开展搬迁安置，引导更新项目配建公共租赁住房、共有产权住房等保障性住房；⑤加大对城市更新微改造的支持力度，对微改造项目涉及的空间不足、审批困难、资金筹集不易等瓶颈问题，提出一系列解决措施；⑥促进土地节约集约利用，设置用地管理专章，从土地整备、土地整合、异地平衡、土地置换、留用地统筹利用、"三旧"用地审批、土地供应等方面总结提升城市更新用地管理的经验和做法。

　　广州遵循"政府统筹、多方参与"的基本原则，按"全面改造、微改造、混合改

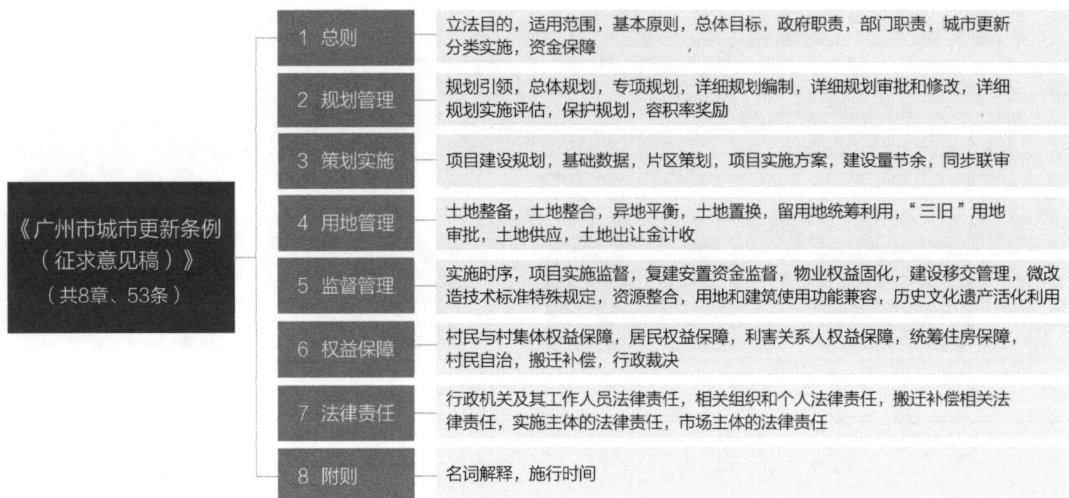

图5-5 《广州市城市更新条例（征求意见稿）》结构框架
（资料来源：根据《广州市城市更新条例（征求意见稿）》内容绘制）

造"三类分类引导和实施城市更新，通过"圈层"管理方式促进产城融合，并建立起
"城市更新专项规划+详细规划"的规划编制体系（图5-6）。在详细规划层面，广州试
行了刚性指标与弹性指标相结合的管控模式。广州城市更新制度体系自机构改革后不
断优化调整，持续完善规划管理、策划实施、用地管理、监督管理、权益保障等机制
建设，具体包括：

①多部门协同推进城市更新管理。住房和城乡建设局负责城市更新政策创新研究
及更新计划编制（主管部门），拟订与城市更新项目实施有关的政策、标准、技术规
范，以及统筹实施监督考评等；规划和自然资源局负责城市更新规划和用地管理；发
展改革、工业和信息化、财政、生态环境等相关部门在各自职责范围内协同开展城市
更新相关工作。

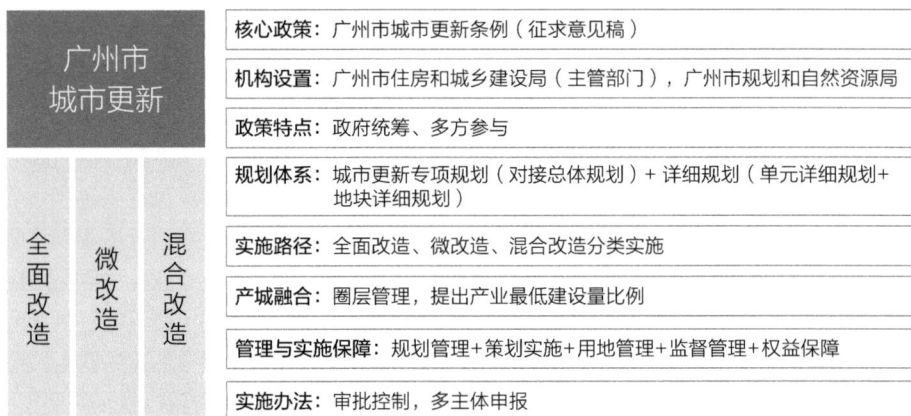

图5-6 广州城市更新制度体系（国家机构改革后）
（资料来源：根据《广州市城市更新条例（征求意见稿）》及相关政策内容绘制）

②建立"城市更新专项规划+（对接总体规划）+详细规划"的规划编制体系。城市更新专项规划立足全市范围，推行系统研究、分区引导、分类施策；划分三片[①]、七类[②]城市更新区域，提出差异化的城市更新策略和项目正负面清单；明确"留改拆"并举、分期分批推进城市更新。详细规划包括更新片区规划及依之确定的改造方案等，试行刚性指标与弹性指标相结合的管控模式——涉及刚性指标修改的，由市规划和自然资源部门报市人民政府批准；涉及修改弹性指标的，由区人民政府批准。广州明确提出不得以专项规划、建设规划、片区策划方案、项目实施方案、城市设计等非法定规划方式提出的规划用地属性、功能布局、建设总量、容积率等规划指标倒逼详细规划调整；严格落实保护优先，保护规划未经批准，不得审批城市更新单元详细规划等方案。

③优化实施管理途径，促进城市更新全生命周期管理。通过"跨项目统筹、开发运营一体"的新模式，统一规划、统一实施、统一运营[241]，形成规划"编制—管理—实施"的闭环。将城市更新纳入国土空间规划"一张图"系统，城市更新涉及的国土空间规划事权统一由自然资源部门行使。探索通过加强统筹等途径改变传统的单一项目经济平衡难、一事一议高成本与更新收益不平衡等问题。在产城融合方面提出"圈层"管理方式，设置城市不同空间圈层的产业建设量最低比例。

5.1.3 深圳

深圳城市更新发展长期走在国内前列。与广州市类似，深圳也经历了从关注"三旧"改造迈向更加综合、全面、统一的城市更新过程，但更注重城市更新政策的连续性，积极引导市场主体参与和主导更新。深圳早在2009年就颁布了《深圳市城市更新办法》，是全国首个系统化指导城市更新工作的地方政策，随后以该办法为核心的法规、政策、技术标准和规范流程不断充实（图5-7）。

2019年中共中央、国务院发布《关于支持深圳建设中国特色社会主义先行示范区的意见》，赋予深圳新的使命任务，即在城市空间统筹利用等重点领域深化改革、先行先试。同年，深圳出台《深圳市关于深入推进城市更新工作促进城市高质量发展的若干措施》，并发布规划期至2035年的全市城市更新规划，建立健全任务下达、过程跟踪、年终考核的年度更新计划管理制度，推动深圳城市更新从"全面铺开"向"有促有控"、从"改差补缺"向"品质打造"、从"追求速度"向"保质提效"、从"拆建为主"向"多措并举"转变。

为进一步加强城市更新的法律地位，深圳于2020年7月出台《深圳经济特区城市更新条例（征求意见稿）》；2020年12月，我国首部城市更新地方立法文件《深圳经济特区城市更新条例》经深圳市人大常委会会议正式表决通过。条例共计7章72条，

---

① 三片城市更新区域分别为：中心城区核心区——以保护活化为主，围绕历史城区复兴传统城市中心；中心城区及周边城区——以优化提升为主，发挥极核优势，提升城市核心竞争力；外围地区——以城乡协调发展为主，形成落实生态文明的示范地区。

② 七类城市更新区域分别为：底线保护类的"历史文化保护型、涉及生态修复型、乡村整治提升型"和高质量发展类的"市级重点平台型、新城新产业区型、重大基础设施型、民生改善型"。

图5-7 深圳城市更新实践历程

（图片来源：http://static.nfapp.southcn.com/content/201610/26/c159376.html；https://m.sohu.com/a/226365985_123753；http://szsb.sznews.com/PC/content/201801/23/c288391.html；https://www.sohu.com/a/359243233_654535）

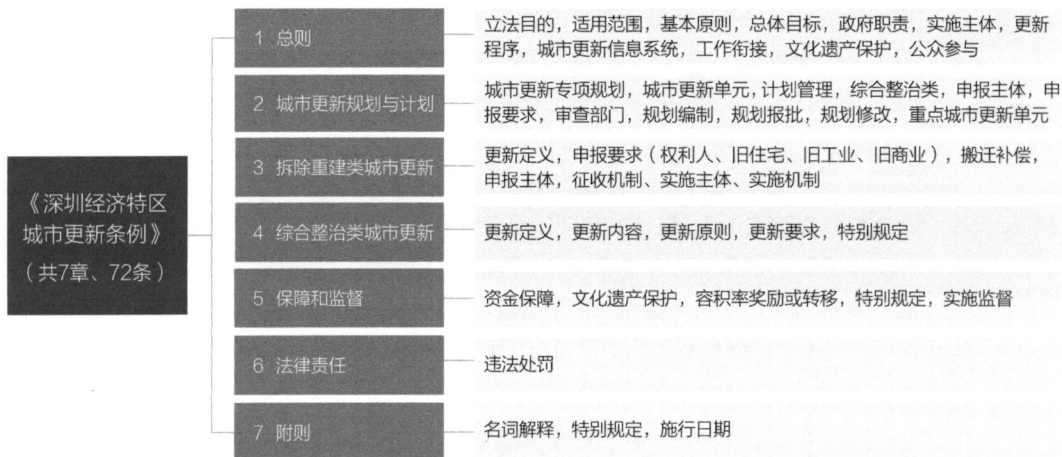

图5-8 《深圳经济特区城市更新条例》结构框架

（资料来源：根据《深圳经济特区城市更新条例》内容绘制）

包含总则、城市更新规划与计划、拆除重建类城市更新、综合整治类城市更新、保障和监督、法律责任及附则，主要政策进展表现在[242]（图5-8）：①明确城市更新的原则、目标和总体要求，对城市更新应当重点把握的原则性、方向性问题进行确定；②严格城市更新规划与计划管理，市城市更新部门应当按照全市国土空间总体规划组织编制全市城市更新专项规划，明确城市更新单元划定、城市更新单元计划制定和规划编制等要求；③探索城市更新的市场化运作路径，可由物业权利人自主选择的开发建设单位负责申报更新单元计划、编制更新单元规划、开展搬迁谈判、组织项目实施等活动；④规范城市更新中的市场主体行为，明确市场主体准入门槛和选定方式，建立市场主体变更程序和市场退出机制；⑤保护城市更新物业权利人的合法权益，从信息公开、补偿方式、补偿标准、产权注销等方面开展一系列规则设计；⑥破解城市更新搬迁难问题，创设"个别征收+行政诉讼"的意见不一致解决途径，规定旧住宅区城市更新项目个别业主经行政调解后仍未能签订搬迁补偿协议时，区人民政府为了维护和增进社会公共利益，可以对未签约部分房屋依法实施征收。

深圳城市更新遵循"政府统筹，市场运作"原则，按"综合整治、拆除重建"两类进行分类引导和实施[1]，并针对拆除重建类城市更新中的"钉子户"问题创设了"个别征收+行政诉讼"制度（图5-9）。城市更新实施的基本单位为城市更新单元；全市层面通过城市更新专项规划进行整体引导，并作为城市更新单元划定、计划制定、规划编制的重要依据。目前深圳正在建立统一的城市更新信息系统，持续强化资金统筹、历史文化遗产保护与利用、土地污染防治等。深圳城市更新制度建设在不断完善过程中进一步界定了政府与市场分工，明确了分类实施重点，优化了规划管理体系等，具体进展包括：

①深圳强调充分利用市场资源，以市场力量为主推动项目实施，政府通过政策引导、规划、计划服务等介入城市更新。城市政府在市级层面主要负责政策制定、计划和规划的整体统筹，区级层面主要负责项目实施的统筹和监管。深圳将原深圳市城市更新局、深圳市土地整备局的行政职能整合，组建市城市更新和土地整备局，由市规划和自然资源局统一领导和管理。城市更新和土地整备局负责组织、协调、指导、监督全市城市更新工作，拟订城市更新政策，组织编制全市城市更新专项规划和年度计划，制定相关规范和标准；其他相关部门在各自职责范围内协同开展城市更新相关工作。更新项目实施上，深圳鼓励主体自行实施、市场主体单独实施或者联合实施城市更新，并通过政策引导吸引社会资金参与城市更新。

②按"综合整治、拆除重建"分类引导和实施城市更新，以城市更新单元为平台进行规划和项目管理。深圳通过整体性的"城市更新专项规划"与片区性的"城市更

深圳市城市更新	**核心政策**：《深圳经济特区城市更新条例》
	机构设置：深圳市城市更新和土地整备局（隶属深圳市规划和自然资源局）
	政策特点：政府统筹，市场运作
	规划控制：整体引导（城市更新专项规划）+城市更新单元
	核心控制要素：城市更新单元
综合整治　拆除重建	**分类指引**：综合整治+拆除重建
	实施办法：审批控制，多主体申报
	拆迁制度：个别征收+行政诉讼
	信息平台：城市更新信息系统
	保障与监督：统筹保障资金，加强历史文化遗产保护与利用，土壤污染防治

图5-9 深圳城市更新制度体系（国家机构改革后）
（资料来源：根据《深圳经济特区城市更新条例》及相关政策内容绘制）

---

[1] 原《深圳市城市更新办法》涉及的"功能改变类"纳入"综合整治类"管理。

新单元规划"进行规划控制，在项目运行上实行"多主体申报、政府审批"，以充分调动多方力量推动城市更新工作。其中，城市更新单元是深圳更新实施的主要基本单位，打破了过去以宗地为单位的更新管理模式，整合考量产权分散的关联用地。深圳强调拆除重建和综合整治并重，并积极做好更新与土地整备、公共住房建设、农村城市化历史遗留违法建筑处理等工作的有机衔接，通过相互协调促进存量低效用地再开发。借助统一的城市更新信息系统建设，深圳对城市更新工作实施开展全流程、全方位监管。

5.1.4　成都

成都在1990年代至21世纪初进行了大规模旧城改造，2018年进入以公园城市为引领的城市有机更新阶段，更新目标从单一化向集成化转变、更新方式从碎片化向成片化转变、项目建设从前后端脱节向全链条闭环转变[243]。成都专门针对城市更新开展的制度建设相较于广州、上海、深圳起步较晚，2020年出台《成都市城市有机更新实施办法》，同年颁布《成都市中心城区城市有机更新保留建筑不动产登记实施意见》《成都市城市有机更新资金管理办法》。2021年，《〈成都市城市规划管理技术规定（2017）〉的补充规定》《关于进一步推进"中优"区域城市有机更新用地支持措施》等配套政策措施相继出台，提出构建"1+N"城市更新政策框架[244]："1"指以《成都市城市有机更新实施办法》为纲领，"N"指配套政策、技术规范、财税支持等支撑性规定。

《成都市城市有机更新实施办法》以城市有机更新为理念，倡导变"拆改建"为"留改建"，推动人口规模结构与生活环境品质平衡协调发展；强化文化遗产保护规划，统筹协调城市发展与历史文化保护关系；培养创新型产业主体，加快国际标准化建设。《成都市城市有机更新实施办法》分为总则、工作机制、城市有机更新专项规划、城市有机更新区域评估、城市有机更新实施计划、城市有机更新实施方案、支持政策、附则，共8章29条，主要政策进展体现在（图5-10）：①明确"城市有机更新"是"对建成区城市空间形态和功能进行整治、改善、优化，从而实现房屋使用、市政设施、公建配套等全面完善，产业结构、环境品质、文化传承等全面提升的建设活动"；②明确多个工作部门协作执行的城市更新推进方式，将原成都市棚户区改造工作领导小组更名为成都市城市有机更新工作领导小组，同时规定各区政府（管委会）作为辖区城市有机更新工作责任主体，市级相关主管部门依法在各自职责范围内推动城市有机更新工作；③建立区域评估制度，规定各区政府（管委会）要组织实施城市有机更新区域评估工作，就片区评估、更新单元、必要性和可行性等内容形成评估报告，各区政府（管委会）要以城市有机更新区域评估结果为依据编制实施计划和实施方案等①；④立足自身实际，创新更新方式，明确城市有机更新可单独或综合采取保护

---

① 各区政府（管委会）要以城市有机更新区域评估结果为依据，编制城市有机更新实施计划，明确城市有机更新单元内的具体项目、边界和规模、实施主体、投融资模式、进度安排等内容，并根据城市有机更新实施计划制定实施方案，明确更新方式、实现途径、设计方案、建设方案、运营方案等内容。

1 总则	编制目的，适用范围，定义，原则
2 工作机制	组织机构，责任主体
3 城市有机更新专项规划	责任分工，审查流程
4 城市有机更新区域评估	编制流程，报告内容
5 城市有机更新实施计划	编制流程，主要内容，调整程序
6 城市有机更新实施方案	编制主体与主要内容，主要原则，推动实施，产权处理，项目管理，流程
7 支持政策	容积率转移、用途兼容、立体开发，地价确认，管理制度，资金筹措
8 附则	配套文件，施行日期

《成都市城市有机更新实施办法》（共8章、29条）

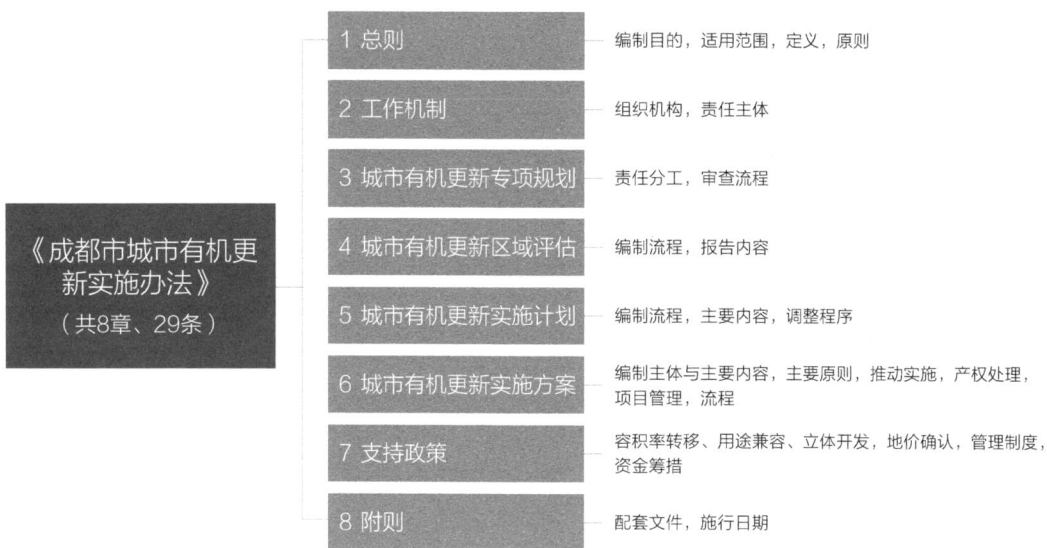

图5-10 《成都市城市有机更新实施办法》结构框架
（资料来源：根据《成都市城市有机更新实施办法》内容绘制）

传承、优化改造、拆旧建新等方式推动实施，并对每种更新对象和方式进行明确；⑤建立"1+N"的政策体系框架，提出土地、规划、建设、不动产登记、财税等方面支持政策，要求市级有关部门据此制定配套文件。

成都城市更新范围包括城中村拆建、老旧小区改造、商业和工业集中区腾迁、闲置低效用地复合利用、重大城市功能植入、社区公共服务功能重整六大类（图5-11）。按照"政府引导、属地管理、市场运作"的基本原则，成都正在强化机构设置、政策体系和技术规范建设，核心做法包括：

①明确城市更新管理机构，设定各方事权。原市棚户区改造工作领导小组更名为市城市有机更新工作领导小组，市级相关部门及各区政府（管委会）为小组成员单位。领导小组负责统筹协调重大问题，审批工作计划和方案，审定政策措施，督促检查各成员单位工作；领导小组办公室设在市住建局，负责领导小组日常管理工作；市住建局组建市城市有机更新事务中心承担领导小组办公室具体事务；各区政府（管委会）作为辖区城市有机更新工作责任主体，履行城市有机更新工作职责。2019年，成都市各区先后成立公园城市建设和城市更新局，重点推动公园城市理念下城市有机更新从顶层设计到落地实施的全流程传导，以公园城市建设推动城市更新。

②构建"专项规划+区域评估+实施计划+实施方案"的规划运作体系。在国土空间规划体系内，形成"城市更新总体规划—区（市）县城市更新专项规划及行动计划—城市更新单元实施规划"三级更新规划系统[245]；编制《成都市"中优"区域城市更新总体规划》《成都市城市有机更新专项规划》《成都市老城区城市有机更新专项规划》和更新单元实施规划；出台《成都市公园城市有机更新导则》《成都市"中优"区域城市剩余空间更新规划设计导则》《成都市家门口运动空间设置导则》等指引文件。成都尝试形成一套体现新发展理念和公园城市建设理念的城市更新技

成都市城市有机更新			**核心政策**：《成都市城市有机更新实施办法》
			机构设置：成都市城市有机更新工作领导小组
			政策特点：政府引导、属地管理、市场运作
			政策体系："1+N"城市更新政策框架
保护传承	优化改造	拆旧建新	**规划体系**：专项规划+区域评估+实施计划+实施方案
			实施方式：保护传承、优化改造、拆旧建新
			产权管理：土地所有权、房屋所有权、建筑使用权
			项目管理：城市有机更新项目纳入土地全生命周期管理
			支持政策：容积率转移、用途兼容、立体开发、地价确认、管理制度、专项资金

图5-11　成都城市更新制度体系
（资料来源：根据《成都市城市有机更新实施办法》及相关政策内容绘制）

术体系[①]，在实施运营层面提出可单独或综合采取保护传承、优化改造、拆旧建新等方式推动实施，将城市有机更新项目纳入土地全生命周期管理，持续推进策划、设计、运营一体化的整体流程建构[②]。

③多手段保障城市更新有效实施，从规划、土地、建设、不动产登记、财政税务等方面形成城市更新支撑政策，推出保留建筑不动产登记、容积率区域平衡、更新用地支持等措施，发挥土地、规划、产权政策在城市更新中的关键撬动作用。资金保障上，成都正在创新市场化融资模式，深化与国家开发银行的战略合作，积极争取商业银行融资支持，打通项目融资渠道；同时积极谋划设立城市更新基金，探索社会资本的参与路径[246]。

5.2　四地城市更新制度建设的主要进展

整体来看，上海、广州、深圳和成都均在持续建立并完善适合本地情况的城市更新制度体系，涵盖法律法规、政策文件、技术标准、操作细则、规划体系、监督维护等多个方面，并顺应城市发展的新变化和新形势不断动态调整。

---

① 为统筹引领城市更新行动，明确了旧城更新总体规模和近中远期目标，以及更新强度、空间管控、生态文化保护等原则和控规指标，建立起旧城更新评估体系、规范化操作流程及工作规则等。

② 推行运营商主导的设计、建设、运营一体化模式。鼓励具有设计、施工、运营资质的专业机构与政府合作，参与策划规划设计，保证总体策划先行，统领设计和运营，强化场景营造、产业更新和文商旅融合发展，有效落实更新意图。

5.2.1 "主体—资金—空间—运维"维度的政策激励

　　四个城市的更新政策框架已初步建立，聚焦更新实施过程中"主体—资金—空间—运维"方面的痛点问题，力图形成粗细有度、刚弹结合的制度保障和动力激发体系（表5-3），为破除城市更新深层次障碍提供法治保障。

基于"主体—资金—空间—运维"的四地城市更新主要政策比较　　　　表5-3

城市	主体	资金	空间	运维
上海	◆ 政府推动、市场运作 ◆ 市区等各级政府、相关管理部门 ◆ 城市更新中心、更新统筹主体 ◆ 城市更新专家委员会、社区规划师 ◆ 物业权利人、社会公众	◆ 发行地方政府债券 ◆ 金融产品和服务创新 ◆ 行政事业性收费减免、税收优惠政策	◆ 制定适合城市更新的标准和规范 ◆ 用地性质、容积率、建筑高度等指标可以按照规划予以优化 ◆ 容积率异地补偿和容积率奖励 ◆ 创新土地供应政策	◆ 全生命周期管理 ◆ 建立全市统一的市政基础设施维护及资金保障机制 ◆ 推进市政基础设施全生命周期智慧化运营和管理引导产业转型升级
广州	◆ 政府统筹、多方参与 ◆ 市区等各级政府、相关管理部门 ◆ 权利主体、市场主体 ◆ 村民与村集体、居民、利害关系人	◆ 市、区财政部门按照规定统筹保障有关资金需求 ◆ 综合考虑实施主体承担的改造成本，按照规定确定应收土地出让金 ◆ 复建安置资金监督	◆ 容积率奖励 ◆ 建设量节余统筹安排 ◆ 土地整备、土地整合、异地平衡、土地置换、留用地统筹利用 ◆ 资源整合、用地和建筑使用功能兼容	◆ 统筹协调成片连片更新 ◆ 同步联审
深圳	◆ 政府统筹、市场运作、公众参与 ◆ 市区等各级政府、相关管理部门 ◆ 市场主体、实施主体、申报主体 ◆ 物业权利人	◆ 市、区财政部门按照规定统筹保障有关资金需求	◆ 实施主体向政府无偿移交公共用地 ◆ 容积率转移、容积率奖励	◆ 市、区城市更新部门加强对城市更新项目的实施监督
成都	◆ 政府引导、属地管理、市场运作、尊重公众意愿 ◆ 市区等各级政府、相关管理部门 ◆ 社会资本、项目开发建设主体 ◆ 土地使用权人	◆ 城市有机更新资金 ◆ 国家政策性金融、商业金融机构服务产品 ◆ 制定分类地价评估政策和标准 ◆ 政府与居民合理共担机制、政府和社会资金合作建设模式	◆ 可通过协议搬迁、房屋征收、房屋买卖、资产划转、股份合作等方式依法办理不动产登记；通过市场租赁方式取得原建筑使用权 ◆ 容积率转移、用途兼容使用、立体开发建设 ◆ 制定分类土地使用年限	◆ 策划、设计、运营一体化 ◆ 将城市有机更新项目纳入土地全生命周期管理

（资料来源：根据相关政策文件整理）

　　（1）主体

　　各地制度均强调引导政府、市场、居民等多方参与城市更新，这是满足各方诉求、平衡各方利益的基础。如《上海市城市更新条例》激励物业权利人、国有企业等多元主体参与，通过遴选更新统筹主体、建立社区规划师制度等举措来改善成本分配，调节利益关系和降低交易费用（表5-4）。

通过"主体"政策激发城市更新动力的相关探索　　　　　　表5-4

政策导向		政策文件与政策内容	创造增值收益（增加收入+减少成本）	调节利益/成本分配
		《上海市城市更新条例》		
主体	遴选更新统筹主体	（明确更新统筹主体）针对区域范围内的更新活动，建立更新统筹主体遴选机制；更新区域内的城市更新活动，由更新统筹主体统筹开展	+	++
	激励多元主体参与	（物权人自主更新）零星更新项目可由物业权利人自行实施，也可采取与市场主体合作的方式	++	++
		（加大国企参与）鼓励国有企业通过自主更新、向市场释放存量土地等方式参与更新活动	+	++
	引导新兴主体参与	（社区规划师制度）发挥社区规划师在城市更新中的技术咨询服务、公众沟通协调等作用	+	+

注：++表示可激发较强动力，+表示可激发一定动力。

（2）资金

资金来源是城市更新项目推进的主要挑战，尤其是对于公共空间改造、公共服务设施建设等难以产生直接经济效益的更新项目而言，仅依赖政府投资不可持续。《成都市城市有机更新实施办法》《广州市城市更新条例（征求意见稿）》《上海市城市更新条例》等围绕"吸引多元资金投入"和"扩大项目收益来源"等目标，一方面提出以财政补贴、物业补助、更新基金等方式吸引市场主体参与，另一方面对经营权转让、开发权转移等给予支持，以扩大收益获得途径和减少更新成本投入（表5-5）。

通过"资金"政策激发城市更新动力的相关探索　　　　　　表5-5

政策导向		政策文件	政策内容	创造增值收益（增加收入+减少成本）	调节利益/成本分配
资金	吸引多元资金投入	《成都市城市有机更新实施办法》	（引入社会资本参与）鼓励和引导社会资本通过公开、公平、公正方式参与城市有机更新项目，探索城市有机更新政府与居民合理共担机制、政府和社会资金合作建设模式	++	++
		广州	（城市更新基金）成立2000亿元城市更新基金，统筹运作城市更新的资金投入	++	+
	扩大项目收益来源	《上海市城市更新条例》	（经营权收益）对零星更新项目，在提供公共服务设施、市政基础设施、公共空间等公共要素的前提下，可以按照规定，采取转变用地性质、按比例增加经营性物业建筑量、提高建筑高度等鼓励措施	++	++
			（片区资源统筹支持）城市更新涉及旧区改造、历史风貌保护和重点产业区域调整转型等情形的，可以组合供应土地，实现成本收益统筹	+	++
		《广州市城市更新条例(征求意见稿)》	（开发权转移）因用地和规划条件限制无法实现盈亏平衡的城市更新项目，在满足一定条件时可进行开发权价值转移	++	++

注：++表示可激发较强动力，+表示可激发一定动力。

（3）空间

空间是城市更新的核心要素，空间的产权、用途、容量等相关规定关系到各方利益的调节与平衡。《关于加强容积率管理全面推进土地资源高质量利用的实施细则（上海）》《上海市城市更新条例》《成都市城市有机更新实施办法》等弹性规划管控机制的提供，探索了优化容积率投放、鼓励用地功能混合等具体措施，对增加收益、降低成本的激励作用较强。相关文件提出了产权确认、转移与变更的政策创新做法，有助于降低更新成本、优化利益的合理分配（表5-6）。

通过"空间"政策激发城市更新动力的相关探索 表5-6

政策导向		政策文件	政策内容	创造增值收益（增加收入+减少成本）	调节利益/成本分配
空间	弹性规划管控	《关于加强容积率管理全面推进土地资源高质量利用的实施细则（上海）》	（容积率差别化管理）分区分类引导开发强度管控；物权人为开展更新活动提供公共要素的，给予建筑面积奖励	++	++
		《上海市城市更新条例》	（推动试点创新）针对浦东新区设立特别规定，可创新存量产业用地盘活、低效用地退出机制，增加混合产业用地供给，探索不同产业用地类型合理转换	+	+
	产权确认与转移	《成都市城市有机更新实施办法》	（产权处置）城市有机更新涉及国有土地使用权及房屋所有权变动的，可通过协议搬迁、房屋征收、房屋买卖、资产划转、股份合作等方式依法办理不动产登记；城市有机更新不涉及国有土地使用权及房屋所有权变动的，可通过市场租赁方式取得原建筑使用权；城市有机更新既不涉及国有土地使用权及房屋所有权变动，也不需要取得原建筑使用权的，经充分征求原建筑权利人意见后依法实施	+	++
		《上海市城市更新条例》	（产权归集）可以通过有偿回购承租权、房屋置换等方式，归集公有房屋承租权实施更新	++	++

注：++表示可激发较强动力，+表示可激发一定动力。

（4）运维

围绕主体意见不一致造成的高协商成本问题，《上海市城市更新条例》《深圳经济特区城市更新条例》等针对"产权人垄断"现象分别提出"调解+决定+申请执行""个别征收+行政诉讼"的政策规定，以破解城市更新动拆迁难题。《广州市城市更新税收指引》围绕提高运营收益，明确了详细的城市更新税费减免细则，成都提出了业态兼容规定，从降低更新成本出发助力更新产业的长效运维（表5-7）。

通过"运维"政策激发城市更新动力的相关探索 表5-7

政策导向		政策文件	政策内容	创造增值收益（增加收入+减少成本）	调节利益/成本分配
运维	降低交易成本	《上海市城市更新条例》	（优化审批流程）经认定的区域更新方案，办理立项、土地、规划、建设等手续时，相关部门按照"放管服"改革以及优化营商环境的要求进行审批	+	O
			（解决产权人垄断）公有旧住房拆除重建和成套改造时，公房承租人拒不搬迁的，可采用"调解+决定+申请执行"方式执行	+	+
		《深圳经济特区城市更新条例》	（解决产权人垄断）针对拆迁难题，提出"个别征收+行政诉讼"的处置方案	+	+
		《广州市城市更新条例（征求意见稿）》	（用地管理）从土地整备、土地整合、异地平衡、土地置换、留用地统筹利用、三旧用地审批、土地供应及出让金计收等方面推动更新实施	++	O
	提高运营收益	《广州市城市更新税收指引》	（税费减免）从全税种、全周期角度明确广州城市更新过程涉及的相关税费及其减免政策	++	O
		《成都市城市有机更新实施办法》	（业态兼容）利用既有建筑发展新产业、新业态、新商业，可进行用途兼容使用	+	O

注：++表示可激发较强动力，+表示可激发一定动力，O表示与激发动力关系不显著。

5.2.2 注重"产权—用途—容量"的重点管控[①]

尽管城市更新制度建设是一个综合议题，涉及的因素多方多面，但产权、用途（功能）与容量的影响力和制约力却最为关键。

（1）产权

城市更新项目开展首先需要处理好已有开发建设（土地和建筑等）的权利归属问题。城市更新活动处置一片土地、一组建筑物或是一栋建筑单体时，经常会遇到因经年累月的物业流转、股权转移、主体变化和政策革新等所导致的复杂产权归属和产权期限情况——这制约乃至决定了更新进程中拆除、改造或整治等行动能否得以开展的可能。城市更新对象的产权复杂性既表现在"土地产权"和"建筑产权"的多层次上，也表现在"单一产权"和"混合产权"的不同上，还存在于"公共产权""私人产权"与"产权不明"等多种情况中。除产权人自主更新及类似情况外，其他介入城市更新的项目实施主体通常只有与产权相关人达成一致同意的产权共享、让渡或补偿等处置协议后，方能获得对现存物产进行盘活处理的权限。"产权"由此成为决定城市更新实践可否推进的重要因素之一：对于老旧住区和旧村来说，产权难点往往在于如何获取数量众多、需求不一的"个体"产权人的共同同意；对大部分商业与办公区来说，其产权主体相对清晰和单一，处理的难点在于产权转移的议价空间上；对于老旧工业区来说，产权问题主要聚焦在工业用地产权地块是否可以分割、产权年限是否可以调

[①] 具体参见：唐燕，杨东，祝贺. 城市更新制度建设：广州、深圳与上海的比较［M］. 北京：清华大学出版社，2019.

整、土地是否可以协议出让等方面。有时候，由于产权的转让周期过长，产权持有的风险较大，一些更新项目采用了以长期租赁运营替代产权持有的运作方式。

（2）用途

城市更新对已有建设在"用途"（功能）上的变更处理，通常带来再开发或再利用中的增值收益变化，如工改居、居改商等。合理分配用途变化带来的增值收益或涉及向政府补缴地价，或需通过上市"招拍挂"来重新对土地进行定价，又或者需要不同利益相关方达成专门的利益分享协议。按照传统规划建设的管理程序，拟更新用途与控规不符时，改变土地用途先需对土地的控制性详细规划（简称控规）进行依据法定流程的修订，这对于一些不拆除重建而是弹性改作他用的既有建筑再利用来说——例如工业建筑的保护型更新利用，造成了较高的制度门槛和实现困境。控规管理的固化和调整的复杂性等，使得类似北京798这种享誉国内外的文化创意园区，从法律角度来看依然是不满足规划管理要求的"非正式"更新行为，加剧形成了房东套房东、租户频繁变换等不稳定状况。这种情况下，尽管工业用地上的文创业态与原用途不吻合，但调整控规一方面会涉及产权和利益界定上的纠缠，以及用途改变基础上的土地重新上市；另一方面也可能因难以预测文创产业的发展前景等，造成控规调整方向难以确定。对此，通过更新制度的创新变革，如放宽用地兼容性、推行弹性用地、设定部分用途可相互转化、给予工业转文创的5年"过渡期"优惠等，可在避免频繁控规调整的同时，借助更新实现城市新用途和新功能的植入与升级，进而减少不必要的行政干预和调控，降低原有用地性质转变的复杂性和程序挑战，强化城市建设法制化管理的权威性。

（3）容量

就容量而言，"容积率"是城市更新最为敏感的指标之一。当前一些城市更新项目看似在做存量或减量规划，实质上却是"增量"开发——即通过提升容积率来产生更多的收益，以平衡成本和增加开发吸引力，从而推进方案实施。因此，提高容量依然是现在大量城市更新得以实现的支柱性力量，更是开发商主导的城市更新项目开展利益博弈的焦点。若不能通过提升品质与强化运营来保障更新收益，只是一味借助盖更高的楼房和提供更多的楼地板面积来吸引更新开发，很可能导致城市建设在强度和密度上的失控。对此，部分城市在更新制度建设上采取了一些积极的应对方法：明确开发强度管控分区；设定容积率调整的上限；提出容积率提升或容积率奖励的前提是为城市作出公共贡献，如增加公共空间、建设公共设施、提供公共住房等。

5.2.3 防止大拆大建，传承和保护城市历史文化资源

在实施城市更新行动的过程中，部分城市出现过度沿用房地产开发建设方式、大拆大建、急功近利的倾向，随意拆除老建筑、搬迁居民、砍伐老树、变相抬高房价、增加生活成本，由此产生出诸多新的城市问题。因此，2021年住房和城乡建设部发布《关于在实施城市更新行动中防止大拆大建问题的通知》，对此作出相关政策规定，以突出和强调保护历史文化资源，传承已有空间秩序和社会关系的重要性。深圳印发《深圳市"城中村"综合治理行动计划（2018～2020年）》和《深圳市城中村（旧村）

综合整治总体规划（2019～2025）》，明确对全市城中村开展综合治理，推进城中村有机更新，并将租赁住房的筹集建设与城中村综合整治有机结合，加强城中村规模化租赁改造。2021年10月，广州市住房和城乡建设局印发《广州市关于在实施城市更新行动中防止大拆大建问题的意见（征求意见稿）》，以不脱离广州实际，杜绝运动式、盲目实施城市更新为原则，明确不沿用过度房地产开发建设方式，不片面追求规模扩张带来的短期效益和经济利益，坚持分区施策、分类指导，有序推进城市有机更新。

5.2.4　强化片区统筹，维护公共利益

市场主导的更新活动更多聚焦于自身项目建设，缺少与周边及更大区域的协调与统筹，因此呈现出"碎片化"状态，导致集中连片的规模化产业空间无法提供、公共服务设施配套完善难以实现等负面情况。可见，对城市功能整合的统合考虑与宏观协调的缺失，会使城市更新项目的效益发挥受到限制，造成更新改造良莠不齐，改造方向与周边需求不匹配等问题。虽然城市总体规划通常会从中长期和全市宏观层面对更新工作的推进进行原则性指导，但从实施情况来看，各地更新项目依然侧重个体作用的发挥，而非系统综合成效，忽略了片区级别的环境协调、基础设施增补等诉求。因此，各地城市越来越注重城市更新中的"片区统筹"和"连片成区"改造，着力推进"单元"或"片区"城市更新；或者以更新项目对区域的影响为出发点，开展整合的规划设计工作，统一零散项目地块的更新目标与共识，为区域发展形成合力；或者对各行政区/各功能组团中的城市更新项目进行综合影响评估（包括社会、经济、环境等维度），以实现不同层面的城市更新行动统筹，保障城市发展战略目标和公共需求的有效实现。与此同时，各地城市更新都强调公益优先，如深圳通过无偿移交用地、配建公共设施与政策性用房等途径来保障公共利益，按照政策规定配建的人才住房、保障性住房、创新型产业用房等由实施主体建成后以成本价移交给政府；又如国家机构改革前，上海在区域评估基础上明确了区域要补足的公共要素清单（包括基础设施、生态保护、历史文化、公共空间等），并将要素要求落实到城市更新单元规划编制中，从而保障公共目标在城市更新中的达成。

5.2.5　积极拓宽城市更新资金来源和吸引社会参与

单一的政府财政资金难以支撑城市更新工作的持续开展。在新形势下，各地积极出台相关政策，鼓励利用国家政策性金融、引导商业金融机构创新产品、吸引社会资本参与等途径，来解决城市更新的资金困境。例如，广州通过国有银行、国有企业、社会资本等共同创新城市更新投融资机制，摆脱单一的政府专项资金投入模式。2017年，广州越秀集团、广州地铁集团等大型市属国资企业，共同发起形成了规模2000亿元的城市更新基金；多家民营地产类基金也瞄准存量更新市场，积极寻求合作；在推广PPP融资模式的过程中，除社会资本主要提供资金而不参与实施操作的做法外，广州还积极探索引入企业直接参与的BOT更新方式；利用REITs等金融工具，探索新的投融资渠道，缓解企业投资压力[247]。为进一步帮助更新主体拓展资金来源，以政府信用和项目土地价值为担保的信托模式也是选择之一。成都在城市更新过程中积极

引进多元市场主体参与，华西坝片区城市有机更新项目已获得国开行四川分行批准的116亿元贷款资金[248]。与此同时，在创新投融资模式、引入外部资本为政府财政减压时，政府仍需合理平衡资本收益与公共利益保护之间的关系。

5.3 城市更新实践的多方位推进

近年来，特大城市率先开展城市更新制度变革以服务实践推进，责任规划师、社区规划师等特色化的实操路径也不断涌现。依照更新对象的不同，更新实践大致可划分为居住类、产业类、设施类、公共空间类、区域综合类等类型。

5.3.1 居住类

以老旧小区、城中村改造为代表的居住类更新是存量规划时期一项量大面广、持续迭代的城市更新活动[151]。其中，老旧小区更新主要涉及楼栋设施改善和公共空间品质提升两大方面；城中村更新涉及片区功能与人居环境的综合提质，正逐渐从拆除重建为主转为综合整治。居住类更新项目中的电梯加建、搬迁安置等诸多问题均涉及老百姓的切身利益，需要统筹各方意见、平衡个体利益与集体利益，由此造成项目更新改造中的许多难点，因此通过精细化设计改善社区环境、以多方参与引导居民共治等，成为居住类更新项目实践的主要探索方向。

5.3.1.1 上海曹杨新村：精细化社区空间治理

上海老旧小区更新工作强调居民自治及精细化治理，鼓励社区规划师、社会组织等积极发挥民间力量参与城市改造①。近年来，上海老旧小区改造涌现出一批优秀实践案例，包括上海曹杨新村改造、石泉路街道社区更新、田林街道社区更新、塘桥社区更新、浦东缤纷社区行动等。其中，普陀区曹杨新村作为上海工人新村更新的代表，在精细化社区空间治理方面具有示范性。

曹杨新村始建于1952年，是新中国成立后的第一个工人新村，但随着社会的发展开始面临居住面积小、公用厨房不便等问题。随着上海持续推进旧住房成套改造、曹杨环浜治理更新、美丽街区和美丽道路建设等民生工程的开展[249]，曹杨新村改造遵循"注重保护与传承历史风貌、恢复历史建筑原貌、遵循原有城市肌理"的总体原则，呈现出以下更新特点[249]（图5-12）：

①尊重民意，广泛征求居民意见。在曹杨新村"美丽家园"规划中，具有专业技能的工程师以及社区活动者组成"社区规划师项目组"牵头规划活动，搭建四方参

① 例如，杨浦区五角场街道的创智坊和国定路第一小区间横亘20余年的围墙徒增居民出行距离，通过基层党组织支持，社区规划师不断组织社区活动促进两社区居民交流，于2019年3月实现连通；"大鱼"社区营造组织在2019年开展了番禺路改造、虹仙社区地下空间设计、大学路"发生便利店"设立等诸多活动来推进社区成长；2019年10月至12月，"花开上海"展览在创智农园及其他社区花园举行，以"大家的花园，共同的家园——上海社区花园参与式微更新微治理案例展"为题启发市民参与家门口的消极公共空间改造，并通过社区讲座、参与式营建、社区体验活动等促进公众交流；2021年，上海城市空间艺术季以"15分钟社区生活圈—人民城市"为主题，展示了系列以生活空间为主题的更新实践。

图5-12 曹杨新村"美丽家园"行动总体方案（2018年）
（资料来源：参考文献［250］）

与平台协调各方关系（图5-13），借助辩论、调解来制定满足各方诉求、有利于社区
发展的规划方案。在设计之初，街道召开听证会征询居民改造意见，对居民关心的房
屋内部改造、小区风貌保护、环境设施提升、改造时期的外搬过渡等问题进行反复
研究，详细了解每户居民的不同诉求，并对居民提出的合理合规合法建议及时加以吸
纳。设计团队和居民一起对改造方案进行优化，制定针对每家每户的个性化策略，采
取"一户一方案"的方式分别明确楼梯加固、厨卫改造等措施，力图从根源上解决原
居民生活难题。项目最终动工时，几乎每家每户的改造图纸都不一样[249]。

②补齐公共服务设施短板，改善社区环境和基础设施质量。项目在公共服务设
施方面，着力优化"15分钟社区生活圈"功能布局，建设以"家"为理念的"曹杨幸
福饭堂·桐柏院"和以"享"为形态的"人民城市客厅·幸福餐吧"，消除社区助餐
盲点，为居民提供方便、快捷、安全的社区餐饮服务。同时，曹杨新村在社区综合环
境方面持续提升：2003年，普陀区启动曹杨环浜水体生态治理行动，经过多年努力让
水体质量得到明显改善；2017年，曹杨环浜地区基础设施微更新工程启动，对社区内
兰溪青年公园、曹杨公园、枣阳公园、棠浦园等公园的景观绿化、水景驳岸、灯光照
明、道路铺装、景观桥梁、管线等进行整体改造；随后，曹杨新村又推进"美丽街
区""美丽道路"工程，实现道路整体改造升级，完成架空线入地和杆箱整治，从而
告别以往的"蜘蛛网"状态，提升了社区的安全性与风貌环境（图5-14）。

③多方协商，推动社区公园更新。曹杨新村百禧公园前身是上海"最长"菜市
场——曹杨铁路农贸市场，于2019年关停。项目在充分征求周边居民意见的基础上，

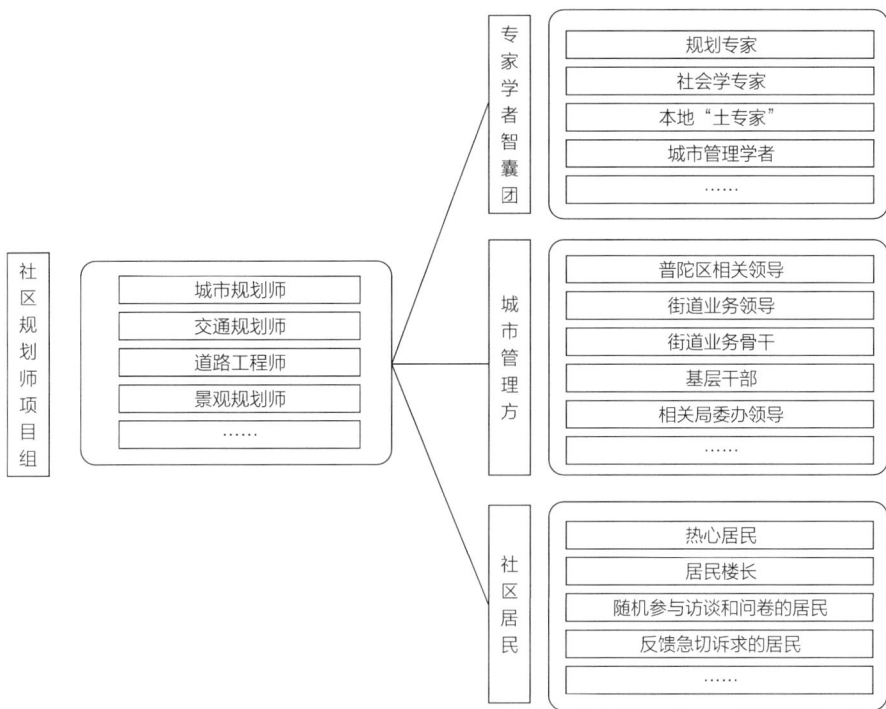

图5-13　曹杨新村的四方参与工作平台
（资料来源：参考文献［251］）

确定将其改建为片区公园。设计方案经过了多轮征询，几经修改，在充分吸收各方建议、意见的基础上优化调整，公园围墙的样式、造型、高度、材质以及出入口的选址、开关门时间等，都是根据居民意见汇总协商后方才确定。公园建设开放后，曹杨新村街道在官微上开展了"你呼我应·意见征集"活动，持续征集到百余条建议意见，街道亦针对居民集中反映的篮球场噪声、周边居民买菜等问题进行一一回应和建设改进（图5-15）。

5.3.1.2　深圳城中村：综合整治提升人居环境

1990年代以来，深圳以拆除重建为主要模式（以"渔民村模式"为代表）推动城中村更新，这种以经济增长为目的、以房地产开发为导向的更新模式虽然推动了更新进程，但也造成了开发容量失控、各方利益分配失衡、低收入群体居住难以保障等问题[252]。近年来，城中村的经济、社会①、文化[253]价值被逐渐发现，通过综合整治实现城中村更新的政策导向和实践探索逐渐丰富。2017年，《深圳市城中村（旧村）总体规划（2018～2025）》出台，规划明确提出：转变城中村城市更新思路，落实有机更新理念，通过微改造的绣花功夫，推进城中村历史文化保护、特色风貌塑造，并将

---

① 根据深圳社区网格管理办公室数据，深圳城中村承担着重要的居住、就业功能：居住在城中村内的总人口约1200万人，占全市实有人口的比重为64%；城中村住房占全市住房总量的49%；就业人口超过900万人，占全市就业人口总数的67%；还有大量的中小型企业栖身于城中村（资料来源：https://baijiahao.baidu.com/s?id=1726381843826789089&wfr=spider&for=pc）。

图5-14 曹杨新村改造成效
（资料来源：https://baijiahao.baidu.com/s?id=1717418066269754550&wfr=spider&for=pc.https://
www.sohu.com/a/518729079_161403.）

图5-15 曹杨新村百禧公园
（资料来源：https://www.163.com/dy/article/GL5RRBHS0514R9P4.html.）

部分有条件的城中村住房纳入政府保障房体系，明确将现状面积300平方公里的城中村中的99平方公里纳入综合整治范围，规划期内完成55平方公里。

在实践上，2016年福田水围柠盟人才公寓项目启动，将29栋统建农民楼改造为504间人才公寓，通过政府出资、国企改造、村股份公司筹房的"政企村"三方合力，探索出了一条城中村综合整治的新路径。"农民房"改造为长租公寓，不仅为解决历史遗留下来的农民房消防安全问题提供了新思路，也为政府筹集保障性住房提供了新来源。截至2019年6月，深圳全市已完成710个城中村的综合整治任务[254]。2019年，《深圳市人民政府关于结合城中村综合整治试点项目推进历史文化保护和特色风貌塑造工作的通知》发布①，确定梧桐AI生态小镇、南头古城、观澜古墟、清平古墟、甘坑客家小镇、大鹏所城、南澳墟镇等7个城中村作为改造试点先行推进（表5-8），探索简化立项、规划、报建审批流程，多路径解决搬迁安置补偿问题等可复制、可推广的经验，进一步拉动了城中村综合整治行动的发展。

深圳城中村综合整治试点项目情况（2019年）　　　　　　　表5-8

序号	区位	项目名称	综合整治手段
1	罗湖区	梧桐AI生态小镇	◆ 聚焦孵化新一代人工智能技术产业，打造可持续发展的社区综合治理改革创新示范区
2	南山区	南头古城	◆ 采用历史文化重现、城市活力提升、多元内容植入三大途径； ◆ 出台南山区城中村综合治理行动计划，确定11项整治内容
3	龙华区	观澜古墟	◆ 通过古墟保育活化和整体活力提升，打造传统文化旅游示范区； ◆ 维护清代中晚期客家风格建筑群以及渡口、商铺、古寺等设施，结合"墟市+住宅"的特色布局，展现客家人"亲水而居，择水而息"的生活方式
4	宝安区	清平古墟	◆ 以岭南文化复兴清平，以修旧如旧活化古墟，打造以大湾区为背景的深圳文化创意新名片； ◆ 维护永兴桥、广安当铺、新桥粮仓等老建筑
5	龙岗区	甘坑客家小镇	◆ 打造集文化旅游、田园休闲、生态度假、文化展示、科普教育为一体的客家文化旅游目的地； ◆ 活化传统客家民居和风情建筑，保留客家排屋肌理
6	大鹏新区	大鹏所城	◆ 打造"中国历史文化名村"鹏城村； ◆ 营造全域旅游和社区融合典范，展现明清海防卫城池的工艺成就
7	大鹏新区	南澳墟镇	◆ 打造传统与现代交汇、文化与生态共进、山城河海交融的国际化滨海特色小镇； ◆ 保育活化岭南渔村特色建筑，重现老街文化墟市，塑造渔港特色风貌

（资料来源：https://www.sohu.com/a/484232085_121123777）

作为试点之一的深圳市南头古城位于深圳市南山区探南大道西段，面积约为29公顷，距今约有1700多年的历史[255]。古城内现存多处省、市级文物保护单位，延续自明代的"九街"路网和山丘轮廓的城池格局颇具特色，丰富的乡土文化和人文历史，

---

① 2019年，深圳的城中村更新既有以城市更新单元和拆建方式推行的项目，如列入《深圳市2019年重大项目计划增补清单》的大冲旧村改造、南山长源村城市更新等，也有以《深圳市城中村（旧村）综合整治总体规划（2019—2025）》提出的"综合整治"有机更新方式推进的项目。

特别是作为中国近代史的重要事件发生地，其历史价值和爱国主义教育意义在珠三角地区无可取代[256]。南头古城是深圳的市级文物保护单位，但就现状而言，南头古城的历史遗存并不多，呈现多楼层、高密度的城中村形态。南头古城作为一个居住与生产混合的区域，配套有南头城小学，在此居住、工作可以便捷地解决子女教育需求，因此吸引了许多外来务工人员入驻[257]。

自1997年起，南头古城开始探索如何实现保护与发展的平衡。早期由于政策制约和实施主体不断变动等问题，改造仅限于整治上的修修补补，此后根据文物相关部门意见，整个南头古城包括历史遗留违章建筑，都被纳入文物紫线控制范围，提升了改造难度[258]。近十年来，各级政府多次组织规划设计和国际咨询等工作（表5-9），并对南头古城的建筑和环境进行了数轮改造，但收效甚微：一方面是因为发展定位不准、策略执行度不高、公众参与度低等问题；另一方面在于过度依赖物质空间改造，忽略了项目的社会价值属性。

南头古城改造相关规划与项目成果汇总　　　　　表5-9

时间	规划与项目
1997—1998年	《南头古城文物保护规划》 《新安古城——深南大道邻街地段控制性详细规划》
1999—2001年	《新安古城保护与整治项目可行性研究》 《深圳市新安古城保护规划与城市设计》 《南头古城南门广场改造设计方案》
2009—2011年	《深圳南头古城——二街一园国际设计竞赛》 《南头古城南街和东西街整治设计》 《南头古城南门广场及古城风貌整治规划》
2011—2012年	《深圳市南头古城保护规划》 《南头古城址文物保护规划》
2014—2016年	《南头古城保护规划实施方案研究》 《南头古城实施规划及重点地段城市设计》
2016—2017年	《深圳市南头古城保护规划建设实施方案》
2017至今	第七届深圳香港/建筑双城双年展 "蝶变计划"——南头古城保护与利用项目

（资料来源：参考文献［258］［259］）

2017—2018年，政府借第七届深圳香港/建筑双城双年展（以下简称"深双展会"）的机会，将南头古城作为一个实验场所，开展了一次政府牵头、政策导向、开发商参与支持的改造实验，尝试将政府权力、市场机制、市民需求、艺术展览结合到城市空间的改造上。设计师通过在南头古城各个重要节点设置小型艺术设施来达到改善空间环境的目的，为历史街区的更新改造探索新的方式（图5-16）。然而，深双展会的重点改造区域经过一段时间的使用后，与展览期间产生了较大的跌落变化，也没能产生足够的经济吸引力为历史街区持续引入新鲜血液：原本作为村民与租客公共空间的街道与广场转换成了服务游客的商业街；南头古城内原住民与租客的生存空间在一定程度上被压缩；原本市井化的商业活动与生活场景减少，咖啡馆、展览馆、文创商店等

图5-16　第七届深圳香港/建筑双城双年展南头古城改造方案和改造前后对比
（资料来源：参考文献［260］；http://www.urbanus.com.cn/projects/nantou-old-town/）

为游客服务的业态占比提升[257]。

2019年，深圳市规划和自然资源局印发《关于推进城中村历史文化保护和特色风貌塑造综合整治试点的工作方案》，将南头古城列为深圳7个率先尝试有机更新的特色城中村之一。南山区成立南头古城保护和利用工作专班，将古城保护利用纳入全区"三大攻坚战役"，按照"粤东首郡、港澳源头"的定位，以十字主街、街心公园、工业区厂房作为重点改造区域，开展"蝶变计划"[258]：

①突出精细化改造。按照"修旧如旧"原则、"看得见的古城"定位推进设计建造。一是强调"多改"，规划方案经历40余次修改，系统性考虑南头古城未来的发展、功能与服务需求；二是"少拆"，拆除的建筑面积约2000平方米，仅占统租建筑范围建筑面积的0.02%；三是"不变"，施工过程由规划设计领域大师和古建领域能工巧匠参与，最大限度地还原古城历史风貌。

②强调多主体治理。按照"政府主导、企业实施、社会参与"的原则，改造由南山区政府主导、万科集团执行落实。政府主导项目方向，确保规划、设计、建设和运营工作均符合项目建设和运营要求，符合社会公共利益需要；项目建立起"共建共治共管"模式，让政府、运营公司、居民和商家等各方力量都能够发挥各自优势，共同参与古城管理。

③承载多元活动。项目确立为2020南山戏剧节Outdoor板块主会场，来自全国各地的16个剧团在南头古城表演了71场戏剧；2020年中秋国庆双节期间开展了2020南山社区文化艺术节、"魅力古城，中秋之夜"主题系列活动，举办包括魅力古城灯光秀、炫彩舞狮、民乐演奏、功夫街舞等在内的多种表演。此外，南头古城绽放欢乐跑、"源野集"文创活动、"香港文创设计IP展"等文创艺术展览也在这里相继落地。

④发展文创产业。项目按照"历史+文创+产业"的共生原则，改造古城内的老旧厂房和部分楼栋，创造接近2万平方米的创意办公空间，引导文化艺术和创意设计产业入驻。项目为创意机构提供联合办公空间和产业孵化平台，引来各类创意人才和机构；通过产业集聚效应带动内部产业转型，并有效助推古城内原有业态、空间和人口结构的升级，激发古城文化活力，带动社区复兴。2020年8月26日，330多米长的南头古城南北街示范段开街营业，餐饮、特色零售、文创空间、公共展览等文化旅游新体验分布在南头古城牌坊、南城门广场、南头1820数字展厅等18个景点之中。2021年2月，南头古城成为深圳首批"特色文化街区"授牌单位，9月被获准认定为市级文化产业园区。

5.3.2　产业类

产业类更新项目主要包括老旧厂房更新改造、老旧商圈和办公建筑升级改造等。其中，老旧厂房改造结合工业遗产保护发展文化创意产业的转型模式已经日趋普遍[261]。老旧厂房大型开阔空间的灵活分隔能够实现多元复合功能的植入，厂房周边区域也往往可以改建成为举办活动和服务市民休闲的公共绿地与公共广场。

5.3.2.1　上海上生·新所：空间、文化与功能的多维焕新

2014年上海出台《关于本市盘活存量工业用地实施办法（试行）》，推动工业用地

更新。上海最新一版城市总体规划提出了"工业用地减量化"的发展目标，将工厂改造为艺术建筑的实践越来越常见，包括原南市发电厂改造为当代艺术博物馆、原北票码头煤漏斗仓库改造为龙美术馆、上海煤运码头旧址处的煤仓改造为苍艺美术馆、民生码头的"8万吨筒仓"改造为艺术展示类建筑等。

上生·新所位于上海内环延安西路，地处"上海第一花园马路"新华路历史风貌区，主要由孙科住宅、哥伦比亚乡村俱乐部、海军俱乐部3处历史建筑，11栋贯穿新中国成长时期的工业改造建筑和4栋风格鲜明的当代建筑组成，占地70多亩，建筑面积近5万平方米，原为上海生物制品研究所使用。2016年上海生物制品研究所外迁，由万科租赁土地及建筑，并联合大都会建筑事务所OMA进行改造、招商和运营，使之成为一个承载城市新产业、新业态、新潮流的新空间，一个集办公、娱乐、生活、文化功能于一体的新型城市商圈，以及一个全天候活力社区和文化艺术的汇聚地。2018年上生·新所正式对外开放[262]（图5-14），项目亮点主要包括：

①多主体参与项目改造与运营治理。上生·新所引入社会资本参与改造，与多家文化及艺术机构（上海市建筑学会、上海交大文创学院、上海工艺美术学院、澎湃市政厅等）、社会机构（探索上海遗产——Explore Shanghai Heritage，ESH）、商业品牌（路易威登、希思黎、丝芙兰等）合作，保障园区高效运营[263]的同时，推动政府、学术机构、社会组织、居民及房地产企业共建共享。

②探索土地混合利用模式。场地植入商业、艺术等复合功能，有效提高了土地使用效能。园区以文化生产和文化消费空间为主，被打造成为时尚文化聚集地、最美花园办公区和都市产业会客厅，通过文化策展、主题艺术节、城市论坛、IP活动等文化创意活动，以及与不同品牌开展的丰富多彩的商演活动，形成了全年不间断的主题文化市集。项目还结合"15分钟社区生活圈"规划理念，为周边居民和广大市民提供了全年、全天候开放的公共场所[264]。

③保护建筑多样性。上生·新所的建筑风格涵盖20世纪各个年代，为保护建筑的多样性，项目为每个建筑量身定制了改造方案。对哥伦比亚乡村俱乐部与孙科住宅通过"修旧如旧"的手法对建筑立面与空间进行修复，最大限度地还原建筑的原真性。在保留建筑自身特色的同时，项目还通过新材料、新手法的植入和改变，营造出历史环境下的全新感观空间，为园区增加创意和可利用空间（图5-17、图5-18）[262]。

5.3.2.2　成都东郊记忆：持续转型升级①

东郊记忆时尚产业园位于四川省成都市成华区二环东外侧，占地282亩，建筑面积约20万平方米，在始建于1950年代的原国营红光电子管厂基础上改建而成。2009年《成都市文化创意产业发展规划（2009—2012）》发布，将文化创意产业纳入重点发展目标，对东郊的工业进行搬迁并将红光电子管厂作为工业遗址保留下来。经历了十余年的发展，东郊记忆时尚产业园已成为成都的地标之一，主要特点在于：

---

① 具体参见："东郊记忆"官网http://www.eastcd.com；朱茜，于乐．基于"城市双修"理念的城市旧工业厂区更新策略——以四川省成都市"东郊记忆"为例［C］．2018城市发展与规划论文集，2018：797-802．

图5-17　上生·新所更新规划鸟瞰
（资料来源：http://m.sidd.com.cn/yanjie/359.html）

图5-18　上生·新所改造前后对比
（资料来源：参考文献［264］）

①灵活的发展方向。东郊记忆改造开始于2009年，当时成都市计划保留部分工业特色鲜明的厂区作为工业文明遗址，与文化创意产业结合打造音乐产业基地。2009年，中国移动无线音乐基地入驻东郊；2011年"成都东区音乐公园"开园运营；2012年改名为"东郊记忆"，从音乐主题的"音乐产业集聚园和音乐文化体验园"调整为"一基地、多名片"。此后东郊记忆不断依据市场发展和产业需要，动态确定其功能方向以确保项目活力。2015年，成都传媒集团与成华区政府联手，以数字娱乐及其相关产业为核心产业发展方向，在东郊引进互联网重点企业、垂直行业互联网重点企业、创业孵化器等，并挂牌"东郊记忆·互联网创意产业园"。2019年，东郊正式挂牌"成都国际时尚产业园"，以影视音乐、数字娱乐、创意设计为主导产业，打通东郊记忆"创、展、演"链条，推动"工业遗产+文化创意+特色旅游"融合发展。2021年，这里持续推进时尚产业升级，以艺术、综艺、创意、青年产业集群打造"天府时尚秀场"（表5-10）。

东郊记忆的主要产业　　　　　　　　　　　　　表5-10

产业类型	详细信息
展览演艺	◆ 东郊记忆演艺中心：大型室内多功能演艺场馆，建筑面积约1万平方米； ◆ 国际艺术展览中心：园区最大多功能展览场馆，总面积约5000平方米，可容纳近3000人； ◆ 成都舞台：园区最大室外展演场馆，总面积约5000平方米，可容纳近3000人； ◆ 成都繁星戏剧村：炉剧场、来剧场、童剧场、星·LIVE音乐空间； ◆ ALIVE壹现场：1号馆面积700平方米，可容纳观众全站位1000人左右；2号馆500平方米，可容纳观众全站位500人左右
商务办公	◆ 100余家商企：音乐艺术和演出领域企业、新媒体和移动互联网企业； ◆ 10余种产业门类：涵盖数字音乐、新媒体、展览演艺、创意设计、教育培训、酒店餐饮、购物零售、娱乐体验和金融服务等； ◆ 直接从业人员超过3000人
文化创意	◆ 东郊记忆·名堂：文创产业孵化器和内容生产机构； ◆ 熊猫主题文化展示体验中心：大熊猫文化创意开发机构； ◆ 成都礼物：以文创商品为载体，传播天府文化； ◆ DOMARTIST设计美学馆：以美学设计为驱动力的艺术生活美学品牌和创意设计众创空间
休闲娱乐	◆ 观影体验、戏剧演出、展览演艺、音乐酒吧、创意咖啡、休闲茶馆、游戏体验、主题餐饮等

（资料来源：根据"东郊记忆"官网信息整理）

②特色的空间与节庆活动营造。按照"修旧如旧，旧房新用"的原则，项目将计划经济时代的工业美学与现代商业功能相结合，对1950年代苏联援建的红砖房、具有工业感的烟囱管道等历史遗迹进行保护性改造，营造兼具怀旧和时尚气息的艺术氛围（图5-19）。东郊记忆依托大型展演空间，举办音乐影视节会、艺术展会、时尚发布、戏剧演艺、体育赛事、高峰论坛等六类节庆活动，持续保障运营收入和客流，不断提高项目知名度。

③完善的政策引导。按照"政府主导+政企协作"的模式，成华区成立专项委员会负责规划建设等工作，进行片区内工业遗址的保护、规划、改造、招商以及运营开发；同时项目鼓励社会资金参与，支持企业加快开发建设。《东郊记忆·互联网创意产业园入驻企业扶持政策》《关于进一步推进北城改造有关政策的意见》等优惠和指

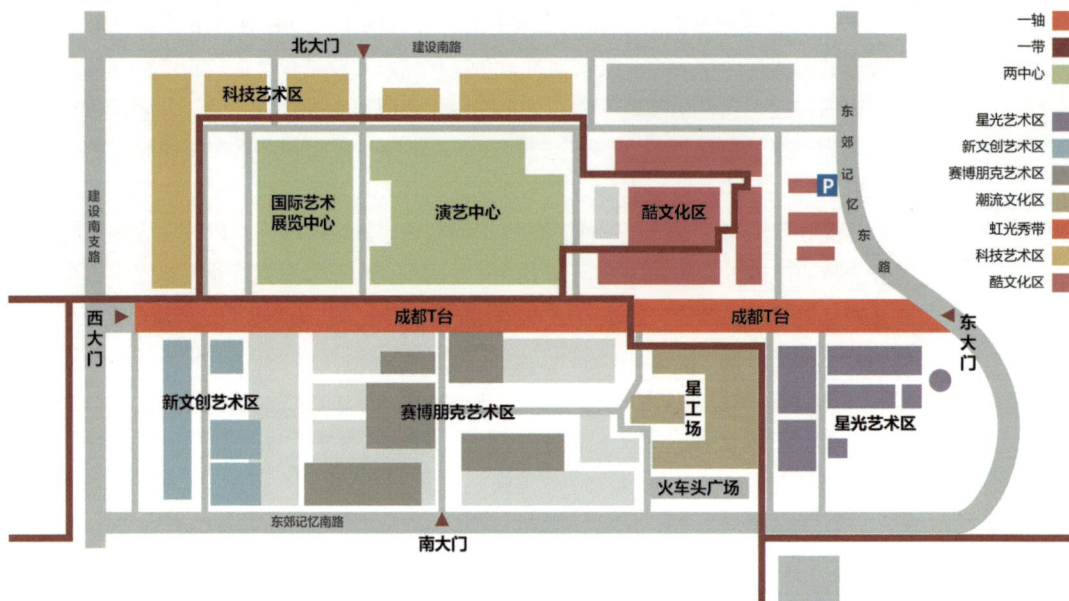

图5-19 东郊记忆的平面图与建设实景

（资料来源：http://sc.sina.com.cn/life/news/2021-10-08/detail-iktzscyx8451864.shtml；https://www.163.com/dy/article/HF7A96MV0512B07B.html）

引政策的出台，为园区建设遇到的财政税收、征收拆迁等具体问题提供了解决办法。项目采取多种方式供地，即园区用地根据产业政策、项目特点等的不同，可分别采用挂牌、方案招标、拍卖等方式实现供地。

5.3.3 设施类

公共服务设施、道路交通和市政基础设施等的更新在城市中发挥着重要的支撑与带动作用，在推动设施与产业、居住环境一体化更新的同时，可探索利用闲置设施运营增加盈利收入的新尝试。服务类设施更新的重点在于：一方面，通过功能转换与兼容，引入合适的公共服务内容，满足居民使用诉求；另一方面，发挥公共设施的辐射力，借助功能植入和优质的空间设计吸引人流，带动周边区域的功能完善和环境提升。

5.3.3.1 上海武夷路320项目：菜场及周边区域更新提升[①]

项目位于上海长宁区武夷路320弄，业主单位为上海新长宁（集团）有限公司，更新对象主要包括一个菜场及其周边区域，涉及用地面积5722平方米、建筑面积5985平方米，于2021年10月建成（图5-20），主要特点包括：

①以多元共荣为目标，植入新兴复合功能。将基地内原有的街道卫生服务中心迁出，对菜场功能进行保留并优化升级。新的菜场铺位容纳了60%的老商户，并设置了裁缝铺、锁匠店等便民服务设施；同时植入文创、餐饮及创新型业态，吸引不少新锐商户入驻，使得武夷320项目快速成为互联网社交平台上的"打卡点"，使用人群的多样性为场地注入了源源不断的活力。

图5-20 武夷路320城市更新项目建成效果与轴测图
（资料来源：https://www.gooood.cn/the-urban-renewal-of-320-wuyi-road-in-shanghai-original-design-studio-tjad.htm）

---

① 具体参见：同济原作设计工作室. 上海武夷320城市更新项目［FB/OL］.（2022-06-07）［2022-8-10］. https://www.gooood.cn/the-urban-renewal-of-320-wuyi-road-in-shanghai-original-design-studio-tjad.htm.

②保留街区肌理，有限度、分策略地进行建筑单体改造。设计梳理平面动线，通过增设必要的楼梯和连廊，将几组分散的建筑联系成为一个整体，并对临街建筑及公共通道上的违章搭建进行拆除；对存在安全隐患的既有棚架和砖混楼房进行拆除并按原轮廓复建；对现代风格的花园洋房采取修缮的方式恢复外立面及室内空间格局；对现状工业厂房进行再生性改造，在保证建筑外观大体不变的前提下，对室内空间进行提升以适应新的功能和容量诉求。

③以社区共享为出发点，营造公共空间。现状地块四周被围墙封闭，可达性较差，改造设计利用建筑间的狭缝、灰空间等串联起次级路径，并将之与主要的公共通道相连接，形成区域内的慢行网络。项目在节点处布置公共垂直交通，以明显的视觉形象将人流向上引导至夹层平台及屋面，利用连廊与楼梯将不同标高的露台连接成起伏变化的空中漫游路径。改造还将片区内的慢行网络与相邻地块连接起来，以带动相邻地块的渐进式更新，从而改善区域的慢行交通状况。

5.3.3.2　深圳湾体育训练基地：地铁站房屋顶再利用[①]

深圳湾体育训练基地项目位于南山区，由地铁2号线南航站楼和车厂大楼屋顶闲置空间改造而来，屋顶长度1.2公里，面积为73000平方米，改造总面积接近77000平方米。项目由深圳市基石教育基金会主导推动，于2016年5月开启设计，2018年3月至2021年6月进行建设，2021年7月竣工完成。项目旨在提高周边学校的体育教学质量为青少年提供专业、安全的运动场所，为专业体育赛事和比赛提供便利的设施。在高品质的空间和景观设计之外，项目亮点表现在（图5-21）：

①推动基础设施复合利用。在原有交通设施的基础上，植入大量户外运动与休闲活动项目，包括职业体育比赛训练区（2个草地球场、6个赛级网球场、4个训练场地、2个红土场、2个排球场）、周边学校运动设施（5个网球场、6个篮球场、2个五人制足球场、3条跑道）、休闲健身区域（1个标准尺寸足球场）、绿地四大类功能。通过功能的分层设置实现基础设施的复合利用。

②与周边环境充分联系。项目设置天桥将改造空间与附近的住宅和教育建筑连接起来，周边居民可通过6个通道到达屋顶进行活动。其中，北端和南端为主要入口，设有从地面进入的通道方便大流量人口通行。改造行动在屋顶空间内布置了分离的休闲路径、行人路径和运动路径，保障功能互动的同时避免路径的互相影响。

5.3.4　公共空间类

公共空间在很大程度上反映了城市的空间品质，其更新升级往往能起到引发空间整体改善的"触媒"作用。近年来，一些分散或系统性连接的城市公共空间改造项目在很多城市兴起，包括滨水空间、街道空间以及社区公园等，通过高品质的空

---

① 具体参见：AR世界建筑报道. 大湾区最大的"屋顶花园"——将闲置屋顶变身深圳湾体育训练基地 [EB/OL]. 2021-12-19 [2022-8-10]. https://baijiahao.baidu.com/s?id=1719552050950 113809&wfr=spider&for=pc; Crossboundaries. 深圳湾体育训练基地 [EB/OL]. （2021-12-07 ）[2022-8-10]. https://www.gooood.cn/shenzhen-skypark-china-by-crossboundaries. htm.

图5-21 深圳湾体育训练基地项目建成效果及相关图纸
（资料来源：https://www.gooood.cn/shenzhen-skypark-china-by-crossboundaries.htm）

间设计，植入文化体验、市民休闲、体育运动等多种功能，改善空间自身品质并带动周边地区发展。

5.3.4.1 上海黄浦江公共空间：以连续的景观文化空间服务市民活动

黄浦江两岸是上海的标志性滨水空间。随着去工业化进程的推进，黄浦江逐渐由生产型岸线转变为生活型岸线，公共空间的建设对于提升滨水区的整体活力与品质至关重要。2002年1月，上海市政府启动"黄浦江两岸综合开发"战略，努力推动浦江两岸功能从以交通运输、仓储码头、工厂企业为主，转换到以金融贸易、文化旅游、生态、居住为主，让滨江区域回归城市生活的核心。

黄浦江两岸开发从2002年启动至2015年，可分为3个发展阶段：第一阶段（2002—2006年）开展沿江工业仓储动迁，释放土地和岸线，为新功能引入腾出空间；第二阶段（2007—2010年）重在服务世博会，开展沿江公共环境建设和完善基础设施配套；第三阶段（2011—2015年）侧重注入新功能（商务、商业、文化），推进功能性项目

建设实施[265]。2016年上海市开展新一轮城市总体规划编制，城市建设更加关注品质
提升。上海市委市政府提出要实现黄浦江核心区段杨浦大桥至徐浦大桥之间45公里滨
水岸线（两侧岸线总长度）公共空间的贯通，建设面向市民和游客的观光游憩、健身
休闲的开放空间（图5-22）。2017年年底，黄浦江滨江45公里岸线基本实现贯通，主
要特点表现在：

①规划引领。上海市先后出台《黄浦江两岸地区发展"十三五"规划》《上海市
杨浦区滨江发展"十三五"规划》等规划指引滨江地区发展。2016年，针对滨江地区
公共空间改造的专项规划《黄浦江两岸公共空间贯通开放规划》颁布，提出"更开
放、更人文、更美丽、更绿色、更活力、更舒适"6项理念，以此为导引在浦江两岸
构建空间贯通、文化风貌、景点观赏、绿化生态、公共活动、服务设施6个系统，并
设定10个不同主题的滨江区段，包括工业文明、创意博览、海派经典等，构成各具特
色的滨江空间序列（表5-11）。

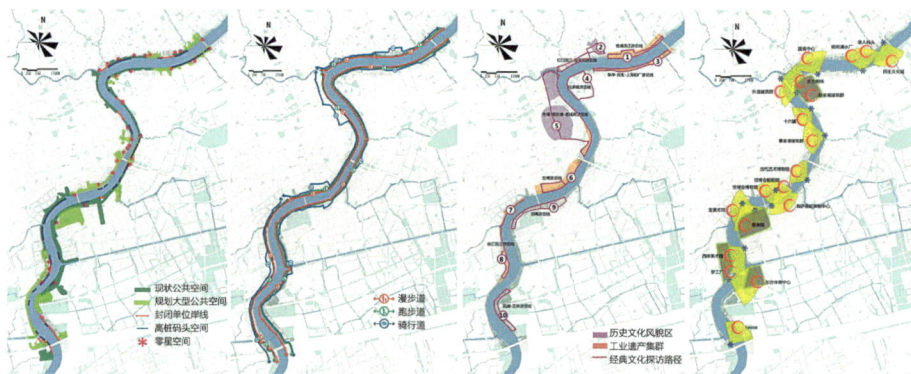

图5-22　黄浦江沿岸空间规划——空间资源挖掘、滨江三道布局、滨江文化探访路径规划、滨江观景体系
（资料来源：https://ghzyj.sh.gov.cn/gzdt/20201029/860b65161c644f058150a5d0f8b5e6e1.html）

黄浦滨江规划的策略与手段　　　　　　　　　　　　　　　表5-11

规划策略	具体手段
01更开放： 着力打通断点， 多路径激活空间	◆ 最大限度地挖掘滨江的空间资源，在新增成片公共空间的同时，注重小微空间的发掘，提供多层次的开放空间； ◆ 在无法开辟陆上空间的区段，建设水上栈道；在垂直江岸的支流河道，架设步行桥；结合无法搬迁的滨水设施，设置二层平台； ◆ 采用场地改造、景观提升、设施植入、艺术处理等多种方式激活空间； ◆ 规划打通近百处滨江断点，提供约500公顷公共空间，使得岸线全面开放
02更活力： 强化慢行链接， 注入功能与活动	◆ 结合多样化活动需求，构筑"亲水漫步道、运动跑步道、休闲骑行道"三道贯穿全线的游憩路径； ◆ 进一步加密垂直于黄浦江的慢行通道，衔接公共交通； ◆ 构建以滨江为主轴、有效链接腹地、纵横交织、立体复合的慢行网络体系
03更人文： 彰显文化底蕴， 注重传承与融合	◆ 重点保护3个风貌区、5个工业遗产群和160余处优秀历史建筑； ◆ 针对历史建筑、船坞、塔式起重机等构筑物，以及历史环境整体开展风貌设计，彰显历史文化底蕴；强调多样化功能的重塑，植入创意、展示、演艺等文化功能，旧迹斑斑的"锈厂"蜕变为文化时尚的"秀场"； ◆ 规划10条串联历史遗存的经典文化探访路线，包括杨浦工业文明、外滩海派经典、徐汇文化时尚等不同主题，进一步加强滨江地区的文化感知与互动体验

续表

规划策略	具体手段
04更绿色： 注重生态效应， 完善蓝绿网络	◆ 重视生态系统的规模效应，建设世博文化公园等大型生态斑块，构筑滨江生态基底； ◆ 加密由滨江向腹地渗透的绿化廊道，如楔形绿地、林荫绿道、支流绿带等，进一步完善生态网络； ◆ 绿地注重多维度生物栖息地和生态群落的培育，强化本土植被的运用与配置的原生态导向
05更美丽： 着眼全域景观， 塑造经典形象	◆ 基于标志性景观的布局，强化视廊控制，建立全方位的景观体系； ◆ 实现滨江全要素引导，通过绿化、场地、设施、构筑物等景观要素的组合设计，形成丰富的景观层次； ◆ 注重景观的全天候展现，营造日景与夜景的不同效果，形成24小时的美丽江景； ◆ 利用黄浦江两岸的桥梁、历史建筑、艺术雕塑、塔式起重机等资源，开展特色化的照明设计，展现黄浦江两岸的夜间艺术氛围
06更舒适： 提升公共服务， 丰富亲水体验	◆ 以便民惠民为原则，兼顾游憩与生活的不同需求，构建游憩服务与社区便民服务并重的设施体系； ◆ 注重新技术的运用，打造人性化与互动趣味的艺术装置、标识、服务、照明等设施； ◆ 以提升亲水感受为目的，针对全线高于地面约2米的防汛墙，采用绿化缓坡覆盖、观景平台跨越、建筑结合设置等方式，进一步消除视线与活动阻隔，形成丰富多元的亲水体验

（资料来源：https://ghzyj.sh.gov.cn/gzdt/20201029/860b65161c644f058150a5d0f8b5e6e1.html）

②文化引领。徐汇滨江的再开发由上海西岸集团主导，以文化为主题，于2012年启动[266]。项目延续2010年世博会通过文化复兴引导城市更新的策略，通过2015年的上海城市空间艺术季（SUSAS）进一步强化西岸的文化定位。西岸集团以文化政策为触媒，通过文化事件、文化产业、文化投资、文化策展等一系列政策推动区域内城市空间更新，重点打造"西岸文化走廊""西岸传媒港"项目，落实西岸美术馆、油罐艺术公园、梦中心 B 片区等建设，引进艾可画廊、没顶画廊等艺术机构和私人美术馆、艺术品仓库等文化设施入驻，丰富了区域文化载体的多样性。"西岸双年展""西岸音乐节"等文化活动在西岸的举办有效集聚了人气，一系列鼓励艺术家进驻的文化政策帮助形成了艺术家的集聚区，促进艺术产业扎根运作，由此这里也被称为"西岸艺术村"（图5-23）。

③以人为本。杨浦滨江岸线总长15.5公里，岸线再开发坚持以人民为中心，走高质量发展道路，延续城市历史文脉，实现"工业锈带"变为"生活秀带"的综合目标。2016年6月，杨浦滨江的550米示范段率先建成，秉持"历史感、智慧型、生态型、生

图5-23 徐汇滨江段
（资料来源：https://www.sohu.com/a/487633774_353578；https://www.sohu.com/a/514824364_121256727）

活化"的规划理念，示范段建设成为了"生态复合型滨江公共空间+雨水湿地公园"，为附近市民的休闲与健身提供了好去处。2017年10月，杨浦大桥至秦皇岛路码头的2.8公里岸线实现贯通开放；2019年9月，杨浦滨江南段大桥以东2.7公里公共空间对外开放。自此，杨浦滨江南段5.5公里公共空间全线贯通，共建成漫步道约5886米、跑步道约5631米、骑行道约5394米[267]，形成"三带和弦①、九章共谱②"的公共空间体系。2019年11月2日，习近平总书记在项目考察中给予了肯定，提出要"合理安排生产、生活、生态空间，努力扩大公共空间，让老百姓有休闲、健身、娱乐的地方，让城市成为老百姓宜业宜居的乐园"（图5-24）。

图5-24　杨浦滨江南段长5.5公里公共空间改造
（资料来源：参考文献［268］；https://www.jfdaily.com/news/detail?id=179059；http://www.westbund.com/cn/index/ABOUT-WEST-BUND/Area-Overview/District-Overview.html.）

5.3.4.2　上海苏家屯路和愚园路：街道微更新实践

街道空间是我国城市更新的微观实践单元。近30年来，我国对于街道更新的理念认知和实践类型大致经历了三个阶段：保留性环境整治、重建性功能置换和参与性有机更新（表5-12），参与主体从政府主导转变为多元协商，资金来源从一次性投资转变为政企共营[269]。

我国街道更新的发展阶段和典型案例　　　　　　　　　　　　　　　　表5-12

阶段	典型案例	案例特点
2000年前 保留性环境整治阶段	◆ 北京王府井商业街 ◆ 上海南京东路步行街 ◆ 广州东风路 ◆ 重庆中山四路	◆ 以商业性和景观性街道为主要对象； ◆ 以增补街道家具、美化街道立面等环境整治内容为主，不涉及拆迁重建； ◆ 政府主导，资金主要源于政府项目资金

---

① 即5.5公里连续不间断的工业遗存博览带，漫步道、慢跑道和骑行道并行的健康活力带，以及原生景观体验带。
② 即挖掘原有历史遗存，形成9段各具特色的公共空间。

续表

阶段	典型案例	案例特点
2001—2009年 重建性功能置换阶段	◆ 北京前门大街更新 ◆ 重庆洪崖洞改造	◆ 位于市中心，因文化内涵和风貌特色具有较高的整体性再开发潜力； ◆ 开发商受到潜在商业价值的吸引而介入
2010年至今 参与性有机更新阶段	◆ 北京"大栅栏更新计划" ◆ 广州恩宁路更新	◆ 居民主动参与，重视在地居民与业主对于街道更新的需求； ◆ 政府成立更新项目的专项机构推进更新过程

（资料来源：根据参考文献［269］整理）

为提高城市管理的精细化水平，上海于2016年发布《上海市街道设计导则》，从以人为本的理念、多元设计的方法、推动街区规划及街道改造实践、全生命周期管理机制四个方面实现创新［270］。2018年上海发布了《关于加强本市城市管理精细化工作的实施意见》三年行动计划，同时成立市城市管理精细化工作推进领导小组。同年，《上海市"美丽街区"建设专项工作方案》出台，用于指导各区美丽街区建设专项工作，并依据各区三年行动计划目标，逐条马路推进美丽街区提升工作，内容主要涵盖道路设施、城市家具、沿街绿化、建筑立面、招牌广告、景观灯光、架空线入地等，通过全要素提升整治全面提高街道的内涵、特质和环境品质［271］。

（1）苏家屯路

苏家屯路是当地居民眼中的明星街道，入选上海市十大景观道路，也是社区闹元宵行街的必选之地。它位于上海最早的工人新村之一"鞍山新村"中，这里居民老龄化程度高、社区氛围强，附近的同济大学为社区空间增添了不少活力。苏家屯路更新分为三个阶段：①2003—2007年，四平路街道会同区绿化市容局等部门，对穿越鞍山四村的苏家屯路进行综合整治，结合原有的公共绿地重新布局改造，将苏家屯路由原本的社区交通街道转变成集景观、休闲、娱乐、健身于一体的社区景观健康道路；②2016年上海城市空间艺术季发起"行走上海：社区空间微更新计划"，四平路街道也依托同济大学的科研资源联合开启了"四平空间创生行动"，相关建筑师与设计师主动加入社区营造，通过设计介入的方式来优化街道空间构成、激活街道生活方式、提升社区公共生活品质；③杨浦区建立社区规划师制度，借助同济大学规划、建筑、景观专业的专家力量，深入相关社区、密切联系居民并指导社区更新工作开展，为社区公共空间品质改造提供专业把控，促使社区更宜居、更人性。苏家屯路更新在空间设计上，拓宽了人行道并设计特殊小型活动场所与休闲活动设施，增加步行活动流线；丰富街道景观绿化种类；梳理周边交通，控制机动车交通流量，加强小区出入口一体化步行通道设计；补充了老年人活动场地等［272］（图5-25）。

（2）愚园路①

上海愚园路汇集了多种历史保护建筑，包括108幢小洋房、60幢历史建筑和11处文保单位。但随着城市的发展，这条清净优雅的梧桐街道在1990年代"破墙开

---

① 具体参见：刘江德，徐磊青. 基于公众视野的城市街道更新评价研究——以上海为例［J］. 上海城市规划，2020（3）：101-108；金姬. 从百年愚园路看魔都微更新［J］. 新民周刊，2018（50）：86-89.

图5-25 苏家屯路改造
（资料来源：参考文献［273］；https://www.sohu.com/a/249511661_210176）

店"的热潮下变得"小、乱、散"，违章搭建现象频生，并呈现出公共服务、行政
办公、社区商业等功能高度复合的状况。2014年开始的愚园路更新分为三个主要阶
段：①2014—2016年政府支持、社会企业力量主导下的特色街区试点路段打造[①]，从
街道界面的风貌整治入手，破除围墙、拆除违章建筑、重新安置空调机组，对沿街外
立面进行翻新改造，通过现有空间焕新满足社会公众日益高涨的城市公共功能需求；
②"2017城事设计节"，以设计创作实践、艺术氛围营造、共建和谐社区等方式开展
多项微观改造，针对街区中一些利用率不高的区域，通过公共艺术装置展示、主题快
闪商店等进行合理的功能更新与跨界活动组织，使之能高效服务周边居民，让更多人
参与建设并体验宜居城市生活；③2018年以来重点打造"愚园百货公司"与"愚园公
共市集"，突出街区市井气息与生活美学的跨界体验，建设融合艺术、设计、人文、
娱乐的跨界生活美学街区（图5-26）[274]。

5.3.5 区域综合类

区域综合类城市更新实践的改造范围通常较大，一般涉及历史街区与老旧街区更
新等，更新涵盖居住、产业、服务设施等多种功能，也包括建筑空间、公共空间与基
础设施等多种对象。历史街区更新日渐倾向采用小规模、渐进式的有机更新策略，来
实现历史文脉的保护传承和场所功能与品质的综合提升；老旧街区更新的重点在于通
过物质环境的品质提升促进片区功能升级。相较于前面几种更新类型，区域综合类项
目的更新目标更加多元、利益关系更加复杂、项目推进更具挑战。

5.3.5.1 广州永庆坊：多主体参与的微改造

广州永庆坊位于恩宁路街区西部，处于广州市西关核心地带，紧邻宝华路、昌华
大街、多宝路历史文化街区和荔枝湾涌、荔湾湖风景旅游区。恩宁路是广州最长最完
整的骑楼街，既是东西方文化的交融产物，也是岭南文化的典型代表，对广州而言具
有特殊的历史文化意义。恩宁路旧城改造始于2006年（表5-13），但政府当时推出的
大规模拆建导向的《荔湾区恩宁路改造试点规划方案》受到了市民、学者及非政府组

---

① 由长宁区虹桥、中山公园地区功能拓展办公室牵头协调，愚园文化发展公司负责组织推进，长宁区建交
委、区国资委、区规土局和江苏路街道等部门相配合，推进项目开展。

图5-26　愚园路改造
（资料来源：https://www.sohu.com/a/322715448_179550，http://www.archcollege.com/archcollege/2019/03/43687.html）

织等的强烈反对，导致"恩宁路事件"的发生[275]。在媒体报道、社会关注、居民呼吁共同形成的舆论压力下，片区改造方案从拆除重建逐步转变为保留有价值的建筑物和空间形态，采用"政府主导，企业承办，居民参与"的更新改造模式推进，并发展成为广州大规模公众参与城市更新的代表。

恩宁路片区规划方案演进过程　　　　　　　　　　　　　　　　　　　表5-13

参与方式	时间	规划名称	规划平面图	改造方式
政府主导	2006年	《恩宁路地块广州市危改房试点改革方案》		原地回迁式改造，建筑基本全部拆除

续表

参与方式	时间	规划名称	规划平面图	改造方式
政府主导	2007年	《恩宁路地段旧城改造规划》	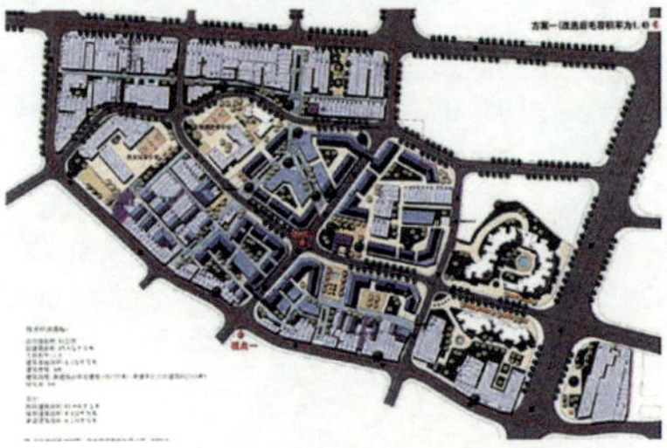	寻求开发商的融资式改造；以拆除为主、局部建筑保留的高容积率开发
多主体参与	2009年	《荔湾区恩宁路旧城更新规划》	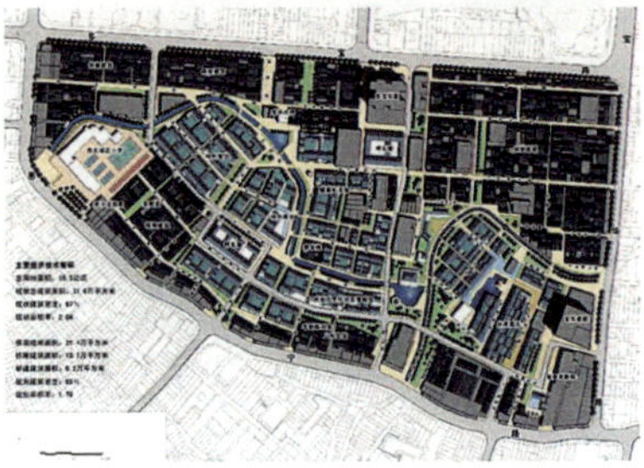	基本尊重街区肌理，以拆除重建为主，降低密度进行开发
	2011年	《荔湾区恩宁路旧城更新规划》		未拆除的建筑予以保留，拆除的部分重建若干连片的传统街区
自主更新	2017年	恩宁路二期项目方案	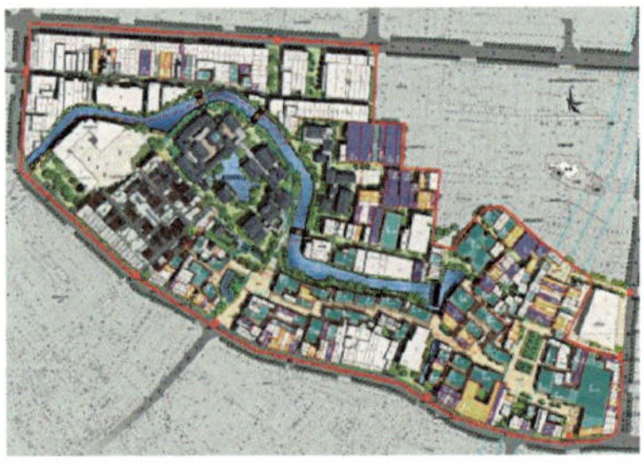	明确保护范围，控制建筑高度

（资料来源：参考文献［276］）

2015年，恩宁路上的永庆片区以微改造方式进行更新[275]：①空间建设上，对片区内建筑单体进行详细调查，明确延续历史脉络的原则，以修缮提升为主，不改变历史街区的街道肌理及空间格局。在此基础上，优化历史街区的公共服务设施，改造危旧房的外立面和内部结构，并在营造公共空间的同时顺应城市发展需要，对片区内地块的用地性质进行适当调整变更；②主体上强调多元力量介入[277]，荔湾区政府在永庆坊的招商引资过程中，与开发商、原住民沟通协商引导项目推进。项目采用BOT模式，通过公开招标方式确定广州万科负责项目的建设及经营，并予以广州万科15年的经营权，到期后无偿归还政府。项目微改造注重保障当地居民权益，提供多种途径引导居民参与地区更新。

2018年，习近平总书记考察广州时走访了永庆坊，肯定了项目规划建设注重保护历史文化、突出地方特色，以及采用微改造这种"绣花"功夫的更新做法；认为城市文明传承和根脉延续十分重要，传统和现代要融合发展，让城市留下记忆，让人们记住乡愁。2019年10月，广州永庆坊二期对外开放（图5-27），改造保留了街巷原有的空间和尺度，通过提升公共空间、优化沿街立面、引入创意产业、推出系列记忆活动等，探索历史片区更新的新机制。

图5-27　永庆坊二期
（资料来源：参考文献 [261]）

5.3.5.2　成都猛追湾：塑造新消费场景[①]

成都猛追湾位于成华区锦江沿岸，是成华区连接中心城区的门户地段。1950—1960年代曾是繁华的工业区，2000年后随着传统工业的衰落，该片区逐渐演变成为滨河老街区，面临着基础设施老化、公共服务配套严重滞后、道路连通性较差以及人口结构老龄化等一系列城市问题。

2018年，在成都市成华区人民政府和成华区猛追湾街道办事处的主导下，由万科成都开展"策划规划、设计建造、招商运营"一体化区域整体打造，从城市形象、产业转型、人文环境、经济复苏等多方面推进地区升级。猛追湾城市更新以2.5公里滨水黄金地带为研究范围，整体改造范围1.68平方公里；其中启动区位于猛追湾下湾区，包括一街（滨河商业街）、一坊（望平坊）、三巷（香香一巷、二巷、三巷），共

① 具体参见：亚厦股份. 以标杆力量致敬城市焕新，亚厦幕墙助力成都猛追湾城市更新项目 [EB/OL].（2022-1-14）[2022-2-12]. https://baijiahao.baidu.com/s?id=1721908978003012312&wfr=spider&for=pc.；创意城市. 成都猛追湾：EPC+O模式下的城市更新示范案例 [EB/OL].（2021-8-30）[2022-2-12]. http://neothinks.com/city/4184/.；界面新闻. 街巷志｜烟火人间三千年，成都上下猛追湾 [EB/OL].（2019-7-1）[2022-2-12]. https://baijiahao.baidu.com/s?id=1637840228677701593&wfr=spider&for=pc.；纬图景观. 成都猛追湾城市更新景观设计 [EB/OL].（2020-8-24）[2022-2-12]. http://www.landscape.cn/landscape/11289.html.

计收储运营面积3.4万m²。项目于2018年12月动工，2019年9月30日整体开业，主要特色
包括：

①强化活力塑造，打造活力休闲消费场景。猛追湾是成都市规划的天府锦城"八
街九坊十景"中的"九坊"之一，彰显"老成都、蜀都味、国际范"的天府锦城"一
坊（猛追湾）""一景（天府熊猫塔）"等特色城市地标共同形成了"工业文明与现代
时尚交相辉映、美食文化与文创产业共生共融"的城市示范区。项目在城市更新中注
重完善城市功能、植入现代产业、培育新型业态、营造消费场景、创造美好生活，通
过引入艺术、科技、文创等元素，让场地充满成都市井味道的同时极具时尚感和生机
活力。万科成立江畔文化运营平台，围绕"展、演、会"三大主题以及江畔市集、国
际青年社区两大IP，举办多档城市级活动，推动猛追湾成为成都最具代表性的老城区
活化名片。

②坚持以人为本，植入市民活动公共空间。项目充分考虑在地居民诉求，通过
合理规划绕行路线解决停车问题，将锦江滨河路幅7米的机动车道变成4米宽的自行车
道，扩大人行空间，为人的停留及商业活力带来更多机会。500米长的滨河沿线经过
整合之后有了约10个功能各异的休闲平台，形成内容丰富、形式多元的生活空间带，
将美好风景和惬意生活留给市民，实现"回家的路"与社交场景相融合。景观设计以
地刻铺装、光影装置、互动装置等手法呈现成华区的工业光阴长河，让市民在这里能
够找寻到曾经的记忆（图5-28）。

③多方共建共治，推动一体化建设运营。猛追湾城市更新是成都市首个EPC+O
（工程总承包+代运营）模式下的城市更新项目，强化"市区联动、政企联手"的高
效协作，推动"策划、规划、设计、建设、运营"一体化实施。在筹备阶段，万科会
同政府相关部门和区属国有公司，施行优质资源的"收、租、引"，并成立片区运营
专业公司对收储资产整体开展资产管理、项目招引、业态管控、运营管理等工作，完
成重要节点收储面积约3.4万平方米。在运营阶段，万科联合猛追湾街道党工委成立
"Dream One"街区综合党委和猛追湾街区联盟，发布联盟公约，共同推进党建引领下
的特色街区建设和运营，同时落地首个五星级景区化管理服务，将非收储商户外摆等
交由万科物业统筹管理，做到"行政退后，服务向前"（图5-29）。

综上所述，上海、广州、深圳、成都四个城市已逐步建立起系统化的城市更新
制度体系，形成以城市更新条例/实施办法为核心、以相关实施细则和管理措施为配
套的政策系统，明确了城市更新工作推进的管理架构、规划体系及措施保障。四地城
市更新关注"主体—资金—空间—运维"的相关规划架构，重视"产权—用途—容
量"方面的措施供给，强调防止大拆大建、传承和保护城市历史文化资源，通过强化
片区统筹、维护公共利益、拓宽城市更新资金来源等保障城市更新的有效实施。几地
近年来围绕居住类、产业类、设施类、公共空间类和区域综合类更新项目，积极实施
了一系列更新实践探索，积累丰富经验的同时也为其他城市提供了可参考借鉴的样
板。城市更新在四地不仅帮助实现了土地高效集约利用，优化了人居环境，提升了城
市功能，并在社会关系塑造、历史文化保护、活力能级提升等方面发挥着不同程度的
作用。

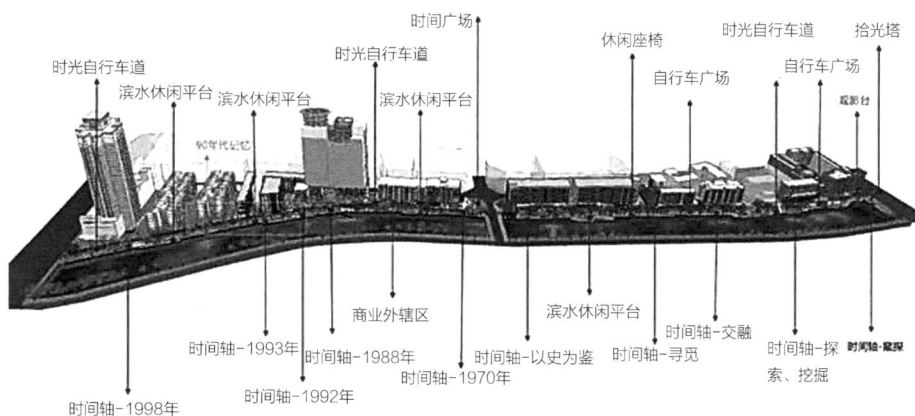

图5-28　猛追湾改造

（资料来源：http://neothinks.com/city/4184/；http://www.landscape.cn/landscape/11289.html；https://zhuanlan.zhihu.com/p/411011116）

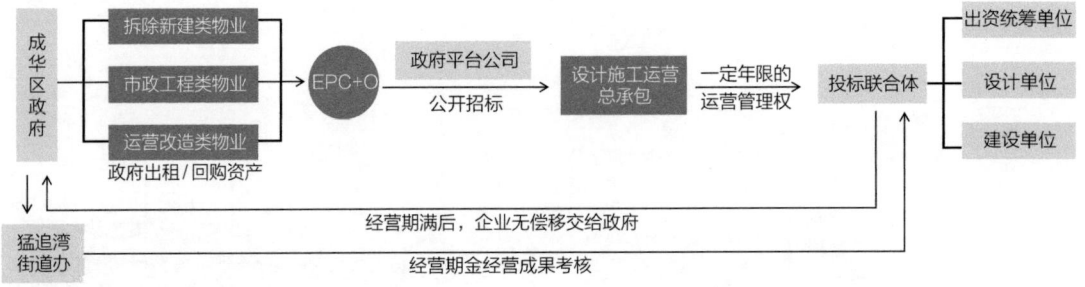

图5-29 猛追湾改造的"EPC+O"模式
（资料来源：根据http://neothinks.com/city/4184改绘）

第 6 章

北京探索：首都城市
更新的发展演进

本章将目光聚焦到首都北京。北京和其他特大城市一样面临着一系列来自大城市病及更新改造诉求的挑战，且率先进入减量发展的新阶段。相比于上海、广州、深圳等地城市更新的快速发展，北京的更新步伐显得尤为慎重而又特殊。近年来，北京城市更新从项目试点与专项行动出发，积极推行街区更新，体系化的制度设计也开始加速推进。本章系统梳理了北京城市更新演进的发展阶段和历程，以历史视角分析北京城市更新的政策导向与动力变化，为具体剖析新时期北京城市更新的制度探索与实践运作奠定基础。

6.1　北京城市更新研究进展

　　有关北京城市更新的各类研究关注不同类型的更新活动与项目实施。北京老城历史文化街区、胡同院落的保护与改造行动时间悠久，相关视角自新中国成立以来积累了众多学术成果，"有机更新"理论更是极大程度影响了国内城市更新的发展与北京更新实践的落地。在北京，危旧房改造、棚户区和城中村改造等自1990年代日渐增多①。随着工业发展的转型升级和社会需求的差异化，北京自2000年以来，或政府主导，或自发形成，或业主导向地改造了一批工业园区。2012年以后，老旧小区整治受到学界与业界的关注，老旧商办楼宇改造等上升成为市场重视的存量资产盘活新焦点。

　　历史街区保护与更新是北京城市建设的重中之重，以吴良镛为代表的学者们对老城改造进行了持续而深入的研究。针对老城改造难点，吴良镛运用人居环境科学理论，提出"积极保护、有机更新、整体创造"思想[278]，在菊儿胡同改造[279]、什刹海烟袋斜街地区保护规划[280-281]、北京旧城整体保护探索[282-284]中持续体现并不断丰富。2012年，吴良镛等呼吁北京建设"文化精华地区"以深化推进老城整体保护与设计[285]。与北京旧城改造相伴随的是危旧平房改造。1990年代以来的危旧房改造中，保护与开发之间、居民与开发商之间的矛盾不断涌现，引发学界深度反思。张杰[286]回溯了北京危旧房改造的成效与问题，聚焦非居住功能积聚与老城保护之间的矛盾，提出区域协同发展、建设新城市中心等观点。孟延春[287]指出北京危旧房改造存在开发商"挑肥拣瘦"、资金平衡困难等问题，提出老城改造与郊区开发相结合、从更大区域层面平衡老城改造资金等建议。方可[214]系统总结了北京旧城更新的历程、现状与困境，针对危旧房改造中的资金短缺问题，指出清晰的产权关系有利于吸引居民投资和主动参与房改[288]，谢东晓[289]建议政府应退出"产权人"角色。张路峰、刘贺[290]评估了1980年代末北京危旧房改造的三个试点项目，提出小规模渐进与成片推进相结合、加强公众参与、加强公众监督等策略。刘欣葵[15]梳理了新中国成立以来北京城市更新的历史阶段，认为现有实践偏离了先进的规划理论指导，应传承历史文化、维护居住公平与权利、建立城市更新长效机制。钱云等[291]对北京西城区什刹海和金鱼池危旧房改项目进行评估，指出拆除重建的低收入居民回迁区由于市场化物业管理欠佳、楼体本身质量差，导致改造后的多层住宅比曾经的平房区更加难以自行维护，同时存在非正规服务设施涌现、出租屋被关停、邻里联系减弱、安全问题频发状况②。吴春[292]从社会学视角出发，批判了大规模拆除重建带来的社会空间急剧重构问题，曲蕾[293]聚焦北京旧城历史居住区的绅士化现象，建议采用"居住整合"策略来引导和控制适度绅士化进程。

---

① 2010年以后，特别是2017年以来，此类项目开始减少，城市更新的工作方向发生转变。
② 回迁居民因此就业困难、经济压力大，其生活条件并未真正得到改善。

随着北京城市发展迈入存量时期，老旧小区更新受到越来越多人的关注。李健[294]
尝试建立北京老旧小区更新改造的分类评估体系，梁传志[295]总结了2016年以前老
旧小区更新改造的现状、问题及建议。刘承水等[296]分析了无物业管理老旧小区现
存的问题，并从治理角度提出应对措施。刘佳燕等[297]评估了北京毛纺北小区的加装
电梯项目，指出"后单位制"、熟人社会起到的积极作用，以及电梯无法平层入户、
光照影响与视线干扰等问题。黄鹤等[298]提出老旧小区更新整治工作应采用"拆除更
新"与"综合整治"两种方式，从物质环境整治和制度管理完善两方面推进。

城市定位转型与"退二进三"的政策演变使得产业空间提升与功能升级成为北京
城市更新的重要内容。刘伯英等[299]研究了北京工业建筑遗产的现状，揭示出北京现
代工业建筑遗存丰富且集中于近郊区的空间特点。周陶洪[300]以北京为例，系统论述
了工业区更新的难点，从经济、社会、文化、生态等方面提出更新策略建议，倡导
土地混合使用下的城市全面更新与经济复兴。孔建华等[301]提出应将工业厂区保护
利用纳入历史文化名城规划，重视工业厂区风貌保护与有机更新。实践探索中，首
钢改造[302]、北京第二热电厂空间更新[303]、798改造[304]等发展成为北京工业遗产
改造的典范。

2017年北京新版城市总体规划（《北京城市总体规划（2016年—2035年）》）发布，
规划体现出的新思想与新理念广受讨论，学者们对当前北京城市更新的时代要求与面
临的挑战提出了诸多思考与建议：

①更新主体方面主张多元共治。龚钊、赵丹[305]指出北京城市更新中的公众参与
经历了从早期增量开发模式中的公众无参与（以经济利益驱动下的政府行为为主），
发展到有机更新阶段的倡导和尝试公众参与（响应新总规要求下的城市更新价值理
念、决策机制与治理模式转型），由此提出了完善法律规范和管理制度、创新财政资
金管理政策、建立公众参与技术路径与方法体系、培育和支持相关NGO等非营利性组
织的建议。

②更新资金方面主张多元资本参与。苏海威[306]指出北京城市更新改造的困境在
于政府主导模式下，微观激励机制缺失，社会资本缺位，"巨量更新需求得不到释放，
城市存量盘活进程受阻"。唐燕[151]认为北京老旧小区等改造面临的关键制约是社会
及市场资金投入不够、参与力度不足，政府兜底的传统路径难以为继，并提出从"成
本—收益"平衡角度吸引市场主体投资、从"共建—共治"角度激发公众参与的建议。

③更新用地方面主张完善城市更新配套的空间政策与制度。赵晔[307]指出北京
城市更新用地受到政策环境、政府部门内部多元价值取向、传统行业技术规范等的制
约，建议在街区控规指引下实施分区管控引导，并研究制定降低更新成本的多种配套
措施。刁琳琳[308]指出存量规划是基于政策属性和复杂产权形态的"制度治理"，城
市更新既需以微更新方式化整为零，也需加强设计管控引导和政策支持。

④运作维护方面主张通过场所运营、智慧运营等助力城市更新。王虹光等[309]以
北京市城市规划设计研究院在史家胡同博物馆的社区文化空间运营为例，探讨了场所
运营在城市更新与基层治理实践中的价值潜力，指出通过社区文化空间运营不仅可以
激活公共文化场所、服务居民文化建设，还可以助力居民基层治理，凝聚共识。韩亚

楠等[310]提出利用智慧运营技术赋予公众参与空间维护的能力，通过在城市更新后的空间内安装环境监测传感器，为居民和物业管理人员提供更新实施和空间维护工具。

但总体来看制度建设讨论不足，北京现有城市更新研究仍缺少系统全面的整体架构探索，特别是有关城市更新制度建设与政策支持方面的系统性讨论较为匮乏。究其根源，一方面北京城市更新制度建设进展略慢于国内其他前沿地区，且大部分探讨集中在老城保护与更新上，对其他类型的城市更新讨论不足；另一方面北京作为国家首都，城市更新改革的试错空间相对较小，市场支撑的灵活性受限，城市更新常常表现为自上而下的行政指令及政府引导下的实践行动，业界与学界的主动思考和积极反馈亦因此变得相对谨慎。

6.2 北京城市更新演进的四个阶段

边兰春[311]将新中国成立以来北京的城市更新划分为起步时期（1949—1978年）、发展时期（1978—2008年）和转型时期（2008—2018年）。以此为参考并结合当下北京城市更新的新进展，可将北京城市更新的发展演进历程简要归结为"政治生活导向的更新起步期""经济发展导向的更新发展期""文化事件导向的更新转型期""精细治理导向的更新提升期"四个阶段（图6-1）。

图6-1 北京城市更新的发展演进阶段
（图片来源：http://www.81.cn/gnxw/2019-08/22/content_9598501.htm; http://zhiku1.scimall.org.cn/scientist/detail?id=883&article_id=21; http://www.designwire.com.cn/mix/11857?from=timeline&isappinstalled=0; https://www.sohu.com/picture/397549858）

6.2.1 政治生活导向的更新起步期（1949—1977年）

新中国成立后的北京城市更新始于旧城改造。1949年以来，北京旧城得以保留，但一方面新中国百废待兴，人民需要持续优化空间来改善生活条件和发展生产力；另一方面建设打造新中国首都需要全方位提升物质空间环境，这均使得北京旧城必然面临改造。1949年，北京内城（二环以里）人口130多万，面积62平方公里，居民主要集中在52平方公里的旧城（除去故宫、三海、公园等用地）中，人口密度达21400余人/平方公里[312]。为了应对高密度的人口挑战和整体保护好旧城，梁思成、陈占祥于1949年提出梁陈方案（图6-2），并在1950年2月提出《关于中央人民政府行政中心区位置的建议》，提议拓展城外西郊区公主坟以东、月坛以西的适中地点为政府行政办公用地，定为首都行政中心区域，即通过建设新区来保护历史城区。而同时期，苏联专家巴兰尼科夫提出的《关于北京市将来发展计划的问题的报告》[①]则提议将行政中心与旧城合二为一（图6-3）[313]。在破除封建制度、建立社会主义制度、节约支出、设立新首都的宏伟蓝图引导下，1953年的北京城市总体规划确立了利用、改造旧城的城市建设方针，梁陈方案由此未能落实[286]。北京旧城改造在当时重在实现两大目标[314]：一是学习苏联经验，转变城市性质，即从消费城市转变成为工人阶级占1/4以上的大

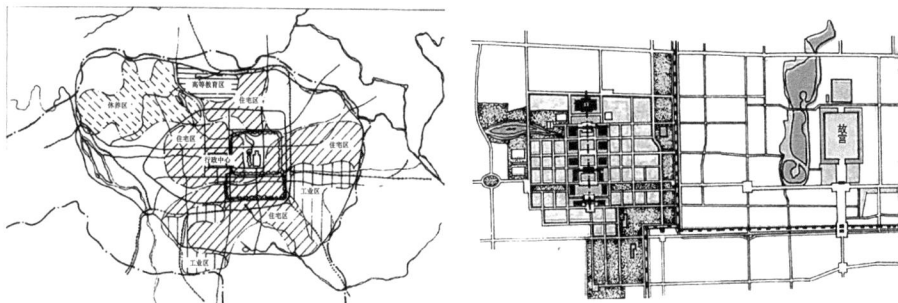

图6-2 梁陈方案
（资料来源：参考文献［316］）

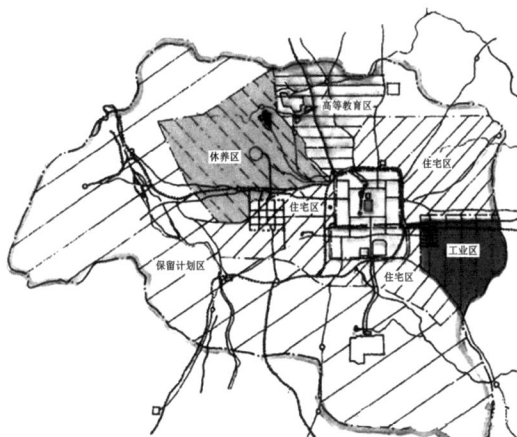

图6-3 苏联方案（1949年）
（资料来源：《关于北京市将来发展计划的问题的报告》，1949年）

---

① 苏联专家巴兰尼克夫1949年在聂荣臻主持的城市规划会议上提出。

工业城市；二是通过改造旧城破除北京的传统封建制度空间，将其建设成为一个“以天安门广场为中心的，按照新的规划思想建设起来的社会主义首都”[315]。因此，那时的北京被确定为全国的行政中心和文化、科学、艺术中心，同时也是大工业城市[313]。1957年，《北京城市建设总体规划初步方案（草案）》公布，提出北京要进一步建设现代化大工业基地，对工厂、机关、学校、公共空间进行改造，由此长安街被拓宽，大会堂、革命博物馆等十大公共建筑相继建成[318]，故宫护城河等水系得到整治。

新中国成立初期，北京围绕国庆等重大政治活动对城市重要公共设施进行了保护性改造和拆除性重建[317]，并在1950年代多次改造天安门广场。北京由此开始经历大规模的旧城拆迁，尤其以拆除代表封建社会的宫墙等古建筑为主，大量文物建筑精华遭到破坏。“北京旧城原有的总长约22.5公里的城墙、22座内城门楼与箭楼、14座外城城门楼与箭楼、4座内城角楼与4座外城角楼，都在这一时期遭到毁灭性破坏[314]。”值得庆幸的是，拆除故宫围墙等建议在周恩来总理制止下未予施行，让故宫得以相对完整地保留下来[320]。整体而言，这一时期城市总体规划采取的观点是以旧城核心作为城市中心进行北京城的改建与扩建，即保护旧城历史文化遗产的精华，如故宫、天坛、颐和园等皇家建筑和园林，而对于其他设施，如城墙、牌楼、街巷、寺庙等则进行拆除。1957年北京公布的旧城内市级文保单位仅17项，1961年公布的国家重点文物保护单位在北京旧城内的仅9项，内城和外城的各城门均不在保护之列。长安街上的大庆寿寺双塔、皇城东南角的皇家喇嘛庙、永定门城门等珍贵文物均被拆除[15]。

在政治生活导向的更新起步期，北京以建设社会主义新首都、发展工业作为城市建设的重要目标，建设了大量中央政府设施，以改造和拆除旧城为主的更新手段使得城市传统风貌发生巨大变化。北京行政中心与老城中心的合二为一，一定程度引发了城市的发展问题和矛盾：中央机关行政人员、工业人群、市民人口激增；文物建筑占用情况多，传统胡同住区改建、加建、乱建现象多；行政用地与居住用地形成空间资源抢夺；职住分离以及人口、用地间的不匹配造成交通拥堵等。

由于“文化大革命”期间北京规划局一度撤销，城市建设处于无序状态，违章建设比比皆是。工业发展带来大规模的工厂建设，部分工厂侵占绿地和公共基础设施用地，同时工人数量的增加也造成大量“窄小低薄”的简易住宅见缝插针式地建设[15]。随着人口增加与房屋细分，北京老旧胡同内几世同堂的情况屡见不鲜，私搭乱建增加居住空间的现象十分普遍，造成居住空间混乱、生活条件恶劣、住房维护困难等情况。1960年代，为应对住房紧缺，政府推行“经租房”，将许多人口纳入私人四合院中居住[314]。1961年，首都规划部门总结了北京城市规划建设的成就与问题，形成《北京市城市建设总结草稿》，认识到了工业过分集中在市区给城市带来的消极影响[318]。

6.2.2 经济发展导向的更新发展期（1978—2007年）

“文化大革命”结束后，北京从无序建设逐步回归到有规划引导的建设，并开始对城市发展规模及功能导向展开研究。改革开放带来全国经济的快速发展，使得北京城市扩张迅猛，旧城开发量激增。伴随外地人口的大量涌入，人民改善生活水平的需求不断攀升，老旧住房供给的矛盾在北京日益突出。

在北京市迈入知青返城、城市人口急剧增长、住房需求迅速增加的特殊时期后，为解决住房短期问题，北京推行"见缝插针"策略对危旧房进行改建扩建[305]，以增大居住空间。同时为应对北京旧城严峻的住房需求挑战，单位住房建设也开始兴起。1982年编制的《北京城市建设总体规划方案》提出，要逐步应对工业发展带来的城市问题，统筹经济建设与人民生活[318]。待到1980年代，北京旧城的建筑存量从新中国成立初的1000万平方米发展到3000万平方米，旧城四合院违章建筑的建筑密度从50%增加到70%[286]。

早期的住房改造由于基本都由政府主导开展，使得政府财政负担极大。1986年，政府尝试通过划定旧城改建范围，推行成片化的住房改造。1988年，西城区小后仓、东城区菊儿胡同、宣武区①东南园三地被选定为危旧房改造的试点项目，在改造过程中探索了差异化的住房改造办法（表6-1）[319]。试点项目提供了三点改造思路：第一，保留原有城市风貌，尤其是胡同院落空间与传统建筑样式；第二，留住原有居民；第三，通过新建建筑出售等方式，保证资金平衡。

北京旧城危旧房改造试点项目（1988—1989年）　　　　　　表6-1

改造时间	试点项目	做法	特点
1988年8月	小后仓胡同	住宅9栋，3—5层；298户居民回迁，回迁比100%；1栋公共建筑出售给福州会馆用于资金平衡	保留原有胡同风貌；原住居民回迁；出售新建建筑回收资金
1989年10月	菊儿胡同	拆除7个自然院落，64间危房；新建住宅46套，2—3层；13户居民回迁，回迁比不足30%；其他住宅用于商品房出售	延续传统院落布局与设计手法；原住居民回迁；新建住区出售用于资金平衡
1989年	东南园	39栋2—3层高低错落的青砖坡顶楼组成5个四合院，回迁比100%	收支亏损；一层形成住户自家独院或是合用院空间

（资料来源：参考文献[319][320]）

1991年颁布的《中华人民共和国城镇国有土地使用权出让和转让暂行条例》推动了城市土地有偿使用与流转[314]，1993年国有土地有偿使用开始在全国范围内推行[286]。市场经济体制初步建立后，北京旧城及周边地区逐步将工业用地迁出，兴建金融街、CBD等新功能区[318]，并在全市范围内开展"危旧房改造"计划。北京旧城的开发利润吸纳了大量市场投资，旧城改造迅速推进，市政府牵头成立了危旧房改造领导小组，市、区（县）两级成立了"危改办"[214]，同时一系列政策措施出台，包括统筹各部门协调合作的《关于危旧房改造现场办公会会议纪要》（1991年4月）、推进制度实施的《北京市实施〈中华人民共和国城镇国有土地使用权出让和转让暂行条例〉办法》（1992年6月）、为危旧房改提供政策支持的《北京市人民政府关于外商投资开发经营房地产的若干规定》（1992年11月，旨在促进土地市场的活跃与房地产商参与）。1994年6月，北京市出台《关于进一步加快城市危旧房改造若干问题的通知》，赋予区政府审批危旧房改项目的权力，持续加快了危旧房改的进度②。

① 现属西城区。2010年国务院批准撤销北京市西城区、宣武区，设立新的北京市西城区。
② 1992年到1994年年底的两年间，全市便有175片危改区立项改造，几乎是1991年的5倍（参考文献[214]）。

　　1996年，为应对占用农田、建设高档住宅等问题，国家开始对危旧房改造进行管控，相关项目类型、项目规模的审批日益严格。1997年，因亚洲金融危机的出现，在北京如火如荼地参与危旧房改的香港、东南亚房地产商资产受挫，导致投资热度下降，危旧房改迎来第一次冷静期。同年，北京市确定67项"迎国庆"重点工程，采用市政建设带动危旧房改造的模式推进更新建设[321]。例如，1998年实施的"平安大街"改造，通过贯通北京老城东西的"第二轴线"建设来带动周边区域的更新[322]——尽管这种做法拓宽了城市道路，带动了片区风貌更新，但城市原有的小尺度空间肌理被破坏，也给政府带来了财政投入压力。2000年后，北京提出"房改带动危改"的思路，由居民、单位、政府三方共同负担改造成本，并提供多种可选择的安置方式[323]。2001年，北京"十五"计划将危房改造列为工作重点，预计"五年完成危旧房改造"。当时北京申办2008年奥运会获得成功，更加促使危房拆除改造达到高潮，一时出现树砍光、房拆光、人搬光的"三光现象"[322]，引发居民不满、社会矛盾突出。据北京市国土房屋管理局统计，1990年到2001年年底，北京开工改造危旧房小区220片，拆除危旧房屋682.9万平方米，动迁居民27.8万户。同一时期，中央办公设施也开始改造与扩建，工业用地渐渐迁出，置换为办公、商业等功能。2000年，北京旧城内已有约500栋10层以上的住宅楼和高30米以上的公建[286]，高层、高容积率的建设提高了旧城的人口密度。

　　这一时期，以危旧房改造带动成片开发的城市更新模式对北京市城市风貌和老城肌理造成了破坏；市场资本大量涌入危旧房改，推动地价升高，造成了火热的房地产市场，而真正改造困难的地区却得不到提升。大拆大建的危旧房改造引发大量拆迁矛盾与居民意见，导致政府面临的压力越来越大。2003年，吴良镛等多位专家呼吁推行小规模、微循环、多样化、渐进式改造方式，以促进旧城的有机更新和文化复兴，由此北京市政府叫停了如火如荼的五年房改计划，确定了危改项目部分撤销、部分继续实施、部分进一步论证后实施的处理原则（表6-2），城市管理者开始对北京旧城危改和整体保护进行反思。

2003年后不同类型危改的实施办法　　　　　　　　　表6-2

当前阶段	实施办法
完成拆迁，已开工	继续实施
规划论证阶段	继续论证
位于历史保护区	按保护区模式实施
无保留院落	规划审定后实施
有保护院落	调整方案后实施

（资料来源：参考文献［319］）

　　旧城改造的深入推进使得北京老城的保护问题越来越受到关注。2000年，北京首都规划委员会划定了25片旧城保护区，按照"完整性、真实性、延续性"的原则实行分级保护。但实践中，以院落为单位的"逐点式"改造推进缓慢，主要原因包括：第一，缺乏整体的更新策略与实施办法，不同产权单位、机构部门、企业商户、居民个人等均有院落改造项目实施，但依然无法改变片区整体的市政基础设施、公共服务设施等条件，胡同内居民的生活品质没有发生实质变化；第二，资金供给有限，逐点式改造的主体与资金来源各不相同，"一事一议"无法形成可复制、可推广的模式。根据北京市政府研究室报告显示，2004年白塔寺、大栅栏、锣鼓巷、东四等历史文化保护区内的直管公房、自管公房，都面临着建筑破损无力维护等问题[323]，居住环境日益衰败。

总体上，这一时期的北京房地产市场快速发展，中心城区快速更新，高容积率建筑迅速取代了原有的低层平房区，城市风貌迅速转变，现代化城市风貌初现，古都风貌受到一定程度的破坏。与此同时，真正需要改造更新而困难重重的区域始终未能得到改善，带来不少社会问题。

6.2.3　文化事件导向的更新转型期（2008—2013年）

长期以来，北京危旧房与四合院的改造方式在"大拆大建"与"有机更新"间摇摆不定，旧城改造与历史风貌保护的矛盾一直存在，居民日益强烈的改善居住条件的呼声与政府相对迟缓的政策和推进形成了鲜明的对比。为迎接2008年奥运会，北京从2005年开始安排专项资金、组织专门机构，实施历史街区街巷环境整治和危旧房修缮工程，推动了历史街区的环境提升和功能复兴[329]。

2008年奥运会的筹办有效带动了北京的城市功能升级、环境改善与设施建设，也推动了城市更新治理手段的转型。这时期，按照"政府主导、农民主体"的原则，政府开始有计划、分步骤、大规模地推进城中村改造，于2005年提出在三年内改造四环以内及奥运场馆周围171个城中村[306]。北京首先在海淀区与朝阳区开始城中村试点改造项目并取得良好成果，随后于2009年开始全面推进50个重点"城中村"改造项目[324]，鼓励和引导农民根据区域功能定位，发展有助于发挥在地优势的产业，并通过加强培训来提高农民的就业能力[325]。然而，这种改造方式加大了基层政府的工作压力，且改造后住房价格高，外来人口的居住需求没有得到满足，一些人不得不转移到其他周边地区重新聚集形成新的"城中村"[326-328]。

2008年奥运会激发了人们对城市文化创意环境与文化休闲设施的追求，在建设全国文化中心和中国特色世界城市的战略引导下，"人文北京"建设进入新的历史阶段。政府部门、投资者不再一味以房地产开发为主导开展更新，而是尝试将文化创意产业植入历史街区、胡同四合院、会馆、废弃厂房等物质载体中，通过租赁、买断、合作等多种方式，挖掘和利用老城与工业厂房改造的历史和文化价值。文化创意类更新一时成为热点，由此涌现了诸多代表性项目，如北京798艺术区更新。798从艺术家低价租赁闲置厂房进行创作和展览开始，逐步发展成新的城市文化活力点，成为北京的文化标签之一。城墙遗址公园、前门、大栅栏、鲜鱼口等地的改造，也在这一时期不断推进[311]。

6.2.4　精细治理导向的更新提升期（2014年至今）

2014年，《国家新型城镇化规划（2014—2020年）》的公布标志着城市建设进入经济转型升级、城镇化高质量发展的新阶段。2015年中央城市工作会议明确提出重视城市设计在城市修补中的作用，避免千城一面，保留城市特有的建筑文化"基因"。城市设计在城市规划、建设、管理层面得到空前重视，城市更新理念导向与城市设计工具手段急需与城市精细化治理相适应。

　　为应对城市规模扩张过快、城市用地不集约、大城市病凸显等问题，北京作为"千年古都"①[330]，强调强化"四个中心（全国政治中心、文化中心、国际交往中心、科技创新中心）"功能建设、提高"四个服务"水平②。非首都功能疏解和"减量发展"成为此阶段北京城市更新的重点：严格限制用地与人口规模增量，提升存量用地的功能混合、产业升级与环境品质提升；完善城市"七有五性"③，打造便捷的公共服务生活圈，提升城市服务与治理的现代化和精细化水平，满足人民的美好生活需求。

　　2017年，《北京城市总体规划（2016年—2035年）》提出构建国际一流的和谐宜居现代化城区，全面落实疏解非首都功能和减量发展。2017年2月，《北京市人民政府关于组织开展"疏解整治促提升"专项活动（2017—2020年）的实施意见》发布，针对北京功能疏解、违法建设综合整治、存量空间增效提质等提出行动计划与工作指导。通过"疏解整治促提升"计划，北京开展了多种城市更新促进行动，重点集中在功能疏解与功能提升、街道改造、老旧小区整治、重点区域整治等方面。2017年3月，北京作为全国首批城市设计试点之一，搭建起"1+X"的城市设计试点工作平台（表6-3），从设计角度指导各区推进城市更新。同时，从城市环境整治、老旧小区改造、责任规划师制度建设、街乡工作条例完善等方面，北京提出了相应的城市更新计划或措施（表6-4）。2018年以来，《北京城市副中心控制性详细规划（街区层面）（2016年—2035年）》与《首都功能核心区控制性详细规划（街区层面）（2018年—2035年）》相继批复，确立了"控增量、促减量、优存量"的城市更新方向，为高质量发展、高水平治理作出了指引[318]。2019年，北京"背街小巷整治提升三年专项行动（2017—2019年）"完成，疏解整治促提升专项活动（2018年—2020年）持续推进，背街小巷整治、示范街道建设、街巷长制度、公共空间治理与留白增绿方面取得一定成效。

指引北京城市更新的城市设计试点工作平台（2017年）　　　　表6-3

东城	南锣鼓巷风貌保护管控导则
西城	北京西城街区管理城市设计导则
朝阳	城市存量空间再开发策略研究

① 北京城市更新的四个特点：一是千年古都的城市更新；二是落实新时代首都城市战略定位的城市更新；三是减量背景下的城市更新；四是满足人民美好生活需要的城市更新。
② "四个中心"是党中央赋予北京的城市战略定位，是首都城市战略定位，即全国政治中心、文化中心、国际交往中心、科技创新中心；"四个服务"是中央对首都工作的基本要求，也是做好首都工作的根本职责所在，即为中央党、政、军领导机关的工作服务，为国家的国际交往服务，为科技和教育发展服务，为改善人民群众生活服务。
③ "七有"：幼有所育、学有所教、劳有所得、病有所医、老有所养、住有所居、弱有所扶。蔡奇书记在北京市委贯彻学习十九大精神研讨时提出"四有"，后概括为"五性"：便利性、宜居性、多样性、公正性、安全性。

续表

海淀	三山五园历史文化景区综合提升规划
丰台	丽泽金融商务区城市设计导则
石景山	保险产业园城市设计方案深化
顺义	新城整体城市设计
昌平	未来科技城核心区城市设计导则
白头沟	区域全覆盖
通州	副中心城市设计
房山	琉璃河城市设计、建筑风格与景观风格实施办法
大兴	临空经济区城市设计
延庆	新城总体城市设计、延庆景观控制规划

（资料来源：参考文献［331］）

2017—2019年北京街区更新的主要支持政策 表6-4

时间	部委	政策法规	主要内容
2017年	市城管委	《核心区背街小巷环境整治提升设计管理导则》	导则从气质、风格、颜色等方面着手，对背街小巷建筑立面、交通设施、牌匾标识、城市家具、绿化景观等十大类、36项元素提出了详细的设计规范；核心区计划三年完成2435条背街小巷环境整治提升任务，核心区胡同将实现"十无一创建"（即无私搭乱建、无开墙打洞、无乱停车、无乱占道、无乱搭架空线、无外立面破损、无违规广告牌匾、无道路破损、无违规经营、无堆物堆料；创建文明街巷）
2017年	市人民政府	《北京市人民政府关于组织开展"疏解整治促提升"专项活动（2017—2020年）的实施意见》	2017—2020年，在全市范围内组织开展"疏解整治促提升"专项行动
2018年3月	市人民政府	《老旧小区综合整治工作方案（2018—2020年）》	优先整治1990年以前建成的小区，对违法建设、开墙打洞、群租房、地下空间违规使用、占道经营等进行治理，补足社区基础设施、便民服务设施与物业管理机制
2018年12月	市规划和自然资源委员会	《关于推进北京市核心区责任规划师工作的指导意见（试行）》	建立健全街区更新机制，提升街区公共空间品质；健全街区责任规划师、建筑师制度，指导各区编制实施细则和配套政策，并跟踪街道的工作情况，适时提供技术服务
2019年2月	市人民政府	《关于加强新时代街道工作的意见》	提升管理能力，统筹推进街区更新工作，构建城市精细化管理体系；健全街区责任规划师、建筑师制度，充分发挥专家和专业团队作用；制定街区更新实施方案和城市设计导则，科学划分街区单元；建立健全街道大数据管理服务平台
2019年3月	市十五届人大常委会第十二次会议	《北京市城乡规划条例》（修订）	明确街区更新实施机制，推行以街区为单元的城市更新模式；建立贯穿城市规划、建设和管理全过程的城市设计管理体系；重点地区应当编制地块城市设计，对建筑形态、公共空间、生态景观、文化传承及其他要素提出控制要求；其他地区按照城市设计通则管控
2019年5月	市规划和自然资源委员会	《北京市责任规划师制度实施办法（试行）》	明确责任规划师的定位和工作目标、主要职责、权利和义务、保障机制等内容；责任规划师是由区政府选聘的独立第三方人员，为责任范围内的规划、建设、管理提供专业指导和技术服务

时间	部委	政策法规	主要内容
2019年11月	市民政局	《北京市街道办事处条例》	街道办事处应当配合规划和自然资源部门实施街区更新方案和城市设计导则，科学划分街区单元，组织责任规划师、社会公众参与街区更新；推动街区城市修补和生态修复，扩大街区公共空间规模，进行疏解腾退空间精细利用和边角地整治，以街区为单元建设口袋公园、小微绿地，实现绿地500米服务半径基本全覆盖

在项目试点方面，北京涌现出东城区崇雍大街更新、西城区雨儿胡同改造、朝阳区劲松老旧小区改造、海淀京张铁路遗址更新等代表性项目，为更新制度建设提供了实证支持，也为其他项目推进提供了经验借鉴。北京的街区城市更新实践涵盖老旧小区、工业厂房、老旧商办、开放空间与历史街区等多种类型。此阶段，北京在老城保护方面有了新的探索，提出了保护性修缮、恢复性修建、申请式退租等多种实施方式，创新"共生院"模式，探寻建筑共生、居民共生、文化共生的更新模式。老旧厂房改造以首钢更新利用为代表，厂区借助2022年冬奥会契机蜕变为带动地区发展的活力中心，"新首钢高端产业综合服务区已成为新时代首都城市复兴的新地标，致力为北京城市更新提供一个世界级的示范样本[318]"。在制度创新方面，北京提出了"以街道为抓手、以更新为手段、以规划师为纽带"的精细化治理手段，形成了"街区更新、项目带动、责任规划师制度"的街区更新机制，通过权力下沉，推动街道对辖区存量空间进行积极的更新与整治。2017年后，北京城市更新迈入政策探索的热潮期，特别是2020年国家提出"实施城市更新行动"以来，北京陆续出台了城市更新指导意见、行动计划等诸多规则指引。

6.3 北京城市更新的策略方向演变

回顾北京的城市更新演进历程，可以发现北京城市建设经历了从单一模式走向多元融合，再到"小而精"的功能疏解过程（图6-4）。城市更新的特点主要表现为三个方面：①在城市总体规划的指引下，城市发展从增量扩张转向减量规划；②聚焦城市发展问题的应对，城市功能从聚集到非首都功能疏解；③顺应城市发展模式转型需求，城市更新从大拆大建到有机更新。

6.3.1 总体规划的带动指引：从增量扩张转向减量规划

北京城市更新随时代变迁和城市总体规划的引导而变化。张庭伟[100]指出，"规划工作的本质是特定社会条件下、应对当时当地社会需求作出的一种制度安排，社会变迁是规划理论变迁的真正动力"。北京的城市性质、城市定位与功能布局调整等，均需契合城市总体规划的指引，因此北京城市总体规划的演变也映射出了北京城市更新的制度环境与制度变迁特征（表6-5）。

时期	特点	城市更新	制度环境

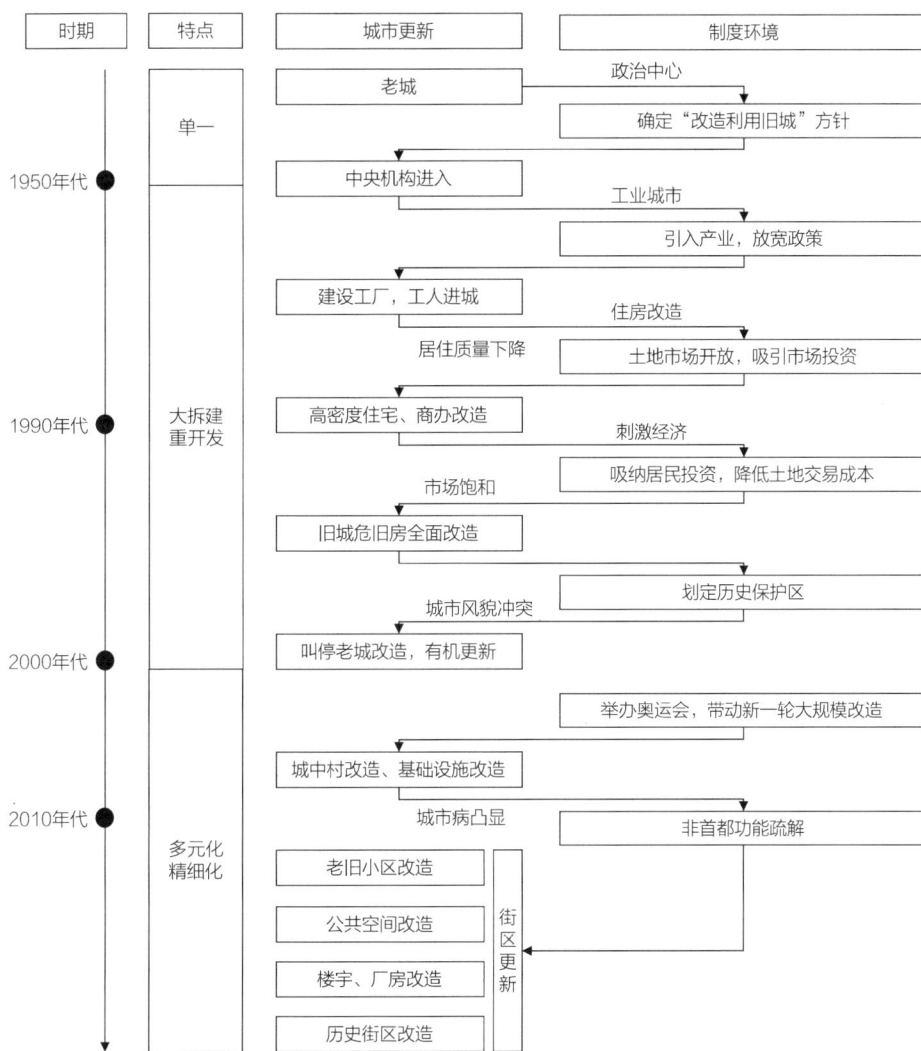

图6-4　北京城市更新历程与功能变迁

北京历次城市总体规划的关键策略　　　　　　　　表6-5

时间	规划名称	空间结构/主体内容	规划图
1953年	《改建扩建城市规划草案》	单中心发展，"三为"方针	

时间	规划名称	空间结构/主体内容	规划图
1958年	《北京市总体规划说明（草案）》	分散集团式布局	
1973年	《北京城市建设总体规划方案》	工厂外迁	
1983年	《北京城市建设总体规划方案》	定位：全国的政治中心和文化中心	
1993年	《北京城市总体规划（1991年至2010年）》	两个战略转移，建设14个卫星城； 定位：全国的政治和文化中心	

续表

时间	规划名称	空间结构/主体内容	规划图
2004年	《北京城市总体规划（2004年—2020年）》	两轴两带多中心；定位：国家首都、世界城市、文化名城、宜居城市；四个服务方针	
2016年	《北京城市总体规划（2016年—2035年）》	一核一主一副，两轴多点一区	

（资料来源：参考文献［333］［335］）

　　新中国成立后，北京作为社会主义国家的新首都，"城市的性质按照马克思的理论而改变"[332]。1953年，《改建扩建城市规划草案》提出的"环形加放射"的空间布局结构，奠定了北京城市空间的基本格局，但随着城市的不断外扩，各类资源仍聚集在城市中心。1958年，《北京市总体规划说明（草案）》提出"分散集团式"的空间方案[333]，并对工业用地进行布局，这是"社会主义制度的确立和执政党统治中心从乡村转移到城市"[334]等趋势在城市空间上的集中体现，通过发展工业来带动城乡各项事业发展。

　　"文化大革命"期间的北京城市规划工作相对停滞，政治环境稳定后，1978年3月国务院召开全国城市工作会议，重新恢复城市规划在城市建设发展中的龙头作用。1983年,《北京城市建设总体规划方案》确定北京为"全国的政治中心和文化中心"[333]。这次规划真正明确了北京的城市功能与性质、城市发展方向,以及城市总体规划的作用,"是中国计划经济体制下的城市规划的成熟代表"[334]。

改革开放后,市场经济深刻影响着城市的发展趋势及规律变化[334],为解决城市功能单中心集聚带来的问题,北京试图通过卫星城建设带动功能转移,但整体没有离开"增量发展"的理念框架。1993年批复的《北京城市总体规划(1991年至2010年)》提出建设14个卫星城,此后《北京城市总体规划(2004年—2020年)》进一步提出"两轴两带多中心"的发展结构,形成了由长安街、中轴线、西部生态带、东部发展带、多个副中心组成的空间布局结构,在突出功能分散的同时促进协同发展。然而用地资源、城市功能等仍然不可避免地快速向中心城区聚集,北京"环形+放射"的同心圆结构长期以来难以改变。在建设市场经济时期,北京的政府职责被重新定义,从计划经济时期的大包大揽转向发展和管理城市,城市规划也从严控人口规模转向对土地、资源的综合调控[334]。

2017年,《北京城市总体规划(2016年—2035年)》首次明确"减量"规划,推动"减量提质":2020年及远景常住人口控制在2300万以下;平原区的开发强度到2020年控制在45%以下,远期力争下降到40%以下;压缩生产空间规模,适度提高居住用地及其配套用地比重,大幅度扩大绿色生态空间。由于北京"双减量"的严格管控,城市中的建筑规模、用地规模不再增长,由此倒逼城市的传统开发模式必须转型。目前,北京的"减量规划"针对性举措包括:①用时间换空间,通过一定期限内非首都功能的逐步疏解与用地腾退,为城市发展置换出新空间以用于新功能,同时重新核算正在规划或立项的项目规模,鼓励集约利用土地;②研究不计容和建筑规模流量管控措施,提出必需的公共服务设施增补可依情况不计入总体容量管控,通过建设规模的合理收集、分配和使用等实现减量发展下的空间资源优化;③预留战略留白用地,即现有城市空间内的部分用地拆除腾退后,不做立刻的更新改造和利用,而是作为日后新兴功能需求出现时的用地储备。

2022年,随着城市总体规划的深入实施,《北京市国土空间近期规划(2021年—2025年)》批复,提出要坚定不移继续实施减量"双控",并从"控新增、促减量、优存量"进一步向"调结构、控流量、促进空间资源提质增效"转变,城市要持续引导人口、城乡建设用地的布局和结构优化;加强建筑规模流量管控,强化对项目实施的精准引导;开展城市更新行动,创新政策和制度设计;提升城市品质,激发城市活力,深入推动城市发展转型。

6.3.2 城市问题的发展应对:从单中心聚集到非首都功能疏解

1953年北京《改建扩建城市规划草案》提出"三为"方针①,因此1960年代北京坚持快速发展工业与推进城镇化进程。1983年的城市总体规划方案明确北京的定位为全国的政治中心和文化中心,工业产业逐渐从北京市区主体功能中移出。1990年代,

---

① 为中央服务、为生产服务,归根到底是为劳动人民服务。

北京的工业逐渐向郊区迁移，市内工业厂房成为可再利用的空间。1993年城市总体规划提出"两个战略转移"①，并开始关注北京作为古都与国际都市的特殊地位。2004年北京城市的定位为"国家首都、世界城市、文化名城、宜居之都"，明确四个服务方针②。2000年年初北京申奥成功，在奥运会的契机影响下，北京在国际化发展与守住古都风貌间寻求平衡，工业制造等生产空间进一步退出中心城区。

2017年制定的《北京城市总体规划（2016年—2035年）》回应新时期需求，通过减量规划推动非首都功能疏解，通过人口与用地规模的严格限制，设定上限管控北京"摊大饼"、应对城市病突出等问题。"非首都功能"是指与北京作为"全国政治中心、文化中心、国际交往中心、科技创新中心"不相符合的其他城市功能。立足四个中心功能定位推动非首都功能疏解，是北京创建和谐、宜居、美丽的大国首都的重要路径。《北京市国土空间近期规划（2021年—2025年）》强调：要着眼于京津冀协同发展大格局，坚定不移继续实施减量"双控"，深入推进非首都功能疏解；持续构建"一核一主一副、两轴多点一区"的城市空间结构，统筹有序疏解和梯次承接，推动主副结合、内外联动、南北均衡、山区与平原地区互补发展；推动存量空间提质增效，为首都功能和高精尖产业发展提供更加有效的空间载体，从而优化提升首都功能，形成高效运行的整体发展格局。

6.3.3 发展模式的转型需求：从大拆大建到有机更新

新中国成立以来，北京总体上经历了从大拆大建模式向精细化、存量有机更新模式的转型。北京城市发展过程中历经了几次大的"拆城"运动（表6-6），在经济动力刺激下，旧城开发与蓬勃的房地产市场在快速改善衰败城市风貌的同时大力拉动了地方经济发展，地方政府与开发商在这一时期达成互利共赢的结盟，期间一度出现暴力拆迁等现象，导致部分居民利益受损。在数次旧城改造中，北京胡同街巷数量大幅下降，从1949年的3050条，变为2003年仅剩1600条胡同街乡，四合院也锐减至不足新中国成立时期的1/4[336]。2000年后，为申办2008年奥运会，北京从全市层面推动交通设施、基础设施、园林绿化等公共领域的改善，多条地铁线路贯通、多条城市主干道与快速公交线路建成。伴随着产业转型升级，北京经济从制造业为主转向服务业导向[337]。2002年到2007年，北京结合城中村整治，建成了一批重要标志性建筑与现代化居住区[338]。截至目前，北京全市存量用地约为2460平方公里，各类存量待更新建筑约为25.4万栋，总面积约为2.45亿平方米[339]。随着城市功能结构的逐渐成熟和基础设施的逐渐完善，北京城市更新逐渐回归理性，大拆大建的发展模式成为过去，城市进入空间精细化治理的新阶段。

---

① 城市建设重点要逐步从市区向远郊作战略转移，市区建设要从外延扩展向调整改造转移。
② 为中央党、政、军领导机关的工作服务，为国家的国际交往服务，为科技和教育发展服务，为改善人民群众生活服务。

北京旧城的三次拆城运动　　　　　　　　　表6-6

时期	历史背景	过程	结果
1950—1980年代	新中国成立,以旧城为中心发展新首都	行政职能机构进入旧城中心	公共建筑拆毁争议大,街区内部拆改关注度低
1980年代—20世纪末	改革开放后,城市建设以经济发展为中心	旧城内建筑规模增加、高度突破规划要求,金融街等高层商业区出现	部分历史文化保护区被破坏,旧城天际线、街区尺度被改变
2000—2003年	《北京市加快城市危旧房改造实施办法(试行)》出台,危旧房改造五年计划启动	旧城历史性街区大量成片拆除	争议极大,2003年被叫停

(资料来源:参考文献[336])

　　2017年,北京新总规(《北京城市总体规划(2016年—2035年)》)明确提出"老城不能再拆了""旧城是北京城市发展的'魂'和'根',未来本市要延续并深化旧城整体保护格局"。由此可见,北京城市更新从市场化的房地产开发模式转向了补足公共服务设施短板、提升居民生活空间品质、服务首都、传承历史等方向。城市更新不仅是物质空间提升行动,更是关注资源重置、利益分配、功能格局、民生感受、社会可持续发展的城市空间治理活动。2022年北京城市近期规划提出:①进一步完善历史文化名城保护治理体系,推动历史文化遗产保护工作由以保护为主向强调传承和合理利用转变,促进历史文化遗产找到新动力,焕发新魅力,加快推进传统优秀文化的保护利用,擦亮历史文化名城"金名片",推动首都风范、古都风韵、时代风貌的城市特色更加彰显;②开展城市更新行动,补短板、强弱项,补充公共服务设施和公共空间,改善人居环境、提升城市品质、激发城市活力,创新政策和制度设计,深入推动城市发展转型,促进首都经济社会可持续发展。

　　总体概括起来,北京城市更新经历了四个主要阶段,分别以政治生活、经济发展、文化事件与精细化治理为导向,当前正处于新版总体规划指导下的精细化更新治理时期。北京城市更新实现了从增量扩张到存量规划,从功能聚集到非首都功能疏解,从大拆大建到有机更新的转变,体现出城市更新的重点从以经济动力为主的增值型更新向自平衡的渐进型更新和以民生保障为主的责任型更新转移,要求北京城市更新建立更加完善的制度体系,通过激励性政策等的提供促进功能性、保障性更新的发生。

第 7 章

北京城市更新
制度体系创建

中心独大、功能集中、超负荷运转等矛盾在北京长期突出，急需通过城市更新落实"非首都功能疏解"和"区域协同发展"战略。北京城市更新的背景环境具有特殊性，严格的减量发展模式导致容积率奖励等激励措施难以发挥效用；特殊的首都地位亦造成了政府力量强大、市场行动空间有限、政策创新与试错余地小等挑战。2017年以来，北京集中出台了一系列城市更新政策与措施，推行了诸多项目试点来服务更新发展。本章梳理了北京城市更新的近期制度探索，从北京城市更新的特殊性和关切点切入，总结北京街区更新制度创新的目标和机制。

7.1 北京城市更新的特殊性

　　随着北京进入全面减量提质、高质量发展的新阶段，城市更新成为新时期首都发展的核心工作任务。北京提出以疏解非首都职能为牛鼻子，通过功能疏解来统筹存量空间资源、优化存量空间利用、提升存量空间质量，为存量用地发展提供条件。北京的存量更新目前日益强调回归以人为本，注重"社会化更新"[340]。北京新版总规改变过去"只见空间不见人"的规划编制方法，优化规划与建设实施方式创新，突出城市治理的作用，鼓励公众参与，保障市民的参与权与监督权①。由此，北京城市更新成为城市修补与推进精细化管理的重要工具。随着越来越多的城市更新逐步走出大拆大建的老模式，走向以渐进式、微循环为特点的有机更新，北京得以更好地传承城市文脉和回应社会变迁。

　　北京城市更新制度建设背景的特殊性主要体现在"首都定位、减量发展、疏解整治、有机更新"等特殊发展要求的约束上（图7-1）。北京作为国家首都，一方面需要时刻处理好"都"与"城"的关系，做好"四个中心"和"四个服务"建设工作，在保障国家首都功能的基础上②，积极推进城市发展；另一方面，北京特殊的政治地位使得城市更新"试错容错"的包容性相对偏小、机动灵活的市场体系支撑受到约束，城市更新常常表现为自上而下的行政指令及其指引下的实践行动。顺应新时期诉求，北京选择了"减量发展""疏解整治"和"有机更新"的发展道路，这表明：相比于其他城市可以通过增加开发容量来激发城市更新动力、平衡改造资金的做法，北京只能落实"减量提质"下的有机更新，故而面临着比其他城市更为严格的更新条件与规划管控要求，亦带来激励机制的相对匮乏——这也是北京城市更新环境特殊、制度步伐相对迈得小的关键所在。

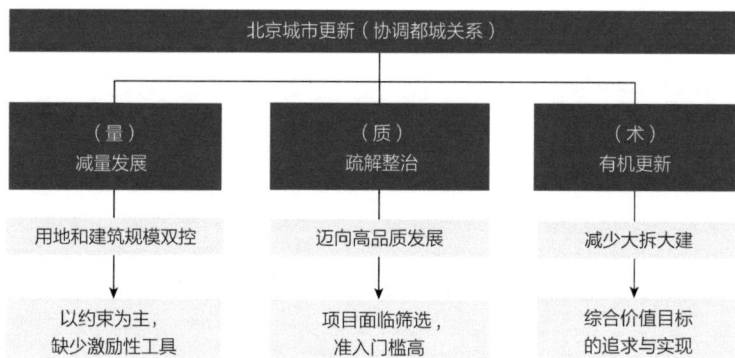

图7-1　北京城市更新的特殊背景与挑战

---

① 推进政府职能下放，强化基层治理赋权；关注社区治理，注重引入多方意见参与决策；明确用地减量、人口减量的规划指引，关注美好生活和空间品质提升。
② 如重大项目要及时向中央汇报。

作为国家首都以及实施减量规划、功能疏解的代表城市，北京在传统机制上的路径依赖以及对改革风险的规避需求，使之长期在城市更新制度建设上迟迟未迈出突破性步伐，直到2022年11月25日《北京市城市更新条例》正式审议通过才使得这一局面有所改观。与广州、深圳、上海相比较，北京在推进城市更新行动上更显缺少系统更新政策及配套措施的规范指引。2017年以来，为响应国家号召，北京的城市更新政策建设步伐迅猛加快，持续出台了诸多关键性政策文件，并落实推进地方立法。

减量规划和规模严控使得北京的城市更新政策处于紧缩状态，对于如何激励市场介入等尚未找到或建立有足够吸引力的城市更新运作环境和路径。目前，北京在产权归集、土地使用、财政支持（地价缴纳、税费减免）、建设管理（建设规范[①]）等方面的更新制度建设有所推进却依然不足，政策落地的"最后一公里"未能全面打通，影响了市场与社会参与城市更新的积极性。由于当前大部分城市更新项目通过"一事一议"的方式推进，没有形成稳定可推广的更新项目管理流程与实施做法，带来管理成本高、实施缺乏引导、参与主体责权不清等状况。因此，政府急需通过进一步的制度设计与规则约定，降低城市更新的交易成本，平衡多元主体诉求，吸引更广泛的市场和社会参与。

7.2 城市更新实践："项目试点+专项行动"下的制度供给不足[②]

政府在北京城市更新中一直扮演关键角色，积极采用"项目试点+专项行动"的方式推动更新行动，进而寻找相对稳定的机制做法。

在经济发展导向的更新发展期，改革开放后市场经济得以发展，房地产开发快速介入老城改造领域，北京开始出现以项目试点推动老城更新的相关探索。1990年代前后，北京先后三次划定老城危改区，由房地产开发商负责平房区的拆除重建与回迁工作。在市场化介入的"危旧房改"初见成效后，北京市政府进一步提出五年危旧房改计划，出台多项房改政策来降低土地交易成本与改造投入资金。但由于对更新活动缺乏科学管控，开发商主要采取拆除重建进行危旧房改，对老城风貌和空间结构造成了负面影响和冲击。一方面，开发商通常用大幅度提高容积率的手段来平衡前期成本和获取利润，导致房改后高层建筑拔地而起，同原有平房区细密、低矮的城市风貌产生巨大反差。另一方面，房改过程中，城市原有的基础设施条件难以满足大规模新增人口需求，致使拓宽马路的建设行为随处可见，老城由此逐渐形成大尺度的街区和地块——而实际上，大尺度街区与宽马路并未有效改善老城的交通问题，反而为后期大城市病的集中爆发埋下隐患。

---

① 2021年4月，《北京市既有建筑改造工程消防设计指南（试行）》发布，对总平面图布局、安全疏散与避难、建筑构造以及灭火救援、消防设施等方面提出了"松绑式"设计要求，为老旧建筑更新改造的实施创造了空间。

② 本节内容取自：唐燕，张璐. 北京街区更新的制度探索与政策优化 [J]. 时代建筑，2021（4）：28-35.

　　2010年以来，北京城市更新在背街小巷整治、老旧小区改造、街道品质提升、微空间更新等方面启动系列新的试点行动，从环境治理、微改造、公众参与等不同角度寻找城市更新的新途径，逐渐形成了多样化的改造手段和更新成效。但试点行动同时也暴露出更新过程存在的系列问题与困境，如利润显著的更新项目的社会资本参与度高，而民生类更新项目的参与机制匮乏，社会资本介入少且资金来源不足等，通过更新制度建设破解此类困境的诉求倍加突出。

7.2.1　北京城市更新项目开展情况解析

　　考察2015至2020年北京开展的80个典型城市更新项目[①]（表7-1），从项目类型、更新方式、更新对象、实施主体、资金来源、产权主体、运营维护等方面展开分析，可以发现北京的城市更新实践呈现出更新类型不断丰富、主体越来越多元、公众参与日益增多、更新效益日趋明显等特征。

分类型的北京城市更新项目带动（2015—2020年）　　　　　　　表7-1

更新类型	项目带动
老旧小区改造	劲松北社区、牛王庙小区、惠新西街33号院、清河实验、新源西里社区、呼家楼老旧小区、八里庄老旧小区、双井国际社区、水磨社区等
工业厂房更新	京张铁路活力绿廊、首钢片区规划提升、751改造、朗园改造、齿轮厂更新规划等
老旧楼宇提升	王府井改造、CBD地区更新规划、望京小街改造
开放空间整治	东坝河岸绿道改造、将台乡丽都片区更新、朝阳区太阳宫安馨花园、萧太后河滨水绿色休闲廊、亮马河（东城段）景观提升工程、广阳谷森林公园、海淀实验小学苏州街空地、地瓜社区、小关奥林匹克广场改造提升、小关住总狭缝空间墙绘改造、北外附小口袋公园、团结湖文化墙、太阳宫乡"芍药居北里·园丁花园"、双井街道社区"共享客厅"、小关惠新东街社区安苑路街头广场、南磨房乡社区健身广场改造、常营乡"玫瑰童话花园"、三里屯脏街改造、回龙观自行车道、光华里社区慢行步道、魏公街项目、北京外国语大学西三环地下通道改造、新街口街道阜成门内大街等
历史街区更新	东四街道整治、史家胡同博物馆、西城区椿树街道琉璃厂胡同改造 西海湿地公园、大栅栏更新杨梅竹斜街"共享花草堂"、白纸坊街道建功南里街区空间改造、菜市口西片区老城保护和城市更新试点工作、东城区望坛棚改项目、雨儿/帽儿/蓑衣/福祥胡同"申请式改善"等

　　从工作类型来看，北京城市更新项目表现出实践型、研究型、活动型三种主要类别（图7-2）："研究型"以专家、学者及高等院校等开展的委托或自主研究居多，可为具体项目实施提供理论指导与思路启发；"活动型"以宣传、倡导、培育为导向，多为工作营、展览、讲座、论坛等形式，重在扩大公众参与范畴及街区更新的社会影响力；"实践型"更新形式最为丰富，通过不同策略提升空间环境品质与公共服务水平，包括空间参与式设计、建筑功能活化利用、基础设施与服务设施增补、拆除违

[①] 更新案例选取截至2020年8月，以2015年到2020年8月中心城区的街区更新案例为主。项目选定以网络报道、具有一定行业口碑和可线上检索的项目为主。

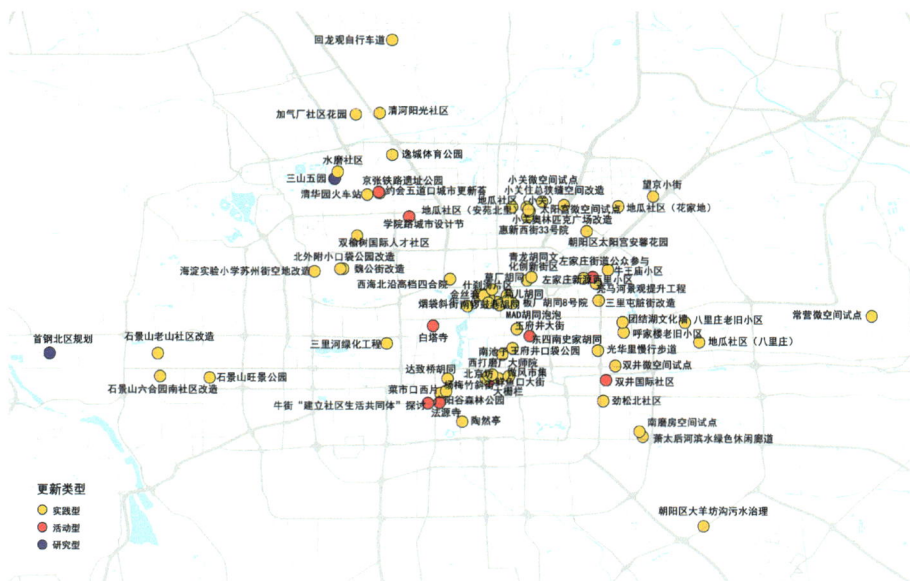

图7-2 城市更新项目的开展类型分布图

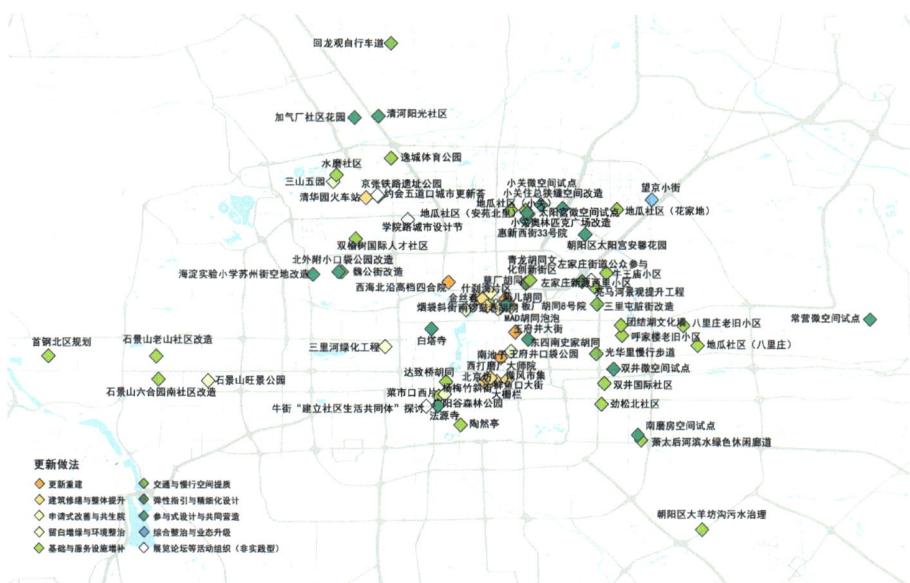

图7-3 城市更新项目的实践做法分布图

建、留白增绿等。

从空间分布来看，城市更新项目主要集中在东城区、西城区、朝阳区与海淀区（图7-3），且相对聚集于四环以内，尤其以中心城区北部居多，南部发展较缓。其中，东城区、西城区以历史保护、建筑修缮与整体提升为主；中心城区内其他地区以公共空间、基础设施增补的公众参与类项目居多。北京由于增量空间不足，资源分布不均衡，使得相当一部分建成区缺少必要的公共服务设施，"补短板"是当前北京城市更新的客观诉求。公众参与类更新近年来在责任规划师等的带动下快速推进，反映出北京城市更新逐渐从自上而下的专业工作走向了能接纳更多自下而上探索的多元共治。

　　从更新对象来看（图7-4），城市更新项目包括多种类型，如老旧小区、老旧厂房、老旧楼宇、开放空间与历史街区。老城区以历史街区保护为主，点状项目多，同一街区内聚集了大量微更新实践；三环到五环间以老旧小区、街道空间、老旧厂房、开放空间类更新提升为主。其中，东城区、西城区在历史建筑保护与历史街区更新中走在前列，实践丰富且相关更新机制探索也开展较早。朝阳区、海淀区的街区更新实践探索较为灵活，已经借助责任规划师制度的实施，出现了一批街道和责任规划师联合主导的多元化街区更新项目。

　　从更新主体来看（图7-5），政府、责任规划师、居民、社会组织、企业、设计师等共同参与的城市更新项目持续涌现，实现了街区更新主体的多元化。但政府依然是北京市当前城市更新实践中最重要的力量，发挥着全局统筹作用，更新项目的决策机制亦以政府主导为主。

　　从更新资金来看（图7-6），大部分项目的资金来源以公共资金投入为主。政府通过设立专项资金、财政拨款等途径支持更新立项，自上而下地推动微空间更新、老旧小区改造、街道整治等更新行动。同时，以国企为主的社会资本也开始越来越多地介入城市更新之中，探索"投资—收益"平衡下的更新路径。部分老旧小区改造、老旧楼宇提升等项目引入了民间社会资本或吸引了社会组织参与，成为城市更新市场化机制探索的先行者。

　　从更新空间来看（图7-7），北京城市更新面临着产权混杂、用途和功能转换困

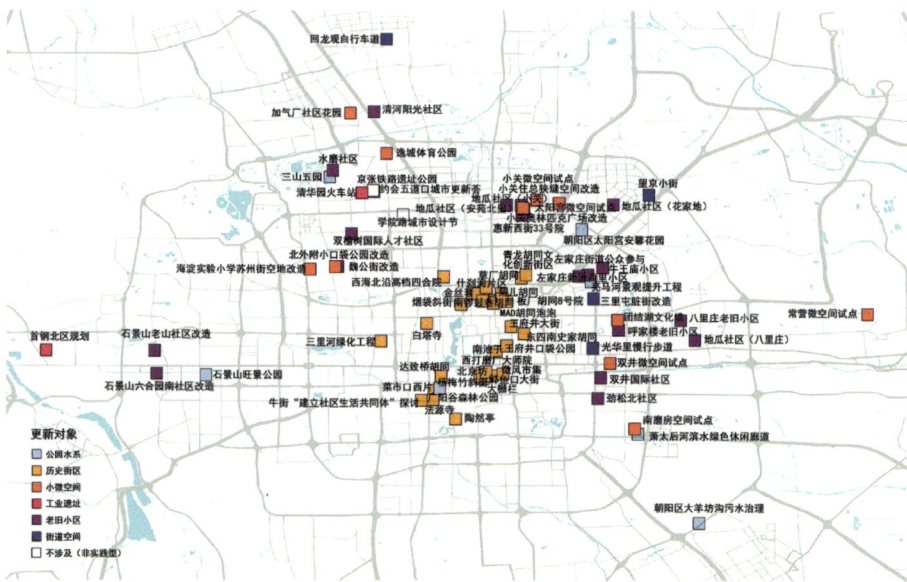

图7-4　城市更新项目的对象类型分布图

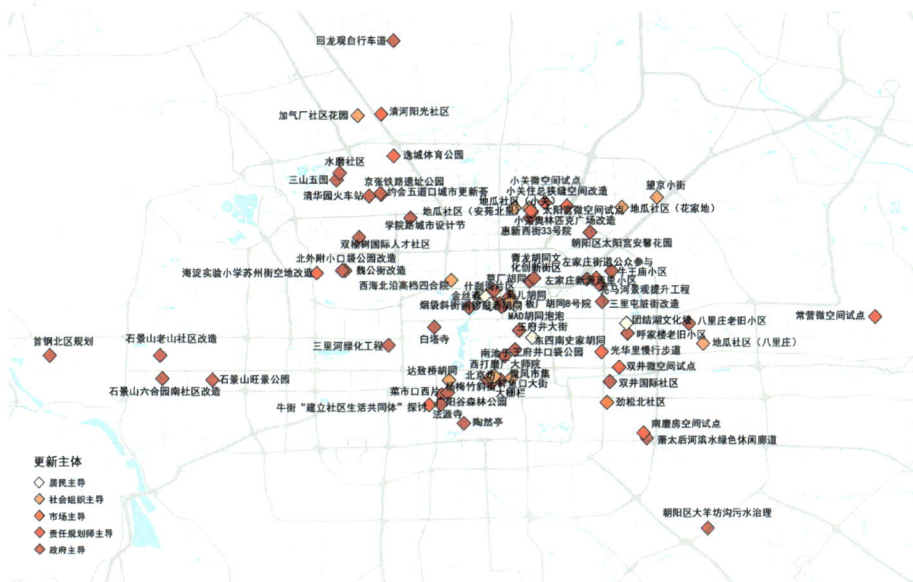

图7-5　城市更新项目的更新主体分布图

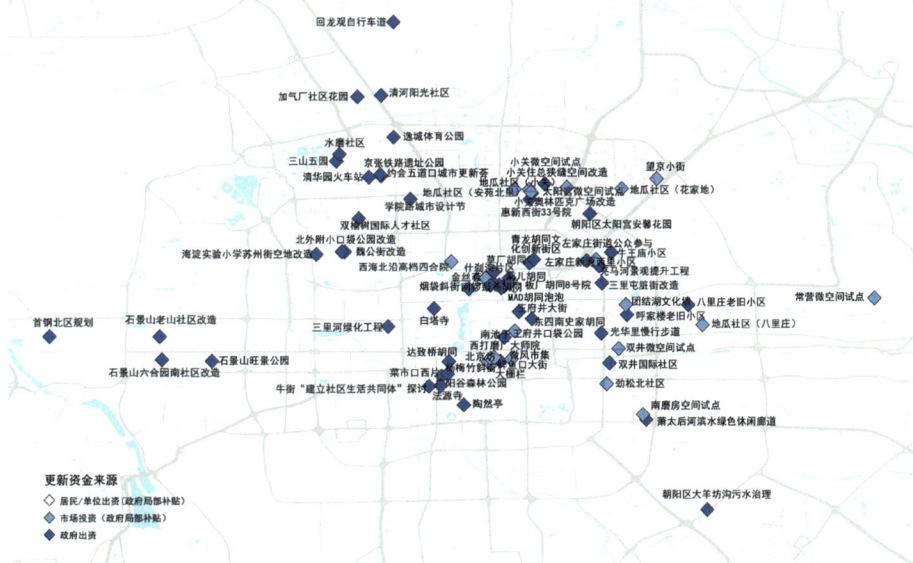

图7-6　城市更新项目的资金来源分布图

难、建设规模资源有限等问题。具体到产权方面，历史遗留造成的自管公房、直管公房、公租房等的产权明确和权益配置问题有待解决，央产、军产、市属、区属等产权属性各异的空间相互交织，利益方复杂，沟通协调成本高，直接加大了城市更新的实施难度；用途方面，用地功能调整审批流程长、用途变更困难和地价压力等制约着城市空间的增效提质；容量方面，北京城市更新的最大难点是缺"规模"，尤其是核心区、中心城区严控地上总建筑规模增加，且还需通过腾退、拆除等方式进一步"留白增绿"，使得更新中建设规模指标的精细化调配与准确投放成为工作难点。

从运营维护来看（图7-8），多元主体以不同形式参与更新并已经形成一系列运行保障机制，包括主管部门维护、街巷长及小巷管家制度、大数据平台智慧管理、市场化主体运作、专业物业综合服务、居民及社区组织自主维护等，需要进一步推广

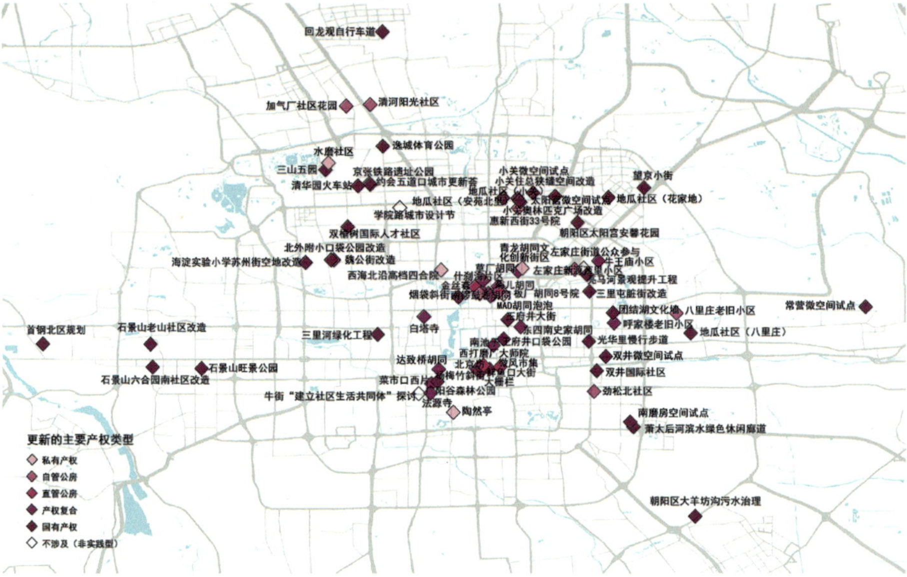

图7-7 城市更新项目的产权主体分布图

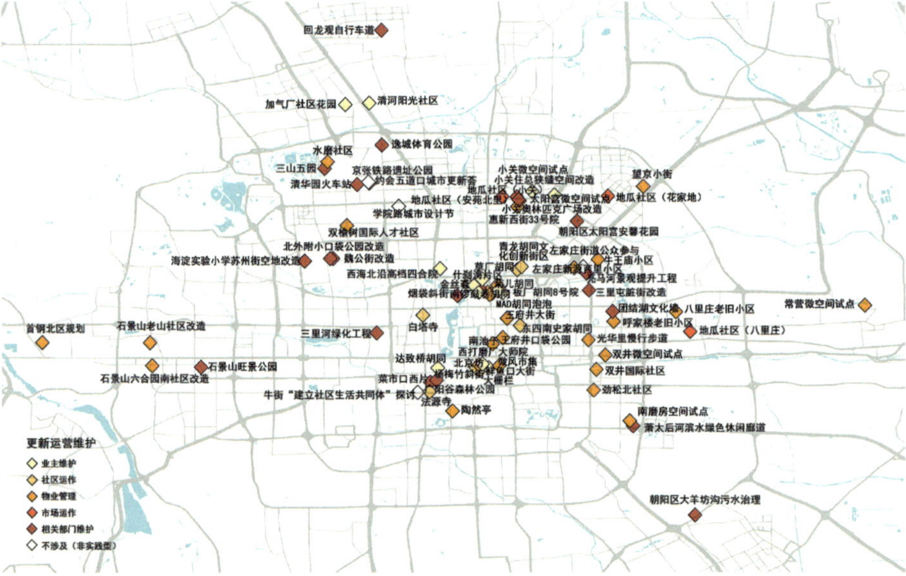

图7-8 城市更新项目的运营维护方式分布图

使用。但总体上，城市更新的运营维护当前仍面临着资金、权限、收益等诸多困境，不同类型更新项目需要针对性的政策与机制保障。建立有效的运营维护机制有助于一改早前空间改造完工后无人问津甚至再次衰败的问题，为改造空间持续赋予活力与价值，促进社区居民共治共享，还能为存量更新探索新的收益途径，对促进城市更新可持续运作具有重要意义。

7.2.2 北京城市更新运作挑战

由上可见，北京形成了具有一定特色的城市更新实践做法，但仍然缺少系统性的制度设计和机制支撑，现有更新项目的相关经验还未转化为固定的体系化约定以指导实践的普遍开展。从"主体—资金—空间—运维"维度来看（图7-9），北京城市更新的成果创新与工作挑战并存，城市更新实践面临的主要困境包括街区更新的多主体协同不足、公众参与有限；更新资金来源主要依赖政府财政，融资渠道不足；支持空间功能变更、产权确权与处置、容量调整的政策机制不健全；缺少系统有序的运营管理与组织维护等（表7-2）。

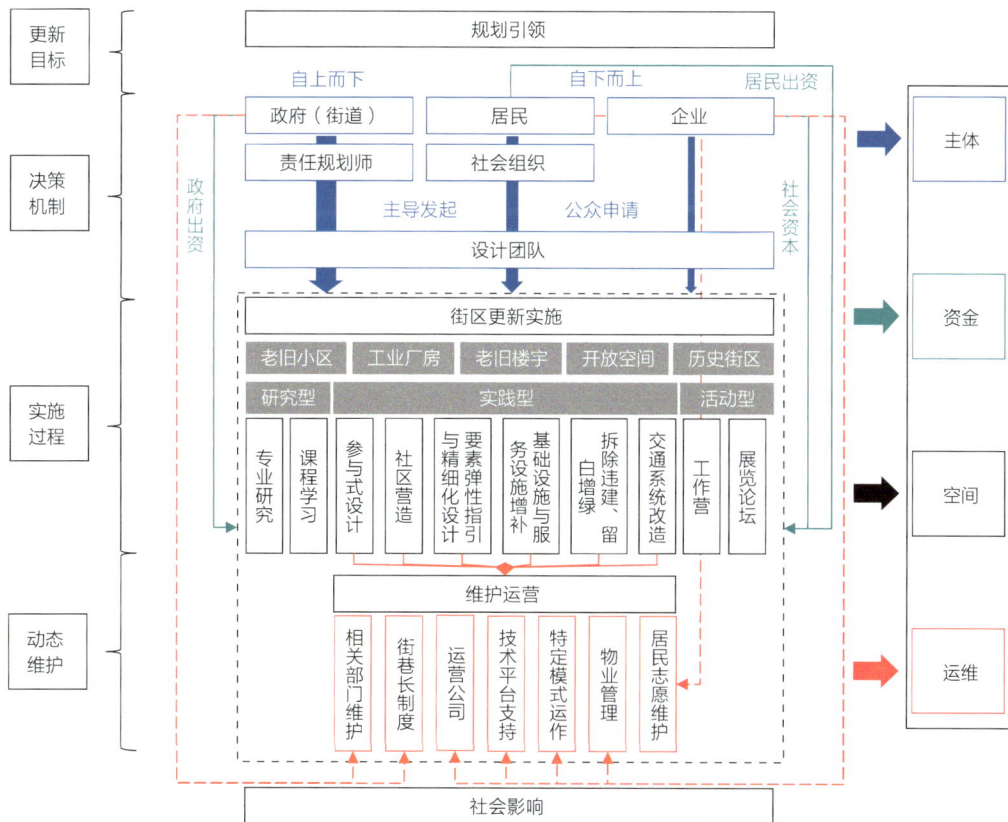

图7-9 北京城市更新过程体系

北京城市更新实践与制度建设的主要问题　　　　　表7-2

维度	次维度		主要问题	老旧小区	老旧厂房	老旧楼宇	开放空间	历史街区
主体	参与主体		多元参与不足，公众参与路径缺少制度安排和保障	★		★	★	★
			跨部门沟通成本高，意见难协调		★	★	★	
			责任规划师作用尚未完全发挥		★	★	★	
	运作模式		政府主导居多，政府负担大	★			★	★
			管理流程和要求不明晰，一事一议成本高	★	★	★		★
	组织架构		缺少专门的更新部门或组织机构		★	★		★
资金	出资对象		资金来源单一，政府负担重	★			★	★
			业主、居民缴费意识不足	★		★		
			社会资本介入门槛高	★	★		★	★
	融资渠道		政府出资为主，融资渠道单一，手续流程复杂	★	★	★	★	★
	共担模式		未形成可推广的共同出资模式	★	★	★	★	★
空间	空间对象	产权	产权缺失或不明晰，相关利益人缺少主动性	★	★			★
			产权上的历史遗留问题处理，缺少相应政策支持	★				★
			产权破碎、产权混合等造成产权方意见难统一，交易成本高	★	★	★	★	★
		功能	功能转化审批流程复杂，功能变更成本高		★	★		★
			功能单一问题凸显，公共服务设施配套不足	★	★	★	★	★
		容量	空间普遍不足，设施配套难落地	★	★	★	★	
			减量发展，总体规模控制下的空间更新乏力				★	★
	规划引领		规划要求不明确，规划实施落地难		★	★	★	
			审批流程复杂，规划限制多		★		★	★
	更新单元		更新单元指标的合理分配、动态平衡难	★		★		
运维	维护主体		主体自主维护积极性低，缺少专业管理和运营团队	★	★			
	运营模式		运营维护收支不平衡，利益分配不均		★	★	★	★
	维护工具		精细化管理运营难度高		★		★	★

注：★表示问题更为显著。

　　一是主体参与不足。城市更新是长期系统性工程，需要调动各方参与的积极性，确保城市更新长效开展。北京城市更新中的主体参与不足和协同困难主要表现在以下几个方面：①缺少高效可行的多层级政府、多部门机构协同机制。城市更新不同环节的政府决策通常由多个层级和多个职能部门分别给出，各级政府、各部门之间的工作还缺乏统筹和联动，导致有效合力难以形成；②缺少自主更新、社区治理、自下而上畅通的更新渠道。城市更新工作的对象是存量空间，利益交错、矛盾众多，需要利益相关方通过参与和协商进行问题决策。北京保障多元主体参与的政策措施尚在探索初期，一方面，居民动员、社区组织培育等尚未得到全面开展，另一方面，北京国企存量土地规模大、占比高，但由于缺乏相应的约束与激励政策，一些国企主动推动更新的动力不足，导致存量空间资产利用效率低下；③缺少激发市场主体作用的激励机制。企业应如何参与城市更新，如何给予其必要又公正的政策、服务与资金支持等，还未形成稳定结论；④责任规划师作用尚未完全发挥。不同街道、乡镇的责任规划师在更新过程中发挥的作用参差不齐，需要在机制上进一步明确其工作任务和边界，避免责任规划师工作内容退回到传统的规划窠臼之中。

二是资金来源有限。北京城市更新仍然主要依靠政府拨款，居民缴费意识低、社会资本参与少，相关金融政策、财税减免措施等未整体建立起来：①政府财政压力大，且公共经费的撬动和放大作用实现不足。很多更新改造项目由于投资多、周期长、成本高，对政府形成了巨大的财政支持压力，而市场主体则观望居多[①]。与此同时，以政府专项资金为依托的项目推进，在不同资金的整合使用上缺乏途径和弹性，造成"专款专用"中的一些僵化困境，如无论城管委拨款的口袋公园建设、街道整治提升等经费，住建委拨款的老旧小区综合整治经费，环境办拨款的环境治理经费，还是农委拨款的乡村建设经费等，都只能按照各自的立项要求和考评机制进行相互分离的使用。②居民缴费意识低。特别是在老旧小区改造中，居民作为最大受益群体往往不愿意出资，或因意见难以统一而导致更新进展缓慢。社区引入专业化物业后，居民也会因意识不足而常常不愿意缴纳物业服务费。部分小区试图利用空间经营权来换取收益并用于服务购买，但相关制度设计还需要明晰[②]。③社会资本参与风险较高，获利保障不足。传统城市更新资金平衡的重要方式是增加建设面积，然而减量发展导致增加建设容量等激励措施在北京受限，使得社会资本在高风险、高投入的更新挑战前停滞不前，急需探索相应的扶助机制，通过税费减免、协调地价、政策补贴等方式支持更多主体参与改造。

三是空间变更困难。存量更新普遍面临空间资源不足和设施难以配套等问题，如老旧小区和公共空间的停车解决方案十分有限。存量空间改造的功能变更难题也是北京城市更新经常遇到的障碍石，实际功能与土地性质不匹配的非正式更新现象持续存在。此外，存量资源常常权属复杂且边界不清，要么因产权方过多造成利益混杂，难以达成共识；要么因历史遗留问题造成权属调整无据可依；又或者因空间归属不同主体或由不同部门、不同层级政府管理等而导致更新行动举步维艰[③]。如何实现使用权、

---

① 特别是公共空间更新的资金来源基本依靠政府，缺少从投入到产出的全过程资金循环体系。更新项目资金不足、更新后维护管理后继乏力，给政府、责任规划师和设计团队等造成工作压力。

② 2021年4月，北京市出台《关于引入社会资本参与老旧小区改造的意见》，以应对此类问题。

③ 以老旧小区为例，北京央产和军产老旧小区总量达到6000万平方米，占全市老旧小区的40%左右，但"三供一业"被剥离移交之后，房屋产权并未划转至地方，产权方仍为国家机关事务管理局或中央单位，导致产权和物业管理权分离，进而造成在实际的改造中出资责任不清、实施主体不明、沟通协调困难等突出问题，而央地混合小区中的问题更为复杂，导致其改造进度远远落后与市区属小区。具体参见：游鸿，王崇烈，陈思伽，等. 北京城市更新行动的制度挑战与优化策略[J]. 规划师，2022（9）：22-30.

经营权等的合理流转；如何给予土地发展更多灵活度，通过容量奖励、补缴地价等方式认可和激发权益主体的有益改造行为；如何提高土地使用效率，保障公共设施配置和公共利益的实现等，都需要更深层次的研究和探讨。

四是运营维护缺位。城市更新项目的运营维护不是一时之举，而是较长时期内的持续运作行为，项目收益及利益分配机制往往直接影响着运营维护主体的责权利关系及其参与积极性。整体上北京城市更新项目普遍缺少专业化运营团队介入、精细化管理工具与监督交流平台缺失，引发更新空间的失管、脱管或维护难度高、消耗大、空置化等情况：①政府兜底压力大。一些项目由于更新后的维护管理机制不健全，大量人力物力投入都需政府兜底，加重了政府工作压力和公共财政负担。②专业团队缺失。许多更新空间由于缺少专业运营团队、专业物业公司等的接手，维护和经营的责权不明并陷入失管风险。③自主维护不足。居民参与社区空间的维护管理是社区自治的重要手段，但却常常由于居民意识缺乏或积极性低而没有实现。④收支难平衡。市场主体对于资金回报反应敏感，往往不愿意参与难以获得足够收益的空间维护和运营活动，部分城市更新项目因此尝试将公益性项目与营利性活动结合起来开展，相关经验需要总结和推广。

7.3 北京街区更新的提出：街区更新+项目带动+责任规划师

为强化街区治理，发挥片区统筹作用，对分散开展的单个城市更新项目进行资源配置和责任共担上的整合管理，北京城市更新逐步走出了一条以"街区更新"为表征的特色化道路，初步建立起"街区更新+项目带动+责任规划师"引导下的城市更新新机制。自上而下的"顶层设计"与自下而上的"基层创建"是更新制度供给的两条重要途径[341]，北京"街区更新"制度创建正是这两条路径结合探索的结果。

从2017年西城区首先推进的"街区整治"，到2019年全市"街道工作"的加强，再到2020年全市确立由"街区指引—街区控规—综合实施方案"共同组成的"街区详规（详细规划）"体系，北京"街区更新"制度建构经历了从模糊概念到明确行动，从统筹理念到对接控规单元的渐进式发展。在街区更新体系中，城市更新注重街区尺度、街道层面、项目行动和规划师角色等的整体协同，强调"以街道为抓手、以街区为单位、以更新为手段、以规划师为纽带"[341]，形成"街区更新+项目带动+责任规划师制度"的行动框架（图7-10）。

北京街区更新运作机制初见成效，街区更新的制度内涵与运作模式日益丰富，表现出以"四个服务"为中心的都城联动特点，以街道为抓手的多层级、多部门协作特点，以责任规划师为纽带的多元共治特点，以街区为单元的统筹管控特点，以及以鼓励市场运作为引导的机制创新特点。

7.3.1 目标特点：以"四个服务"为中心的都城联动

北京新总规明确提出：北京的规划应当立足首都城市战略定位，着眼新的历史时

	存量更新	精细化治理
街道层面	街区更新	以街道为抓手、以街区为单位
更新过程	项目带动 ✚	更新为手段
规划师角色	责任规划师制度	以规划师为纽带

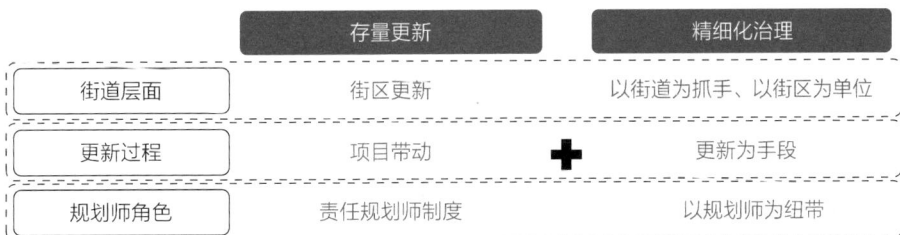

图7-10 面向存量更新与精细化治理的北京街区更新行动框架
（资料来源：根据参考文献［341］整理）

期首都发展的新要求、新期待。2022年5月，北京正式印发的《北京市城市更新专项规划（北京市"十四五"时期城市更新规划）》提出了以服务"四个中心"建设为导向的"功能性更新"，以及以民生保障和环节改善为导向的"社会型更新"两条工作主线[342]。

北京街区更新需要全面关注"都""城"协同，对政府治理水平及政策支撑方向提出了高要求：一方面要充分协调中央和地方关系，在城市更新中重点保障和优化首都功能布局，以"都"的发展为导向，以落实新版总体规划、服务"四个中心"建设为总体目标，全面支持中央党政军领导机关工作；另一方面突出以人民为中心的"城"的发展导向，注重民生改善与老城保护，以渐进式、有机更新等方式逐步提升城市环境和优化生活品质。北京街区更新由此整体呈现出政治导向性强、政府主导性强、政策方向性强的更新工作特点。

一是政治导向方面，习近平总书记提出"看北京首先要从政治上看"，这是北京城市建设、城市更新和城市治理的根本。北京作为社会主义大国首都的政治属性，要求北京不断建设成为具有示范意义的"首善之区"。北京的街区更新包含多重含义，既是千年古都的更新，也是解决超大城市病的更新，更是遵循首都四个中心定位功能的更新[343]。通过城市更新实现首都功能定位落实、首都高质量发展是北京街区更新的根本目的之一。

二是政府主导方面，政府力量是北京城市更新的重要推动者和主导者，北京同时拥有中央政府和北京市政府两层政府治理体系。街区更新既涉及中央党政军机关、中央企业等各类中央权属用地，也涉及大量市属机关、市属企业和市属用地。要解决与之相关的多政府主体问题，使得政府主导、部门统筹的更新方向与诉求突出。北京在首都层面设置有"首都规划委员会办公室"，重大事项需向中央请示报告；在北京市层面设置有"北京市规划和自然资源委员会"（简称"市规自委"），协调各类更新项目的规划与开展，各规自分局负责属地规划管理，在落实总体规划要求、编制落实分区规划和街区控规等方面发挥着关键作用。

三是政策引导方面，北京城市管理的中央政策导向性和政策贯彻力强，诸多更新行动、更新计划都以自上而下的指令传导而形成。2021年以来，北京陆续推出《关于实施城市更新行动的指导意见》《北京市城市更新行动计划（2021—2025年）》《北京市城市更新专项规划（北京市"十四五"时期城市更新规划）》等政策措施与规划导引，为更新工作开展指明了具体方向和提供了初步路径①。

7.3.2　协同特点：以街道为抓手的多层级、多部门协作

立足新版总体规划，北京建立起了"一张图"的国土空间规划实施监督体系，提出了"市级主导、区级主责、部门协同"的控制性详细规划实施管理系统[344]，形成市级政府和区级政府之间的分工模式，即市级政府部门是规划实施的引导和监督者，具体详细规划编制实施的主体权力下放至各区，由区级政府主管。北京街区更新行动同样体现出这样的市区、部门工作特点：城市更新的相关立法、规划编制和行动计划制定由市政府牵头组织，区级政府或部门负责实施推进，街乡政府、责任规划师、实施主体等各司其职。在不断简政放权的过程中，"街道"是联系上级政府与社区居民之间的桥梁，是推进北京街区更新和基层治理的重要抓手。为此，北京出台了一系列政策，持续明确街道与乡镇的工作权责，将街区更新及其相关规划权限下沉到街道和乡镇（图7-11）。

2018年《关于党建引领街巷管理体制机制创新实现"街乡吹哨、部门报到"的实施方案》在北京发布，明确通过在基层建立健全"条块结合"的部门召集工作机制，赋予街道和乡镇更多自主管理权，增加街乡统筹协调职能。北京较早确立利用12345热线接听市民意见转给街道和乡镇解决的工作方式，以调动街道和乡镇的工作热情，落实工作责任，夯实城市基层治理基础。

2019年，北京出台《关于加强新时代街道工作的意见》，明确提出街道是城市的基本单元之一，是城市治理体系的基础平台，同时确定街道的六项主要任务包括"实施街区更新，提升城市精细化管理水平"。北京持续推动区级职能部门向街道下放职权，重点下放给街道的权力包括"辖区设施规划编制、建设和验收参与权""全市性、全区性涉及本街道辖区范围内重大事项和重大决策的建议权"等。2019年4月，新修订的《北京市城乡规划条例》实施，指出"街道"是划分街区单元、管理街区建设、主导街区更新的主体，街道办事处作为区级政府的派出机关，亦是最基层的行政机关②，并明确北京市要"建立区级统筹、街道主体、部门协作、专业力量支持、社会公

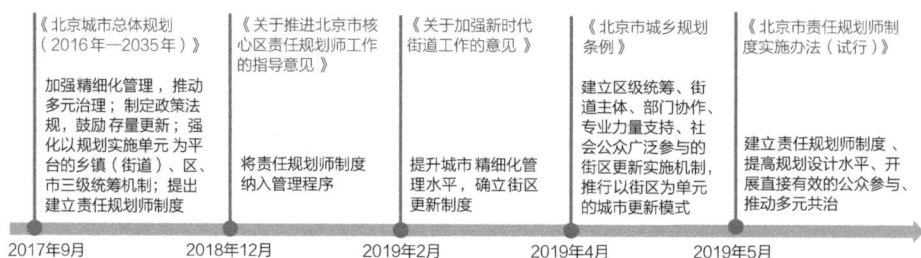

《北京城市总体规划（2016年—2035年）》	《关于推进北京市核心区责任规划师工作的指导意见》	《关于加强新时代街道工作的意见》	《北京市城乡规划条例》	《北京市责任规划师制度实施办法（试行）》
加强精细化管理，推动多元治理；制定政策法规，鼓励存量更新；强化以规划实施单元为平台的乡镇（街道）、区、市三级统筹机制；提出建立责任规划师制度	将责任规划师制度纳入管理程序	提升城市精细化管理水平，确立街区更新制度	建立区级统筹、街道主体、部门协作、专业力量支持、社会公众广泛参与的街区更新实施机制，推行以街区为单元的城市更新模式	建立责任规划师制度、提高规划设计水平、开展直接有效的公众参与、推动多元共治
2017年9月	2018年12月	2019年2月	2019年4月	2019年5月

图7-11　街区更新模式在北京的逐步确立过程

---

① 北京城市更新政策体系当前已具雏形，具体成效有待进一步实施验证，政策制度仍有待进一步完善。
② 具体参见北京市《关于加强新时代街道工作的意见》（2019年2月26日）。

众广泛参与的街区更新实施机制，推行以街区为单元的城市更新模式"①。

2020年1月施行的《北京市街道办事处条例》进一步确定了"接诉即办"的常态化制度，明确了街道办事处在街区更新中的职责，重视便民服务设施补齐，并要求街道办事处"配合规划自然资源部门实施街区更新方案和城市设计导则，组织责任规划师、社会公众参与街区更新"。自此，街道已经成为北京推行街区更新的重要基层治理主体，街道工作是实现北京街区更新的重要依托。

7.3.3 空间特点：以街区为单元的统筹管控

"街区统筹"是片区统筹更新的一种类型和方式，主张减量提质下的资源整合与责任协同[342]。街区统筹致力于在一定的街区（片区）范围内，通过政府管控和多部门、多主体协作，为片区更新的整体发展提供更多方向引导，如通过建设规模指标的调整与平衡，在片区内落实减量发展；通过街区内或街区间的项目联动，实现"增值型"更新项目与"民生型"更新项目的捆绑式收支平衡；通过完善区域内公共服务设施配套，盘活存量资源价值，带动片区经济发展等。

概括来说，街区是北京规划管理体系中的实施单元[342]，是衔接和落实总规、控规、城市更新规划与行动、更新项目实施的载体。北京城市更新实施采用以街区为基本单元的方式统筹推进，通过划定街区单元，并将城市总体规划、分区规划确定的建筑规模、形态与品质等建设要求逐步细分到街区，形成片区更新发展的主要管理依据。街区更新的主旨在于推进和实现"街区统筹"，是以控规编制单元为对象整体协调城市更新项目实施的工作路径和平台[342]。街区统筹内容包括街区功能定位的整体引导、街区内规模指标的调控与平衡、街区资源中的用地置换与调整、街区建筑形态与风貌品质的协调统一等多个方面。同时，街区统筹的关键是在街区范围内强化多主体、多部门的协商共治，保障更新项目实施等工作在街区层面整合开展，具体体现在：

一是分区统筹。《北京市城市更新行动计划（2021—2025年）》明确提出"规划引领，试点先行"的更新原则，即落实北京市城市总体规划、控制性详细规划和分区规划，做到严控总量、分区统筹、增减平衡[345]。"分区统筹"既指按照行政管理边界，落实各区和街乡政府的主体责任，实施分区治理；也指根据城市空间布局和圈层功能定位，针对性地提出不同区域的城市更新目标与更新实施模式，实现分区引导、分类施策。

二是街区统筹。《北京市城市更新专项规划（北京市"十四五"时期城市更新规划）》明确更新规划原则为"规划引领，街区统筹"，即以规划为引领，以街区为单元，通过对城市建成区城市空间形态和功能的整治优化，统筹街区生产、生活、生态发展要求，统筹民生改善、安全保障、文化传承、环境品质提升等任务；通过街区统

---

① 2019年2月施行的《关于加强新时代街道工作的意见》提出科学划分街区单元，实施街区更新。2019年4月施行的《北京市城乡规划条例》中提出建立街区更新实施机制。

筹推进街区更新整体实施，激发存量地区活力，实现街区价值提升①。

三是资源统筹。北京街区更新紧紧围绕各类空间资源展开，强调统筹推进街区内平房院落、老旧小区、老旧楼宇、老旧厂房等更新改造项目的协同实施，促进空间提质增效与品质改善。减量发展使得城市中的机会用地极其重要，因此街区更新应梳理和整合现有资源，统筹建筑、公共空间、闲置用地等各类低效空间，通过疏解、腾退、置换等形成"资源用地"，用于首都功能保障、历史文化名城保护及民生改善需求等。北京正在通过城市更新专项规划和控制性详细规划对资源和任务进行"时空统筹"和"区域统筹"，以引领项目实施，建立多维度、立体化、全周期的管理机制[343]。

7.3.4 治理特点：以责任规划师为纽带的多元共治②

从世界范围来看，基于"多元共治"的基层规划已经成为诸多发达国家规划实践的重要领域。我国近年来随着公众意识的觉醒以及规划模式的不断转型，越来越多的规划师开始深入社区，通过与居民建立紧密的合作关系共同推进地方建设。这些"基层规划师"在政府部门与社区、居民等之间建立起沟通的纽带，成为推动社会参与和基层共治的重要行动者。具体到北京，"责任规划师"制度作为北京新时期强化街区更新和完善基层治理的重要举措，自2019年5月在全市正式全面推行，政府通过为每个街道、乡镇等聘任固定的专业规划师或规划团队，来协助落实以"共建共治共享"为目标的城市更新与基层规划建设。

2017年发布的《北京城市总体规划（2016年—2035年）》明确了责任规划师制度的建设方向。2018年北京下发《关于推进北京市核心区责任规划师工作的指导意见》，提出"以建立责任规划师制度为抓手，完善专家咨询和公众参与长效机制，推进城市规划在街区层面的落地实施"。2019年2月，北京出台《关于加强新时代街道工作的意见》，随后发布新版《北京市城乡规划条例》，确定推行以街区为单元的城市更新模式，"建立区级统筹、街道主体、部门协作、专业力量支持、社会公众广泛参与"的街区更新实施机制。2019年5月《北京市责任规划师制度实施办法（试行）》出台，开启了北京在全市街道/乡镇中全面推进责任规划师制度的序幕（图7-12）。依据该办法规定，北京市责任规划师是由区政府通过公开招聘、社会招募、定向委托等方式选聘的独立第三方人员，旨在对责任范围内（街道、乡镇等）的规划、建设、管理提供专业指导和技术服务，指导规划实施和推进公众参与。

责任规划师制度在一定程度上打破了过去政府主导、精英规划、资本垄断的城市建设模式，通过倡导不同社会力量参与规划决策和城市建设来实现共治共享，借助规划宣传、设计参与、方案决策、机制建构、社会动员等路径落实街区更新的实践创新，具有以下工作特点：

首先，通过"问题查找"和"对接居民"建立工作台账。许多责任规划师借助田野调查、走访对谈、大数据分析等传统或新型技术手段，通过城市体检、地区画

---

① 具体参见：《北京市城市更新专项规划（北京市"十四五"时期城市更新规划）》。
② 具体参见本书第9章。

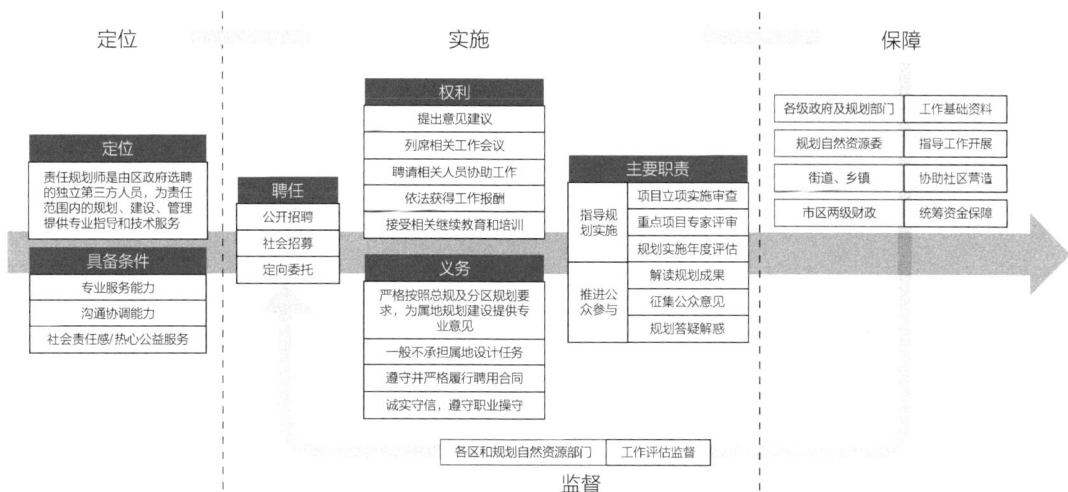

图7-12 北京市责任规划师制度的责权约定
（资料来源：根据《北京市责任规划师制度实施办法（试行）》（2019年）相关规定绘制）

像等方法对属地情况进行摸底；并采用座谈、问卷调研、居民议事会等方式了解居民诉求，从而对责任地区的规划建设着力点做到心中有数。如新型冠状病毒感染期间，西城区责任规划师加入了对卫生服务、商超等设施点位的排查落位，叠合居民生活指南、防控点位分布等形成防控总图[346]。

其次，借助"设计审查"和"平台搭建"推进更新治理。责任规划师为基层提供的是"陪伴式"的规划技术与咨询服务，通过介入规划设计流程、进行项目审查等来推动和监督街区更新的落地实施，提升街区治理水平。一些责任规划师从现状出发，探索制定街区规划、更新计划、项目库等来形成工作共识、搭建行动平台以引导基层发展建设。市区政府也尝试通过设计竞赛与试点示范，结合责任规划师工作打造街区更新的实践亮点，如北京市"小空间 大生活"百姓身边微空间改造设计方案征集、朝阳区"微空间·向阳而生"空间改造行动等（图7-13）[347]。

再者，发起"公众参与"和"社会动员"优化基层治理。责任规划师通过加强信息传导、组织公众参与、促进沟通协商等路径，强化了街道、部门、社区与居民等之间的合作，并不断借助展览、讲座、论坛、对话等形式向公众展示和普及规划知识。在发起社会动员为居民赋权赋能的过程中，责任规划师尝试打破街区更新中不同利益主体的身份壁垒与权限边界，以充分调动社会各方资源和实现利益共享[349]，如推动街道让渡规划设计决策权，倡导物业公司和业主开放社区空间权限等。

责任规划师制度在北京的实施影响和改变了传统的城市规划工作模式，很大程度上实现了规划师的角色转变与职能转型，推动了城市基层建设中多元共治目标的达成进程，是北京城市更新制度体系中特色鲜明而又不可或缺的一环。

7.3.5 机制特点：以鼓励市场运作为引导的机制创建

城市更新项目耗资大，单靠政府投资会造成巨大的财政压力[350]，而居民个体也

图7-13 北京市"小空间·大生活"百姓身边微空间改造成效
（资料来源：参考文献［348］）

时常无法承担高额的改造成本。因此，"政府引导（统筹/推动）、市场运作、多方参与"逐步成为北京共识，厘清政府、市场、公众在城市更新中的角色分工，充分发挥市场主体在资本投入、实施运作、维护运营等方面的积极作用，是推动北京城市更新实践有序进行的重要动力来源。鼓励市场运作的政策方向在2021年以来的北京城市更新政策建设中表现得尤为明显。

北京新版总体规划就已提出，要鼓励企业和市民通过各种方式参与城市建设管理，使"政府有形之手、市场无形之手、市民勤劳之手"同向发力，推动规划有效实施；要调动企业履行社会责任的积极性，引入市场化机制，鼓励通过政府与社会资本合作（PPP）方式，推进基础设施、市政公用、公共服务等领域的市场化运营。北京近年出台的系列政策，都力图对市场主体参与城市更新的参与路径、资金保障以及监督管理等进行逐步明确：

①市场主体的参与角色。除政府与社会资本合作参与公共服务设施改造运营外，《北京市城市更新条例》中明确，市场主体可通过"实施主体"或"实施单元统筹主体"的形式参与城市更新运作。其中，实施主体负责编制城市更新项目实施方案并具体推动项目实施；更新实施单元统筹主体可具有推动达成区域更新意愿、整合市场资源、推动项目统筹组合、推进更新项目实施等综合权限。当市场主体是物业权利人时，市场主体作为实施主体对其自持物业进行更新的路径在条例中也有明确。

②市场主体的参与路径。北京2021年出台的"1+4"城市更新政策及相关规定[①]，

---

① 具体参见第11章。

分类提出了市场主体参与城市更新的具体路径。老旧小区改造中，市场主体可通过业主委托等方式，参与老旧小区加装电梯、补充配套服务设施、增加停车设施、提供物业服务、进行低效空间经营等[1]；老旧厂房更新中，可通过自主更新运营介入或政府收储等方式，对五环以内或以外的老旧厂房进行差异化更新；老旧楼宇更新改造中，可通过自主更新或授权委托等方式，分类采取装修改造、功能改变、翻建改建等做法开展更新；首都功能核心区平房院落更新中，由区政府确定实施主体，采取保护性修缮和恢复性修建的方式实施更新改造，并可对更新后的房屋院落合理开展经营利用和管理。

③提供资金和制度保障。北京在逐渐明确市、区财政在不同城市更新项目中投入比例的基础上，鼓励市场主体投入资金参与城市更新；鼓励不动产产权人自筹资金用于更新改造；鼓励项目合理打捆，建立确保微利可持续的利益平衡机制。同时，北京倡导创新市场化融资机制，鼓励金融机构创新金融产品，推动基础设施REITs试点项目；积极研究土地年租制、过渡期等相关激励政策。在运作保障制度上，北京提出健全长期租赁、先租后让、租让结合、弹性出让、作价出资（入股）等制度；推行土地用途混合、主体功能兼容的综合用地管理；优化城市更新中的经营权质押、不动产登记、行政审批、建设标准等管理要求。

④强化监督管理。市场运作的城市更新项目，一方面要强调责任规划师的专业指导作用和社会公众的监督反馈作用，另一方面要注重政府对市场主体行为的监督管理。《北京市城市更新条例》中明确了重大决策程序履行、政府监督和社会监督等多方面监管要求。在政府监督方面，提出市级监督指导区级、区级全过程监督项目的管理要求，具体而言，区城市更新主管部门会同有关行业主管部门对城市更新项目进行全过程监督，可以结合项目特点，通过签订履约监管协议等方式明确监管主体、监管要求以及违约的处置方式，加强监督管理。条例同时也明确了社会单位和个人有权投诉举报，市、区人民政府及其部门应当及时核实处理的要求。

在"街区更新+项目带动+责任规划师"导向的北京城市更新行动中，"首都定位、减量发展、疏解整治、有机更新"等特殊背景很大程度影响和限定了城市更新的推进方式，使得北京城市更新强调以"四个服务"为中心，形成以街道为抓手、以责任规划师为纽带、以街区为单元的统筹管控特点和治理创新方向。概括起来，北京"街区更新"是顺应新时期首都城市存量更新诉求、实现街区统筹更新的城市更新机制创新，是对接法定规划和片区统筹、单元管控理念的城市更新项目统筹模式。

---

[1] 北京《关于引入社会资本参与老旧小区改造的意见》对社会资本参与的责任权利、低效闲置空间特许经营等内容进行了进一步的明确。

第 8 章
北京街区更新：街区统筹与简政放权

　　城市更新活动大多聚焦于单一项目、单一地块的谋划与建设，缺少与周边及更大区域的协调与统筹，导致城市更新呈现出"碎片化"状态[351]，造成集中连片的规模化产业空间无法提供、公共服务设施配套难以落地、开发收益与成本难以平衡、空间资源难以灵活配置等难题，城市的整体完善升级与综合战略目标也常常因此难以达成。缺少片区统筹的城市更新项目通常会集中在经济效益好、改造难度低的地段，带来更新实践推进和诉求满足的"冷热不均"，不利于产业和设施的集聚配置和城市的整体可持续发展[1]。对此，北京从"街区统筹"入手，建立了"街区更新+项目带动+责任规划师"导向下的城市更新体制机制。本章聚焦分析北京"街区更新"的概念内涵、治理变革和工作特征等，揭示北京城市更新机制相较其他城市的独特之处。

8.1 城市更新的街区（片区/单元）统筹

为解决城市更新单个项目开展带来的空间建设破碎、区域统筹不足、设施供给不利、综合目标难以达成等多种困境，不同国家和地区均尝试了通过划定更大片区范围（超出单个项目），以此为单位实行基于"片区/街区/单元"的统筹规划和实施指引，从而从"整体"层面强化对"单个"项目的更新管理。简单起见，本书将以大面积区域为单位来引导单个更新项目实施的统筹做法，统称为"街区统筹"，涵盖不同地区和不同学术语境下涉及的"片区统筹""单元统筹"等理念。

8.1.1 街区统筹的国际经验

法国的城市敏感区、英国的企业区、美国的商业提升区、日本的整备地域或特定地域政策等都可以视为是"街区统筹"思想下的更新举措，内涵偏向实施统一策略的"政策区"概念，与我国的街区统筹工作略有不同。

（1）法国：城市敏感区[①]

1996年以来，由于城市税收、社会秩序和发展前景等条件的差异性，法国的一些衰退区域面临年轻人失业率高、社会融入困难、贫困等问题，因此法国通过划定城市敏感区（Les Zones Urbaines Sensibles，ZUS），并在此基础上明确城市复兴区（Les Zones de Redynamisation Urbanine，ZRU）和城市自由区（Les Zones Franches Urbaines，ZFU），来实现对城市低效、衰败空间的管控与引导：①城市敏感区，是法国城市更新政策的优先目标区域，指贫困人口高度集中、社会问题突出的困难区域，是国家实施城市社会协调发展政策的主要作用对象。截至2006年全法国划定ZUS共751个，ZUS中的居民约占2006年法国总人口的7%（450万人），平均每个ZUS涉及人口6000人，用地规模均在10公顷以上，部分甚至达到150公顷（图8-1）；②城市复兴区，这类地区的住房、经济、商业等领域面临与城市敏

图8-1 巴黎11区的国王喷泉ZUS
（资料来源：https://sig.ville.gouv.fr/atlas/ZUS）

① 具体参见：郑希黎. 1970年以来法国城市更新政策的演变及特征 [C] //中国城市规划学会. 共享与品质——2018中国城市规划年会论文集（12城乡治理与政策研究）. 北京：中国建筑工业出版社，2018：375-386；https://www.insee.fr/fr/metadonnees/definition/c1679；https://fr.wikipedia.org/wiki/Zone_urbaine_sensible.

感区相同或者更其的困境，突出特点是失业率高、无学历人口比例大、税收潜力低。至2006年法国划定ZRU共416个，涉及290万居民；③城市自由区，指区域内人口超过8500人的区域，在该区内设立的公司可以获得激励援助，至2006年法国划定ZFU共100个。国家在划定各类分区的基础上，对区域内部的各种问题进行分析并确定目标对策、财务投入等内容。这些片区（街区）是地方当局和其他项目合作方通过财政、社会等综合措施共同推动城市更新的空间单元。此外，法国还通过城市重点项目计划等振兴行动，来恢复具有突出社会问题的街区的经济价值。2015年，ZUS被城市政策优先区域（Les Quartiers Prioritaires de la Politique de la Ville，QPV）替代，通过成立和发挥公民委员会的作用，来提高社会凝聚力、改善城市生活环境更新、推动经济发展和就业。

（2）英国：企业区[①]

英国自1980年代开始为应对内城衰败问题而推行企业区（Enterprise Zone）政策，其主要做法为：以地方政府、新城或城市开发公司为主导，将土地废弃、居住人口稀少的城市衰败地区划入企业区，在该区域内实行为期约10年的财政优惠政策并放松政府管制，以吸引企业投资，鼓励民间资金参与城市再开发。1981—1996年，英国设立的企业区达36个；2016年和2017年间，又新设立了24个企业区，规模最大达到450公顷，在内城区和大都市边缘区均有分布。在不同地区，企业区发展重点呈现出不同特点，包括制造业投资、新型零售和服务业投资、鼓励商务活动等（图8-2）。企业区一般由地方理事会或者开发公司设置专门的机构进行管理，主要任务包括土地征收、提供公共服务设施等。企业区在推动衰退地区再开发、巩固基础设施、吸引投资和创造就业机会等方面有着重要作用，已成为当地经济的驱动力。

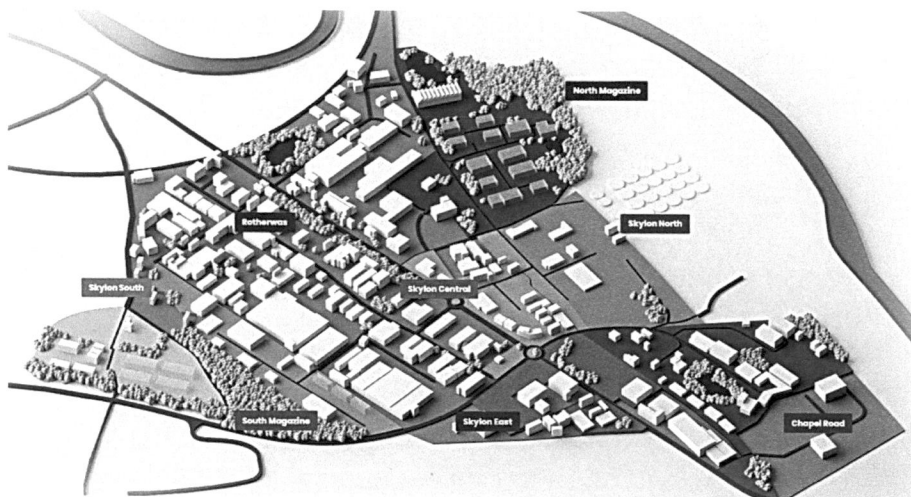

图8-2　英国赫里福德企业区
（资料来源：https://skylonpark.co.uk/about-the-park/site-plan）

---

① 具体参见：张艳. 英国企业区建设实践及对我国的借鉴意义［J］. 现代城市研究，2006（4）：40-44；https://enterprisezones.communities.gov.uk/about-enterprise-zones.

（3）美国：商业提升区[①]

最早的商业提升区（Business Improvement District, BID）于1970年在加拿大多伦多成立，而后美国、澳大利亚、德国、新加坡、荷兰、英国等地相继借鉴和采纳了这一策略，并使用了商业提升区（Business Improvement Area, BIA）、商业振兴区（Business Revitalization Zone, BRZ）、社区改善区（Community Improvement District, CID）、特殊服务区（Special Services Area, SSA）、特殊改善区（Special Improvement District, SID）或地方改善区（Local Improvement Districts, LID）等相关名称。美国第一个BID是1974年成

图8-3　纽约曼哈顿岛上的BID分布
（资料来源：https://nycsbs.maps.arcgis.com/apps/webappviewer/index.html?id=7c2d36ad6c774e98a90ade1064fb575a. ）

立的新奥尔良市中心开发区，到2011年美国全国的BID数量达到1200个。截至2022年，纽约市拥有BID共76个（图8-3），其中38个位于低等/中等收入街区。根据纽约市政府的定义，BID以街区而非项目为基本单位，是"当地利益相关者监督和资助其商业区的维护、改善和推广的地理区域"，旨在通过自组织的方式改善区域营商环境，而非取代政府的公共服务与管理职能。根据相关规定，BID的设立须有区域内51%或以上的房地产商同意，而后由业主、商人、居民和当地民选办公室的代表共同组成具有董事会的非营利组织（如时代广场联盟，Times Square Alliance, TSA）。在专业机构对区域内业主的资产进行评估后，非营利组织通过税收评估、工厂征税或者增税融资（Tax Increment Financing, TIF）等方式获得资金，并由董事会进行统一管理，用于提供当地政府无法提供的服务——主要包括街道清洁和维护、公共安全和接待、营销和活动、资本改善、环境美化、倡议倡导、业务发展等。据统计，纽约市每年在相关区域内的投资超过1.6亿美元，服务店面2.4万个，维护公共空间177个。BID是通过产权人自组织管理推动城市片区更新与运营的有效尝试：对于政府而言，BID自筹资金的做法可以在不增加公共财政负担的基础上，有效补充地区公共服务的不足；对业主而言，他们的目标与BID注重地区长远发展的目标相一致；对项目开发商而言，BID有效提高了项目实施的成功率，并且降低了后期管理和运营的难度。

（4）日本：都市再生紧急整备地域或特定都市再生紧急整备地域政策[②]

2002年，日本颁布《都市再生特别措施法》提出"都市再生紧急整备地域""特

---

① 具体参见：https://en.wikipedia.org/wiki/Business_improvement_district; https://www1.nyc.gov/site/sbs/neighborhoods/bids.page.

② 具体参见：周显坤. 城市更新区规划制度之研究［D］. 清华大学，2017；https://www.chisou.go.jp/tiiki/toshisaisei/kinkyuseibi_list/index.html.

定都市再生紧急整备地域"等概
念。其中，"都市再生紧急整备
地域"是指政策规定的集中推动
城市再生的区域；"特定都市再
生紧急整备地域"是指"都市
再生紧急整备地域"中，通过顺
利、及时地实施城市更新项目推
动城市国际化发展的区域，是内
阁制定的对于增强城市竞争力特
别有效的区域。至2022年，日本
累计51个地区被指定为"都市再
生紧急整备地域"，总面积94.22
平方公里；15个区域被指定为
"特定都市再生紧急整备地域"，
总面积43.36平方公里（图8-4）。
都市再生本部须根据每个"都市
再生紧急整备地域"和"特定都
市再生紧急整备地域"的社会
经济条件趋势、现有城市功能状
况、土地用途转换方向等制定相
应的区域发展政策，包括区域发

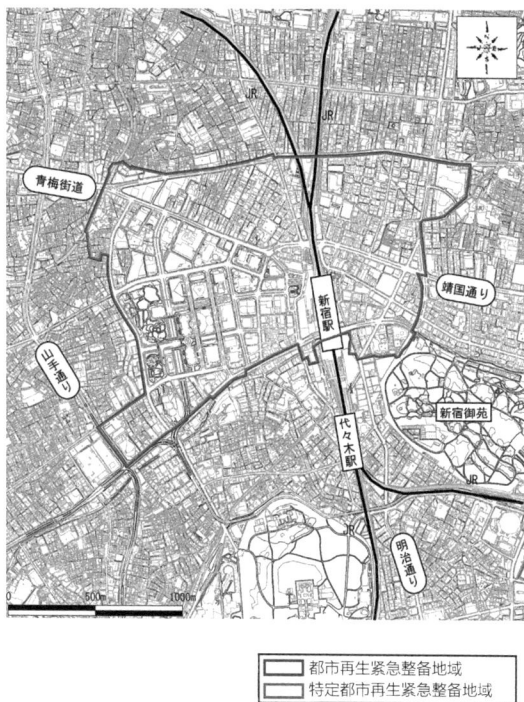

图8-4 东京新宿站周边"都市再生紧急整备地域"和"特定
都市再生紧急整备地域"范围
（资料来源：https://www.mlit.go.jp/toshi/crd_machi_tk_000008.
html）

展目标、区域内城市再生项目的基本事项、与该地区的城市再生项目实施有关的公共设
施和其他公共设施发展的基本事项、该地区的其他紧急和重要事项等。此外，"都市再生
特别地区"内会成立公私委员会，根据区域发展政策，为增强城市的国际竞争力和保障
公共利益的城市再生项目制定设施维护计划。通过向整备地域或特别整备地域提供政策
倾斜，如放宽土地使、建筑高度、建筑规模的规定与指标以及容积率奖励等，并缩短
业务批准程序期限，提供财政援助及税收减免等措施，整备地域或特定整备地域鼓励
民间企业提案和实施都市再生事业，促进地区再开发。部分适用相关政策而划定的特
别片区，亦会结合TOD发展诉求引导交通线路、交通站点沿线及周边地区的更新发展。

8.1.2 街区统筹的国内做法

我国台湾省的都市更新单元、深圳市的城市更新片区统筹与城市更新单元规划
等，均是片区划定下的街区统筹做法，采用整合手段来改善城市衰败地区，推动经
济、社会、环境等的全面升级。

（1）台湾省：都市更新单元

1983年台北市政府出台的《台北市都市更新实施办法》（于1993年修正）提出了
"区段征收"的方式，对城市更新的零星地段进行整合后加以更新。1998年，台北立
法通过了以"都市更新单元"为主要理念的《都市更新条例》，通过单元划定，在

更新单元内实施"市政捆绑"等公共服务建设来实现公共利益最大化的城市更新目标，并提出了一整套关于城市更新单元划定、实施更新的门槛限制、容积率奖励、融资制度等相关配套政策。2006年，台北进一步修订《都市更新条例》，通过降低更新实施门槛、缩小更新单元面积、简化审批流程等手段，吸引民间力量参与城市更新[352]。都市更新单元是单独实施城市更新的分区，都市更新活动须在更新单元内开展，相关管理强调单元内商业开发、公共文化基础设施建设等各类改造项目的有机结合，以实现城市利益的最大化。台湾出台有《地方更新单元划定基准》来指导更新单元的划定，基本原则包括：①原有社会、经济关系及人文特色的维系；②具有整体再发展效益；③符合更新处理方式一致性的需求；④公共设施的合理公平负担；⑤土地权利整合的可行性；⑥环境亟须更新的必要性。具体而言，各市、县地方政府需要根据实际发展状况、居民意愿、原有社会经济关系及人文特色等因素，综合考虑划定都市更新地区范围、都市更新计划范围以及都市更新地区内的更新单元范围。政府还制定了都市更新计划范围外都市更新单元划定的依据，指导民间自行划定更新单元（图8-5）。

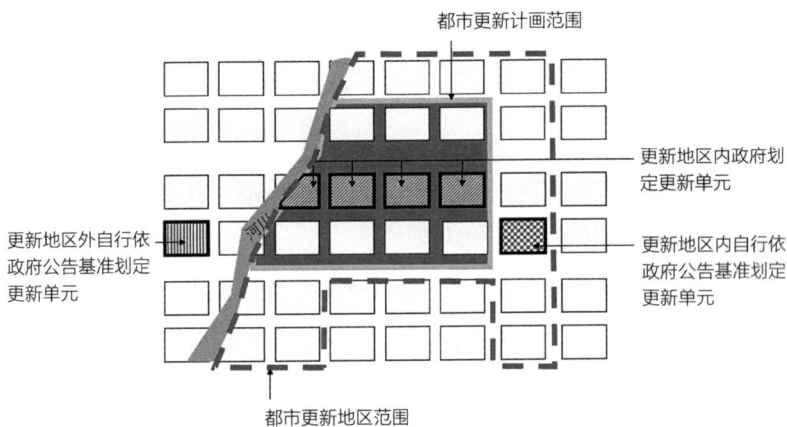

图8-5　台湾更新地区、更新计划、更新单元范围示意图
（资料来源：参考文献 [353]）

（2）深圳市：城市更新单元规划与城市更新片区统筹

2009年，深圳提出"城市更新单元"概念，2012年发布《深圳市城市更新实施办法实施细则》，明确建立城市更新单元规划，依据城市总体规划等划定更新区域、更新单元①。深圳城市更新单元规划既延续上位分区规划、法定图则要求，又作为城

---

① 2018年4月深圳印发的《市规划国土委关于深圳市城市更新工作有关情况的报告》检讨了小地块城市更新引发的空间零碎和配套不足等问题，涉及取消小地块城市更新单元的构想。2019年《深圳市拆除重建类城市更新单元计划管理规定》正式提出取消小地块城市更新单元，但机械的、行政化的片区统筹导致小地块"统而不动"，许多小地块因此而失去了城市更新的机会。2020年《深圳市规划和自然资源局关于"小地块"城市更新有关工作的通知》重启福田、罗湖、南山、盐田的"小地块"（用地面积不足10000平方米但不小于3000平方米的地块）申报拆除重建类城市更新单元计划，以支持深圳市产业空间拓展和产业转型升级。

市更新专项规划体系中的一环推动更新落地实施，并被赋予法定效力，是城市更新和规划管理的基本依据[354]。但在实践中，项目主导的城市更新单元依然逐渐暴露出"破碎化"的问题，单元规模偏小导致公共服务配套难以落位，也不利于产业聚集和空间连续发展（图8-6）。近年来，深圳力图加强"片区统筹"的规划引导与管控，从而更好地实现统分有序、"整体入手、局部建设"的城市更新管理。目前，深圳推行"城市更新专项规划+城市更新单元规划"的规划体系，其中城市更新专项规划对接国土空间总体规划和分区规划，城市更新单元规划对接法定图则，并逐步增加"重点片区统筹规划"等中间层次的规划管控内容。2016年，《深圳市城市更新"十三五"规划》提出施行"更新统筹片区规划"的构想，各区城市更新专项规划在原有体系上，增加了"重点统筹片区规划"内容，从片区层面明确更新开发容量上限、配套设施布局和规模、开放空间布局和规模等，从而加强政府主导力度，弥合零散更新项目与城市更新总体目标之间的偏差，整体统筹规划编制、片区利益平衡、重大公共配套设施落地与基础支撑能力提升。2020年，深圳《关于深入推进城市更新工作促进城市高质量发展的若干措施》明确提出要加大片区统筹力度，鼓励各区选择片区统筹试点，创新"案例+政策工具箱"的工作机制，充分发挥政策组合拳的优势，对用地布局、建筑功能配比、公共配套设施位置及规模、次干道以下路网等内容进一步优化，同步深化城市设计等内容，推进片区整体开发建设。当前，深圳已完成的城市更新片区统筹规划包括116公顷的"福田区八卦岭更新统筹规划"、150公顷的"蛇口老镇更新统筹规划"等。片区统筹在保证片区整体可控的前提下，在更大范围地域内保证了功能、容量、配建的辗转腾挪，突破了单一城市更新单元的桎梏，并从规划统筹逐渐走向利益统筹、实施统筹等综合发展[355]（图8-7）。

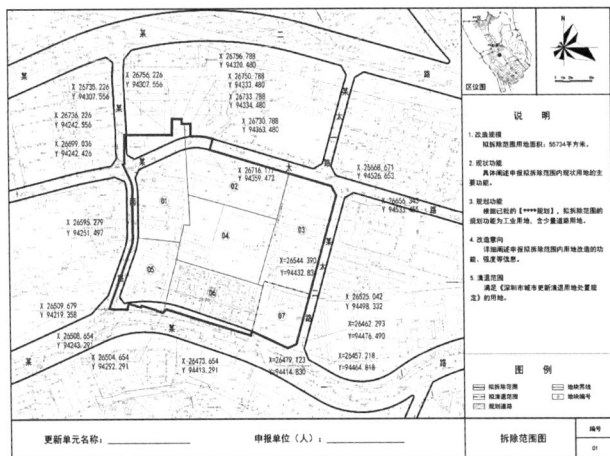

图8-6 深圳市城市更新单元
（资料来源：《深圳市拆除重建类城市更新单元计划管理规定》）

图8-7 深圳坑梓片区统筹更新规划
（资料来源：参考文献[355]）

8.2 北京街区更新的"街区"界定

北京街区更新重在以"街区"为单位统筹推进城市更新活动，但在较长一段时间内，北京对街区的界定以及如何开展统筹等，并没有形成统一的认识和具体的规定。"街区"源自英文"Block"，从国内外学者的定义情况来看，街区具有以下特征（表8-1）：空间范围上，街区往往由道路围合形成，为城市建筑、用地功能所占据；空间作用上，街区是城市格局的基本单元，是构成城市功能与肌理的细胞；社会结构上，街区是容纳社会活动、促进人群发生相互联系的场所，是城市生活的基层组织系统。北京街区更新中的"街区"含义并非一开始就明确，而是经过多年的实践探索才逐步清晰其内涵。在这段探索期内，北京产生了街区整理中的街区、街道工作中的街区、控规中的街区、城市更新中的街区等诸多相关概念。

国内外学者提出的街区定义 表8-1

来源	定义
《韦氏词典》	城市中因四条街道环绕而构成的土地区域及该区域的边界
《牛津现代双语解词典》	被街道围绕、被建筑占据、为建造建筑提供场所的矩形的城市空间
罗伯·克里尔（Robert Krier）	街区是城市结构的基本单位，街道环绕着地块，建筑开发就在地块中开展
彼得·卡尔索普（Peter Calthorpe）	街区是复合人尺度的、开放的、综合的场所，街区把不同活动结合在一起，是人们发生相互联系的生活场所
霍顿·弗兰克（Horton Frank）	街区是城市地面交通系统对城市用地进行切割后而产生的空间模块集群
鲍家声	街区是由城市道路围合成的街坊集群，是构成城市格局的基本单元、城市生活的基层组织和构成城市肌理的细胞
吴唯佳	街区与社区相关联，是居民参与社区活动的空间单元

（资料来源：参考文献［356］［357］）

8.2.1 街区整理中的"街区"

北京早期"街区更新"概念的多样性从西城街区整理、东城街区更新、海淀区各街道街区更新实践中可窥豹一斑。西城区在划分街区基础上，进行现状调研、资源梳理评估、问题及改善需求研判，立足街区整理推行城市更新；东城区将街区单元划定与城市更新政策相结合，通过政策供给激励或引导街区更新；海淀区探索以街道办事处、责任规划师为主导的街区更新，提出对话型、数据型、活动型、机制型、组织型五大社会创新工具箱。

西城区在北京率先提出"街区整理"概念。街区整理是指打破现有街道或社区的行政边界，从人口规模、构成特点等方面将若干社区整合为一个街区单位，以街区为单元对街区内的规划管理进行整合，并通过梳理分析街区现状问题，对街区人居环境实施系统化、精细化的更新，形成以街区为依托的城市治理基本单位，建立"城市修补、生态修复、文化复兴的良好城市治理格局"[358]。2017年年初，西城区探索启动街区整理工作，对街区发展不平衡不充分的各项问题进行综合治理应对。西城区于2017年年底出台了《西城区街区整理实施方案》《西城区街区公共空间管理办法》《街区整理城市设计编制要求》等文件来加强规划引领；根据区内功能的不同划分出101个街区，形成适用于各街区的15项导则。从主导功能来看，西城区的街区包括政务活动区、公共休闲区、金融商务区、交通枢纽区、繁华商业区、生活居住区等类型[359]。

东城区在街区更新实践中，以精细梳理现状为基础，制定街区更新的任务清单并针对性地提出更新策略[360]。2018年，东城区在东华门和景山街道试点街区更新，形成街区更新手册及《北京市东城区街区更新规划研究工作方案》。在此基础上，2019年东城区完成街区更新单元划分，全区17个街道划分形成82个一级街区更新单元和140个二级街区更新单元[361]，并对不同街区单元进行功能定位确认[362]。2019年11月，东城区发布《东城区街区更新实施意见（试行）》，成立街区更新领导小组及办公室，并通过制定街区更新三年目标、年度计划、项目库等方式，形成街区更新的具体实施机制。东城区在更新主体方面鼓励公众参与，针对老城保护与更新，按照自觉维护的原则鼓励业主自主更新修缮，提出建立平房院落使用权转移机制。资金保障方面，东城区也鼓励多方介入，业主提供一定的修缮资金，政府统筹市级、区级财政补贴；鼓励在基础设施和公共服务领域推行PPP模式，利用发行证券的方式扩大融资；鼓励引入社会资本建立街区更新公益基金制度等[362]。

2020年6月，东城区提出《东城区2020年街区更新工作方案》，在全区划分街区单元的基础上，确定8个重点街区和15个试点街区，分级、分目标、分政策开展街区更新工作。同时，东城区积极建立动态项目库，梳理街区更新任务，通过定期申报、有序更新、动态调整的方式加以维护，涵盖申请式退租、简易楼腾退及再利用、老旧小区综合整治、背街小巷及院落整治提升等领域。针对街区更新中的瓶颈问题，《东城区街区更新实施意见（试行）》从推动项目立项、规划审批、施工许可、土地弹性使用、不动产登记、资金保障等方面提出十项创新工作机制。此外，东城区还相继出台了《东城区街区更新项目管理办法》《东城区疏解腾退老城房屋办理不动产登记及土地有偿使用工作方案》《东城区街区更新规划编制技术导则》等配套政策文件[363]。

8.2.2　街道工作中的"街区"

随着城市更新治理工作不断往基层下沉，依据北京《关于加强新时代街道工作的意见》的要求，在"以街区为单元"且"以街道为抓手、以更新为手段、以规划师为纽带"的北京街区更新中，街道和乡镇起到越来越重要的作用。街道和乡镇一方面通过申请市级、区级政府给予公共资金支持的各类更新项目，如老旧小区改造、背街小巷整治、公共空间改造等，在街道落实具体的更新改造实践；另一方面，街道和乡镇可以自主利用街道的年度经费，决定投入多少资金、针对哪些街区空间进行改造提升。这些工作均需要街道和乡镇对辖区的存量资源、更新诉求、更新条件、可实施性等形成统筹认识，才能有计划、有步骤地推进和实施城市更新。

新时期，服务街道的"责任规划师"加入到街道/乡镇的日常城市建设工作之后，对充实基层政府机构的规划设计力量起到了重要作用。在责任规划师工作的辅助和带动下，一些街道和乡镇开展了"街区更新规划"等研究工作，且在具体更新项目的组织和实施中，越加关注多元参与和优质设计方案遴选。部分街道（乡镇）将辖区内的重点地区划定为重点街区进行建设引导，并提出相应的更新规划要求，形成了在街道（乡镇）内部划定城市更新街区（片区）的实践做法。在这种情况下，街区是指在街道（乡镇）内部，由一定道路或自然边界等围合形成的区域，其中的地块一般具有类似的区位特点或相近的功能定位；也有一些街区由更小的社区单元组合而成，以便整体管理和提供针对性服务。

从责任规划师推动街区更新的工作进展来看，北京各地区的探索十分多元。2018年11月，朝阳区小关街道编制《街区更新规划》，形成了"一图一库一表一重点"[①]的研究成果，在街道辖区范围内划分出特色文化风貌控制区、"一街两区"重点项目实施区、各类改造策略和时序片区等。2019年11月，紫竹院街道编制《街镇责任规划师规划指引手册》，从总体城市设计、风貌、空间形态、景观体系、色彩、道路、公共空间等方面对街道辖区进行规划研究，划分不同片区并提出对应的设计指引与更新策略。2014年以来，海淀区清河街道开展"新清河实验"，对象是由多个社区组成的街区，关注多样化的社区提质和社区治理[364]。海淀区学院路街道创新融合"街区—社区—校区—园区"的四区建设构想，鼓励共享更新空间、建立更新联盟、制定相互衔接的项目更新计划，形成《街区画像》《空间资源清单》[365]《街区更新战略规划》等系列引导手册。学院路街道中街区与社区融合更新的代表案例是石油大院街区，在党建引领、居民参与和产权单位的支持下，七家单位达成共识并制定了《石油大院共治共享公约》，通过拆除腾退和更新改造建设共生大院，为石油大院街区更新确立了目标及策略指引[366]。

8.2.3 控制性详细规划中的"街区"

《北京市城乡规划条例》（2019年修订）梳理了新时期的北京城乡规划体系[②]，2020年北京《关于建立国土空间规划体系并监督实施的实施意见》进一步确定了北京国土空间规划改革背景下的"三级三类四体系"规划框架（图8-8），其中详细规划涉及"街区指引—街区控规—综合实施方案"三个层级。"街区指引"将总体规划和分区规划明确的各项关键指标（人口、用地、建筑规模等）和要求分解到街区层面（详细规划单元）；"街区控规"以此为依据进行编制，并进一步划定细分单元和明确建设管控等要求；管理实施过程中，通过制定"综合实施方案"，使规划编制与项目实施得以更为切实地链接起来。

2019年，为贯彻落实新总规和各区分区规划的战略定位和系统要求，实现"一张蓝图绘到底"的发展目标，北京各区开始组织"街区指引"编制工作。"街区指引"

---

① "一图一库一表一重点"分别是社区与街道整治规划图、社区与街道整治项目库、社区与街道整治计划表、2019年"一街两区"重点实施项目设计成果。
② 包括城市总体规划，分区规划，详细规划，乡、镇域规划，村庄规划，特定地区规划和专项规划。

由区组织编制，报市规自委审查备案，发挥着承上启下的重要规划作用，重点传导总体规划、分区规划在规模、空间、品质方面的刚性要求，并将各项指标等分解至街区层面，作为"街区详规"编制和管理的重要依据和技术支撑。街区指引编制有两项重点任务：①街区单元划分——这里的"街区"是控规编制、深化和维护的最小单元，是分解、核定"人地房"指标的基本单元，亦是落实三大设施的基本单元；②规划实施情况梳理——梳理街区内的规划实施情况，明确规划实施进展和要求，为推进街区层面的详细规划作好准备。

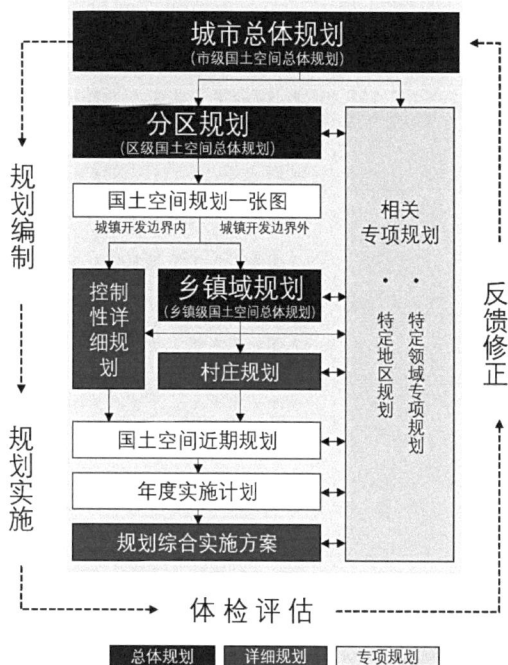

图8-8 北京市"三级三类四体系"国土空间规划体系框架
（资料来源：根据《中共北京市委 北京市人民政府关于建立国土空间规划体系并监督实施的实施意见》绘制。）

"街区控规"是面向社会公布的法定详细规划。街区控规以街区指引为依据，根据不同地域的不同特点和需求进行编制，主要通过诸如制定"一图两导"（管控图则、规划设计导则、规划实施导则）等，来划定细分单元并明确细分单元在建设管控上的各项要求，包括规模设定、功能布局、系统支撑、空间品质等内容。北京市近期通过增加"规划综合实施方案"制定环节，来强化详细规划对接实施的桥梁性工具建设。作为"街区控规"到"项目审批"的衔接环节，综合实施方案不仅细化了控规要求，还重点关注资源底账、建设进展和资金来源等关键实施性问题的梳理和解答，以规划编制带动"成本—收益"测算，增强规划的末端实操性。综合实施方案既可以在较大范围的单元层面编制，统筹建设空间与非建设空间、增量使用和存量更新、资源保护和建设任务、实施方式和成本控制等内容，也可以在较小范围的实际项目层面编制，明确土地权属、规划指标、市政及交通条件、城市设计要求、供地方式和建设时序等。

8.2.4　概念明晰：对接控规和片区统筹的街区更新

"街区"一词在北京城市建设与发展中频繁使用，但却存在内涵丰富而理解不一的情况，导致街区更新工作开展的路径模糊和思路混杂。随着街区更新工作的持续推进，北京市规自委按照《关于加强新时代街道工作的意见》的要求组建工作专班，推动街区更新试点探索，街区更新在制度建设与实践探索方面日渐步入正轨。马红杰等[367]指出，"城市更新作为一种建设项目，也应依法以街区层面控规为引领，以更新项目所在街区为单元，梳理人口、空间资源和设施需求，明确更新地区总量规模和任务，以便更科学合理地指导下一步规划综合实施方案的编制。"因此可见，在实操层面，当前北京街区更新的"街区"内涵主要是指控规层面的街区单元。

市规自委推进的街区更新侧重于几大工作策略：一是分区引导与分类指导相结合，按照首都功能核心区、中心城区、北京城市副中心、多点地区和生态涵养区，合理引导存量资源与更新用地的用途和建设指标配置；二是编制市级层面的城市更新专项规划，划定重点更新街区，提出引导方向和实施要求；三是结合街区控规统筹总量规模和补短板任务，统筹街区资源，为下一步更新项目规划综合实施方案的编制提供技术支撑；四是有效有序组织街区更新工作，优化工作认知和流程；五是完善街区更新配套政策和技术规范[367]。

总结起来，"街区是指被城市道路等包围的、具有相对完整城市功能的区域，是城市更新精细化实施的基本单元"[368]。北京街区更新中的街区，主要是指街区控规中的"街区"，通常在区或街道辖区范围内进行划定，既灵活分类辖区内空间，也保证街道的工作自主权，协调同一范围或同一层级的城市片区更新。在北京，中心城区和新城地区的"街区控规"在分区规划划定的集中建设单元基础上，统筹行政边界和城市道路、河道等因素，进一步划分区近1400个，主要分为"建设主导街区、生态复合街区、战略留白街区"三种类型。根据街区建设实施率的不同，北京针对"实施率较高、实施率中度、实施率较低"三种街区，实施差异化的工作路径，提出更新改造的不同要求：①实施率较高（80%以上）的街区，为存量更新地区，重在利用存量建设用地的有机更新，优化城市和街区功能；②实施率中度（40%—80%）的街区，为优化完善类街区，重在减量提质，通过空间组合带动要素集聚，提升区域综合承载能力；③实施率较低（40%以下）的街区，为动态引导街区，重在加强规划管控和动态留白。以此为依据，《北京市城市更新专项规划（北京市"十四五"时期城市更新规划）》聚焦全市街区实施率不小于80%及更新资源任务分布比较集中的地区，结合城市更新行动计划，确定了600余个近期拟实施项目，划定178个近期城市更新重点街区，按照"一控三导"（管控图则、规划设计导则、规划实施导则、存量更新导则）①进行规划管控。在实践中，《北京市城市更新条例》中明确了居住类、产业类、设施类、公共空间类、区域综合类5大类更新项目，并提出"区人民政府依据城市更新专项规划和相关控制性详细规划，可以将区域综合性更新项目或者多个城市更新项目，划定为一个城市更新实施单元，统一规划、统筹实施"。可见，在城市更新实施中，北京可以城市更新项目或城市更新实施单元作为基本空间，其范围可能与街区控规中

---

① 管控图则是控规的控制性内容，体现控规的刚性要求，保障系统性、底线性、公益性内容，作为控规的法定性文件，主要包括功能定位、规模管控、三大设施、生态要素、重点区域、总体管控要求等相关内容。规划设计导则和规划实施导则是控规的技术性内容，体现控规的弹性引导，应对复杂的更新需求，主要包括街区引导、街道空间、蓝绿空间、慢行系统、建筑空间、地下空间等内容，作为技术管理文件，重点体现对城市高质量发展、高品质生活、高水平治理的实施引导。存量更新导则应按类型梳理街区范围内闲置低效建筑和空间等存量资源的分布、功能、规模、权属等信息，提出更新利用的引导方向和实施要求等。

的"街区"存在不一致的情况，但仍受街区控规的约束与指引。

2022年，北京第一个"更新型"的街区控规《北京昌平区回龙观、天通苑地区CP02-0101~0602街区控制性详细规划（街区层面）（2020年—2035年）》（以下简称《回天地区控规》）获得批复。《回天地区控规》重点聚焦存量空间资源提质增效，在社区、镇街等行政边界的基础上，统筹考虑集中建设区边界、现状功能、原有控规街区边界、自然边界等，划定与行政管理相协调的街区及管控分区，包括街区19个（图8-9）、管控分区221个。其中，19个街区的面积分别为144—384公顷，平均面积258公顷，平均人口规模3.4万人、就业岗位0.7万人。《回天地区控规》以街区为基本单元，创新提出"四步走""八清单"[①]的存量控规编制方法，形成了"规划加策划、策划转行动、行动推项目"的存量控规实施框架。市规自委在对《回天地区控规》的批复中表示，该规划对提升地区公共服务水平、打造大型社区治理典范具有重要意义[②]。

北京街区更新[③]注重区级统筹、街道主体、部门协作、专业力量支持、社会公众广泛参与，但街区工作配套的工作机制、政策供给以及与国土空间规划体系的衔接等还有待持续研究。总体上，北京街区更新是指以街区为实施单元开展的渐进式、可持续的更新，更新的内容主要包括街区整体功能结构调整、街区公共空间整治提升、街区居民生活环境品质升级与基本公共服务设施需求完善等方面，也包括实现更为综合

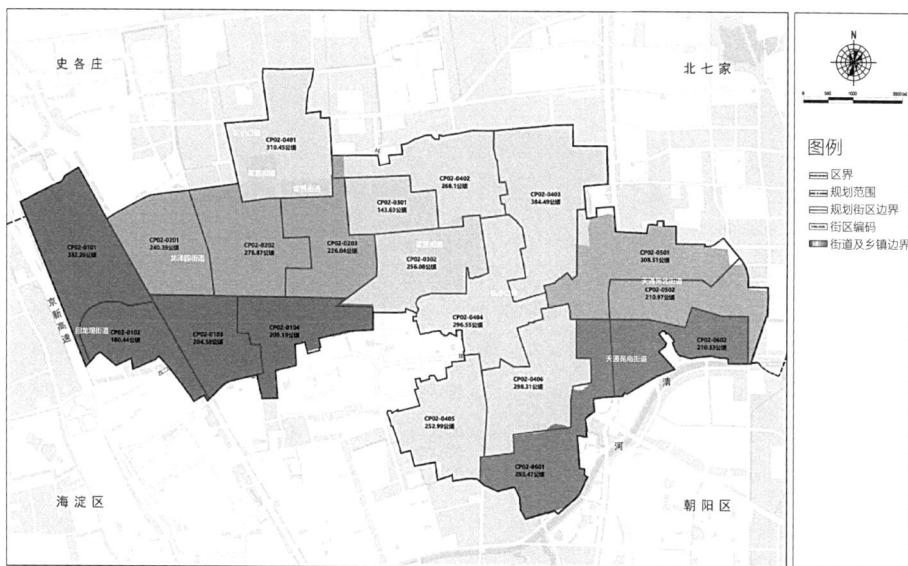

图8-9 北京昌平区回龙观、天通苑地区CP02-0101~0602街区控制性详细规划的街区划分
（资料来源：《北京昌平区回龙观、天通苑地区CP02-0101~0602街区控制性详细规划（街区层面）（2020年—2035年）》（2022年3月，北京市昌平区人民政府公布））

---

① "四步走"：体检评估找问题、多元协商问需求、整体策划配政策、制定计划推行动。"八清单"：街区问题和资源清单、需求和愿景清单、策略和政策清单，街区更新"任务清单"和"项目清单"。

② 回天控规批复：创新示范北京城市更新地区街区控规. https://mp.weixin.qq.com/s/lVVq6uOVg-Y2-w2onwl4jg.

③ 2019年4月施行的《北京市城乡规划条例》中正式提出建立街区更新实施机制。

的社会自治、经济复兴、文化挖掘等目标。北京市规自委指出北京街区更新工作主要体现在微更新、功能提升、整体更新和历史保护四大方面[321]。其中，街区保护更新主要适用于首都功能核心区，以街区为更新单元、以保护为更新重点，"按照历史保护、保留提升和更新改造三种方式"推动历史街区的保护与修复。

8.3 街区更新的行政变革支持：简政放权与街道赋权

8.3.1 权力下沉的行政变革

《关于加强新时代街道工作的意见》多处强调赋权下沉和管理增效，推行"重心下移、权力下放、力量下沉"的基层工作方式。《北京市城市更新条例》进一步将城市更新工作的推进延伸至街道（乡镇）、居委（村委）级别，帮助打通城市更新运作的"最后一公里"，实现城市更新宏观目标与居民个体诉求的有效结合、宏观管控与精细化治理的有效联动、规划计划与实施运维的有效衔接。条例明确：①街道办事处、乡镇人民政府应当充分发挥"吹哨报到"、接诉即办等机制作用，组织实施本辖区内街区更新，梳理辖区资源，搭建城市更新的政府、居民、市场主体共建共治共享平台，调解更新活动中的纠纷；②居民委员会、村民委员会在街道办事处、乡镇人民政府的指导下开展具体工作，了解和反映居民、村民更新需求，组织居民、村民参与城市更新工作。

在北京，街道办事处作为区政府的派出机关，代表区政府履行政府管理和公共服务职能，是最基层的行政机关①。街道既要承担上级政府派分的工作，又要倾听基层居民业主的诉求，是基层治理的关键环节。当前，北京通过简政放权与街道赋权，持续推动基层社会治理、功能治理、空间治理的有机融合：①街道赋权，赋予街道办事处/乡镇政府更多权力，由其负责推动公众参与，发挥基层部门在协调各方利益中的作用，保障更新规划落地实施；②精细化治理，以街区为单元进行管控措施供给，鼓励街道或街区空间内部的指标平衡调动，以提高规划实施的灵活性，更加切实精准地满足居民诉求与街区实际需要；③优化分工协作，推动不同层级政府在城市更新中的分工合作，市、区级政府在大尺度上进行更新规划研究，从区域层面统筹资源，街道办事处、乡镇政府主导开展街区与地块级的"细颗粒"研究与项目实施。

8.3.2 变革挑战与应对思考②

行政管理权力的关键是财权、人权和事权。随着放权改革的推进，北京市由市、区有关部门承担的行政处罚权等权力事项中，下放至街道办事处和乡镇人民政府的职

---

① 具体参见《关于加强新时代街道工作的意见》（2019年2月26日）。
② 本节部分观点参见：孙彩红. 向基层放权赋能亟需厘清几个关键问题 [EB/OL].（2022-01-27）[2022-09-01]. https://mp.weixin.qq.com/s/bvOY-XG6IYqFECwkQFbtxQ.

权目录共计431项，这在提高基层工作积极性的同时也给基层部门的工作开展提出了更高要求并带来一定压力。北京《关于加强新时代街道工作的意见》提出"下沉资金、人员的统筹管理和自主支配权""多部门协同解决的综合性事项统筹协调和考核督办权"，对基层财权、人权和事权的赋予给出了指引，但相关赋权仍未完全形成，街镇承接职权下放后的新增工作的能力仍需进一步提高。

首先，财政保障权力尚待强化。在街道和乡镇中，资金保障与事权责任的匹配程度有待强化，北京越来越多的城市空间维护与环境整治工作由街镇部门承担，如《关于昌平区镇（街道）财政管理体制改革的实施意见（试行）》提出将"城乡环境建设、环境综合治理提升、小型公共基础设施运维、积水点改造等小微工程建设等工作"界定为"镇级事权"，"由镇街通过自有财力安排经费"。但目前北京街镇级财政来源主要依赖于区级政府税收的转移支付与上级政府的各类专项资金，自有财力来源有限，导致街镇政府的相关工作主要局限于空间的基本维护上。另一方面，北京针对城市更新治理的财政分配激励政策仍需完善，从其他城市做法来看，《中山市城市更新管理办法》明确城市更新土地出让收益镇街留成部分不少于30%，这一举措在保障基层财力的同时，极大程度地提高了基层推动城市更新工作的积极性。

其次，人事统筹权力仍需完善。街道办事处作为区级政府的派出机关，不是完整的一级政权，而街区内的城市治理事务往往需要各部门进行统筹协调。北京由此建立了"街道吹哨，部门报到"等机制，但街道和乡镇在统筹调度、人力构成和工作保障上的缺口明显[①]，未来需要继续强化街道层面的部门统筹管理机制建设，深度发挥街区更新与基层治理的合力。成都市天府新区在放权赋能改革中，赋权乡镇街道来统筹管理下沉的公安、执法、城管、社区等不同队伍，把队伍的考核权、调度权、使用权下放到镇街，实行一支队伍统管，增强了基层治理的人力配置。

再者，决策落实权力亟需丰富。街道办事处的职能侧重于提供居民服务和相应管理，在居民矛盾纠纷调解、维护社会秩序等方面已有较为完善的运行机制，而在土地配置、规划编制、建设管理等方面权限和能力不足。随着责任规划师制度的深入推进，街道/乡镇政府的规划建设管理能力得到加强，未来在总体规划、分区规划、街区控规等各层级法定规划的指引下，可进一步强化街道/乡镇政府组织编制项目实施方案等的规划、策划、设计权力，提高项目的可实施性；亦可思考适度赋予街道/乡镇政府更多土地管理权限，推动存量土地的高效灵活更新。

8.4 面向"街区统筹"的街区更新

街区更新的作用主要体现在统筹多主体合作、统筹多类型项目、统筹多渠道资源、统筹多环节运作等方面，最终达成综合的"街区统筹"目标。尽管北京街区更新在这些维度还未达到理想状况，但努力的方向和目标已经相对清晰起来。

---

① 例如很多乡的在编工作人员数量十分有限，工作推进通常依靠借调人员、非编制成员来支持完成。

8.4.1　统筹多主体合作

根据利益相关者理论，将各利益相关者纳入组织决策是一种治理战略，可以提高决策的科学性和可行性。城市更新工作量大面广、参与主体及其利益诉求多样，导致推进过程极具复杂性。城市更新的主要利益相关者包括政府、市场、社会三方，需要坚持有效市场、有为政府与有序社会相结合，倡导多元主体参与，将空间权利分散到更多利益相关方手中[369]。制度建设的重点既包括制定契约规则，明确主体定位与责权关系，又要鼓励各方主动参与，发挥实施运作与监督管理等作用，促成"利益共享、风险共担"的合作博弈过程的形成。

《北京市人民政府关于实施城市更新行动的指导意见》提出了城市更新"政府推动、市场运作、公众参与"的基本原则，"鼓励产权人自主更新、社会力量参与更新"的更新模式，以及"不动产产权人自筹资金、市场主体投入资金参与、区级政府主要承担、市级政府支持、金融机构创新产品服务"的多源资金筹措方式。与之配套的专项政策①进一步界定了老旧小区、老旧厂房、老旧楼宇以及核心区平房院落更新中的实施主体确定方法、资金来源保障以及运作流程等，初步明确各环节不同主体的事权与财权关系，为多方协作提供政策保障基础（表8-2）。

分类型的更新项目多元主体参与政策　　　　　　　表8-2

项目类型	实施主体	资金来源	运作流程（参与主体）
老旧小区	业主自治组织委托/公开确定	政府、产权单位、居民、社会机构等多主体筹集	编制实施方案（实施主体）； 征求意见（街道办事处组织）； 手续办理（实施主体、区规自部门等）
老旧厂房	自主更新：原产权单位（或产权人）/平台公司； 政府收储：新的使用权人	市场主体	编制实施方案（实施主体）； 征求意见（物业权利人、责任规划师）； 审查批准（区行政主管部门、区政府）； 分情形审批手续办理（区行政主管部门）
老旧楼宇	自主更新：原产权单位（产权人）； 授权更新：委托产权单位（或产权人）/授权运营主体/区政府委托平台公司	市场主体	编制实施方案（实施主体）； 征求意见（物业权利人、责任规划师）； 审查批准（区行政主管部门、区政府）； 审批手续办理（相关行政主管部门）
核心区平房（院落）	区政府确定	财政资金、市场投资	制定实施计划（区政府）； 摸底调查与征询居民意向（街道）； 编制实施方案并征求意见（实施主体）； 方案审查（区住建、区规自、专家）； 相关手续办理（实施主体、相关部门）； 更新改造（实施主体）； 经营利用（实施主体）

（资料来源：根据"1+4"城市更新政策文件中及《关于引入社会资本参与老旧小区改造的意见》整理）

《北京市城市更新条例》立足"政府统筹、市场运作，多元参与"，阐述了政府、公众、市场及专业力量在北京城市更新活动中的参与机制、参与重点与具体内容（表8-3）：①政府层面，提出城市更新的组织领导和工作协调机制，除明确市、区政府

---

① 具体可参见本书第11章。

及相关行政部门的更新规划审批、监督管理等职责外，进一步强调完善基层治理，发挥街道办事处（乡镇人民政府）、居民委员会（村民委员会）的协调、动员作用，推动公众参与；②公众层面，推动建立城市更新的平等协商共治机制，保障公众的知情权、参与权和监督权，并明确物业权利人的责任与权力，提出相邻权利人应为推动城市更新实施提供必要的便利；③市场层面，明确实施主体的确定方式与主要责任，提出选择实施单元统筹主体并为其赋权，从资金支持、专业运作等方面全方位借力市场主体，吸引社会资本参与；④强调发挥专家、责任规划师等专业力量在城市更新中的技术咨询、意见征集、专业支持等作用。

《北京市城市更新条例》中的多元主体参与内容　　　　　　　　表8-3

主体	参与机制/重点	具体内容
政府	城市更新组织领导和工作协调机制	◆ 明确市政府、区政府、市住房城乡建设管理部门、市规划自然资源管理部门及其他部门职责； ◆ 街道办事处、乡镇人民政府搭建城市更新政府、居民、市场主体共建共治共享平台； ◆ 居民委员会、村民委员会负责了解、反映居民、村民的更新需求，组织居民、村民参与城市更新工作
公众	城市更新平等协商共治机制，保障知情权、参与权和监督权	◆ 物业权利人：提出更新需求和建议，自行、委托或合作更新，具有经营权和收益权，表决权，知情权、监督权和建议权，请求承担民事责任等权利；遵守有关法律、法规、规定和制度要求，配合调查，执行共同决议，执行实施方案与出资配合规定； ◆ 相邻权利人：提供必要便利、依法获得补偿或者赔偿； ◆ 明确强制执行的情形，明确公房承租人、物业权利人协调处置的情形
市场	鼓励参与城市更新活动，保障合法权益	◆ 实施主体①：编制城市更新项目实施方案，推动项目实施； ◆ 更新实施单元统筹主体：推动达成区域更新意愿、推动项目统筹组合、推进更新项目实施等职责
专业力量	论证与咨询意见、专业支持	◆ 城市更新专家委员会； ◆ 责任规划师参与制度

2022年7月12日首届"北京城市更新论坛"开幕，会上举行了"北京城市更新联盟"启动仪式，标志着北京首个城市更新领域的专业企业联合组织正式成立。联盟由中国建设银行等10余家单位发起成立，目前是以企业主体为重点的平台，涵盖包括实施主体、规划设计单位和咨询管理单位在内的100余家成员单位。联盟首任轮值主席单位由中国建设银行担任，中建集团、中粮集团、首开集团、万科集团担任联盟首届轮值副主席单位，国家开发银行、华润集团、首钢集团、北控集团、金隅集团、首创集团及龙湖集团担任首届联盟理事单位。联盟在会上发布了《北京城市更新联盟倡议书》，鼓励联盟成员间开展全方位合作、在联盟与政府间建立常态化沟通联络机制、营造北京城市更新良好氛围等。联盟建立有网络平台，包括政策发布、项目发布、商务洽谈、经典案例、会展服务、金融服务、绿标申请等主要功能板块，是联盟内部及

---

① 《北京市城市更新条例》中明确了物业权利人可以作为实施主体的具体情况，但出于分类需要，实施主体主要承担推动项目实施的责任，故此处将其归为市场主体。

面向社会实现信息共享与发布的数字平台。

北京城市更新联盟丰富了北京城市更新的多元治理格局，是社会资本参与北京城市更新的重要支撑渠道，预期作用主要体现在三方面：①搭建各类企业的合作交流平台。联盟汇集了投资运营、咨询管理、规划设计、建筑施工等多方市场主体，通过政策解读、经验交流、业务合作等多种形式，推动优势互补和强强联合，应对城市更新项目在规划、建设、管理等不同环节的各种诉求。②构建企业和政府及其部门的联系纽带。联盟在北京城市更新专项小组指导下发起成立，成员包括大量国有企业，将在企业与政府部门的沟通过程中发挥关键桥梁作用。③推动北京城市更新项目实施。联盟2022年拟实施涵盖北京17个区域的738个城市更新项目，涉及实施主体316个，覆盖核心区腾退、老旧小区改造、危旧楼房改造、低效园区和老旧厂房改造、低效楼宇和传统商圈改造等多种类型，是北京城市更新项目实施的重要推动力量之一[370-371]。

8.4.2 统筹多类型项目

城市有机体理论表明，城市及其组成部分处于变化和生长过程中，呈现出功能与空间节点相互重叠、交织、联系的"半网络结构"，任何组成部分的变动都将引起关联系统的变动。城市有机体的新陈代谢是城市中不同系统重新配置与各类资源统筹组合的过程。城市更新的具体操作过程中，通过单个项目的实施可以带动系列行动的推进、进而促进城市片区的持续更新。

2017年以来，北京从背街小巷整治、疏解整治促提升等专项活动入手，采用项目带动的方式推进城市更新实践。街区更新是对这些政府主导的更新项目，以及市场开展的更新项目等进行综合统筹的管理工具，包括对各类更新项目的立项申报、建设时序、改造类型和投资力度上的统筹，以及在资源调配、"肥瘦搭配"等项目联动上的统筹探索。在这个过程中，责任规划师可以协助街道落实基层更新项目的整合推进；而北京最近公布的"最佳城市更新实践"，为街区更新项目的示范带动产生了重要推力。

8.4.2.1 责任规划师支撑：统筹街区更新项目①

责任规划师作为"街道外脑"，可以对街区的整体优化提升和更新改造行动进行系统谋划，协助街道和社区建立街区改造的项目工作台账。例如，小关街道责任规划师团队在深度调查属地情况的基础上，重点推进四方面支撑工作（图8-10、图8-11）：一是开展街区体检和问题诊断，整理街区的本底资源及现状问题，明确街道更新改造的重点任务和居民诉求等；二是调查形成"社区画像"，为每个社区建立动态的工作档案，包括建成年代、居住人口、空间资源等信息；三是编制"街区更新规划"并形成街区"更新项目库"，明确不同更新改造项目的具体内容和建议时序；四是开展基层培训，服务基层工作队伍建设和推进行动共识。

具体来看，秉承"走街串巷、发现问题、寻找经验、共商破解"的工作思路，责任规划师团队梳理了小关街道的资源底账与发展挑战，初步盘查了地区内不同单位、

---

① 具体参见：唐燕，李婧，齐梦楠，杨东. 责任规划师介入下的参与式社区微更新：北京惠新东街实践[J]. 城市环境设计，2021（4）：458-463.

公共服务设施品质有待提升，停车空间及文体设施缺乏

公共服务设施多
为社区服务，数量
偏少

商业多是沿街小
巷小摊、品质差、
管理不规范，布
局不方便、使用量
无法满足居民需求

整治停车空间少，
停车面貌需要提
升

社区文化设施体
育服务空间不足，
不能满足居民使
用需求

"街区体检"中的公共服务设施诊断

惠新东街社区档案（社区画像）

惠新东街社区			
位置	朝阳区小关街道镇区西南部	人口	户籍人口16000人，常住人口7026人
面积	0.62平方公里	建成时间	1970年代
特性描述	老旧小区，人口老龄化凸显		
社区特色	组织开展特色教育活动，组建煤家园文宣志愿小队，开展煤家园志愿服务活动		
公服情况	无幼儿园，无大型商场，有对外经贸大学老干部活动中心一处；地面车位有378个，居民共有车辆456辆，现有停车位无法满足居民需求		
社区治理	创新社区社会治理新模式，推进社区和谐与稳定，抓实"门、楼、院、社"四级体系建设		
社区建设成就	将"小区环境差、群众反映强烈、改造后可持续"的住总小区列入社区党政群共商共治重点基础改造项目，提请街道作为民的实事折子工程		
社区问题及需求	市政南小区的问题与未来需求：1.院内绿化升级改造400平方米，建设休闲凉亭1个 2.营造小区文化，建设市政工人文化墙200平方米 3.安装监控探头9个 4.施划规范内停车位，规范小区安全通道，消防通道通畅 5.院内架空线梳理 6.老旧楼宇外墙保温，3栋楼 7.进行小区大门封闭管理，小区楼门安装智能门禁12个 8.增加院内内公共照明，安装路灯7个 住总小区的问题与未来需求：1.楼道内墙面粉刷280平方米，开展4栋楼12个楼门文化建设 2.院内绿化升级 3.增加院内公共照明，安装路灯4个 4.院内架空线梳理 5.老旧楼宇外墙保温，4栋楼 		

"社区画像"建立的工作档案

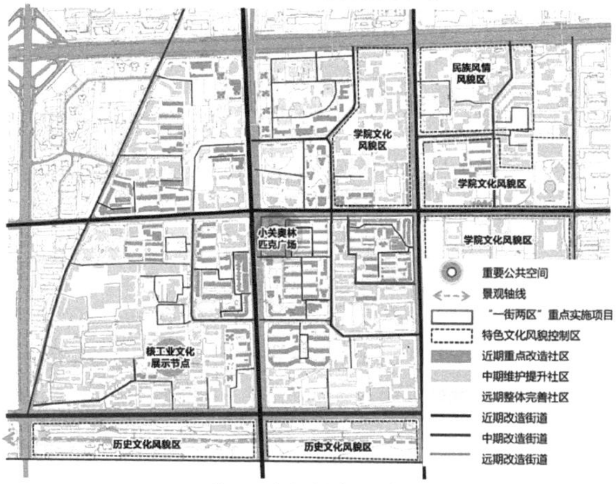

街区更新规划（一图）

住区整治项目库			街道整治项目库		
时序	街区名称	整治策略	时序	道路名称	整治策略
近期	惠新里	基础改造+品质提升	近期重点改造	安苑路	沿街立面风貌提升增设便民化设施
	惠新东街			惠新西街	
	安苑东街			惠新东街	
	育慧街			惠新里街	沿街建筑立面风貌整治
	惠新北里			惠新北里街	
	小关北里			相关社区级道路（见规划图）	路面整治、无障碍改造、合理安排路边停车
中期	高原街小区	基础改造+品质提升	中期品质提升	北土城东路	街区空间景观提升沿街建筑立面风貌整治提升各街道文化特色
	小关东街小区			北苑路	
	小关北里			育慧南路	
	惠新里小区			健安东路	
	罗马花园			小关东街	
	惠新西里			高原街	
	育慧南路小区			相关社区级道路（见规划图）	无障碍改造、合理安排路边停车
	惠中国小区				
远期	世纪嘉园	品质提升+综合完善	远期功能完善	北四环东路	街道服务功能完善
	惠新苑社区			安定路	
	惠新南里			相关社区级道路（见规划图）	
	蓝钰苑				
	北桃园				
	千鹤家园				
	奥东18				

街区更新规划（一库）

图8-10 "前期研究与工作准备"阶段的街区体检、社区画像、更新规划与社区动员

基底处理

色彩点亮

美丽的房间徐徐呈现

墙面彩绘

老朋友来了

集体创作

效果图

实景图

图8-11 小关绘：住总社区狭缝空间的墙绘改造过程
（资料来源：https://mp.weixin.qq.com/s/pTlxDUlsyJ-Ymdzsh6coMw）

住区和公共场所等的基本情况及更新诉求，完成了以"一图一库一表"为核心的街区更新规划成果和更新项目库。团队在属地开设"小关大讲堂"，针对居民和基层工作者不时组织规划宣传和交流培训，为街道和社区提供政策解读、案例分享与技术支持——这既有助于推动规划知识的传播，也便于引导基层工作观念转变，为街区更新营造良好的社会共建氛围。在社会动员和吸引多方力量共同参与方面，责任规划师组织策划了"小关绘"等一系列公众参与活动，带领居民自己动手绘制和改变社区消极空间，从而增加社区的黏合力和居民参与的积极性[①]。

8.4.2.2 北京最佳城市更新实践

为助力街区更新，2022年北京开展了首届北京城市更新最佳实践评选活动[②]，吸引全市100多家单位申报了210个项目。综合考虑项目的社会影响力和示范效应等，活动评选出16个"最佳实践"项目和18个"优秀案例"，涵盖居住类、产业类、设施类、公共空间类、区域综合类等（表8-4），体现了惠民生、保名城、调结构、补短板、提质量、促发展的更新方向和多元参与特点。

北京城市更新"最佳实践"和"优秀案例"项目　　　　　　　　　表8-4

类别	北京城市更新"最佳实践"项目	北京城市更新"优秀案例"
居住类	◆ 朝阳区劲松（一、二区）老旧小区有机更新项目 ◆ 石景山区首钢老工业区（北区）更新项目 ◆ 东城区光明楼17号简易楼改建试点项目 ◆ 通州区中仓街道北小园小区综合整治工程项目	◆ 石景山区古城南路东、西小区老旧小区改造项目 ◆ 大兴区兴华东里社区老旧小区综合整治项目 ◆ 西城区月坛街道真武庙五里3号院项目 ◆ 石景山区冬奥社区城市更新项目
产业类	◆ 海淀区中关村科学城·金隅智造工场项目 ◆ 丰台区首汇健康科技园项目 ◆ 西城区西单文化广场升级改造（西单更新场）项目 ◆ 通州区张家湾设计小镇城市更新实践项目	◆ 通州区北人厂（南区）老旧厂房改造提升项目 ◆ 怀柔区长城海纳硬科技加速器项目和凯利特人才公寓项目 ◆ 朝阳区751园区项目 ◆ 西城区首创新大都园区项目 ◆ 经开区星网北汽蓝谷项目 ◆ 西城区新动力金融科技中心改造提升项目 ◆ 丰台区福成大厦（丰台政务中心新址）装修改造项目 ◆ 东城区中粮广场项目 ◆ 朝阳区美克洞学馆改造提升项目 ◆ 朝阳区三里屯太古里西区（雅秀大厦）升级改造项目
设施类	◆ 海淀区一刻钟便民生活圈在学院路地区的更新实践项目	—
公共空间类	◆ "小空间·大生活"——百姓身边微空间改造项目 ◆ 朝阳区望京小街改造提升项目	◆ 东城区崇雍大街城市设计与更新实施示范项目 ◆ 西城区杨梅竹斜街环境更新及公共空间营造项目 ◆ 石景山区八角新乐园——八角街道腾退空间再利用项目

---

① 例如2019年8月，小关责任规划师团队会同街道办事处、北方工业大学、社区居民共同完成了住总社区狭缝空间的墙绘改造。狭缝空间位于社区邻里中心背后，是一条尽端式胡同，成为堆放杂物与垃圾的消极空间。责任规划师团队联合街道办事处、北方工业大学团队，动员社区居民共同参与墙绘的设计与绘制。经过粉刷的狭缝空间变得整洁明亮。更重要的是，在居民共同设计、亲手绘制的过程中，居民对这一空间的关注和认可度得到提升，增强了社区居民的自豪感与主人翁意识。

② 由北京城市规划学会主办，北京城市更新专项小组指导和市委城市工作办、市规划自然资源委、市住房城乡建设委支持。

续表

类别	北京城市更新"最佳实践"项目	北京城市更新"优秀案例"
区域综合类	◆ 西城区菜市口西片老城保护和城市更新项目 ◆ 东城区南锣鼓巷四条胡同(雨儿、福祥、蓑衣、帽儿)修缮整治项目 ◆ 东城区隆福文化街区修缮更新项目(一期) ◆ 石景山区模式口历史文化街区保护更新项目 ◆ 朝阳区丽都国际街区城市更新项目	◆ 东城区王府井城市更新整体升级改造项目(一期)

（资料来源：https://baijiahao.baidu.com/s?id=1738308480743757092&wfr=spider&for=pc）

入选项目在主体上呈现出多元参与特点，各项目均鼓励政府、企业、居民、社会组织共同参与，搭建沟通协商平台推进共建共治共享。项目一方面积极推动市场合作，如西城区菜市口西片区（简称菜西片区）保护更新通过金恒丰公司与建信住房的"银企合作"，为申请式退租后的院落剩余居民提供房屋租赁置换选择，通过空间置换（零散空间归并）实现"促整院"目标，这在改善原住户居住品质的同时，大幅提升了院落经营价值；另一方面，项目倡导居民积极参与，如中仓街道北小园小区改造坚持党建引领，广泛动员小区党员、志愿者、楼门长等骨干成员成立"6组1队"居民组织，统筹推进小区改造过程中的通知宣传、意见征集、秩序引导、矛盾调解、文明施工、质量监督以及其他志愿服务工作，改造结束后，"6组1队"逐步向"七彩志愿服务队"转型，形成常态化共治机制。

入选项目在资金上表现出多渠道来源特点，如望京小街更新项目中，政府出资1300万元，撬动社会资本出资4000万元[372]，共同推动项目实施。一些社会资本积极挖掘存量空间价值提升的潜能，通过自有资金投入推动更新项目落地，如真武庙项目中，实施主体探索了"租赁置换"下的原住民安置和空间改造租赁等市场化运作方式，实现了老居民的居住条件改善和新居民的职住均衡。

入选项目在空间上体现出服务首都战略定位、优化人民生活、推行精细化治理的街区统筹特点。历史地段的改造项目把老城整体保护放在突出位置，如南锣鼓巷四条胡同改造充分听取古建专家的意见和建议，组建三支具有古建修缮资质的施工队伍，严格把控工艺和材料做法，最大限度地保留院落胡同原有肌理、格局和老物件；模式口街区更新坚持把文化保护放在核心位置，充分挖掘历史价值，构建包括老墙、过街楼、文保单位、历史建筑在内的保护与传承体系，分区分类明确院落更新模式，推动单体保护向体系化保护传承的转变。部分典型项目关注民生改善，以老旧小区改造为重点，补短板、强弱项，通过日常生活环境的改善和服务水平的提升增强老百姓的获得感。项目强调精细化治理，以高水平设计引领城市更新，以多手段促进空间整合利用，如"小空间·大生活"项目统筹利用社区和街头的闲置、低效、脏乱差的小微空间，实现补充城市功能、提升环境品质、促进社区共建等综合目标；又如丽都国际街区更新从街区层面整体考虑，织补道路网络、串联绿化体系、塑造特色场所、完善区域设施来提升街区整体品质。

入选项目在运维上展现出注重长期持有和运营的特点。商业更新项目引入特色品牌，植入新业态并创造新需求、新消费，打造符合新时代需求的活力空间，如西单更新场定位为"青年、艺文、潮流"，通过首店/概念店效应，搭建别具一格的多元消费体验场景，成为年轻时尚潮流的发声地；隆福文化街区通过精选文化类品牌入驻，举办丰富文化活动等，不断提升运营品质，塑造老城区文化消费体验的新地标。民生改善项目亦探索了"微利可持续"的成本回收模式，按照居民需求将小区闲置空间利用为菜市场、理发店、老年食堂、社会活动场所等，通过特许经营等方式推进持有运营，在盘活低效空间的同时引入专业化物业服务。

8.4.3　统筹多渠道资源

空间生产理论表明，无论是国外资本主义经济体制还是我国社会主义经济体制改革中，城市空间不仅是社会经济活动的承载，而且已呈现出明显的商品化、市场化特征。由于区位条件与规划管控手段的不同，城市空间的价值存在巨大差异，经济利益导向的市场主体往往偏重于"租差"潜力高的更新项目，盈利空间小的项目则陷入难以推进的困境。但对于城市整体而言，不同功能和区位的空间需要同步更新，才能保障城市整体利益的最大化。

从规划管控与机制引导来看，容积率转移、产权置换、项目打捆、组合供地等是推动区域资源统筹利用的主要手段。北京街区更新实践尝试以多渠道资源统筹推动街区—体化更新，探索通过城市内跨片区、街区内跨项目、项目内跨环节等措施，从不同空间尺度与时间维度实现多层级空间资源的联动、多类型项目的搭配组合和多环节实施运作的协同。

8.4.3.1　区域统筹：推动资源联动

基于《北京城市总体规划（2016年—2035年）》明确的"一核、一主、一副、两轴、多点、一区"空间格局（图8-12），北京近年出台的更新政策强调从中心城向外的"圈层"发展引导，通过空间与功能结构的合理确定、关键指标的分层级传导措施，推动空间资源在市级、区级、街区级的联动利用，保障规划目标的实现[373]。

（1）市级统筹：功能与资源互补发展

根据新版总规、分区规划、街区控规以及专项规划要求，北京市不同区域城市更新的目标导向和任务重点不同："一核"强调保护更新，"一主"突出减量提质，"一副"承接功能疏解，"两轴"优化首都功能，"多点"全

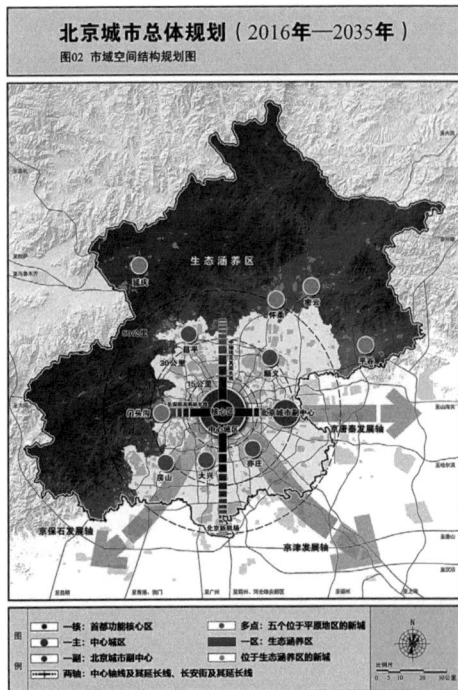

图8-12　北京"一核、一主、一副、两轴、多点、一区"空间格局

（资料来源：《北京城市总体规划（2016年—2035年）》（2017年9月，北京市人民政府公布））

面承接疏解[①]。在更新目标导向和各区自身资源禀赋的共同引导下，片区更新行动的制定需要立足市级层面的统筹谋划，通过跨行政区联动落实城市更新中功能与资源的互补发展。例如，北京回天地区由于单一居住功能的大规模集聚被称为"睡城"，近年来的"回天计划"行动通过优化道路网络、建设自行车专用道、增加公共交通供给等措施，强化居民与周边工作地的便捷联系；街区控规也进一步明确，要在增加片区就业岗位的同时，推动其与周边未来科学城、中关村科学城等的就业功能联动，促进区域融合。跨区资源互补还主要表现在人口外迁安置与空间资源的腾退利用上。例如，申请式退租是推进核心区城市更新工作的重要手段，即划定工作片区，片区内直管公房承租人以自愿申请的方式进行退租，从而逐步改善老城居住环境，实现核心区的"双减四控"[②]。《北京市城市更新行动计划（2021—2025）》提出，到2025年要在首都功能核心区完成平房院落的10000户申请式退租任务。《关于做好核心区历史文化街区平房直管公房申请式退租、恢复性修建和经营管理有关工作的通知》明确，申请式退租的申请人获得货币补偿后，可以选择共有产权房或公租房来获取新住房。在北京市房管局的统一管理下，核心区申请式退租项目在通州、朝阳、大兴等片区都提供有相应的保障房源（表8-5）。同时，在共有产权房申购和公租房申请中，核心区危楼简易楼改造、重点文物腾退、申请式退租换租的腾退安置家庭会被列入优先申请组别。在政府主导的项目之外，部分社会资本探索使用"租金置换、改善置换、养老置换"等综合性"租赁置换"模式，推动具有较好区位的老旧社区的更新改造与活化运营，实现"租差"收益各方共享。如西城区月坛街道真武庙五里3号院项目有效对接原住民希望迁出以改善居住条件的需求和周边就业人员期望就近居住的需求，实现了核心区与丰台、房山的功能联动与空间互补[374]。

北京部分申请式退租项目的安置房源　　　　　　　　　　　　表8-5

申请式退租片区	安置房源	
	共有产权房	公共租赁住房
西城区菜市口西片区	丰台区南苑合顺家园 房山区阎村镇金林嘉苑	通州区台湖镇璟秀欣苑
西城区大栅栏观音寺片区	丰台区南苑合顺家园 房山区阎村镇金林嘉苑	通州区台湖镇璟秀欣苑
西城区钟鼓楼周边	大兴区团河地区的首创·美澜湾 朝阳区豆各庄地区豆各庄项目	—
东城区皇城景山街区三眼井片区	通州区台湖地区阳光佳苑 朝阳区豆各庄地区豆各庄项目	—
东城区故宫周边院落	通州区台湖地区阳光佳苑 朝阳区豆各庄地区豆各庄项目	—

（资料来源：根据公开资料整理）

① 参见《北京市城市更新专项规划（北京市"十四五"时期城市更新规划）》。
② 《首都功能核心区控制性详细规划（街区层面）（2018年—2035年）》中提出"双控四降"："双控"指控制人口规模、控制建设规模；"四降"指切实把人口密度、建筑密度、商业密度、旅游密度降下来。

（2）区级统筹：建筑规模容量的统筹分配

容量提高、功能升级是存量更新时期空间提升的常见手段[1, 9]，但北京受人口密度与用地规模"双减"目标的约束，新版总规明确要求中心城区规划的总建筑规模实现动态零增长①，核心区更是面临严格的"双控四降"要求。在规模总量受控条件下，推动建筑容量的合理分配成为北京城市更新制度建设的重点。2020年北京市规自委出台《北京市建筑规模管控指导意见（试行）》，提出了建筑规模的市、区两级总量规模控制方式。《北京市建筑规模管控实施管理办法（试行）》提出区政府、开发区管委会是本辖区建筑规模管控实施的责任主体，负责统筹推进建筑规模指标的分解、管理、实施和监管；鼓励各区建立建筑规模指标流量池，加强流量指标在空间上的有序释放和精准投放；在保持区级建筑规模总量稳定的前提下，建筑规模指标可在区内以跨规划单元统筹平衡的方式，由区级政府通过总量管控、流量引导、存量更新等手段，实现建筑规模的区内统筹[375]。办法对城市更新中必须增加规模的部分情形给出了说明：对于确需补充完善的保民生、补短板项目，以及转型升级、功能提升类项目，通过盘活存量、规模挖潜等方式仍无法满足更新规模需求的，可在街区统筹中适度投放相应的建筑规模；对于符合规划使用性质正面清单前提下增加的建筑规模（如老旧小区加装电梯与补充公共服务设施、老旧楼宇增加安全设施、老旧厂房完善设施与加装隔层等情形）可由各区单独备案统计②。

（3）街区统筹：空间要素灵活调配

在"市—区—街区"的北京规划层级中，街区是将总体规划确定的人口、用地、建筑规模等关键指标往下传导的基础承接单元（最终将结合项目实施，把指标细分到地块）。北京在街区层面建立了"街区指引—街区控规—综合实施方案"组成的控规体系，城市更新以街区控规为指导，通过建立街区空间要素的灵活配置机制推进一体化更新。街区控规尝试强化单元层面的"粗图则"和规则层面的"细制度"，来实现"图则+规则"的控规运作[373]。2020年，研究中的《北京市控制性详细规划编制技术标准与成果规范》提出关键指标的灵活管理办法，指出了指标控制、设施与用地配置可在街区范围内调整优化的5类具体情形：①人口、用地和建筑规模在街区控规中深化调整；②街道/街区级设施在街区范围内、社区级设施在管控分区范围内改变位置、形状；③公园绿地和广场在管控分区内改变位置、形状；④街区内规划支路、街坊路进行线位优化；⑤居住和产业用地在街区内改变位置、形状。实施层面，北京探索综合利用用途兼容、产权置换等手段推动街区资源整合：①用途兼容方面，《关于实施城市更新行动的指导意见》提出通过正负面清单引导，以街区为单元实施城市更新，并明确各类更新对象及地下空间的用途兼容引导方式。正在谋划出台的《北京市建设用地功能混合使用管理办法》，提出了用途兼容的管理清单和兼容比例要求，明确商业服务业用地、公共服务设施用地、工业仓储用地等的用途转换与兼容管理办

---

① 参见《北京城市总体规划（2016年—2035年）》第二章第二节第26条。
② 即不计入常规的容积率账单中。建筑规模在区级层面的统筹管理，是实现北京市建筑规模控制目标，并满足部分更新项目规模增加诉求的重要路径。

法，推进街区功能的动态灵活配置。②产权置换方面，为解决核心区平房院落申请式退租中的空间破碎问题，《关于做好核心区历史文化街区平房直管公房申请式退租、恢复性修建和经营管理有关工作的通知》明确，区政府可制定平移置换鼓励政策，引导承租人在实施主体的统筹安排下平移置换到其他院落直管公房居住。菜西片区退租实践综合利用平移、置换、换租等方式整合院落资源①，实现院落租金从"共生院"的每平方米5—6元提高到"整院"的12元②，优化了院落空间价值的高效利用。

8.4.3.2 项目组合：寻求资金平衡

经济效益差异造成市场主体参与主动性的差别，开发商对于"增值型"更新项目往往趋之若鹜，而"投入型"更新项目由于增值空间受限而乏人问津。这种就项目论项目、就地块论地块的开发模式造成开发商"挑肥拣瘦""吃肉吐骨头"现象频发，导致城市更新项目的碎片化与城市更新实施推进的"冷热不均"[9]，继而引发公共服务设施配套难以保障、产业空间难以集聚等一系列问题[1]。

解决此类问题的突破口在于打破孤立思维，立足片区统筹，在更大空间范围内进行多个更新项目的整体改造策划，努力达成"新旧捆绑、肥瘦搭配、取长补短"等的项目整体平衡，从而吸引市场主体参与"街区"改造，进行多个单点项目的整体投资[151]。深圳要求拆除重建类城市更新单元更新过程中，需要向政府无偿移交面积不小于3000平方米、比例不低于15%的"公益用地"用于基础设施、公共服务设施建设，或由开发商代建公共服务设施，政府给予容积率奖励——其本质在于对更新收益和公共责任进行组合分配，推动片区更新一体化。在北京，此类实践突破尚不多见，主要以更新实践中的项目组合、片区统筹为主要做法。

（1）项目组合实现资金平衡

老旧小区改造是探索社会资本参与更新并实现资金平衡的难点领域。愿景集团在老旧小区改造中，通过项目组合逐渐探索出"小区内、片区内、跨片区"的资金平衡模式：①在劲松老旧小区改造的"劲松模式"中，愿景集团将物业服务、停车收费、服务设施经营等增值型项目与前期公共空间与设施升级改造等投入型项目进行组合，通过"肥瘦搭配"寻求资金平衡；②在石景山鲁谷六合园社区改造中，愿景集团梳理了片区内的资源与居民诉求，新建了集屋顶花园、立体停车、便民服务等功能为一体的停车综合体，通过后期运营收费来平衡前期楼梯改造、管线整合、景观提升等投入，是通过"持续运营"实现资金平衡的尝试，借助"一揽子改造、一本账统筹"寻求片区内多个项目间的整体资金平衡；③在大兴区清源街道改造中，愿景集团通过区政府统筹不同街道和社区的资源，以区域内强势资源带动弱资源社区，将清源街道枣园社区和兴丰街道的废旧锅炉房打包，利用把锅炉房改造为15分钟生活圈中的邻里中心来平衡枣园社区的改造投入③。愿景集团的实践表明，单个小区改造的资金平衡受其

---

① 例如，将不愿意离开本区域的原居住者转移到其他临近院落居住，实施主体获得其原房屋的租赁权。
② 通过置换，解决了了退租户也有不退租户的"共生院落"因为空间处置零散带来的难以管理和租金低下问题，以此实现整个院落的更新改造。
③ 内容来自2022年7月12日首届北京城市更新论坛会议上，愿景集团城市更新事业部执行总经理简伟所作题为"城市有机更新实践探索——愿景集团"的演讲观点。

资源禀赋影响较大，立足更大范围梳理片区资源，通过片区内不同项目的组合来推动整体更新是实现资金平衡的有力途径。基于此，《关于引入社会资本参与老旧小区改造的意见》明确，区政府确定的实施主体"既可作为单个小区的实施主体，也可通过区政府组织的大片区统筹、跨片区组合，作为多个小区及周边资源改造的统一实施主体"，同时"区属行政事业单位所属配套设施，以及区属国有企业通过划拨方式取得的小区配套用房或区域性服务设施，经专业机构评估，可将所有权或一定期限的经营收益作为区政府老旧小区改造投入的回报"。

（2）片区统筹实现一体化更新

针对"投入型""增值型""平衡型"的多种项目类型，建立整合的更新打包与长效维护机制，可实现整体收益平衡与持续性更新推进。申请式退租是北京以片区为单元进行一体化更新的重要实践。在菜市口西片区更新中，政府授权社会资本成立金恒丰公司作为实施主体，负责推动片区内的规划设计、退租改善、建设运营等工作。在2020—2022年的项目谋划中，"投入型"项目主要包括约3300余平方米的公共空间、总长1600余米的立面修缮和市政管线改善，以及简易楼、停车楼、自行车棚、化粪池等配套设施优化；"增值型"项目主要包括政府授权的为期50年约13000平方米的退租院落的运营收益；"平衡型"更新主要涉及片区内由居民自行出资进行的改善申请与修缮。与由不同主体负责实施单个项目不同，金恒丰公司通过建立片区内统一的财务管理机制，更易实现不同项目间的资金平衡。《北京市城市更新条例》中提出，"政府投资为主的城市更新项目，可以由区人民政府或者实施主体将相同、相近类型项目或者同一实施单元内的项目统一招标，统一设计""可以将区域综合性更新项目或者整合多个城市更新项目，划定为一个城市更新实施单元，统一规划、统一实施"，并进一步明确了鼓励项目组合实施与片区一体化更新的多种情形：①居住类、产业类城市更新项目可将边角地、插花地、夹心地同步纳入实施方案，同步组织实施；②推动轨道交通场站及周边存量建筑一体化更新，推进场站用地综合利用，促进场站与周边商业、办公、居住等功能融合；③区人民政府可以将区域综合性更新项目或者多个城市更新项目，划定为一个城市更新实施单元统一规划实施。

8.4.4 统筹多环节运作

交易成本是经济社会活动运作中的非生产性投入，降低不必要的交易成本对提高资源配置效率起着至关重要的作用。在城市建设模式转型过程中，制度建设的滞后性与行动惯性的存在推高了城市更新项目的运作成本，使其成为总成本中不可忽略的组成部分。制度转型优化的重点在于两方面：一是，明确更新项目的运作方式与运作流程，推动"非必要"交易成本的降低，提高项目运作效率；二是，鼓励公众参与并推动多中心治理格局的形成，提高项目决策的科学性，以及"必要"交易成本带来的效率。

北京在街区更新中积极推进"规建管一体"，帮助打通更新全流程，在节约不必要环节的同时便于各工作步骤的高效协同。EPCO总承包模式①强调"策划—设计—采

---

① EPCO（Engineering Procurement Construction，Operation），即工程建设项目的设计、采购、建造、运营一体化全过程总承包。

购—施工—运营"的全生命周期服务，符合城市更新从建设施工思维向综合治理思维的转变诉求，因此近年来被广泛使用和讨论，并衍生出"F+EPC+O"（投资+工程总承包+运营服务）、"EPC+BOT"（工程总承包+建设、经营、转让）等做法。其核心内涵均突出规划建设环节与管理运营环节的一体化协同，以此推动城市更新项目的高效可持续运作：①简化行政审批环节，通过规划统筹和施工整合，减少政府管理压力和方便项目推进；②提高项目综合效益，把运营管理方案前置到策划、设计和施工等环节统筹考虑，提升资源和设施配置的合理化和有效性；③打破行业壁垒，激发市场潜能，推动物业管理行业从传统"物管"向"综合运营"转型，在老旧小区等改造中促进闲置空间的功能再造、服务升级和社区消费激活[152]。

北京城市更新制度设计鼓励发挥社会资本的专业管理与运作能力，推动社会资本从前期谋划到后期运营的持续参与：①社会资本在前期谋划阶段参与街区更新，有利于充分挖掘片区资源、精准识别片区问题、推动行政审批流程简化。《北京市城市更新条例》提出，"区人民政府或者实施主体在项目纳入城市更新计划后，在项目主体、招标内容和资金来源等条件基本确定的前提下，可以依法开展勘察设计招标等工作"；②社会资本在后期运营阶段参与街区更新，有利于项目的持续维护和盈利，帮助平衡前期改造成本。《关于老旧小区更新改造工作的意见》鼓励具有规划设计、改造施工、物业管理和后期运营能力的企业作为项目投资和实施主体，《关于引入社会资本参与老旧小区改造的意见》明确区政府可通过"投资+设计+施工+运营"一体化招标确定老旧小区改造实施主体，《北京市"十四五"时期老旧小区改造规划》鼓励社会资本通过"改造+运营+物业"的全过程参与，在微利可持续盈利模式下以多种方式参与老旧小区改造。

西方国家"在城市上建造城市"的阐述形象地揭示了城市更新过程的复杂性多元的参与主体、复杂的操作流程、漫长的运作周期均提高了城市更新的实施难度，需要统筹谋划、重点推进、分步实施。北京街区更新强调以小规模、渐进式、可持续为基本原则，以点带面，降低环境影响、发挥带动效用、探索经验模式并保障有序实施。

从降低环境影响来看，城市更新项目推进过程中，工程建设中的交通、噪声等问题会对周边环境产生影响，需要项目组积极与周边居民沟通，以降低更新中的工程影响并保障既有功能运行。位于西城区的新街高和项目，将原有商业功能改造为商业和创意办公的综合体，采用持续改造、局部更新的方式，分期对建筑外幕墙、办公区室内装修以及商业空间、停车场、屋顶花园等其他建筑内外实施局部改造，确保了更新期间入驻企业的正常运营，大幅度降低了改造对企业和周边环境的影响[376]，是城市渐进式更新手段的有效尝试。

从发挥带动效用来看，成功的城市更新项目具有提升整体环境、提高周边地价、带动周边更新等正外部性。充分发挥先期项目的触媒带动作用，有助于激发区域的整体更新。朝阳区光华里5、6号楼项目通过拆除重建的方式，对原有危旧楼房进行改造，实现原有居民分户居住的同时大幅度改善了居住环境[377]，项目完成后在光华里社区起到了良好的示范作用，周边居民主动申请更新改造并且具有较强的出资意愿，发挥了单个项目以点带面的效能。

从探索经验模式来看，北京立足自身实际，通过试点项目带动积累经验并作为政策制度研究出台的重要基础。其中，"劲松模式""首开经验"已分别成为老旧小区微利可持续改造模式、国企多维度参与城市更新改造的标杆，多次被写入政府文件；城市更新"最佳实践"项目和"优秀案例"评选，也通过政府方、企业方、学术界的交流互动，总结和宣传了北京案例的实践模式与亮点经验。

从保障有序实施来看，编制行动计划、建立项目库等是推动城市更新从规划计划到有序实施的重要工具。《北京市城市更新专项规划（北京市"十四五"时期城市更新规划）》明确了"制定计划推行动，有序保障促实施"的做法①。北京2018、2021、2022年三次出台老旧小区综合整治计划，明确改造任务与改造重点，成为更新工作推动的具体指导。《北京昌平区回龙观、天通苑地区CP02-0101～0602街区控制性详细规划（街区层面）（2020年—2035年）》依托基层社区治理和多元协商共治，滚动更新"街区问题和资源清单""需求和愿景清单""策略和政策清单"，持续生成街区更新的"任务清单""项目清单"，将之动态纳入回天地区行动计划及城市更新行动计划，变一次性工作为长期动态跟踪推进来保障规划实施[378]。

总体上，"以街区为单元、以街道为抓手、以责任规划师为纽带、以项目为带动"的北京街区更新与精细化治理格局初步形成，且街区更新机制、责任规划师制度已经纳入《北京市城乡规划条例》《北京市街道办事处条例》等法规文件之中。尽管如此，北京街区更新的制度体系还未成熟，配套政策亦不健全。街区更新作为北京城市治理的工具，在如何继续有效落实上位规划、增强其落地性和可实施性、明确法定地位和工作要求、获得系统性政策支撑等方面仍待探索。

---

① 专项规划提出根据街区问题和资源清单、需求和愿景清单、策略和政策清单，综合考虑居民需求紧迫度、产权主体意愿、实施难易程度等，合理安排时序，统筹生成街区更新任务清单、项目清单，确定实施主体、实施模式、实施路径、实施时序，明确指标投放方式和项目捆绑方式，以项目为抓手推动规划实施。

第 9 章

北京责任规划师制度：走向多元共治

为弥合政府管理与社会自治、精英规划与公众需求之间的鸿沟，北京自2019年正式全面推行"责任规划师"制度，并将其作为强化街区更新和基层治理的重要举措。责任规划师由政府为各街道、乡镇聘任，通过陪伴式服务来指导和促进以共建、共治、共享为目标的基层建设，推动基层相关工作从"精英规划"走向"多元共治"。作为全国首个在全市范围内规范化、秩序化统一推进"基层规划师"建设的城市，北京在落实以"街区更新+项目带动+责任规划师"为特色的城市更新路径上迈出了重要的一步。本章在梳理国内外基层规划师实践做法的基础上，对比剖析北京责任规划师制度的建构历程、行动机制与角色转型等，并针对北京责任规划师制度发展面临的主要挑战提出优化建议。

9.1 规划治理变革与基层规划师的兴起①

在经济增速和城镇化进程放缓、公共健康危机突显、存量挖潜需求加剧的特殊转型期,国家不断强调治理体系与治理能力现代化的重要性。与此相适应,城乡规划从传统的技术性工作迈向更为广泛的治理行为,已经成为近十年来我国规划治理变革的重要内容之一,体现在基层即是当前各地不断涌现出的"基层规划师"制度。基层规划师在不同地方称谓不同,如社区规划师、责任规划师、社区营造师等,其实质都是规划设计技术力量深入以"街道"和"社区"等为代表的基层,通过长期的陪伴服务来推进城市空间精细化改造与建设的一项制度创新。

长时间以来,基层总是被阻隔在传统城市规划运作体系之外。这种城市规划行动"止步"或"脱离"基层建设、忽视社区规划与社区治理的做法,不仅造成了规划与基层间的鸿沟与分离,而且将规划搁置于"高高在上"的专业技术与精英决策地位之上。事实上,基层政府一直担负着城市建设事务并急需规划技术的服务与支撑。仅就街道办事处来说,他们不仅每年负责大量政府专项建设资金的使用和落地,操持诸如公共空间更新、背街小巷治理、老旧小区改造等项目的具体落实;同时还要对接辖区内各社区居委会,协调解决居民的各类空间环境整治问题与诉求。过去由于缺少相关的规划意识和权限,很多街道办事处开展这类工作时,往往直接寻找施工队或者小设计公司来落实项目进程,其结果重在工程的按期完成而非高品质的空间提质和精细化的社会共治。由此导致一些基层建设行为结果并不理想,如一刀切的"开墙打洞"治理、单调划一的店面广告牌匾整治等不时为社会所诟病。

可见,广泛动员专业规划技术人员"下基层",以持续跟踪和服务基层规划建设,已经成为新时期规划变革的重要使命。"基层规划师"制度正在逐步发展成为弥合政府管理与社会自治、精英决策与公众需求之间鸿沟的重要制度创新。基层规划师作为一股"新力量"介入基层治理体系之中,带来的不仅是基层规划技术支持的提升,更是基层规划治理体系和权力的重构,推动着城市的规划建设与管理方式走向多元主体参与下的社会共治,以实现现代高效的城市精细治理与空间优化利用。

9.2 国内外基层规划师制度比较

基层规划师是指长期深入以街道、乡镇或社区等为代表的城乡基层,为一定地域提供持续性、跟踪性规划服务的专业技术人员或团体,在不同国家或地区的称谓

---

① 本章内容主要来自:唐燕,张璐. 从精英规划走向多元共治:北京责任规划师的制度建设与实践进展 [J/OL]. 国际城市规划. [2021-04-16]. http://kns.cnki.net/kcms/detail/11.5583.TU.20210415.1723.002.html;唐燕. 北京责任规划师制度:基层规划治理变革中的权力重构 [J]. 规划师,2021(6):38-44.

各有不同。1960年代以来，美国等西方发达国家随着民权与社区建设运动的兴起，涌现了专门聚焦社区规划的"社区规划师"（Community Planner）。在我国台湾等地，一些类似的角色也在不断涌现，被称为"社区营建师""社区建筑师"（Community Architect）等（表9-1）[379]。陈有川[380]认为社区规划师是不同于现有政府规划师、职业规划师的第三类规划师，转而从事社区更新、社区复兴与社区管理等工作。

国内外基层规划师制度概览 表9-1

地区	时间	产生背景	担任人选	任职方式	工作范畴	资金保障
美国	1960年代	民权运动	规划师、财政专务、人力资源专务、医疗专务、信息专务等	• 规划部门、社区组织、非政府组织三方合作； • "社区发展经纪人"； • 政府聘用	• 编制社区规划，提供专业技术服务； • 组织社区公众参与活动； • 规划实施	社区项目申请经费
英国	1990年代	社区规划	社区参与官员、志愿者组织、社区理事会、企业和商会、专业机构	• 设立社区规划合作组织	• 沟通政府与地方不同层级的合作、提供公众参与途径、解决社区需求	政府专项经费
日本	2000年以来	精英主导的城市空间对弱势群体的排斥	非营利组织、房地产人员、建筑设计人员、媒体策划人员	• 自下而上	• 提供激活社区的干预措施和政策； • 调查社区资源，通过社区互动释放创造潜能； • 带动社区自治、共治能力的培育和社区网络关系梳理	政府资金支持
中国台湾	1990年代	政治民主化与社运	规划师、建筑师、景观师	• "社区规划师荣誉制"； • 社区规划师媒合商请制度； • 评委会审查评选	• "社区规划师工作室"，提供社区居民在地专业咨询服务； • 地区环境改造、更新课题的咨询、规划和设计； • 协助社区制定"地区发展计划"； • 负责相关网页维护； • 参与各地都市发展局委托的相关事宜，协助社区推进相关事务	政府出资无偿义工
中国深圳	2012年	农村社区城市，规划工作中政府与社区间的脱节	处级干部挂点担任、规划师	• 政府派出； • 社区聘请	• 收集并协调公众意见； • 以设计影响法定规划	政府专项经费或其他
中国成都	2013年	规划实施困难，已有规划难以满足社区发展要求，急需推进规划进社区	规划师	• 政府聘用； • 规划业务骨干组队挂点任职	• 调查了解街道社区居民对涉及本区域规划工作的需求和建议； • 对近年来重大规划实施效果征集意见； • 对拟定的重大公共政策、规范性文件，到街道、社区基层征求意见； • 对区域范围内进行各项规划修改、方案调整等，到街道、社区收集反馈意见； • 宣传涉及全市各区经济发展的重大规划； • 在社区开展规划咨询工作	政府出资

续表

地区	时间	产生背景	担任人选	任职方式	工作范畴	资金保障
中国上海	2015年	完善治理体系，促进公众参与	规划师、建筑师、景观师、社会组织	◆ 自上而下； ◆ 街道聘请	◆ 专业咨询：城市更新的政策指导建议和策略； ◆ 设计把控：必要时为社区提供空间改善措施及具体的设计方案； ◆ 实施协调：全过程指导更新项目实施，作为社区更新各利益相关方沟通的媒介； ◆ 技术服务：现状调研、方案建议、政策理念宣传、监督实施、活动组织和后期运营维护等	政府专项经费

（资料来源：根据参考文献［379］［381］［382］［383］等整理）

　　基层规划师制度的崛起，是城乡规划从精英行动向社会共治转型的重要体现。城市建设中的多元共治与传统政府管理不同，是指由政府、社区、居民、物业公司、社会组织和设计师等不同类型主体，就城市和社会公共事务等进行广泛交流、磋商和思考决策，进而调整各方利益、达成行动共识的城市治理模式。在具体实践中，这种多元共治转型主要表现在参与主体多元化、角色关系平等化、决策方式协商化、利益诉求协同化等方面。其内核是公共理性价值和民主意识的觉醒[124]，改变了以往以政府、市场为主的利益博弈关系，使得社区与居民不再只是被动接受规划管理与建设的结果，而能充分参与、知悉和共同分担相关责任与义务。当规划不再是政府"自上而下"塑造城市空间的政策工具，转而成为社会共同治理的行动时，表明规划师已经逐步走出"向权力讲述真理"的传统技术精英窠臼，更加注重规划过程中的"沟通"与"协调"，强调基层建设问题的跟踪应对和社会参与的发起。

　　对比国内外一些典型基层规划师制度，可以发现各地的做法表现出与本土国情或本地特色相适应的在地化和差异化特征。其中，社区规划师在美国是一类特殊的角色：美国规划师协会设立有专门的社区援助项目（GAP），有规划编制需求的社区以及热心社区建设的规划师均可填报，获得申请通过的规划师将介入社区规划并向社区提供专业服务（图9-1）[381]。1990年代，协同规划的工作方式逐渐成熟，英国政府及规划师开始推动社区居民、非营利组织、社会组织、商业机构等共同参与到社区发展规划之中[382]。社区规划师是英国社区规划合作组织的重要成员或合作者，通过沟通协调、统筹地区发展规划与社区规划来谋划社区未来（图9-2）[383]。

　　在亚洲，20世纪末期的日本城市中精英主导的城市空间对弱势群体及平民人群的排斥日益严重。社区设计师由此出现，他们改变了精英主义的规划做法，负责协调政府、开发商、非营利组织、市民团体、个人等的多元参与来推进社区营造[384]。我国台北市在1999年推出社区规划师制度①，熟悉当地情况的规划师被允许作为社区规划师为社区提供规划服务（图9-3）[385]。2012年，深圳市颁布《社区规划师制度实施

---

① 1995年台北市政府推动"地区环境改造计划"，鼓励市民团体申请改造地区公共生活环境的计划，并由专业规划师协助完成，开启了社区规划师机制的雏形。

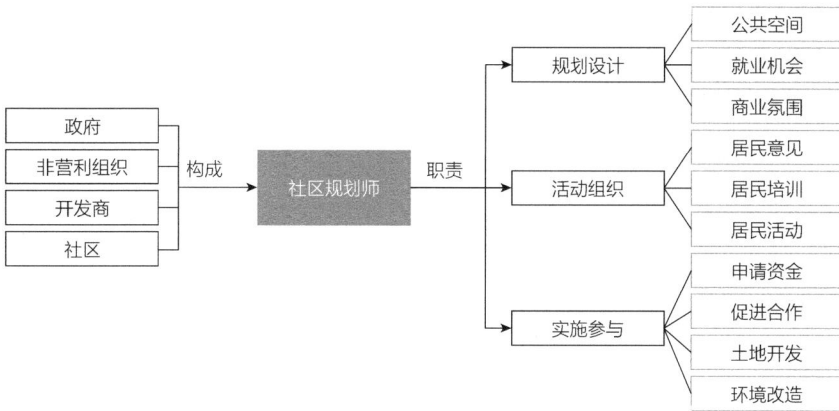

图9-1　美国的社区规划师体系
（资料来源：根据参考文献［381］整理）

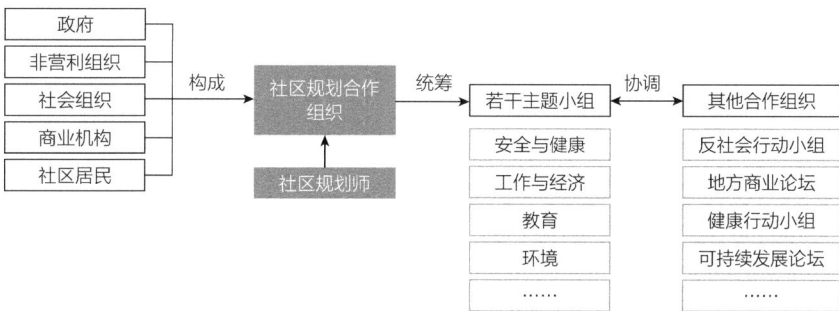

图9-2　英国社区规划组织体系
（资料来源：根据参考文献［382］整理）

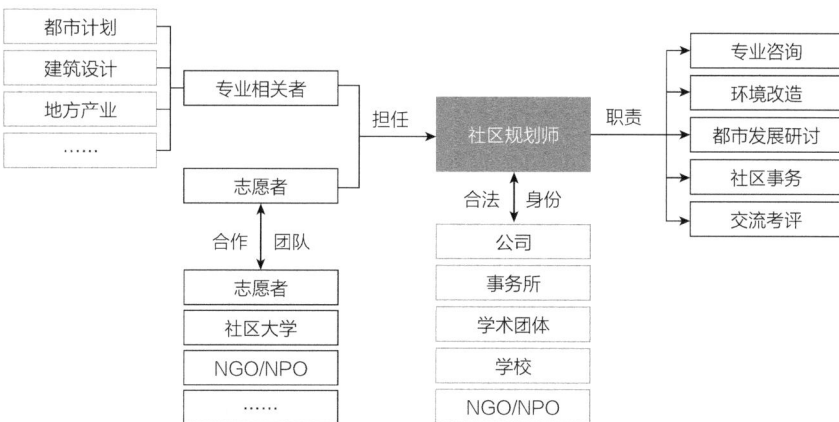

图9-3　我国台湾省的社区规划师体系
（资料来源：根据参考文献［386］整理）

方案》并建立四种主要的社区规划师模式，包括派出行政力量担任、派出规划编制单位专业技术人员担任、社区自主聘请规划师、原农村集体经济组织依据市场规则聘请规划设计人员提供规划设计服务等（图9-4）[①]。2013年，成都市出台《关于在成都市中心城区实行社区规划师制度的实施意见》，选派专

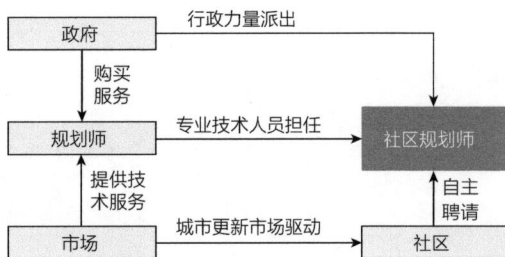

图9-4　深圳社区规划师模式
（资料来源：根据参考文献［379］整理）

业的规划从业者作为社区规划师，协调市、区、街道、社区的规划工作。上海市杨浦区于2018年创建社区规划师制度，社区规划师与街道（镇）结对聘任，对地区城市更新工作提供长期服务（图9-5），以实现街区的整治提升与精细化管理[②]。

　　国内外基层规划师制度建立的逻辑不同，溯其根源是意识形态与国家制度的差异。英美等国的社区规划师制度主要源自于社区自治意识与自我发展的需求，通常自下而上产生，由社区申请或自主聘请规划师开展社区规划。因此，社区规划师的直接服务对象是社区，需要协助社区制定发展计划、帮助居民实现建设诉求，并与政府部门进行沟通协商，为社区争取相应权利。由此，国外社区规划师的重要特性是"在地性"，充分了解社区、认同社区文化、尊重居民意见、长期驻扎社区等成为社区规划师需要具备的重要条件。我国基层规划师制度的建立主要来自于自下而上的规划变革与社会治理需求，通常基层规划师作为第三方由政府聘任开展工作：政府通过制定政策、建构机制来赋予责任规划师相应的权利；责任规划师肩负着动员社会力量参与城市更新、培育社区自治能力等责任，并由政府对其工作进行评估、监督与鼓励。在这种关系下，责任规划师的工作一方面依赖于政府授权与监督，另一方面需要与政府保持相对独立的第三方立场来开展基层服务。

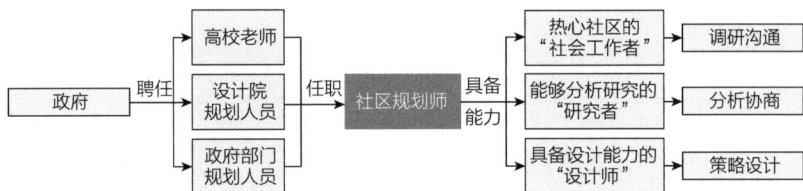

图9-5　上海社区规划师角色
（资料来源：根据参考文献［379］整理）

[①] 深圳社区规划师制度的探索普遍被认为是自上而下的制度反思，更近似"片区责任规划师"。
[②] 上海市于2015年5月发布《上海城市更新实施办法》与《中共上海市委政府关于进一步创新社会治理加强基层建设的意见》等文件，引导公众参与社区微更新实践。

9.3 北京责任规划师制度的建设历程

　　"责任规划师"是基层规划师制度在北京的具体实践。北京在大约十年前便在少数街道或城市地段零星开展了基于规划师陪伴、社会大众参与的基层规划师实践，但全市责任规划师制度的正式设立始于2019年。责任规划师制度在北京的全面建构主要经过了早期试点、实践推广和制度确立三个阶段。

　　①早期试点阶段（2015年以前）。为应对城市建设面临的规划落地实施难、百姓表达诉求意愿高等潜在情况，北京市于2004年左右首次形成有关责任规划师的构想[349]。2008年《城乡规划法》颁布后，北京市规划委员会①在部分街道办事处搭建"社区规划公众参与平台"，由相关规划师负责听取和协调该区域内的各方利益诉求，帮助调整和完善有关规划方案的编制[387]。北京市朝阳区劲松街道、西城区什刹海街道等均为当时的试点。2009年东城区菊儿社区设置"规划进社区"试点，2014年朝阳门街道成立史家胡同风貌保护协会，进一步推动了规划师带动下的多方共治探索②。总体上，这一时期在北京市规划委员会的引导下，相关实践以社区为单元试点、以社区规划为主要工作内容，逐步摸索出街道、社区、规划师合作治理的工作新模式。

　　②实践推广阶段（2015—2018年）。2015年，习近平总书记提出要疏解北京"非首都功能"，推进京津冀协同发展；2017年《北京城市总体规划（2016年—2035年）》发布，明确了减量提质、推进城市更新、强化公众参与的发展方向。规划师通过与居民沟通协作来推动规划编制和实施的试点实践，在北京中心城的更多地区以更大规模推广和实验。2017年8月，东城区17个街道试点启动街区责任规划师团队机制，以审查规划设计、推动规划落地、全程跟踪指导、监督项目施工和推进社区营造等③；2018年海淀区开展6个街道的责任规划师试点；西城区全区于2018年12月推行责任规划师制度。东城、西城、海淀等区的探索实践，为全市建立责任规划师制度提供了宝贵经验。

　　③制度确立阶段（2019年以来）。2019年3月，北京市新修订的《北京市城乡规划条例》正式提出"推行责任规划师制度，指导规划实施，推进公众参与"。《北京市责任规划师制度实施办法（试行）》紧跟发布，标志着责任规划师制度在北京市级层面的正式确立。2020年，《北京市责任规划师工作指南（试行）》《北京市责任规划师工作考核办法（试行）》分别于9月和11月出台，进一步明确了责任规划师的职能定位、工作内容与评价办法。责任规划师作为独立的第三方，由区政府（街乡镇）选聘，规划师、建筑设计师、相关社会组织等均可受聘，负责指导规划实施、推进公众参与、

---

① 北京市规划委员会（首都规划建设委员会办公室）于2000年组建，2016年7月市政府决定设立北京市规划和国土资源管理委员会，不再保留北京市规划委员会、北京市国土资源局。2018年11月，将原市规划和国土资源管理委员会、市勘察设计和测绘地理信息管理办公室的职责，以及市发展和改革委员会的组织编制主体功能区规划职责，市水务局、市园林绿化局的资源调查和确权登记管理职责等整合，组建北京市规划和自然资源委员会。

② 源自东城区责任规划师赵幸在2019年"朝阳门TALK"责任规划师交流论坛的分享。

③ 2018年8月全区覆盖。

为责任范围内的规划建设和管理行动等提供专业指导和技术服务（图9-6）[①]。市区政府及其规划部门需要对责任规划师工作提供指导、协助、资金支持与基础资料保障，区政府（规划分局）负责对责任规划师的工作进行监督评估[②]。

在实际运行中，北京各区责任规划师的聘任、管理和工作方式呈现出明显的多样性，大部分区县在工作摸索阶段试行了责任规划师的一年一聘且以兼职为主（按照年度签约），也有少数地区推行了全职责任规划师制度（如海淀区）。截至2021年年底，北京市16个城区及亦庄经济技术开发区已全部完成责任规划师聘任，近300个团队承担全市333个街乡地区的责任规划师工作，覆盖率100%。大量业内专家领衔北京的责任规划师工作，发起或协助搭建项目实施平台，立足基层推动了一系列更新项目创新。2021年，北京责任规划师深度跟踪近300个老旧小区综合整治项目，孵化落地了100个城市小微公共空间更新项目，在落实总体规划、推动城市更新和提升街区治理水平等方面发挥了重要作用[388]。

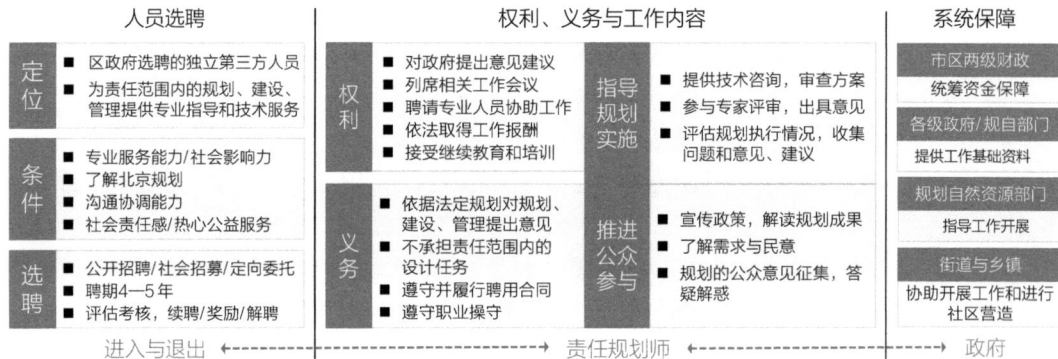

图9-6 《北京市责任规划师制度实施办法（试行）》相关规定

9.4 责任规划师的运作机制与角色转型

9.4.1 工作层级与行动机制

北京实行"两级政府，三级管理"的行政模式，责任规划师管理也对应确立了"市级统筹，区级推进，街乡落实"的工作格局。

市级统筹方面，北京市规自委成立"责任规划师工作专班"负责统筹全市责任规划师制度的推进（图9-7），北京城市规划学会对应成立"街区治理与责任规划师

---

① 针对责任规划师的人员选聘与考评、权利与义务、工作内容、系统保障等，《北京市责任规划师制度实施办法（试行）》从多个方面明确了责任规划师的工作机制。

② 责任规划师的履职评估和绩效评价原则上由区政府组织，每年开展一次，责任规划师向政府提交年度述职报告以及对责任街区主管部门的绩效评价报告。

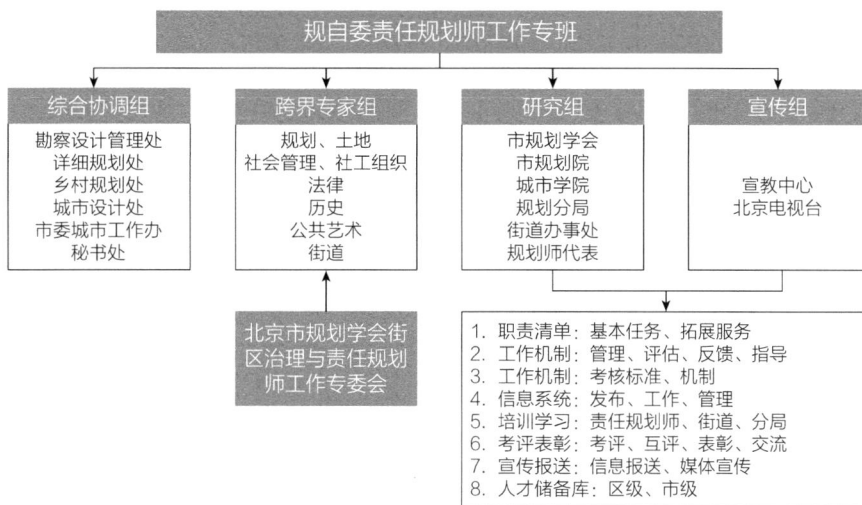

图9-7　工作专班组织构架
（资料来源：根据2019年责任规划师工作年终交流会相关图示绘制）

工作专委会"，为责任规划师的制度运行建言献策[389]。市级工作专班主要发挥三大作用：一是增强责任规划师团队的综合素养，通过提供多领域的培训丰富责任规划师的知识技能，举办论坛、学术对话等促进责任规划师之间的经验分享与问题交流；二是面向责任规划师提供服务与工具支撑，通过搭建信息化平台来推进知识课堂、数据信息、智能工具、动态感知等在责任规划师工作中的交互使用；三是总体把控责任规划师的工作执行情况，总结经验、发现问题，形成调研报告并进行评估表彰。

　　区级推进方面，区政府（规划分局）负责推进各区责任规划师制度的具体开展。各区在市级规定的基础上，从本地实际情况出发出台独具特色的责任规划师工作方案（表9-2），并为街道、乡镇等选聘一一对应的责任规划师或团队。责任规划师在各区被赋予西师、海师、葵花籽、小蜜丰等特色昵称，并形成了诸如"1+1+N"（海淀区）、"1+24+N"（丰台区）、"中方+外方"（朝阳区）等多层级或多角色的团队结构。不同地区责任规划师的具体工作实践侧重点各异，形成了按需供给的多元化格局：东城区和西城区的历史文化遗产众多，试点工作开展较早，责任规划师的工作重点围绕老城保护与旧城更新展开，着力推进街巷空间整治、胡同院落改造、居民参与设计等；海淀区和朝阳区分别以高校、科研和国际化为特色，责任规划师工作主要围绕公共空间改造、街道与片区环境提升、老旧小区更新等行动展开，强调存量空间提质与城市风貌优化；大兴区属于北京近郊，属地内包括大量乡村地区，因此配置"乡村责任规划师"开展精准服务，工作重心偏向土地利用监管、规划编制与落实、特色乡村建设等；通州城市副中心率先推出责任"双师"制度，将"责任规划师"与"责任建筑师"纳入同一体系，力图实现从规划到建筑设计的全流程治理[390]。

北京各区责任规划师工作开展概况（统计截至2021年2月）　　　　　表9-2

城区	责任规划师（团队）	首聘时间	文件政策	构成特点
东城区	核桃仁	2017年8月试点启动；2018年8月23日举行聘任仪式	《东城区街区责任规划师工作实施意见》（2018年6月）	14家设计单位与高校任职，覆盖17个街道；团队库+双向选择
西城区	西师	2018年12月完成聘任	《西城区责任规划师制度工作方案》	10家设计单位任职，覆盖15个街道
海淀区	海师	2018年3月，开展6个街道试点；2019年3月签约高校合伙人，4月完成街镇责任规划师聘任	《海淀街镇责任规划师工作方案（试行）》（2018年12月）	1+1+N：1名全职街镇规划师+1名高校合伙人+N支专业团队
朝阳区	向日葵与葵花籽	2019年6月12日举行聘任仪式	《朝阳区责任规划师制度实施工作方案（试行）》	36支责任规划师团队+54名首席规划师，部分街道聘任外籍责任规划师团队
大兴区	兴师	2019年7月9日举行聘任仪式	《大兴区乡村责任规划师工作制度（试行）》	1+36：1名区级乡村总责任规划师+36名镇级乡村规划师
门头沟区	门师	2019年8月完成聘任	《门头沟区乡村责任规划师工作实施意见（试行）》	13支乡村责任规划师团队
石景山区	筑梦石与小石子	2019年11月4日举行聘任仪式	《石景山区责任规划师制度实施办法（试行）》	1+N+X：1名首席规划师+N名团队成员+多方力量
丰台区	小蜜丰	2019年11月完成选聘	《丰台区责任规划师制度实施工作方案（试行）》《丰台区责任规划师和社区规划志愿者工作组织及任务清单（试行）》	1+24+N：1名总规划师+24名单元责任规划师+N名社区规划志愿者
延庆区	妫画师	2020年1月21日举行聘任仪式	《延庆区责任规划师（团队）工作方案（试行）》	1+7：1名区级责任规划师（团队）+7名街镇（乡）责任规划师（团队）
顺义区	义家人	2019年初招募	《顺义区街镇责任规划师工作方案（试行）》（2019年12月）	街镇责任规划师
平谷区	—	2020年5月完成聘任	《平谷区责任规划师工作方案》	1+1+N：1个区工作领导小组+1个责任规划师工作统筹平台+N支责任规划师团队
昌平区	小平果	2020年4月完成聘任	《昌平区落实责任规划师制度实施方案》（2019年11月）	22名责任规划师
亦庄新城	亦盛君	2020年5月开展工作	—	"顶层设计层"+"全方位覆盖层"+"织补衔接层"
通州区	副中心"责任双师"	2020年8月完成聘任	—	12+9+1：12个组团+9个乡镇+1个团队库
密云区	—	2020年11月启动招聘	《密云区生态责任规划师工作实施方案》（2020年9月）	3+N：3名生态责任规划师（团队）+N支规划编制团队

　　街乡落实方面，责任规划师是支持北京各街道（乡镇）推进街区更新的重要力量。2020年1月《北京市街道办事处条例》正式实施，规定街道办事处要"配合规划自然资源部门实施街区更新方案和城市设计导则，组织责任规划师、社会公众参与街区更新"，街道由此被赋予更多的基层规划职责。街道（乡镇）通过申请专项公共资金、组织更新项目申报和实施、动员公众参与等，来实现城市更新行动在基层的落实。各街道（乡镇）因地制宜，在责任规划师的协助下完成了诸多特色鲜明的街区更

新实践探索，包括公园绿地提升、工业遗产保护与利用、历史街区改造、老旧小区更新、小微空间行动、街道空间整治等。

9.4.2 角色定位与规划转型

在"以街道为抓手、责任规划师为纽带、项目试点为带动"的北京街区更新体系中，责任规划师制度建设引发了两方面重要变化（图9-8）：一是规划师的角色转型，二是基层治理体系中的增权现象，而前者是后者的工作途径和方式。

基层规划治理的核心问题离不开权力配置，即什么主体以什么方式取得规划治理权，并以何种方式行使这种权力。"权力"强调人们对他人、组织或社会具备的拥有、控制和影响的能力[349]。对于基层治理中居民等社会力量参与不足、赋能不够等无权现象，"增权"（Empowerment）理论经常被社会工作者采用，以解释和推进更为公平的基层治理。增权理论产生于1970年代，由所罗门首先在《黑人增权：受压迫社区中的社会工作》一书中系统阐述。古铁雷斯等认为权力来源不同且涵盖三个主要方面，即获得所需东西的能力（个人权力）；影响其他人思考、感受、行动或信念的能力（人际权力）；影响资源在诸如家庭、组织、社区或社会等社会系统中分配的能力（社会/政治权力）[391]。与此对应，齐默尔曼等学者指出增权涉及个人、组织和社区三个层面：个人层面包括提升行为、动机、效能和控制感等；组织层面包括实现共同领导、获得发展技巧的机会、扩展有效的社区影响等；社区层面包括公民参与社区决策的机会、冲突中的公正考量等[389]。

因此，增权作为一种工作介入途径，目标在于改变工作对象的无权或弱权状况，它是一种理论和实践、一个目标或心理状态、一个发展过程和一种介入方式[390]。而责任规划师推进的治理增权聚焦社区层面，旨在通过规划师组织和策划的一系列过程与活动，强化不同利益主体影响规划的社会与政治权力。

9.4.2.1 角色转换：从技术专家转向作为协调者的规划师

作为新兴的规划师类型，责任规划师首先面临的是角色定位上的转换——其不再

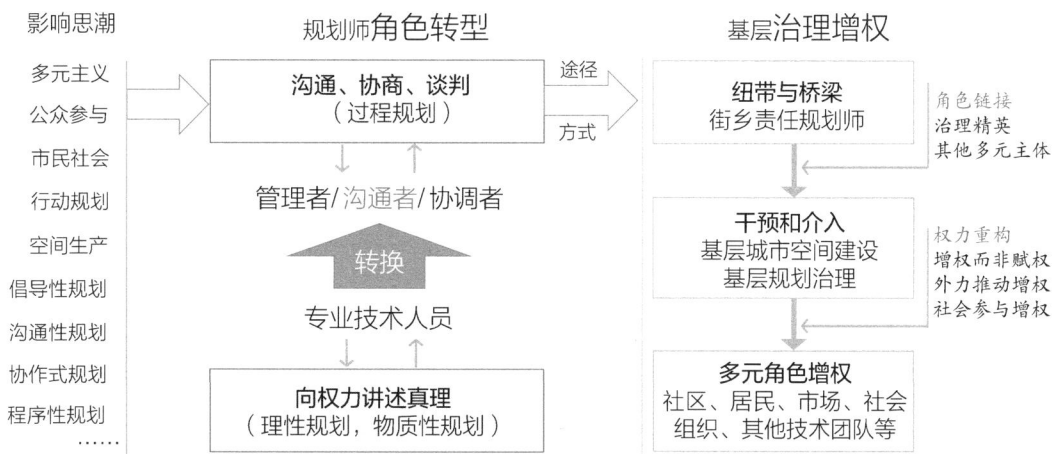

图9-8 规划师角色转型与基层治理增权的内在关系

自视为传统的专业技术工作者，而是规划过程中具有交往能力的管理者、沟通者和协调者。责任规划师需要具备"社会活动家"的意识和技能，在工作中逐步走出技术的封闭殿堂，走近社区和居民[392]。

泰勒认为1945年以来的世界城市规划思想表现出三个显著变化，其一便是从物质性规划到程序性规划的观念转变，即"从将规划作为一项需要专业技术支持的工作，转变为把规划视为需要对环境变化作出价值判断的过程，规划师在这一过程中扮演管理者和协调者的角色"[393]。1960年代以来，一系列理论思考推动着这种观点的形成和传播（见图9-8）①：大卫多夫在对"倡导性规划"与"多元主义"的讨论中，指出规划应对不同群体，特别是弱势群体的利益与诉求给予足够重视[18]；弗里德曼围绕"行动规划"和"市民社会"[394]强调了规划行动与民主的重要性；安斯坦建构了"公众参与的梯子"理论，辨析了社会大众介入规划决策的价值[119]；列斐伏尔提出"空间生产"理论，反思了空间的控制权，认为空间是社会关系的重要组成部分[395]；福雷斯特[396]与萨格[397]倡导的"沟通性规划"和希利[398]注重的"协作式规划"，提倡改革旧有规划工作方式，将沟通和谈判技巧等作为扮演"协调者"的规划师所应拥有的核心技能。

以上种种思考均聚焦规划师的角色转型，要求规划师在规划过程中积极推进各类群体的意志表达和协商、强调不同利益主体的平等和公正、重视过程性的沟通和调停、注重公民的规划赋权与赋能[399]。对此，北京市规自委总结了责任规划师的3个作用与6重身份（图9-9），分别是宣传、咨询和纽带作用，以及作为首都规划的宣传者、落实规划的督促者、居民意见的倾听者、社区问题的发现者、多方诉求的沟通者和公众参与的组织者。

一方面，责任规划师需要不断深入基层开展调研，收集居民的相关意见，对历

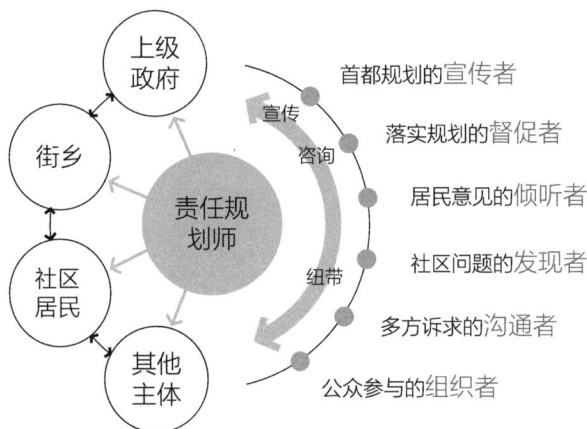

图9-9　责任规划师角色定位

---

① 理论的一些具体解释可参见本书第3章。

史文化保护、老旧小区改造、背街小巷治理、公共空间优化等进行现状分析与问题研判，积极向街道反映诉求并帮助其确定街区更新的工作重点。另一方面，责任规划师作为首都规划的宣传者和推动者，承担了规划对接、项目审查、监督实施等职责。此外，责任规划师可以充分利用"街乡吹哨、部门报到"的条块统筹机制，推动不同部门之间的协同与对接，对街乡规划工作中的困难与问题作出反馈。更为重要的是，责任规划师需要扮演好"社会活动家"角色，在基层发动共商共治，为社区、居民、技术团队、社会组织、市场等各方的充分表达和协商创造机会。

9.4.2.2 规划增权：基层规划治理中的社会分权

通过新的角色建构，责任规划师具有了在基层影响规划治理权分配的途径和方法：他们在基层治理中担负着独到的角色，享有对基层城市空间建设的干预权和介入权，并与传统治理精英建立起紧密的联系，可在一定条件下发起规划的社会参与。俞可平认为改革开放以来中国进行的大规模政治性分权主要集中在三个方面，即中央向地方分权、政府向企业分权、国家向社会分权[400]，这里讨论的基层规划治理增权，正是以责任规划师的工作过程为载体，将规划的参与、制定和决策等权力逐步向社会分权的过程。

责任规划师介入的基层增权，重点表现在"政府内部增权"和"政府外部角色增权"两个维度。从政府内部增权来看，街道近年来由于简政放权的持续深化而获得了越来越多的工作权限，同时也对应着越来越大的责任和压力，需要基层规划师等力量的协助和支持。在政府外部角色增权上，责任规划师借助自身的角色转换与过程组织，来推进社区、居民等主体在基层规划中的地位与作用，推动多元治理参与和权力再分配。

在政府内部的街道增权上，街道、乡镇是责任规划师直接工作和服务的对象，责任规划师与街乡实行一一配对，并接受街乡的工作管理。《北京市街道办事处条例》规定街道要负责"组织居民和辖区单位参与街区更新，推动城市修补和生态修复，制定街区公共空间改造实施方案"，从而将街区更新等规划责权持续下沉，实现街道在行政管理上的规划增权。条例同时明确了"街乡吹哨、部门报到"和"接诉即办"的运行机制，这增大了街道"统筹条块"来推进工作的权力，也加大了对街道工作责任和成效的要求。责任规划师在工作中离不开与基层政府，特别是作为区政府派出机构的街道的积极沟通和有效共事，只有争取到基层政府的工作支持与行动共识，责任规划师才能取得更多的信任与介入权，创造其他角色参与规划并实现治理增权的机会。

政府外部的多角色增权主要来自于责任规划师的外力推动。从社区、居民、市场、其他社会组织和设计团体等政府以外的多元角色关系来看，责任规划师对他们发起的基层增权过程具有以下三个显著特征。

首先，增权而非赋权。责任规划师在基层并不拥有直接"赋予"别人权力的权限，因此责任规划师主要通过挖掘或激发基层多元主体的潜能、意识和技能，推进不同主体在公共事务中的参与、发声和行动等来达成"增权"的目标。因此，这里的增权是一种实践行动、一个开放和民主的过程、一种动态的主客体关系的展现和调整。

责任规划师作为"居民的倾听者"与"问题的发现者"，需要通过倾听和调查来了解不同主体的偏好、利益的诉求以及争论的焦点，并在规划过程中激励他们的表达、建立合作信任和组织共商应对（图9-10）。

其次，外力推动增权。政府外主体实现治理增权的途径主要有两种：个体主动增权和外力推动增权。责任规划师介入的治理增权属于外力推动下的增权，即通过客体与主体互动的不断循环和建构来达到持续增权目的。责任规划师的外力可以帮助多元主体消除交往阻碍，改变他们的社会环境，扩大他们的潜能范围，使其能力和技巧得到培养，进而获得更多参与、影响和控制社会生活的资源和手段[401]。作为"首都规划的宣传者"和"落实规划的督促者"，责任规划师是首都规划行动的重要力量，这股力量可以带动和推进更多社会角色加入规划治理队伍。

再者，社会参与增权。按照增权对象和范畴的不同，基层治理增权涉及居民个体增权、人际增权、社会参与增权等情况。责任规划师的作用主要涵盖"社会参与增权"以及部分"个体增权"。现今，越来越多的责任规划师把自己视为"多方诉求的沟通者"和"公众参与的组织者"，责任规划师推行社会参与增权的重点在于经过对话、竞争、妥协等形成合作机制，达成共识决策（图9-11）。虽然通过反复妥协、反复平衡各主体利益来形成集体行动的过程会增加协调成本，但增加的成本通常会被随后形成的公共决策及更好的规划实施效果所抵消。这其中，协调成本的高低取决于权力主体的参与组织方式以及他们之间的关系——互惠型关系协调成本较低，而零和博弈关系则成本较高[402]。

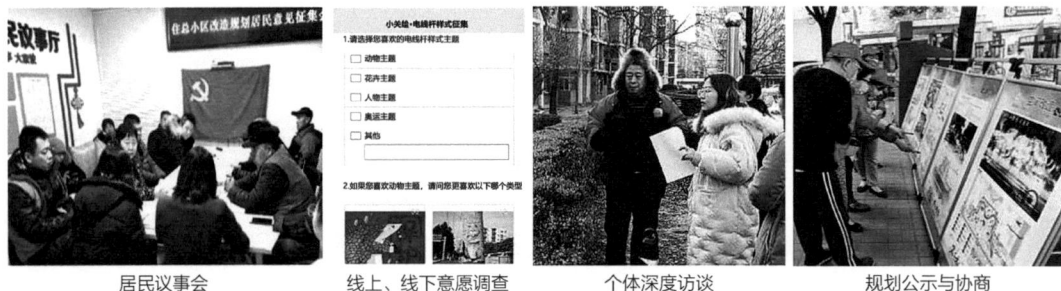

| 居民议事会 | 线上、线下意愿调查 | 个体深度访谈 | 规划公示与协商 |

图9-10　责任规划师的多样化倾听途径

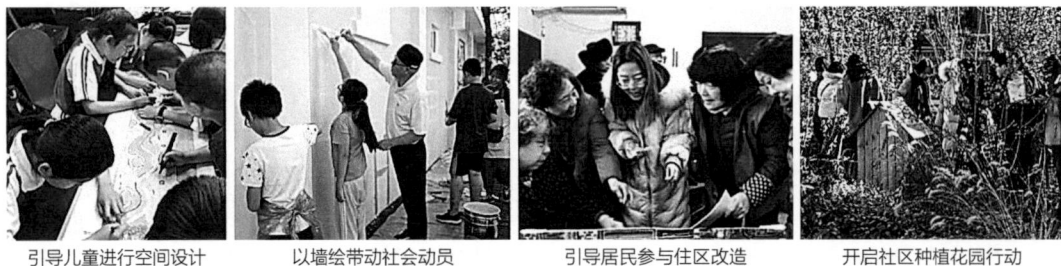

| 引导儿童进行空间设计 | 以墙绘带动社会动员 | 引导居民参与住区改造 | 开启社区种植花园行动 |

图9-11　责任规划师在街区更新中发起的各种社会参与行动

9.4.3　基层规划治理体系与权力格局重构

作为社会经济转型期不应被忽视的基层权力介入力量，责任规划师正在以新的机制和方式影响着基层规划治理权力的分配与运行，并与上层权力发生着互动。对比责任规划师制度建立前后的基层规划治理角色构成与权力格局，可以发现传统基层规划表现出明显的多层级"垂直"管理特征（图9-12）：一方面，市、区级政府和街道形成了科层制下的垂直行政关系；另一方面，街道与社区、居民之间的工作对接虽然重在从行政管理到社会自治的过渡与衔接，但社区的工作在很大程度上依然是推进行政在社会末梢的落实，使"上传下达"的纵向关系得以延续。除此之外，其他诸如社会组织、规划技术团队等力量介入治理决策的途径和能力则十分薄弱，规划技术人员主要以专业技能和方案设计等来单向服务政府，向权力讲述真理。

责任规划师介入后的基层规划治理新体系，则表现出更为多元的角色参与和更加均衡、多向的关系互动（图9-13）。一方面，这种新体系变革形成的效益多少取决于责任规划师"增权"行动的力度与效果：责任规划师可以通过发起公众参与、推行开放式决策等途径，将社区、居民等不同角色引入规划治理过程中，并由此影响和改变城市基层空间建设中的权力分配格局；另一方面，由于街道、责任规划师等在治理认知与行动能力上的差异，使得政府外角色可能因增权行动获得的权力分量，以及基层街区更新的工作方式与方法等，均将因此而不同。责任规划师与传统基层治理精英间的关系，特别是街道对责任规划师的赋权，是影响基层规划治理变革的关键性因素。

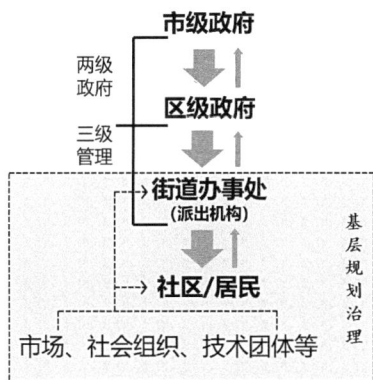

图9-12　传统的垂直基层规划治理体系　　图9-13　责任规划师介入下的多向基层规划治理体系

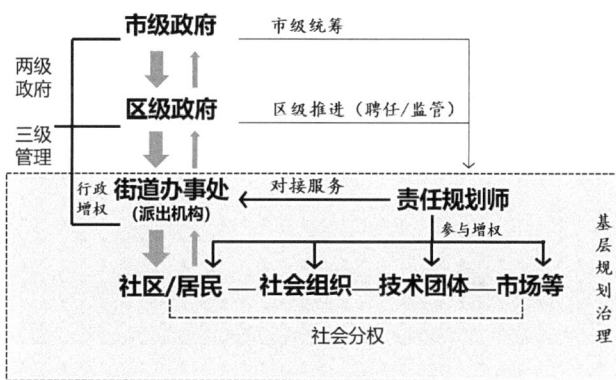

9.5　责任规划师的制度挑战与优化发展

9.5.1　制度挑战

责任规划师作为一项初创制度尚处在成长期，其运行过程在取得一定成效的同时，也反映出诸多问题与行动挑战，如街乡对责任规划师的使用不足或过度使用、责任规划师无力要求政府和基层配合、责任规划师服务对象多头带来站位冲突、责任规划师在项目实施中统筹不同横向部门的能力不足等。2019年对朝阳区43个街乡责任规划师工作进展的调研发现（图9-14），其中最为突出的问题是责任规划师的工作内容与权责仍不清晰。部分责任规划师依然将传统的规划方案审查或参与规划会议等作为其主要工作内容，在沟通协调和促进基层治理等领域没能发挥出应有的效能。即便聚焦方案审查，对于责任规划师应在工程项目的哪一阶段介入，怎样提供决策服务，其意见与规划部门、其他专家评审意见是怎样的关系等，也缺少明确的官方界定。

同时，街道与责任规划师因为认知和诉求不同而导致的工作僵局，成为妨碍责任规划师工作开展的主要症结，这在各个乡镇表现得尤为突出。部分街道和乡镇还没有全面认识到责任规划师的价值和作用，认为责任规划师制度带来的工作对接、进展上报、评估考核等内容增添了基层的日常工作负担和压力，故而采取消极应对或"冷处理"的方式来面对责任规划师行动。而一旦离开街道和乡镇的支持，责任规划师到岗之后往往无法打开工作局面，活动进展困境重重。同时，从技术维度来看，责任规划师的工作离不开规划信息、现状地图、产权关系等资料的支持，但囿于此类信息不公开或调取成本高、进度慢等因素，导致责任规划师在评判方案走向、回应居民诉求、推进规划参与等工作时依据匮乏。对此，部分区县已经尝试推行将规划信息资料对责任规划师开放的机制变革。

此外，责任规划师的聘任和考评等工作在当前过多依赖区级政府部门，且工作经费来源单一，造成区级财政压力和部门管理压力。事实上，目前责任规划师考评还是以鼓励先进和树立典范为主，对职责失效的惩戒涉及较少（常常以合同结束后的责任规划师退出机制来体现），因此更为有效的责任规划师工作跟踪、监督评估与反馈机制还需持续建构。按照初期规定，责任规划师不能承担责任片区的规划设计项目，也在一定程度上影响了部分责任规划师的工作积极性，后续结合老旧小区改造等，制度

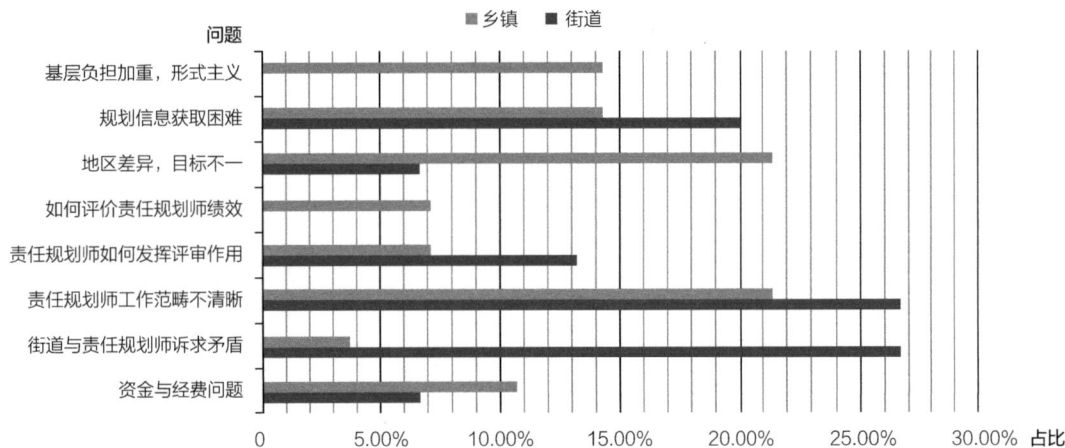

图9-14　朝阳区各街乡责任规划师的工作困境与挑战调查（2019年12月完成）
（资料来源：根据调研数据绘制）

开始变革和鼓励责任规划师积极承担和介入街道的更新项目中。另有一些街乡反映，其对责任规划师的实际工作需求与市区方案设定的责任规划师工作要求并不一致，造成基层发展诉求与服务规定之间的不匹配。

9.5.2 优化发展

随着当前城市管理的简政放权，街道成为基层城市建设公共事务的责任主体。责任规划师在街乡层级发挥作用，是连接政府、社区、居民、社会组织和技术团队等的桥梁。当前，责任规划师制度逐步成为北京街区更新和基层精细化治理的重要抓手，其在政府自上而下的制度安排与自下而上的公民自治意识觉醒之间诞生，提供了中国社区治理背景下的基层规划师运作经验。与此同时，北京责任规划师制度在实践中也涌现出一些问题和不确定性，需要从多个维度进行持续的制度完善。

人员储备与工作组织方面，可通过完善责任规划师人才库来强化基层规划师的力量储备，如2019年朝阳区推行的"团队库+双向选择"模式。区政府及街乡可以通过建立更新项目库、基础信息库、责任规划师手册等，来支持责任规划师开展工作，为基层规划的信息传导、项目追踪等创造条件。目前，北京各区的责任规划师以兼职形式为主，少数地区采用了全职的责任规划师形式，是否以及如何推动责任规划师的"职业化"发展是未来重要的探索方向，近期重点在于如何通过常态化与灵活化相结合的工作机制，推动责任规划师在街乡的定期驻场办公，强化其与街乡的深度对接。

工作内容与工作路径方面，制度建设可深化责任规划师工作指南，按地区特点划定街道和乡镇的类型，针对不同类型区域提出不同的责任规划师工作目标和任务清单，形成按需设定的工作内容要求，并在聘用合同签订之初就围绕责任规划师的工作权限、任务与报酬等关键信息达成双方共识，在市级或区级政府备案。对具有类似处境的街乡，可推广"西师联盟"等做法，建立责任规划师工作集群以促进信息交流与共享。在当前国家机构改革与国土空间规划体系建立的变革期，责任规划师还应助力街道将街区更新等工作融入国土空间规划的"一张蓝图"框架中，协助推进总体规划的落地。

年度考核与表现评估方面，各区应将因地制宜设定的责任规划师工作目标及其完成情况作为责任规划师年终考核的重要依据。责任规划师工作需要逐步获得社会的更多认同与监督，2020年启动的引入社区居民评价意见，对责任规划师的基层动员与公众参与行动进行评估的做法值得进一步完善与推广。在年终考评中，政府一方面需要推选出合作高效、工作优异的街道与责任规划师团队作为示范样本；另一方面对工作不满足基本要求的规划师或团队需要进行更加严格的甄别和监管，助推责任规划师队伍的整体良性发展。

此外，从研究探讨的角色转换与增权维度来看，责任规划师制度的发展挑战主要聚焦在社会参与下的增权成效上。在基层权力结构中，有时无论如何动员、协调或接纳公众的参与，也不能改变权力由少数人执掌和行使的现实，权力支配过程的性质并没有发生改变（权力惯性）[403]。如何使责任规划师发起的社会参与不沦为短时风尚，而是真正成为推动社会基层权力结构变化的有效过程，这在很大程度上依然依赖于传统"权力精英"观念和行动在基层的转变。其次，推动责任规划师实现角色转型、掌握沟通与协调技能、具备人际交往和活动组织能力，是其推进社会参与和实现增权的基本前提。由于现实的社会治理过程中，不是人人都抱有参与公共事务的热情，这种参与冷漠可能使治理的美好愿景化为泡影[403]。因此，责任规划师要有协调和解决冲突的本领，亦需有发起社会动员的技能。再者，由于基层规划公共事务由街道来组织管理，责任规划师对基层政府的影响能力相对薄弱，只能在获得街道认可与授权的前提下开展治理增权行动，表明责任规划师本身实际也处在权力的弱势地位之上①。如何对责任规划师进行进一步的增权，使其在基层治理中具有更多的决策力和影响力，是完善责任规划师制度的重要方面。

概括起来，责任规划师制度在北京构建起了上级政府、街道、社区（居民）、服务团队等之间的桥梁，打破了传统的精英规划模式，探寻了多元共治下的街区更新路径。北京责任规划师制度建设与实践的开展连接了规划指引与基层实践，是北京城市总体规划落实的重要制度举措之一，是常态化、制度化、精细化推进城市建设实施与管理协调的路径创新[404]。尽管责任规划师引导下的基层治理增权刚刚起步，但责任规划师开始充当基层规划的组织者、策划者与协调者，在提升基层规划治理水平方面逐步发挥出不可替代的作用。随着社会治理的日益精细化，责任规划师制度需持之以恒并不断优化完善，通过新的规划工作形式协助政府提供基层规划服务，推进全社会的共商、共建与共治。

---

① "第三方"立场是基层规划师有效服务基层治理的关键。我国的基层规划师同时肩负着"服务政府"和"对接社会"的双重使命，因此保持相对独立的"第三方"立场是确保责任规划师实现相关治理目标的重中之重。责任规划师的工作一方面依赖于政府授权与监管，而另一方面又需要与政府保持相对独立的第三方立场来开展基层服务和治理。责任规划师第三方立场的建立不仅取决于其职业操守，还在于能够通过制度建设，保障责任规划师在特殊情况下（如责任规划师和基层街道产生关键不一致时）有可能通过上级政府、社区居民等的支持或救济来处理和裁决问题。

第 10 章

北京城市更新的 项目带动：专项 行动与试点示范

　　通过"项目试点+专项行动"探索街区更新的机制路径，始终是北京城市更新实践推进的重要方式。现阶段，北京街区更新以项目为引导，按照居住类、产业类、设施类、公共空间类、区域综合类等不同类别开展实践创新，寻求试点经验积累，借此发挥优秀案例的示范效应。本章重在探讨北京街区更新中的"项目带动"策略，分析不同类别城市更新的实践进展，并依托"主体—资金—空间—运维"的基本框架，揭示其存在的困境与挑战。

10.1 专项行动与工作计划

立足于城市发展诉求和自身事权与责任，北京市各行政主管部门推行了系列城市更新专项行动，如市发改委牵头推动的"疏解整治促提升"专项行动、住建委主导推动的"老旧小区综合整治"行动、区级部门主导的"背街小巷整治提升"行动、规自委与发改委等部门联合发起的"小空间·大生活"与"微空间100"等空间改造行动。这些综合了行动计划、任务清单、试点示范等特点的更新实践，在探索解决城市存量空间的痛点和堵点问题、积累实施经验、检视工作教训等方面起到了重要作用，逐步推动着北京街区更新从尝试探索到大规模开展、从实践检视到制度化的体系完善。

10.1.1 疏解整治促提升专项行动

2017年北京市人民政府发布《关于组织开展"疏解整治促提升"专项行动（2017—2020年）的实施意见》，明确拆除违法建设、城乡接合部整治改造等10项重点任务。行动发布以来，市发改、城管、住建等多部门协调组织，区政府、街道及社区积极响应，在非首都功能疏解、拆除重建、功能提升、重点区域整治等领域施行了多项策略（表10-1）。

北京市疏解整治促提升专项工作要点（2017—2020年）　　　　　　表10-1

类别	工作内容
非首都功能疏解	加大不符合首都功能定位的一般制造业企业调整退出力度
	促进大学、教育机构、医疗机构外迁项目建设
	制定出台市属国有企业支持疏解整治促提升年度任务清单
	建立健全中央单位、驻京部队与属地的联动对接机制，同步开展疏解整治
拆除违建	2018年全市拆除违法建设建筑面积4000万平方米；城市副中心155平方公里范围内基本无违法建设
	"开墙打洞"由分散整治向区域整治转变
	依法整治地下空间、群租房，毫不动摇继续整治占道经营
	继续开展直管公房转租转借清理整治，整治违规"商改住"行为
功能提升	"留白增绿"，把拆违腾退土地用于增加城市绿色空间
	加快建设南苑森林湿地公园、温榆河湿地公园、潮白河绿廊等一批大尺度公园
	建设一批小微绿地和口袋公园
	加快便民商业、蔬菜零售等便民服务设施建设
重点区域治理	改造提升居住空间，开展老旧小区综合整治，健全完善老旧小区管理机制
	老城和"三山五园"地区综合整治提升
	保护中轴线传统风貌特色，优化长安街及其延长线中央政务环境
	加大文物腾退力度，重点推进太庙、社稷坛、天坛等13处文物腾退
	加快推动回龙观、天通苑地区整治提升，补齐公共服务配套和基础设施短板
	推进城乡接合部"一绿"地区试点改造，"二绿"地区重点整治

（资料来源：http://www.beijing.gov.cn/ywdt/zwzt/sjzzcts）

随着"疏解整治促提升"行动的持续深入开展，北京在减量发展与城市功能优化方面取得一定成效①：①产业疏解方面，2017年以来全市一般制造业企业、区域性市场集中疏解退出任务基本完成；②设施优化方面，中心城区大型医疗设施、教育设施搬迁成效显著，第一批市级机关35个部门入驻副中心办公；③民生保障方面，建设提升基本便民网点5133个，完成棚户区改造11.1万户，持续推动中心城区老旧小区综合改造；④用地减量方面，2018年以来通过拆除违法建设，累计腾退土地1.69万公顷，利用拆违腾退土地实施"留白增绿"6921.6公顷。在此基础上，2022年，市政府印发《关于"十四五"时期深化推进"疏解整治促提升"专项行动的实施意见》，涵盖一般性产业疏解提质、公共服务功能疏解提升、违法建设治理与腾退土地利用等10方面、25项具体任务，进一步推动"疏解整治促提升"结果的巩固与城市空间布局与功能配置的优化。

10.1.2 老旧小区综合整治行动

北京自2018年起开始以工作方案/工作任务的形式，明确老旧小区综合整治的规模目标、整治内容与制度保障。2020年以来，北京市老旧小区综合整治联席会议办公室每年都制定年度计划并分批次确认和公布老旧小区综合整治项目名单，明确各区改造任务，全面提升了老旧小区综合整治工作的制度化与透明化。其中，确认项目清单和整治内容是北京老旧小区综合整治工作有序推进的重要保障（表10-2）。

老旧小区综合整治工作方案/任务　　　　　　　　　　　　　表10-2

工作方案/任务	改造对象
《老旧小区综合整治工作方案（2018—2020年）》	优先实施整治的小区包括：1990年以前建成，尚未完成抗震节能改造的小区；1990年以后建成，住宅楼房性能或节能效果未达到民用建筑节能标准50%的小区；经鉴定部分住宅楼房已成为危房且没有责任单位承担改造工作的小区；"十二五"期间已完成抗震节能改造，但基础设施、基本功能仍存在不足，或物业管理不完善的小区
《2020年老旧小区综合整治工作方案》	以"六治七补三规范"为主要内容开展整治工作； 年内开工老旧小区综合整治项目80个，完成老旧小区综合整治项目50个，固定资产投资12.8亿元
《2021年北京市老旧小区综合整治工作方案》	列入计划确保实现400个小区，建筑面积1500万平方米；力争实现600个小区，建筑面积2300万平方米； 新开工确保实现300个小区，建筑面积1100万平方米；力争实现400个小区，建筑面积1500万平方米； 新完工确保实现100个小区，建筑面积400万平方米；力争实现150个小区，建筑面积600万平方米； 推动已列入中央和国家本级综合整治计划的211个项目全面开工

① 具体参见：首都之窗. 北京举行"十四五"时期深化推进疏解整治促提升专项行动实施意见新闻发布会 [EB/OL].（2021-02-05）[2022-8-10]. http://www.scio.gov.cn/xwfbh/gssxwfbh/xwfbh/beijing/Document/1698473/1698473.htm.

续表

工作方案/任务	改造对象
《关于下达2021年老旧小区综合整治工作任务的通知》	新确认确保完成小区427个，建筑面积1579.7万平方米，力争完成小区611个，建筑面积2369.6万平方米； 新开工确保完成小区313个，建筑面积1145.1万平方米，力争完成小区420个，建筑面积1525.8万平方米； 确保完工小区124个，建筑面积507.3万平方米，力争完工小区156个，建筑面积630.1万平方米
《关于下达2022年老旧小区综合整治工作任务的通知》	新确认小区411个，建筑面积1411.57万平方米； 新开工小区306个，建筑面积1059万平方米； 新完工小区178个，建筑面积678.08万平方米

（资料来源：根据相关政策文件整理）

2017年以来，全市已累计确认将1066个小区，建筑面积4068万平方米纳入综合整治范围；其中，完工295个小区，建筑面积1062万平方米；施工中364个小区，建筑面积1567万平方米。同时，全市老旧小区加装电梯累计完成2261部，纳入改造范围的小区惠及居民达53万户，完工的小区居民满意率达90%以上[①]。

10.1.3 背街小巷整治提升行动

街道空间整治在北京早期依托"优美大街"项目推广，近年关注背街小巷、生活型街道空间的提升与治理，由政府部门牵头实施，网格员、街巷长、小巷管家等负责治理维护。在这个过程中，街道周边企业与业主共同参与、街道与街区共建的改造实践日益增多。

2017年，北京市城市管理委员会、首都精神文明建设委员会办公室发布《首都核心区背街小巷环境整治提升三年（2017—2019年）行动方案》，明确围绕"十无一创建"[②]，在三年内完成核心区2435条背街小巷环境整治提升任务。方案提出，行动率先在东城和西城实施，逐步延伸至城市副中心和中心城区。各区积极响应，由区人民政府办公室（如海淀区）或区市政市容管理委员会（如怀柔区）根据自身情况谋划编制行动计划，明确背街小巷整治提升的数量目标、整治内容、工作组织与制度保障。2019年，"背街小巷整治提升三年专项行动（2017年—2019年）"收官，城六区和通州区累计完成3123条背街小巷环境整治提升，核心区打造完成200条背街小巷示范街道。2021年的民意调查显示，背街小巷环境整治提升工作的社会总体满意度高[405]。

2022年，首都城市环境建设管理委员会办公室公布《北京市"十四五"时期城乡环境建设管理规划》，提出将持续推进背街小巷环境的精细化整治提升。同年，北京《背街小巷环境精细化整治提升三年（2020—2022年）行动方案》公布，正式开启第二轮背

---

① 具体参见：潇湘晨报. 北京全面开展老旧小区综合整治，努力打造"民生改善综合体"［N/OL］.（2022-04-13）［2022-08-10］. https://baijiahao.baidu.com/s?id=1729922421567856876&wfr=spider&for=pc.

② "十无"：无私搭乱建、无开墙打洞、无乱停车、无乱占道、无乱搭架空线、无外立面破损、无违规广告牌匾、无道路破损、无违规经营、无堆物堆料；"一创建"：创建文明街巷。

街小巷环境整治提升工作。第二轮工作更加精细，将治理项目分为达标、精治、维护三大类区别开展，整治标准也不再局限于"十无"，除解决私搭乱建、开墙打洞、车辆乱停乱放、绿化不足等环境问题外，更涉及城市管理的其他方方面面，包括公共服务设施建设和无障碍设施建设，强调着力做好老旧小区改造、校园和医院周边环境整治提升、无障碍环境建设等，补齐街巷胡同的人居环境短板（表10-3、图10-1）[406]。

北京背街小巷环境整治提升行动的文件要点 表10-3

轮次	行动名称	主要内容
第一轮	《首都核心区背街小巷环境整治提升三年（2017—2019年）行动方案》	用"绣花工艺"完成东西城区1674条背街小巷的整治提升
	《海淀区背街小巷环境整治提升三年行动方案（2017—2019年）》	整治提升664条背街小巷，实现"十无一创建"
	《朝阳区背街小巷环境整治提升三年行动计划（2017—2019年）》	整治提升716条背街小巷
	《怀柔区城区背街小巷环境整治提升三年（2017—2019年）行动方案》	集中整治88条背街小巷及两侧小区环境，实现"十有十无一创建"
第二轮	《背街小巷环境精细化整治提升三年（2020—2022年）行动方案》	围绕老城区、建成区、热门旅游景点，全市完成3261条达标类、精治类背街小巷环境精细化整治提升任务，做好1026条维护类背街小巷环境的日常管理
	《海淀区背街小巷环境精细化整治提升三年（2020—2022年）行动方案》	完成100条精治类、198条达标类背街小巷的环境精细化整治提升，做好156条维护类背街小巷的环境精细化整治提升
	《朝阳区背街小巷环境精细化整治提升三年（2020—2022年）行动方案》	实施环境精细化整治提升背街小巷697条，包括精治类111条、达标类335条、维护类251条

（资料来源：根据相关政策整理）

图10-1 第一轮背街小巷整治提升改造前后对比
（资料来源：http://www.bjhd.gov.cn/zfxxgk/auto10489_51767/zfwj_59297/202006/t20200603_4407920.shtml）

背街小巷整治提升工作明确了主体责任、资金保障、改造内容和监管机制，保障整治行动的有序进行。第一轮整治提升工作在主体方面即确立了"街巷长"制度：在区级层面设置总街巷长、副总街巷长；在街镇层面设置街区长、片长、巷长；成立背街小巷环境整治提升工作指挥部，明确各层级主体责任。随着整治工作的深化推进，街巷长制度在北京全面推广，全市累计共有1.6万余名街巷长、3.6万名小巷管家①。街巷长与小巷管家制度调动了居民参与城市治理的积极性，构建起了连接市民与政府的沟通桥梁。此外，整治工作聘请专家参与街巷规划编制、指导项目实施、跟踪规划落实，为背街小巷的环境提升提供了重要技术支持。各区、街乡在开展街巷整治行动中形成了特色鲜明的差异化工作体系，如朝阳区八里庄街道创建了"一长两员四网，一库一终端"的综合管理系统（图10-2）。背街小巷整治由城市管理委牵头推进，强调整治与管理，从保持空间卫生、基础设施畅通发展到治理停车难、违建多、占用公共空间等问题，再扩展到培养街巷长、小巷管家、网格员、志愿者等自治力量维度上。

整治工作明确了区级政府出资、市级政府支持的资金筹措方式。第二轮整治方案提出，对全市背街小巷环境精细化整治提升年度任务完成情况进行综合考评，对整治提升成效显著、群众满意度高的区给予资金奖励，以调动各方工作的积极性。在空间改造上，第一轮的"十无五好"标准、第二轮的"达标、精治、维护"分类提升，均明确了背街小巷环境整治提升的具体内容和要求，为工作高效进行提供了保障。此外，市城市管理委还联合市规划部门编制了《背街小巷环境整治提升设计管理导则》，从色彩、气质、风格、肌理等方面，对建筑立面、市政设施、城市家具等十大类、36项元素给出了管控标准和规范。运维方面，行动强调对实施效果的督导检查，

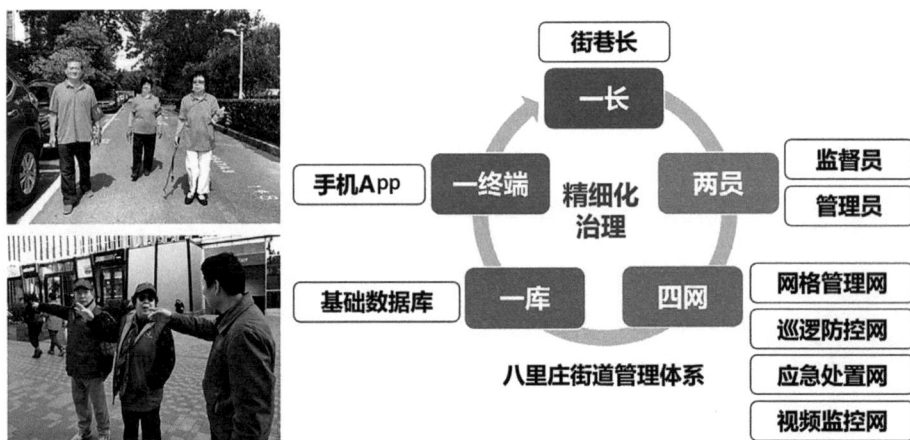

图10-2　朝阳区八里庄街道综合管理体系
（资料来源：参考文献［407］）

---

① 具体参见：北京日报. 全市三年整治提升3000余条背街小巷［N/OL］.（2019-11-29）［2021-04-19］. http://www.bjwmb.gov.cn/zxgc/sskd/t20191129_956873.htm.

图10-3 三里屯脏街改造前后
（资料来源：参考文献［408］）

三里屯街道企业关爱联盟：成员单位以爱心为主旨，以公益作连接，以责任系社会，探索社区与企业互动合作模式。

党建+志愿——推动区域化党建发展
专业服务+志愿——鼓励企业践行社会责任
随手公益+志愿——动员全民开展志愿服务
回馈激励+志愿——创新回馈激励的平台
文化融合+志愿——文化带动社会建设

图10-4 三里屯街道企业关爱联盟
（资料来源：参考文献［409］）

第二轮行动方案明确背街小巷检查采取"日巡、周查、月评、季点名"①形式，并确立市、区两级抽查验收制度。同时，市城市管理委联合市政务服务局，围绕道路平整、公服设施、绿化美化、环境秩序等12个方面，定期通报"12345"市民服务热线反映的背街小巷环境问题，有效、及时地反映居民诉求，动态推动街巷治理[405]。

由于街道两侧建筑的底层界面设计、建筑前区设施及活动安排等直接影响着街道的功能与形态，因此街道空间整治需要与街道两侧建筑提升共同推进。街道两侧的企业、商户等产权业主可以在街道整治中发挥巨大作用，三里屯"脏街"改造等就此探索了相关参与机制。"脏街"过去是一条150米长的背街小巷，由于两侧住宅楼违规开墙打洞改造为酒吧、餐饮、夜店商家等而一直存在着私搭乱建、噪声扰民和环境脏乱等问题，严重影响两侧居民的生活及街道通行。2017年，街道办事处封堵了两侧住宅不合规的开墙打洞，鼓励周边企业共同参与街区整治[408]。三里屯街道成立了企业关爱联盟，探索社区与企业互动合作的更新模式，将腾退空地及企业周边用地改造成为适宜居民、游客使用的开放空间，丰富了街区的景观游憩和城市公共服务功能（图10-3、图10-4）。

10.1.4 "小空间·大生活"百姓身边微空间改造行动②

北京的小微空间通常是指一公顷以下的公共绿地或广场[410]，其更新改造从单个项目试点逐步走向规模性的行动计划。2017年北京市发改委主导制定《关于城市公共空间改造提升示范工程试点工作方案》[411]，选取东城、西城10个试点项目，通过增设公共设施、改善景观环境与交通系统等，将空间改造成为口袋公园、车库花园、活动场所等。

---

① 街道（乡镇）每日巡查，各区每月组织一次拉练式检查，市级依托第三方开展每日检查，检查结果定期通报，并纳入年度背街小巷环境精细化整治提升考核。
② 具体参见：北京城市更新"最佳实践"系列报道 |"小空间 大生活"——百姓身边微空间改造项目，https://mp.weixin.qq.com/s/7UyOTf_VTOJ2kmdQZNq2Eg.

图10-5 "小空间·大生活"试点项目位置图
（资料来源：根据相关资料改绘；https://mp.weixin.qq.com/s/7UyOTf_VTOJ2kmdQZNq2Eg）

　　2019年底，市规自委联合市发改委、市城市管理委、北京建筑大学，发起"小空间·大生活——百姓身边微空间改造行动计划"。行动聚焦街巷边角地、小区闲置地、零散腾退空间等消极空间，在城六区先期选择7个试点进行更新创新（图10-5、表10-4），通过对社区配套设施、景观环境、无障碍设施、公共艺术、城市家具等的一体化城市设计，统筹解决社区公共设施缺乏、场地安全隐患大、停车无序、环境脏乱差等空间"急难愁盼"问题（图10-6）。项目于2021年6月竣工交付使用，累计将2.28万平方米消极公共空间打造成为富有活力与特色的便民生活空间，取得了良好的社会反响。2021年，北京城六区和通州区在自主申报基础上继续优选出100个小微空间建设项目，纳入北京城市公共空间改造提升示范工程试点项目库[412]。

"小空间·大生活"试点项目改造主要内容 表10-4

项目名称	改造主题	改造内容
朝阳区小关街道惠新西街6号楼小区外西侧公共空间	转过街角，会心一笑	结合周边公共交通一体化设计，建设城市下沉微广场，利用海绵城市理念与无障碍坡道建设，打造休闲娱乐趣味场所
海淀区花园路街道牡丹园北里1号楼南侧公共空间	牡丹园里寻牡丹	将治理违法建设释放的空间，设计成满足老人、儿童休憩和活动的娱乐空间
东城区北新桥街道民安小区内公共空间	欢声笑语的院子	通过高标准、高品质、功能复合、全面无障碍的休闲活动场地设计与实施，重塑社区邻里关系
西城区大栅栏街道厂甸11号院内公共空间	党群共建欢乐之家	将小区内配套用房的消极空间激活，承载党群活动中心、老年餐桌、学习空间等功能，打造室外慢行系统
西城区新街口街道玉桃园三区12号楼公共空间	融乐家园	设计形成"一环四区"公共空间，沿场地布置环形健康步道，设置儿童游乐区、健身器材区、康复活动区和休闲花园区
西城区新街口街道大乘巷教师宿舍公共空间	全龄友好，暖心惠民	增设电子公告栏、垃圾驿站等便民设施，改造破旧车棚及党建小屋，实现无障碍设施全覆盖

续表

项目名称	改造主题	改造内容
丰台区长辛店街道朱家坟社区局部公共空间	在北方相遇，让群钻亮起	以象征北方车辆厂精神"钻头"的艺术化设计，打造最富兵工文化和军工拼搏精神的城市地标

（资料来源：根据相关资料整理；http://k.sina.com.cn/article_1893892941_70e2834d020011mua.html?sudaref=www.baidu.com&display=0&retcode=0）

西城区大栅栏街道南新华街厂甸11号院　　　　　西城区新街口街道大乘巷教师宿舍

东城区北新桥街道民安小区　　　　　海淀区花园路街道牡丹园北里1号楼小区

西城区新街口街道玉桃园三区12号楼　　　　　朝阳区小关街道惠新西街6号至10号楼小区

图10-6　"小空间·大生活"试点项目改造前后对比
（资料来源：https://mp.weixin.qq.com/s/7UyOTf_VTOJ2kmdQZNq2Eg）

　　政府在推动小微空间更新中发挥着主导作用，项目开展亦强调公众参与和多主体共建，形成了"两级政府主导、高精尖智库引领、公众全面参与"的更新工作模式。在市规自委、发改委、城管委以及相关街道等的部门合作和统筹协调下，行动实现了有效的产权关系协调、居民意愿征集和公共资金保障。北京建筑大学成立全过程技术专家组，为项目推进发挥"总师单位"的组织和引导作用。各街道责任规划师全程参与试点工作，对项目策划、设计与施工等过程进行把关。街道和社区组织开展社区动员、居民沟通、民意征集等，引导居民积极加入项目设计、建设和运营维护进程之中。通过拆除违法建设、清理废弃物、腾退闲置空间等综合手段，项目改造深入挖潜存量空间资源，统筹开展室内、室外空间一体化设计和推进无障碍环境塑造，将居民诉求植入功能安排之中，保障了公共空间改造的整体性和功能运作的多样性。

　　与此同时，北京各区也自行推进了一系列微空间改造计划，如朝阳区的"微空间·向阳而生——朝阳区小微空间再生计划"。计划首次采用街道与责任规划师团队联合申请，中社社会工作发展基金会（社区培育基金）遴选并提供资金支持的模式开展工作，倡导更新改造的全过程公众参与和共同建造，在资金支持、社会力量融入方面形成新的尝试。责任规划师在项目试点中发挥重要担当，有效凝聚起区级政府、街道办事处、社会组织及居民的工作合力（图10-7）。

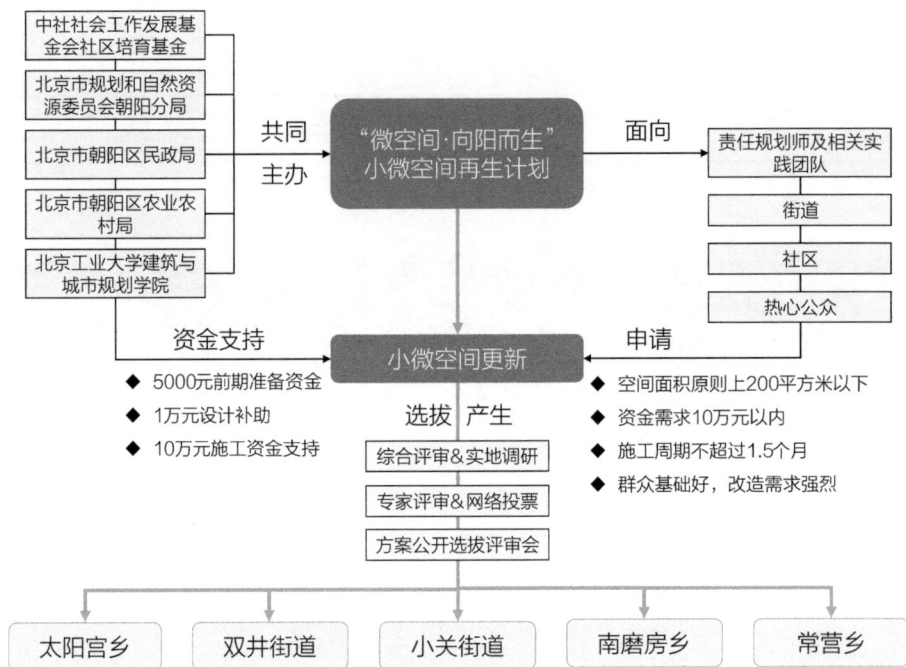

图10-7 微空间·向阳而生——朝阳区小微空间再生计划

10.2 "劲松模式"与"首开经验"①

近年来开展的北京城市更新实践中，不同性质（国有、民营）、不同类型（房地产企业、金融公司）、不同规模的企业在资本投入、实施运作、机制反馈等方面均有介入，形成了以"劲松模式（民企）""首开经验（国企）"为代表的系列实践创新。在2020年11月到12月的北京市委十二届十五次、十六次全会，以及2021年4月北京市人民政府印发的《2021年市政府工作报告重点任务清单》中，"推广劲松模式、首开经验"被屡次提及，旨在总结社会资本参与北京城市更新的路径与模式，探索北京城市更新的长效机制，提高北京城市更新的精细化治理水平，形成城市更新多元参与的可持续路径。

10.2.1 劲松模式②

劲松小区位于北京市朝阳区劲松街道，始建1970年代，是改革开放后第一批成建制住宅，现状存在基础设施老化、公共服务设施匮乏、公共空间混乱无序且缺少物

---

① 官方未明确公布"劲松模式"或"首开经验"的具体内容，本节内容根据相关资料整理和总结而成。
② 观点来自2022年7月12日首届北京城市更新论坛会议上愿景集团城市更新事业部执行总经理简伟所作题为《城市有机更新实践探索——愿景集团》的演讲内容，同时根据"北京规划自然资源"https://mp.weixin.qq.com/s/md15zrx82BsXMtQTGPRQmA；https://mp.weixin.qq.com/s/OtWAjqE9Pgq83kWfgFBuCg.相关信息整理。

业公司管理等问题。2018年7月，北京尝试引入社会机构——愿景明德资产管理公司（简称愿景集团）开展更新合作，签订战略合作协议，并在劲松一、二区启动社会资本开展老旧小区改造的先行尝试，探索形成了老旧小区更新改造的"劲松模式"，内涵主要包括"微利可持续"的市场化运作机制、"五方联动"的多元参与机制、"规建管一体"的精细化治理机制等。

（1）"微利可持续"的市场化运作机制

劲松小区改造在全国率先引入民间社会资本，推行市场化的资金保障和盈利机制。项目实行了社会资本、政府、居民共同出资的新路径，愿景集团获得中国建设银行北京分行为期8年的第一笔老旧小区专项贷款，集团投入3100万元进行重点自选项目的改造提升（占总投入的45%），并且在后期承担约60万元/月的运营成本。政府投入专项资金4600万元进行基础类项目改造[372]，并在前三年为企业提供约100多万元的物业管理补助。同时，小区按照"谁投资、谁受益"的原则引入国有企业加装电梯，居民按照刷卡付费的方式进行使用。经营收益方面，朝阳区房管所和劲松街道授权愿景集团获得社区1670平方米闲置低效空间为期20年的免租金运营权，通过经营低效空间、收取停车管理费和物业服务费，以及运行可能落地的养老、托幼、健康等产业，实现一定期限内的投资回报平衡（图10-8）。

（2）"五方联动"的多元参与机制

劲松模式坚持参与式治理，建立了"区级统筹，街乡主导，社区协调，居民议事，企业运作"的"五方联动"工作平台，推动政府部门、社区自治组织、社会组织与企业等的多主体协作。项目充分发挥党员与楼门长作用，通过入户访谈、现场调研、居民议事会、评审会等方式，在深入了解居民需求后确定整治重点，并由居民自主选择社区改造内容，以实现"民有所呼，我有所应"（图10-9）。

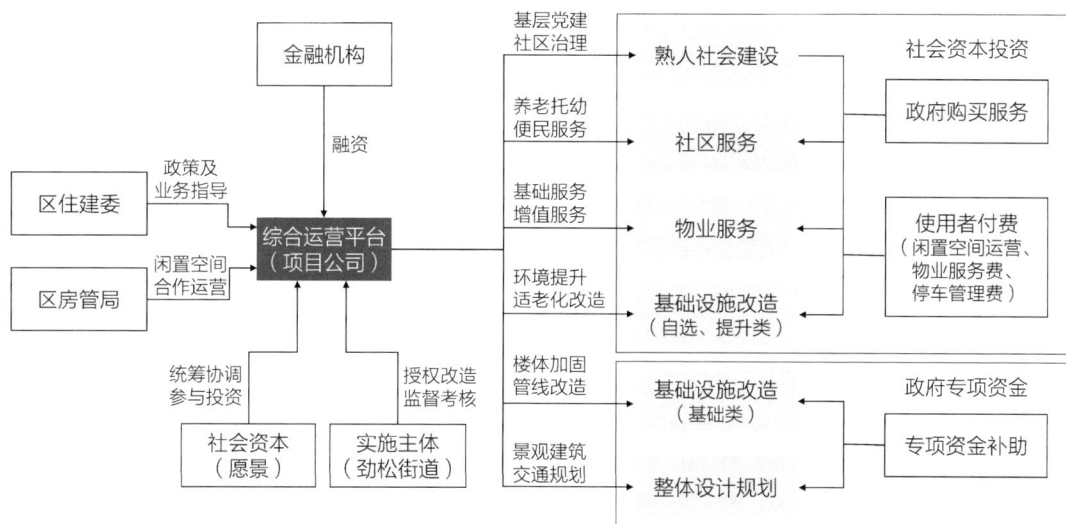

图10-8 劲松模式资本投入模式
（资料来源：根据首届北京城市更新论坛演讲内容改绘）

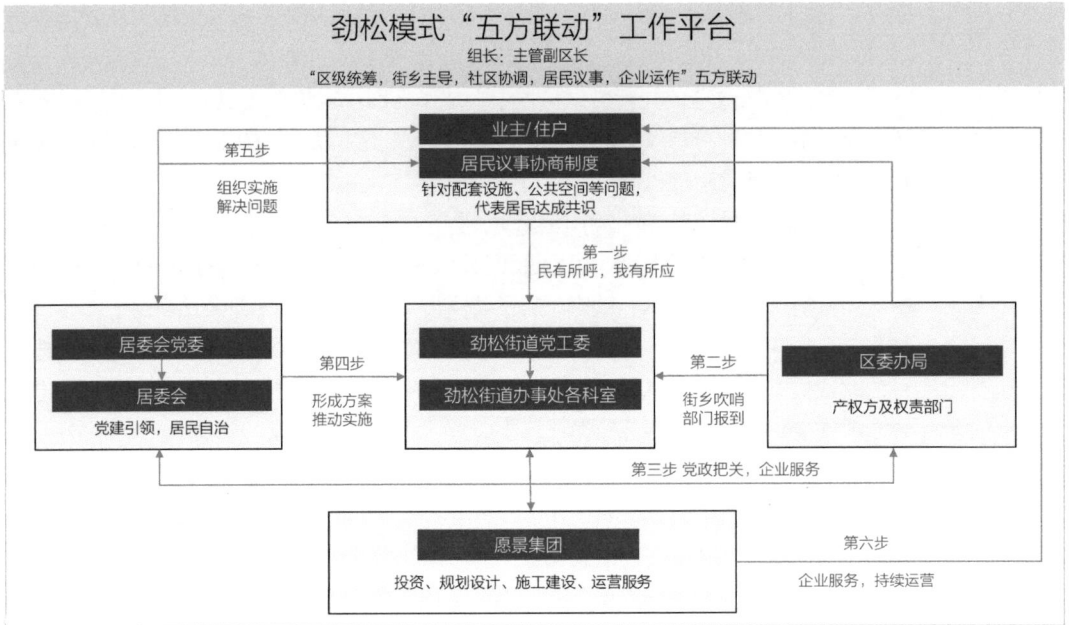

图10-9 劲松模式"五方联动"工作平台
（资料来源：根据首届北京城市更新论坛演讲内容改绘）

（3）"规建管一体"的精细化治理机制

劲松模式打破设计、施工、运营等各环节的割裂状态，以运营和服务为目标建立质效考量标准，通过"软硬兼顾"的改造理念和方式，系统达成社区长效运营服务的综合目标。劲松街道在朝阳区较早聘有责任规划师，由责任规划师团队对标上位规划，统筹"街区、社区、邻里"三重维度，把握社区定位、空间格局、要素配置、治理需要等核心内容，于2018年编制完成《劲松街道街区更新项目库（2019年—2021年）》，明确了小区更新主要内容。建设实施过程中，项目采取了"EPC+O"模式，并积极发挥街道责任规划师、入驻物业公司等的专业力量作用。设计师全程参与并驻场工作，围绕公共空间、智能化、服务业态、社区文化4大类、16小类、30余项专项作业实施改造，随时根据现场实际情况优化方案，确保项目快速、高效实施，将规划指引贯彻落实到基层项目中。管理方面，项目按照"居民户数过半、建筑面积过半"的"双过半"原则引入专业物业，通过"先尝后买"的方式，即2019年物业入驻之初先提供4个月的免费服务，逐步引导居民建立使用者付费理念。更新工作将物业全天候响应、维修、保洁、商户管理和社区居家养老服务有机结合，实施清单式的物业服务，涵盖环境保洁、绿化养护、停车管理、垃圾分类等多方面，并不时组织开展丰富的社区活动，切实提升居民的居住环境和生活质量（图10-10）。

劲松模式创新了"微利可持续"的老旧小区更新模式，实现了政府和市场力量的高效联动，从硬件环境、服务水平、社区共治等方面系统提升了老旧小区改造的成效。通过以空间换服务、公益性社区改造与经营性服务业态捆绑更新等做法，劲松模式为老旧小区改造的社会资本参与提供了新思路。老旧小区中腾退出来的公共用房、

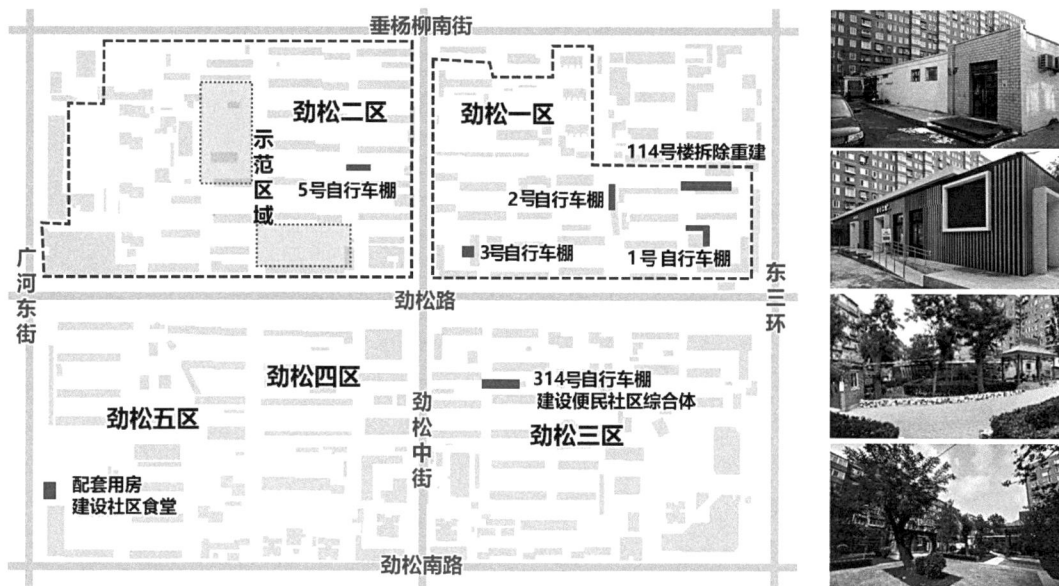

图10-10　2019年劲松小区试点改造内容及车棚、公共空间改造前后对比
（资料来源：根据调研资料改绘；https://mp.weixin.qq.com/s/zUvA6ZiRjbz3lyoOqucL4Q）

地下空间等，都可成为社会资本改造利用并获利的重要资源，应该在政府有效监管、遵循规制指引的条件下充分加以利用。

10.2.2　首开经验[①]

北京首都开发控股（集团）有限公司（简称首开集团）作为北京市属国有企业，在北京城市建设与发展过程中扮演着重要角色，先后承担了前三门住宅工程、回龙观片区经济适用房、国家体育馆等重大项目建设。随着北京城市发展模式转型，近年来首开集团致力于城市更新的理论研究和实践探索，并于2015年提出了"城市复兴官"的战略理念，推进全类型城市更新业务实践。

为服务北京"四个中心"建设，首开集团全面推进市政府引导的各类城市更新业务，包括核心区平房院落更新、老旧小区改造、危旧楼房改建、老旧厂房改造、老旧楼宇更新、城镇棚户区改造等，并开发出独具特色的两类城市更新产业模块（文物建筑修缮、健康养老产业），通过实践助力探索特大城市有机更新的北京道路。首开集团近期开展的40多项、100多个项目实践中表明，"首开经验"可概括为"四个一体化"，是在"一体化行动"工作框架下，以党建引领为核心、以城市复兴为指引，实现资源大统筹、政策大集成和要素大平衡的探索尝试。

（1）市域一体化统筹，谋划产业创新

首开集团依托领先的非经营性资产管理处置平台，针对集团的非经资产、物业服

---

① 内容根据 2022年7月12日首届北京城市更新论坛会议上首开城市更新研究院执行秘书长崔骥 所作题为《城市有机更新的'首开经验'》的演讲、首开集团官方微信号文章，以及"'首开经验'城市更新实践经验复盘研究"课题成果整理而成。

务项目、存量自持资产在北京中心城区分布广泛且均匀的特点，在市级层面统筹智慧停车、健康养老、加装电梯、垃圾处理、资源回收等专项产业投入，分类打造专业化平台公司[①]。健康养老产业方面，集团统筹"地产开发+健康养老""城市更新+健康养老""物业服务+健康养老"三条产品线，构建"居家养老+社区养老+机构养老"一体化运营模式。截至2021年，集团已落地7个养老服务站点，近期计划继续推进40个养老服务站点的投入运营。加装电梯业务方面，集团成立了专业化平台公司——首开房地天宇公司，推进电梯安装、维修和改造业务，形成平台、政府、居民三方共同出资机制以及集居民工作、设计施工、运营维护于一体的电梯加装路径。近期集团完成老楼加装电梯300余部，投入使用264部，占全市老楼加装电梯总量的10%以上。智慧停车业务方面，集团与首发集团、首钢集团、京能集团共同发起成立北京静态交通公司，首开集团二级企业合作成立首开千方科技信息服务有限公司，打造静态交通综合运营平台，探索停车场改造，充电桩、换电站与洗车设施建设，车辆识别与监控网络硬件设施改造等的实践做法，形成老旧小区停车服务新模式。

（2）区域一体化协作，探讨机制创新

对接城市更新业务需求，首开集团组建了"建设—管理—运营"一体化的专业队伍和多方协同的"首开平台"，推动政府、企业、居民共同参与下的更新实践（图10-11）。集团着力推动"区企合作"，结合各区实际与区级政府建立高位谋划的一体化协作机制和专业平台，梳理区域内资源禀赋情况，在非经营性资产管理、老旧小区综合整治、城市有机更新等领域开展区企深度合作。截至2022年7月，借助共商共建、资源共享、优势互补、合作共赢的政企协作机制，首开集团已与东城区、石景山区、海淀区等10个区级政府签订战略合作协议，并与朝阳区、海淀区探索成立城市更新基

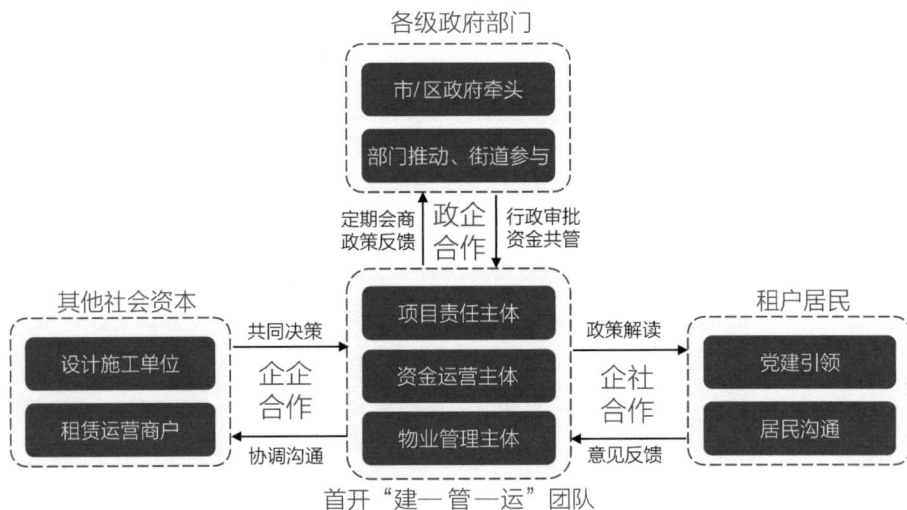

图10-11 "首开经验"中的多方合作模式

① 以集约化、规模化、产业化为出发点，通过市域层面统筹来发挥相关产业的规模效应，形成集聚效应，提高综合能力，释放经济价值。

金。集团同步推进"企企合作"，与金融公司、建设单位、商户及其他各类社会资本开展多层次、多领域的深度协作，借助金融、产业及科技创新，形成社会资本"大合唱"工作局面。此外，集团还在精细化推动"社企合作"，在老旧小区改造等民生保障类项目中，通过与街道联合成立临时党支部、驻场入户政策宣讲等方式，畅通公众参与渠道。

（3）街区一体化更新，引领实践创新

首开集团以街区为单元统筹实施城市更新项目，通过街区规划引领区域内各类资源整合，以"区域算大账、街区带项目、分步骤实施"等统筹推进不同类型更新项目实施，落地公共空间、市政设施和生态环境的一体化改造。在皇城景山地区一体化更新中，项目在"整体授权、分步实施"基础上，建立街区内政府、居民、企业、商户等的多元主体参与机制，形成服务政务保障、民生改善、名城保护的一体化规划方案，构建整合"退租（换租）、投资、改造、运营"的一体化推进流程，实现"人、地、房、业"的一体化融合运作，逐步达成街区一体化更新。在潘家园街道物业服务中，项目提出"一街区一物业"发展理念，对朝阳区潘家园170多万平方米的非经营性资产开展区域化物业管理，将原有的9家物业队伍整合为一家，由首开天岳恒公司实施统管，采用模块化、分层次的运作方式，实现城市更新改造与物业服务的良性循环，构建老旧小区运维的长效机制（图10-12）。

皇城景山街区一体化更新范围　　　　　　潘家园街道物业服务与街区更新范围

图10-12　首开集团城市街区一体化更新实践探索

（4）项目一体化实施，形成模式创新

首开通过统一评估项目的内生动力、外在目标与城市价值需求，将单个项目谋划推进与区域诉求、街区更新、政策法规、标准规范等进行衔接和整合考量，坚持在核心区平房院落更新、老旧小区改造、危旧楼房改建、老旧厂房改造、老旧楼宇更新、城镇棚户区改造、文物建筑修缮、健康养老产业等更新实践领域中，借助单个项目的创新探索来寻找可复制推广、可互相借鉴的有效经验（表10-5、图10-13）。

首开集团代表性城市更新项目及主要经验　　　　表10-5

项目类型	项目名称	项目经验
核心区平房院落更新	皇城景山街区更新项目	形成"整体授权、街区统筹"的平台化工作路径，"以人为本、院落整合"的平房院落重组路径，"微利持续、动态运维"的长期运营路径
老旧小区改造	古城南路小区改造	按照"一区一议""一楼一策"原则，形成以"四个一点"出资模式提升"硬设施""两个一点"收益机制充实"软服务"，以及市域统筹、区企协作、弹性推进的多方合作实施机制
危旧楼房改建	光华里5、6号楼项目	形成政府财政、非经营性平台、居民出资的三方资金合作模式，区企协作简化审批程序，工程创新加快工程进度，建管并行，以点带面促进街区一体化更新
老旧厂房改造	西城区电焊机厂项目、宋庄小堡村项目	以市场化机制为核心，灵活采用合资、合作、参股、跟投、自营等运营机制，形成一系列标杆项目百花齐放、投资收益可持续性强的工作路径
老旧楼宇更新	融中心项目、宝景大厦项目、西客站南广场项目、朝阳区松榆东里37号楼项目	
城镇棚户区改造	万泉寺棚户区改造项目	完善多元化的居住保障，优化产业与服务配比，补齐公共服务设施短板，推动片区职住平衡
文物建筑修缮	北大红楼项目	考证北大红楼的原形制、原工艺和历史原貌，用"绣花"功夫做到对百年建筑的"最小干预"
健康养老产业	社区融合式养老项目	通过既有建筑适老化改造，形成以打造社区融合式养老一流品牌为目标、以混合所有制运作为基础、全流程标准化运营管理的做法

光华里5、6号楼项目　　　　　　　　　　古城南路自行车棚改造利用

融中心项目　　　　　　　　　　　　　　宋庄小堡村项目

西城区电焊机厂项目　　　　　　　　　　西客站南广场项目

图10-13　首开集团部分城市更新项目改造前后对比
（资料来源：首开集团提供）

城 市 更 新 项 目 推 进 流 程

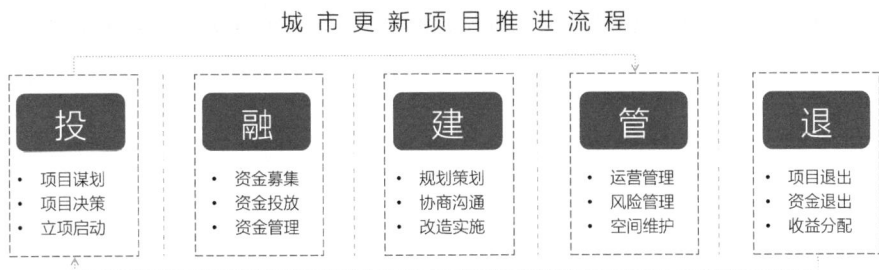

投	融	建	管	退
• 项目谋划 • 项目决策 • 立项启动	• 资金募集 • 资金投放 • 资金管理	• 规划策划 • 协商沟通 • 改造实施	• 运营管理 • 风险管理 • 空间维护	• 项目退出 • 资金退出 • 收益分配

图10-14 首开集团城市更新项目运作流程

借鉴资产管理运营的现有经验，首开集团构建起了城市更新项目的"投—融—建—管—退"[413]运作流程，探索一体化、全流程、标准化管理方式（图10-14）。"投"指项目确定阶段，包括项目谋划、项目决策、立项启动等环节，重在通过充分的市场调研，客观评价项目的可行性，科学预测项目实施的综合效益与潜在风险。"融"指资金筹集阶段，包括资金募集、资金投放、资金管理等环节，重在拓宽财政投入、市场融资、居民出资等多源资金来源。"建"指改造建设阶段，包括规划策划、协商沟通、改造实施等环节，重在保障规划设计方案的科学性与合理性，提高建设施工水平及品质、特色与吸引力。"管"指运营管理维护阶段，包括运营管理、风险管理与空间维护等内容，重在植入合理的功能业态，最大限度地提高空间使用效率、满足周边居民需求，通过动态维护机制保障空间品质、满足功能变动诉求。"退"指项目退出与资金回收阶段，重在结合市场动态科学研判项目进展，在收益合理化阶段及时退出，实现预期收益目标并进行合理的收益分配。"投—融—建—管—退"形成了一般市场化项目的管理流程闭环。对于自持类更新项目，集团则需构建好长效运营管理机制，达成"投—融—建—管"的运作闭环。

"劲松模式"和"首开经验"的创新探索处在动态发展中，资金平衡方式的成功概率还有待持续观察、一体化更新做法需要继续明晰，但此类民企或国企的积极尝试为北京城市更新的实践道路探索提供了重要支撑。

10.3 分类型更新实践与典型案例

10.3.1 居住类①

老旧小区是国家在新时期提出的"六稳"②目标中"稳投资"，以及"六保"③目标

---

① 主要观点来自清华大学建筑学院刘思璐的硕士论文研究。
② 2018年7月中共中央政治局会议首次提出"六稳"，即稳就业、稳金融、稳外贸、稳外资、稳投资、稳预期。
③ 2020年4月中共中央政治局会议首次提出"六保"，即保居民就业、保基本民生、保市场主体、保粮食能源安全、保产业链供应链稳定、保基层运转。

中"保基本民生"的重要抓手,有助于拓展内需促进消费,是经济双循环的重要工作内容。根据老旧小区建筑质量的不同,目前北京主要采取以综合整治为主、以拆除重建为辅的更新方式来实现人居环境的整体提升。其中,"综合整治"是北京老旧小区改造的主要模式,主要针对2000年以前建设的老旧小区进行综合性或单项提升,自2017年以来已整治完成295个小区,涉及建筑面积1062万平方米[414],并且在推进多元参与、闲置资源挖潜、微利可持续的盈利模式等方面形成了一定的工作经验,代表案例有朝阳区"劲松模式"、石景山区"老山模式""鲁谷模式"等。"拆除重建"的更新方式主要针对危旧楼宇或简易楼改造而采用,2020年北京全市共确定10个危旧楼房改建试点项目,涉及楼房73栋,面积约13万平方米[415],其中朝阳区光华里5、6号楼、东城区光明楼17号简易楼、朝阳区劲松114号楼是典型的拆除重建更新案例。

10.3.1.1 综合整治类:惠新西街33号院改造①

惠新西街33号院位于朝阳区小关街道,自2017年起前后经历了五次主要改造,每次都因居民提议而起,分阶段将小院建设成为朝阳区"全要素小区"。33号院改造并非通过政府一次性投资实现的简单物质环境更新,而是居民主导下的渐进式社区微更新,形成了"政府发起+居民主导+多方协作+专业管理"的更新路径(图10-15):居民是更新改造的主要决策力量,也是空间使用和维护的中坚力量。小区改造涉及环境优化、存量空间再利用、消极空间提升、公共空间建设、智能设备引入、便民设施提供、垃圾分类、雨水收集等方面(图10-16),通过将小区内闲置的自行车棚改造成为集花房、停车、老年食堂、邻里中心为一体的复合建筑,实现了存量空间的多用途创造性利用。

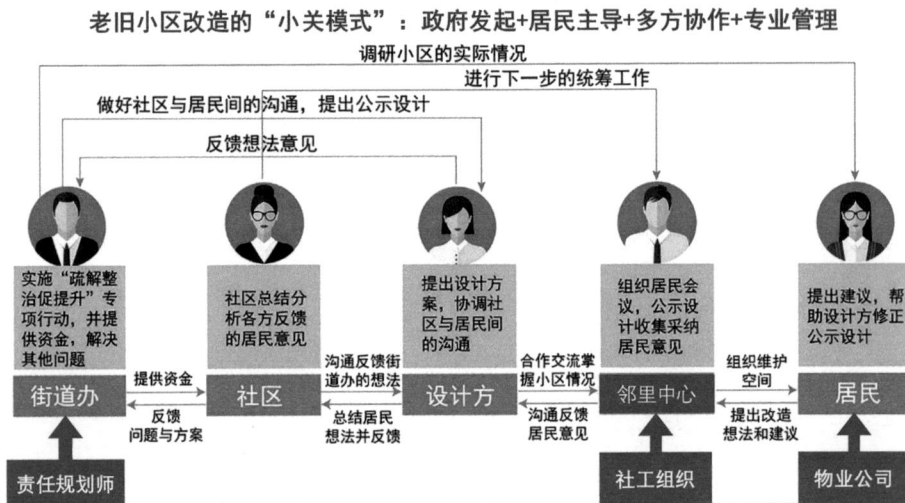

图10-15 惠新西街33号院老旧小区改造模式

① 具体参见: 北京规划自然资源. 城市更新系列十三|百姓的生活,百姓的院: 惠新西街33号院更新改造 [EB/OL]. (2019-09-23) [2019-11-07]. https://mp.weixin.qq.com/s/aAlzcoK9L86R-yT3PpfVoQ.

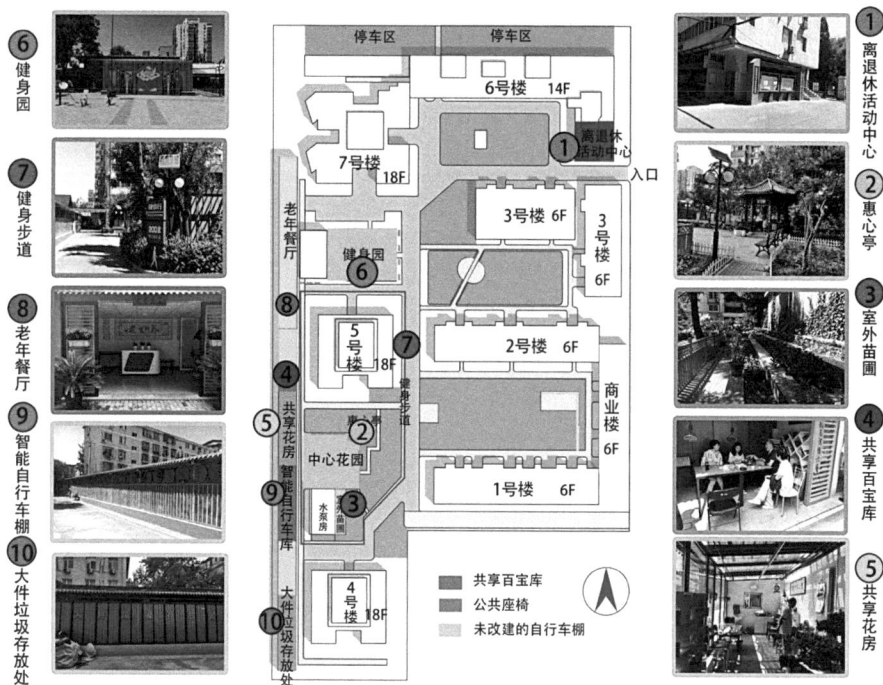

图10-16　惠新西街33号院老旧小区改造空间

　　为了更好地维护更新成果，33号院改造完成后引入了规范化的新物业公司进行专业化管理，但院中多种公共设施的日常使用依然由居民志愿者通过排班上岗来实现自主维护。改造过程中，社区"邻里中心"服务人员由长期居住在本社区、具有领导力和影响力的"社区能人"担当，其在街道、规划师、社区居委会与居民之间搭建起重要的链接桥梁，是33号院形成强大社区活力与凝聚力、激发居民参与的重要保障；社工组织由政府购买服务，每天深入小区，陪伴居民和社区共同成长；责任规划师和设计师从居民需求出发，融入居民之中，不断修改完善设计方案，直到居民满意为止。在居民、政府、社区组织、规划设计师、物业公司的多方合作下，更新改造通过不断获取居民意愿、满足居民诉求来创造"人人热爱"的社区新家园，实现了"百姓站在最中央"的老旧小区改造尝试（表10-6）。

惠新西街33号院改造的小关模式　　　　　　　　　　　　　　　表10-6

特点	内容
政府发起	申请政府专项改造资金
	责任规划师团队编制空间整治提升的"一图、一库、一表"加以指引
居民主导	前期提出更新需求及方向
	中期提出持续性更新想法，促进渐进式改造过程
	后期珍爱改造空间，创造性、艺术化利用公共空间，形成空间维护的志愿管理机制

续表

特点	内容
多方协作	"街道办—社区居委会—邻里中心小区物业/业主委员会"整体协作
	"社区能人"担任邻里中心服务人员，凝聚社区活力
	政府购买服务，社工组织深入小区，陪伴居民和社区共同成长
专业管理	引入专业化物业管理，不断提升管理方式与服务水平

（资料来源：根据参考文献［416］修改）

10.3.1.2 拆除重建类：光明楼17号简易楼改建①

光明楼17号简易楼位于东城区龙潭街道光明楼小区，建于1960年代，为区属直管公房。该楼为3层砖混结构，过去未进行抗震设防，无外墙保温措施，无市政热源接入，户均建筑面积28.6平方米，存在5户居民共用1处卫生间的情况。近年来，简易楼墙体局部出现开裂现象，给水排设施陈旧老化，电线私搭乱接严重，属危险等级较高的简易楼。随着2020年《关于开展危旧楼房改建试点工作的意见》的出台，项目于2020年8月正式启动实施拆除重建。

项目按照"居民申请，政府引导，企业实施"原则，采取申请式改建方式，由区属国企京诚集团作为实施主体统筹推进改造工作。改建充分尊重居民意愿，以"三个100%"作为工作开展的前提，即在改建意愿征询阶段，指挥部通过入户调查广泛征求群众意见，加大政策宣传和解读力度，实现居民100%申请参与改建；在实施方案、设计方案及物业管理方式意愿征询阶段，项目组织两轮成果公示，根据居民反馈情况完善修改，最终获得居民100%同意；在组织预签协议阶段，首日即达到居民100%签约，协议正式生效。项目在居民意见基础上实施拆除重建，29户居民全部选择"回住+购买"的安置方式，将原来的直管公房转变为参照经济适用房管理的产权房。居民通过出资购买，身份由原来的"公房承租人"转变为"房屋产权人"。

在资金上，项目探索形成了"市区政府补贴+居民出资+产权单位出资"的成本共担模式（图10-17）：财政补贴按照老旧小区综合整治补贴标准，由市区财政按照1∶1.2的比例分担补贴金额；居民出资购买改建后的新建房屋；该楼属于区属直管公房，区政府作为产权单位负担该项目剩余部分的资金投入，同时改建后增加的432平方米公共服务配套用房由政府持有，可用于实现财政投入部分的收支平衡。

原有楼房拆除后重新建设，原来的地上3层建筑被重建为地上4层加半地下1层的新形式，建筑面积由原本的1007平方米增加到1769平方米（图10-18）。建筑面积的局部增加，一方面保障了通过成套改造提升住宅宜居性，即经过原地改建，在总体户数不增加的前提下，为每户居民增设了独立的厨卫，实现了住宅的成套化，解决了居民"如厕难、洗浴难、烧饭难"问题，并且引入市政集中供暖解决冬季采暖的民生难题；

① 该项目在改造中增加建筑面积的做法在其他改造中是否能推广，还有待制度建设的进一步支持。具体参见：北京规划自然资源. 北京城市更新"最佳实践"系列报道 | 东城区光明楼17号简易楼改建试点项目［EB/OL］.（2022-07-28）［2022-08-10］. https://mp.weixin.qq.com/s/OQVHm2Gxtx2zhF23umTI4Q.

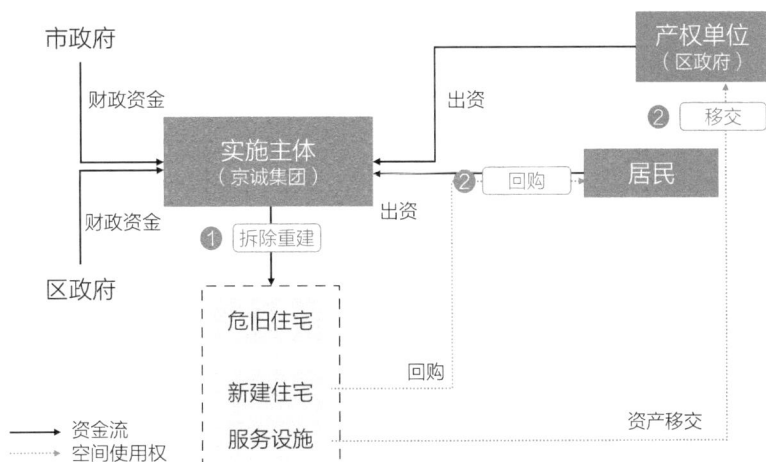

图10-17　光明楼17号简易楼改建主体协作与资金投入模式

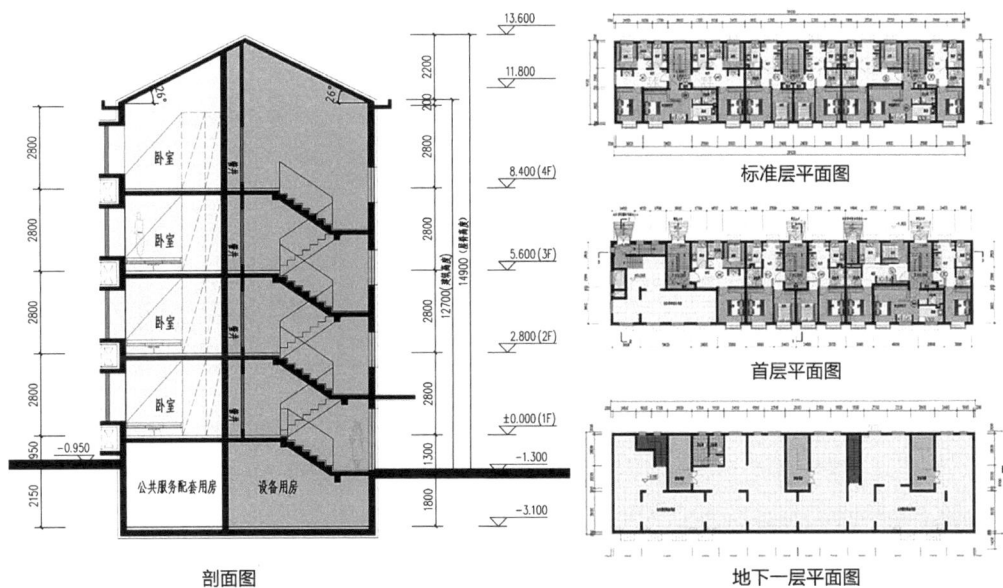

图10-18　光明楼17号简易楼改建方案及改造前后对比
（资料来源：相关调研资料；https://mp.weixin.qq.com/s/OQVHm2Gxtx2zhF23umTI4Q）

另一方面，利用增加的建筑空间设置公共服务配套用房，可以达到盘活资源、服务居民的目的。在运维上，经市、区部门多次会商，项目创新了"并联审批、同步办理"的审批流程。在实施主体组织居民征求改建意见、预签约、搬家交房、楼栋拆除的同期，发改、住建、规自等部门提前受理审批要件，同步开展相关审查，在满足审批条件时及时施行立项批复、土地划拨决定书、建设工程规划许可证、施工许可证等关键审批手续。这种项目推进和建设审批的同步进行，有效提高了工作推进效率。

10.3.1.3 居住类更新的经验与挑战

居住类更新实践的整体进展表明，资金平衡难以达成是北京老旧小区改造的难点，尽管部分实践进行了参与主体和投资渠道的探索创新，但整体上依然面临着市场动力有限、资金来源不足、利益格局复杂、居民意见不一等问题，导致改造工作时常受阻（表10-7）。

居住类更新实践的进展与挑战

表10-7

维度	实践进展	主要挑战
主体	◆ 政府主导； ◆ 社会资本参与改造运营； ◆ 社会组织与居民参与	◆ 社区居民自组织能力不足，自主改造较少； ◆ 社区居民意见难统一，沟通成本高
资金	◆ 政府公共投资为主； ◆ 社会资本投资参与； ◆ 少量居民出资改造或使用付费	◆ 政府资金有限，难以覆盖全部投资； ◆ 社会资本持续性盈利难以保障； ◆ 居民出资意愿低
空间	◆ 改造内容明确； ◆ 存量闲置空间改造利用； ◆ 建筑容量增加管理； ◆ 开发地下空间利用	◆ 规划管理困境； ◆ 产权问题复杂
运维	◆ 引入现代物业管理； ◆ 建立居民自治组织参与维护运营	◆ 仍存在弃管小区； ◆ 居民缴纳物业费意愿低，物业收费难

从更新主体来看，多元参与格局初步形成，但各方意见难于统一。无论老旧小区的综合整治还是拆除重建，政府、社会资本、居民共同参与的多元主体合作模式在一些案例中已经形成：政府主要承担行政管理、审批职责并投入专项资金；社会资本实施项目建设和运作并从中获取收益；居民反馈改造诉求与意愿并争取居住环境品质的提升。此外，责任规划师作为部分改造项目的第三方技术力量，在促进协商、设计把关等方面也发挥了相应作用。但很多老旧小区改造仍存在一定阻力，主要原因在于居民意见难以统一导致的项目推进困难，如加装电梯、楼本体基础设施改造等，部分住户无这类改造需求，部分住户认为改造会对自身利益造成损害而不愿配合[①]。

从更新资金来看，微利持续的盈利模式成为共识，但启动资金筹措依然困难。北京老旧小区改造难以推行以空间增量平衡改造成本的传统做法，因此需要利用小区内腾退或闲置的公共服务用房、地下空间等进行改造和运营，或者通过提供物业和专业服务等方式，实现持续性的微盈利以平衡前期改造成本投入。尽管鼓励政府、产权单

---

① 少数项目也出现了极少居民不认可政府出资改造，认为是浪费资源或表象改造的现象。

位、居民、社会资本共同投入的出资方向已经形成基本共识，但在实际改造中，部分社区因存量资源受限而导致社会资本不愿进入，并且产权单位和居民不愿配合推进的情况也不时存在。例如，小红门地区的某宿舍属于国有单位宿舍，地权、产权主体明确，但即使在政府出资80%进行改造的情况下，产权单位及住户仍不愿意配合出资，更新工作迟迟无法开展。此外，很多老旧小区居民由于过去没有缴纳物业费的习惯与要求，改造后不愿或只缴纳非常少的物业费用导致物业管理服务难，并容易因此形成空间运维的恶性循环。

从空间改造来看，精细化设计受到重视，但历史遗留问题解决困难。老旧小区改造注重因地制宜形成改造方案，力求实现存量空间价值的充分挖潜，有效提高居民生活的舒适度与便捷度。在老旧小区地下空间利用、公共服务设施增加、存量空间功能转换等方面，政府也开始给予相应的政策支持，但是产权混杂、管理严格、责权划分不明等问题依然会导致改造难以推进。例如，在部门管理过程中，部分老旧小区存在楼体下沉等重大质量问题，建委判定属于危楼需拆除重建，没有在现有楼体基础上改造的价值；但规自委提出本地块已规划为非居住用地，一旦拆除现有建筑后将无法重建为居住区，由此造成此类老旧小区的更新改造陷入停滞。居民仍居住在危旧住房中，既无法纳入改造，也不能拆除重建。又如在产权处理中，局部地区存在农租房被单位临时借用改造为职工宿舍的历史情况，目前住房衰败急需改造。但农租房的农村用地权属，导致规划无法提供相应的腾退拆迁安置政策与指标，使之成为城市老旧小区更新中的"黑户"。与此同时，单位的破产消失，造成这批职工宿舍无人管理，现有乡政府背负着各类维护成本，财政负担大，陷入既不能任由其衰败，也没有合理更新渠道与获取政策支持的两难困境。再如，光华里5、6号楼拆除重建后虽然实现了居民在空间上的分户居住，但也由于原有产权证的制约（改造后无法多发产权证），难以实现真正意义上的"产权分户"而导致居民回购困难。

从更新运维来看，长效治理机制逐渐建立，但部分小区物业管理仍缺失。北京老旧小区改造强调空间品质改善和治理能力提升并重，在改造过程中引入现代化物业管理机制，并且逐步完善居民议事会等公众参与平台，推动小区更新的长治久安。但北京单位大院众多，部分产权复杂的老旧小区的失管脱管现象屡屡发生，单位解体后产权单位弃管小区的现象突出。对朝阳区43个街道和乡镇的走访调研发现，有1/4的街乡都存在产权单位弃管、产权单位不配合、产权单位缺失等老旧小区更新维护困境。乡镇地区的问题更为复杂，很多小产权房不适用于建委部门出台的老旧小区改造政策，无法得到更新，又没法短期拆除，影响自身与周边地区的整体发展。

10.3.2 产业类

随着产业转型发展和疏解腾退工作的推进，存量产业空间的更新改造成为带动北京各地区发展、促进地区功能提升的重要契机。产业类更新是指对工业、商业、商务、办公等片区或建筑进行更新改造的活动，市场化运作程度相对较高，一般伴随着产业的转型升级，项目改造后可产生足够的经营收益平衡前期改造投入。

10.3.2.1 老旧厂房改造：首钢北区、金隅智造工场

截至2019年9月，北京市区现有老旧厂房资源774处。其中，中心城区有248处，占地面积约1943万平方米，占全市老旧厂房总占地面积的60%左右[417]，是城市重要的存量空间资源用地，也是城市产业升级转型的重要载体。北京老旧厂房更新模式可以分为三类：正式更新，经政府正式流程审批认可后进行的更新改造，"自上而下"的合法合规运作特征突出[①]；非正式更新，在原有用地权属与性质不变的情况下，通过自发运营、租赁等方式，将老旧厂房改造为文化创意空间或引入办公、商业等功能，呈现"自下而上"的更新特点[②]；半正式更新，北京为规范与引导非正式更新，近年来推行"5年过渡期"政策[③]，为老旧厂房用地的功能转化与产业焕新设置孵化、培育与缓冲期，保证政府管理严肃性的同时平衡市场诉求，呈现出"自上而下"与"自下而上"相结合的特征。其中，非正式更新以早期的798艺术区为代表，自1990年代起，产权主体七星集团自主将厂房出租给艺术家使用，通过文化创意产业的集聚与发展推动了园区"非正式"的功能转型。2006年，北京市政府正式把798艺术区列入文化创意产业聚集区，朝阳区委与七星集团等单位共同组建成立798艺术区建设管理办公室，管理模式变为区政府与七星集团协同管理[418]。

（1）正式更新：首钢北区[④]

首钢老工业区位于长安街西延线北侧，区位独特且历史与资源丰富，始建于1919年，后为支持2008年北京奥运会与城市功能转型及环境质量提升进行搬迁。搬迁后的首钢老工业区包括北区、南区、东南区三个区域。2015年年底北京冬奥组委宣布落户首钢，首钢老工业区北区（简称首钢北区，规划范围291公顷）成为新首钢地区更新的先期启动区域，开始全面推动更新改造与转型发展。

《加快新首钢高端产业综合服务区发展建设打造新时代首都城市复兴新地标行动计划（2019年—2021年）》明确提出，要将首钢园建设成为具有全球示范意义的新时代首都城市复兴新地标，并出台了一系列支持政策（表10-8）。随着2022年北京冬奥会的成功举办，项目在推动城市转型、塑造城市公共空间格局、改善区域生态环境、提升群众幸福感和获得感等方面取得良好成效，并在高品质空间塑造、主体协同参与、高效运维方面探索出系列特色经验。

---

① 功能或容量发生改变的，市场主体需要按照规定补缴土地出让金，或者通过调整规划、用地上市招拍挂等方式推进更新。

② 此类更新方式通常存在利益还原不公、监督管理不畅、证照难以办理等问题。

③ "5年过渡期"政策：在符合规划且不改变用地主体的条件下，更新项目发展国家及北京市支持的新产业、新业态的，由相关行业主管部门提供证明文件，可享受按原用途、原权利类型使用土地的过渡期政策。过渡期以5年为限，5年期满或转让需办理用地手续的，可按新用途、新权利类型，以协议方式等办理用地手续。

④ 具体参见：北京规划自然资源. 北京城市更新"最佳实践"系列报道 | ⑦石景山区首钢老工业区（北区）更新项目 [EB/OL]. （2022-07-25）[2022-08-10]. https://mp.weixin.qq.com/s/XlmyPSuM4sak6n6HS_5EDA；首钢新闻中心. 重磅 | 首钢园区北区"详规"获正式批复 [EB/OL]. （2017-11-17）[2022-08-10]. https://mp.weixin.qq.com/s/Mc6DE1IXGJGq-KN2USMgNA.

首钢园地区发展相关规划与政策　　　　　　　　　表10-8

时间	发布单位	政策名称
2019年2月	中共北京市委办公厅	《加快新首钢高端产业综合服务区发展建设打造新时代首都城市复兴新地标行动计划（2019年—2021年）》
2019年8月	北京市发展和改革委员会	《关于支持首钢园区推进服务业扩大开放有关事项的通知》
2021年7月	北京市石景山区西部建设办公室	《"十四五"时期新首钢高端产业综合服务区转型发展规划》
2022年3月	北京市发展和改革委员会	《深入打造新时代首都城市复兴新地标加快推动京西地区转型发展行动计划（2022—2025年）》

　　首钢项目发挥了不同主体在规划、建设、管理等各环节中的主导作用。在规划编制与实施推进阶段，项目创新"政府主导、智库支撑、企业推进"工作模式，搭建"首钢规划设计与实施管理协作平台"，由市领导牵头成立建设领导小组，从规划编制到具体实施全程引导首钢老工业区更新。在实施运营阶段，推行以首钢自主更新为主、市场化开发为辅的模式，既发挥单一实施主体、大规模整体连片更新的优势，又适时引入其他社会资本实施分区分片滚动开发，推动区域集约高效联动建设。

　　2018年至2021年，项目累计获批国家产业转型升级专项、城区老工业区搬迁改造专项等中央预算内资金超过1亿元，首钢集团获批地方政府专项债券101.5亿元，并通过固废处理REITs发售等形式筹措资金[419]。其中，六工汇综合体项目①作为首钢北区的新地标，由首钢集团主导开发运作。2019年，首程控股②引入全国社保基金，与其长期资金投资人共同组建40亿元的城市更新基金，同时又引入在城市更新领域具有丰富经验的美国铁狮门集团，以基金管理的模式推动项目的设计建设与运营管理。项目是首钢集团主导，统筹产权主体、投资主体与管理主体，推动多方协作的市场化运作机制的探索实践（图10-19、图10-20）。

　　首钢项目强调规划的统筹与引领作用，在高标准编制《新首钢高端产业综合服务区北区详细规划》的基础上，持续明确区域的功能布局、开发强度、道路系统、特色节点等规划控制要素，并配套系列管控手段，确保"一张蓝图干到底"（图10-21）。具体做法包括：①优化规划控制体系，统筹控规专项、分区深化和重点项目设计，构建控规图则加详规附则的技术管控体系；②提出整体性保护开发策略，坚持"能保则保、能用则用"，分层分级保护利用工业遗存，强化整体风貌的保护引导；③完善停车、餐饮、购物等商业商务配套设施，推动特色空间功能转换；④创新规划管理，引入"企业承诺制"，创新工业建构筑物改造审批模式，探索片区规划指标统筹实施方式。

　　项目通过丰富的活动带动和多场景活力空间营造形成片区吸引力，具体措施包括：①紧抓奥运机遇，建设北京冬奥组委办公区、首钢滑雪大跳台、冬训中心等一批

---

① 六工汇项目位于首钢北区的核心位置，总建筑面积为22.3万平方米，是包含甲级办公楼、零售餐饮体验以及艺术文化等多功能的综合体项目。
② 全称为"首程控股有限公司"，是首钢集团旗下的香港上市公司。

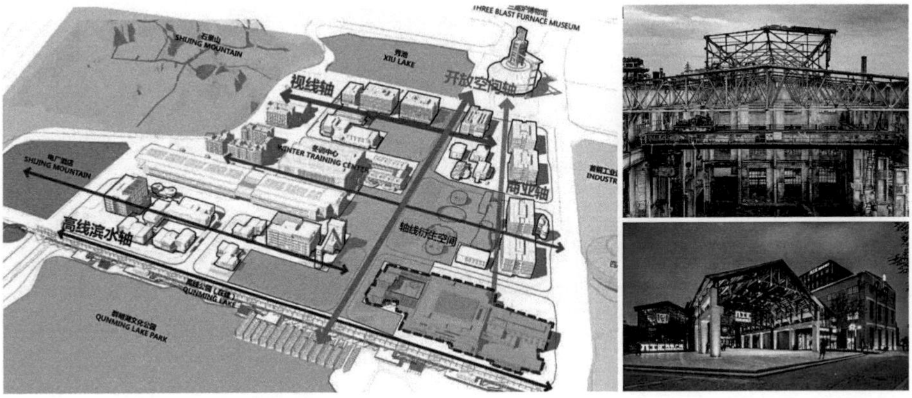

图10-19　首钢六工汇项目改造前后对比
（资料来源：http://news.sohu.com/a/563800629_187481）

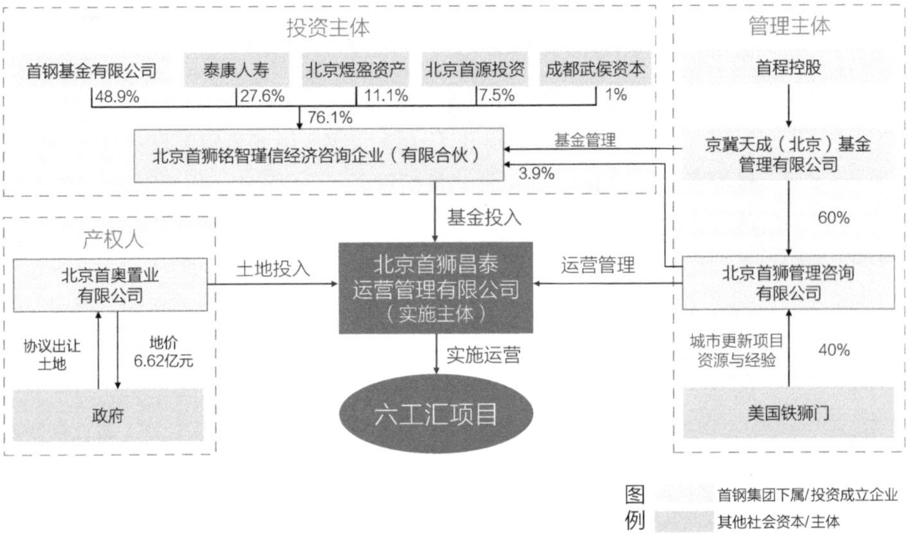

图10-20　首钢六工汇项目中首钢集团主导下的多方协作关系
（资料来源：根据"爱企查"相关数据及中国经营报道报道绘制；https://baijiahao.baidu.com/s?id=17257749039
85483423&wfr=spider&for=pc）

重大冬奥工程，并逐步聚焦"体育+""科技+"等产业，形成片区功能转型的内生动力，带动工业基地复兴；②承办服贸会、中国科幻大会、沸雪世界杯等重大赛会，借力时尚科技活动提升区域活力，增强片区综合服务软实力；③立足开放型、综合型城市功能片区建设，引入特色餐饮、休闲、商务服务等功能，融入首都城市发展格局；④结合工业遗产保护利用塑造系列特色空间，修复建设永定河首钢段和石景山景观公园等，在改善区域生态环境的同时，营造特色化的城市西部工业遗存与山水景观融合的标志片区（图10-22）。

石景山景观公园

首钢工业遗址公园

石景山

以保留下来的工业遗址为景观特色的景点开放空间区域

保留原生态山体风貌特色，以古建筑群为主要景点的开放空间区域

公共服务配套区

居住、公共服务等城市功能有机混合的区域

冬奥广场

城市织补创新工场

展现工业之美、冬奥之美的绿色生态区域

以城市织布为手段、实现城市复兴的建设区域

功能分区规划图

文化和保留工业资源规划图

广场和特色场所规划图

绿色交通引导图

图10-21 首钢北区整体规划

（资料来源：https://mp.weixin.qq.com/s/Mc6DE1lXGJGq-KN2USMgNA）

实景鸟瞰图

制氢创新

电厂酒店

工舍酒店

改造前影像图

改造后影像图

首钢奥广场筒仓

图10-22 首钢北区鸟瞰图与改造成效

（资料来源：https://mp.weixin.qq.com/s/XlmyPSuM4sak6n6HS_5EDA）

（2）半正式更新：金隅智造工场[①]

中关村科学城·金隅智造工场（简称金隅智造工场）位于海淀区，原为金隅集团下属企业北京金隅天坛家具股份有限公司的生产厂区，占地20万平方米，总建筑面积12万平方米。2016年，随着天坛家具公司生产产能向河北的整体迁移，集团与北京海淀区政府共同谋划，依托周边科技资源，利用闲置厂房打造以"大信息及智能制造"为核心的专业科技产业园区。目前园区已接近满租，吸引了200多家科技企业、5000多位科技人才的聚集。2021年园区生产总值超过50亿元，相比原传统家具制造业，单位产值提升了近10倍，全面实现传统制造产业转型升级和产业空间腾笼换鸟。2022年，金隅智造工场启动申报全国首单厂房城市更新项目公募REIT，拟募资17亿元，进一步吸引多元社会资本共同参与投资建设[②]。

北京老旧厂房多属于国企划拨用地，这类产业空间的更新通常由政府与企业共同谋划，由政府提供政策支持、发展指导和一定的资金帮助，产权主体负责具体建设实施与运营管理。政企合作可以推动既有厂房通过更新改造发展文创或高科技产业，同时为城市提供公共活动或休闲娱乐空间，实现地区综合效益提升。金隅智造工场的基本更新模式为：①在区政府财政补贴、引导产业进入与提供"5年过渡期"政策的综合支持下，由产权主体金隅集团作为主要投资方组织更新改造，将原有工厂改造为办公功能，并引入配套商业；②通过租赁运营，引入和培育各类企业，获取租金与税收收益，平衡金隅集团前期改造投入的同时，向政府缴纳税金；③5年过渡期满后，按照制度设计构想，实施主体金隅集团将向政府缴纳土地出让金，将工业用地正式转变为科研办公用地，获得正式产权（图10-23）。

金隅智造工场搭建了区企合作平台。金隅集团与海淀区政府签署战略合作协议，明确产业发展方向，充分发挥政府在科技企业推荐、提供政务服务和产业指导、给予政策支持等方面的优势，以及企业在科技企业挖掘、吸引企业入驻、客户风险评估等方面的长处。集团联合海淀区政府，建立"海淀·金隅科创基金"，构建市场化股权投资体系，吸引"前沿硬科技"企业入驻。同时集团与中关村科学城组建产业联审机制，双方严格控制入园企业产业门槛（图10-24）。

园区探索构建"物理空间租赁+产业投资（孵化）+创新产业服务"的一体化运营服务体系。空间利用在不增加园区总体面积的前提下，保留园区内85%以上的高举架、高荷载产业空间，支持小试中试、检验检测以及小规模转产产业环节等创新企业的空间需求（图10-25）。产业孵化方面，发挥园区平台的横向交流和融通带动作用，发现、挖掘优秀的科创项目团队，定期组织高层客户活动，促进入园企业间的产业资

---

① 具体参见：北京规划自然资源. 北京城市更新"最佳实践"系列 | 海淀区中关村科学城·金隅智造工场项目[EB/OL].（2022-07-21）[2022-08-10]. https://mp.weixin.qq.com/s/hkJW1Njt9tA4awdRvSEhRg；金隅资讯. 光荣上榜！金隅智造工场入选"北京城市更新最佳实践"项目[EB/OL].（2022-05-16）[2022-08-10]. https://mp.weixin.qq.com/s/DZM4Pv6h9cqONm7HwbpFCQ.

② 具体参见：城市更新网URN. 国内首单厂房城市更新项目公募REIT启动申报，拟募资17亿！[EB/OL].（2022-09-02）[2022-09-02]. https://mp.weixin.qq.com/s/15Ls7RQikGtj0VJwm5Uulg.

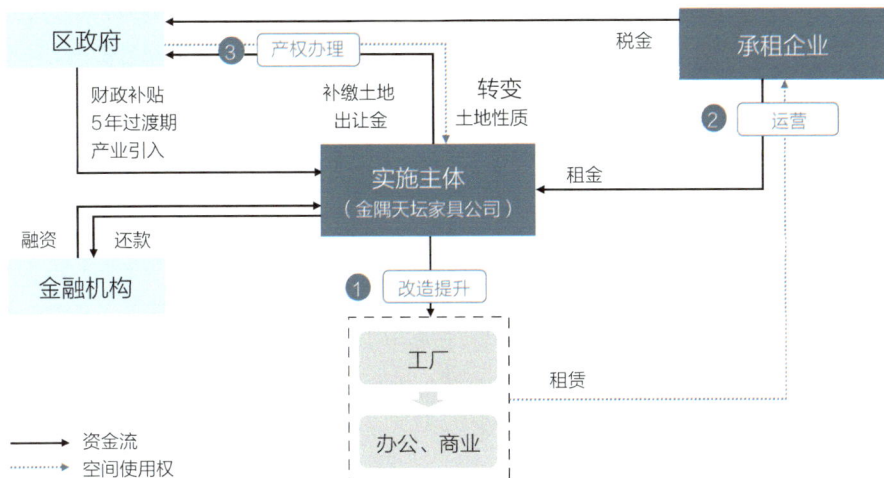

图10-23　金隅智造工场的各方投资与改造模式

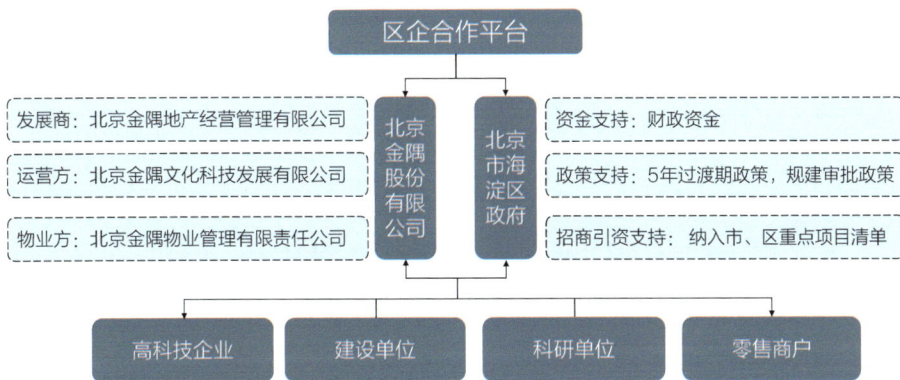

图10-24　金隅智造工场的区企合作平台

图10-25　金隅智造工场改造效果及改造前后对比
（资料来源：https://mp.weixin.qq.com/s/hkJW1Njt9tA4awdRvSEhRg）

源合作与衔接；向入园企业开放园区科技创新应用场景，鼓励科技成果在园区内的落地转化。综合服务方面，园区围绕"政产学研金服用"，引入海淀区综合政务服务金隅智造工场项目站，将客户服务、产业服务、政务服务、知识产权服务及非公党建等有机整合，推动园区内企业高效办理相关手续和提供高品质服务。

10.3.2.2　老旧楼宇改造：西单更新场[①]

老旧楼宇主要指老旧的商务办公或商业服务功能建筑，更新重点在于基础设施改造、建筑环境提升与产业能效升级等。根据功能是否改变，北京老旧楼宇改造项目可以分为两类：功能改善类，指主要功能不发生改变，企业对自有物业采用装修、改造、业态优化等方式对商业建筑、写字楼进行原用途基础上的更新升级；功能转变类，指建筑功能在商业、商务办公、酒店等之间的相互转换，此类项目一般经过了政府收储或产权主体出售物业等过程，产权或经营主体发生改变，由新主体对建筑进行改造和运营。

西单更新场项目位于长安街与西单北大街交叉口东北角，占据西单商圈核心位置，场地的功能业态与空间环境一直处于动态变化中（图10-26）。西单更新场项目的前身为西单文化广场，于1999年由华远集团建造，后由华润置地（北京）股份有限公司（简称华润置地）接管。然而近年来，该地区地下商场中集聚大量小商品店铺，空间品质及功能业态与其区位价值严重脱节。2015年，西城区政府、西城区园林局、华润置地决定启动西单文化广场更新工作，探索减量背景下提升商业业态、重塑城市空间的新路径。

新中国成立前：西单牌楼市场
· 出城要道
· 商业街
· 老字号集聚

1960年代：西单体育场
· 西城市民体育活动中心
· 全国和市级体育赛事举办地
· 中小学运动会

1980年代：西单劝业场
· 服装市场——第一批"万元户"
· 书店——西单科技书店/新华书店
· 名店——西单第一美发厅

1999年：西单文化广场
· 大面积草坪绿化
· 下沉广场、立体景观
· 地下4层十字步行商业街

2009年：西单文化广场
· 复建西单牌坊
· 全方位的空中连廊
· 广场+树木+景观喷泉

2019年：西单更新场
· 重启地下商业
· 链接商业综合体
· 森林+小径+建筑雕塑景观

图10-26　西单更新场的变迁演进
（资料来源：参考文献［420］）

---

① 具体参见：北京规划自然资源. 北京城市更新"最佳实践"系列｜②西单更新场 探索减量发展下的城市更新路径［EB/OL］.（2022-07-19）［2022-08-10］. https://mp.weixin.qq.com/s/kNMU7SPszD8fWYFvxyslpg.

由于历史原因，西单更新的场地上产权归西城区政府所有，地下产权归华润置地所有，更新探索了由企业主导，政府及其城管部门、建委、园林绿化部门、商委等共同支持推进的新方式[421]。具体而言，北京市西城区政府和谐宜居建设指挥部牵头形成专班；由华润置地负责项目整体改造；设计和建设单位参与方案编制和建设实施；西城区园林局负责地面部分的园林绿化工作；西单更新场落成后由华润万象生活负责整体运营[422]。在改造谋划过程中，华润置地邀请西城区商务委、长安街街道办、民俗专家、西单商圈内主要商业项目负责人等进行广泛座谈，充分采纳各方意见，为方案的成型收集宝贵意见。

项目在空间建设上实现了"减量、增绿、提质"。西单更新场将原有4层地下空间、总建筑面积约4.3万平方米，减少为3层、总建筑面积3.5万平方米。商业面积由改造前的2.2万平方米减至0.6万平方米。原有地下4层改为2层商业与1层停车场，先后腾退各类小商品业态的商户646家，疏解人口4000余人。项目立足"绿地与商业结合的复合功能综合体"定位，依托TOD理念，实现地上、地下互联互通，打破建筑空间与公共空间的隔阂，改变"红线"、绿地空间等边界限定，在西单商业区的地上覆盖了1.12万平方米绿地，借助微地形变化营造接近自然状态的"城市绿肺"，塑造自然、商业与艺术融合的空间体验。项目改变了原来层高低、空间局促、类似小商品批发市场的空间状态，提出"青年、艺文、潮流"的功能定位，通过首店、概念店效应塑造多元体验的新场景，构建新的潮流地标（图10-27）。

华润置地投资6亿元进行项目改造，力图通过精准的消费者需求定位提升空间价值。尽管项目改造后的商业面积只有6000平方米，高峰客流量可达到两三万人，开业后五一期间的客流量甚至达到日均5.1万人次，坪效是传统商场的2-3倍[423]。项目采

图10-27　西单更新场改造效果
（资料来源：https://mp.weixin.qq.com/s/lXoQdCptv81bzvzpU_2lmQ; https://mp.weixin.qq.com/s/AduafyFxqSDF927TVzkN8g）

用单一运营团队全程持续跟进：前期谋划阶段，团队对目标人群进行精准画像，明确西单地区在潮流商业、文化艺术体验、青年时尚消费等方面所具有的核心地位；招商阶段，团队按照消费客群定位对所有店铺进行定向招商；设计阶段，项目匹配入驻商户客群特征和品味需求进行整体风格打造。整个过程中，运营团队始终坚持贯彻项目最初确定的整体定位和更新目标，保障了项目品质的实现[424]。

10.3.2.3　产业类更新的进展与挑战

产业类更新项目整体上市场化程度较高，除强调空间改造与场景营造外，亦重视优质业态、高效产业的培育与运营，但也还需进一步创新管理与市场化融资机制，鼓励多元市场主体参与，持续有效盘活城市低效空间，推动城市产业转型升级（表10-9）。

产业类更新的进展与挑战　　　　　　　　　　表10-9

维度	实践进展	主要挑战
主体	◆ 政企合作推动老旧厂房改造； ◆ 企业为主改造老旧楼宇	◆ 大型企业为主，中小企业参与困难； ◆ 投资主体参与路径不明确
资金	◆ 政府适当补贴； ◆ 产权主体自筹资金改造； ◆ 市场融资手段逐渐多元； ◆ 五年过渡期政策	◆ 老旧厂房改造土地价款高； ◆ 市场化融资渠道仍需进一步拓宽； ◆ 金融产品需要进一步创新； ◆ "5年过渡期"政策不完善，5年后缺少政策指引
空间	◆ 特色化、定制化空间改造； ◆ 提供公共活动空间； ◆ 探索减量发展模式	◆ 消防、安监审批不符合规范； ◆ 规划审批、营业执照等手续办理困难； ◆ 容积率转移制度、激励政策有限
运维	◆ 老旧厂房改造重视产业运营培育； ◆ 老旧楼宇强调高效运营管理	◆ 市场不确定性大； ◆ 政府审批流程仍需明确

从更新主体来看，老旧厂房注重以政企合作、企企合作推动更新。老旧楼宇市场化改造程度较高，但中小企业参与不足。北京很多老旧厂房更新由大型国企对自有用地和厂房进行升级改造，政府通过产业引导与资金支持等手段介入。老旧楼宇改造中，市场主体对存量资产进行装修、提升和功能转换的现象普遍存在，原权利人主要通过拍卖、出售、租赁、合作等形式移交楼宇使用权属。这些改造在目前大多以大型企业参与为主，它们在产权转换、手续办理、资金募集等过程中具有较强的资本储备、经营运作与行政沟通能力，且能获得经验丰富的法律和财务团队支撑。

从更新资金来看，产业类更新项目的投资来源相对多元化，但成本投入压力依然较大，金融产品创新不足，后期运营收益存在不确定性。虽然政府通常会给予老旧厂房改造一定的支持和扶助，但特殊优惠条件下的5年过渡期满后，是否补缴新用途下的土地出让金等（工业用地价格通常是商服用地价格的1/9），成为企业推动工业转型文创或科研办公时需要面对的巨大不确定性。老旧楼宇改造中，投资主体正在探索基金等融资手段创新，但受到房地产市场的宏观调控影响，REITs等金融工具仍待进一步开发，市场融资潜力仍未完全激活。产业类更新主要通过后期的空间出租、空间运营等来获得收益和平衡前期改造成本，但当前产业发展受市场影响波动较大，收益回报周期长，投资主体的资金周转不时面临困难。

从更新空间来看，老旧厂房具有工业遗存价值高、大体量空间多等特点，利于特色城市空间的营造和灵活使用；老旧楼宇改造通过业态升级来大幅度实现空间增值，能够逐渐摆脱容积率依赖路径，也对推动城市空间的高效益、特色化发展起着重要作用。然而，当前的规划与建设管理政策仍未能与产业类空间的存量更新诉求完全匹配，主要体现在以下几个方面：①产业类空间的业态和功能需要随着市场环境的变化而随时调整，现行政策无法完全支持这种灵活的功能转变诉求。②改造项目受空间制约，在建筑消防审批中经常无法达到现有规范标准要求，无法办理审批手续。特别是老旧厂房的非正式、半正式更新中，原有工业用途与实际的研发办公、文创、商业用途不符，加上二次施工手续办理及消防验收中存在政策壁垒，对空间的后续上市等造成较大影响。③项目改造完成并投入使用后，由于难以灵活满足使用方的空间加层等需求，加上减量发展的配套奖励和限制机制尚未建立，带来运营上的持续挑战。

从更新运维来看，持续性成功的产业运营成为项目成功的关键。规模化的老旧厂房改造通常会建立园区运营服务平台，与使用主体充分对接，为入园企业提供综合服务和管理支持。老旧楼宇更新更是格外关注运营业态是否能成功，如此方能以后期运营平衡改造投入并获得持续收益。在流程上，政府针对产业类更新项目的审批管理流程普遍存在报规报建手续复杂、流程不清晰、报批要件不明确等问题，重点项目则主要通过一事一议、"开绿灯"等方式推进，高效和普适的更新改造流程还需继续探索。

10.3.3 设施类

公共服务和市政基础设施等设施类更新项目，在城市更新中起着重要的基础保障、触媒带动与提升引领作用。"十三五"期间，北京推行了系列设施改造提升工程，公共服务设施包括医疗设施改造（协和医院西单院区新门诊楼等）、体育设施更新（首都体育馆、五棵松体育馆等）等；交通设施包括火车站升级改造（北京北站等）、地铁车站扩能改造（宣武门站、安定门站等）、街道改造提升（平安大街等）、慢行出行环境改善（中心城区次干路及以上道路3200公里慢行系统治理，建设CBD西北区、回龙观等9处慢行系统示范区，共享自行车专项治理）等；市政基础设施包括清洁能源改造（北辰供热厂、宝能供热厂等）、应急热源改造（国华电厂等）、雨污合流管网改造（天通苑地区等）等。在"十四五"期间，推动各类设施改造提升依然是政府工作的重点（表10-10）。

北京"十四五"时期谋划的设施类更新改造项目　　　　　　　表10-10

大类	小类	"十四五"时期谋划项目
公共服务设施	文化	◆ 北京市国际戏剧中心、北京市文化中心、北昆国际文化艺术中心改造
	体育	◆ 工人体育场、东单体育中心、月坛体育场基础设施升级改造 ◆ 国家网球中心、石景山区体育中心改扩建，通州体育场升级改造 ◆ 首都体育学院足球场、先农坛体校足球场等升级改造 ◆ 对全民健身路径和健身器材进行升级改造
	医疗	◆ 疏解北京安贞医院、宣武医院、首都儿科研究所附属儿童医院等，优化老院区功能
	教育	◆ 利用疏解腾退空间优先补充义务教育学位缺口 ◆ 核心区校园更新改造 ◆ 北京城市副中心实施老城区校舍改造，增加学位资源
	养老	◆ 鼓励具备条件的闲置设施和疏解腾退空间改造为养老服务设施 ◆ 改造提升普惠养老机构
	其他	◆ 优化提升嵌入式小微便民服务设施
交通基础设施	航空	◆ 首都机场基础设施改造升级、扩容
	轨道	◆ 轨道交通线网改造、既有线改造提升、轨道交通郊区线提速改造 ◆ 既有站点、同台换乘改造 ◆ 铁路货运场站扩能改造及设施升级
	公交	◆ 公交站台提升改造 ◆ 疏解后公交场站复合化再利用（前门、永定门、广安门等核心区）
	道路	◆ 东六环路入地改造 ◆ 北清路、安立路、京密路等快速化提级改造 ◆ 局部拥堵段改造 ◆ 增加路网密度，促进道路微循环建设
	慢行交通	◆ "两纵"（东单南北大街延长线、西单南北大街延长线）、"两横"（平安大街、两广路）示范改造 ◆ 核心区步行和自行车友好城区建设 ◆ 城市巡河路慢行系统改造
	其他设施	◆ 倡导居住小区利用内部闲置用地建设立体停车设施 ◆ 将电动汽车设施作为城市更新改造的标配，利用闲置用地增加电动汽车充换电设施 ◆ 自动驾驶示范区车路协同信息化改造 ◆ 完善人性化无障碍设计，加强适老化改造 ◆ 四、五类低荷载桥梁改造工程 ◆ 新发地农产品批发市场、通州马驹桥、顺义空港、大兴京南、平谷马坊物流基地转型升级
市政基础设施	场站/设备	◆ 水、电、天然气、供暖计量器具智慧升级改造
	管线	◆ 海绵城市建设，推动雨污分流改造和雨水管道提标 ◆ 核心区基础设施全方位升级改造 ◆ 重点地区低洼院落排水系统改造 ◆ 40年以上管龄存在安全隐患的管网、全部老旧小区供水管网改造

（资料来源：根据相关规划①整理）

① 包括《北京市城市更新专项规划（北京市"十四五"时期城市更新规划）》（2022年5月，北京市人民政府印发）、《北京市"十四五"时期交通发展建设规划》（2022年5月，北京市人民政府印发）、《北京市"十四五"时期重大基础设施发展规划》（2022年2月，北京市人民政府印发）、《北京市"十四五"时期社会公共服务发展规划》（2021年12月，北京市发改委印发）、《北京市"十四五"时期教育改革和发展规划（2021—2025年）》（2021年9月，北京市教育委员会印发）、《北京市全民健身场地设施建设补短板五年行动计划（2021年—2025年）》（2022年2月，北京市体育局、发改委、规自委、住建委、园林绿化局印发）等。

10.3.3.1 公共服务设施更新：学院路地区一刻钟便民生活圈[①]

学院路地区是海淀区科技、文化、教育设施最密集的地区之一，集聚了6所高等院校和11个科研院所，也是北京典型的"大院"密集地区。城市发展过程带来制度变迁和人口结构变化，大院内公共设施不足、交流空间缺乏等问题逐渐暴露。近年来，通过政府引导、市场主导，以及居民、社区组织、责任规划师等的多元主体共同参与，学院路持续完善地区一刻钟生活圈体系，探索大院空间内公共服务设施提升的改造路径。

项目倡导共建共管新模式，以街道为主体并充分发挥其统筹作用，实现了专业技术力量的长期支撑和多元主体参与。其中，石油大院生活圈采取"政府+单位+社会+居民"四方共建、"院委会+督导组+顾问团+社会组织+志愿者"五方共管模式；二里庄生活圈引进社会组织，成立"社区营造工作坊"，完善社区单位、物业、专家、社会组织等参与下的多元共治；130位高校院所专家组成学院路发展智库，结合"学院路城事设计节""学院路城事科创节"等活动，调动地区高校院所资源和社会各方广泛参与基层更新治理。

项目充分挖掘街区低效潜力空间，重视规划策划的引领作用。街道和责任规划师、设计团队创建了街区更新的"4+1"工作方法[②]，编制了《街区更新战略规划》等系列技术文件，整合"1—3—5"年行动计划形成项目库并将之纳入街道"为民办实事清单"。改造工作综合考虑了"有限政府投资如何支撑长效运行""市场运营主体如何实现资金平衡"等一系列关键问题[424]，通过系统的空间摸底与城市体检，在查找"不平衡不充分、不协调不匹配"问题的基础上，从街区层面系统化地统筹空间资源，深度挖掘辖区内闲置空间补充民生短板的契机。例如，石油大院生活圈为居民建了生活便利设施和休闲文化设施，提供咖啡店、餐厅、日间照料、托幼服务、文化展览、洗衣、理发、保健等综合服务功能；双清路生活圈利用低效存量用地建设体育公园，并在公园附近增设街区工作站，提供平安建设工作站、警务工作站、应急响应综合基地、公共安全教育基地、街区规划馆、老旧小区改造展示中心、社区议事厅等综合性功能模块，满足周边居民的公共服务、休闲和健身需求（图10-28）。

---

① 具体参见：北京规划自然资源. 北京城市更新"最佳实践"系列报道 | 海淀区一刻钟便民生活圈在学院路地区的更新实践项目［EB/OL］.（2022-07-27）［2022-08-10］. https://mp.weixin.qq.com/s/UTR7dyg2t4SIZjTKqHHrtA.

② 街区更新"4+1"工作法包括"4步法"及"1套社会创新工具箱"。其中，"4步法"分为街区画像、街区评估、街区更新规划及规划实施四个步骤；"1套社会创新工具箱"指通过街区更新实践者的共同探索，不断总结能够帮助更多人参与街区更新的创新方法，包括"城事"设计节、国际设计周、大数据平台及五道口街区规划与城市更新设计联盟等。

亲子空间　　　　　　　　　　　　　　　　文化空间

图10-28　石油共生大院更新改造前后对比
（资料来源：https://mp.weixin.qq.com/s/UTR7dyg2t4SIZjTKqHHrtA）

10.3.3.2　站点一体化交通设施改造：菜市口站、北海北站、崇文门站

建设时序存在差异、空间权属与管理部门不同、出行流线与接驳方式变化等原因，使得轨道交通设施与周边地块在功能、景观、流线组织等方面经常产生割裂。《首都功能核心区控制性详细规划（街区层面）（2018年—2035年）》特别提出，要实施既有轨道车站因地制宜的一体化改造，加强轨道站点与周边用地、交通、功能、景观的一体化融合发展。

2019年以来，北京市规自委对核心区内57座轨道交通既有站点及周边公共空间开展调研梳理，基于"一张总图+一套评价体系+一个措施工具箱+一份站点档案"（图10-29），系统分析站域城市功能、车站公共空间功能与站体交通功能等情况，对接驳服务、慢行路权、景观风貌、空间品质、街道治理等方面进行综合评分，进而以问题为导向研究形成"一站一策"、经济可行的地铁站点一体化改造提升方案并逐步实施[425]（图10-30）。2021年，宣武门地铁站、北新桥地铁站改造及周边公共空间提

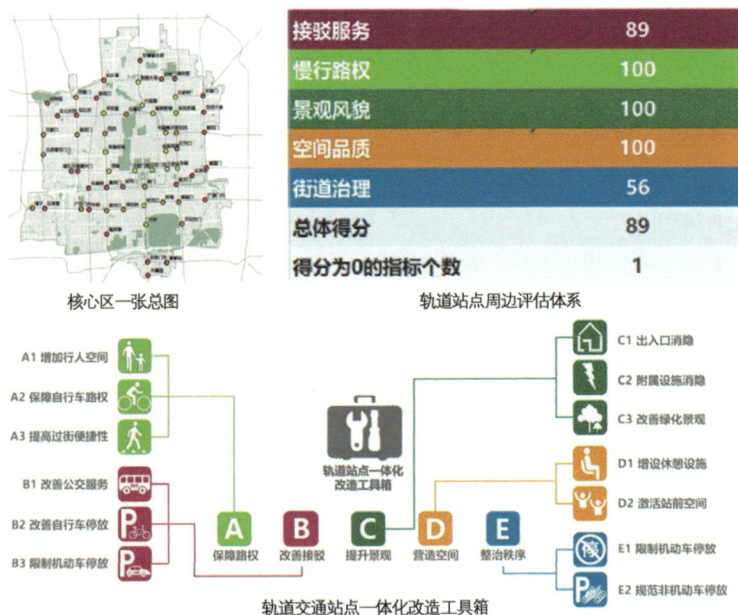

图10-29　核心区轨道交通站点一体化改造基础数据库
（资料来源：https://mp.weixin.qq.com/s/XuVO23seAh3U3qfCgYVSEA）

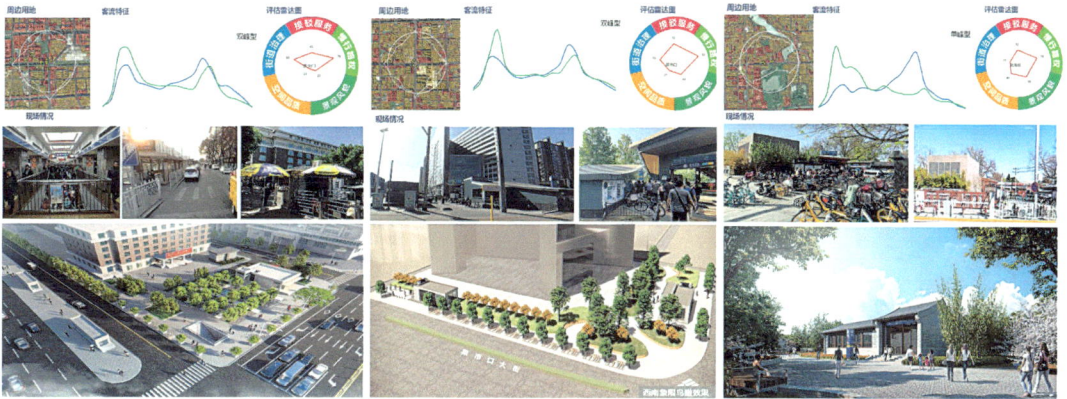

图10-30　菜市口站、北海北站、崇文门站现状分析与改造方案
（资料来源：https://mp.weixin.qq.com/s/XuVO23seAh3U3qfCgYVSEA）

升工程方案先后获市规自委批复；2022年，《菜市口站、北海北站、崇文门站及周边一体化改造提升方案》获批，明确将三处空间改造为交通功能与公共活动功能融合的地铁站点（表10-11）。

核心区3个轨道交通站点一体化改造项目的定位与策略　　　　　　　　表10-11

站点名称	现状问题	改造定位	改造策略
菜市口站	◆ 换乘通道较窄，存在安全隐患 ◆ 地面人流混杂	◆ 服务好精致文化生活聚集区	◆ 增设换乘厅并拓宽换乘通道，缓解站内换乘拥挤 ◆ 整合车站地下空间，将地铁站厅与现状市政地下过街通道进行连通，完善地下步行系统，提升公共空间可达性 ◆ 整合地面附属设施，增加城市绿色空间，优化站前广场穿行环境
北海北站	◆ 客流进出站方向感差 ◆ 风貌不协调	◆ 打造舒适便利的城市客厅	◆ 优化地铁附属设施位置，改造进出站流线，增设人行联系通道 ◆ 整合自行车停车场并增加景观绿化和休闲空间
崇文门站	◆ 用地格局不符合现状功能需求 ◆ 人车交织严重	◆ 塑造文化门户，彰显文化魅力	◆ 调整设施位置，调整开口位置，增加缓冲空间，实现广场错峰共享 ◆ 清理二级古树周边杂乱设施，增配绿植，提升景区入口环境品质 ◆ 以文化探访路为载体，增补配套便民设施及文化特色展示

（资料来源：https://mp.weixin.qq.com/s/XuVO23seAh3U3qfCgYVSEA）

轨道交通站点一体化改造的重点在于：突破以往建设过度关注"工程"与"规范"的现实情况，更多关注乘客感受与周边居民使用需求，通过空间精细化设计缝合站点与周边空间的裂缝，发挥车站改造在弥补城市短板、优化设施功能、改善城市风貌、补充活动空间等方面的重要作用。具体措施包括[426]：优化站点出入口位置、数量及流线组织，改善换乘条件；整合利用地下地上空间资源，提升车站内外交通环境品质，增补公共服务设施；整合改造既有车站附属设施，增加绿地和广场，提供休憩空间。在方案设计与实施过程中，项目需要重点平衡建设主体、投资主体、政府主体、使用群体及周边产权主体等各方的利益诉求，推动多专业工程配合、多主体协同参与，保障方案有效落地。

10.3.3.3　设施类更新的进展与挑战

北京的设施类更新实践处于持续优化推进中,但在多元主体协同、资金来源保障、空间高效利用、长效运维机制等方面还存在一定的挑战和不足(表10-12)。

设施类更新的进展与挑战　　　　　　　　　　表10-12

维度	实践进展	主要挑战
主体	◆ 政府主导; ◆ 社会资本与居民参与	◆ 居民参与意愿难以协同; ◆ 居民个性化诉求难以满足
资金	◆ 政府投入为主; ◆ 社会资本投入营利性设施	◆ 社会资本投入非营利性设施不足
空间	◆ 探索利用腾退空间补充公共服务设施短板	◆ 空间布局仍待优化; ◆ 设施用地复合化利用不足
运维	◆ 各部门分类型运维; ◆ 社会资本与居民参与运维	◆ 长效、协同运维机制仍需优化

从更新主体来看,设施类更新基本形成了"政府主导、市场参与"的模式,而居民参与主要集中在社区内设施建设的意见征询环节,在设施更新改造、维护运营等方面介入不足。例如,社区基础设施改造(水、电、气、暖等)由政府提供专项补贴,但居民户内的线网改造部分需要居民自己出资,由此使得居民参与意愿不一,基础设施改造的统一推进和同步实施难度倍增。此外,各类设施多采取"自上而下"的方式进行测算和配置,但城市中不同区域人口结构不同、使用需求存在差异,统一的改造标准难以满足个性化的在地诉求,且易导致部分设施使用率低下。

从更新资金来看,项目开展以政府投入为主,社会资本参与的投资、建设与运营主要集中在营利性设施(综合管廊、养老设施等)上,仍需通过设施代建、项目打捆等方式,进一步引导社会资本参与城市道路市政等非营利性设施改造,缓解政府财政压力。从空间更新来看,精细化的设计与改造已形成共识,设施配置的复合化利用程度需要进一步提高。北京存量空间的现有各类设施配置普遍存在空间分布不均、规模与使用群体不匹配等问题。由于不同功能设施的建设与管理对应不同政府部门的事权与责任,导致设施改造中的空间复合化利用不足。因此,改造应进一步统筹各类设施的规划布局,谋划出台设施类用地功能兼容、混合利用的相关政策,形成管理与责任共担、权利主体可合理变换的制度约定,帮助推进设施类用地与建筑的高效复合利用。

从更新运维来看,一方面,推动面对目前各类设施"重建设、轻维护"等问题,应进一步建立长效维护机制,保障各类设施使用的安全性与高效性,社会资本与居民逐渐参与到社区公共服务设施的运营维护中。另一方面,项目开展需要注重不同部门的协同运作,避免重复建设、反复破道等问题,解决同一地块中设施分属多个管理主体(如地面道路归属交通部门、地下管网归属市政部门管理)或者共有多个管理主体(如部分地下空间同时归属交通部门与人防部门管理)带来的管理割裂问题。

10.3.4 公共空间类

公共空间是引发城市活力、提供公共休闲服务、完善生态与居住环境的重要场所，也是后疫情时代增强城市韧性的功能场地，主要包括公园绿地、小微空间、街道空间等。2017年以来，北京在开放空间整治方面进行了大量探索，先后推行绿隔用地腾退、疏解整治促提升行动、背街小巷整治、开墙打洞治理、微空间改造计划等整治提升工作。

10.3.4.1 绿地公园更新：京张铁路遗址公园①

京张铁路于1909年建成，具有重要的历史和文化价值，2016年随着与其并行的京张高铁建成而停运。由于新的京张高铁在海淀区内有6公里以地下隧道的方式通过（图10-31），地面空间的释放为周边地区的功能从"割裂"走向"缝合"带来历史性机遇。2017年，市政府同意利用地下高铁的地上空间建设京张铁路遗址公园。遗址公园南起西直门北京北站，北至北五环路，纵贯海淀南北，全长约9公里，总面积约3.3平方公里，将服务海淀9个街镇以及周边清华、北航、北交大、中科院等近20所著名高校、科研院所和高密度的科创企业。项目在谋划、设计与实施过程中，积极应对基地物质环境和周边主体诉求复杂的双重挑战，探索了多主体协同参与、高品质空间利用与分步骤有序实施的具体路径。

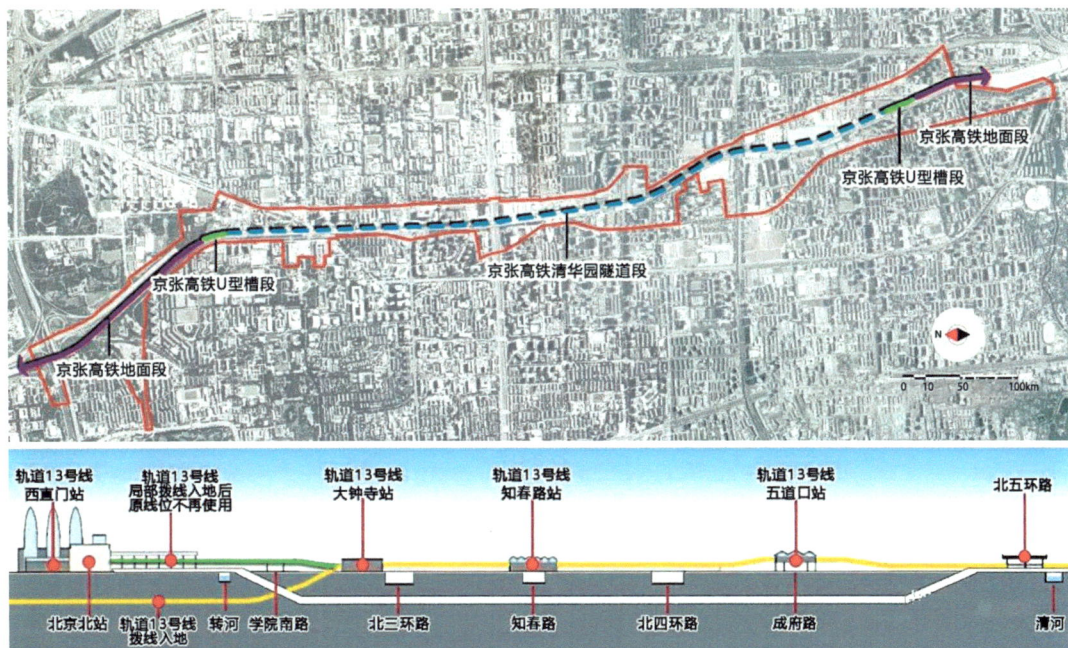

图10-31 京张高铁清华园隧道区段、京张铁路遗址公园竖向关系示意图
（资料来源：北京规划自然资源https://mp.weixin.qq.com/s/7eHa6aRklCi_eMJsHJcs8w）

---

① 具体参见：北京规划自然资源. 规划解读 | 京张铁路遗址公园，一场各方响应的众创之旅 [EB/OL].
（2021-12-16）[2022-08-10]. https://mp.weixin.qq.com/s/7eHa6aRklCi_eMJsHJcs8w.

遗址公园沿线空间纵横交错，与公园并行的轨道13号线竖向反复变换、南北贯穿多个街区与多条道路，形成了多个堵点和断点。为了更高标准完成京张铁路遗址公园方案设计，海淀区政府主导统筹、街镇共同参与，街道责任规划师和附近高校一起协作，于2019年10月开展了京张铁路遗址公园贯通概念方案征集活动（图10-32、图10-33），得到国内外设计团队的积极响应，并通过网络投票和专题报道等形式引发了社会的广泛关注，各方设计力量的智慧与亮点保障了空间设计的高品质与高水平。

项目在推进中逐渐形成了政府统筹组织、沿线居民建言献策、社会各界积极响应的多主体参与格局，建立起"策划+规划""众智+共治"的工作模式（图10-34）：①市、区两级政府部门成立京张专班，成员覆盖各相关部门和单位，形成高效的统筹联动机制；②设立项目责任规划师和责任工程师制度，分别负责对建成效果和可实施性进行把关，保障国际方案征集获得的设计理念得以有效融合和落实；③创新"城市合伙人"协同机制，吸引沿线主体单位作为城市合伙人参与实施运营，立足"京张共

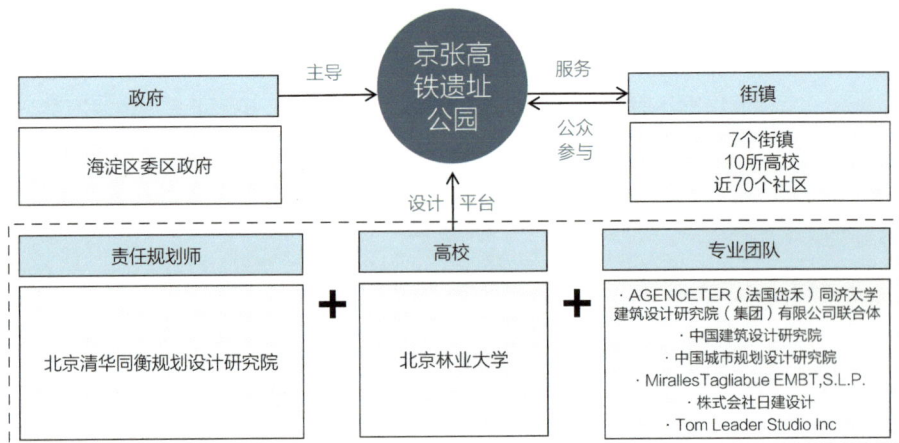

图10-32　京张铁路遗址公园设计竞赛

图10-33　京张铁路遗址公园贯通概念方案征集部分方案
（资料来源：https://mp.weixin.qq.com/s/mQ2fq00blPp3tXOYhD8kfA）

识"实现全过程介入；④坚持"开门编规划"理念，专班策划了一系列新媒体宣传、互动讨论会、高校工作营、国际设计周、主体单位座谈访谈等活动，引导公众深入参与遗址公园的谋划与建设。

为应对遗址公园距离长、规模大、各段特征差异明显等挑战，项目提出化整为零、因地制宜、分期分段实施的建设计划，通过试点地段建设为全线实施提供示范。2019年9月，五道口成府路至北四环铁路桥区间长约800米、面积约1.7公顷的原京张铁路用地作为启动区，完成了绿化景观环境的提升，发挥了良好的示范、带动与宣传作用（图10-35）。

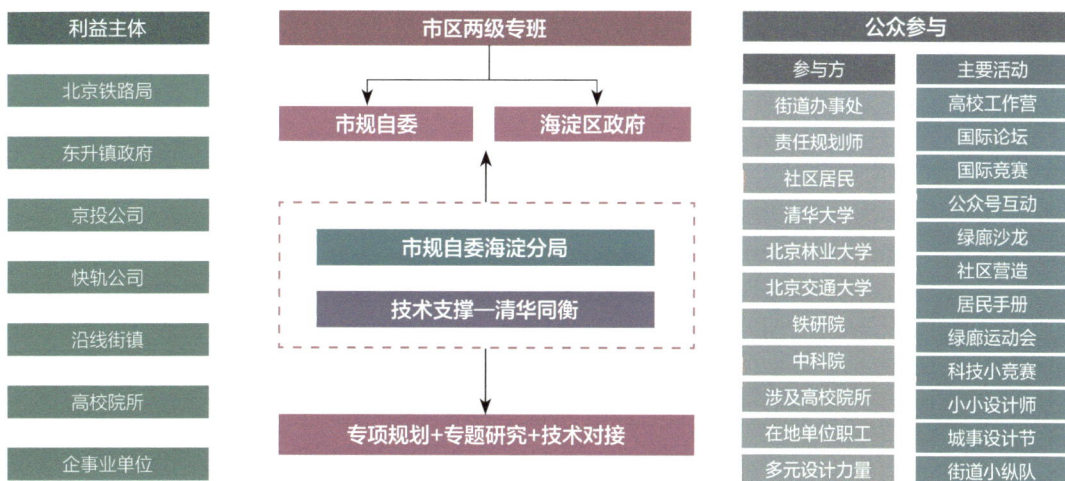

图10-34 京张专班工作组织架构
（资料来源：https://mp.weixin.qq.com/s/eJeswlme9UmbxDhg_amXzQ）

图10-35 京张铁路遗址公园启动区改造前后对比与现状照片
（资料来源：https://mp.weixin.qq.com/s/eJeswlme9UmbxDhg_amXzQ；http://k.sina.com.cn/article_3065661785_pb6ba495902700n1h5.html）

10.3.4.2　小微空间改造：魏公村口袋公园儿童参与式设计①

随着责任规划师工作的深入开展与公众参与意识的逐步提高，街道办事处联合责任规划师进行参与式微空间更新的探索日益增多。2019年4月，紫竹院街道办事处联合责任规划师团队、高校合伙人、中国青年政治学院、社区青年汇等，带领16位北外附小（北京外国语大学附属小学）4—6年级的同学，通过数月的持续规划学习与设计创造，完成了校门以南魏公街口袋公园改造的儿童提案，践行了"儿童参与式设计"的落地实施。

改造地块位于紫竹院街道魏公街南侧，是一条人行道外侧被护栏围起来的狭长小绿地，总面积不足1000平方米。改造将这片原本封闭的绿地解放出来，成为能被进入使用，可服务北外附小学生、家长以及周边民众的城市口袋花园。设计过程创建了"五步骤"儿童参与式设计方法，规划师在各个环节中不断沟通和观察孩子们的反馈，调整和优化儿童引导方法（表10-13、图10-36）。五个关键步骤在儿童参与式设计中起着举足轻重的作用，因为要把孩子的设计理想变成现实，重点在于如何引导孩子将无边际的想象力约束在"一定条件"和"一定空间"中进行设计：一是"团建"，即社工组织开展旨在建立平等与信任关系的团队建设活动，由此迅速拉近设计导师与儿童之间的距离；二是"测绘"，导师们带领儿童对设计场地开展测绘并记录结果，帮助孩子们准确理解设计对象，建立起设计空间的尺度概念；三是"访谈"，导师们组织儿童围绕"设计目标"与"功能需求"开展头脑风暴式讨论，并借助在地观察和公众访谈，形成设计需求清单；四是"图示"，导师们遴选简洁、关键、难度适中的设计图绘要素教授给孩子们，使他们初步掌握专业的空间设计图示语言；五是"方案"，推进个人设计与集体讨论相结合的方案生成过程。

儿童参与式设计的五大工作步骤　　　　　　　　　　　　表10-13

步骤	目标	引导人	参与人	工作内容
1	建立平等与信任关系的团队建设	中国青年政治学院+社区青年汇	学生；责任规划师、高校合伙人（需要融入学生团队）	破冰游戏
2	设计场地的测绘与记录	责任规划师+高校合伙人	学生；中国青年政治学院、社区青年汇发挥组织作用	利用测距仪、皮尺等工具进行团队合作基础上的场地测量与记录，建立设计的尺度概念
3	针对设计目标与功能需求的头脑风暴、在地观察与公众访谈	责任规划师+高校合伙人	学生；中国青年政治学院、社区青年汇发挥组织作用	自由式设计、头脑风暴、集体讨论，形成设计要素清单
4	专业的基本设计图示语言学习	责任规划师+高校合伙人	学生	学习设计所需的基本制图语言
5	个人设计与集体讨论相结合的方案形成	责任规划师+高校合伙人	学生	总平面设计、景观小品设计

（资料来源：https://mp.weixin.qq.com/s/NxUvc7N4Fms8qBSZRecYEg）

① 具体参见：建筑创意空间. 设计分享|让孩子动手设计：魏公街口袋公园儿童参与式设计［EB/OL］.（2019-09-03）［2020-11-05］. https://mp.weixin.qq.com/s/NxUvc7N4Fms8qBSZRecYEg.

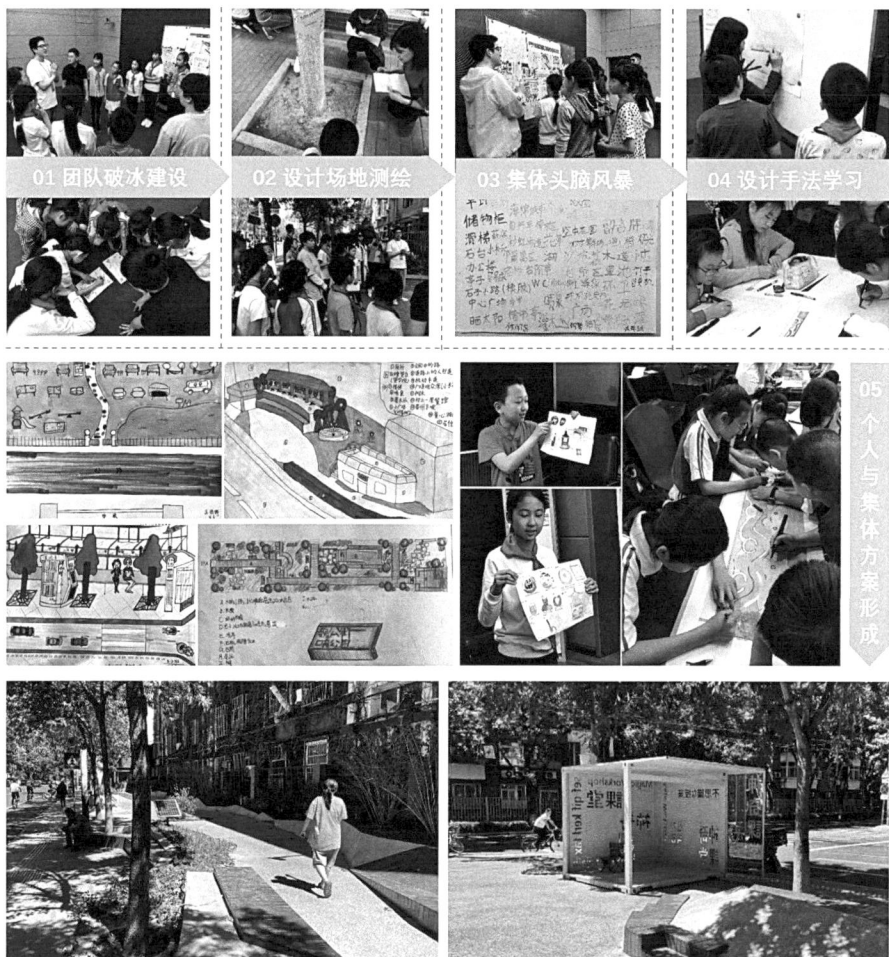

图10-36 儿童参与式设计"五步骤"与建成效果
（资料来源：https://mp.weixin.qq.com/s/NxUvc7N4Fms8qBSZRecYEg）

通过高校、设计院等专业设计队伍的后期方案完善和施工图设计，魏公街口袋公园的儿童提案得以施工落地。建成后的口袋公园提供了趣味的折线形人行步道、丰富的绿化种植、小憩等候广场、停留座椅、集展示和阅读等多功能于一体的"百宝亭"等。改造后，这里既是街道重要的人行通廊，也是家长和儿童上下学的停留与等候空间，市民和小学的诉求通过孩子们的构想得以有机结合。

10.3.4.3 街道空间改造：望京小街更新[①]

"望京小街"地处望京地区门户位置，毗邻798艺术区、中央美术学院、机场高速等重要城市功能节点，周边以写字楼、高新技术产业、高档公寓与国际人才社区为

①　具体参见：北京规划自然资源. 北京城市更新"最佳实践"系列｜朝阳区望京小街改造提升项目［EB/OL］.（2022-07-22）［2022-08-10］. https://mp.weixin.qq.com/s/Ym1PMTKzzN5DT3-jWw118Q.

主。改造前的望京小街于2006年建成,全长380米,宽12米,随着周边业态变化,街道逐渐面临着楼宇设施衰败、街巷环境缺乏维护、商业经营状况不佳、交通与停车组织混乱等问题。2020年年初,望京街道与万科共同着手望京小街改造提升,通过"政府引导、社会资本运作、多元主体参与",以街道空间改造为触媒统筹街区发展,兼顾周边楼宇、商业服务业升级更新,改造建成了集购物、休闲、生活、艺术、智慧管理于一体的国际化新型步行商街(改造前通行机动车),探索提出公共空间更新中主体参与、资金保障和空间升级的新途径(图10-37)。

项目以小街党建协调委员会为平台,成立了望京小街管理委员会和望京小街商户自治联盟,联合街道办及各产权方、使用方代表推动更新。项目同步统筹周边商业升级与街道整治,由政府投入治理资金撬动社会资本参与,并建立小街公共收益"资金池",从而形成街区经营收益反哺街区运营的自平衡运营模式,在经营性的商业空间与公益性的街道空间更新中建立起联动的资金平衡机制。

整体改造从产业升级、公共服务、智慧化管理三大方面提升街区品质:①强调与周边企业商户的功能互动,通过企业升级业态,吸引跨国公司、大型商务企业入驻来提升街道功能;②发挥属地艺术院校优势,为望京小街进行艺术化改造,为商业商务活动、文化艺术活动提供公共场所,形成灵活多变的街道空间与丰富的街道生活;③建设"小街之芯"智慧园区管理系统,对小街及周边环境的能耗、人流、停车等开展实时检测,组织车位分时共享,提升街区精细化管理水平(图10-38)。

10.3.4.4 公共空间类更新的进展与挑战

公共空间具有公共产品属性,高品质、人性化的公共空间供给是保障城市活力的重中之重。公共空间更新改造目前仍以政府主导为主,在少量试点项目中,社会资本与居民开始参与项目谋划、改造、维护等环节。部分公共空间及周边地区的权属关系

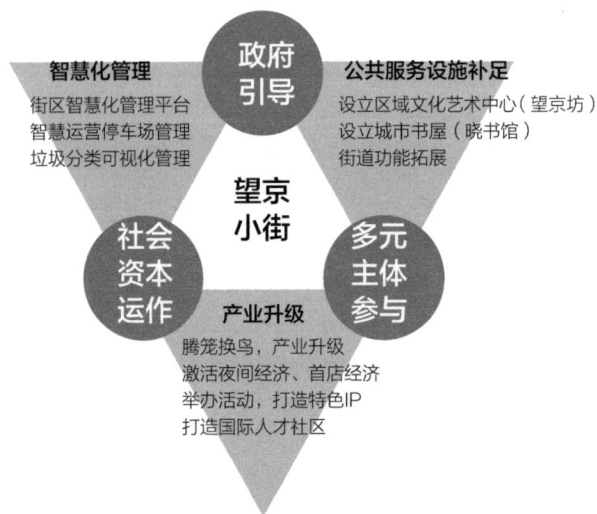

图10-37 望京小街改造的运作特点

图10-38 改造后的望京小街
(资料来源:https://www.sohu.com/a/480105013_121106842)

复杂，也存在改造方案难以达成共识的挑战，例如街道空间改造涉及两侧建筑的产权主体，他们从各自利益出发对改造的支持态度不一。在项目流程中，由于街道空间管理涉及城管委、交管局、市容委、路政局、绿化园林局等多个部门，分别负责休息座椅、交通标识、垃圾桶、路面铺装、各类绿化等设施管控，且不同部门主导的街道空间整治有不同的立项方式及工作路径，相互之间的协调路径尚未完全畅通，造成工作重叠或完全不交叉，由此带来道路整修短期内多次翻新、重复施工或路面损坏却无人问津的情况。

概括起来，公园、广场、街道等公共空间过度依赖政府的投资、管理与维护；部分公共空间改造涉及设施如何复合利用、空间管理交叉重叠等问题，导致权责不清晰之下的维护协商困难，容易造成"公地悲剧"。可见，公共空间改造需要继续推动社会资本和居民共同参与谋划、承担出资与维护责任，以精细化治理推动空间长效运维（表10-14）。

公共空间类更新的进展与挑战　　　　　　表10-14

维度	实践进展	主要挑战
主体	◆ 政府主导实施； ◆ 责任规划师联合街道开展	◆ 多部门之间统筹协调不足； ◆ 社会资本与居民参与不足
资金	◆ 政府公共资金投资； ◆ 社会资本初步参与	◆ 政府资金扶持有限； ◆ 利益还原机制缺失
空间	◆ 精细化治理成为共识	◆ 政府部门管辖内容协同不足； ◆ 周边产权方协同困难
运维	◆ 各部门分管运维； ◆ 少量社会组织参与运维	◆ 使用者维护机制缺失

10.3.5　区域综合类

区域综合类更新是指大片区范围的整体更新改造，以应对设施老化、产业升级、群体更迭等挑战，通常涵盖社会、经济、文化等不同更新维度，涉及建筑、设施、公共空间等不同改造对象。相较其他更新类型，区域综合类更新项目涉及的利益群体更为多元、实施推进的制约因素更加复杂。历史街区综合改造强调在保护的基础上活化空间利用，非历史片区的更新改造强调综合采用维护修缮、拆除重建等手段来破除片区衰败等问题。

10.3.5.1　核心区保护更新：菜市口西片区申请式退租[①]

北京新版城市总体规划明确提出"老城内不再拆除胡同四合院"，对核心区内具有历史价值的地区通过腾退、恢复性修建，做到应保尽保。《首都功能核心区控制性

---

① 具体参见：北京规划自然资源. 北京城市更新"最佳实践"系列｜西城区菜市口西片老城保护和城市更新项目 [EB/OL]. （2022-07-18）[2022-08-10]. https://mp.weixin.qq.com/s/PGETITh5U6l14qWTq4D7iw；华信荟. 华信｜北京市居住类城市更新中申请式退租模式研究——以菜市口西片区申请式退租为例 [EB/OL]. （2022-07-25）[2022-08-10]. https://mp.weixin.qq.com/s/frB4rQz53kmFyOFAtyaDxA.

详细规划（街区层面）（2018年—2035年）》提出到2035年，核心区人口从170万人左右降至155万人左右，地上建筑规模从1.19亿平方米左右降至1.1亿平方米。为落实相关政策要求，2019年北京市两会政府工作报告提出，可"按照申请式改善、共生院①改造的思路，推进核心区平房院落有机更新"。

"申请式退租"即住在平房区直管公房的居民可按照个人意愿，退还房屋使用权，并获得补偿及安置，其本质是通过异地改善和就地改善的方式，提升居民的生活品质并推动平房院落的修缮利用。随着试点工作的逐步推进，《关于首都功能核心区平房（院落）保护性修缮和恢复性修建工作的意见》《关于核心区历史文化街区平房直管公房开展申请式换租有关工作的通知》等文件相继出台（表10-15）。

核心区申请式退租及街区更新计划进程　　　　　　　　　　　　　表10-15

启动时间	片区	规模
2019年	西城区菜市口西区	◆ 占地6.5公顷，建筑面积5万平方米，共有产籍居民728户，其中直管公房住户390户
	西城区砖塔胡同西北两侧临街院落	◆ 239户居民，建筑面积约8069平方米，其中直管公房169户、私房49户、单位自管产21户
	东城区东直门外北二里庄	◆ 涉及居民100多户
2020年	东城区北新桥雍和宫大街周边	◆ 4个直管公房院落
	西城区西板桥片区（一期）	◆ 国有土地上直管公房住户约176户，总建筑面积约5613平方米
	西城区大栅栏观音寺片区	◆ 占地面积为15.4公顷，涉及居民户数2394户，总人口6293人
2021年	东城区、西城区钟鼓楼周边	◆ 涉及787户居民和157处院落
	东城区皇城景山街区	◆ 占地约74.5公顷
	东城区故宫周边院落	◆ 共涉及41个院落、270户居民
	东城区西草红庙街区	◆ 一期共涉及96个院落、321户居民
	东城区建国门街道西总布街区	◆ 共计838户，建筑面积超过2.3万平方米
	西城区力学胡同	◆ 涉及947户
2022年	东城区国子监街区一期	◆ 占地面积30.5公顷
	西城区安徽会馆周边地区	◆ 占地面积11.08公顷，其中居住类院落面积7.91公顷
	西城区宣西文化精华区保护提升（北地块，南地块一期、二期、三期）	◆ 占地面积16.9公顷
	东城区天桥铺陈市片区	◆ 占地面积30公顷，平房建筑面积4.71万平方米，居民约2290户；其中，直管公房1304户，私房852户

（资料来源：根据https://mp.weixin.qq.com/s/DKqA_Kv9BHm9hPvgY6Mj7g；https://view.inews.qq.com/a/20220310A038VT00资料整理）

---

① 2015年，在东城区南锣鼓巷地区的雨儿、帽儿、蓑衣、福祥四条胡同的"申请式腾退"试点工作中，大部分院落只腾退出部分空房。随后在雨儿胡同30号院的修缮整治中，项目尝试保留部分居住功能并利用腾退房屋植入社区公共功能，推动两种功能的"共生"。"共生院"概念由此产生，被视为北京老城平房区更新改造的一种可行路径逐渐得到推广。"共生院"包含"建筑共生、居民共生、文化共生"三层内涵。建筑共生，即保留的传统建筑与植入的现代建筑共生；居民共生，即留住的老居民与迁入的新居民共生；文化共生，即传统的院落居住文化与当代居住文化共生。

　　西城区菜市口西片城市更新和老城保护项目（简称菜西项目）于2019年6月10日启动，是北京市第一个申请式退租项目。项目位于西城区牛街街道，处于新总规划定的"宣西—法源寺文化精华区"内，是宣南文化主要承载地（图10-39）。菜西项目占地6.5公顷，建筑面积5万平方米，涉及共有产籍居民729户，常住人口约1500人，其中直管公房住户390户。项目实施主体为北京金恒丰城市更新资产运营管理有限公司（简称金恒丰公司），其实践积累的工作经验为后续申请式退租项目开展提供了重要参照。

　　菜西项目制定有合理的工作机制与明确的退租操作流程。项目编制了《菜市口西片老城保护和城市更新试点工作的实施方案》和《菜市口西片老城保护和城市更新试点项目组织实施方案》，成立了菜西项目申请式退租工作专班，建立起"区级层面专班（大专班）—指挥部层面专班（小专班：现场指挥部+街道办事处）—前端公司"的组织指挥及实施构架。大专班联合各个部门重点研究改造推进中的痛点问题，指挥部实施一周一次专门会工作机制，保障申请式退租工作顺利开展[427]。项目制定《菜市口西片老城保护和城市更新项目申请式退租手册》（表10-16）。对操作流程、安置房申请流程等具体内容进行了阐述，做到制度透明化。实施主体积极与居民对接，通过入户调查、座谈会、访客随机访谈、问卷调查等方式动态跟踪居民需求与意向，进行政策公示与宣讲，让居民时刻了解规划运行与实施进展，提出建议并进行监督，推动了居民的深度参与（图10-40）。

菜市口西片申请式退租工作手册构成　　　　表10-16

序号	申请式退租工作手册
1	《菜市口西片老城保护和城市更新项目直管公房恢复管理操作细则》
2	《菜市口西片老城保护和城市更新项目平房申请式退租及补偿操作细则》
3	《菜市口西片老城保护和城市更新项目安置房申请操作细则》

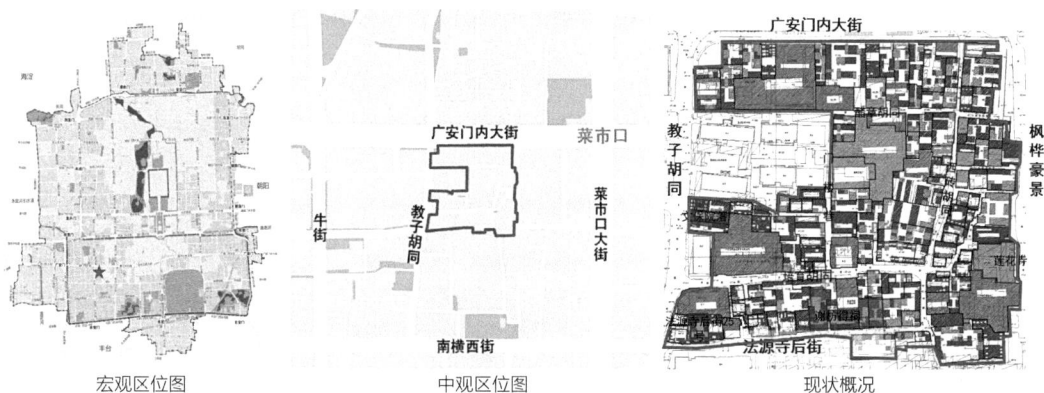

图10-39　菜西项目区位图与现状图
（资料来源：菜西项目组提供）

| 现场咨询 | 签订补偿协议 | 实地看房 | 办理签约、入住手续 |

图10-40 菜西项目居民退租过程
（资料来源：菜西项目组提供）

菜西项目以多种手段推动院落空间整合，包括"申请式退租""申请式改善""申请式换租"等（表10-17）。"申请式退租"工作于2019年8月9日完成，共退租直管公房及私房275户。住户在获得货币补偿的同时，符合申请条件的居民还购买了107套共有产权房，部分自建房居民租赁了8套公租房。"申请式改善"工作自2019年9月启动，2020年累计签订改善协议9份，完成改善房屋5户，并计划2021年累计完成11户房屋交付，包括直管公房、单位自管公房、私房等多种类型，通过"一院一策、一户一设计"的精细化设计，为居民解决"厨""卫""浴"等基本现代生活需求问题。"申请式换租"处于探索中，2021年6月份，建信住房北京公司与金恒丰公司签订《菜市口西片老城保护和城市更新项目房屋租赁院落合作协议书》，共同研究"促整院"路径，在菜西片区培育胡同16号院中落地全市首例试点，原有住户平移置换搬至培育胡同3号院内居住，居住面积从15.6平方米增加至18平方米，而16号院中的腾退面积由280多平方米增加到360多平方米^[428]，大幅提高了院落价值和各方收益。

申请式退租、申请式换租、申请式改善的对象与操作方式　　　　　　　　　　　表10-17

方式	对象	操作方式
申请式退租	直管公房①	居民自愿退还直管公房使用权，并获得货币补偿以及有产权房或者公租房安置
申请式换租②	直管公房	在实施历史文化街区平房直管公房申请式退租的片区内，换租人（即有意愿参与申请式换租的直管公房承租人）自愿提出申请，与换租主体协商；换租主体向换租人提供租赁住房或者给予其市场租金，置换换租人房屋使用权

---

① 菜市口西片区老城保护和城市更新项目"致居民的一封信"中明确：项目范围内的平房自管公房、私房参照执行；平房自管公房经相关程序报请区政府同意、产权转为区属直管公房后，方可按照区属直管公房申请式退租政策办理。"安置房申请操作细则"中明确：长期居住在自建房内，有本市户籍，本人及配偶和未成年子女在本市无正式住房，自愿拆除自建房并将户口迁出中心城区的居民可以作为公共租赁住房的申请人。

② "申请式换租"类似于《关于加强直管公房管理的意见》《关于做好核心区历史文化街区平房直管公房申请式退租、恢复性修建和经营管理有关工作的通知》中提到的"平移置换"模式。平移置换指引导承租人在实施主体的统筹安排下平移置换到其他院落直管公房居住，实现空间资源的合理利用。相较而言，培育胡同16号院探索的"申请式换租"的换租主体与居住房源范畴比"平移置换"更加广泛。

续表

方式	对象	操作方式
申请式改善	直管公房、单位自管公房、私房	未参加申请式退租的直管公房承租居民，以及私房居民和单位自管公房居民自愿向实施主体进行申请，并根据实施主体提供的改善菜单进行自主选择，以自费的方式完成房屋改善，具体包括：①基础型改善：不改变房屋结构和功能设置，对相应基础设施、硬件进行优化和更换；②平层型和跃层改善：根据住户需求，将厨卫功能添入房间内，完成功能分区重新设置；③浅下挖型改善：利用房屋高度创造出类似半层的空间，让原本的平房更加立体

（资料来源：根据https://mp.weixin.qq.com/s/zGRMwmkwKF1vpT-Kp48VCw；https://mp.weixin.qq.com/s/_KSYGCS_Ri43uOPZH0XlYg整理）

　　资金保障上，市级财政按照腾退面积每平方米5万元标准给予资金补贴，区财政先期按照总投入的20%提供资本金支持，累计政府注资占比总计约40%。实施主体可持区政府批准的经营权授权证明文件，向金融机构申请贷款，筹集项目改造资金。完成直管公房申请式退租和恢复性修建后，在产权不转移、不改变直管公房产权性质的前提下，实施主体可以取得50年房屋经营权，借助房屋出租与运营获得收益。属地居民、入驻商户、实施主体等之间的多方共赢成为菜西片区持续有机更新的重要保障（图10-41、图10-42）[①]。

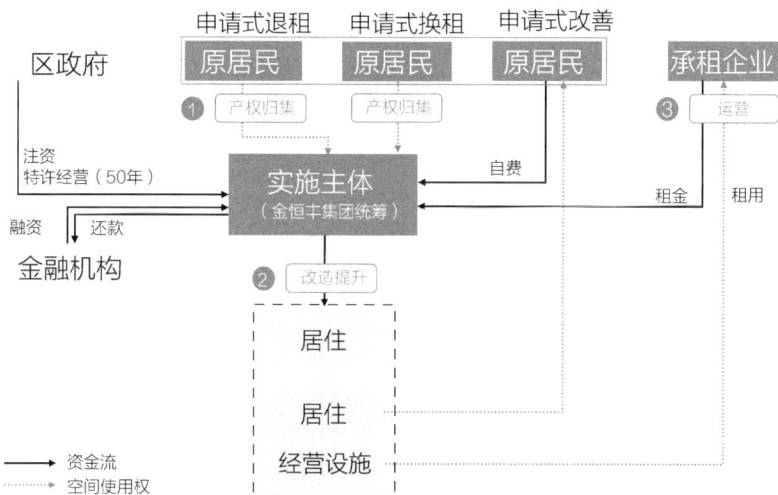

图10-41　菜西项目的主要合作关系
（资料来源：根据公开资料整理）

---

① 立足于"京味儿人居文化体验区"的规划定位，菜西项目推进了片区精细化治理：（1）整体保护延续传承明清古都风貌，保留菜西片区整体的街巷胡同肌理，量身编制适合于菜西片区的恢复性修建设计指引，改造过程基本维持现有建筑的风貌特色和高度；（2）以完善、提升、优化公共基础设施为抓手，持续改善人居环境，在胡同街巷营造优美、整洁、有序的片区大环境；（3）在院落内提升厨、卫、浴等基础设施的现代化水平，打造安全、和谐、温馨的院落小环境；（4）推动以居住为主的多元共生产业规划，提出"宿+X"的产业定位，以居住业态为主，结合宿居人群的需求打造多元共生社区；（5）探索恢复性修建文居合院共生模式，推进"居民共生""产住共生""文化共生""新旧共生"。

图10-42 菜西项目改造方案效果与改造后实景
（资料来源：菜西项目组提供；https://mp.weixin.qq.com/s/PGETlTh5U6I14qWTq4D7iw）

10.3.5.2 重点片区改造：丽都国际街区、回天地区

（1）功能混合综合片区：丽都国际街区[①]

丽都商圈位于朝阳将台地区西部，西邻机场高速，南临四环路，总面积约75公顷。该地区是北京最早的国际化商圈，经过近40年的发展已经成为集商务、居住、商业、公共服务、公共空间等功能为一体的复合化国际街区，但同时交通不畅、公共空间杂乱、产业业态衰退、经济活力不足等城市问题也随之出现。

2019年，朝阳区启动丽都地区城市更新一期项目，探索片区环境、设施与功能的整体提升。通过属地政府引领、设计团队支持、联合第三方运营，项目带动商圈内企业共同参与，形成了"乡政府+商圈管理办公室+企业联合会+各类专业组织"的多维度多层级协作方式。其中，政府充分发挥"街乡吹哨、部门报到"机制，推动园林、水务、交通等部门形成工作合力；乡政府将综合执法、交通巡防等职能部门下沉，派驻专职管理人员，组织属地企业共同制定社区营造规则，成立精细化管理专班，负责动态巡查和维护工作；丽都商圈管理办公室联合第三方成立运营部门，建立商圈企业网格管理机制，探索日常和重要活动营造机制，结合街道广场创立开放式丽都国际音乐电影节，提高公共空间吸引力；设计团队在项目建设前期对片区企业、商户、居民的需求进行了详细访谈和调研，客观掌握区域内在需求和潜在问题。

在规划建设管理中，项目充分考虑各主体利益，鼓励其主动承担相关责任，推动城市管理从"运动式整治"向"日常化精治"转变。更新过程中，少量投入的财政资金有效激活了社会资本的参与效益：截至2022年1月，片区内办公楼宇出租率提高近

---

① 具体参见：北京规划自然资源. 北京城市更新"最佳实践"系列报道 | 朝阳区丽都国际街区城市更新项目 [EB/OL].（2022-07-23）[2022-08-10]. https://mp.weixin.qq.com/s/4nQWFDK-cGe2GpwfdrX6hg；清华同衡规划播报. 朝阳区丽都国际街区城市更新项目 | 北京城市更新"最佳实践" [EB/OL].（2022-07-25）[2022-08-10]. https://mp.weixin.qq.com/s/Uxt_0leH4Tm18tN_vf0CAg.

20%，片区经济收入增长近30%，税收增长显著。商户效益的提升又进一步提高了其参与城市更新的主动性，4年来带动和激活社会资金投入共计17.5亿元，基本形成了政府以小投入撬动企业大投资（1∶10）的引领带动模式，实现了社会资本"激活—投入"的良性循环。

从街区层面整体来看，项目实现了"环境、交通、功能"三位一体化改造提升：①构建完整城市绿地及公共空间网络系统，将防护林改造为城市森林公园，利用林下空间增设休闲步道、环形长椅，累计形成约6万平方米的城市郊野森林公园，增加近2万平方米的街头绿地和公共空间以及1.3公里长的城市绿道，有效提升城市活力；②完善路网建设，通过拆除封闭围墙织补1.5公里的街区外环路，打通微循环街巷共8条，建设丽都花园路、丽都花园北路、森林城市绿道等公共空间和街道界面，缓解交通拥堵。注重空间的兼容共享，为城市支路赋予"城市客厅"功能，通过交通管理可灵活转换为户外活动场所；③吸引国际顶端影视文化产业、金融商务办公产业、创新科技产业、高端餐饮企业入驻，整体提升街区品质（图10-43、图10-44）。

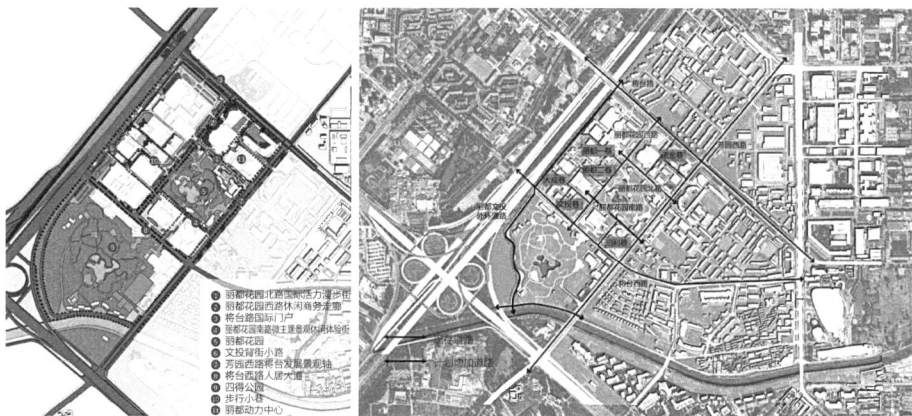

图10-43 丽都街区改造总平面图与区域交通优化方案
（资料来源：https://mp.weixin.qq.com/s/Uxt_0IeH4Tm18tN_vf0CAg）

露天广场平时使用与节庆使用　　　　　　丽都广场外侧绿化空间改造前后对比

丽都文投坏路绿道前后对比　　　　　　丽都花园北路改造前后对比

图10-44 丽都街区改造前后对比
（资料来源：https://mp.weixin.qq.com/s/Uxt_0IeH4Tm18tN_vf0CAg）

（2）居住主导综合片区：回天地区

"回天地区"即回龙观、天通苑地区，是中心城区沿中轴线向北部新城延伸发展的重要拓展区域，面积约49平方公里，人口72万。由于该地区规模大，以单一居住功能为主，一度被称为"睡城"，学校少、看病难、交通堵、环境差等问题显著。北京市于2018年启动"回天计划"，探索超大型居住区城市功能的修补与更新方法，形成"回天有路""回天有医""回天有业"等专项特色行动安排，制定回天地区城市治理规范导则，推进项目有序实施（表10-18）。

回天地区城市更新主要行动（2018年以来）　　　　　　　表10-18

时间	发布单位	工作方案	主要内容
2018年7月	北京市人民政府办公厅	《优化提升回龙观天通苑地区公共服务和基础设施三年行动计划(2018—2020年)》	优化提升该地区公共服务和基础设施，有效解决城市发展的痛点；明确17项具体任务、97个具体项目，实施公共服务提升攻坚工程、交通治理攻坚工程、市政基础设施完善攻坚工程，强调加强和创新社会治理
2021年7月	北京市人民政府办公厅	《深入推进回龙观天通苑地区提升发展行动计划（2021—2025年）》	完善超大型居住区城市功能修补更新，推动基层治理体系和治理能力现代化；明确6个方面、23项具体任务，重点实施教育、医疗卫生养老、绿化文体、交通、市政、社会管理六大项目包，包含102个项目，总投资近400亿元
2022年5月	北京市发展和改革委员会	《北京市回龙观天通苑地区提升发展2022年工作计划》	明确6个方面、80个重点项目，涵盖教育、交通、卫生养老、文体绿化、市政基础设施、社会管理，总投资约342亿元

在2018年和2021年两轮"回天计划"的充分摸底基础上，《北京昌平区回龙观、天通苑地区CP02-0101～0602街区控制性详细规划（街区层面）（2020年—2035年）》编制完成并于2022年获批，成为指导回天地区城市更新、规划建设、社会治理的基本依据。规划重点包括：①落实减量发展要求，城乡建设用地从现状34.48平方公里减少至32.52平方公里，居住人口从72万减少至64.17万人左右，同时适当增加地上建筑规模，从现状的3807万平方米增加至4060万平方米；②立足区域联动，构建片区"一轴一带两廊"的功能格局，与周边未来科学城、中关村科学城实现功能联动，在更大尺度上统筹职住平衡问题，跨区域推进公共服务资源共享，更好地融入区域发展格局；③聚焦居民学位、床位、车位等"急难愁盼"问题，消除基础教育、医疗卫生、文化、体育等公共服务设施短板，优化路网体系、停车设施、公共交通、慢行系统配置；④综合"疏解+整治+新建"多元手段，优化片区功能构成，如拆除违法建设、疏解区域性市场和物流中心，利用腾退空间实现"留白增绿"和补齐设施短板，结合片区内棚户区改造和土地开发项目新增商业街区和产业功能，引导就近就业、促进消费升级等（图10-45）。

在实施保障方面，针对大规模片区更新中涉及的复杂管理事项，《北京昌平区回龙观、天通苑地区CP02-0101～0602街区控制性详细规划（街区层面）（2020年—2035年）》提出：①推动市区政府、各专业公司互相配合，规范社区议事协商制度，发挥责任规划师、建筑师的作用，健全社区志愿服务工作机制，推进园区、校区、院区、

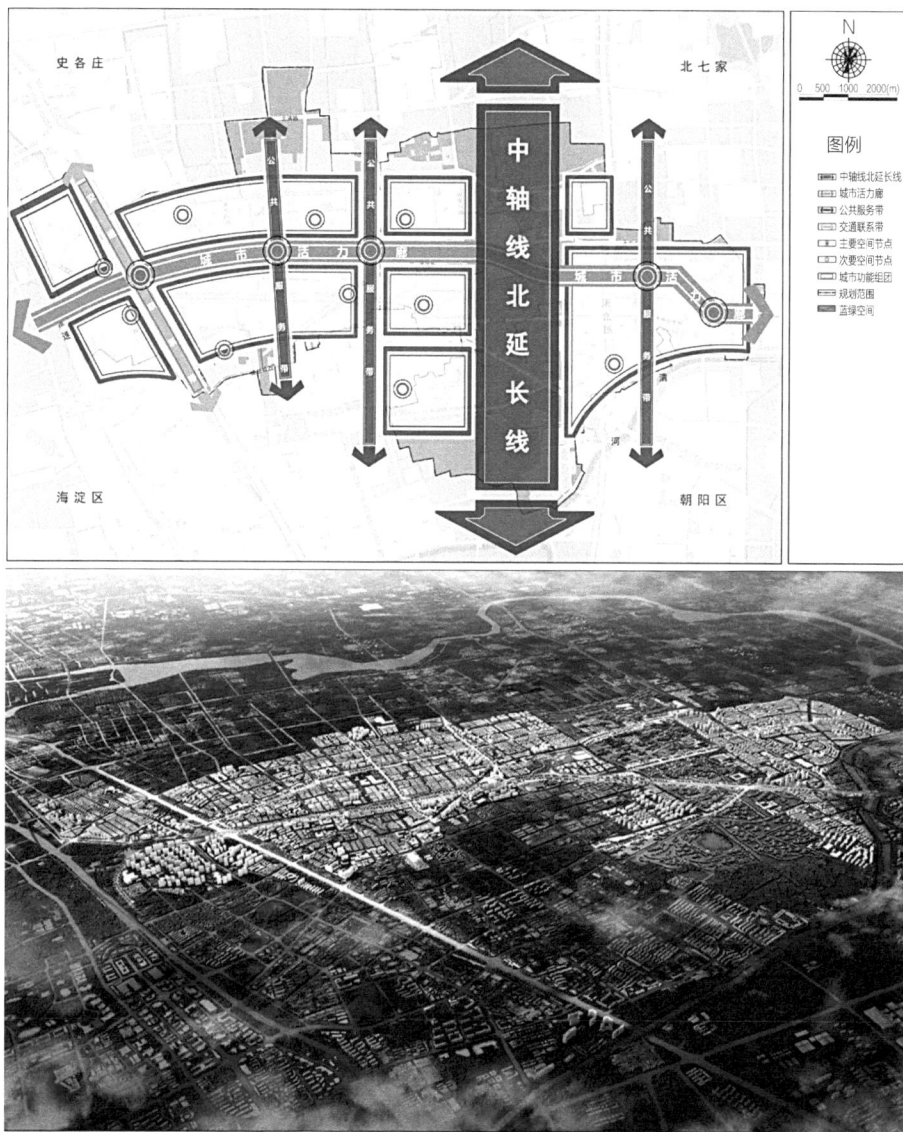

图10-45　回天地区控规空间结构规划图与城市设计示意图

（资料来源：《北京昌平区回龙观、天通苑地区CP02-0101～0602街区控制性详细规划（街区层面）（2020年—2035年）》，2022年3月北京市昌平区人民政府公布）

社区共商共治；②加大市级对该地区公共服务和基础设施投资、运行管理等方面的资金支持力度，鼓励公共服务设施采取PPP、政府购买服务以及发行企业债券等方式建设运营，用好社区公益基金会和"两类"资金（社区公益事业补助资金、党组织服务群众经费），形成政府、社区、社会资本共同参与的投资模式；③强调动态跟踪推进更新实施情况，滚动更新街区问题和资源清单、需求和愿景清单、策略和政策清单，持续生成街区更新"任务清单""项目清单"，并将其动态纳入回天地区行动计划及城市更新行动计划，保障规划的有效实施[378]；④依托"回天大脑"智慧平台建设，优化"产业联盟+平台公司"的长效运营体系，推动实现服务智能化、精准化、人性化。

10.3.5.3　区域综合类更新的进展与挑战

不同类型城市综合片区面临的问题和更新重点不尽相同，如历史街区重视历史文化遗存的保护与活化利用（表10-19），居住主导片区强调各类设施完善，商务主导片区强调整体形象打造和业态空间维护，科技主导片区强调产学研互动及产业效能提升，功能混合片区强调产业、设施、环境等的综合改善等。综合片区内的具体单个更新项目类型通常非常多元，包括前述的居住、产业、设施、公共空间等，其更新改造面临的问题、进展和挑战与这些专类空间更新具有共通之处。

历史街区更新的进展与挑战　　　　　　　　　　　　　　　表10-19

维度	实践进展	主要挑战
主体	◆ 政府主导； ◆ 设立平台公司； ◆ 责任规划师配合； ◆ 居民与使用者共同参与	◆ 统筹管理主体缺失
资金	◆ 政府财政支持为主； ◆ 社会资本投资	◆ 多元主体投资不足； ◆ 资金归集不足； ◆ 成本共担和收益共享机制不明确
空间	◆ 统筹谋划片区规划策划； ◆ 识别片区低效空间与痛点问题	◆ 低效空间破碎； ◆ 痛点区域零散分布
运维	◆ 分部门、分条块的运维机制	◆ 多主体更新行为难以统筹

城市综合片区往往由不同层级政府、不同政府部门共同管理，片区内产权主体与使用主体之间的诉求经常存在差异。因此，平衡政府与居民、市场等的各方诉求，形成一致的更新目标、制度规则与行动计划是综合性片区更新的重点所在。专业更新平台或机构的建构（政府平台、企业机构、城市更新服务商、城市更新代理商等）、责任规划师的技术支持等，均有助于实现各方诉求的统筹达成，优化片区更新规则并有序推动项目实施，如中关村管委会、申请式退租平台公司等发挥的"规建管"综合协调作用，整体统和与平衡了多方利益诉求。总体上，区域综合类更新在吸引多元投资的基础上，更要注重资金的统合使用与合理归集，根据社会和市场的实际诉求进行精准的资源投放，充分释放先期投资的资金带动作用；同时完善成本共担和收益共享机制，提高更新项目效益分配的公平性与合理性。

区域综合类更新需要通过整体性的规划编制来明确片区更新目标和行动方案，这个过程面临的普遍挑战是空间的"破碎"问题，也即低效空间和问题地区零散分布，产权类型和功能诉求复杂多样等系统化推动空间提质时常遇到的各种阻力。基于此，"宏观统筹"配合"细处着手"成为片区治理的重点策略，既要在宏观层面探讨公服设施的系统化完善、空间布局的整体性优化、更新时序的统筹推进等，也要在微观层面开展精细化的空间设计引导和有序的建设管控。因此，区域综合类更新项目要想获得成功，需要立足片区实际情况制定差异化的运维引导机制，通过平衡个体与集体利益、兼顾自主更新与统筹更新等来实现片区整体可持续的有机更新。

10.4 "主体—资金—空间—运维"视角下的实践总结

北京通过试点项目和专项行动的综合带动，积累了一批城市更新项目的实践做法。从"主体—资金—空间—运维"视角分析居住类、产业类、设施类、公共空间类、区域综合类更新等既有实践探索，可以发现多元主体共同参与的协作机制、多方共担的资金保障机制、精细化系统化的空间优化机制以及长效可持续的运维机制，始终是推动城市更新项目有序进行的重要保障（表10-20）。

"主体—资金—空间—运营"维度的北京城市更新实践进展　　　　　　表10-20

类型		主体	资金	空间	运维
居住类	老旧小区	◆ 政府主导； ◆ 社会资本参与改造运营； ◆ 社会组织参与； ◆ 居民自主参与	◆ 政府公共投资为主； ◆ 社会资本参与； ◆ 少量居民出资改造或使用者付费	◆ 改造内容明确； ◆ 存量闲置空间改造利用； ◆ 建筑容量增加管理； ◆ 开发利用地下空间	◆ 引入现代物业管理； ◆ 建立居民自治组织参与维护运营
产业类	老旧厂房	◆ 政府引导； ◆ 产权主体主导实施； ◆ 运营公司参与	◆ 政府提供部分补贴； ◆ 产权主体缴纳土地价款，自筹改造资金； ◆ 业主申请激励资金	◆ "五年过渡期"政策下的土地性质变更； ◆ 改造建设标准	◆ 统一管理主体； ◆ 专业运营公司； ◆ 从厂区到园区整体改造运营
	老旧楼宇	◆ 政府引导； ◆ 企业主导实施； ◆ 社会资本参与	◆ 政府补贴或激励； ◆ 企业主体自筹资金； ◆ 社会资本投资	◆ 重点地区容积率提升； ◆ 产业升级与服务功能提升； ◆ 鼓励公共空间开放	◆ 企业自主维护为主； ◆ 物业公司管理； ◆ 社会资本参与
设施类		◆ 政府主导； ◆ 社会资本与居民参与	◆ 政府投入为主； ◆ 社会资本投入营利性设施	◆ 探索利用腾退空间补充公共服务设施短板	◆ 各部门分类型运维； ◆ 社会资本与居民参与运维
公共空间类		◆ 政府主导实施； ◆ 责任规划师联合街道开展	◆ 政府公共资金投资； ◆ 社会资本初步参与	◆ 精细化治理成为共识	◆ 各部门分管运维； ◆ 少量社会组织参与运维
区域综合类	历史街区	◆ 政府主导街区控规； ◆ 责任规划师助力； ◆ 社会资本参与； ◆ 鼓励公众参与	◆ 政府公共投资； ◆ 社会资本投资； ◆ 社会组织基金支持	◆ 产权类型多； ◆ 违建拆除； ◆ 历史建筑腾退困难； ◆ 地下空间利用	◆ 平台公司维护； ◆ 政府管理重点建筑； ◆ 自治组织参与； ◆ 鼓励居民维护院落更新
	重点片区	◆ 政府主导； ◆ 市场自主改造； ◆ 居民共同参与	◆ 政府投入为主； ◆ 资助奖励政策	◆ 区域功能协同； ◆ 改造、新建并存	◆ 专业管理部门； ◆ 长效治理机制

10.4.1 更新主体

在不同更新实践中，政府、业主、市场、社会组织、设计团队等主体发挥着不同

作用，但通常政府、责任规划师负责引导城市更新，利用政策规定与上位规划要求对
更新项目进行管控、引导与监督；居民、企业在更新立项、规划设计、落地施工、后
期维护等各个阶段贡献着力量和智慧；设计团队、社会组织、行业专家、高校团体等
凭借其专业能力支持着各类更新的顺利开展（表10-21）。

北京街区更新的参与主体及参与程度   表10-21

类型		政府	责任规划师	设计团队	居民	企业	社会组织	其他
居住类	老旧小区	++++	++++	++++	++++	++	+++	+
产业类	老旧厂房	+++	++	+++	+	++++	+	+
	老旧楼宇	++	+	++	+	++++	+	++
设施类		++++	+	++	++	+++	++	
公共空间类		++++	++++	++++	+++	++	+++	+++
区域综合类	核心区	++++	++++	++++	+++	++	+++	+++
	重点片区	++++	+++	+++	+++	+++	++	+

注：参与和贡献程度分为四档："++++"表示程度最高，"+"表示程度相对最低。
（资料来源：根据本书第7章80个城市更新案例分析及具体项目调查整理）

政府是城市更新的重要力量，政府一方面负责城市更新项目的立项、规划、审
批、监督等管理事务，另一方面也直接参与或主导部分城市更新项目的实施。不同规
模的片区、街区或社区中的公共空间或公共设施更新，通常由市政府、区政府、街道
或相关部门发起，通过城管、住建、规划、绿化、交通等多部门协作实现项目落地。

责任规划师配合街道工作，对街区内的项目规划与更新实践等作出技术指导和监
督。他们一方面自上而下帮助落实各层级规划和相关政策要求；另一方面，通过打通
公众参与渠道来自下而上地助力街区更新与基层治理。

设计团队在街区更新中为公园、广场、绿地、社区等各种改造项目提供设计服务，
成为保证空间设计品质的重要技术依靠。设计成员构成多样，包括城市规划师、建筑设
计师、景观设计师、高校师生等专业技术工作者，可以承接方案设计和对接项目施工；
推动设计过程中的公众参与，将研究与实践相结合，增强方案创新性等。鼓励不同背景
人员共同组建设计团队，有助于强化现状调研、方案设计、公众参与、建造维护的全流
程技术服务能力。

引入公众参与，反馈居民诉求，是城市更新从精英式规划转向共建共治共享的重
要环节。在社区更新中，通过入户访谈、现场调研、居民议事会[①]、评审会等方式获取
居民需求，并充分发挥党员、社区能人与楼门长的作用，可以有效深化城市更新的公
众参与程度和效果。

企业作为城市更新的重要参与群体，其行动与城市经济、居民就业、消费服务等

---

① 居民议事会是居民表达诉求的重要平台，是基层自治的重要组织形式。

活动密切相关。企业作为市场力量的代表，可以是城市更新的实施者、投资者、运营者，乃至社会责任承担者，是目前北京城市更新重点激励和吸引的对象。

社会组织尽管目前在北京城市更新中的参与鲜见，但未来会扮演越来越重要的角色，为城市更新提供各种专项服务，如组织公众参与、提供公共服务、进行活动策划、开展项目咨询等，有效丰富城市更新主体的多样性。

10.4.2 资金来源

北京街区更新的资金来源主要涉及政府、企业或单位、居民和原产权人等；资金形式包括财政资金、银行贷款、金融产品、自有资金等多种类型，也包括地价优惠、税收减免等政策性补助与奖励。不同类型更新项目由于平衡方式与盈利空间不同，其资金保障路径也存在差异（表10-22）。

北京街区更新的资金来源与贡献程度　　　　表10-22

类型		政府资金	居民出资	单位资金	社会资本	其他
居住类	老旧小区	++++	++	+++	++	++
产业类	老旧厂房	++	—	++++	+++	+++
	老旧楼宇	++	—	++++	+++	++
设施类		++++	+	+	+++	+
公共空间类		++++	+	++	+++	+++
区域综合类	核心区	++++	++	+++	++	+
	重点片区	+++	+	++	++	+

注：参与和贡献程度分为四档："++++"表示程度最高，"+"表示程度相对最低。
（资料来源：根据本书第7章80个城市更新案例分析及具体项目调查整理）

如何在明确成本共担和收益共享机制的基础上，广泛吸引社会资本投入和构建居民合理出资制度仍是目前北京城市更新资金保障的主要挑战。现阶段，北京的许多居住类（按照《北京城市更新条例》的最新界定，北京城市更新活动不再包括土地一级开发、商品住宅开发等项目）、公共空间类、区域综合类城市更新仍然主要依赖于政府投资，尚未实现普遍的收支平衡；以老旧厂房、老旧楼宇为代表的产业类更新项目由于盈利空间相对较大，逐步形成了以市场和原产权人为主的投资模式；设施类更新中，政府大量投资基础设施建设，同时政府与社会资本的合作路径（PPP）已初步形成。不同来源资金的特点如下：

①政府资金。政府不同管理部门可能设立有不同类型的城市更新专项资金，并各自负责相关资金项目的申请、立项与审批等工作。这些经费使用有时候存在交叉重叠，有时候又因难以整合利用而局限成效，且项目经费申请往往以年度计划为准，对长时期地区整体更新及分阶段实施项目的支持力度有限。

②居民出资。居民出资的责任主要集中在老旧住区改造中，考虑到居民改造意愿不同、收入水平存在差异等因素，探索将一次性大额缴费转换为持续性小额缴费或许是制度建设的突破口。物业费对于社区的长久维护来说至关重要，老旧小区更新需要持续培养居民缴费意识，可尝试先期通过政府补贴引入市场化物业管理，再逐步借助优质服务吸引居民出资的渐进式路径；同时要积极发挥居民自治委员会和业主代表大会的作用，鼓励居民协商筹集社区改造资金和日常维护基金。

③单位资金。城市更新应发动相关企事业单位合理投入资金，自主改造其存量空间。产权单位主动出资，承担自有建筑的设施维护、安全保障、风貌改善等责任，是城市建成环境品质持续提升的重要保障之一。北京存在大量"大院"体制遗留下来的单位住宅，一些需要持续仰仗产权单位提供日常维护资金，一些则因为产权单位解体等原因造成空间的失管或脱管，需要借助城市更新引入新的物业管理。对于涉及多家产权单位的老旧小区来说（部分小区还涉及央产和市、区属产权之分），时常由于沟通协调成本高、单位出资意愿不一等而影响整体改造进程。

④市场资本。市场资本参与城市更新可以推动要素的灵活配置、充分发挥市场的资本保障和运营管理作用。在产业类更新中，加强市场监督管理、保障收益合理分配，有助于城市更新的健康发展；在居住类更新中，挖掘废旧车棚、闲置设施空间、地下空间、边角空地等资源并将其改造为商业、服务业等经营性空间，有助于补充公服短板，形成微利可持续的长效盈利机制。

10.4.3 空间处置

为"控增量、优存量"，优化产权管理、合理控制不同类型项目的容量增减，推动用途和功能高效配置等，是北京城市更新推进的管控重点。北京存量空间的产权类型包括公产、私产、混合产权、共有产权、临时产权等（表10-23），复杂的历史遗留问题和混杂的产权结构往往会推高城市更新的交易成本和加大决策困境。

北京存量空间的常见产权属性　　　　　　　　　　　表10-23

类型		公产	私产	混合产权	共有产权	其他
居住类	老旧小区	+++	+++	++	—	+
产业类	老旧厂房	+++	+	+	—	—
	老旧楼宇	++	++	—	—	—
设施类		++++	+	++	++	—
公共空间类		++++	—	+	—	—
区域综合类	核心区	+++	+++	+++	—	+
	重点片区	+++	+++	+++	++	+

注：占比程度分为四档："++++"表示程度最高，"+"表示程度相对最低。
（资料来源：根据本书第7章80个城市更新案例分析及具体项目调查整理）

①公产。公产属性的空间通常由政府直接管理（或委托国有企业和相关平台管理），如北京的公产住宅以直管公房为主，也存在单位自管公房和拨用公房等。在纷繁复杂的

住宅产权变革过程中，北京部分私产房（四合院等）历史上曾转为经租房，其后又转为直管公房，由此形成复杂的产权关系和历史遗留问题，使得公产房屋管理错综复杂，维护资金缺口大。直管公房承租人通常无力也无意进行房屋维护，给公房管理部门造成巨大管理压力，如若开展更新拆迁、房改房等工作更会面临如何推进租户确权、进行权益保障等多种挑战。过去依托单位产权进行管理的老旧住区在现今也面临各种问题：或者产权单位已不复存在；或者产权单位对于持续提供社区保障和实施更新改造的排斥度高，出于利益因素等而不愿意参与整体更新或出资；又或者同一小区内集中了多个产权单位，造成社区管理难以统一推动，沟通协调成本高且更新进展障碍重重。可见，在厘清历史遗留问题的基础上明确公有物产的更新改造办法，确定各方主体的权益及义务是破解更新实施困境的关键。

②私产。私产是指物产为私人或私人企业等所有，包括自建房屋、购买的商品房以及公助房产（如经济适用房）等。对于商业、商办、工业等使用权私有的存量空间来说，更新方式呈现多元化，业主出资改造、业主与政府或市场合作改造、业主转让使用权改造等情况均有存在。对于老城区的大量私产平房院落来说，很多四合院在分家过程中不断碎化，导致产权分散在不同人名下且关系交错，造成后期更新中的确权和产权归集困难，部分拆除重建类更新还出现个别业主拒绝接受更新条件或漫天要价等情况。私产空间的城市更新需要充分发挥主体能动性和注重公众参与，鼓励产权人自主实施更新以建立空间的长效维护机制，并在充分保障居民个体诉求的基础上，平衡好个体利益与公共利益之间的关系。

③混合产权和共有产权。混合产权的土地或建筑物涉及多种产权类型，如公产和私产混杂的老城四合院；老旧住宅的不同住户空间分属不同产权单位；老旧楼宇或老旧厂房涵盖国家所有、单位所有或私人企业所有等情况。由于不同产权主体往往代表着不同利益诉求，也对应着不同的更新政策适用范围，因此混合产权空间更新更容易形成利益分歧、冲突或意见不一致。共有产权的用地或建筑为多个主体所共享，需要在明确共有产权各方权责分配的基础上，建立共同监督、共同管理、共同出资的运维机制。

此外，存量空间中的"临建"和"违建"现象也并不鲜见，例如老旧小区由于缺少规范化的物业管理服务，居民容易各自为政，根据自身需求对社区空间进行违规改造利用，包括通过开墙破洞设立商店、早餐店、理发馆等小型服务场所；通过一层私搭乱建增加住户面积；挤占公共空间，将个人物品存放在公共楼道或房前屋后空地中，利用公共绿地种植蔬菜和花卉等。平衡居民生活服务诉求与环境整治要求成为此类空间整治的重点，需要在有序推进违建整治的基础上，考虑如何保障社区服务设施与活动空间的供给，赋予居民一定的空间自治权力来形成特色化和人性化的社区空间。

从用途与容积率管控来看，促进空间的功能升级、复合利用和设施补充是北京城市更新中用途改变的普遍趋势；容量管控则需要协调好不同项目之间的"增容"和"减容"关系，合理的建筑规模容量投放（容积率奖励和转移、建筑规模跨区平衡、不计容政策支持等）、违建拆除、用地腾退等都可以成为更新项目实现减量目标和落实留白增绿的重要手段（表10-24）。

北京街区更新中的用途与容量调整　　　　表10-24

类型		用途		增补设施	容积率	
		不变	改变		提升	降低
居住类	老旧小区	居住功能主导	停车棚 地下空间 锅炉房等	电梯 老年餐桌 社区花园 停车设施等	增加设施	拆除违建
产业类	老旧厂房	产业提升	商业办公 文化创意等	公共服务设施 基础设施 公园绿地等	加层 增加设施	拆除违建
	老旧楼宇	产业提升	商业、办公等 功能互转	基础设施提升	局部增加面积	拆除违建 减量发展
设施类		设施提升	社区服务设施 活动空间等	基础设施提升	增加必要空间	拆除违建
公共空间类		公共空间提质	闲置空间利用	社区服务 运动设施等	增加设施	拆除违建 留白增录
区域 综合类	核心区	综合提质	增加经营用途	社区服务 社区花园 基础设施等	增加设施	拆除违建 减量发展
	重点片区	产业提升	功能整体 优化调整	公共服务设施 基础设施等	增加设施	减量发展

（资料来源：根据本书第7章80个城市更新案例分析及具体项目调查整理）

过去严格的土地用途变更制度有效预防了更新过程中的土地寻租行为，防止了城市公共利益的流失，但也在一定程度上影响了更新的进度与成本投入。城市发展过程中人口与建筑容量的不断提升，造成原有基础设施与公共服务设施无法满足当前和未来需求，产生交通拥堵、停车困难、学校及医疗资源紧缺、绿地资源匮乏等问题。与此同时，人口需求与设施提供的错配问题也日益凸显，例如老龄化社会对于无障碍、养老和医疗设施的诉求远超过去；年轻人口集聚的地区对商业、运动、教育等新业态的需求明显增长。为应对这类挑战，城市更新需要鼓励公共设施在功能上的错时、错峰和混合使用，如早上是老年人沙龙，下午是儿童放学后课堂等，为不同公共服务设施功能的相互转换提供便利。这亦是及时、敏捷地满足社会需求变化的重要用途管理改革方向，避免教育、医疗等各类用地为不同政府部门管控所造成的部门利益冲突和功能转换困境。

10.4.4 运营维护

"规建管"一体化是理顺城市更新项目流程、减少项目运作成本、加强更新环节衔接等的重要途径，其成效离不开利益相关方的共同参与及协作：政府需要优化管理流程，提高行政审批效率；实施主体需要综合发挥项目统筹能力，通过空间改造和科学运营等实现物产增值和功能业态上的迭代升级；产权人和使用者需要做好日常维护，持续保障空间品质（表10-25）。

北京街区更新中的运营维护和主体参与　　　　　　　　　表10-25

类型		政府	物业/平台公司	产权人	其他主体
居住类	老旧小区	+++	+++	++	+
产业类	老旧厂房	++	+++	+++	—
	老旧楼宇	+	+++	++++	—
设施类		++++	++	+	+
公共空间类		++++	+	++	+
区域综合类	核心区	++++	++++	++	+
	重点片区	+++	+++	++	+

注：参与和贡献程度分为四档："++++"表示程度最高，"+"表示程度相对最低。
（资料来源：根据本书第7章80个城市更新案例分析及项目调查整理）

政府运维覆盖城市更新项目的"规划—建设—管理"全流程。在项目审批阶段，过去普遍存在的报审要件和报批流程不清（或过于复杂）等问题需要持续破解，避免重点项目通过"一事一议"得以推进，而非重点项目在报审阶段即进退维谷的现实状况。当前，北京通过各类试点项目探索，已经逐步针对不动产登记、营业执照办理、消防验收审查等，明确了行政手续办理要求、更新支持举措或审批简化路径，未来需进一步细化实施细则并提升行政效率。在维护管理阶段，政府承担着诸多公共服务设施、市政基础设施和公共空间的维护和管理工作，城市道路、市政设施、公园绿地、河流水系等分别由交通、市政、绿化、环卫、水利等部门负责。公共空间的更新重点在于如何统筹和推进多部门协同，解决部门职责交叉、作用空间重叠、工作时序衔接不畅等问题，通过完善街巷长制①、河长制②等落实管理主体责任，优化考核和监管机制，促进政府部门间的信息共享和公开透明。

物业、平台公司作为营利型的专业物产管理机构，主要负责对责任片区或建筑的共有空间、环境品质等提供日常管理与维护服务，在一些情况下也会承担对共有空间承租商家和公司的考核、监督与管理等工作。物业服务不健全的公房、房改房等小区正在通过"三供一业"改造、建立非经营性资产管理平台等手段加以改善。针对居民付费意识不足、物业费缴纳率偏低、社会企业进入难等情况，要通过"前期政府补

---

① 2018年，北京市制定了《关于在全市推行街乡长制的指导意见》，由街道的处级干部、科级干部以及骨干力量担任街巷长，负责街巷的环境整治提升、落实日常管理和深化文明街巷创建工作。

② 河长制是由党政领导担任河长，依法依规落实地方主体责任，协调整合各方力量，有力促进水资源保护、水域岸线管理、水污染防治以及水环境治理等工作的一项制度创新。北京当前已经形成四级河长体系：北京市副市长担任市级河长，副区长担任区级河长，街道书记或主任担任街乡级河长，社区书记担任社区级河长。

贴""先尝后买""先治理、后改造"等方式积极推动现代化物业管理的引入和完善。这需要在老旧小区引入专业化物业管理前，做好居民的思想引导和政策宣贯，增强社区选聘物业服务的自主性及居民缴纳物业费的思想准备。小区改造可配备专职物业管理辅导员并引导物业公司认可先服务、后收费的做法；还可聘请第三方机构对小区房屋、设施设备、管理成本等进行系统评估，初步测算小区实施物业管理的全年经费需求，经民主协商提出能被广泛接受的执行方案。

高效的产权人自主改造或者专业运营团队介入对于保障产业类更新项目的成功至关重要，可设立平台公司或者引入专业机构提供综合的运营服务来保障老旧厂房改造后新产业和新业态的成功导入。园区运营公司在统一管理的过程中，需要明确园区发展定位及目标、吸引适宜的企业及配套业态入驻、利用资源引导使用者开展文化共建，并提供灵活共享的公共空间和信息咨询平台等。城市更新中的其他运维主体还包括志愿者、社会组织、技术平台公司等，应鼓励并发挥他们搭建的社会治理网络的积极作用。

综上所述，2017年以来北京集中开展了大量城市更新实践，以试点项目和专项行动探索符合北京特色和北京需求的城市更新推进办法，取得了相当的成效亦反映出部分不足。各类城市更新实践表明，北京在落实非首都功能疏解策略的同时，开启了以"多元参与"和"整治改造"为核心，从传统"城市管理"迈向现代化"城市治理"转型的综合变革历程①。城市建设不再像过去那样强调扩张和增长，而是注重通过合理尺度的有机更新工程来实现对建成区域的环境改善、设施配套和品质提升。这意味着，城市建设从注重规模和数量转向注重品质和成效，从聚焦大尺度空间转向重视细微空间，从粗放式管理走向精细化治理。其中难能可贵的是，北京街区更新越来越多地尝试并实现了多元化的公众参与，逐步改变了以往自上而下的单一决策模式，走向多方介入和利益协商下的更新新方式。未来，北京在进一步迈向综合城市治理的过程中仍然面临着诸多挑战，包括居民参与意识依然薄弱、参与能力不足、参与程度时常浮于表象等，使得城市建设能否实现"共治共享"主要取决于社区发展条件和居民配合意识；保障公众参与城市决策的制度和途径始终匮乏；政府和规划技术人员对城市更新行动的"精英式"干预和管控意识依然存在，需要继续转型并进一步"放权于民"。整体来看，尽管北京不同类型项目的参与主体、盈利机制、更新模式、推动方式存在差别，但多元主体的协同参与、微利持续的盈利机制、公平公正的成本收益共担共享机制、精细化的空间改造机制、长效可靠的运营维护机制等，是各类更新实践实现突破的重要着力点。

① 本段主要观点具体参见：Yan Tang. From "No Holes in Walls" to "Street and Community Renovation" in Beijing: A Transformation of Urban Governance? [M] //Sam Jacoby, Jingru（Cyan）Cheng eds. The Socio-spatial Design of Community and Governance: Interdisciplinary Urban Design in China. Singapore: Springer, 2020: 197-207.

第11章

北京城市更新政策的
系统化推进

北京各类更新的可复制模式与完善的配套制度相对欠缺，导致更新实践推进与政策建设面临多重挑战。2017年以来，北京市城市更新相关政策密集出台，打破了过去制度多维缺失的僵局，城市更新制度建设迈上新台阶。本章在梳理北京城市更新相关政策进展的基础上，对近年出台的重要政策要点进行了剖析和解读，提出北京街区更新制度的体系优化路径，以响应"都城协同""减量双控"与"功能疏解"导向下的首都城市更新建设诉求。

11.1 北京城市更新政策与制度建设概况

北京当前的城市更新政策主要包括综合指引、分类引导、配套细则三大类。三类政策的管控内容、层级和精细度各有侧重，逐步推动了北京城市更新工作在"管理架构—政策体系—专项规划—行动计划—项目库"等方面的完善（图11-1）[①]。

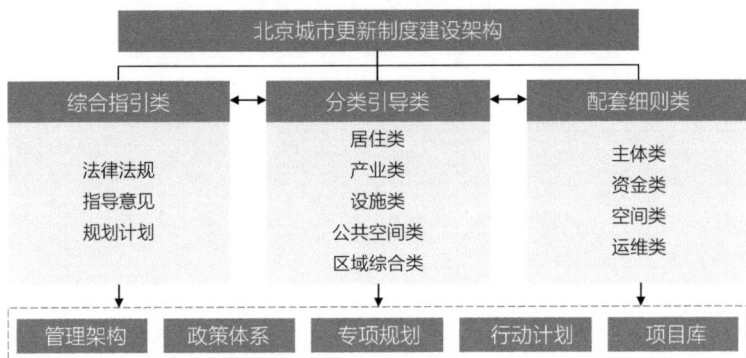

图11-1　北京城市更新政策类型[②]

（1）综合指引类政策

《北京城市总体规划（2016年—2035年）》明确了未来20年北京的城市定位、发展模式和工作重点，北京市各部门以此为根本遵循，陆续出台系列与城市空间治理相关的法律法规、指导意见、规划计划等文件，形成了北京城市更新的综合指引类政策。其中，法律法规包括2019年出台的《北京市城乡规划条例》、2021年出台的《北京历史文化名城保护条例》等，是北京空间规划和历史文化保护的顶层机制，2022年制定的《北京市城市更新条例》正式出台后，成为指导北京城市更新工作的顶层核心制度；指导意见包括《关于建立国土空间规划体系并监督实施的实施意见》《北京市人民政府关于实施城市更新行动的指导意见》等，明确了北京城市更新在国土空间规划管理体系中的地位，以及北京实施城市更新行动的基本要求；规划计划包括《北京市国民经济和社会发展第十四个五年规划和2035年远景目标纲要》《北京市城市更新行动计划（2021—2025年）》《北京市城市更新专项规划（北京市"十四五"时期城市更新规划）》等系列文件，明确了近期北京城市更新的重点任务和实施方式，是有序开展城市更新行动的重要依据。

---

① "综合指引类"包括法律法规、指导意见、规划计划，形成城市更新制度的顶层设计，具有较强的法律作用和宏观指导意义；"分类引导类"是指针对居住类、产业类、设施类、公共空间类、区域综合类等对象出台的分类指引，为不同更新对象提供差异化的操作方式、更新指引与支持政策；"配套细则类"指从主体、资金、空间、运维方面完善城市更新活动的管理制度，引导管理方式从增量发展模式向存量更新模式转变。三类政策互相支撑的同时，也存在一定的交叉关系：综合指引类包括对不同对象的分类引导，也包括一定的配套管控制度创新；分类引导类涉及主体、资金、空间、运维等制度构建，配套管理类也涵盖针对特殊更新对象的管理引导等。

② 北京城市更新相关主要政策清单（截至2022年12月）详见附录。

（2）分类引导类政策

北京城市更新针对老旧厂房、老旧小区、老旧楼宇、首都功能核心区平房院落等不同空间对象提出了分类更新导引，《北京市城市更新条例》更是明确提出将城市更新对象细分为居住类、产业类、设施类、公共空间类、区域综合类5大类、12项内容进行引导（图11-2）。

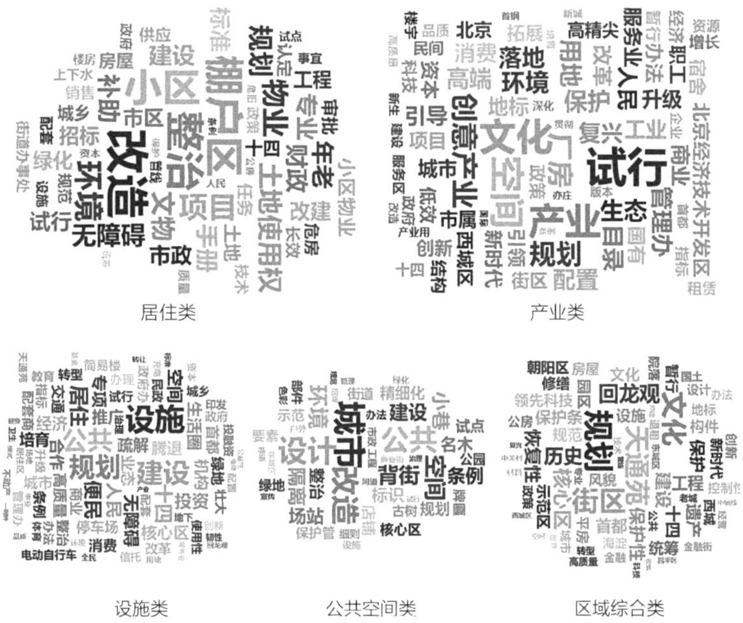

图11-2　北京城市更新分类引导类政策的主题词云[①]

①居住类。2012年以来北京出台了30余部居住类更新相关政策。2016年前的政策建设主要聚焦于棚户区改造，关注土地使用、项目审批、文物保护等方面；2018年随着《老旧小区综合整治工作方案（2018—2020年）》的出台，老旧小区整治工作大规模推进，制度建设聚焦于物业管理、项目审批、项目推进、质量管理、社会资本参与等方面，并对危旧楼房、直管公房、小区绿化、市政管线、适老化和无障碍环境等重点问题研究出台了相关意见[②]。2022年出台的《北京市城市更新条例》从最新形势和要求出发，明确土地一级开发、商品住宅开发等项目不在北京城市更新的政策适用范围内。

②产业类。产业发展是城市经济增长的核心，除市区各级政府、各开发区管委会以及规划建设管理部门外，发改委、商务局在推动产业发展和产业类更新政策建设方面也发挥着重要作用。2006年以来，北京出台产业类相关更新政策30余部，既聚焦老

---

① 图11-2、图11-3利用谷尼舆情图悦（picdata.cn）热词分析工具分析得出。

② 此外，居住类制度建设强调规范化项目管理和基层社区治理能力提升的共同进步。2019、2020年分别出台的《北京市街道办事处条例》《北京市物业管理条例》等，推动了老旧小区改造与社区治理优化的同步进行。

旧厂房改造也关注对产业发展转型的综合引导。2017年以来，《关于保护利用老旧厂房扩展文化空间的指导意见》出台，丰富了以老旧厂房、低效楼宇、其他产业用地为空间载体的产业类更新政策，强调优化营商环境并出台用地标准化管理、项目落地实施、禁止和限制产业目录等文件，保障城市产业发展的提质增效。

③设施类。2016年以来，北京市关于设施建设的各类政策出台约30余部，涵盖充电设施、公共停车场、水环境治理、无障碍环境建设等基础设施以及商业配套、体育设施等公共服务设施，为城市中各类设施的建设完善提供引导。传统的既有政策内容主要集中于设施管理与建设标准等方面且条块分割较为明显，专门针对设施更新的政策较少，目前仅包括《北京市利用居住区疏解腾退空间补充完善便民商业配套服务设施的指导意见》《关于利用地下空间补充完善便民商业配套服务设施的指导意见》，未来需要进一步突破部门管理屏障，完善政策以推动设施用地与建筑空间的复合利用。

④公共空间类。北京公共空间类更新政策主要涉及街道空间、公园绿地、滨水空间等，自2017年以来出台约20余部。背街小巷整治提升是北京公共空间更新改造的重点，政策规定涉及店铺招牌、环境提升等方面。2018年的《北京市老旧公园改造提升导则》、2020年的《北京市公共绿地建设管理办法》为公园绿地的维护改造提供了依据①。滨水空间方面则通过河道和滨水空间设计导则的颁布，实现对滨水空间环境的整体管控与引导。

⑤区域综合类。2018年以来，北京市出台区域综合类更新政策10余部，涉及历史文化保护、片区转型发展、设计控制引导等方面。其中，历史街区的保护更新是北京区域综合类更新的重点，需要利用申请式腾退、文化遗产保护、建筑修缮修建、基础设施保障等各类手段，推动历史街区的风貌保护、环境提升与功能优化。政策还针对中关村、回天地区的综合功能转型和环境提升出台了指引，探索重点地区整体转型发展（如京西地区）和风貌管控（如朝阳区、西城区）的具体引导方法。

（3）配套细则类政策

北京城市更新配套细则类政策覆盖规划、土地、建设、管理、资金等各方面内容（图11-3）：①主体上，北京市责任规划师制度于2019年在全市正式建立，目前已出台相关政策多部，成为强化街区更新和基层治理的重要举措。同时，为促进社会参与，北京出台了《关于引入社会资本参与老旧小区改造的意见》（2021年）和《北京市深化政务公开扩大公众参与工作办法》（2020年）等政策，以提高信息透明度，保障居民的知情权和参与权。②资金是城市更新实施的重要保障，2015年以来北京市出台的更新资金保障政策共6部，集中在地价确定、专项资金、租金减免、给予奖励等方面，如市政府发布的土地出让地价政策，朝阳区出台的租金减免、专项资金和奖励政策，自贸区出台的专项资金管理办法等。③北京城市更新的空间政策内容广泛，涉及土地（土地征收、地价补缴、土地出让与出租等）、规划（功能混合、建设规模投放

---

① 北京出台有政策对北京第一道绿化隔离地区进行规划建设管理。北京出台的《北京市城市设计导则》《北京城市色彩城市设计导则》等，强调通过精细化的城市设计管控引导街区环境和品质的整体提升。

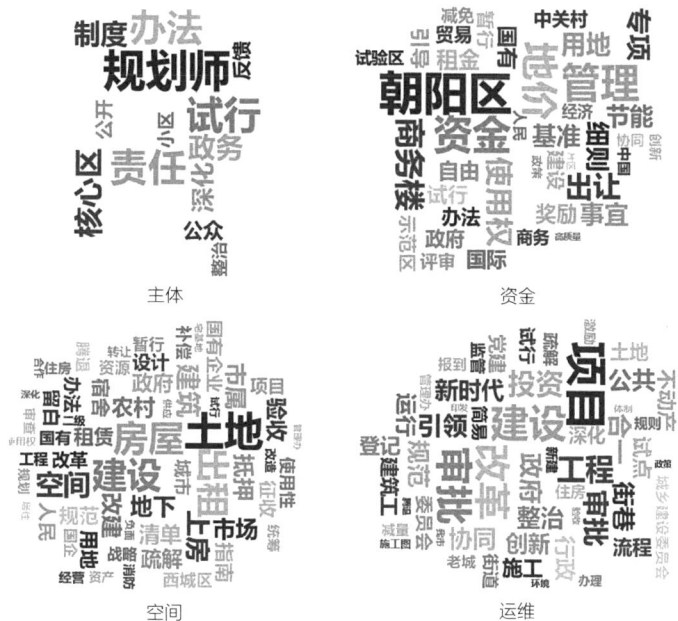

图11-3 北京城市更新配套细则类政策的主题词云

等）等多个方面，近期针对城市更新的项目痛点，还专门出台有《北京市既有建筑改造工程消防设计指南（试行）》等。④北京城市更新运维政策主要关注流程建设①、手续简化、简政放权等，强调国土空间规划改革背景下的"多审合一、多规合一"，优化工程项目审批程序，通过"街乡吹哨、部门报到"等措施优化街道基层工作组织。

11.1.1 居住类：老旧小区改造政策建设

2012年，北京正式在政府层面提出老旧小区综合整治行动（表11-1），后续经历了"十二五"老旧小区综合整治期、新版城市总体规划后的老旧小区综合整治试点、2018年以来系统性的老旧小区综合整治三个主要阶段。

北京老旧小区综合整治的主要政策演进 表11-1

时间	牵头单位	政策文件	主体	资金	空间	运维
2012年1月	市政府	《关于印发〈北京市老旧小区综合整治工作实施意见〉的通知》	改造方案听取居民意见；建立老旧小区综合整治工作联席会制度	财政投资、售房款、住宅专项维修资金、个人公积金、责任企业资金和社会投资；探索增层、增建商业设施、增建保障性住房等融资渠道	房屋建筑本体改造；小区公共空间设施改造	简化行政审批手续

---

① 如北京针对疏解腾退工作提出激励政策，明确疏解腾退建筑不动产登记办理、土地有偿使用的相关规定。

续表

时间	牵头单位	政策文件	主体	资金	空间	运维
2018年3月	市人民政府办公厅	《老旧小区综合整治工作方案(2018—2020年)》	建立老旧小区综合整治联席会议制度	制定老旧小区实施专业化物业服务的资金支持和奖励措施	"六治七补三规范"	建立健全政府主导、居民自治、社会力量协同的小区治理体系
2020年5月	北京市住房和城乡建设委员会等	《北京市老旧小区综合整治工作手册》	征集民意确定改造设计与实施方案；基层组织、居民申请、社会参与、政府支持	申请财政补贴	立足"六治七补三规范"，居民需求主导确定改造整治内容	物业先行、长效运行；增强小区物业服务与管理；简化手续办理，提高审批与实施效率
2020年7月	北京市住房和城乡建设委员会等	《关于开展危旧楼房改建试点工作的意见》	实施方案征询需经不低于总户数三分之二的居民同意，改建协议内容需经不低于90%的居民同意	成本共担：政府专项补助、产权单位出资、居民出资、公有住房出售归集资金、经营性配套设施出租出售	可适当补建区域经营性和非经营性配套设施；具备条件的可适当增加建筑规模	简化审批；与申请式退租和住房保障政策衔接
2021年8月	北京市住房和城乡建设委员会	《北京市"十四五"时期老旧小区改造规划》	坚持居民主体地位，调动小区关联单位和社会力量参与；用好"社区议事厅"，培育发展服务于社区的社会组织	研究制定住房公积金和住宅专项维修资金支持政策；税费减免，金融支持，开展类REITs、ABS等企业资产证券化业务	市属老旧小区，中央单位在京老旧小区，危楼、简易楼，适老化改造；用好低效利用或闲置资源	将老旧小区改造全面纳入社区治理；不涉及新增用地、新增限额以上项目免予办理相关手续；"投资+施工总承包+运营"一体化招标；工程总承包（EPC）模式
2021年8月	北京市住房和城乡建设委员会、北京市规划和自然资源委员会	《北京市老旧小区综合整治标准与技术导则（征求意见稿）》	党建引领、政府引导、居民主体、企业参与、多方支持；吸引社会资本参与完善类和提升类改造	健全老旧小区住宅专项维修资金补建续筹机制	基础类改造、完善类改造、提升类改造	业主组织、物业管理规范运行；构建"纵向到底、横向到边、协商共治"的社区治理体系

①阶段一："十二五"期间的老旧小区综合整治。2012年，北京市推行对1990年以前建成的老旧小区进行改造。整治内容以基础设施更新改造为主，包括楼体保温节能改造、屋顶平改坡、无障碍设施、景观绿化、道路美化、基础设施综合管网铺设等。这一时期的老旧小区整治主要工作职责由联席会、"北京市老旧小区综合整治办公室"统筹组织，资金来源以政府财政拨款为主。因此，"十二五"期间的北京老旧小区综合整治，多根据政府治理需求自上而下地推进，通过增加层数户数、增建商业设施、增建保障性住房等策略拓展融资渠道，并将售房款用于老旧小区整治更新。

②阶段二：新总规后的老旧小区综合整治试点。北京新版城市总体规划发布后，老旧小区综合整治成为北京和谐宜居之都建设的关键所在，是提升人民幸福感的重要抓手。2016、2017年连续两年，北京市人大把推进老旧小区综合整治列入重要议案。党的十九大报告中提出以人民为中心的发展思想，在城市更新中最迫切的体现之一就是改善老旧小区居住环境。2017年，北京市推动实施老旧小区综合整治10项试点工程，在中心城区和通州区选取10个试点小区，对老旧小区增设电梯、补建停车场等问题开展

探索并总结经验。这一阶段形成的试点收获，为后期相关政策出台提供了依据。

③阶段三：系统性的老旧小区综合整治。在前期试点基础上，北京市出台各类老旧小区工作方案与执行计划，系统性地提出多部门合作、搭建实施平台与机制、划定综合整治范围与整治内容等方案，指导老旧小区改造。自2018年以来，政府发布多项文件，老旧小区综合整治的制度体系日益完善，且以年度计划的形式明确分区改造任务。北京老旧小区的改造对象进一步多元、改造内容进一步明确、社会资本与居民的参与渠道进一步拓宽，基本形成了政府主导、社区居民和部分社会资本参与的老旧小区改造新态势，通过政府出资补贴，居民缴纳一定费用，引入物业管理公司、公共服务企业、社会组织等参与更新过程与后期运营维护等，来实现居住空间的改造提质（图11-4）。

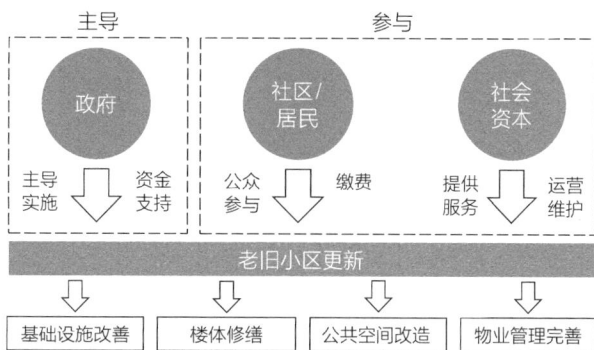

图11-4　北京老旧小区更新主要方式

就近期情况来看，2018年北京《老旧小区综合整治工作方案（2018—2020年）》发布，提出优先整治1990年前的老旧小区，并按照基础类和自选类划分，制定"六治七补三规范"的整治清单（图11-5）；同时提出"政府主导、居民自治、社会力量协同"的小区治理体系（图11-6），明确各政府部门承担的职责、社区应建立的自治组织与作用、物业企业的职责等。方案指出由区政府主导建立项目储备库，编制年度计划后实施；强调市区两级政府资金支持，引入社会资本参与，建立受益者支付机制；提出在无法入驻物业服务的情况下，提供"准物业"管理服务。工作方案搭建了多部门协作下的整治体系，明确了主要工作方式，指导了此后三年的综合整治工作推进。

2019年，住建部在全国部署开展老旧小区综合整治，划定老旧小区整治范围为2000年以前建成的小区，同年政府工作报告中提出大力提升老旧小区的基础设施配套，补足生活服务设施短板，支持加装电梯。2000年北京发布《2020年老旧小区综合整治工作方案》，将老旧小区改造对象从关注1990年前建成的小区为主扩大至2000年前建成的小区，并制定《北京市老旧小区综合整治工作手册》（图11-7）①。

---

① 《北京市老旧小区综合整治工作手册》提出以下特色化内容：①规划先行，标图建库，建立自下而上的申报机制；②划定各方权责，加强共建共治共享，各区政府明确纳入储备库的项目投资和实施主体；③加强居民参与，明确居民在老旧小区整治中的主体地位，增强居民诉求满足的同时明确居民的责任；④创新资金共担机制，引入社会资本参与，明确政府、居民和市场资金共担模式，强调建立居民付费模式，鼓励社会资本投资，拓展金融融资渠道；⑤提出危楼和简易楼拆除重建工作机制。

六治	七补	三规范
治危房	补抗震节能	规范小区自治管理
治违法建设	补市政基础设施	规范物业管理
治开墙打洞	补居民上下楼设施	规范地下空间利用
治群租	补停车设施	
治地下空间违规使用	补社区综合服务设施	
治乱搭架空线	补小区治理体系	
	补小区信息化应用能力	

图11-5　六治七补三规范
（资料来源：根据《老旧小区综合整治工作方案（2018—2020年）》绘制）

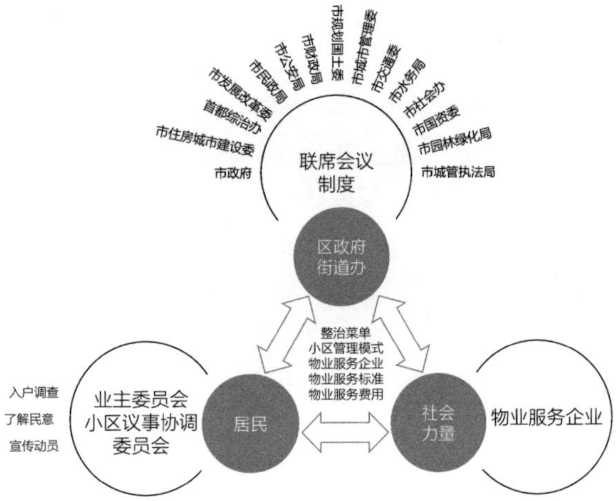

图11-6　“政府主导、居民自治、社会力量协同”的小区治理体系
（资料来源：根据《老旧小区综合整治工作方案（2018—2020年）》绘制）

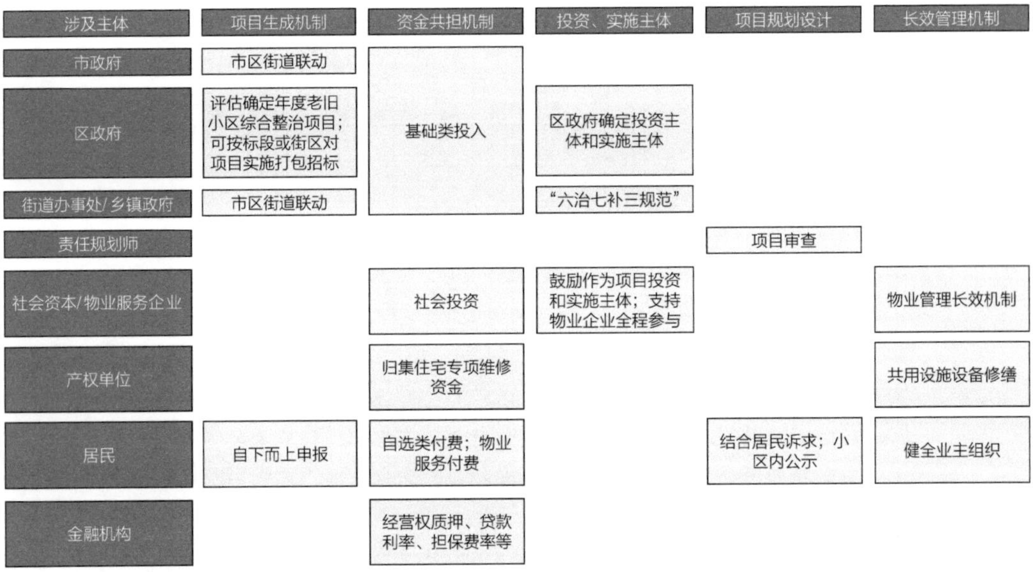

图11-7　老旧小区综合整治的主要主体及其作用
（资料来源：根据《老旧小区综合整治工作方案（2018—2020年）》绘制）

2020年7月，市住建委、市规自委、市发改委、市财政局联合发布《关于开展危旧楼房改建试点工作的意见》，提出“政府补助+产权单位出资+居民出资”的资金供给模式，对居民在简易住宅楼中应发挥的作用进行明确。该意见力图解决居民如何出资，房屋产权、房屋性质如何变化等问题，基本原则是通过居民缴纳来补足原有面积的改造资金，新增面积由居民按照综合改造成本或市场价格的一定比例加以负担（图11–8）。

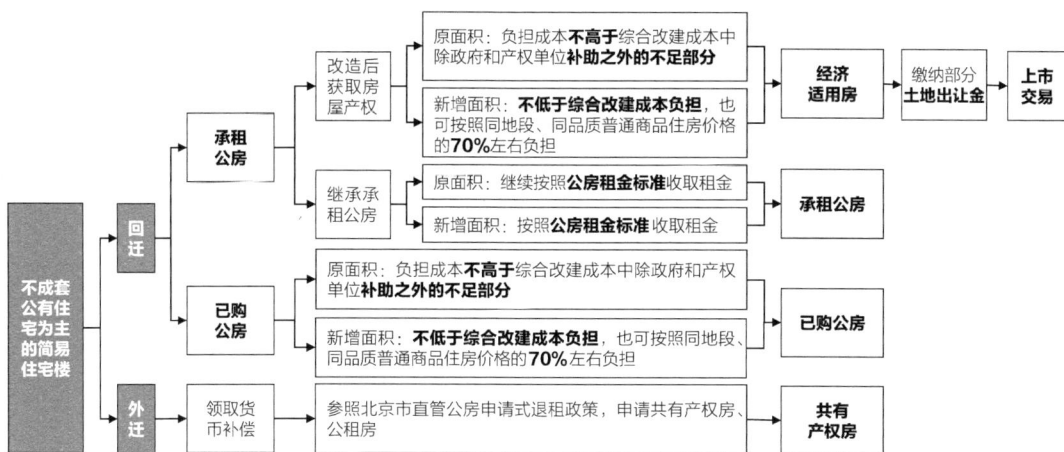

图11-8 危旧楼房改建试点工作中居民出资情况
（资料来源：根据参考文献［429］整理）

2021年北京发布《关于完善老旧小区综合整治项目申报工作的通知》，拓展了居民通过"申请制"自主申报综合整治的路径，完善了老旧小区综合整治工作"任务制"和"申报制"相结合的推进方式。其中，任务制指自上而下，由政府确定整治计划清单[1]；申请制指由居民申请，按照一定程序纳入整治计划清单的自下而上方式[2]。综合任务制和申请制两种途径确定的老旧小区综合整治计划项目清单，由市老旧小区综合整治联席会审议后，分批次向社会公布。2021年，北京市住建委和规自委联合印发《北京市老旧小区综合整治标准与技术导则》，在明确老旧小区[3]、老旧小区综合整治[4]等概念的定义基础上，提出立足"六治七补三规范"，施行包括"综合治理"和"综合改造"在内的具体整治内容（表11-2）。其中，综合治理内容必须完成，综合改造内容则采用"菜单式"，各个小区根据自身情况进行选择，分为基础类、完善类、提升类三类。随后，《老旧小区综合整治实施适老化改造和无障碍环境建设的指导意见》《关于进一步做好老旧小区综合整治项目中楼门上下水管线改造工作的通知》等文件相继出台，对老旧小区的更新改造内容要求给予了进一步的细化；《关于引入社会资

---

[1] 项目主要来自三种路径，分别为：（1）中央和国家确定的老旧小区综合整治计划；（2）按照"双纳入"机制确认纳入的中央单位在京老旧小区、央地混合产小区改造计划清单；（3）老旧小区综合整治项目储备库成熟项目——在开展全市2000年之前建成的老旧小区摸底调查、建成老旧小区数据库的基础上，形成整治项目储备库，由各区政府申报、市级联席确认，分批次滚动确认项目。

[2] 具体而言，由市住建委建立申请改造诉求集中小区清单制度，每季度向全市通报申请情况，区政府在调研、沟通的基础上，明确是否将申请小区纳入项目储备库，并将结果向社会公布。

[3] 老旧小区：指建成年代较早、建设标准较低、基础设施老化、配套设施不完善、未建立长效管理机制的住宅小区（含单栋住宅楼）。北京市现阶段，老旧小区是指2000年年底以前建成的小区。

[4] 老旧小区综合整治：对居民有改造需求的老旧小区及相关区域的建筑、环境、配套设施等，开展综合治理，并进行以基础类、完善类和提升类为改造内容的小区改造整治活动。居民有改造需求包括两个方面，一是居民愿意改造整治，二是居民承担改造义务，改造义务包括配合拆除违法建设、治理开墙打洞、缴纳物业费、补建续筹专项维修资金等治理工作，配合抗震加固、节能改造、楼内给水排水改造等改造工作。

本参与老旧小区改造的意见》《关于住房公积金支持北京老旧小区综合整治的通知》继续对拓宽老旧小区更新改造的资金保障方式提出了指引；《北京市老旧小区改造工作改革方案》进一步提出了健全老旧小区改造项目管理机制、健全老旧小区改造多方参与机制等8个方面、32条的政策与任务清单，在推广通州区"六组一队"、石景山区"三问于民"、大兴区"由一传百"等经验的基础上，提出国有企业通过"平台+专业企业"统筹、推行"物业+"参与方式等做法建议。由于北京市老旧小区产权关系复杂，目前市区属直管公房、单位公房和私产房的整治已有一定经验，但央产房整治修缮的实践路径还需探索创新。

北京老旧小区综合整治具体内容　　　　　　表11-2

范围	类别		项目与内容
综合治理（必须完成）	拆除违法建设		拆除小区内由规划部门认定的违法建设；拆除居民首层、顶外自建房屋和上部楼层自建飘窗
	清理地桩地锁和废弃车辆		清理小区内私装地桩地锁；清理小区内废弃汽车与自行车
	治理开墙打洞、群租及地下空间		对存在的开墙打洞提出处理方案并进行处理；提出今后治理开墙打洞的措施；治理群租；地下空间治理
	建立长效管理机制		完善小区治理体系；实施规范化物业管理
综合改造（自行选择）	楼本体改造	基础类改造	抗震加固；对性能或节能效果未达到民用建筑节能标准50%的楼房进行节能改造；空调规整，楼体外面线缆规整，对楼本体进行清洗粉刷，对楼梯等公共部位进行维修；完善建筑单元出入口无障碍设施
		完善类改造	室内供水、排水和供热管道改造；增设电梯；屋面平改坡
		提升类改造	太阳能光伏系统；屋顶美化
	小区公共区域改造	基础类改造	供水与排水；燃气与供热改造；供电改造，弱电架空线规整（入地）；道路更新；环卫设施；消防、安防设施；其他适老化改造
		完善类改造	小区及周边绿化；公共照明；改造或建设小区及周边适老设施、无障碍设施；停车库（场）、电动自行车及汽车充电设施；智能信包箱；室外健身设施及公共活动场地；物业服务用房；文化休闲设施
		提升类改造	社区服务与党群服务中心（站）；养老服务设施；托育设施；医疗卫生设施；便民市场、便利店；家政服务网点；社区食堂；信息发布设施；智慧小区；小区特色风貌

（资料来源：根据《北京市老旧小区综合整治标准与技术导则》整理）

11.1.2 产业类：老旧厂房改造和老旧楼宇提升政策建设[①]

北京经历了新中国成立以后的大规模建设和经济发展，在21世纪第一个五年规划（"十一五"规划）中提出"全面现代化"的目标，明确了调整优化产业布局、加快城区工业企业搬迁调整的具体任务。"十二五"期间，伴随着2008年北京奥运会筹办、北京"三高"企业（落后产能）的进一步搬迁，老旧厂房改造利用的实践和制度探索逐渐兴起（表11-3），经历了政策萌发期、探索期与确立期三个主要阶段。

---

① 本部分内容围绕张璐2020年在北京市城市规划设计研究院实习期间的相关基础研究展开探讨，详见：北京市城市规划设计研究院. 北京CBD商务楼宇更新策略研究报告［R］. 2020；此外，政策的历史发展阶段观点来自清华大学建筑学院邵旭涛的相关研究。

北京老旧厂房改造的主要政策演进　　　　　　表11-3

时间	牵头单位	政策文件	主体	资金	空间	运维
2006年11月	北京市委宣传部、市发改委等	《北京市促进文化创意产业发展的若干政策》	转变政府职能，强化市场主体地位	设立文化创意产业集聚区基础设施专项资金；完善中小企业融资机制；免除征收经营行为带来的土地收益	原产权单位保留划拨方式取得的土地使用权；支持工业厂房、仓储用房等存量房地资源转型兴办文化创意产业	建立健全文化创意产业发展推进机制
2007年9月	北京市工业促进局等	《北京市保护利用工业资源发展文化创意产业指导意见》	政府引导、企业为主体、市场化运作	设立专项扶持资金	保护和利用工业资源发展文化创意产业；对不同价值的工业遗产采取不同的保护再利用方式	制定发展规划和扶持政策，建立工业遗产评定机制；简化施工审批手续
2009年2月	北京市工业促进局等	《北京市工业遗产保护与再利用工作导则》	行政主管部门：市工业、规划和文物部门；责任主体：权属单位或个人	给予一定资金支持；"谁使用、谁负责、谁保护、谁受益"	抢救性保护与适宜性利用相结合	做好工业遗产普查与认定；划定工业遗产重点，评价与认定细则
2017年12月	北京市人民政府办公厅	《关于保护利用老旧厂房拓展文化空间的指导意见》	充分发挥企业主体作用	市政府固定资产投资中安排资金补贴；政府购买服务、担保补贴、贷款贴息等；资产证券化	支持以厂房租赁、企业资产重组、托管经营等多种方式，实现市场化运作；可采取划拨方式办理相关用地手续	"五年过渡期"政策
2019年2月	北京市发改委	《关于推动老旧厂房拓展文化空间指导意见落地实施的工作方案》	—	—	引导具备转型利用价值的老旧厂房疏解腾退；推动老旧厂房功能性流转和创意化改造	摸排老旧厂房概况
2019年12月	北京市发改委、规自委、住建委等	《保护利用老旧厂房拓展文化空间项目管理办法(试行)》	首都31处老旧厂房转型文化空间"办照"试点项目；允许集体注册办照条款	—	允许临时变更建筑使用功能	规范项目申请、立项、规划、施工、验收以及登记注册等流程；突破改造建设及登记注册难题

①萌发期：产业发展导向的工业遗产保护利用（2014年以前）。北京2000年提出大力发展科技企业，在《北京市关于加快科技企业孵化器发展的若干规定（试行）》中，鼓励利用国有企事业单位闲置用房作为科技企业孵化中心。2006年，北京提出促进发展文化创意产业，支持工业厂房改造用于发展文化创意产业。当时，老旧厂房保护利用的政策概念还未正式提出，仅作为产业转型升级的重要物质空间载体被提及。2007年，《北京市保护利用工业资源发展文化创意产业指导意见》发布，首次从工业资源保护利用角度出发，提出建立"政府引导、企业为主体、市场化运作"的改造模

式，并提出设立专项扶持资金。2009年出台的《北京市工业遗产保护与再利用工作导则》，针对工业遗产评价与认定作出规定，但对各方权责、工作重点、更新改造模式未有详细涉及，使得导则对北京市工业遗产再利用工作产生的影响受限，全市的工业遗产普查认定工作当时也未全面进行。

②探索期：存量用地提质导向的工业厂房改造（2014年—2017年）。2014年，国务院印发《关于推进文化创意和设计服务与相关产业融合发展的若干意见》，支持利用存量房产、存量用地发展文化创意产业，同年《北京市文化创意产业提升规划（2014—2020年）》出台。2014年以后，北京市有关老旧厂房再利用的政策出台明显增多，在产业转型和功能疏解中越来越重视文化创意产业的发展。2015年，北京市完成老旧厂房及老旧仓库普查报告，总结了老旧厂房"腾笼换鸟"改造升级为文化创意产业中心的经验与问题。2017年11月北京出台《关于深化市属国有文化企业改革的意见》，鼓励国有文化企业利用工业厂房和仓储用房等存量房产、土地资源发展文化产业项目，并提出减免土地价款的优惠政策。

③确立期：多措并举的老旧厂房更新（2017年以后）。在北京新版城市总体规划确定"四个中心"城市战略定位以及非首都功能疏解背景下，2017年12月，北京市人民政府公布《关于保护利用老旧厂房拓展文化空间的指导意见》，力图建立多措并举的老旧厂房更新办法，主要包括：建立文创空间价值评估与审定、文化价值分级备案机制，研究编制老旧厂房保护利用专项规划，明确全市老旧厂房保护利用的范围、对象和层级；提出五年过渡期①、租让结合的用地手续办理政策，减轻企业一次性缴纳土地出让金的负担，并支持文创领域入驻企业登记注册，补足手续；注重公益性质与商业性质功能相结合，引导老旧厂房多元利用。这些政策约定使得之前很多处于"灰色地带（非正式）"的老旧厂房文化产业项目实现了合法化运营，在老旧厂房用地性质变更方面作出了包容性创新。2019年，北京市发改委相继出台《关于推动老旧厂房拓展文化空间指导意见落地实施的工作方案》《保护利用老旧厂房拓展文化空间项目管理办法（试行）》，提供了工业用地的疏解办法和项目审批路径，并明确31个老旧厂房转型项目试点。随着北京老旧厂房改造利用政策的逐渐完善，标准规范、工商注册、产业引导等方面的瓶颈问题已有所破解，核心问题仍在于更新过程中用地性质正式变更与补缴高额土地出让金等挑战方面，需要进一步谋划五年过渡期满后的制度设计，合理平衡各方利益。

商务楼宇是城市办公、商业等第三产业发展的重要载体，更新目的重在实现产业升级、提高能效以及环境提升。北京的商务楼宇更新在政策设计、行动探索与实践运作上逐渐起步，政策推行重点包括市商务局牵头的营商环境优化提升、市规自委牵头的老旧楼宇物质空间更新两方面（表11-4）。

---

① 过渡期内暂不对划拨土地的经营行为征收土地收益。过渡期满或涉及转让的，经评估认定并依规批准后，可按新用途、新权利类型、市场价，采取协议出让方式或长期租赁、先租后让、租让结合等方式办理相关用地手续。

北京老旧楼宇提升的主要政策演进　　　　　　表11-4

时间	牵头单位	政策文件	主体	资金	空间	运维
2014年	北京市商务局	《北京市商务委员会关于对本市商务服务业主题示范楼宇升级改造工作给予适当奖励的实施意见》	可由楼宇业主单位（或经营单位、物业管理单位）申请商务服务业主题示范楼宇升级改造工作奖励	政府专项资金奖励，不超过项目总投资的50%或200万元	鼓励楼宇公共服务设施升级改造	考核标准包括：楼宇具备一定的企业入驻规模、具备商务服务业聚集效应、构建有科学规范的管理机制和运营机制等
2014年	朝阳区人民政府办公室	《关于印发朝阳区促进电子商务发展若干意见的通知》	—	规范"鼓励总部经济及服务业发展专项扶持资金"的使用	打造电子商务主题楼宇，支持现有楼宇进行结构、功能的改造和升级	为重点电子商务企业入驻提供工商、税务、统计登记绿色通道等服务
2019年7月	北京市商务局	《北京市关于进一步繁荣夜间经济促进消费增长的措施》	设立市、区、街（乡镇）三级夜间经济"掌灯人"，负责统筹协调本级夜间经济发展	加大资金支持力度	打造特色餐饮街区、精品夜市等地标；完善配套设施建设，保障停车、打车需求，在公园增设体育健身设施和运动场地	简化夜间经济及活动审批手续；建立"夜京城"地标和商圈动态评估机制；鼓励夜间延时经营
2020年	北京市规自委	《关于开展老旧楼宇更新试点工作的意见》（征集意见稿）	明确老旧楼宇更新改造的实施主体	长期租赁、先租后让、租让结合、作价出资（入股）；"分期缴纳"土地价款	鼓励功能混合与转换兼容，鼓励地下空间开发利用；一定条件下允许适当增加建筑面积	简化规划审批手续；五年过渡期政策；明确老旧楼宇更新改造的审批手续、建筑规模、工地方式等实施细则
2020年5月	西城区人民政府办公室	《西城区支持低效楼宇改造提升若干措施（试行）》	申报单位应是运营主体	资金支持：给予实际投资额30%的资金支持；按照1:1的比例给予区级配套资金；给予运营主体最高300万元奖励	支持本区内空间利用水平偏低、具备改造条件且符合规定定位方向的存量商业和商务办公楼宇；改造内容包括内部空间、外立面、设施及周边环境等	楼宇改造完成后成立专项工作组负责审批

　　市商务局牵头出台的政策多关注业态升级。2014年，北京市商务局出台政策鼓励商务服务业主题示范楼宇升级改造。同年，朝阳区出台政策鼓励利用闲置楼宇发展电子商务并给予资金支持。2017、2018年北京先后出台《率先行动改革优化营商环境实施方案》《进一步优化营商环境行动计划（2018—2020年）》，要求建设国际一流营商环境高地。2019年北京提出发展智慧楼宇建议，以CBD等地楼宇为试点，推行5G全覆盖和营商环境优化[430]。2019年国务院办公厅发布《关于加快发展流通促进商业消费的意见》，鼓励特色商业街打造与文化、休闲等紧密结合，适当延长营业时间，北京市商务局同期出台《北京市关于进一步繁荣夜间经济促进消费增长的措施》，鼓励夜间经济发展。2020年4月，北京施行《北京市优化营商环境条例》，要求完善立法与各项服务制度，进一步推进科技、文化重点产业发展。

2020年以来，北京市规自委研究制定了包括老旧楼宇在内的一系列更新实施意见，从业态、楼体设施、公共空间、资金支持、用地功能等方面提供改造支持。2020年5月，西城区出台《西城区支持低效楼宇改造提升若干措施》，针对低效楼宇产业能效升级、存量空间利用提出策略建议，并从财政支持方面给予大力补助与奖励。2020年12月，《关于制定北京市国民经济和社会发展第十四个五年规划和2035年远景目标的建议》提出要"推动老旧商场、老旧商务楼宇更新改造"。相关政策对引导老旧楼宇的空间改造给予了策略支持和做法激励。

11.1.3 设施类：市政和公服设施更新政策建设

公共服务设施、交通设施、市政设施等为城市发展提供了基础的运行保障和服务支撑，随着社会经济进步，市政与公服设施的空间布局与建设标准日趋优化，供给模式也由政府单一提供走向社会共担（表11-5）。

北京设施类更新的主要政策演进   表11-5

时间	牵头单位	政策文件	主体	资金	空间	运维
2015年3月	北京市人民政府	《北京市人民政府关于创新重点领域投融资机制鼓励社会投资的实施意见》	发挥社会资本，特别是民间资本的积极作用	鼓励金融机构提供资金支持，引导社保资金、保险资金等用于收益稳定、回收期长的基础设施和基础产业项目；创新交通设施、能源设施、社会事业等重点领域投融资机制	支持租赁方式供地；实行"主体运营+经营性配套资源+特许经营权"的投资运营模式	社会投资项目审批制度改革
2015年11月	北京市人民政府办公厅	《北京市人民政府办公厅关于在公共服务领域推广政府和社会资本合作模式的实施意见》	鼓励和引导社会资本参与公共产品和公共服务项目的投资、运营管理	给予政府和社会资本合作项目前期费用垫付、增信、融资贴息、奖励等支持	提高公共产品和公共服务供给能力与效率	全生命周期管理、简化审批流程、保障项目用地、建立多层次监督管理体系等
2020年9月	北京市发改委等	《关于印发支持北京市基础设施领域不动产投资信托基金(REITs)产业发展若干措施的通知》	探索通过"PPP+REITs"方式盘活存量资产	资金奖励、租金补贴、装修补贴；创新基础设施领域投融资机制	—	建立基础设施REITs项目储备库、基础设施REITs产业培育等
2021年12月	北京市发改委	《北京市"十四五"时期社会公共服务发展规划》	明确责任主体；扩大社会组织承接公共服务范围和规模	综合利用债券、保险、信贷、产业投资基金等方式为社会领域项目融资提供支持	推动社会公共服务发展，健全、完善社会公共服务体系	研究推动解决公共服务领域中跨部门、跨行业及政策联通、创新等重大问题

续表

时间	牵头单位	政策文件	主体	资金	空间	运维
2022年5月	北京市人民政府	《北京市城市更新专项规划(北京市"十四五"时期城市更新规划)》	—	—	推进城市一刻钟便民生活圈建设；鼓励利用存量资源改造为公共服务设施和便民服务设施，鼓励使用性质相容的各类公共服务设施复合设置	加强普惠性、基础性、兜底性民生建设，丰富多层次供给
2022年5月	北京市人民政府	《北京市"十四五"时期交通发展建设规划》	推进PPP模式建设部分轨道交通线路和高速公路	加强交通固定资产投资保障，完善市区两级交通设施建设固定资产投资分担机制，探索交通基础设施领域引入REITs模式		推行绩效付费机制，完善政府与社会资本风险共担机制
2022年3月	北京市人民政府	《北京市"十四五"时期重大基础设施发展规划》	采用PPP模式开展高速公路、停车场等建设	推广基础设施不动产投资信托基金(REITs)试点	建立轨道站点一体化开发的用地和建筑规模指标优先保障制度，引导公交场站与城市功能有机融合，加强规划统筹衔接	提高全生命周期管控水平；健全土地综合开发收益反哺轨道建设机制，加强成本绩效管理

  北京历版总体规划确定了城市建设的基本框架和功能布局，市政、交通、民政等各部门以此为指引分别出台专项规划，编制五年发展规划、年度计划等，推动设施建设与城市发展的协调共进。各类设施的配置内容与建设标准随着居民生活水平的改善而逐渐优化，《北京市"十四五"时期社会公共服务发展规划》对此提出要"构建政府主导制定的公共服务标准与市场自主制定的标准协同发展、协调配套的服务标准体系"。公共服务设施领域近年来在"七有""五性"原则的指导下，推进"一刻钟生活圈"建设，不断尝试通过低效空间再利用、既有空间升级改造等来补齐养老、基础教育等设施短板。受制于存量空间不足的制约，相关更新政策正在研究探索如何进一步推动公服设施空间的功能复合利用和灵活转换。

  为落实京津冀协同发展和北京新版城市总体规划要求，北京市政府决定自2017起在全市范围内组织开展"疏解整治促提升"专项行动，包括中心城区疏解提质、一般性产业疏解提质、违法建设治理与腾退土地利用等。利用腾退疏解后的空间建设各类服务设施成为补齐城市设施短板的重要手段之一。《北京市城市更新条例》明确，首都功能核心区平房院落腾退空间可以用来发展租赁住房、便民服务、商务文化服务等行业；《北京市"十四五"时期教育改革和发展规划（2021—2025年）》提出充分利用城市疏解腾退空间资源，优先用于补充义务教育学位缺口；《北京市养老服务专项规划（2021年—2035年）》也提到，鼓励将疏解腾退后的闲置设施和建筑改造为养老服务设施。

在北京，政府与社会资本合作的PPP模式成为推动各类公共设施建设的重要手段。2014年随着国家层面《国务院关于创新重点领域投融资机制鼓励社会投资的指导意见》《关于推广运用政府和社会资本合作模式有关问题的通知》等相继出台，北京于2015年发布《北京市人民政府关于创新重点领域投融资机制鼓励社会投资的实施意见》《北京市人民政府办公厅关于在公共服务领域推广政府和社会资本合作模式的实施意见》，明确了公共服务领域引入社会资本的具体操作方式。2020年《关于印发支持北京市基础设施领域不动产投资信托基金（REITs）产业发展若干措施的通知》，进一步拓宽了社会资本参与北京基础设施投资的融资渠道。

11.1.4 公共空间类：公共空间改造政策建设

北京在城市公共空间改造方面已经形成了一套较为完整的项目筛选、设计、实施管理机制，注重通过城市设计导则来加强对公共空间的设计引导（表11-6）。

北京公共空间类更新的主要政策演进　　　　　　表11-6

时间	牵头单位	政策文件	主体	资金	空间	运维
2017年	北京市发改委	《关于城市公共空间改造提升示范工程试点工作方案》	政府牵头，街道、居民、责任规划师共同参与，广泛开展居民需求调查	市政府固定资产投资安排	补充公共设施，提升景观绿化，优化市政交通，彰显文化内涵	简化和优化项目审批手续
2017年	北京市城市管理委员会、首都精神文明建设委员会办公室	《首都核心区背街小巷环境整治提升三年（2017—2019年）行动方案》	市级各部门，东、西城政府；建立"街长""巷长"制	首都环境整治专项资金	"十无一创建"①	区政府建立完善长效管理机制；"日巡、周查、月评、季点名"
2017年	北京市城管委	《核心区背街小巷环境整治提升设计管理导则》	—	—	对建筑立面、交通设施、牌匾标识、城市家具、绿化景观等十大类、36项元素提出设计规范	差别化的交通组织方式及交通设施配置要求
2018年	北京市园林绿化局	《北京市老旧公园改造提升导则》	—	—	提出园路和铺装场地、园林建筑与构筑物、座椅、栏杆、电力管线、给水排水管线、安全监控系统改造指引	—
2019年	北京市规自委、北京市发改委、市城管委	《北京公共空间改造提升三年行动方案（2019年—2021年）》	各区委托专业机构开展居民需求调研	市政府固定资产投资安排	补充公共设施，提升景观绿化，优化市政交通，彰显文化内涵	区政府定期上报，市政府统筹遴选纳入市级试点项目库，"先行先试、滚动实施"

---

① "十无"：无私搭乱建、无开墙打洞、无乱停车、无乱占道、无乱搭架空线、无外立面破损、无违规广告牌匾、无道路破损、无违规经营、无堆物堆料；"一创建"：打造一批文明示范街巷。

续表

时间	牵头单位	政策文件	主体	资金	空间	运维
2019年	北京市规自委、北京市发改委、市城管委	"小空间·大生活——百姓身边微空间改造系列行动计划"	街道社区党建引领,引导居民积极参与设计、建设和运营维护,专业技术团队支持	政府投资,设立奖金	针对"三角地""边角地""畸零地""垃圾丢弃堆放地""裸露荒弃地"等,通过精细化设计提升景观、无障碍设计等	—
2020年	北京市城管委、首都文明办、北京市规自委	《背街小巷环境精细化整治提升三年(2020—2022年)行动方案》	市级各部门,东、西城政府;建立"街长""巷长"制	对于示范效应明显、群众满意度较高的项目,可适当给予额外资金政策支持	"十无五好"①,打造一批"美丽院落"	"日巡、周查、月评、季点名",开展"我家街巷最好看"系列活动
2021年	北京市规自委	《北京滨水空间城市设计导则》			19项规划设计策略和67条具体设计要点的导引体系	探索机制,保障实施落实

2017年,北京市发改委牵头启动"北京城市公共空间改造提升示范工程",选择东西城10个低效空间作为试点项目进行更新改造,随后发布《北京公共空间改造提升三年行动方案(2019年—2021年)》以及"小空间·大生活——百姓身边微空间改造优秀设计方案征集""建党百年、服务百姓——营造属于您的百个公共空间"项目征集等活动,吸引多个部门与社会大众共同参与,有效推动了诸多小微公共空间示范点的建设实施,推进了空间营造与基层治理的结合开展②。与此同时,北京立足于"点+线"的公共空间设计引导需求,谋划出台了系列设计导则,如通过《北京市老旧公园改造提升导则》《北京市重要市政场站城市设计导则》等,加强对"点状"绿地公园及设施地段的设计管控。《百街千巷——东城区街道环境提升十要素设计导则》《北京街道更新治理城市设计导则》《北京市河道规划设计导则》《北京市商业街区店铺招牌设置规范(试行)》等导则也相继完成,对街道、河道等重要"线性"空间要素施加指引。

公共空间更新主要以政府推动、投资并负责后期管理的方式开展,社会资本和居民参与公共空间投资和维护的情况尚不多见。《北京市城市更新条例》提出,公共空间类更新项目可由经授权的企业担任实施主体,企业可以通过提供专业化物业服务等方式运营公共空间,探索低效空间与周边项目打包进行一体化改造的新做法,将成为助推街区整体更新的有益尝试。

---

① "十无":无私搭乱建、无开墙打洞、无乱停车、无乱占道、无乱搭架空线、无外立面破损、无违规广告牌匾、无道路破损、无违规经营、无堆物堆料;"五好":公共环境好、社会秩序好、道德风尚好、同创共建好、宣传氛围好。

② 惠晓曦题为《建党百年·服务百姓·营造属于您的百个公共空间》的演讲,具体参见:北京城市更新论坛. 分论坛一:文化传承、社区共建 [EB/OL]. (2022-07-31) [2022-8-10]. http://news.sohu.com/a/573114102_121123713.

11.1.5 区域综合类：历史街区更新政策建设[①]

老城是北京历史文化的重要承载空间，修缮历史建筑、保护历史街区、复兴历史文化，是传承历史文明、改善老城人居环境的重要举措。北京新总规明确"老城不能再拆了"，政策和实践围绕疏解整治、平房区腾退修缮、历史文化保护等核心问题展开探索。2020年《首都功能核心区控制性详细规划（街区层面）（2018年—2035年）》出台，将东、西城统筹规划，从街区更新层面提出老城保护更新的发展要求（表11-7）。由此，历史街区在核心区控规的指引下，以街区为单元编制街区保护更新综合实施方案，鼓励产权人或居民自下而上参与更新改造。

北京历史街区更新的政策演进（2017年以来）　　　　　　表11-7

时间	牵头单位	政策文件	主体	资金	空间	运维
2017年6月	西城区人民政府	《西城区疏解腾退空间资源再利用指导意见》	列入年度疏解计划项目的物业权利人，可通过自主、联合、转让等多种方式自行升级改造，采用PPP模式运作	区政府投资计划；市级财政补贴；鼓励社会资本投资；创新权益入股、收益共享的街区权益模式	规划引领疏解腾退空间资源；分区分类管控，优化腾退空间再利用	建立疏解腾退空间资源再利用联席会议制度；简化疏解腾退空间资源再利用审批手续
2018年5月	北京市政府办公厅	《关于加强直管公房管理的意见》	市房屋行政主管部门、经营管理单位、直管公房承租人	对直管公房租金标准实行动态调整；市、区级财政支持；鼓励引入社会资本	核心区历史文化街区平房腾退和修缮；居民自愿腾退，鼓励平移置换	建立全市直管公房信息管理平台，完善直管公房电子档案；建立恢复性修建机制
2019年1月	北京市住建委、东城区人民政府、西城区人民政府	《关于做好核心区历史文化街区平房直管公房申请式退租、恢复性修建和经营管理有关工作的通知》	主管部门、经营管理单位和实施主体	经营权质押贷款；明确申请式退租程序与补偿标准	房源统筹使用；保障兜底；不愿意退租的，鼓励平移置换到其他院落直管公房居住	区域内直管公房承租人自愿申请退租；严格后期管理
2020年8月	北京市规自委、东城区人民政府、西城区人民政府	《首都功能核心区控制性详细规划（街区层面）（2018年—2035年)》	街区保护责任落实，使用权与保护责任并行；鼓励平房院落自主更新；建立历史文化街区保护责任制度	公房租金动态调整，腾退后作为经营性房屋使用需协商议定租金价格；允许经营权质押，吸引社会资本进入	严控建设总量、人口规模；分批分类确定历史文化保护名录；保护性修缮、恢复性修建；公共服务设施共建共享；补充完善城市基本服务功能	打造优良的政务环境；加强精细化管理

[①] 参见北京林业大学园林学院硕士生蓝佩萱的相关研究。

续表

时间	牵头单位	政策文件	主体	资金	空间	运维
2021年3月	北京市人民政府	《北京历史文化名城保护条例》	产权人、使用者负责保护历史建筑；实行保护责任人制度；鼓励单位和个人以捐赠、资助、志愿服务等方式参与历史文化名城保护工作	统筹安排保护资金；市、区人民政府财政预算安排的保护资金；社会捐赠；历史文化名城所涉及的国有建筑物转让、抵押、出租收益；其他依法筹集资金	有价值的历史建筑不得随便损坏随便拆；历史文化街区核心保护范围内不得随意新建、改扩建；依据"正负面清单"历史建筑	"保护名录"制度、"创设预先保护"制度
2021年10月	北京市住建委等	《关于核心区历史文化街区平房直管公房开展申请式换租有关工作的通知》	申请式换租主体：直管公房经营管理单位、申请式退租的片区实施主体、社会单位	租金分类缴纳方法	补足公共服务设施，开展经营利用	明确换租程序

核心区控规首次提出建立历史文化街区保护责任制度，重点在于：将使用权与保护责任并行，实现权责对等；促进平房区院落产权人、使用人积极主动修缮维护平房院落空间；针对平房区更新，提出保护性修缮、恢复性修建、申请式退租、申请式改善等更新策略，鼓励平房院落自主更新。2017年，西城区提出按照"一街一策"要求，完成覆盖全区的街区设计；依据街区整理项目库，深化鼓楼西大街、西单北大街、西四北头条至八条、广内达智桥等一批街区整理试点工作。2020年，东城区以历史街区保护更新为抓手，借力责任规划师制度，选定8个重点街区和15个试点街区推进街区更新，形成197个动态项目[①]。

历史街区的院落、街巷空间狭小，且存在产权破碎、产权人和承租人缺少更新维护动力等瓶颈问题。政府通过《关于加强直管公房管理的意见》《关于做好核心区历史文化街区平房直管公房申请式退租、恢复性修建和经营管理有关工作的通知》《关于核心区历史文化街区平房直管公房开展申请式换租有关工作的通知》等系列政策提出了申请式腾退、改善、提升等机制，推动街巷空间改善，以存量用地、低效空间补足城市公共服务设施，成为优化中央政务职能空间、改善街巷院落风貌的关键举措。例如，西城区椿树街道琉璃厂区域从公共空间、景观、慢行系统方面推动改造，形成无机动车胡同街巷；什刹海街道拆除西海周边违建，打通环湖绿道，在老城内建成西海湿地公园；大栅栏街道杨梅竹斜街，在责任规划师团队带领下，通过驻地调研、与居民深入沟通协商，协同夹道5户、20余位居民建立"共享花草堂"，借助创建社区

---

① 含120个建设实施项目与77个储备项目。具体参见：新浪网. 东城部署实施2020年街区更新工作，确定8个重点街区 [EB/OL].（2020-06-30）[2021-01-03]. http://k.sina.com.cn/article_645645 0127_180d59c4f0200135bu.html?from=news&subch=onews；新浪网. 东城部署实施2020年街区更新工作，确定8个重点街区 [EB/OL].（2020-06-30）[2021-01-03]. http://k.sina.com.cn/article_6456450127_180d59c4f0200135bu.html?from=news&subch=onews.

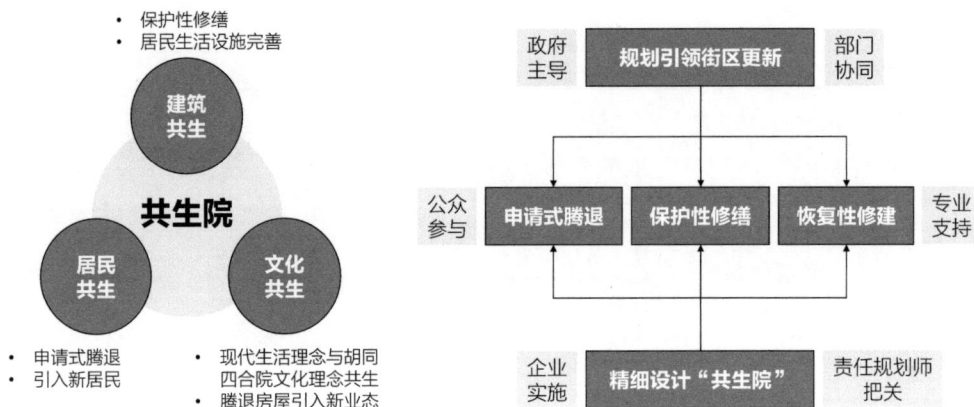

图11-9 "共生院"理念与雨儿胡同设计平台

花园促进邻里融合，鼓励居民自主维护街巷空间和花园绿地。2015年，东城区启动雨儿、帽儿、蓑衣、福祥四条胡同的腾退、修缮整治项目，试点申请式腾退和申请式改善，探索以"共生院"理念推进大杂院的共享使用（图11-9）[①]。

核心区的历史文物保护修缮、历史建筑腾退与经营过程，主要采取政府补助、平台公司和社会资本出资的方式推进，获得经营权的社会资本通过经营权质押向银行获取贷款以覆盖部分改造和搬迁安置成本。《关于首都功能核心区平房（院落）保护性修缮和恢复性修建工作的意见》明确平台公司可利用50年空间经营权，通过招商、出租、运营等方式获利。居民自主申请改造时，需要根据改造内容承担一定费用。申请式退租片区通过选择统一的实施主体，以其作为片区的经营管理单位进行运作；通过共同成立指挥部等形式促进企业与政府部门协作，通过协议或招商等形式推动实施主体与其他社会资本合作，同时对接责任规划师专业意见与居民各类诉求，以多方协同落实片区的整体规划、设计、建设与管理工作。

11.2 "1+4" 城市更新政策进展

2021年6月10日，北京出台《北京市人民政府关于实施城市更新行动的指导意见》，由此拓展的四项分类型更新管控政策同时发布，包括《关于开展老旧厂房更新改造工作的意见》《关于老旧小区更新改造工作的意见》《关于开展老旧楼宇更新改造工作的意见》和《关于首都功能核心区平房（院落）保护性修缮和恢复性修建工作的建议》，初步构建起"1+4"的城市更新顶层指引系统，为更新实践提供紧缺的政策措施支持。其中，"1"项指导意见由北京市人民政府发布，"4"项分类政策由市规

[①] 2016年，东城区发布实施"三大行动计划"，以直管公房为重点腾退文物，提出"文化精华区""街道客厅"等更新概念，推动非文保区的综合整治。2019年，东城区政府组织、责任规划师团队协同搭建雨儿胡同设计平台，按照"政府主导、部门协作、企业实施、专业力量支持、社会公众参与"的机制，引入多支设计团队完成雨儿胡同26个院落设计工作，坚持"一院一方案、一户一设计"的精细化设计策略。

自委、市住建委、市发改委、市财政局联合发布。在2022年年底《北京市城市更新条例》正式出台前，"1+4"政策是北京城市更新领域最前沿的政策集成文件。

11.2.1 《北京市人民政府关于实施城市更新行动的指导意见》

《北京市人民政府关于实施城市更新行动的指导意见》（本小节简称《指导意见》）明确城市更新是"对城市建成区（规划基本实现地区）城市空间形态和城市功能的持续完善和优化调整，是小规模、渐进式、可持续的更新"，同时提出"规划引领，民生优先""政府推动，市场运作""公众参与，共建共享""试点先行，有序推进"四大原则。这反映出北京政策从主体上鼓励多元参与，从资金上鼓励市场资本运作，从空间上鼓励选取典型空间形成更新示范效应，并且注重全流程的规划引领与整体运作。

《指导意见》主要涵盖基本原则、规划引领、更新方式、组织实施（确定实施主体—编制实施方案—审查决策—手续办理）、配套政策、保障措施等内容（图11-10、图11-11），体现了北京街区更新的几大特点：一是北京以街区为单元实施城市更新，并将其纳入城市规划体系中，与街区控制性详细规划、街区保护更新综合实施方案等对接融合；二是针对总体减量的城市发展要求，街区更新注重空间资源与更新任务相匹配，将一次性指标分配变为动态按需调配，强调街区综合评估以明确更新需求、梳理空间资源。

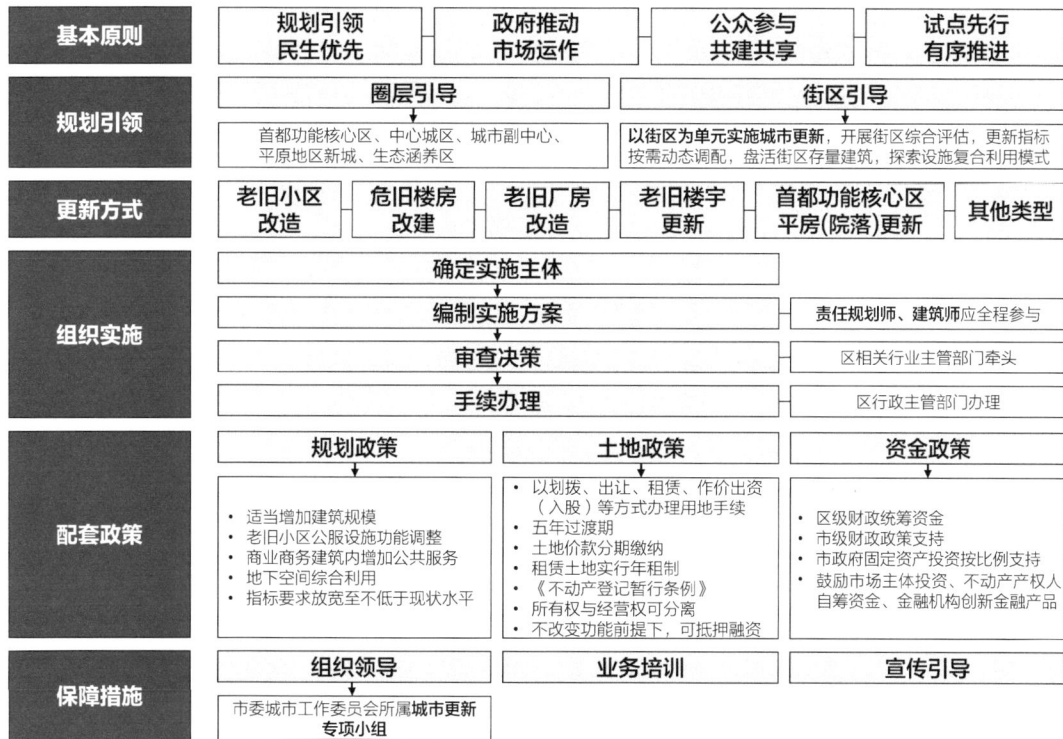

图11-10 《北京市人民政府关于实施城市更新行动的指导意见》内容构成
（资料来源：根据相关文件绘制）

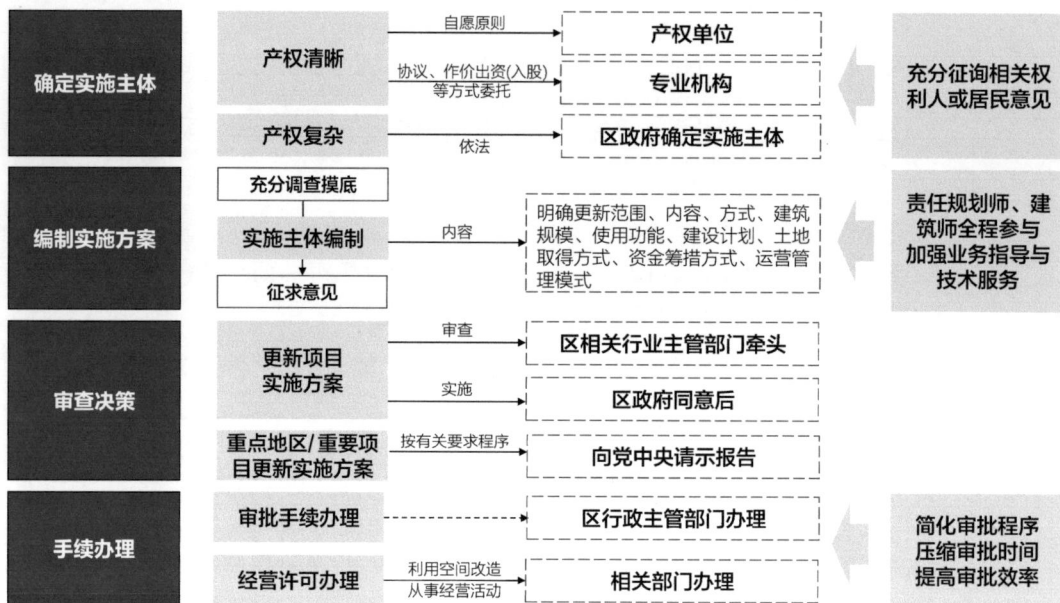

图11-11 《北京市人民政府关于实施城市更新行动的指导意见》的组织实施流程
（资料来源：刘思璐根据相关文件绘制）

总体来看，《指导意见》表明北京的城市更新行动探索正朝着权责与分工细化、空间调整及实操流程规范化和灵活化的方向推进。《指导意见》明确了老旧小区改造、危旧楼房改建、老旧厂房改造、老旧楼宇更新、首都功能核心区平房（院落）更新、其他更新类型等工作对象，基本覆盖了现阶段北京街区更新的主要项目类别。实施流程方面，《指导意见》进一步界定了产权主体权责，提出城市更新编制实施方案要注重充分摸底调查，责任规划师、建筑师需要充分参与并提供技术支撑。审查决策中，重要地区项目应及时向党中央请示报告。《指导意见》体现出支持动态规模调整、鼓励功能融合与调整、倡导提供公共服务、允许设置一定的过渡期和采取过渡政策、在保持现有规划条件基础上开展更新行动等更为弹性包容的政策导向。

11.2.2 《关于开展老旧厂房更新改造工作的意见》

《关于开展老旧厂房更新改造工作的意见》（本小节简称《老旧厂房意见》）明确老旧厂房包括老旧工业厂房、仓储用房及相关工业设施，提出老旧厂房改造要"坚持规划引领""坚持公益优先""加强功能引导"为北京老旧厂房更新改造提供实施路径和政策支撑（图11-12）。

《老旧厂房意见》以五环路为界线，提出五环路以内和北京城市副中心的老旧厂房可根据规划和实际需要，引入产业创新项目，补齐城市功能短板，五环路以外其他区域的老旧厂房原则上用于发展高端制造业。意见提出了优化中央政务功能、产业转型升级、增加公共空间、补齐城市配套短板、发展经营性用途五类更新模式。在鼓励原产权单位自主更新的同时，《老旧厂房意见》提供了政府收储重新进行土地资源配

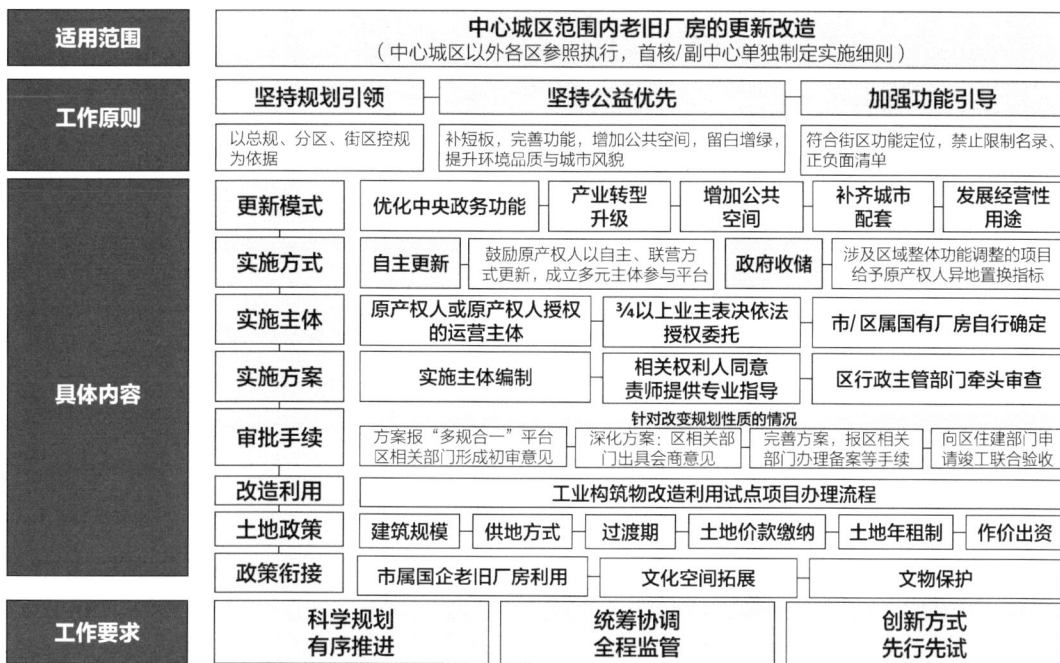

图11-12 《关于开展老旧厂房更新改造工作的意见》内容构成
（资料来源：刘思璐根据相关文件绘制）

置的路径，明确重点地区或重要项目实施更新涉及首都规划重大事项的应及时向中央请示报告，并为不同类型的老旧厂房更新提供了不同的审批管理流程。

《老旧厂房意见》总结试点经验，提出优化建筑规模指标计算及转移办法、调整供地方式、过渡期政策、土地价款分期缴纳、土地年租制、作价入股等多种措施支持。意见指出老旧厂房具有重要的空间资源价值，更新应当做好现状摸底调查、新台账建立、"规划引领，整体统筹""全生命周期管理"等工作，同时进一步优化审批流程，鼓励探索老旧厂房更新的新模式。

11.2.3 《关于老旧小区更新改造工作的意见》

《关于老旧小区更新改造工作的意见》（本小节简称《老旧小区意见》）明确要坚持规划引领、民生优先，遵循老旧小区综合整治的基本工作流程，围绕落实"七有""五性"、保障居民居住安全、补足社区公共服务短板、提升居民生活舒适度和便利度的基本原则开展工作（图11-13）。

《老旧小区意见》从老旧住宅加装电梯、利用现状房屋和小区公共空间补充社区综合服务设施或其他配套设施、增加停车设施三方面提供了具体的规划、用地政策支撑，并针对性地明确老旧小区内现有的锅炉房、自行车棚、其他闲置房屋等空间资源的利用方式。

相比于《北京市人民政府关于实施城市更新行动的指导意见》，《老旧小区意见》

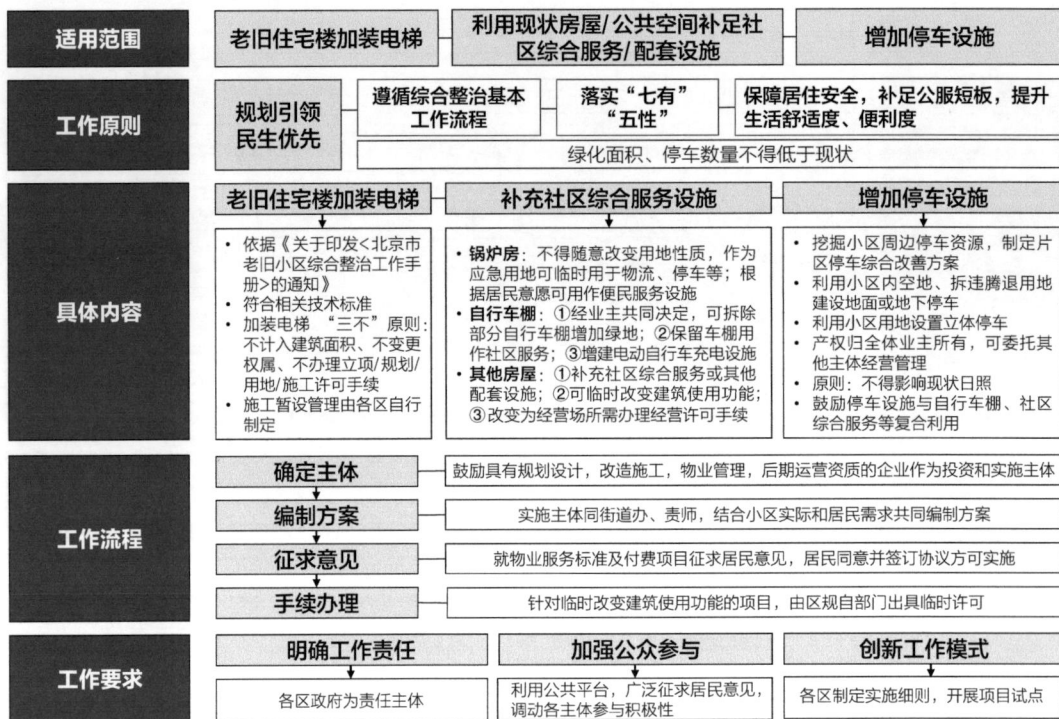

适用范围	老旧住宅楼加装电梯	利用现状房屋/公共空间补足社区综合服务/配套设施	增加停车设施

图11-13 《关于老旧小区更新改造工作的意见》内容构成
（资料来源：根据相关文件绘制）

用"征求意见"替代"审查决策"环节，体现出老旧小区更新需"满足居民诉求"的重要性。其中，项目改造清单、更新后设施维护收费标准及运营模式，均需征求居民意见才能形成最终实施方案。工作将以人民为中心、以人民幸福为"国之大者"的理念贯穿在老旧小区更新改造中，强调要明确主体责任，政府、责任规划师都应发挥属地职责，调动街乡、社区居民共同参与老旧小区改造等。《老旧小区意见》对如何确定实施主体与如何办理相关手续给出了具体规定，鼓励各区结合实际情况积极探索老旧小区更新改造新模式。

11.2.4 《关于开展老旧楼宇更新改造工作的意见》

《关于开展老旧楼宇更新改造工作的意见》（本小节简称《老旧楼宇意见》）明确了"坚持规划引领""坚持民生优先""坚持试点先行"的工作原则，即一方面强调坚持民生导向，补足地区配套短板来改善人居环境；另一方面以规划和试点为引领，推动产业功能提质增效（图11-14）。

《老旧楼宇意见》适用于北京市"中心城区范围内以老办公楼、老商业设施为主的老旧楼宇（不包括居住类建筑）更新改造"，中心城区以外各区可参照执行并制定实施细则，已批复控制性详细规划的首都功能核心区、北京城市副中心单独制定实施细则。《老旧楼宇意见》鼓励原产权单位作为实施主体自主更新，也可以依法授权运

适用范围	中心城区范围内以老旧办公楼、老商业设施为主的老旧楼宇更新改造
	（中心城区以外各区参照执行，首核、副中心单独制定实施细则）

工作原则	坚持规划引领	坚持民生优先	坚持试点先行
	以总规、分区、街区控规为依据推动产业提质增效，提升楼宇品质	补齐短板，完善公服，改善民居，提高人民满意度	各区选取试点并组织实施，市相关部门给予政策支持

具体内容	实施主体	原产权人自主更新	¾以上业主表决依法授权委托	原产权人授权的运营主体、政府委托的平台公司
	实施方案	实施主体编制	相关权利人同意责师提供专业指导	区行政主管部门牵头审查
	审批手续	不改变规划使用性质		向区住建部门申请办理施工许可
		不改变建筑既有结构，仅改变建筑使用功能		区行政主管部门出具意见后办理经营许可
		涉及局部翻建、改建		经区政府同意，办理备案/规划/用地/施工许可手续

	规划土地政策	功能混合与转换利用	建筑规模	地下空间利用	供地方式	土地价款缴纳	土地年租制	作价出资

工作要求	稳步有序推进	加强功能引导和规划管控	简化审批流程
	摸清底数，建立台账，制定改造计划，动态更新	按街区主导功能调整落实"减量双控四降"	优化营商环境，按需制定工作流程，针对不同类型改造精简流程

图11-14 《关于开展老旧楼宇更新改造工作的意见》内容构成
（资料来源：根据相关文件绘制）

营主体或区政府委托的平台公司开展更新工作。意见明确位于长安街沿线、中轴线沿线等重点地区或重要项目实施更新涉及首都规划重大事项的，要按程序向中央请示报告。老旧楼宇更新关注功能混合、转换兼容及地下空间综合利用。《老旧楼宇意见》针对更新审批手续办理，尝试解答老旧楼宇更新改造面临的关键问题，对不改变使用性质、不增加现状建筑面积，不改变既有建筑结构仅改变建筑使用功能，涉及局部翻建或改建的，涉及消防设计审查验收等多种更新情形，给出了相应的指导要求和建议。

11.2.5《关于首都功能核心区平房（院落）保护性修缮和恢复性修建工作的意见》

《关于首都功能核心区平房（院落）保护性修缮和恢复性修建工作的意见》（本小节简称《平房院落意见》）适用于首都功能核心区内除不可移动文物、历史建筑（含挂牌院落）以外的平房（院落）保护性修缮①和恢复性修建②，更新应严格遵循《首都功能核心区控制性详细规划（街区层面）（2018年—2035年）》《北京历史文化名城保

---

① "保护性修缮"是指对现存建筑格局完整、建筑质量较好、建筑结构安全的房屋院落进行修缮，对存在安全隐患的房屋进行维修，通过结构加固、设施设备维修和改造提升等方式，恢复传统风貌、优化居住及使用功能。

② "恢复性修建"是指对传统格局和风貌已发生不可逆改变或无法通过修缮、改善等方式继续维持传统风貌的区域，依据史料研究与传统民居形态特征规律，对传统格局和风貌样式进行辨析，选取有价值的要素，适度采用新材料新技术新工艺，进行传统风貌恢复的建设行为。

护条例》，符合《北京历史文化街区风貌保护与更新设计导则》及《北京老城保护房屋修缮技术导则》要求（图11-15）。保护性修缮项目原则上不增加原房屋产权面积、建筑高度，不改变原房屋位置、布局及性质。保护性修缮包括翻建、大修、中修、小修和综合维修，翻建需要办理规划审批手续，大修、中修、小修、综合维修无需办理规划、土地审批手续；恢复性修建需办理相关审批手续。

从平房院落保护性修缮和恢复性修建的特殊性出发，《平房院落意见》明确实施主体由区政府确定，并由区政府组织实施主体开展意向摸底调查、编制实施方案并征求相关人员意见，相关审批手续由区级行政主管部门办理。《平房院落意见》界定了实施保护性修缮和恢复性修建的三种路径：一是列入政府年度修缮计划的直管公房或区政府确定的保护性修缮项目，按照计划有序开展；二是区政府根据本区实际情况或居民诉求划定的实施范围，按照程序编制实施方案并报批，获得授权后开展工程；三是区政府划定的片区范围内，私房产权人可自愿参与，建设完成后按规定办理不动产登记。

《平房院落意见》提出腾退后的平房院落空间利用，应优先用于保障中央政务功能、服务中央单位、完善地区公共服务设施、补齐地区配套短板、改善留住居民的居住条件，还可用于传统文化传承展示、体验及特色服务，创办众创空间或发展租赁住房。《平房院落意见》鼓励实施主体对完成保护性修缮或恢复性修建的平房院落合理开展经营利用与管理，一方面要求东西城政府做好统筹协调工作，另一方面要求注重公众参与，加强对经营性活动的监管力度，在活化利用老城空间的同时避免过度商业化及绅士化现象。

图11-15 《关于首都功能核心区平房（院落）保护性修缮和恢复性修建工作的意见》内容构成
（资料来源：根据相关文件绘制）

11.3 北京城市更新专项规划与行动计划

2021年11月，北京市住房和城乡建设委员会政府重点任务及民生实事进展情况中明确提出"制定实施城市更新专项规划和行动计划，总结推广'劲松模式''首开经验'"的任务要求。2021年8月21日，中共北京市委办公厅、北京市人民政府办公厅联合印发《北京市城市更新行动计划（2021—2025年）》，明确城市更新实践的责任主体、完成时限和任务要求。2022年5月，北京市人民政府正式公布《北京市城市更新专项规划（北京市"十四五"时期城市更新规划）》，用以统筹和引导全市城市更新的规划建设。

11.3.1 《北京市城市更新专项规划（北京市"十四五"时期城市更新规划）》

2021年2月，北京市提出研究制定城市更新专项规划，帮助解决北京在老旧小区改造、老工业工厂、老旧楼宇、平房院落等改造中面临的技术标准缺失，以及土地、规划、建设、运营多环节审批不畅等问题，形成指导全市城市更新开展的专项规划引导成果。2021年11月，北京市十五届人大常委会第三十五次会议听取了国有自然资源资产管理情况的报告，报告提出"在提高存量用地的利用效率方面，将实施城市更新专项行动，编制全市城市更新专项规划，引导中心城区存量资源优化提升。"2022年1月，市政府召开常务会议，研究了《北京市城市更新专项规划》等事项，要求在城市更新中进一步强化分区引导、分类施策，细化工作方案，提升街区功能品质。

2022年5月，北京市人民政府正式公布《北京市城市更新专项规划（北京市"十四五"时期城市更新规划）》（本小节简称《专项规划》）（图11-16）。在北京市"总体规划—专项规划—街区控规—行动计划"的城市更新工作体系中，专项规划向上是落实新版城市总体规划的重要手段，向下是指导街区控规编制和城市更新行动计划的重要依据[①]。《专项规划》首先总结回顾了"十三五"时期北京城市更新的成就与问题，提出北京城市更新在规划引领、政策支持、激励机制、协调机制等方面有待完善。在城市总体规划指引下，《专项规划》确定了推动高质量发展的更新目标，包含"四个中心"建设、促进经济活力、改善民生福祉、加强生态保护、推动文化传承、提升治理能力等。《专项规划》着眼可持续提升、强化分圈层引导，提出了不同区域的城市更新工作重点及更新内涵；确立以宜居生活空间、高效生产空间、活力公共空间为主体的城市更新空间工作体系；强调突出街区统筹，加强多元共治，创新政策机制，推进规划实施。

《专项规划》重在加强统筹协同，为北京城市更新构建起更为完善的规划实践体系，在强化部门协调机制、完善相关领域政策配套、激活多方力量等方面提出了具体的工作方案。《专项规划》既要向上衔接城市总体规划，又要向下联系行动计划及

---

① 资料来源:《北京市城市更新专项规划（北京市"十四五"时期城市更新规划）》。

项目实施，逐步探索体检评估、存量资源梳理、规划布局统筹、精准施策、以行动计划带动实施的更新方法；通过编制更新街区控规及项目综合实施方案，实现规划引领与项目落地。《专项规划》聚焦更新重点区域明确了更新项目实施的主要任务（图11-17），强调建立以人民为中心的城市更新体系，构建政府主导、市场主体多方参与、基层共同缔造、社会支持的多元协同更新模式。

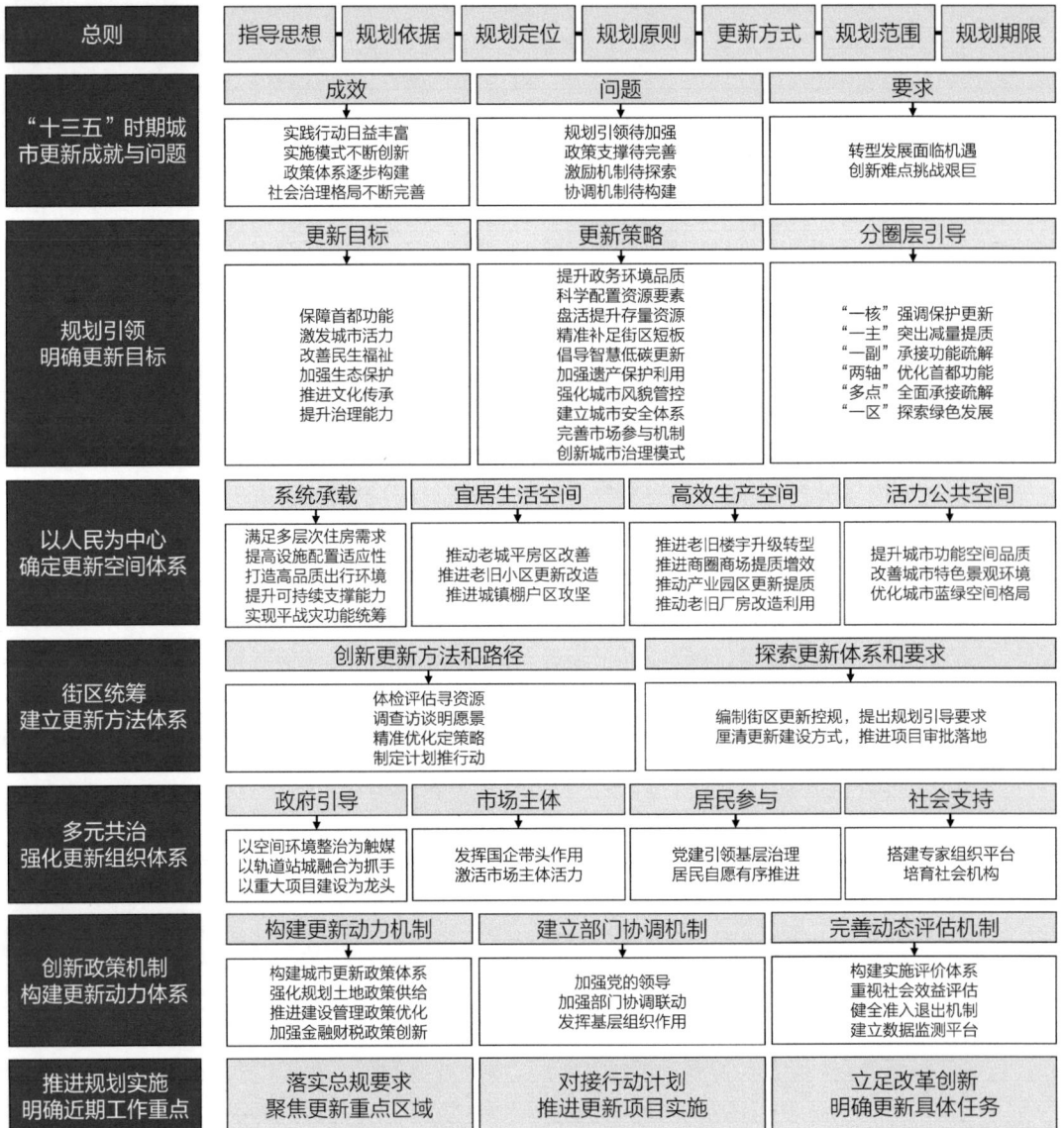

总则	指导思想	规划依据	规划定位	规划原则	更新方式	规划范围	规划期限

"十三五"时期城市更新成就与问题	成效 实践行动日益丰富 实施模式不断创新 政策体系逐步构建 社会治理格局不断完善	问题 规划引领待加强 政策支撑待完善 激励机制待探索 协调机制待构建	要求 转型发展面临机遇 创新难点挑战艰巨

规划引领 明确更新目标	更新目标 保障首都功能 激发城市活力 改善民生福祉 加强生态保护 推进文化传承 提升治理能力	更新策略 提升政务环境品质 科学配置资源要素 盘活提升存量资源 精准补足街区短板 倡导智慧低碳更新 加强遗产保护利用 强化城市风貌管控 建立城市安全体系 完善市场参与机制 创新城市治理模式	分圈层引导 "一核"强调保护更新 "一主"突出减量提质 "一副"承接功能疏解 "两轴"优化首都功能 "多点"全面承接疏解 "一区"探索绿色发展

以人民为中心 确定更新空间体系	系统承载 满足多层次住房需求 提高设施配置适应性 打造高品质出行环境 提升可持续支撑能力 实现平战灾功能统筹	宜居生活空间 推动老城平房区改善 推进老旧小区更新改造 推进城镇棚户区攻坚	高效生产空间 推进老旧楼宇升级转型 推进商圈商场提质增效 推动产业园区更新提质 推动老旧厂房改造利用	活力公共空间 提升城市功能空间品质 改善城市特色景观环境 优化城市蓝绿空间格局

街区统筹 建立更新方法体系	创新更新方法和路径 体检评估寻资源 调查访谈明愿景 精准优化定策略 制定计划推行动	探索更新体系和要求 编制街区更新控规，提出规划引导要求 厘清更新建设方式，推进项目审批落地

多元共治 强化更新组织体系	政府引导 以空间环境整治为触媒 以轨道站城融合为抓手 以重大项目建设为龙头	市场主体 发挥国企带头作用 激活市场主体活力	居民参与 党建引领基层治理 居民自愿有序推进	社会支持 搭建专家组织平台 培育社会机构

创新政策机制 构建更新动力体系	构建更新动力机制 构建城市更新政策体系 强化规划土地政策供给 推进建设管理政策优化 加强金融财税政策创新	建立部门协调机制 加强党的领导 加强部门协调联动 发挥基层组织作用	完善动态评估机制 构建实施评价体系 重视社会效益评估 健全准入退出机制 建立数据监测平台

推进规划实施 明确近期工作重点	落实总规要求 聚焦更新重点区域	对接行动计划 推进更新项目实施	立足改革创新 明确更新具体任务

图11-16 《北京市城市更新专项规划（北京市"十四五"时期城市更新规划）》内容构成
（资料来源：根据相关文件绘制）

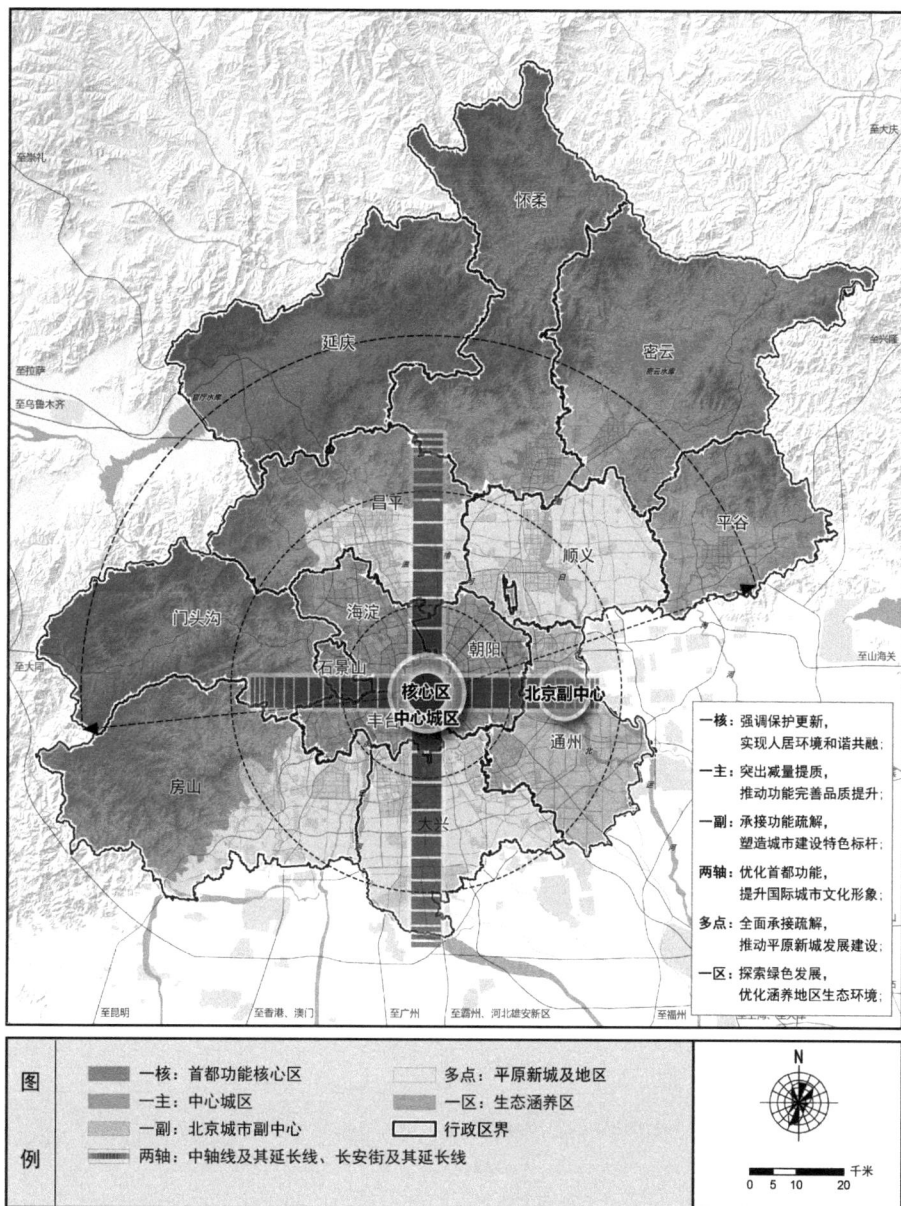

图11-17 《北京市城市更新专项规划（北京市"十四五"时期城市更新规划）》分圈层更新引导图
（资料来源：《北京市城市更新专项规划（北京市"十四五"时期城市更新规划）》）

11.3.2 《北京市城市更新行动计划（2021—2025年）》

《北京市城市更新行动计划（2021—2025年）》（本小节简称《行动计划》）明确
北京城市更新行动目标主要涵盖三个方面：一是疏解非首都功能，推进京津冀协同发
展；二是完善城市空间结构和功能布局，促进产业升级与增效提质；三是补短板、强

弱项，满足人民群众"七有""五性"需求。

《行动计划》聚焦首都功能核心区平房（院落）申请式退租和保护性修缮、恢复性修建，老旧小区改造，危旧楼房改建和简易楼腾退改造，老旧楼宇与传统商圈改造升级，低效产业园区"腾笼换鸟"和老旧厂房更新改造，城镇棚户区改造六类更新活动，分别给出更新原则和实施要求，明确相关责任单位及2025年目标任务（图11-18）。

《行动计划》提出四大更新实施路径：一是以街区为单元统筹城市更新，通过区域评估、问题梳理、更新单元划定、制定街区更新计划、整合空间资源等推动街区整体更新；二是以轨道交通站城融合方式推进城市更新，通过轨道交通场站一体化建设，带动周边存量资源提质增效，促进地上、地下综合利用；三是以重点项目建设带动城市更新，以重点项目建设为抓手，促进周边配套环境、城市公共服务及公共空间品质提升；四是有序推进单项更新改造项目，在规划引领、分类实施的背景下，尊重居民、权属主体意愿，鼓励各类单项项目实施推进。

《行动计划》明确北京市成立"城市更新专项小组"负责统筹推进城市更新，通过设立工作专班、建立项目储备库及示范项目清单等措施，强化组织领导，完善政策体系；将各项工作分配到北京市各部门，建立协同联动机制；探索建立市属、区属国

图11-18 《北京市城市更新行动计划（2021—2025年）》内容构成
（资料来源：根据相关文件绘制）

有企业与社会资本合作的市场化运作模式，优化城市更新资金支持等。在此基础上，《行动计划》形成了由6项综合类、5项规划类、8项建设管理类、3项资金类政策构成的城市更新行动政策清单。

11.4 北京城市更新细则政策的供给探新

北京城市更新政策大的政策变革导向和支持情形已经基本明确，但在管理过程中却因为适用范围不清晰、操作要求不具体、政策衔接不闭环等，导致新出台的各项措施架在空中，无法真正落到实处。因此，诸如《北京市既有建筑改造工程消防设计指南（试行）》《关于引入社会资本参与老旧小区改造的意见》等细则政策的逐步出台，对破除政策实施的最后一公里陷阱具有重要意义。

11.4.1 《北京市既有建筑改造工程消防设计指南（试行）》

北京大量既有建筑通过更新改造获得了新的使用功能，建筑品质得以提升，建筑能效持续升级。然而，历史原因造成很多待改造建筑的设计条件难以满足现阶段相关规范要求，最为突出的即消防性能在更新改造后难以"达标"等情况，这造成一些更新项目无法审核验收，继而引发证照获取、合法合规等各方面挑战。老旧建筑由于客观条件限制，在改造中通常难以执行现行消防技术标准，往往通过"一事一议"的特殊论证方式履行审批流程，程序繁琐且合规性支撑不足。为此，北京市规自委等部门组织相关单位开展既有建筑改造消防设计专项研究，并于2021年3月发布《北京市既有建筑改造工程消防设计指南（试行）》（本小节简称《消防设计指南》）。

《消防设计指南》明确了更新改造的消防原则：①倡导通过城市有机更新补短板，实现消防安全性能整体提升；②坚守不降低既有建筑原有结构和消防安全水准的底线，提高项目改造的整体效能；③在尊重既有建筑现状及历史的条件下，综合考虑新旧技术标准差异，采用科学合理的技术措施进行消防性能补偿。《消防设计指南》建议采取设置甲级防火门、窗，消防水泵直通室外或安全出口，共用疏散楼梯，借用通向相邻防火分区的安全出口等技术手段，改善存量改造在规划布局与建筑设计方面的不足。

《消防设计指南》通过总结现有城市更新消防问题，以问题为导向针对性地从建筑设施、消防设施、消防电气等方面提出应对措施及建议，具有重要的探索价值。

11.4.2 《关于引入社会资本参与老旧小区改造的意见》

2021年4月，北京市住房和城乡建设委员会联合多部门印发《关于引入社会资本参与老旧小区改造的意见》（本小节简称《引入社会资本意见》），旨在"逐步形成居民出一点、企业投一点、产权单位筹一点、补建设施收益一点、政府支持一点等'多个一点'资金分担方式"。

《引入社会资本意见》按照参与程度及服务内容，将社会资本参与老旧小区改造的路径分为四类：一是社会资本可通过提供专业化物业服务方式参与，即与小区业主签订物业服务合同；二是社会资本可通过"改造+运营+物业"方式参与老旧小区的公共空间改造及设施经营服务，提供物业和其他增值服务①；三是社会资本可通过对服务方式参与，如养老、托育、家政、便民等的改造投资与服务供给进行参与；四是社会资本作为实施主体参与老旧小区改造，由区政府通过"投资+设计+施工+运营"一体化招标确定的老旧小区改造市场主体来负责老旧小区更新全流程②。

《引入社会资本意见》一方面鼓励社会资本通过增加贷款、融资等方式获得更新启动资金；另一方面通过落实专业经营单位和养老、托育、家政等服务机构的税费减免政策、为提供"先尝后买"物业服务并获得业主认可的企业提供奖励补助等方式，给予社会资本相应的补助支持。《引入社会资本意见》同时给出了多种财税配套及金融产品支持路径，如符合条件的老旧小区改造项目可以申请发行老旧小区改造专项债；鼓励金融机构参与投资市区政府设立的老旧小区改造等城市更新基金；支持有稳定收益的基础设施及国计民生项目采用REITs的方式实现资本退出，打通"投资—资产—资本"循环链等。

为统筹利用存量资源，意见提出，对业主共有的自行车棚、门卫室、普通地下室、物业管理用房、腾退空间；区属行政事业单位所属配套设施，以及区属国有企业通过划拨方式取得的小区配套用房或区域性服务设施；市、区属国有企业通过出让方式取得的配套用房，以及产权属于个人、民营企业和其他单位的配套用房三类存量资源空间，提供授权社会资本改造运营的权利及实施路径。

《引入社会资本意见》提出对社会资本参与的招标、设施用房经营证照办理、社会资本运营的配套服务设施供给水暖电气的行政审批等流程进行简化。在监督管理上，健全街乡政府、社区业主以及第三方对社会资本的全流程监管与评估；建立退出机制，对不合格的社会资本按规定终止授权。

11.5 《北京市城市更新条例》出台

2021年下半年，北京市启动城市更新条例立项调研和论证申请报告的意见征求。2022年2月，《北京市城市更新条例》立法工作专班启动会召开；6月7日，北京市住建委发布公告，就《北京市城市更新条例（征求意见稿）》公开向社会征求意见；7月27日，北京召开十五届人大常委会第四十一次会议，对《北京市城市更新条例（草案）》进行审议，并于7月28日起开始继续征求意见；11月25日，北京市第十五届人民代表大会常务委员会第四十五次会议正式通过《北京市城市更新条例》，并明确自2023年3月1日起施行。这是继深圳、上海、广州正式出台城市更新条例（或征求意见稿）之

---

① 在街道（乡镇）指导下，经业主大会决定或物管会组织业主共同决定，可以将小区共用部位的广告、停车等公共空间利用经营与物业服务打包，采用招标等方式选定社会资本。
② 社会资本既可作为单个小区的实施主体，也可通过区政府组织的大片区统筹、跨片区组合，作为多个小区及周边资源改造的统一实施主体。实施主体可与专业企业联合投标。

后，我国第四个正式发布的地方城市更新立法，是北京市城市更新"1+N+X"政策体系的核心文件，极大程度地完善了北京城市更新制度建设的顶层设计。《北京市城市更新条例》共7章59条，包括总则、城市更新规划、城市更新主体、城市更新实施、城市更新保障、监督管理、附则等内容（图11-19、图11-20）。

立足于"留改拆"并举、以保留利用提升为主等基本原则，《北京市城市更新条例》提出了9条推进北京城市更新的基本要求，包括先治理后更新、补齐城市功能短板、加强既有建筑安全管理、严格城市风貌管控、历史文化名城保护、绿色节能减碳、城市安全韧性、智慧城市建设等。条例重点和特色主要包括以下几个方面。

（1）建立规划管理体系

《北京市城市更新条例》提出，按照国土空间规划体系要求，通过"城市更新专项规划"和"相关控制性详细规划"对更新资源和任务进行时空统筹和区域统筹。条例明确了"更新类控制性详细规划"的概念，要求根据城市建成区特点，结合更新需求以及群众诉求，科学确定规划范围、深度和实施方式，支持和保障城市更新项目的实施需求。城市更新专项规划经批准后，纳入控制性详细规划，而控制性详细规划是城市更新项目实施的核心规划依据。条例提出由各部门分类制定更新导则，指导城市更新规范实施。在推动实施方面，建立市、区城市更新项目库，实行城市更新项目常态申报和动态调整机制，综合规划引领、导则指引、项目库与实施方案管理等途径，对城市更新工作任务进行统筹安排（表11-8）。

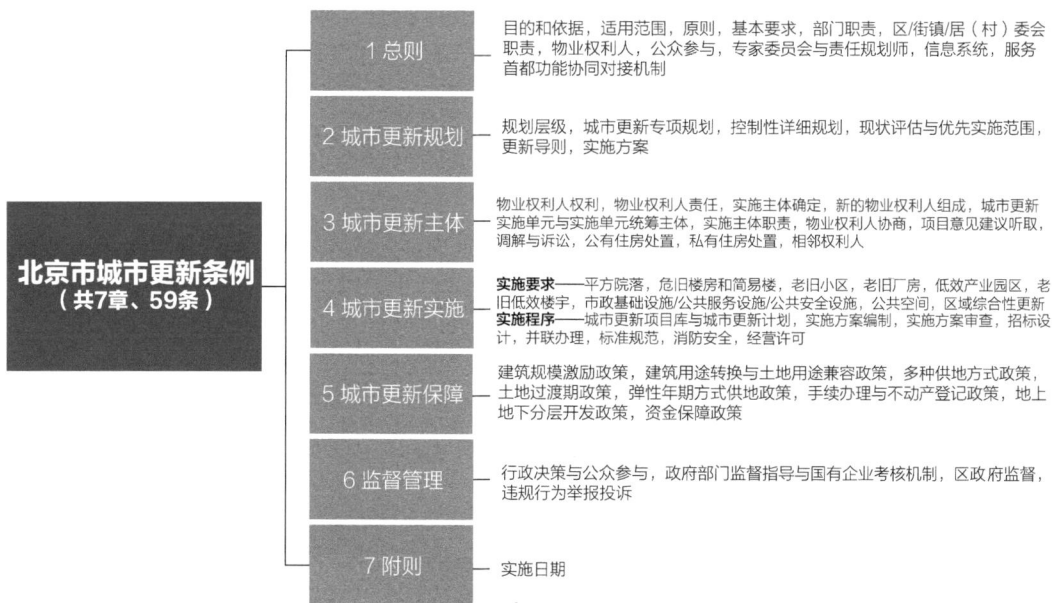

图11-19 《北京市城市更新条例》结构框架
（资料来源：根据《北京市城市更新条例》内容绘制）

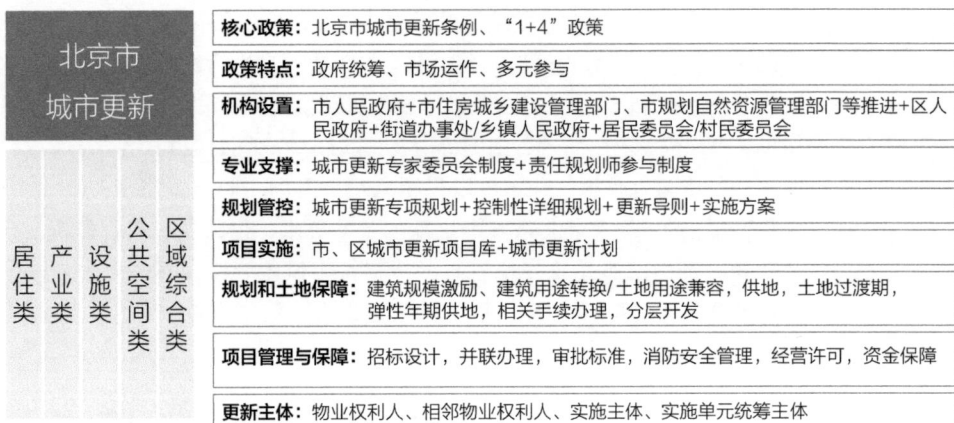

图11-20　北京市城市更新制度体系
（资料来源：根据《北京市城市更新条例》等内容绘制）

北京城市更新相关规划的编制主体与重点要求　　　　表11-8

规划名称	编制主体	重点要求
城市更新专项规划	市规划自然资源管理部门	◆ 提出更新目标，明确组织体系、划定重点更新区域，完善更新保障机制
控制性详细规划	依法组织	◆ 落实总体规划、分区规划要求，进行整体统筹； ◆ 根据城市建成区特点，结合更新需求以及群众诉求，科学确定规划范围、深度和实施方式
更新导则	相关行业主管部门	◆ 明确更新导向、技术标准等，指导城市更新规范实施
实施方案	实施主体	◆ 明确更新范围、内容、方式及建筑规模、使用功能、建设单位、设计方案、建设计划、土地取得方式、市政基础设施和公共服务设施建设、成本测算、资金筹措方式、运营管理模式、产权办理等内容

（资料来源：根据《北京市城市更新条例》内容整理）

（2）突出分类实施指引

立足北京实际情况，《北京市城市更新条例》提出适用北京的5大类（居住类、产业类、设施类、公共空间类、区域综合类）、12项城市更新内容（表11-9），面向平房院落保护修缮、危旧楼改建、老旧小区改造、老旧厂房改造、老旧低效楼宇更新等不同类别更新项目提出针对性支持政策。此外，为促进街区一体化更新，《北京市城市更新条例》提出可以将区域综合性更新项目或者多个城市更新项目，划定为一个城市更新实施单元，进行统一规划、统筹实施。

北京5大类、12项城市更新的分类指引 表11-9

分类	更新对象	主要措施
居住类	平房院落	◆ 可采用申请式退租、换租、房屋置换等方式; ◆ 建立健全平房区社会管理机制,推进直管公房经营预期收益等应收账款质押,鼓励金融机构向获得区人民政府批准授权的实施主体给予贷款支持; ◆ 允许实施主体利用腾退空间发展租赁住房、便民服务、商务文化服务等行业; ◆ 可以由实施主体与区人民政府授权的代持机构根据出资、添附情况,按照国有资产管理有关规定共同享有权益
	危旧楼房和简易楼	◆ 物业权利人可以提取住房公积金或利用公积金贷款用于支付改建成本费用; ◆ 可利用地上、地下空间,补充部分城市功能; ◆ 可适当增加建筑规模作为共有产权住房或保障性租赁住房
	老旧小区	◆ 经业主共同决定,业主共有的设施与公共空间,可通过改建、扩建用于补充小区便民服务设施等; ◆ 老旧住宅楼房加装电梯的,应当依法由业主表决确定,并依法确定费用分摊、收益分配等事项; ◆ 包含售后公房的,售房单位应当进行专项维修资金补建工作,售后公房业主应当按照国家和本市有关规定续筹专项维修资金
产业类	老旧厂房	◆ 可以经依法批准后合理利用厂房空间进行加层改造
	低效产业园区	◆ 建立产业园区分级分类认定标准; ◆ 签订履约监管协议
	老旧低效楼宇	◆ 物业权利人应当及时进行更新,或向区人民政府申请收购建筑物、退回土地
	传统商业设施	◆ 可在商业、商务办公建筑内安排文化、体育、教育、医疗、社会福利等功能,也可用于宿舍型保障性租赁住房
设施类	老旧市政基础设施	◆ 强化轨道交通一体化建设、鼓励场站复合利用; ◆ 道路施工和地下管线建设中,原则上应当同步办理立项、规划和施工许可; ◆ 涉及利用集体土地建设配套公共服务设施、道路和市政设施的,应当随同项目一并研究
	老旧、闲置公共服务设施	◆ 鼓励利用存量资源改造为公共服务设施和便民服务设施
	老旧公共安全设施	◆ 提高城市应对多风险叠加的能力
公共空间类	老旧公共空间	◆ 实施居住类、产业类城市更新项目时,可将边角地、插花地、夹心地同步纳入相关实施方案,并同步组织实施; ◆ 企业可以通过提供专业化物业服务、作为实施主体等方式参与公共空间改造,实现公共空间长期运营
区域综合类	更新片区或街区	◆ 整合街区各类空间资源; ◆ 轨道交通站及周边地区:推进场站用地综合利用;促进场站与周边商业、办公、居住等功能融合;补充公共服务设施; ◆ 重大项目及周边地区:推动周边地区老旧楼宇与传统商圈、老旧厂房与低效产业园区提质增效;促进公共空间与公共设施品质提升

(资料来源:根据《北京市城市更新条例》内容绘制)

（3）重视民生设施建设

《北京市城市更新条例》对各类更新行动如何改善民生、补足短板等给出了方向指引：①平房院落以保护性修缮、恢复性修建的方式完善配套功能、改善居住环境，在满足居民共生院改造和申请式改善的基础上，允许实施主体依据控制性详细规划，利用腾退空间发展租赁住房、便民服务、商务文化服务等行业；②危旧楼房和简易楼改建可以利用地上、地下空间，补充部分城市功能，适度改善居住条件，也可以在符合规划、满足安全要求的前提下，适当增加建筑规模作为共有产权住房或者保障性租赁住房；③老旧小区改造经业主共同决定，业主共有的设施与公共空间，可通过改扩建用于补充小区便民服务设施；④鼓励老旧厂房通过更新改造补充公共服务设施、发展高精尖产业，补齐城市功能短板；⑤老旧低效楼宇更新中，可以在商业、商务办公建筑内安排文化、体育、教育、医疗、社会福利等功能，也可以用于宿舍型保障性租赁住房；⑥鼓励利用老旧、闲置公共服务设施存量资源改造为公共服务设施和便民服务设施；⑦鼓励各类存量建筑转换为市政基础设施、公共服务设施、公共安全设施，公共管理与公共服务类建筑用途之间可以相互转换；⑧支持将符合要求的地下空间用于便民服务设施、公共服务设施，补充完善街区服务功能。

（4）明确实施程序

针对城市更新项目实施管理程序不明确等问题，《北京市城市更新条例》提出了项目的主要实施程序，具体包括：①城市更新项目库管理阶段，建立市、区两级城市更新项目库，由城市更新实施单元统筹主体、项目实施主体向区城市更新主管部门申报纳入项目库；②城市更新计划管理阶段，具备实施条件的项目，在听取相关部门与主体的意见之后，纳入城市更新计划；③实施方案编制阶段，纳入城市更新计划的项目，由实施主体编制实施方案，编制过程中应当与相关物业权利人进行充分协商，征询利害关系人的意见，并由市、区人民政府有关部门进行指导；④实施方案审查阶段，经物业权利人同意或者依法共同表决通过的实施方案，由实施主体报区城市更新主管部门，由区人民政府组织区城市更新主管部门会同有关行业主管部门进行联合审查，涉及国家和本市重点项目、跨行政区域项目、涉密项目等重大项目的，应当报市人民政府批准，审查通过后进行公示；⑤招标与设计阶段，政府投资为主的城市更新项目，可以由区人民政府或者实施主体将相同、相近类型项目或者同一实施单元内的项目统一招标、统一设计，另外在项目主体、招标内容和资金来源等条件基本确定的前提下，可以依法开展勘察设计招标等工作；⑥行政许可或备案阶段，由实施主体申请办理投资、土地、规划、建设等行政许可或备案，由各主管部门依法并联办理或按照相关简易程序办理。

（5）提出相关政策保障

立足存量空间更新利用过程中的难点，《北京市城市更新条例》重点强调规划和土地等政策的创新保障，涉及建筑规模激励政策、建筑用途转换、土地用途兼容政策、多种方式供地、土地过渡期政策、弹性年期方式供地、相关手续办理、腾退地下空间利用等。《北京市城市更新条例》还细化确定了优化审批流程的具体内容，推动并联办理、审批标准、消防安全管理和经营许可等流程优化（表11-10）。

北京城市更新主要政策保障导向　　　　　　　　　　　　表11-10

类型	政策工具	政策内容
规划和土地保障	建筑规模激励	◆ 增设必要的附属设施和室外开敞性公共空间的，增加的建筑规模可不计入各区建筑管控规模，由各区单独备案统计； ◆ 为保障居民基本生活、补齐城市短板的特定更新项目增加的规模计入各区建筑管控规模，可以由各区单独备案统计，进行全区统筹
	建筑用途转换、土地用途兼容	◆ 允许存量建筑用途转换； ◆ 存量建筑用途转换经批准后，依法办理规划建设手续； ◆ 相关部门办理建设、使用、运营等相关手续
	多种方式供地	◆ 租赁、出让、先租后让、作价出资或入股等有偿使用方式或划拨方式配置国有建设用地，也可以按照国家规定采用协议方式办理用地手续； ◆ 根据需要由政府收回国有建设用地使用权重新配置； ◆ 鼓励采取租赁方式配置国有建设用地
	土地过渡期政策	◆ 5年过渡期内可按原用途和土地权利类型使用土地，并根据需要办理建设工程规划许可和建筑工程施工许可手续； ◆ 过渡期满或者转让时，可按新用途办理用地手续； ◆ 明确过渡期起始日期确定方式
	弹性年期方式供地	◆ 明确租赁、先租后让的最高年限，可以适当延长用地使用年限； ◆ 提出土地价款、土地租金确定和缴纳规则
	相关手续办理	◆ 已取得土地和规划审批手续的建筑物相关手续办理； ◆ 提出无审批手续、审批手续不全或者现状与原审批不符的建筑处置方式
	分层开发	◆ 合理利用地上、地下空间补充建设城市公共服务设施，并依法办理不动产登记
	地下空间利用	◆ 支持将符合要求的腾退地下空间用于便民服务设施、公共服务设施
项目管理与保障	招标设计	◆ 政府投资为主的城市更新项目，可以由区人民政府或者实施主体将相同、相近类型项目或者同一实施单元内的项目统一招标、统一设计； ◆ 在项目主体、招标内容和资金来源等基本明确的前提下，可以依法开展勘察设计招标等工作
	并联办理和按照相关简易程序办理	◆ 主管部门依法并联办理投资、土地、规划、建设等行政许可或者备案； ◆ 符合简易低风险工程建设项目要求的，按照相关简易程序办理
	审批标准	◆ 既有建筑改造的绿地率可以按照区域统筹核算； ◆ 人防工程、建筑退线、建筑间距、日照时间、机动车停车数量等可按照改造后不低于现状的标准进行审批； ◆ 相关行业主管部门可制定适合城市更新既有建筑改造的标准和规范
	消防安全管理	◆ 可按照不低于建成时的消防技术标准； ◆ 采用消防性能化方法进行设计； ◆ 相关行业主管部门可制定相适应的既有建筑改造消防技术标准或方案审查流程
	经营许可	◆ 不变更不动产登记的，不影响实施主体办理市场主体登记等经营许可手续
	资金保障	◆ 市、区人民政府加强相关财政资金统筹利用，予以资金支持，引导社会资本参与； ◆ 设立城市更新基金、发行地方政府债券、企业债券； ◆ 行政事业性收费减免和税收优惠； ◆ 金融机构融资保障； ◆ 探索利用住房公积金支持城市更新项目

（资料来源：根据《北京市城市更新条例》内容绘制）

（6）强调主体权利责任

《北京市城市更新条例》明确了"市级统筹、区级主责、街乡实施"的管理体制，在总结固化现有工作机制的基础上，明确各级政府部门职责：市人民政府统筹全市城市更新工作；市住房城乡建设部门负责综合协调实施；市规划自然资源部门研究制定规划、土地政策等；市发展改革、财政、经信、商务、交通、城市管理等部门按照职责分工做好相关工作；区人民政府统筹推进、组织协调和监督管理城市更新工作；街道、乡镇组织实施辖区内街区更新；居（村）委会充分发挥基层自治组织作用。《北京市城市更新条例》提出了物业权利人的概念，指代不动产所有权人、合法建造或者依法取得不动产但尚未办理不动产登记的单位和个人、承担城市公共空间和设施建设管理责任的单位。条例强调发挥物业权利人在城市更新中的主体地位和主责作用，同时保障物业权利人在更新活动中对其不动产及其附属设施的经营权和收益权等。条例明确了城市更新活动中的相邻权保障问题，界定了相邻权利人的责任，并提出更新实施单元统筹主体和实施主体等相关规定（表11-11）。

城市更新中物业权利人和相邻权利人的权利与责任　　　　　　表11-11

主体	权责	具体内容
物业权利人	权利	◆ 向本市各级人民政府及其有关部门提出更新需求和建议； ◆ 自行或委托进行更新，也可以与市场主体合作进行更新； ◆ 更新后依法享有经营权和收益权； ◆ 城市更新项目中涉及多个物业权利人的，依法享有相应的投票表决权，对共用部位、共用设施设备在更新后实施方案享有收益权； ◆ 对城市更新实施过程享有知情权、监督权和建议权； ◆ 对侵害自己合法权益的行为，有权请求承担民事责任； ◆ 法律法规规定的其他权利
	责任	◆ 国家及本市城市更新有关法律法规规定和制度要求； ◆ 配合有关部门组织开展的城市更新相关现状调查、意愿调查等工作，提供相关资料； ◆ 履行业主义务，参与共有部分的管理，对共同决定事项进行协商，执行业主依法作出的共同决定； ◆ 执行经本人同意或者业主共同决定报有关部门依法审查通过的实施方案，履行相应的出资义务，做好配合工作
相邻权利人	责任	◆ 配合对现状建筑物及其附属设施进行测量、改造、修缮； ◆ 给予必要的通行区域、施工作业场所； ◆ 提供实施更新改造必要的用水、排水等便利； ◆ 提供其他城市更新工作必要的便利
实施主体	责任	◆ 负责开展项目范围内现状评估、房屋建筑性能评估、消防、安全评估、更新需求征询、资源整合等工作； ◆ 编制实施方案； ◆ 推动项目内物业权利人达成共同决定
实施单元统筹主体	职能	◆ 区人民政府可以根据城市更新活动需要，赋予实施单元统筹主体推动达成区域更新意愿、整合市场资源、推动项目统筹组合、推进更新项目实施等职能

（资料来源：根据《北京市城市更新条例》内容绘制）

　　《北京市城市更新条例》立足北京特殊的城市更新环境与诉求，在更新原则与更新对象、更新规划与导则、更新实施、政策保障方面设定了特色鲜明的地方约定，与既有的实践探索与政策建设一脉相承，又在更新主体界定、土地保障等方面实现创新，其正式出台是北京市城市更新制度建设的标志性进展。主体方面，条例首次系统、全面地界定了城市更新物业权利人、实施主体和实施单元统筹主体、相邻权利人等不同参与主体的权利义务与运作流程，动员政府、市场、社会各界力量从"想参与"到"会参与"，汇聚形成推动城市更新实施的合力；资金方面，条例提出探索利用住房公积金或公积金贷款、城市更新基金、地方政府债券、企业债券等多种方式，拓宽城市更新资金保障渠道；空间方面，条例立足于"减量发展、提质增效"要求，通过"必要附属设施不计"和"保民生增量全区统筹"等建筑规模核算路径，创新建设用地配置、功能与年限管理、历史遗留问题处理等规划与土地政策，探索符合减量发展诉求的空间管理手段；运维方面，条例在明确北京市、区、街镇政府职责和实施体系的基础上，针对不同更新项目分类明确实施要求并提出相应支持政策，确定不同级别项目库及其常态申报和动态调整机制，优化招投标、并联办理、审批标准、消防安全管理和经营许可等项目审批手续与程序规定，提高城市更新项目运作效率。制度建设与实践开展历来相辅相成，《北京市城市更新条例》还需在实践中加以应用和检验，以指导和保障北京城市更新工作的深度有序开展，做到"敢用、好会、会用"。

　　综上所述，制度建设是推动北京城市更新变革的关键领域，也是推进北京发展模式转型的重要着力点。在综合指引、分类引导、配套细则三大类政策支持下，北京关于居住类、产业类、设施类、公共空间类、区域综合类五大更新对象的分类引导和关于"主体—资金—空间—运维"的配套管理措施建设处于日渐完善中。近年来，"1+4"城市更新政策、专项规划与行动计划的出台以及各类标准的优化改进，为《北京市城市更新条例》的颁布及城市更新行动的有序实施提供了重要保障。

第 12 章

结语：北京街区
更新的动力激发
与制度完善

　　北京城市更新制度建设迈入深化推进的新阶段，当前正是阶段性、系统性总结北京城市更新现有经验、探讨城市更新制度建构难点与应对办法的关键节点。过去受传统城市建设管理规则制约和发展模式惯性的双重影响，北京城市更新项目在实践中常常陷入审批流程复杂、部门协同缺失、规范标准难以适用、功能改变困难、资金来源单一、利益平衡不足、文化传承断裂等困境，影响了城市更新的顺利实施和有序落地。针对减量发展背景下北京城市更新普遍存在（亦可能长期存在）的增值红利不足、资金来源匮乏、主体参与动力不足等痛点，本章重在探讨如何借助制度变革来促进更新空间增值和合理分配改造收益，并从"主体—资金—空间—运维"维度给出细化措施建议，对减量规划导向下的北京城市更新制度创新和政策持续完善。

12.1 城市更新动力问题

　　"存量规划"和"减量发展"的城市建设理念力图在控制乃至降低城市建设规模
（用地规模或建筑规模）的同时，通过城市更新推动城市的功能结构优化和空间品质
提升。这使得过去普遍借助提高建设容量来平衡改造成本、形成收益红利、激发市场
等主体参与动力的城市更新传统做法变得难以为继，如何在减量发展时期创造合理的
更新动力和红利以有序推进城市更新的健康与可持续发展，成为当下社会各界广泛关
注的焦点话题。

　　"租差"和"帕累托最优"等理论从经济学视角解释了城市更新的动力来源问题，
认为资本获利是城市更新的核心驱动，即当预期收益可以满足投资期待时，城市更新
便会被推动发生。这种"有利有更新，无利无更新"的理论逻辑，将城市更新的动机
机制转化为了基本的"成本—收益"判定问题。然而减量规划造成城市更新中的空间
增量红利被不断缩窄[431]，预期收益的大幅缩减以及通过既有空间创造收益的长期投
资要求和运作风险等，降低了市场、居民等各方主体参与更新的积极性[168]，甚至引
发"改不起、推不动、变不了"的现实困境，亦使得依靠政府公共资金投入的更新改
造常常占据主流，从源头上制约着城市更新实践的长期、稳定和可持续推进。

　　现阶段，社会资本参与的城市更新在我国长期集中在能产生较高租差收益、以
拆除重建等为主的更新实践中[373]。租差理论认为城市更新本质上是创造更多的土地
租金，但理论因过度强调"资本逻辑"而忽视了"社会逻辑"和人的需求及能力，事
实上基于社会逻辑的制度和政策供给可以从另一个侧面推进城市更新。从公平角度来
看，城市更新各主体间的收益分配应主要取决于其投入占比，因此按照帕累托最优原
则，不同主体对改造成本的分摊情况以及更新收益的分配状况对更新行动的开展影响
深远。然而主体关系复杂、信息不对称等原因，常常造成不同主体间的增值收益与成
本投入难以实现有效匹配，导致诸多更新协商的博弈结果没有出现"正和"，而是"零
和"甚至"负和"状况[115]。投入与收益的这种不匹配打破了帕累托最优的实现可能，
造成城市更新难以持续。在一些城市公共空间的更新改造中，周边居民和企业获得环
境效能提升却没有付出任何成本，政府投入成本却未能收获应有的"受损"补偿和平
衡，对此，通过制度设计调整城市更新中的责权利关系成为达成"帕累托改进"的重
要举措。

12.2 制度激发动力来源：空间增值与利益分配

　　为应对资本逻辑的单一性问题带来的"租差"困境，以及成本投入与收益分
配不匹配造成的"帕累托最优"悖论，强化城市更新动力的核心工作涉及两方面
（图12-1）：一是创造空间的"增值收益"，二是实现合理的"利益分配"，从而达成资

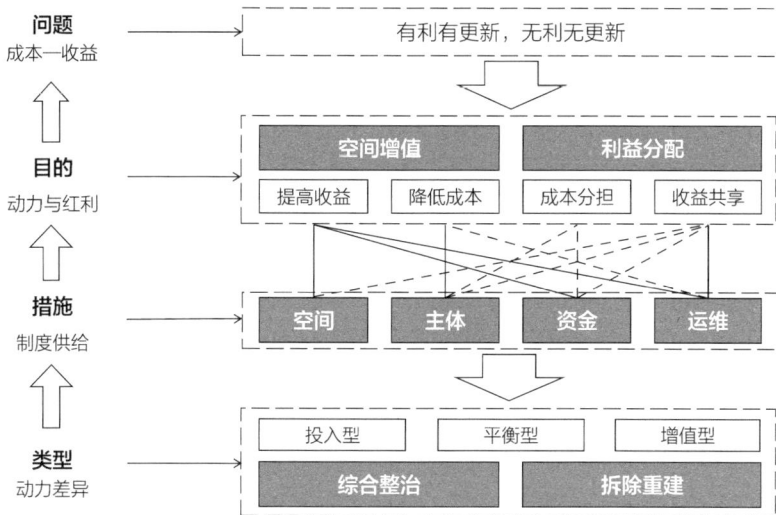

图12-1 城市更新动力与红利的制度供给框架

本逻辑和社会逻辑的整合、成本投入和收益分配的匹配。这两者中，推动更新产生足够的收益是动力激发的基础，既包括采取措施直接提高空间价值，也包括借助降低成本来扩大收入等做法。合理的收益分配则是更新过程实现公平公正的成本分担和利益共享的重要保证，也是激发相关主体形成内生参与动力的重要手段。概括起来，在当前我国城市更新政策尚不完善、制度顶层设计明显不足的情况下，创新的"主体—资金—空间—运维"等制度供给是提高存量空间附加值以激发城市更新红利，以及优化收益分配来增强主体参与意愿的重要路径，也是摆脱城市更新中的容积率依赖、推进减量模式下城市空间提质的关键所在。

城市更新实践在我国越来越明显地呈现出改造类型多样化、参与主体多元化、改造方式灵活化等特点[354]，具有不同动力基础（投入型、平衡型、增值型）的城市更新项目需要差异化的制度设计来助力更新项目的落地实施。从改造力度来看，依据拆建程度、投入成本、空间形态等情况，可将城市更新简要划分为"拆除重建"和"综合整治"两大类[432]，其中拆除重建项目通常具有更显著的潜力来形成和获取租差，综合整治类项目的空间增值则颇具挑战（图12-2）。如何引导城市更新实践逐步由"开发思维"转向"经营思维"，推动城市更新项目不再片面追求拆除重建和规模扩张带来的短期效益，换而使用循序渐进、小规模改造的更新方式提升城市建成环境的综合效益变得越来越重要。

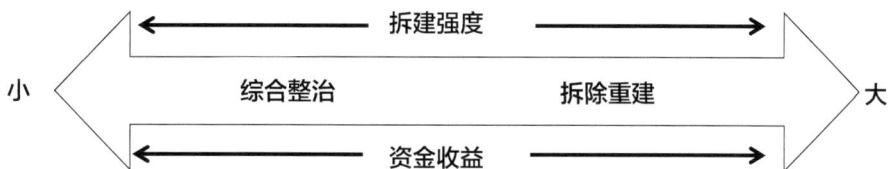

图12-2 "综合整治"与"拆除重建"的城市更新动力差异

例如通过"主体"政策供给为实施主体赋权和创造收益；通过"资金"政策变革优化金融产品，扩大资金来源渠道；通过"空间"政策创新减少地价、租金、税收等成本投入；通过"运维"机制建构增加空间经营收入等。①

12.3 街区更新的利益博弈

大部分城市更新行动通过多方力量博弈来实现利益平衡（图12-3）。随着我国主要矛盾从发展经济转向对美好生活的向往，解决城市发展不均衡问题、提升物质空间质量、改善人民生活成为政府的主要任务，政府从城镇化高度发展时期的"经济人"心态向"服务人"转变。居民经历了单位大院时期的单位福利体系，到单位解体后的原子化个体时期，逐步重新走向市民自组织的联合共治。部分社区已经涌现出保护自身利益的群体，产生自我实现与自我更新的需求，并做出积极的自主更新探索。企业开始增强社会责任担当（企业的本质是追逐利益），政府通过利益调节引导企业在城市公共服务中发挥作用。

在"主体—资金—空间—运维"相互支撑的更新框架体系内，北京的街区更新涉及多方博弈力量，且政府、居民、企业等在不同时期形成了不同的博弈关系，多元主体共建共治的发展趋势正在渐进形成。当前北京街区更新的核心权利博弈点集中体现在城市更新立项权、更新规划决策权、增值收益分配权[306]、更新补偿权等制度安排上。

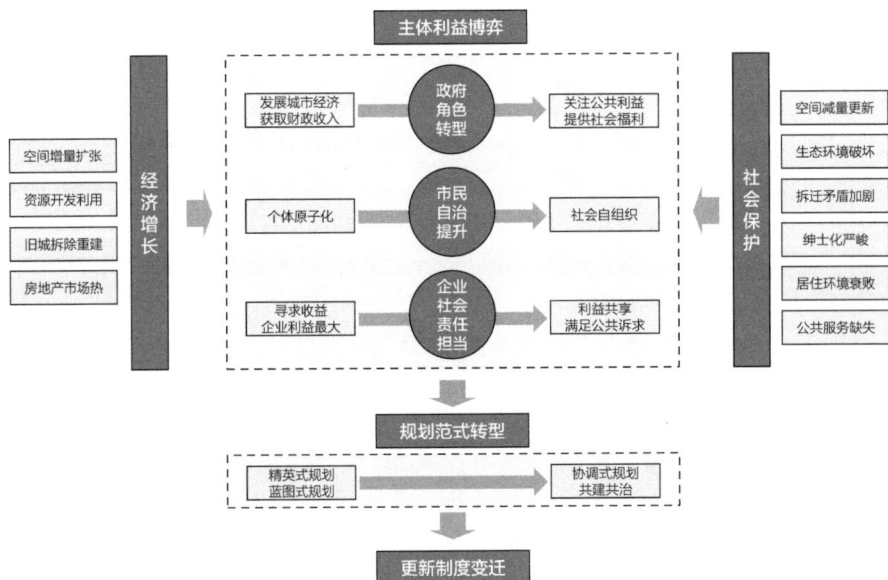

图12-3 城市更新中的博弈关系与城市更新发展转型

---

① 具体的"主体—资金—空间—运维"制度供给参见本书第2章。

12.3.1　更新立项权

公共资金参与的更新项目立项权基本由政府掌握，并以财政拨款方式支持实施[①]。北京目前已经形成了配备公共资金的多种专项行动、更新试点等政府更新项目计划，鼓励街道、乡镇等基层管理机构组织申请，即由街道办事处、乡镇政府等对辖区内的更新需求进行梳理并安排立项申请。以北京老旧小区改造为例，政府通过街道等遴选改造需求强烈的小区，项目在获得区（市）政府批复后，按照年度计划和经费使用要求来推进和实施老旧小区改造。但实际上，立项过程中的居民参与权和自主权在当前仍十分有限，一些项目即便获得立项批复，也可能在具体改造过程中，因居民与政府之间的诉求、预期存在差异，导致引入设计团队后的实施进程困难且缓慢。给予公众更为充分的更新立项权，虽然会在前期增加项目申请的复杂性，但若公众内部在前期达成了基本一致的立项诉求，则能大量减少后期项目实施中的磨合和冲突。英国的邻里规划（Neighborhood Planning）[②]将规划权力下放，赋予了社区等基层组织在社区建设、土地再开发、公共服务设施建设等方面的自主权力。邻里规划主要包括"邻里计划"和"邻里开发决议"两部分，其中"邻里计划"是社区的规划与政策指引，由社区自主选择是否进行编制与实施，其内容、形式和范畴均由制定计划的主体自主决定；"邻里开发决议"是促进项目建设实施的一种手段，主要针对居民需求和期望的建设项目而制造，生效后地方规划部门可直接简化相关规划许可审批程序——两种方式共同推动，有效提高了居民对社区环境进行自主改造的权力保障。北京城市更新制度完善中，应将立项博弈前置，既有助于更为精准地回应居民需求，也有益于培育社区自治组织、提升居民"共商共治共建"意识。

12.3.2　更新规划决策权

与更新规划话语权息息相关的是土地发展权，长期以来，我国城市更新过程中土地发展权的确立被部分隐藏在控规调整的行政权力过程之中[164]。存量更新的本质是产权交易的过程[433]，土地发展权的管控过于刚性严苛、审批流程过于复杂，均会阻碍城市更新的产权变更和功能变化。同时，缺少弹性博弈空间与流转可能的土地发展权配置，将进一步影响更新后的增值收益分配关系，降低权利主体寻求更新的积极性以及参与后期维护的主动性。过去，城市更新条件往往根据城市总体规划和相对静态的控规成果进行设定，由专业规划师服务政府部门进行决策，居民和土地权益人参与规划编制和规划调整的诉求常常得不到满足，带来更新决策的责权失衡，以及更新需求与改造方向错配等问题。深圳更新单元制度的演进过程中，法定图则"开天窗"[③]、

---

① 一般合法合规的"市场性"城市更新实践依赖政府"立项"，项目由市场主体自主发起，通过空间获取、场所改造、功能导入等完成更新流程。其间，一些需要获得政府审批和确认的环节，与政府"立项"具有某些关联性或类似性。

② 具体参见：沈毓颖. 英国邻里规划的实践路径及其启示 [J]. 城市建筑，2021,18（15）：45-47.

③ 在岗厦、大冲等城中村改造项目推进过程中，为避免快速全覆盖的法定图则与持续协商中的城中村改造方案产生冲突，法定图则不再表达更新片区的用地控制要求，而是注明由改造规划研究确定，被称作法定图则"开天窗"，具体参见：黄卫东，杨瑞，林辰芳. 深圳城市更新演进中的治理转型与制度响应基于"成本—收益"的视角 [J]. 时代建筑，2021（4）：21-27.

以更新单元规划覆盖法定图则[①]等做法扩大了城市更新项目在实施阶段的自由裁量权。美国在作为城市规划管理最重要手段的区划（Zoning）和再区划（Rezoning）中，明确公众的参与和许可是规划得以通过的最重要的条件。北京相关制度设计也需要更加关注土地发展权确立的公平和公正，给予原产权人、开发主体等各方主体足够的权益尊重。

12.3.3 增值收益分配权

完全依赖政府的城市更新难以为继。在北京要求严控增量、存量提升的背景下，一方面如何获取并扩大增值收益是大难题；另一方面增值收益的合理分配则决定着城市更新各主体权益是否得到保障、更新参与的积极性能否得到激励等。增值收益的分配方法应根据前期投入成本、项目性质等进行调整，如营利性项目给予市场更多收益回报，可促进城市更新快速开展；公益性项目给予公众更多收益保障，可保证更新项目维护和落实社会公正。通常，政府参与的更新改造以城市重大建设项目以及保障性、福利性、公益性的更新项目为主，旨在改善民生条件，维护城市公共利益。但是在"强政府"主导模式下，要避免居民无意识自我维护和自筹资金进行更新改造，转而被动等待政府提供更新服务、无偿享受空间改善成果、直接占用增值收益等情况。市场主体参与意愿强烈的往往是高营利的更新项目，例如早期拆除危旧房建设商品房等项目，开发商在改造后可以获得大量的住宅出售收益。但缺乏利益管理的过度房地产开发造成了房价飞涨，原有居民无力回迁和绅士化等现象的发生，城市基础设施也常常不堪重负，导致周边地区居民生活品质下降、城市病加剧等问题。因此，通过合理的增值收益管控来保障公众利益不被侵犯，让多元主体共享收益分配是制度建设的方向。可见，城市更新项目的可持续运作，既要政府管控引导，防止市场侵占公共权益；也需要市场积极参与，实现收支平衡及创造增值收益；同时离不开相关居民的充分参与，在合理分担前期成本的前提下获得增值收益分享。中国台湾的权利变换制度以不动产估价为基础，根据参与城市更新的相关主体提供的资金或者资产价值比例来确定更新后的资产分配比例，是公平保障各方权益的有益探索[②]；美国、英国等地广泛应用的社区土地信托（Community Land Trust）[③]制度，由专业组织代表地方社区持有土地，承担社区可支付住宅、社区花园、市政建筑、商业空间和其他社区资产的长期管理工作，促进社区土地增值与高效利用的同时，在平衡各方利益诉求、维持当地住房的可负担性、促进经济和种族包容等方面起到重要作用。北京城市更新增值收益分配制度完善的核心在于构建各方主体的"成本—收益"平衡机制：成本端，需要完善不动产评估等制度，详细测算城市更新中各主体承担的各项成本；收益端，加强更新

---

① 《深圳经济特区城市更新条例》（2021年）第二十一条中明确，"城市更新单元规划经批准后视为已完成法定图则相应内容的修改或者编制"。

② 具体参见：郭湘闽，冀萱，王冬雪，等. 产权多元化背景下台湾都市更新中的权利变换制度及其启示 [J]. 国际城市规划，2020，35（3）：119-127.

③ 具体参见：陈菲，沈煜超. 美国社区土地信托模式的分析与借鉴 [J]. 经营与管理，2015（4）：144-146.

项目的实施运营评估，掌握各类更新项目的营收情况；同时，建立成本端与收益端的联动机制，兼顾公平与公正，推动各方主体成本与收益平衡的达成。

12.3.4 更新补偿权

更新项目可能会对部分居民或群体造成一定的损失，需要确立补偿机制来保障项目落地。如在老旧小区更新中，加装电梯对于"适老化"社会发展具有积极意义，然而底层居民的采光可能因此受到影响，电梯噪声、公共空间占用等也会给居民带来不便，加之底层原本较高的房产价值可能降低等因素[①]，造成底层居民不愿参与甚至强烈反对改造，导致项目进程迟迟无法推动——其根本原因在于缺少合理的利益补偿机制，导致居民或拒绝参与更新，或只能被动接受利益受损或通过漫天要价来争取高额补偿等，无形中加大了更新成本或造成项目停滞。另一些更新项目则可能引发"邻避"现象，这是街区更新补足基础设施与公共服务设施短板时，不时要面临的困境。如垃圾站等设施布置对周边环境的影响较大（如不良气味、环境脏乱等），因此增建垃圾站通常会引发周边居民的强烈不满与抗议。为此，政府既要确立有序的博弈机制，确保利益相关者不被随意侵犯其基本权益，并保证更新改造可以通过协商、谈判等流程得以推进；又要建立合理的补偿机制，对更新改造的负面性影响进行合理的利益补偿，由此推动城市更新的整体进程和保障公平公正。美国区划法注重对现有利益者的权利保障，周边地区的更新改造应当不影响原有业主权益，不然需要采取必要补偿来调节更新改造中不同权利主体间的利益关系。此外，土地发展权的转移（Transfer of Development Rights）和交易（Purchase of Development Rights）机制，也是减少更新项目外部性、推动利益平衡的有益尝试。为保障各方权利，应建立适当的利益回收与补偿机制，既能保障产权人的合法权益与诉求，也能有效推动公共服务设施的建设，保障公共利益，促进集体利益的最大化。

尽管相较于上海、广州、深圳等城市，北京城市更新的专有制度建设起步相对较晚，但2021年以来，随着《北京市城市更新条例》、"1+4"城市更新政策、《北京市城市更新行动计划（2021—2025年）》《北京市城市更新专项规划（北京市"十四五"时期城市更新规划）》等政策供给的不断出台，北京城市更新的目标、原则、方向与引导要求逐渐成熟，更新对象和手段逐渐明晰，未来需要持续围绕更新立项权、规划决策权、收益分配权和补偿权的政策完善，引导与调节不同利益主体间博弈关系。

---

① 在多层老旧住宅中，原来高楼层因为爬楼梯的不便，房价在同一个单元中往往处于劣势地位。但是加装电梯后，这种房价关系可能会发生变化，造成高楼层住户房价增值和低楼层住户房价贬值等现象。如广州某老旧小区在加装电梯后，一层住户委托专门机构出具了一份《房地产咨询报告》。这份报告显示，在安装电梯之前，一层房屋每平方米为33180元，安装电梯后的市场单价为31880元，降低了1300元，该住户的53.8平方米的房子一共贬值73887元。具体参见：人民融媒体. 旧楼加装电梯，应建立利益补偿机制 [EB/OL].（2022-05-13）[2022-08-10]. https://baijiahao.baidu.com/s?id=1732686802410552887&wfr=spider&for=pc.

12.4 街区更新的政策框架与制度体系优化

  北京作为首都城市在国家的政治、经济、文化发展中发挥着关键作用，同时也承担着为在地人民提供宜居宜业环境等重要职责，城市建设正是在这种"都"与"城"的关系协调中不断发展。在面向全市推进空间减量提质的过程中，北京城市更新的类型日趋丰富、更新手段愈加精细谨慎、更新模式逐步多元，逐渐走出了一条以街区为单元、以"小规模+渐进式"[434] 为主要手段、以"实践引领+制度建构"为路径的城市更新做法。随着街区更新探索的逐步深入，其政策框架与制度体系仍需进一步优化。

  在"综合指引类—分类引导类—配套细则类"的政策构成下，为进一步完善北京城市更新的政策法规配套，可借鉴国内外经验，建立健全"1+N+X"的多维度、多层次的综合政策体系框架（图12-4），以降低城市更新的交易成本，助推城市更新行为的有序开展与可持续运作。

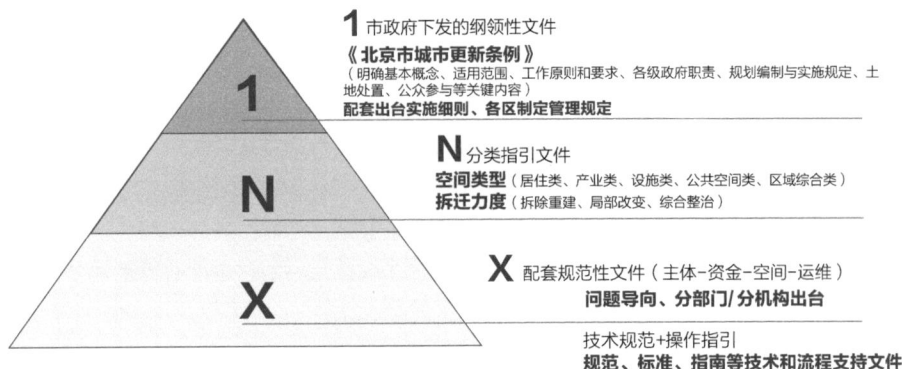

图12-4 "1+N+X"的北京城市更新政策体系框架

  "1"指《北京市城市更新条例》，是直接指导城市更新的纲领性文件。条例重在明确北京城市更新的基本概念、适用范围、工作原则和要求、各级政府职责、规划编制与实施规定、土地处置、公众参与等主要内容。2022年11月，《北京市城市更新条例》正式审议通过，北京应以此为基础进一步研究实施细则和应用举措，并引导各区根据自身实际推进刚弹结合的更新管理，充分发挥顶层政策的统领作用。

  "N"指针对居住类、产业类、设施类、公共空间类、区域综合类等更新对象出台的分类型的差异化管控政策措施，可以在已出台的相关专类政策基础上集成、补充和完善。例如，进一步处理各类更新项目中的历史遗留问题、完善不动产登记和工商注册、优化建设标准、针对拆除重建和综合整治项目，提出具体操作流程和规范指引等。

  "X"是指具体细化指导更新实践操作的其他多种类规范性文件，包括政策规定、管理文件、技术规范和操作指南等。从近期工作重点来看，细则建设需要在主体方面，明确实施主体与统筹主体的选择与考核机制，推动政府、市场、社会等多元主体的更新协作；在资金方面，吸引多元资金投入，完善资金监督与风险监管机制；在空间方面，推动存量空间高效利用并完善存量改造的规范标准等，推动产权调整、容量投放、用地功能混合[①]等的管理制度创新；在运维方面，继续优化政府部门的协同管理机制，提升项目的申报、审批、建设等全流程运作效率，推动空间的持续经营和设施的长效维护（表12-1）。

北京城市更新综合政策体系与完善建议

表12-1

	政策体系	既有政策建设重点	政策完善方向建议
1	统领性	◆《北京市城市更新条例》	◆ 出台配套实施细则； ◆ 各区根据实际情况制定管理规定
N	居住类	◆ 老旧小区、危旧楼房、直管公房分类指引； ◆ 物业管理与基层治理工作完善指引； ◆ 年度实施计划	◆ 完善各方出资责任； ◆ 历史遗留问题处置； ◆ 闲置空间功能转化机制，公益空间建设指标倾斜
	产业类	◆ 老旧厂房、低效楼宇、工业用地更新管理； ◆ 优化营商环境、推动产业升级	◆ 容量管理； ◆ 建设改造标准； ◆ 不动产登记和工商注册等手续办理流程； ◆ 空间功能评估与更新引导
	设施类	◆ 各类设施配置要求与标准； ◆ 腾退空间利用	◆ 公益用地功能混合利用； ◆ 部门协同监管
	公共空间类	◆ 街道空间、公园绿地、滨水空间设计指引	◆ 公共空间协同治理； ◆ 城市设施品质控制； ◆ 消极空间利用
	区域综合类	◆ 历史文化街区保护； ◆ 重点地区发展指引	◆ 重要功能片区更新规划策划； ◆ 跨街区、跨项目统筹
X	主体	◆ 管理部分工协作； ◆ 责任规划师制度	◆ 拓宽社会资本参与渠道，完善实施主体与统筹主体确定与评估考核机制； ◆ 物业权利人自主、合作改造机制 ◆ 多主体参与平台与渠道保障
	资金	◆ 城市更新专项资金； ◆ 地价确定； ◆ 租金减免、专项奖励	◆ 地价分类优惠政策、税收减免政策、设立专项基金等； ◆ 更新改造成本共担与增值收益分配机制； ◆ 资金监管与风险控制机制
	空间	◆ 更新规划引领 ◆ 土地征收、土地出让与出租管理	◆ 产权变更与功能转换机制； ◆ 建筑容量管理； ◆ 减量发展补偿与奖励机制
	运维	◆ 政府管理审批流程优化； ◆ 提高基层治理水平	◆ 项目全流程监管机制； ◆ 空间持续经营、设施长效维护制度

---

① 由北京市规划和自然资源委员会牵头，研究出台《北京市建设用地功能混合使用管理办法》《北京市建筑规模管控实施管理办法》。

具体来看，优化北京的街区更新体系需要在主体维度进一步加强多元共治与公众参与。北京从早期的旧城改造迈入近年来各类更新实践齐头并进的更新热潮期，要求政府逐渐从"大包大揽"的更新实施者向公共政策的供给者角色转化，并积极推进公众的意见表达与实际参与、社会资本的投入与运作、责任规划师等技术力量的支持和保障等。为此，明确多元主体的权责利划分，完善共建共治共享机制，激发各主体参与的积极性与主动性，做好参与保障、成效评估与监督管理等，是实现多元共治的街区更新的重要举措。

在资金维度，北京城市更新依然以政府投入为主，尤其是设施类、公共空间类、历史保护类等更新项目绝大部分都离不开政府财政的大力支持，社会资本参与有限、居民出资少的困境尚未真正破局。因此，在未来的街区更新实践中，政府需要继续明确成本共担与收益共享原则，拓宽金融融资渠道，引入多样金融工具，完善税收和奖罚调解措施（综合税收杠杆引导、奖励性补助政策等），以吸引社会资本与居民主体积极投入的同时，保障城市更新的公平性和公正性。

在空间维度，城市更新的关键目标之一是实现土地和建筑等存量空间资源的品质提升与价值增加，这需要综合利用策划、规划、设计等多种手段，借助高品质的设计和高质量的建设促进存量资源盘活，摆脱增量发展模式下的容量依赖路径。由此，北京需要继续优化存量空间"产权、用途、容量"三个核心要素的相关制度设计，即通过合理的产权管理推动空间资源的合理配置（特别是市场化配置），凭借灵活的用途管理推动空间功能业态的大幅升级，依托精准的容量管理统筹各类项目的成本收益，实现城市维度、片区维度、项目维度的资源调配和综合利用等，从而在保障城市整体发展目标的同时推动各类更新实践的落地开展。在北京当前"容量"政策可提供的变革空间和红利空间有限的情况下，通过"产权"和"用途"制度的变革来创造城市更新的激励机制和红利让渡变得尤为重要。

在运维维度，城市更新不再是一次性的改造行动，而是长周期的渐进提质过程，因此，北京街区更新应兼顾"规划—建设—管理"全过程与"投入—运营—退出"全生命周期的运作衔接，以"伴随式"跟进、"贴身式"参与、"扎根式"投入等理念推进城市更新的持续开展、有序维护和高效运营。

12.5 街区更新的政策工具建议与政策包供给

综上所述，北京城市更新经历了新中国成立以来的政治生活导向、经济发展导向、文化事件导向期，在现今精细治理导向的更新提升期，尽管街区更新的制度体系与实践运作逐渐起步，但多主体参与不足、资金短缺、规划审批变更受限、运营治理不足等问题始终存在，"非正式"更新、一事一议、擦边球现象屡见不鲜，需要结合实际诉求探索进一步的应对策略和政策供给，通过建立"主体—资金—空间—运维"相互支撑的更新政策工具，从多元主体参与、资金共担和利益共享、空间改造管控、运营维护管理等方面提供精细化的政策包来促进城市更新的新发展（图12-5、表12-2）。

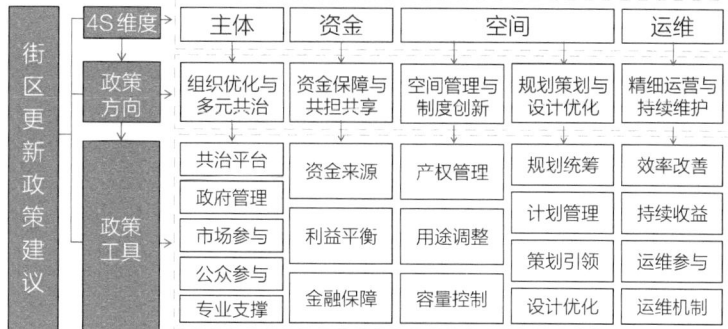

图12-5 街区更新政策工具建议

北京街区更新优化的政策包建议 表12-2

维度	类型	策略建议	政策包
主体	共治平台	建立多元共治的城市更新平台	◆ 明确各方权利主体的责权关系； ◆ 建立多主体参与及协商机制； ◆ 建立健全城市更新领导小组或工作专班制度； ◆ 加强城市更新方案遴选、项目实施过程透明化，强化公众监督； ◆ 细化城市更新统筹主体、实施主体的筛选、管理和考核机制
	政府管理	促进政府部门联动管理	◆ 完善中央、地方城市更新事务的对接协商机制； ◆ 建立跨部门的交流协作机制； ◆ 统筹部门行动，整合城市更新计划和项目库等
	市场参与	推动市场参与和合作改造	◆ 鼓励建立平台公司，吸引多元主体参与； ◆ 鼓励BOT、PPP等模式的城市更新运作； ◆ 建立国企、民企等多种社会资本间的合作机制
	公众参与	拓宽公众参与渠道和参与方式	◆ 鼓励原产权人通过自主、联营等方式推动城市更新； ◆ 建立居民自主申请更新、自主营造社区环境等机制； ◆ 优化公众参与机制和参与路径
	专业支撑	鼓励责任规划师等专业力量参与	◆ 完善责任规划师、社区组织、志愿者等力量参与更新的机制建设； ◆ 明确责任规划师等专业力量的工作权责和工作清单； ◆ 加强对责任规划师等专业力量的评估及后备力量培养
资金	资金来源	拓宽资金来源渠道	◆ 设立城市更新专项资金、财政补贴、公益性设施建设资金池等； ◆ 支持发行地方政府专项债券筹措改造资金； ◆ 鼓励市场主体投入资金参与城市更新；鼓励通过政府采购、设施有偿使用、资产权益转让等方式吸引社会投资； ◆ 鼓励房屋、土地的权利人自筹资金开展更新改造；鼓励产权单位出资参与改造； ◆ 以"谁受益、谁出资"原则开展老旧小区等改造，鼓励通过使用住宅专项维修资金、让渡小区公益收益等方式落实资金来源
	利益平衡	明确利益平衡模式	◆ 合理确定市、区两级政府资金负担比例； ◆ 探索街镇政府资金管理机制； ◆ 分类建立城市更新项目的资金共担、收益共享和补偿机制； ◆ 建立通过税收杠杆、资金奖励等手段平衡更新项目的利益机制； ◆ 建立城市更新项目"打捆"统筹机制
	金融保障	完善资金保障的金融途径	◆ 建立城市更新项目信贷支持，由信用等级高的金融机构推行拆迁款、更新贷、旧改贷等低利率贷款； ◆ 合理减免税费，引导更新实施主体完善公共服务与基础设施；对更新补短板、提供公共服务的项目减免土地出让金等； ◆ 运营主体运用公司信用类债券、项目收益票据等进行债券融资； ◆ 探索类REITs、ABS等企业资产证券化的金融产品创新路径； ◆ 明确"存量补地价"相关政策；采用年租制、企业共享项目年收益、提高项目税收等方式激励土地产权人自主更新； ◆ 建立健全资金监督与风险防控制度

维度	类型	策略建议		政策包
空间	空间对象	产权	创新产权变更与归集优化机制	◆ 优化历史遗留问题解决办法，简化手续补办、用途认定、证照登记等办理程序； ◆ 完善空间整合利用机制，确定土地合并、置换、拆分规则； ◆ 赋权经营主体、实施主体改造过程中手续办理、责任担保等方面的权力； ◆ 完善公房成套产权变革机制； ◆ 建立土地产权年限调整变更规则，推行年租制等土地灵活使用和弹性供地机制； ◆ 推行分层设权，促进地下空间利用
		用途	创新土地用途调整与混合利用机制	◆ 完善土地用途功能正负面清单管理制度； ◆ 推行土地用途混合利用； ◆ 推行灵活的土地用途与建筑功能调整制度； ◆ 综合土地"五年过渡期"政策、暂缓办理产权和用途变更、地价优惠等手段，鼓励用途向保障民生服务、产业升级等方向调整； ◆ 优化存量低效空间盘活提升与统筹利用机制； ◆ 完善土地用途调整与混合利用配套的地价补缴、建设标准管理、工商注册等保障机制
		容量	优化容量管控与减量提质政策	◆ 明确规划指标支持或不计容的具体情形，包括补充公共服务和基础设施短板、配套服务用房建设、提供开放空间等； ◆ 简化不计容更新项目的立项审批手续、地价优惠保障； ◆ 优化老旧厂房等灵活隔层、保障设施完善管理机制； ◆ 鼓励利用地下空间、小区空地与闲置空间容量灵活管理机制； ◆ 建立减量发展奖励机制； ◆ 建立市、区、街区三级容量管控与灵活调整机制
	规划策划设计		规划统筹	◆ 完善城市体检、街区体检、地块问题诊断数据共享机制与联动审批平台； ◆ 统筹各类规划，建立明确的城市更新规划体系与编制管理内容； ◆ 明确街区更新规划与专题研究架构与编制细则
			计划管理	◆ 建立市、区两级城市更新项目库，明确联动管理机制； ◆ 建立"审批制"与"申报制"相结合的城市更新项目入库机制； ◆ 建立更新项目"一图一表一册"动态管理机制； ◆ 探索设立街区项目库管理台账与项目库
			策划引领	◆ 建立街区一体化更新策划机制； ◆ 建立城市更新项目全过程谋划策划机制
			设计优化	◆ 建立城市更新设计品质评价与管控制度； ◆ 分类制定城市更新设计导则
运维	效率改善		提高项目运作效率	◆ 明确更新项目行政审批的流程、各环节与各部门审批材料要件； ◆ 简化各方行政审批流程，以综合联席会议等手段构建各方沟通协商平台，提高沟通协作效率； ◆ 推行"EPCO"等一体化招投标模式； ◆ 鼓励定制化改造、代建代管等模式，提高更新项目的针对性
	持续收益		保障项目持续收益	◆ 探索城市更新项目微利可持续盈利机制； ◆ 建立运营收益与建设成本平衡制度； ◆ 建立城市更新产业和功能持续评估与动态调整机制
	运维参与		推动多方参与运维	◆ 推广街巷长制、河长制、楼门长制等长效管理制度； ◆ 引入多种形式的专业运营管理团队； ◆ 鼓励各类社会组织、居民共同参与更新项目的监督与维护，明确城市更新项目多方使用者与运维主体的职责与奖励机制
	运维机制		建立长效运维机制	◆ 落实建立监督评价制度； ◆ 建设智慧化的管理运营平台，完善街乡基础数据库

12.5.1 组织优化与多元共治

北京需要继续搭建多元共治的城市更新平台，在明确各方责权的基础上推动各利益相关者实现"正和博弈"，破解当前城市更新中普遍存在的产权主体与实施主体权责不清、不同层级政府协同不足、市场和公众参与路径不明确等关键挑战。一方面，不同类型城市项目的产权/责任主体、实施主体、统筹主体、监管主体等应承担的责任与义务、权力与利益需要进一步确认，推进责权匹配与利益公平的更新项目落地实施；另一方面，需要持续建立健全市区城市更新领导小组或工作专班制度，充分发挥各级政府联审会议制度和基层党建的引领作用，有序引导更新决策与实施管理。

大部分城市推行以"区级政府"为主责机构的管理架构，赋予其诸多行政管理权限和资金支持。特殊的是，北京城市更新不时会涉及中央和地方关系协同、首都功能保障等特定事务，因此在市、区级政府的更新引导之外，一些更新项目需经首都规划建设委员会等部门审议并向党中央、国务院请示报告，由此加大了各级政府部门推动城市更新实施管理的复杂度。因此，高效有序的各级政府及其部门联动管理对北京来说意义重大，需要通过明确央、地的城市更新事权划分，避免重大事项顶层决策的环节遗漏，同时也防止事无巨细地向上申报。在市区层面，北京需要促进跨部门的交流协作，加强规自委、住建委、发改委、城管委、环境办、农委、交通委、绿化局、水电气热公司等具体任务管理单位的统筹协调，整合部门行动，协商制定城市更新工作计划和年度项目库等，形成市级、区级、街乡级城市更新的"一盘棋"，防止各自为政。

在保障公共利益的前提下，城市更新需要拓宽产权人自主更新的积极性和权限，并鼓励产权人与市场主体合作开展更新改造，发挥市场主体在城市更新实施运作中的关键作用。对于设施类、公共空间类等过度依赖政府投资的更新项目，更是亟需引导社会资本以BOT、PPP等形式大力参与，发挥国企、民企等的各自优势。此外，公众参与的渠道与方式也需继续拓展，改变以往公众被动参与的局面，在自上而下的更新项目推进之外，增加居民自主申请更新、自主营造社区环境的路径，保障社区空间合理灵活使用的公共诉求，并在更新决策等各个环节加强公众参与力度，拓宽公众意见与需求表达渠道，提升居民自治意识。责任规划师、社会组织、志愿者、高校师生实践团队等新兴力量，将在城市更新中承担起越来越多的沟通协调、技术咨询、传播推广等重要职能。立足既有责任规划师制度，可以探索编制责任规划师工作导则或手册，明确必须工作内容与可选工作内容，建立起常态化与灵活性工作相结合的工作模式，并从目标完成度及社会认可度等方面对责任规划师工作进行考量和评价。与此同时，激发基层党组织、社区服务组织、志愿者团队、居民等的能动性，有助于从立项、决策、评估、动态维护等多方面加强社会组织参与城市更新的力度。

12.5.2 资金保障与共担共享

城市更新的资金保障需要从高度依赖财政支出逐渐转向多元主体的成本共担、利益共享，现阶段制度建设的重点包括拓宽资金来源渠道、明确利益平衡模式以及完善资金筹措的金融途径等方面。财政资金、企业投资、居民出资等在不同更新项目中的比重存在差异。政府财政资金应充分发挥杠杆和撬动作用以吸引其他主体共同出资，通过设立政府专项财政补贴、城市更新专项资金、公益设施建设资金池等方式保障更新项目的有序开展。激励企业投资是目前北京更新制度建设的重点，目标是引导社会资本从市场化更新动力较强的商业办公、老旧厂房更新领域逐渐拓展至公共服务设施、老旧小区改造等微盈利更新项目中。激励居民出资重在立足于"谁受益、谁出资"原则，鼓励产权人和居民通过公共维修基金使用、协商出资、使用者付费等形式参与更新。

总体上，盈利空间较小的公益导向型更新项目应建立起明确的资金共担机制；盈利空间较大的更新项目则应明晰各类利益主体的收益分配和共享机制，如各级政府、社会资本、居民或产权人（单位）在项目中的出资比例及收益分配方式等。此外，建立收益补偿机制，推动经营性项目与公益性项目捆绑开发，通过税收杠杆、资金奖励等平衡支出与收益等措施，也是激励社会资本参与城市更新的重要路径。

城市更新还可以通过设定特许经营权、推进低效资源再利用等方式拓宽盈利渠道，或采用税收奖励、土地出让金优惠（或返还）、租金优惠等方式保障资金启动需求，或规范金融市场管理并创新基金、信托、资产证券化等金融产品为各方主体融资提供渠道。这要求城市更新需要加强资金监督与风险防控力度，推动资金归集利用以避免重复浪费，完善城市更新资金筹措举措与利用方式。

12.5.3 空间管理与机制创新

产权制度优化为解决空间历史遗留问题复杂、产权归集整合困难、出让方式与年限管理不灵活等问题提供了突破口。针对历史遗留问题，需探索解决房屋使用与原产权登记内容不一致、未取得国有建设用地使用权等证照问题，明确相关登记及执照手续补办程序与方法。产权归集管理方面，对于产权不明或产权混杂的公产房集中地区，由国资委或相关部门明确管理主体，统筹推进整体规划和功能提升；鼓励物业权利人通过自主改造、联合更新、转让更新等方式流转产权，落实产权混合地区的片区更新；以实际更新诉求为导向，破解行政管理的"条块化"桎梏，借助产权置换和空间整合实现破碎用地的整体开发。土地出让与管理方面，可以综合推进"招拍挂"、协议出让、产权划转等多元土地流转方式的采用；积极利用地下空间，充分挖掘空间潜力；对有分别使用需求的部分产权空间推行分层设权；探索空间所有权与使用权的分离，拓展经营权抵押贷款渠道；赋权实施/经营主体在改造过程中的手续办理、责任担保等权力；对剩余年限过短但有更新需求的项目，允许重新设定或延长产权年限（通过补缴地价等方式）；推行土地年租制，促进产业转型升级和灵活应对市场波动影响。

城市功能需要随着产业结构升级、人口结构变化、生活习惯改变等而及时调整改变，故而土地用途的灵活管控与混合利用成为当前制度建设的重点，主要措施包括通过出台功能正负面清单等，为存量空间的功能转换提供一定的许可弹性；鼓励相容空间的功能混合利用，如居住与产业功能的混合有助于提高职住平衡，公共服务设施与公共空间等的功能兼容可节约用地并保障设施供给的灵活性；设立"战略留白"用地或弹性用地以应对未来空间利用诉求的不确定性；通过地价补缴、工商注册衔接等打通各行政部门之间的管理断点，保障用途调整机制有效落地。

在减量发展要求下，北京严格控制建设容量的总体规模，因此城市更新过程需要落实建设容量的精准投放，优化容量统计标准，并合理谨慎使用容积率的奖励和转移等机制。这需要立足不同区域与不同类型更新项目的容量增加需求和容量减少潜力，探索容量在不同空间层级、不同地区间进行合理转移的具体做法；建立不计容机制，对于保民生和补短板等临时使用、新增微设施、地下空间等采取不计入容积率总量的方法进行规模管控"微松绑"（单独统计备案）；尝试推行减量发展奖励制度，利用地价与租金优惠、闲置空间打包利用、用途灵活调整等手段，对主动落实减量政策的更新项目予以一定奖励。

12.5.4 规划统筹与设计优化

"规划—策划—设计"手段是提高空间价值与品质、推动空间高效利用的重要手段。城市更新规划需要深入开展城市（街区、地块）体检和问题诊断，统筹公众诉求，分级分类明确需要更新的区域及其问题，并立足国土空间规划体系，统筹衔接国民经济与社会发展规划、部门专项规划等，确定编制及其实施路径。也就是，在分层级编制城市更新专项规划的基础上，以街区为单元推进更新类详细规划实施，通过"自上而下"的规划要求和"自下而上"的更新需求统筹，来明确街区更新的目标、对象和重点路径。为便于精细化的项目落地，可以街区为单元建立项目库（衔接市、区级项目库），通过编制"一图一表一册"支持项目动态管理，逐步确定各项目的空间需求、资金来源、主体责任、建设方案及维护运营模式等。

策划有助于明确城市更新的功能定位与空间使用策略；设计有利于提高空间品质与空间吸引力的重要手段。城市更新项目可引入全过程策划，在改造前、改造中、改造后针对项目定位、规划建设、运营管理等开展分阶段的分析策划工作，确定项目的盈利机制、业态构成、空间氛围、使用群体、宣传途径等（建议及时复盘总结，防范过程风险和突出更新亮点）。为实现城市更新的高水平空间设计，可通过制定城市更新设计导则、强化设计指引，来因地制宜地推进空间精细设计。城市更新的方案竞赛征集、儿童参与式设计、数字化设计等，亦有助于推进优秀更新方案的获取，以创意提高吸引力，以巧思降低成本，以品质保障更新项目的经济价值、使用价值和文化价值等的综合实现。

12.5.5 精细运营与持续维护

城市更新作为持续性工作，其制度建设需要关注如何提高运营效益和建设长效维护机制等方面。城市更新项目管理需要政府各层级、各部门工作同步转型，一方面明确更新项目的行政审批流程和材料要件准备，另一方面通过联席会议、多方会审、多规合一平台、部门报到等提高沟通协作效率。在实施运作过程中，更新项目可以深度推行"EPCO"等一体化招投标模式，缩短项目实施流程；鼓励实施主体在更新改造过程中积极对接潜在承租人或业主，推动定制化改造、代建代管等来提升空间更新的针对性。为保障项目的持续稳定收益，可推动城市更新项目从短周期的"建设—销售"盈利模式向长周期的"改造—运营"收益模式转变，通过运营获利平衡前期成本支出，并借助业态评估及时调整产业和功能发展方向。

北京已推行的街巷长制、河长制、楼门长制等长效管理制度，是监管与维护、保障城市更新效果的重要手段，可进一步推广至公园绿地、社区、产业园区等更新项目中，明确行政管理单位、产权人等运维主体的责任内容。此外，要鼓励各类社会组织、居民共同参与更新项目的监督与维护，以及引入多种形式的专业运营管理团队（包括但不限于物业管理服务、产业运营管理、城市事件组织与策划等）来有效处理街区更新与项目运营中的各种事务。信息数据平台与监督评价制度的建立也可为长效运维提供保障，因此城市更新应鼓励引入智慧化的管理运营平台，完善街区更新基础数据库，保障项目流程和多元信息的共享与透明。

综上所述，城市更新是一项复杂的系统工程，涉及城市发展模式和社会治理手段的深刻变革，其不仅是对城市空间的重新利用和再次塑造，也是对城市发展红利进行再产生、利益进行再分配的过程。减量时期的城市更新常常面临更新红利与动力不足的困境，因此需要统筹构建"主体—资金—空间—运维"相互支撑的制度框架体系，来推动城市更新活动的持续开展并深化社会治理体系创新。概括起来，统筹不同主体的权责关系和利益诉求，推动多元主体广泛参与城市更新的要点在于有效平衡政府、市场和居民等的利益关系，激发不同层级政府的能动性，发挥市场作用，尊重不同居民诉求，构建共建、共治、共享的城市更新治理格局。吸引多元资金投入，创新"成本—收益"平衡机制的要点在于如何优化资金投入与收益分配的关系，建立支持性金融政策和财税手段，多途径撬动政府、市场、居民等不同主体的出资意愿。综合运用"产权—容量—用途"机制激励更新行动的要点在于如何优化产权使用方式、调整空间容量投放模式、完善土地用途与建筑功能，综合发挥策划、规划和设计对城市空间品质提升的推动作用。最后，立足全周期运维，创造持续收益和激发空间活力的要点在于如何建立"建设+运营+维护"的长周期运维模式，通过空间运营获益平衡改造投入，保障城市空间的持续维护与功能活化。

城市更新制度建设是一个持续的动态过程。从特有的"都城关系""减量发展""多元共治"等城市更新背景出发，北京探索了"以街道为抓手、以街区为单位、以更新为手段、以规划师为纽带"的整体工作思路，近年来在制度建设与实践推进上突飞猛进。特别是2017年以来，北京在城市更新制度建设领域形成了丰硕的成果，为更新工作开展提供了重要支撑。结合理论创新与实践变革的不断调整完善，北京在未来需要形成更加体系化的城市更新制度架构与常态化的城市更新行动体系，通过持续优化国与都、都与城、京与畿、城与乡、历史与未来等的协同关系，推动城市朝着"建设国际一流的和谐宜居之都"的目标阔步前进。

附录1

《北京市城市
更新条例》

北京市人民代表大会常务委员会公告〔十五届〕第88号

第一章　总　则

第一条　为了落实北京城市总体规划，以新时代首都发展为统领推动城市更新，加强"四个中心"功能建设，提高"四个服务"水平，优化城市功能和空间布局，改善人居环境，加强历史文化保护传承，激发城市活力，促进城市高质量发展，建设国际一流的和谐宜居之都，根据有关法律、行政法规，结合本市实际，制定本条例。

第二条　本市行政区域内的城市更新活动及其监督管理，适用本条例。

本条例所称城市更新，是指对本市建成区内城市空间形态和城市功能的持续完善和优化调整，具体包括：

（一）以保障老旧平房院落、危旧楼房、老旧小区等房屋安全，提升居住品质为主的居住类城市更新；

（二）以推动老旧厂房、低效产业园区、老旧低效楼宇、传统商业设施等存量空间资源提质增效为主的产业类城市更新；

（三）以更新改造老旧市政基础设施、公共服务设施、公共安全设施，保障安全、补足短板为主的设施类城市更新；

（四）以提升绿色空间、滨水空间、慢行系统等环境品质为主的公共空间类城市更新；

（五）以统筹存量资源配置、优化功能布局，实现片区可持续发展的区域综合性城市更新；

（六）市人民政府确定的其他城市更新活动。

本市城市更新活动不包括土地一级开发、商品住宅开发等项目。

第三条　本市城市更新坚持党的领导，坚持以人民为中心，坚持落实首都城市战略定位，坚持统筹发展与安全，坚持敬畏历史、敬畏文化、敬畏生态。

本市城市更新工作遵循规划引领、民生优先、政府统筹、市场运作、科技赋能、绿色发展，问题导向、有序推进，多元参与、共建共享的原则，实行"留改拆"并举，以保留利用提升为主。

第四条　开展城市更新活动，遵循以下基本要求：

（一）坚持先治理、后更新，与"疏解整治促提升"工作相衔接，与各类城市开发建设方式、城乡结合部建设改造相协调；

（二）完善区域功能，优先补齐市政基础设施、公共服务设施、公共安全设施短板；

（三）落实既有建筑所有权人安全主体责任，消除各类安全隐患；

（四）落实城市风貌管控、历史文化名城保护要求，严格控制大规模拆除、增建，优化城市设计，延续历史文脉，凸显首都城市特色；

（五）落实绿色发展要求，开展既有建筑节能绿色改造，提升建筑能效水平，发挥绿色建筑集约发展效应，打造绿色生态城市；

（六）统筹地上地下空间一体化、集约化提升改造，提高城市空间资源利用效率；

（七）落实海绵城市、韧性城市建设要求，提高城市防涝、防洪、防疫、防灾等能力；

（八）推广先进建筑技术、材料以及设备，推动数字技术创新与集成应用，推进智慧城市建设；

（九）落实无障碍环境建设要求，推进适老化宜居环境和儿童友好型城市建设。

第五条　本市建立城市更新组织领导和工作协调机制。市人民政府负责统筹全市城市更新工作，研究、审议城市更新相关重大事项。

市住房城乡建设部门负责综合协调本市城市更新实施工作，研究制定相关政策、标准和规范，制定城市更新计划并督促实施，跟踪指导城市更新示范项目，按照职责推进城市更新信息系统建设等工作。

市规划自然资源部门负责组织编制城市更新相关规划并督促实施，按照职责研究制定城市更新有关规划、土地等政策。

市发展改革、财政、教育、科技、经济和信息化、民政、生态环境、城市管理、交通、水务、商务、文化旅游、卫生健康、市场监管、国资、文物、园林绿化、金融监管、政务服务、人防、税务、公安、消防等部门，按照职责推进城市更新工作。

第六条　区人民政府负责统筹推进、组织协调和监督管理本行政区域内城市更新工作，组织实施重点项目、重点街区的城市更新；明确具体部门主管本区城市更新工作，其他各有关部门应当按照职能分工推进实施城市更新工作。

街道办事处、乡镇人民政府应当充分发挥"吹哨报到"、接诉即办等机制作用，组织实施本辖区内街区更新，梳理辖区资源，搭建城市更新政府、居民、市场主体共建共治共享平台，调解更新活动中的纠纷。

居民委员会、村民委员会在街道办事处、乡镇人民政府的指导下，了解、反映居民、村民更新需求，组织居民、村民参与城市更新活动。

第七条　不动产所有权人、合法建造或者依法取得不动产但尚未办理不动产登记的单位和个人、承担城市公共空间和设施建设管理责任的单位等作为物业权利人，依法开展城市更新活动，享有更新权利，承担更新义务，合理利用土地，自觉推动存量资源提质增效。

国家机关、国有企业事业单位作为物业权利人的，应当主动进行更新；涉及产权划转、移交或者授权经营的，国家机关、国有企业事业单位应当积极洽商、主动配合。直管公房经营管理单位按照国家和本市公房管理有关规定在城市更新中承担相应责任。

第八条　本市城市更新活动应当按照公开、公平、公正的要求，完善物业权利人、利害关系人依法参与城市更新规划编制、政策制定、民主决策等方面的制度，建立健全城市更新协商共治机制，发挥业主自治组织作用，保障公众在城市更新项目中的知情权、参与权和监督权。

鼓励社会资本参与城市更新活动、投资建设运营城市更新项目；畅通市场主体参与渠道，依法保障其合法权益。市场主体应当积极履行社会责任。

城市更新活动相关主体按照约定合理共担改造成本，共享改造收益。

第九条　本市建立城市更新专家委员会制度，为城市更新有关活动提供论证、咨询意见。

本市建立责任规划师参与制度，指导规划实施，发挥技术咨询服务、公众意见征集等作用，作为独立第三方人员，对城市更新项目研提意见，协助监督项目实施。

第十条　本市充分利用信息化、数字化、智能化的新技术开展城市更新工作，依托智慧城市信息化建设共性基础平台建立全市统一的城市更新信息系统，完善数据共享机制，提供征集城市更新需求、畅通社会公众意愿表达渠道等服务保障功能。

市、区人民政府及其有关部门依托城市更新信息系统，对城市更新活动进行统筹推进、监督管理，为城市更新项目的实施提供服务保障。

第十一条　本市推动建立城市更新服务首都功能协同对接机制，加强服务保障，对于满足更新条件的项目，按照投资分担原则和责任分工，加快推进城市更新项目实施。

第二章　城市更新规划

第十二条　本市按照国土空间规划体系要求，通过城市更新专项规划和相关控制性详细规划对资源和任务进行时空统筹和区域统筹，通过国土空间规划"一张图"系统对城市更新规划进行全生命周期管理，统筹配置、高效利用空间资源。

第十三条 市规划自然资源部门组织编制城市更新专项规划，经市人民政府批准后，纳入控制性详细规划。

城市更新专项规划是指导本市行政区域内城市更新工作的总体安排，具体包括提出更新目标、明确组织体系、划定重点更新区域、完善更新保障机制等内容。

编制城市更新专项规划，应当向社会公开，充分听取专家、社会公众意见，及时将研究处理情况向公众反馈。

第十四条 本市依法组织编制的控制性详细规划，作为城市更新项目实施的规划依据。编制控制性详细规划应当落实城市总体规划、分区规划要求，进行整体统筹。

编制更新类控制性详细规划，应当根据城市建成区特点，结合更新需求以及群众诉求，科学确定规划范围、深度和实施方式，小规模、渐进式、灵活多样地推进城市更新。

第十五条 城市更新专项规划和相关控制性详细规划的组织编制机关，在编制规划时应当进行现状评估，分类梳理存量资源的分布、功能、规模、权属等信息，提出更新利用的引导方向和实施要求。涉及历史文化资源的，应当开展历史文化资源调查评估。

规划实施中应当优先考虑存在重大安全隐患、居住环境差、市政基础设施薄弱、严重影响历史风貌以及现有土地用途、建筑物使用功能、产业结构不适应经济社会发展等情况的区域。

第十六条 市规划自然资源、住房城乡建设部门会同发展改革、财政、科技、经济和信息化、商务、城市管理、交通、水务、园林绿化、消防等部门制定更新导则，明确更新导向、技术标准等，指导城市更新规范实施。

第十七条 城市更新项目应当依据控制性详细规划和项目更新需要，编制实施方案。符合本市简易低风险工程建设项目要求的，可以直接编制项目设计方案用于更新实施。

第三章　城市更新主体

第十八条 物业权利人在城市更新活动中，享有以下权利：

（一）向本市各级人民政府及其有关部门提出更新需求和建议；

（二）自行或者委托进行更新，也可以与市场主体合作进行更新；

（三）更新后依法享有经营权和收益权；

（四）城市更新项目涉及多个物业权利人的，依法享有相应的表决权，对共用部位、共用设施设备在更新后依实施方案享有收益权；

（五）对城市更新实施过程享有知情权、监督权和建议权；

（六）对侵害自己合法权益的行为，有权请求承担民事责任；

（七）法律法规定的其他权利。

第十九条 物业权利人在城市更新活动中，应当遵守以下规定：

（一）国家和本市城市更新有关法律法规规定和制度要求；

（二）配合有关部门组织开展的城市更新相关现状调查、意愿调查等工作，提供相关资料；

（三）履行业主义务，参与共有部分的管理，对共同决定事项进行协商，执行业主依法作出的共同决定；

（四）执行经本人同意或者业主共同决定报有关部门依法审查通过的实施方案，履行相应的出资义务，做好配合工作。

第二十条　城市更新项目涉及单一物业权利人的，物业权利人自行确定实施主体；涉及多个物业权利人的，协商一致后共同确定实施主体；无法协商一致，涉及业主共同决定事项的，由业主依法表决确定实施主体。

城市更新项目权属关系复杂，无法依据上述规则确定实施主体，但是涉及法律法规规定的公共利益、公共安全等情况确需更新的，可以由区人民政府依法采取招标等方式确定实施主体。确定实施主体应当充分征询利害关系人意见，并通过城市更新信息系统公示。

第二十一条　多个相邻或者相近城市更新项目的物业权利人，可以通过合伙、入股等多种方式组成新的物业权利人，统筹集约实施城市更新。

第二十二条　区人民政府依据城市更新专项规划和相关控制性详细规划，可以将区域综合性更新项目或者多个城市更新项目，划定为一个城市更新实施单元，统一规划、统筹实施。

区人民政府确定与实施单元范围内城市更新活动相适应的主体作为实施单元统筹主体，具体办法由市住房城乡建设部门会同有关部门制定。实施单元统筹主体也可以作为项目实施主体。

区人民政府可以根据城市更新活动需要，赋予实施单元统筹主体推动达成区域更新意愿、整合市场资源、推动项目统筹组合、推进更新项目实施等职能。

第二十三条　实施主体负责开展项目范围内现状评估、房屋建筑性能评估、消防安全评估、更新需求征询、资源整合等工作，编制实施方案，推动项目范围内物业权利人达成共同决定。

具备规划设计、改造施工、物业管理、后期运营等能力的市场主体，可以作为实施主体依法参与城市更新活动。

第二十四条　城市更新项目涉及多个物业权利人的，通过共同协商确定实施方案；涉及业主共同决定事项的，由业主依法表决确定。

实施电线、电缆、水管、暖气、燃气管线等建筑物以内共有部分改造的，可以根据管理规约或者议事规则由业主依法表决确定。

经物业权利人同意或者依法共同表决通过的实施方案，由实施主体报区城市更新主管部门审查。

第二十五条　城市更新项目涉及多个物业权利人权益以及公众利益的，街道办事处、乡镇人民政府或者居民委员会、村民委员会可以依相关主体申请或者根据项目推进需要，通过社区议事厅等形式，召开项目确定听证会、实施方案协调会以及实施效果评议会，听取意见建议，协调利益，化解矛盾，推动实施。区人民政府应当加强对议事协调工作的指导，健全完善相关工作指引。

第二十六条　物业权利人拒不执行实施方案的，其他物业权利人、业主大会或者业主委员会可以依法向人民法院提起诉讼；造成实施主体损失的，实施主体可以依法向人民法院请求赔偿。

本市鼓励发挥人民调解制度作用，人民调解委员会可以依申请或者主动开展调解工作，帮助当事人自愿达成调解协议。

项目实施涉及法律法规规定的公共安全的，区城市更新主管部门可以参照重大行政决策的有关规定作出更新决定。物业权利人对决定不服的，可以依法申请行政复议或者提起行政诉讼。在法定期限内不申请行政复议或者不提起行政诉讼，在决定规定的期限内又不配合的，由区城市更新主管部门依法申请人民法院强制执行。

第二十七条　城市更新过程中，涉及公有住房腾退的，产权单位应当妥善安置承租人，可以采取租赁置换、产权置换等房屋置换方式或者货币补偿方式予以安置补偿。

项目范围内直管公房承租人签订安置补偿协议比例达到实施方案规定要求，承租人拒不配合腾退房屋的，产权单位可以申请调解；调解不成的，区城市更新主管部门可以依申请作出更新决定。承租人对决定不服的，可以按照本条例第二十六条第三款规定执行。

第二十八条 城市更新过程中，需要对私有房屋进行腾退的，实施主体可以采取产权调换、提供租赁房源或者货币补偿等方式进行协商。

城市更新项目范围内物业权利人腾退协议签约比例达到百分之九十五以上的，实施主体与未签约物业权利人可以向区人民政府申请调解。调解不成且项目实施涉及法律、行政法规规定的公共利益，确需征收房屋的，区人民政府可以依据《国有土地上房屋征收与补偿条例》等有关法律法规规定对未签约的房屋实施房屋征收。

第二十九条 城市更新活动中，相邻权利人应当按照有利生产、方便生活、团结互助、公平合理的原则，为城市更新活动提供以下必要的便利：

（一）配合对现状建筑物及其附属设施进行测量、改造、修缮；

（二）给予必要的通行区域、施工作业场所；

（三）提供实施更新改造必要的用水、排水等便利；

（四）其他城市更新活动必要的便利。

对相邻权利人造成损失的，应当依法给予补偿或者赔偿。

第四章 城市更新实施

第一节 实施要求

第三十条 实施首都功能核心区平房院落保护性修缮、恢复性修建的，可以采用申请式退租、换租、房屋置换等方式，完善配套功能，改善居住环境，加强历史文化保护，恢复传统四合院基本格局；按照核心区控制性详细规划合理利用腾退房屋，建立健全平房区社会管理机制。核心区以外的地区可以参照执行。

实施主体完成直管公房申请式退租和恢复性修建后，可以获得经营房屋的权利。推进直管公房经营预期收益等应收账款质押，鼓励金融机构向获得区人民政府批准授权的实施主体给予贷款支持。

首都功能核心区平房院落腾退空间，在满足居民共生院改造和申请式改善的基础上，允许实施主体依据控制性详细规划，利用腾退空间发展租赁住房、便民服务、商务文化服务等行业。

区属直管公房完成退租、腾退后，可以由实施主体与区人民政府授权的代持机构根据出资、添附情况，按照国有资产管理有关规定共同享有权益。

第三十一条 实施危旧楼房和简易楼改建的，建立物业权利人出资、社会筹资参与、政府支持的资金筹集模式，物业权利人可以提取住房公积金或者利用公积金贷款用于支付改建成本费用。

改建项目应当不增加户数，可以利用地上、地下空间，补充部分城市功能，适度改善居住条件，可以在符合规划、满足安全要求的前提下，适当增加建筑规模作为共有产权住房或者保障性租赁住房。

对于位于重点地区和历史文化街区内的危旧楼房和简易楼，鼓励和引导物业权利人通过腾退外迁改善居住条件。

第三十二条 实施老旧小区综合整治改造的，应当开展住宅楼房抗震加固和节能综合改造，整治提升小区环境，健全物业管理和物业服务费调整长效机制，改善老旧小区居住品质。经业主依法共同决定，业主共有的设施与公共空间，可以通过改建、扩建用于补充小区便民服务设施等。

老旧住宅楼房加装电梯的，应当依法由业主表决确定。业主可以依法确定费用分摊、收益分配等事项。

街道办事处、乡镇人民政府应当健全利益协调机制，推动形成各方认可的利益平衡方案。市住房城乡建设部门应当会同有关部门，通过制定工作指引等方式加强指导。

老旧小区综合整治改造中包含售后公房的，售房单位应当进行专项维修资金补建工作，售后公房业主应当按照国家和本市有关规定续筹专项维修资金。

第三十三条　实施老旧厂房更新改造的，在符合街区功能定位的前提下，鼓励用于补充公共服务设施、发展高精尖产业，补齐城市功能短板。

在符合规范要求、保障安全的基础上，可以经依法批准后合理利用厂房内部空间进行加层改造。

第三十四条　实施低效产业园区更新的，应当推动传统产业转型升级，重点发展新产业、新业态，聚集创新资源、培育新兴产业，完善产业园区配套服务设施。

区人民政府应当建立产业园区分级分类认定标准，将产业类型、投资强度、产出效率、创新能力、节能环保等要求，作为产业引入的条件。区人民政府组织与物业权利人以及实施主体签订履约监管协议，明确各方权利义务。

第三十五条　实施老旧低效楼宇更新的，应当优化业态结构、完善建筑安全和使用功能、提升空间品质、提高服务水平，拓展新场景、挖掘新消费潜力、提升城市活力，提高智能化水平、满足现代商务办公需求。

对于存在建筑安全隐患或者严重抗震安全隐患，以及不符合民用建筑节能强制性标准的老旧低效楼宇，物业权利人应当及时进行更新；没有能力更新的，可以向区人民政府申请收购建筑物、退回土地。

在符合规划和安全等规定的条件下，可以在商业、商务办公建筑内安排文化、体育、教育、医疗、社会福利等功能，也可以用于宿舍型保障性租赁住房。

第三十六条　实施市政基础设施更新改造的，应当完善道路网络，补足交通设施短板，强化轨道交通一体化建设和场站复合利用，建设和完善绿色慢行交通系统，构建连续、通畅、安全的步行与自行车道网络，促进绿色交通设施改造。推进综合管廊建设，完善市政供给体系，建立市政专业整合工作推进机制，统筹道路施工和地下管线建设，应当同步办理立项、规划和施工许可。城市更新项目涉及利用集体土地建设配套公共服务设施、道路和市政设施的，应当随同项目一并研究。

实施老旧、闲置公共服务设施更新改造的，鼓励利用存量资源改造为公共服务设施和便民服务设施，按照民生需求优化功能、丰富供给，提升公共服务设施的服务能力与品质。

实施老旧公共安全设施更新改造的，应当加强首都安全保障，提高城市韧性，提高城市应对多风险叠加能力，确保首都持续安全稳定。

第三十七条　实施公共空间更新改造的，应当统筹绿色空间、滨水空间、慢行系统、边角地、插花地、夹心地等，改善环境品质与风貌特色。实施居住类、产业类城市更新项目时，可以依法将边角地、插花地、夹心地同步纳入相关实施方案，同步组织实施。

公共空间类更新项目由项目所在地街道办事处、乡镇人民政府或者经授权的企业担任实施主体。企业可以通过提供专业化物业服务等方式运营公共空间。有关专业部门、公共服务企业予以专项支持。

第三十八条　本市统筹推进区域综合性更新。

推动街区更新，整合街区各类空间资源，统筹推进居住类、产业类、设施类、公共空间类更新改造，补短板、强弱项，促进生活空间改善提升、生产空间提质增效，加强街区生态修复。

推动轨道交通场站以及周边存量建筑一体化更新，推进场站用地综合利用，实现轨道交通与城市更新有机融合，带动周边存量资源提质增效，促进场站与周边商业、办公、居住等功能融合，补充公共服务设施。

推动重大项目以及周边地区更新，在重大项目建设时，应当梳理周边地区功能以及配套设施短板，提出更新改造范围和内容，推动周边地区老旧楼宇与传统商圈、老旧厂房与低效产业园区提质增效，促进公共空间与公共设施品质提升。

第二节　实施程序

第三十九条　本市建立市、区两级城市更新项目库，实行城市更新项目常态申报和动态调整机制，由城市更新实施单元统筹主体、项目实施主体向区城市更新主管部门申报纳入项目库。具体办法由市住房城乡建设部门会同有关部门制定。

具备实施条件的项目，有关部门应当听取项目所在地街道办事处、乡镇人民政府以及有关单位和个人意见，及时纳入城市更新计划。

第四十条 项目纳入城市更新计划后，实施主体开展实施方案编制工作。编制过程中应当与相关物业权利人进行充分协商，征询利害关系人的意见。

实施主体结合实际情况编制实施方案，明确更新范围、内容、方式以及建筑规模、使用功能、设计方案、建设计划、土地取得方式、市政基础设施和公共服务设施建设、成本测算、资金筹措方式、运营管理模式、产权办理等内容。市、区人民政府有关部门应当加强对实施主体编制实施方案的指导。

第四十一条 依照本条例第二十四条第三款规定确定的实施方案，报区城市更新主管部门，由区人民政府组织区城市更新主管部门会同有关行业主管部门进行联合审查；涉及国家和本市重点项目、跨行政区域项目、涉密项目等重大项目的，应当报市人民政府批准。审查通过的，由区城市更新主管部门会同有关行业主管部门出具意见，并在城市更新信息系统上对项目情况进行公示，公示时间不得少于十五个工作日。

对实施方案应当重点审核以下内容：

（一）是否符合城市更新规划和导则相关要求；

（二）是否符合本条例第四条相关要求；

（三）现状评估、房屋建筑性能评估等工作情况；

（四）更新需求征询以及物业权利人对实施方案的协商表决情况；

（五）建筑规模、主体结构、使用用途调整等情况是否符合相关规划；

（六）项目资金和用地保障情况；

（七）更新改造空间利用以及运营、产权办理、消防专业技术评价情况。

第四十二条 政府投资为主的城市更新项目，可以由区人民政府或者实施主体将相同、相近类型项目或者同一实施单元内的项目统一招标、统一设计。

区人民政府或者实施主体在项目纳入城市更新计划后，在项目主体、招标内容和资金来源等条件基本确定的前提下，可以依法开展勘察设计招标等工作。

第四十三条 实施主体依据审查通过的实施方案申请办理投资、土地、规划、建设等行政许可或者备案，由各主管部门依法并联办理；符合本市简易低风险工程建设项目要求的，按照相关简易程序办理。市住房城乡建设、规划自然资源部门应当会同有关部门，建立科学合理的并联办理工作机制，优化程序，提高效率。

第四十四条 在保障公共安全的前提下，城市更新中既有建筑改造的绿地率可以按照区域统筹核算，人防工程、建筑退界、建筑间距、日照时间、机动车停车数量等无法达到现行标准和规范的，可以按照改造后不低于现状的标准进行审批。

有关行业主管部门可以按照环境改善和整体功能提升的原则，制定适合城市更新既有建筑改造的标准和规范。

第四十五条 城市更新既有建筑改造应当确保消防安全，符合法律法规和有关消防技术标准要求。确实无法执行现行消防技术标准的，按照尊重历史、因地制宜的原则，应当不低于原建造时的标准；或者采用消防性能化方法进行设计，符合开展特殊消防设计情形的，应当按照有关规定开展特殊消防设计专家评审。

有关部门可以根据城市更新要求，依法制定相适应的既有建筑改造消防技术规范或者方案审查流程。

第四十六条 利用更新改造空间按照实施方案从事经营活动的，有关部门应当办理经营许可。

对于原有建筑物进行多种功能使用，不变更不动产登记的，不影响实施主体办理市场主体登记以及经营许可手续。

第五章　城市更新保障

第四十七条　实施城市更新过程中，为了满足安全、环保、无障碍标准等要求，增设必要的楼梯、风道、无障碍设施、电梯、外墙保温等附属设施和室外开敞性公共空间的，增加的建筑规模可以不计入各区建筑管控规模，由各区单独备案统计。

为了保障居民基本生活、补齐城市短板，实施市政基础设施改造、公共服务设施改造、公共安全设施改造、危旧楼房成套化改造的，增加的建筑规模计入各区建筑管控规模，可以由各区单独备案统计，进行全区统筹。

第四十八条　本市探索实施建筑用途转换、土地用途兼容。市规划自然资源部门应当制定具体规则，明确用途转换和兼容使用的正负面清单、比例管控等政策要求和技术标准。

存量建筑在符合规划和管控要求的前提下，经依法批准后可以转换用途。鼓励各类存量建筑转换为市政基础设施、公共服务设施、公共安全设施。公共管理与公共服务类建筑用途之间可以相互转换；商业服务业类建筑用途之间可以相互转换；工业以及仓储类建筑可以转换为其他用途。

存量建筑用途转换经批准后依法办理规划建设手续。符合正面清单和比例管控要求的，按照不改变规划用地性质和土地用途管理；符合正面清单，但是超过比例管控要求的，应当依法办理土地用途变更手续，按照不同建筑用途的建筑规模比例或者功能重要性确定主用途，按照主用途确定土地配置方式、使用年期，结合兼容用途及其建筑规模比例综合确定地价。

住房城乡建设、市场监管、税务、卫生健康、生态环境、文化旅游、公安、消防等部门应当按照工作职责为建筑用途转换和土地用途兼容使用提供政策和技术支撑，办理建设、使用、运营等相关手续，加强行业管理和安全监管。

第四十九条　开展城市更新活动的，国有建设用地依法采取租赁、出让、先租后让、作价出资或者入股等有偿使用方式或者划拨方式配置。采取有偿使用方式配置国有建设用地的，可以按照国家规定采用协议方式办理用地手续。

根据实施城市规划需要，可以由政府依法收回国有建设用地使用权。重新配置的，经营性用地应当依法采取公开招标、拍卖、挂牌等方式。未经有关部门批准，不得分割转让土地使用权。

本市鼓励在城市更新活动中采取租赁方式配置国有建设用地。租赁国有建设用地可以依法登记，租赁期满后可以续租。在租赁期以内，承租人按照规定支付土地租金并完成更新改造后，符合条件的，国有建设用地租赁可以依法转为国有建设用地使用权出让。

国有建设用地租赁、先租后让和国有建设用地使用权作价出资或者入股的具体办法由市规划自然资源部门制定。

第五十条　在不改变用地主体的条件下，城市更新项目符合更新规划以及国家和本市支持的产业业态的，在五年内可以继续按照原用途和土地权利类型使用土地，可以根据更新改造需要办理建设工程规划许可和建筑工程施工许可手续，暂不办理用地手续和不动产登记。

五年期满或者涉及转让时，经区人民政府评估，符合更新规划和产业发展方向，已经实现既定的使用功能和预期效果的，可以按照本条例第四十九条规定以新用途办理用地手续。允许用地主体提前申请按照新用途办理用地手续。

五年期限的起始日从核发建筑工程施工许可证之日起计算；不需要办理建筑工程施工许可证的，起始日从核发建设工程规划许可证之日起计算。

第五十一条　在城市更新活动中，可以采用弹性年期供应方式配置国有建设用地。采取租赁方式配置的，土地使用年期最长不得超过二十年；采取先租后让方式配置的，租让年期之和不得超过该用途土地出让法定最高年限。国有建设用地使用权剩余年期不足，确需延长的，可以依法适当延长使用年限，但是剩余年期与续期之和不得超过该用途土地出让法定最高年限。

涉及缴纳或者补缴土地价款的，应当考虑土地取得成本、公共要素贡献等因素，综合确定土地价款。

采取租赁方式使用土地的，土地租金按年支付或者分期缴纳，租金标准根据前款以及地价评估规定确定。土地租金按年支付的，年租金应当按照市场租金水平定期评估后调整，时间间隔不得超过五年。

第五十二条 城市更新范围内已取得土地和规划审批手续的建筑物，可以纳入实施方案研究后一并办理相关手续。无审批手续、审批手续不全或者现状与原审批不符的建筑，区人民政府应当组织有关部门进行调查、认定，涉及违反法律规定的，应当依法处理；不涉及违反法律规定的，经公示后可以纳入实施方案研究后一并办理相关手续。

城市更新项目应当权属清楚、界址清晰、面积准确，实施更新后依法办理不动产登记。

第五十三条 本市鼓励在符合控制性详细规划的前提下，采取分层开发的方式，合理利用地上、地下空间补充建设城市公共服务设施，并依法办理不动产登记。

支持将符合要求的地下空间用于便民服务设施、公共服务设施，补充完善街区服务功能。

第五十四条 市、区人民政府应当加强相关财政资金的统筹利用，可以对涉及公共利益、产业提升的城市更新项目予以资金支持，引导社会资本参与。鼓励通过依法设立城市更新基金、发行地方政府债券、企业债券等方式，筹集改造资金。

纳入城市更新计划的项目，依法享受行政事业性收费减免，相关纳税人依法享受税收优惠政策。

鼓励金融机构依法开展多样化金融产品和服务创新，适应城市更新融资需求，依据审查通过的实施方案提供项目融资。

按照国家规定探索利用住房公积金支持城市更新项目。

第六章　监督管理

第五十五条 市、区人民政府及其有关部门在实施城市更新过程中，应当依法履行重大行政决策程序，统筹兼顾各方利益，畅通公众参与渠道。

第五十六条 市人民政府以及市住房城乡建设等有关部门应当加强对区人民政府及其有关部门城市更新过程中实施主体确定、实施方案审核、更新决定作出、审批手续办理、信息系统公示等情况的监督指导。

国有资产监督管理机构应当建立健全与国有企业参与城市更新活动相适应的考核机制。

第五十七条 区城市更新主管部门会同有关行业主管部门对城市更新项目进行全过程监督，可以结合项目特点，通过签订履约监管协议等方式明确监管主体、监管要求以及违约的处置方式，加强监督管理。

城市更新项目应当按照经审查通过的实施方案进行更新和经营利用，不得擅自改变用途、分割销售。

第五十八条 对于违反城市更新有关规定的行为，任何单位和个人有权向市、区人民政府及其有关部门投诉、举报，市、区人民政府及其有关部门应当按照规定及时核实处理。

第七章　附　则

第五十九条 本条例自2023年3月1日起施行。

附录2

北京近年城市更新
政策建设清单

1　综合指引类政策（附表1-1）

北京城市更新综合指引类政策

附表1-1

编号	政策文件名称	文号/发布时间	发文单位
1	《北京城市总体规划（2016年—2035年）》	2017年9月29日	北京市规划和国土资源管理委员会
2	《北京市人民政府关于组织开展"疏解整治促提升"专项活动（2017—2020年）的实施意见》	京政发〔2017〕8号	北京市人民政府
3	《北京市城乡规划条例》	2019年3月29日	北京市十五届人大常委会第十二次会议
4	《关于建立国土空间规划体系并监督实施的实施意见》	京发〔2020〕7号	中共北京市委、北京市人民政府
5	《北京历史文化名城保护条例》	2021年1月	北京市十五届人民代表大会第四次会议
6	《北京市国民经济和社会发展第十四个五年规划和二〇三五年远景目标纲要》	2021年1月27日	北京市第十五届人民代表大会第四次会议批准
7	《关于"十四五"时期深化推进"疏解整治促提升"专项行动的实施意见》	京政发〔2021〕1号	北京市人民政府
8	《北京市城市更新行动计划（2021—2025年）》	京办发〔2021〕20号	中共北京市委办公厅
9	《关于实施城市更新行动的指导意见》	京政发〔2021〕10号	北京市人民政府
10	《北京市城市更新专项规划（北京市"十四五"时期城市更新规划）》	京政发〔2022〕20号	北京市人民政府
11	《北京市城市更新条例》	2022年12月6日	北京市人民代表大会

2　分类引导类政策

2.1　居住类（附表2-1）

北京城市更新分类引导类政策——居住类

附表2-1

编号	政策文件名称	文号/发布时间	发文单位
12	《关于印发〈北京市老旧小区综合整治工作实施意见〉的通知》	京政发〔2012〕3号	北京市人民政府
13	《关于在北京市棚户区改造和环境整治中做好文物保护工作的指导意见》	京文物〔2013〕1160号	北京市文物局

编号	政策文件名称	文号/发布时间	发文单位
14	《棚户区改造前期工作及拟改造土地使用权一次性招标的指导意见（试行）》	京国土储〔2014〕289号	北京市国土局
15	《北京市人民政府关于加快棚户区改造和环境整治工作的实施意见》	京政发〔2014〕18号	北京市人民政府
16	《关于明确我市棚户区改造土地供应规划调整和房屋销售等政策加快推进棚户区改造的意见》	京建文〔2015〕34号	北京市住房和城乡建设委员会、北京市重大项目建设指挥部办公室、北京市发展和改革委员会、北京市国土资源局、北京市规划委员会
17	《关于加快涉及集体土地棚户区改造和环境整治项目审批有关事宜的通知》	京发改（2015）693号	北京市发展和改革委员会、北京市重大项目建设指挥部办公室
18	《关于进一步明确北京市棚户区改造项目认定条件的意见》	京重大办〔2015〕61号	北京市重大项目建设指挥部办公室、北京市住房和城乡建设委员会
19	《关于进一步规范棚户区改造前期工作及拟改造土地使用权一次性招标有关工作的通知》	京国土储〔2016〕111号	北京市国土资源局
20	《北京市人民政府关于进一步加快推进棚户区和城乡危房改造及配套基础设施建设工作的意见》	京政发〔2016〕6号	北京市人民政府
21	《关于建立我市实施综合改造老旧小区物业管理长效机制的指导意见》	京建发〔2018〕255号	北京市住房和城乡建设委员会、中共北京市委社会工作委员会、北京市社会建设工作办公室、北京市民政局
22	《老旧小区综合整治工作方案（2018—2020年）》	京政办发〔2018〕6号	北京市人民政府办公厅
23	《关于加强直管公房管理的意见》	京政办发〔2018〕20号	北京市人民政府办公厅
24	《关于加快推进老旧小区综合整治规划建设试点工作的指导意见》	京规划国土〔2018〕34号	北京市规划和国土资源管理委员会
25	《关于老旧小区综合整治市区财政补助政策的函》	京财经二〔2019〕204号	北京市财政局
26	《本市老旧小区绿化改造基本要求》	京绿办发〔2019〕139号	北京市园林绿化局
27	《北京市街道办事处条例》	2019年12月17日	北京市民政局
28	《北京市物业管理条例》	2020年4月1日	北京市人民代表大会常务委员会
29	《2020年老旧小区综合整治工作方案》	2020年5月	北京市住房和城乡建设委员会、北京市发展和改革委员会、北京市规划和自然资源委员会、北京市财政局、北京市城市管理委员会、北京市民政局、北京市人民政府国有资产监督管理委员会
30	《关于确认2020年第一批老旧小区综合整治项目及有关工作的通知》	京老旧办发〔2020〕1号	北京市住房和城乡建设委员会
31	《关于加强北京市物业管理工作提升物业服务水平三年行动计划（2020—2022年）》	2020年7月23日	中共北京市委办公厅、北京市人民政府办公厅

续表

编号	政策文件名称	文号/发布时间	发文单位
32	《北京市老旧小区综合整治市政专业管线改造统筹工作方案（试行）》	2020年10月29日	北京市住房和城乡建设委员会
33	《关于开展危旧楼房改建试点工作的意见》	京建发〔2020〕178号	北京市住房和城乡建设委员会、北京市规划和自然资源委员会、北京市发展和改革委员会、北京市财政局
34	《北京市老旧小区综合整治工作手册》	京建发〔2020〕100号	北京市住房和城乡建设委员会
35	《北京市2020年棚户区改造和环境整治任务》	京政办发〔2020〕11号	北京市人民政府办公厅
36	《北京市"十四五"时期老旧小区改造规划》	京建发〔2021〕275号	北京市住房和城乡建设委员会
37	《北京市老旧小区综合整治标准与技术导则（征求意见稿）》	京建发〔2021〕274号	北京市住房和城乡建设委员会
38	《关于引入社会资本参与老旧小区改造的意见》	京建发〔2021〕121号	北京市住房和城乡建设委员会、北京市发展和改革委员会、北京市规划和自然资源委员会、北京市财政局、北京市人民政府国有资产监督管理委员会、北京市民政局、北京市地方金融监督管理局、北京市城市管理委员会
39	《关于解决"老旧小区改造项目推进难"问题工作方案》	京建发〔2021〕175号	北京市住房和城乡建设委员会
40	《2021年北京市老旧小区综合整治工作方案》	京老旧办发〔2021〕12号	北京市住房和城乡建设委员会
41	《关于老旧小区综合整治实施适老化改造和无障碍环境建设的指导意见》	京老旧办发〔2021〕11号	北京市住房和城乡建设委员会
42	《关于老旧小区更新改造工作的意见》	京规自发〔2021〕120号	北京市规划和自然资源委员会
43	《关于进一步加强老旧小区更新改造工程质量管理工作的通知》	京建发〔2021〕242号	北京市住房和城乡建设委员会
44	《关于危旧楼房改建项目审批工作有关问题的通知》	京建发〔2021〕220号	北京市住房和城乡建设委员会
45	《2022年老旧小区综合整治工作方案》	2022年1月17日	北京市住房和城乡建设委员会、北京市发展和改革委员会、北京市规划与自然资源委员会、北京市财政局、北京市民政局
46	《关于住房公积金支持北京老旧小区综合整治的通知》	京房公积金发〔2022〕1号	北京住房公积金管理中心、北京市住房和城乡建设委员会
47	《关于进一步做好老旧小区综合整治项目中楼内上下水管线改造工作的通知》	京老旧办发〔2022〕8号	北京市老旧小区综合整治联席会议办公室
48	《关于下达2022年老旧小区综合整治工作任务的通知》	京老旧办发〔2022〕10号	北京市老旧小区综合整治联席会议办公室
49	《北京市老旧小区改造工作改革方案》	京政办发〔2022〕28号	北京市人民政府办公厅

2.2　产业类（附表2-2）

北京城市更新分类引导类政策——产业类　　　　附表2-2

编号	政策文件名称	文号/发布时间	发文单位
50	《实施北京市街区商业生态配置指标的指导意见》	京商务规字〔2018〕31号	北京市商务委员会
51	《关于发展租赁型职工集体宿舍的意见(试行)》	京建法〔2018〕11号	北京市住房和城乡建设委员会
52	《保护利用老旧厂房拓展文化空间项目管理办法（试行）》	京文领办发〔2019〕5号	北京市文化改革和发展领导小组办公室
53	《关于支持首钢园区推进服务业扩大开放有关事项的通知》	京发改〔2019〕1069号	北京市发展和改革委员会
54	《关于推动老旧厂房拓展文化空间指导意见落地实施的工作方案》	2019年	北京市发展和改革委员会
55	《北京市关于进一步繁荣夜间经济促进消费增长的措施》	2019年7月	北京市商务局
56	《北京经济技术开发区关于促进城市更新产业升级的若干措施（试行)》	2020年	北京经济技术开发区管理委员会
57	《关于进一步促进社区商业发展的若干措施》	2020年12月	北京市商务局、北京市规划和自然资源委员会、北京市住房和城乡建设委员会、北京市城市管理委员会等
58	《西城区支持低效楼宇改造提升的若干措施（试行)》	西发改〔2020〕76号	北京市西城区发展和改革委员会
59	《西城区加快推进数字经济发展若干措施（试行)》	西行规发〔2020〕1号	北京市西城区人民政府
60	《北京市促进新消费引领品质新生活行动方案》	2020年6月10日	北京市发展和改革委员会
61	《北京经济技术开发区产业用地标准化管理暂行办法（试行)》	京技管〔2020〕95号	北京经济技术开发区管理委员会、北京市人民政府行政审批制度改革办公室
62	《北京经济技术开发区关于城市更新产业升级的若干措施（试行)》	2021年3月25日	北京经济技术开发区管理委员会
63	《关于贯彻新发展理念加快亦庄新城高质量发展的若干措施（3.0版本)》	京技管〔2021〕42号	北京经济技术开发区管理委员会
64	《亦庄新城产业用地规划建设指标使用管理办法（试行)》	京技管〔2021〕95号	北京经济技术开发区管理委员会
65	《关于加强腾退空间和低效楼宇改造利用促进高精尖产业发展的工作方案》	京发改规〔2021〕1号	北京市发展和改革委员会
66	《北京市"十四五"时期优化营商环境规划》	京政发〔2021〕24号	北京市人民政府
67	《北京培育建设国际消费中心城市实施方案（2021—2025年)》	2021年8月27日	中共北京市委办公厅、北京市人民政府办公厅
68	《北京市"十四五"时期商业服务业发展规划》	京商规字〔2021〕4号	北京市商务局
69	《"十四五"时期新首钢高端产业综合服务区转型发展规划》	2021年7月	北京市石景山区西部建设办公室

续表

编号	政策文件名称	文号/发布时间	发文单位
70	《北京市新增产业的禁止和限制目录（2022年版）》	京政办发〔2022〕5号	北京市人民政府办公厅
71	《深入打造新时代首都城市复兴新地标加快推动京西地区转型发展行动计划（2022—2025年）》	2022年3月24日	北京市发展和改革委员会
72	《实施北京市街区商业生态配置指标的指导意见》	京商务规字〔2018〕31号	北京市商务委员会
73	《关于发展租赁型职工集体宿舍的意见（试行）》	京建法〔2018〕11号	北京市住房和城乡建设委员会
74	《保护利用老旧厂房拓展文化空间项目管理办法（试行）》	京文领办发〔2019〕5号	北京市文化改革和发展领导小组办公室
75	《关于支持首钢园区推进服务业扩大开放有关事项的通知》	京发改〔2019〕1069号	北京市发展和改革委员会
76	《关于开展老旧厂房更新改造工作的意见》	京规自发〔2021〕139号	北京市规划和自然资源委员会、北京市住房和城乡建设委员会、北京市发展和改革委员会、北京市财政局
77	《北京市商务委员会关于对本市商务服务业主题示范楼宇升级改造工作给予适当奖励的实施意见》	京商务商服字〔2014〕1号	北京市商务委员会
78	《关于开展老旧楼宇更新改造工作的意见》	京规自发〔2021〕140号	北京市规划和自然资源委员会
79	《关于进一步促进社区商业发展的若干措施》	2020年12月11日	北京市商务局、北京市规划和自然资源委员会、北京市住房和城乡建设委员会、北京市城市管理委员会等
80	《西城区支持低效楼宇改造提升的若干措施（试行）》	西发改〔2020〕76号	北京市西城区发展和改革委员会
81	《西城区加快推进数字经济发展若干措施（试行）》	西行规发〔2020〕1号	北京市西城区人民政府
82	《北京市促进新消费引领品质新生活行动方案》	2020年6月10日	北京市发展和改革委员会

2.3 设施类（附表2-3）

北京城市更新分类引导类政策——设施类　　　　附表2-3

编号	政策文件名称	文号/发布时间	发文单位
83	《北京市居住公共服务设施配置指标》	京政发〔2015〕7号	北京市人民政府
84	《北京市居住公共服务设施配置指标实施意见》	京政发〔2015〕7号	北京市人民政府
85	《北京市人民政府关于创新重点领域投融资机制鼓励社会投资的实施意见》	京政发〔2015〕14号	北京市人民政府
86	《北京市人民政府办公厅关于在公共服务领域推广政府和社会资本合作模式的实施意见》	京政办发〔2015〕52号	北京市人民政府办公厅
87	《关于进一步加快交通基础设施建设实施办法（试行）》	京政发〔2016〕53号	北京市人民政府

编号	政策文件名称	文号/发布时间	发文单位
88	《关于进一步加强电动汽车充电基础设施建设和管理的实施意见》	京政办发〔2017〕36号	北京市人民政府办公厅
89	《"疏解整治促提升"工作中完善便民商业设施若干问题的指导意见》	2017年5月	北京市商务委员会
90	《优化提升回龙观天通苑地区公共服务和基础设施三年行动计划（2018—2020年）》	京政办发〔2018〕28号	北京市人民政府办公厅
91	《北京市利用居住区疏解腾退空间补充完善便民商业配套服务设施的指导意见》	京建发〔2018〕423号	北京市商务委员会
92	《关于单建地下公共停车场规划和用地管理的意见（试行）》	2018年	北京市规划和自然资源委员会、北京市交通委员会
93	《关于北京市居住配套商业服务设施改变使用性质及转让工作办理规定的通知》	京商务规字〔2018〕26号	北京市商务委员会
94	《居住配套商业服务设施规划建设使用管理办法（试行）》	京商务规字〔2018〕6号	北京市商务委员会、北京市规划和国土资源管理委员会、北京市住房和城乡建设委员会、北京市发展和改革委员会、北京市工商行政管理局
95	《关于利用地下空间补充完善便民商业配套服务设施的指导意见》	京商务规字〔2018〕5号	北京市商务委员会
96	《北京市人民政府办公厅印发关于进一步提升生活性服务业品质的工作方案的通知》	京政办发〔2018〕10号	北京市人民政府办公厅
97	《关于北京市居住配套商业服务设施改变使用性质及转让工作办理规定的通知》	京商务规字〔2018〕26号	北京市商务委员会
98	《北京市进一步加快推进城乡水环境治理工作三年行动方案（2019年7月—2022年6月）》	京政发〔2019〕19号	北京市人民政府
99	《北京市进一步促进无障碍环境建设2019—2021年行动方案》	京政办发〔2019〕20号	北京市人民政府
100	《关于明确电动自行车集中充电设施建设有关工作的通知》	京消〔2020〕72号	北京市消防救援总队、北京市规划和自然资源委员会、北京市住房和城乡建设委员会、北京市城市管理委员会、北京市城市管理综合行政执法局、国网北京市电力公司
101	《北京市人民政府关于加快培育壮大新业态新模式促进北京经济高质量发展的若干意见》	2020年6月10日	中共北京市委、北京市人民政府
102	《关于印发支持北京市基础设施领域不动产投资信托基金（REITs）产业发展若干措施的通知》	京发改〔2020〕1465号	北京市发展和改革委员会
103	《北京市体育设施专项规划（2018年—2035年）》	2020年12月31日	北京市体育局、北京市规划和自然资源委员会
104	《2020年北京市交通综合治理行动计划》	京政办发〔2020〕6号	北京市人民政府
105	《关于进一步促进社区商业发展的若干措施》	京商生活字〔2020〕46号	北京市商务局、北京市规划和自然资源委员会、北京市住房和城乡建设委员会、北京市城市管理委员会、北京市市场监督管理局、北京市城市管理综合行政执法局、北京市药品监督管理局、国家税务总局北京市税务局、北京市邮政管理局

编号	政策文件名称	文号/发布时间	发文单位
106	《关于支持首都功能核心区利用简易楼腾退建设绿地或公益性设施的实施办法》	京发改规〔2021〕7号	北京市发展和改革委员会
107	《关于促进全民健身和体育消费推动体育产业高质量发展的实施意见》	京政办发〔2021〕9号	北京市人民政府办公厅
108	《北京市无障碍环境建设条例》	〔十五届〕第63号（2021年9月24日）	北京市人民代表大会常务委员会
109	《关于加快推进韧性城市建设的指导意见》	2021年11月11日	中共北京市委办公厅、北京市人民政府办公厅
110	《北京市社区卫生服务机构规划与建设标准》	京卫基层〔2022〕2号	北京市卫生健康委员会
111	《加快建设一刻钟便民生活圈 促进生活服务业转型升级的若干措施》	京商生活字〔2022〕37号	北京市商务局
112	《北京市全民健身场地设施建设补短板五年行动计划（2021年—2025年）》	京体办字〔2022〕26号	北京市体育局、北京市发展和改革委员会、北京市规划和自然资源委员会、北京市住房和城乡建设委员会、北京市园林绿化局
113	《北京市"十四五"时期民政事业发展规划》	京民研发〔2021〕165号	北京市民政局
114	《北京市"十四五"时期教育改革和发展规划（2021—2025年）》	2021年9月30日	北京市教育委员会
115	《北京市"十四五"时期社会公共服务发展规划》	京发改〔2021〕1932号	北京市发展和改革委员会
116	《北京市"十四五"时期重大基础设施发展规划》	京政发〔2022〕9号	北京市人民政府
117	《北京市"十四五"时期交通发展建设规划》	京政发〔2022〕17号	北京市人民政府
118	《2022年北京市交通综合治理行动计划》	京交综治发〔2022〕2号	北京市交通综合治理领导小组

2.4　公共空间类（附表2-4）

北京城市更新分类引导类政策——公共空间类　　　　　附表2-4

编号	政策文件名称	文号/发布时间	发文单位
119	《百街千巷——东城区街道环境提升十要素设计导则》	2017年8月	北京市东城区
120	《关于城市公共空间改造提升示范工程试点工作方案》	2017年10月21日	北京市发展和改革委员会
121	《核心区背街小巷环境整治提升设计管理导则》	2017年11月	北京市城市管理委员会
122	《城市公共空间改造提升示范工程试点工作方案实施细则》	2017年12月	北京市发展和改革委员会

续表

编号	政策文件名称	文号/发布时间	发文单位
123	《北京市老旧公园改造提升导则》	京绿园发〔2018〕1号	北京市园林绿化局
124	《北京街道更新治理城市设计导则》	2018年9月	北京市规划国土委员会
125	《北京市户外广告设施、牌匾标识和标语宣传品设置管理条例》	〔十五届〕第51号	北京市人民代表大会常务委员会
126	《北京公共空间改造提升三年行动方案（2019年—2021年）》	2019年	北京市发展和改革委员会
127	《北京市古树名木保护管理条例》	2019年7月26日	北京市人民代表大会常务委员会
128	《背街小巷环境精细化整治提升三年（2020—2022年）行动方案》	2020年	北京市城市管理委、首都文明办、北京市规划和自然资源委联合
129	《北京市公共绿地建设管理办法》	京绿办发〔2020〕9号	北京市园林绿化局
130	《北京市重要市政场站城市设计导则》	京规自发〔2021〕186号	北京市规划与自然资源委员会
131	《2021年背街小巷环境精细化整治提升工作方案》	京管发〔2021〕4号	北京市城市管理委员会
132	《加强全市城市部件动态精细化管理工作意见》	首环建管办〔2021〕40号	首都城市环境建设管理委员会办公室
133	《北京滨水空间城市设计导则》	2021年6月	北京市规划和自然资源委员会
134	《北京市城市设计导则》	京规自发〔2021〕145号	北京市规划和自然资源委员会
135	《北京市河道规划设计导则》	2021年	北京市规划和自然资源委员会
136	《北京城市色彩城市设计导则》	2021年	北京市规划和自然资源委员会
137	《北京市商业街区店铺招牌设置规范(试行)》	京管发〔2021〕9号	北京市城市管理委员会、北京市商务局
138	《北京市关于进一步加强第一道绿化隔离地区规划建设管理的实施办法》	京政发〔2022〕18号	北京市人民政府

2.5　区域综合类（附表2-5）

北京城市更新分类引导类政策——区域综合类　　　　　　　附表2-5

编号	政策文件名称	文号/发布时间	发文单位
139	《朝阳区街区设计导则》	2018年	北京市朝阳区人民政府
140	《北京西城街区整理城市设计导则》	2018年2月	北京市西城区人民政府
141	《优化提升回龙观天通苑地区公共服务和基础设施三年行动计划（2018—2020年）》	2018年7月29日	北京市人民政府办公厅
142	《关于支持北京金融科技与专业服务创新示范区（西城区域）建设若干措施》	西行规发〔2018〕6号	北京市西城区人民政府等

续表

编号	政策文件名称	文号/发布时间	发文单位
143	《北京历史文化街区风貌保护与更新设计导则》	2019年3月	北京市规划和自然资源委员会
144	《东城区老城房屋修缮中老材料、老构件收集及使用管理暂行办法》	2019年5月	北京市东城区人民政府
145	《历史文化街区工程管线综合规划规范》	2019年9月23日	北京市规划和自然资源委员会
146	《关于做好核心区历史文化街区平房直管公房申请式退租、恢复性修建和经营管理有关工作的通知》	京建发〔2019〕18号	北京市住房和城乡建设委员会、北京市东城区人民政府、北京市西城区人民政府
147	《海淀分区规划（国土空间规划）（2017年—2035年）》	2019年	北京市政府
148	《北京老城保护房屋修缮技术导则（2019版）》	2020年4月26日	北京市规划和自然资源委员会、北京市城市管理委员会、北京市文物局、北京市东城区人民政府、北京市西城区人民政府
149	《中关村国家自主创新示范区统筹发展规划（2020年—2035年）》	2020年9月	中关村示范区领导小组
150	《首都功能核心区控制性详细规划（街区层面）（2018年—2035年）》	2020年8月30日	北京市规划和自然资源委员会、北京市东城区人民政府、西城区人民政府
151	《关于首都功能核心区平房（院落）保护性修缮和恢复性修建工作的意见》	京规自发〔2021〕114号	北京市规划和自然资源委员会
152	《关于核心区历史文化街区平房直管公房开展申请式换租有关工作的通知》	京建发〔2021〕332号	北京市住房与城乡建设委员会、北京市东城区人民政府、北京市西城区人民政府
153	《"十四五"时期中关村国家自主创新示范区发展建设规划》	2021年11月29日	中关村科技园区管理委员会
154	《深入推进回龙观天通苑地区提升发展行动计划（2021—2025年）》	京政办发〔2021〕11号	北京市人民政府办公厅
155	《深入打造新时代首都城市复兴新地标 加快推动京西地区转型发展行动计划（2022—2025年）》	2022年3月24日	北京市发展和改革委员会
156	《北京中轴线文化遗产保护条例》	北京市人民代表大会常务委员会公告〔十五届〕第75号	北京市人民代表大会常务委员会
157	《关于推动中关村加快建设世界领先科技园区的若干政策措施》	京科发〔2022〕4号	北京市科学技术委员会、中关村科技园区管理委员会
158	《促进金融街高质量发展建设三年行动方案（2022—2024年）（征求意见稿）》	2022年4月	北京金融街服务局
159	《北京昌平区回龙观、天通苑地区CP02-0101~0602街区控制性详细规划（街区层面）（2020年—2035年）》	2022年3月	北京市昌平区人民政府
160	《北京市回龙观天通苑地区提升发展2022年工作计划》	2022年	北京市发展和改革委员会

3 配套细则类政策

3.1 主体（附表3-1）

北京城市更新配套细则类政策——主体

编号	政策文件名称	文号/发布时间	发文单位
161	《关于推进北京市核心区责任规划师工作的指导意见（试行）》	2018年12月	北京市规划和自然资源委员会
162	《北京市责任规划师制度实施办法（试行）》	2019年5月10日	北京市规划和自然资源委员会
163	《北京市深化政务公开扩大公众参与工作办法》	京公开办发〔2020〕4号	北京市政务服务管理局
164	《关于建立北京市责任规划师意见反馈机制的通知》	京规自发〔2021〕218号	北京市规划和自然资源委员会
165	《关于责任规划师参与老旧小区综合整治工作的意见》	京规自函〔2021〕1568号	北京市规划和自然资源委员会、北京市住房和城乡建设委员会

3.2 资金（附表3-2）

北京城市更新配套细则类政策——资金

编号	政策文件名称	文号/发布时间	发文单位
166	《北京市国有建设用地使用权出让地价评审暂行规定》	2015年3月11日	北京市国土资源局办公室
167	《朝阳区节能减碳专项资金管理办法》	朝政发〔2017〕12号	北京市朝阳区人民政府
168	《朝阳区政府投资建设项目招标投标监督管理办法》	朝政发〔2015〕14号	北京市朝阳区人民政府
169	《促进中国（北京）自由贸易试验区国际商务服务片区北京CBD高质量发展引导资金管理办法（试行）》	2021年9月17日	北京市商务中心区管委会
170	《朝阳区鼓励商务楼宇减免租金政策支持事宜的实施细则》	2022年	北京市朝阳区人民政府
171	《北京市人民政府关于更新出让国有建设用地使用权基准地价的通知》	京政发〔2022〕12号	北京市人民政府
172	《中关村国家自主创新示范区一区多园协同发展支持资金管理办法》	中科园发〔2019〕19号	中关村科技园区管理委员会

3.3　空间（附表3-3）

北京城市更新配套细则类政策——空间　　　　　　　附表3-3

编号	政策文件名称	文号/发布时间	发文单位
173	《建设用地供应办法》	京政发〔2005〕6号	北京市人民政府
174	《北京市国有土地上房屋征收与补偿实施意见》	京政发〔2011〕27号	北京市人民政府
175	《关于规范国有企业房屋出租管理工作的意见》	京国资发〔2012〕34号	北京市人民政府国有资产监督管理委员会
176	《关于进一步规范市属国有企业京内土地房屋资产处置和房屋出租对外合作经营管理的通知》	京国资发〔2018〕21号	北京市人民政府国有资产监督管理委员会
177	《北京市土地资源整理暂行办法》	京规划国土发〔2018〕314号	北京市规划和国土资源管理委员会、北京市发展和改革委员会、北京市财政局、北京市住房和城乡建设委员会
178	《建设项目规划使用性质正面和负面清单》	市规划国土发〔2018〕88号	北京市规划和国土资源管理委员会
179	《北京市地下空间使用负面清单》	京人防发〔2019〕136号	北京市人民防空办公室、北京市住房和城乡建设委员会
180	《北京市人民政府关于落实户有所居加强农村宅基地及房屋建设管理的指导意见》	京政发〔2020〕15号	北京市人民政府
181	《北京市战略留白用地管理办法》	京政发〔2020〕10号	北京市人民政府
182	《关于加强市属国企土地管理和统筹利用的实施意见》	京国资发〔2020〕4号	北京市人民政府国有资产监督管理委员会、北京市发展和改革委员会、北京市财政局、北京市规划和自然资源委员会、北京市住房和城乡建设委员会
183	《北京市国有土地上房屋征收与补偿实施意见》的补充通知	京政发〔2021〕13号	北京市人民政府
184	《关于完善建设用地使用权转让、出租、抵押二级市场的实施意见》	京政办发〔2021〕10号	北京市人民政府办公厅
185	《关于进一步推进非居住建筑改建宿舍型租赁住房有关工作的通知》	京建发〔2021〕159号	北京市住房和城乡建设委员会、北京市规划和自然资源委员会、北京市发展和改革委员会、北京市消防总队
186	《北京市既有建筑改造工程消防设计指南（试行）》	京规自发〔2021〕79号	北京市规划和自然资源委员会
187	《北京市关于深化城市更新中既有建筑改造消防设计审查验收改革的实施方案》	京建发〔2021〕386号	北京市住房和城乡建设委员会、北京市规划和自然资源委员会、北京市消防救援总队
188	《西城区疏解腾退空间资源 再利用指导意见》	西政办发〔2021〕7号	北京市西城区人民政府办公室
189	《腾退地下空间管理和使用指导意见》	京人防发〔2022〕23号	北京市人民防空办公室、北京市住房和城乡建设委员会

3.4　运维（附表3-4）

北京城市更新配套细则类政策——运维　　　　　　附表3-4

编号	政策文件名称	文号/发布时间	发文单位
190	《北京市土地整治项目验收管理办法》	2014年	北京市国土资源局
191	《北京市公共服务类建设项目投资审批改革试点实施方案》	京政发〔2016〕35号	北京市人民政府
192	《关于党建引领街巷管理体制机制创新实现"街乡吹哨、部门报到"的实施方案》	京办发〔2018〕6号	中共北京市委办公厅
193	《关于全面推行施工图多审合一改革的实施意见》	市规划国土发〔2018〕83号	北京市规划和国土资源管理委员会、北京市公安局消防局、北京市民防局、北京市住房和城乡建设委员会
194	《关于进一步优化营商环境深化建设项目行政审批流程改革的意见》	市规划国土发〔2018〕69号	北京市规划和国土资源管理委员会、北京市发展和改革委员会、北京市住房和城乡建设委员会、北京市政府审改办、北京市政务服务管理办公室、北京市税务局、北京市园林绿化局、北京市民防局、北京市公安局消防局
195	《北京市工程建设项目审批制度改革试点实施方案》	京政办发〔2018〕36号	北京市人民政府办公厅
196	《北京市政府投资工程建设项目"多规合一"协同平台运行规则（试行）》	京规划国土发〔2018〕381号	北京市规划和国土资源管理委员会
197	《关于加强新时代街道工作的意见》	2019年2月26日	中共北京市委、北京市人民政府
198	《关于立即处置在施违法建设的实施意见（试行）》	京规自发〔2019〕181号	北京市规划和国土资源管理委员会
199	《关于疏解腾退老城房办理不动产登记及土地有偿使用的工作意见》	京规自函〔2019〕1315号	北京市规划和自然资源委员会、北京市住房和城乡建设委员会
200	《关于完善简易低风险工程建设项目审批服务的意见》	京规自发〔2019〕439号	北京市规划和自然资源委员会、北京市住房和城乡建设委员会、北京市发展和改革委员会、北京市经济和信息化局、北京市财政局、北京市生态环境局、北京市水务局、北京市文物局、北京市园林绿化局、北京市政务服务管理局、北京市人民防空办公室
201	《北京市进一步深化工程建设项目审批制度改革实施方案》	京政办发〔2019〕22号	北京市人民政府
202	《北京市住房和城乡建设委员会关于加强和规范全市建筑工程施工许可审批事中事后监管的通知》	京建发〔2019〕435号	北京市住房和城乡建设委员会
203	《关于优化新建社会投资简易低风险工程建设项目审批服务的若干规定》	京政办发〔2019〕10号	北京市人民政府办公厅
204	《北京市发展和改革委员会等4部门印发关于推动减量发展若干激励政策措施的通知》	京发改〔2019〕1863号	北京市发展和改革委员会等4部门
205	《关于调整我市建筑工程施工许可办理限额的通知》	京建发〔2021〕377号	北京市住房和城乡建设委员会
206	《明确社会投资工程建设项目审批工作要求的通知》	京规自发〔2022〕118号	北京市规划和国土资源管理委员会、北京市住房和城乡建设委员会

参考文献

［1］　唐燕，杨东，祝贺. 城市更新制度建设：广州、深圳、上海的比较［M］. 北京：清华大学出版社，2019.

［2］　国家统计局. 第七次全国人口普查公报［R/OL］（2021-05-11）［2021-0-17］. http://www.stats.gov.cn/tjsj/tjgb/rkpcgb/qgrkpcgb/.

［3］　首开关注. 城市更新｜城市发展的新机遇（一）［Z/OL］.（2020-06-29）［2021-3-17］. https://www.sohu.com/a/404749147_708464.

［4］　WISE D. Urban regeneration［J］. Construction,1985（52）：48-52.

［5］　COUCH C. Urban renewal: theory and practice［M］. London: Macmillan,1990.

［6］　阳建强. 西欧城市更新［M］. 南京：东南大学出版社，2012.

［7］　LICHFIELD D. Urban regeneration for the 1990s［M］. London: London Planning Advisory Committee, 1992.

［8］　罗伯茨，塞克斯. 城市更新手册［M］. 叶齐茂，倪晓晖，译. 北京：中国建筑工业出版社，2009.

［9］　田莉，姚之浩，梁印龙，等. 城市更新与空间治理［M］. 北京：清华大学出版社，2021.

［10］　李德华. 城市规划原理（第三版）［M］. 北京：中国建筑工业出版社，2001.

［11］　中国大百科全书总编辑委员会. 中国大百科全书［M］. 北京：中国大百科全书出版社，1980.

［12］　吴良镛. 北京旧城与菊儿胡同［M］. 北京：中国建筑工业出版社，1994.

［13］　程大林，张京祥. 城市更新：超越物质规划的行动与思考［J］. 城市规划，2004（2）：70-73.

［14］　边兰春. 统一与多元：北京城市更新中的公共空间演进［J］. 世界建筑，2016（4）：14-17.

［15］　刘欣葵. 北京城市更新的思想发展与实践特征［J］. 城市发展研究，2012（10）：129-132,136.

［16］　SILVERS A H. Urban renewal and black power［J］. American Behavioral Scientist, 1969, 12（4）：43-46.

［17］　LEE B A, SPAIN D, UMBERSON D J. Neighborhood revitalization and racial change: the case of Washington, D.C［J］. Demography, 1985, 22（4）：581-602.

［18］　DAVIDOFF P. Advocacy and pluralism in planning［J］. A Reader in Planning Theory, 1973（4）：277-296.

［19］　方可. 西方城市更新的发展历程及其启示［J］,城市规划汇刊，1998（1）：59-61，51-66.

［20］　CASTELLS M. The castells reader on cities and social theory［M］. Wiley: Blackwell, 2002.

［21］　HACKWORTH J, SMITH N. The changing state of gentrification［J］. Tijdschrift Voor Economische En Sociale Geografie, 2001, 92（4）：464-477.

［22］　BROMLEY R D F, TALLON A R, THOMAS C J. City centre regeneration through residential development: contributing to sustainability［J］. Urban Studies, 2005, 42（13）：2407-2429.

［23］　ZHENG H W, SHEN G Q, WANG H. A review of recent studies on sustainable urban renewal［J］. Habitat International, 2014（41），272-279.

［24］　ROBERTS P, SYKES H. Urban Regeneration: A Handbook［M］. London: SAGE Publications,

2000.

[25]　廖开怀, 蔡云楠. 近十年来国外城市更新研究进展 [J]. 城市发展研究, 2017 (10): 27-34.

[26]　董玛力, 陈田, 王丽艳. 西方城市更新发展历程和政策演变 [J]. 人文地理, 2009 (5): 42-46.

[27]　HEMPHILL L, BERRY J, MCGREAL S. An indicator-based approach to measuring sustainable urban regeneration performance: part 1, conceptual foundations and methodological framework [J]. Urban Studies, 2004, 41 (4): 725-755.

[28]　CONTICELLI E. Assessing the potential of railway station redevelopment in urban regeneration policies: an Italian case study [J]. Procedia Engineering, 2011 (21): 1096-1103.

[29]　WAISMAN J, FERIANCIC G , FRASCINO T L. Urban renewal and mobility: the Batata Square project [J]. Procedia-Social and Behavioral Science, 2014 (106): 112-120.

[30]　KEDDIE J, TONKISS F. The market and the plan: housing, urban renewal and socio-economic change in London [J]. City, Culture and Society, 2010,1 (2): 57-67.

[31]　NAPPI-CHOULET I. The role and behaviour of commercial property investors and developers in French urban regeneration: the experience of the Paris region [J]. Urban Studies. 2006,43 (9): 1511-1535.

[32]　MILES S, PADDISON R. Introduction: the rise and rise of culture-led urban regeneration [J]. Urban Studies, 2005, 42 (5): 833-839.

[33]　EGAN M, LAWSON L, KEARNS A, et al. Neighbourhood demolition, relocation and health: a qualitative longitudinal study of housing-led urban regeneration in Glasgow, UK [J]. Health & Place, 2015 (33): 101-108.

[34]　MEEGAN R, MITCHELL A. 'It's not community round here, it's neighbourhood': neighbourhood change and cohesion in urban regeneration policies [J]. Urban Studies, 2001, 38 (12): 2167-2194.

[35]　ATKINSON R. Discourses of partnership and empowerment in contemporary British urban regeneration [J]. Urban Studies, 1999, 36 (1): 59-72.

[36]　阳建强, 陈月. 1949—2019年中国城市更新的发展与回顾 [J]. 城市规划, 2020 (2): 9-19, 31.

[37]　袁奇峰, 钱天乐, 郭炎. 重建"社会资本"推动城市更新——联滘地区"三旧"改造中协商型发展联盟的构建[J]. 城市规划, 2015 (9): 64-73.

[38]　王世福, 沈爽婷. 从"三旧改造"到城市更新——广州市成立城市更新局之思考 [J]. 城市规划学刊, 2015 (3): 22-27.

[39]　王世福, 张晓阳, 费彦. 广州城市更新与空间创新实践及策略 [J]. 规划师, 2019 (20): 46-52.

[40]　李璐颖, 江奇, 汪成刚. 基于城市治理的城市更新与法定规划体系协调机制思辨——广州市城市更新实践及延伸思考 [J]. 规划师, 2018 (S2): 32-38.

[41]　钟澄, 贺倩明. 深圳城市更新政策研究 [M]. 北京: 中国社会科学出版社, 2019.

[42]　贺倩明. 城市更新改造项目法律实务和操作指引 [M]. 北京: 法律出版社, 2014.

[43]　刘敏. 深圳城市更新法律与实务 [M]. 北京: 法律出版社, 2018.

[44]　司马晓, 等. 深圳城市更新探索与实践 [M]. 北京: 中国建筑工业出版社, 2019.

[45]　田莉, 陶然, 梁印龙. 城市更新困局下的实施模式转型: 基于空间治理的视角 [J]. 城市规划学刊, 2020

（3）：41-47.

［46］ 叶裕民. 特大城市包容性城中村改造理论架构与机制创新——来自北京和广州的考察与思考［J］. 城市规划，2015（8）：9-23.

［47］ 阳建强. 城市更新理论与方法［M］. 北京：中国建筑工业出版社，2022.

［48］ 祝贺. 城市更新与城市设计治理：英国实践与中国探索［M］. 北京：清华大学出版社，2022.

［49］ 孙施文，周宇. 上海田子坊地区更新机制研究［J］. 城市规划学刊，2015（1）：39-45.

［50］ 冯立，唐子来. 产权制度视角下的划拨工业用地更新：以上海市虹口区为例［J］. 城市规划学刊，2013（5）：23-29.

［51］ 马宏，应孔晋. 社区空间微更新——上海城市有机更新背景下社区营造路径的探索［J］. 时代建筑，2016（4）：10-17.

［52］ 王世福，卜拉森，吴凯晴. 广州城市更新的经验与前瞻［J］. 城乡规划，2017（6）：80-87.

［53］ 丁寿颐. "租差"理论视角的城市更新制度——以广州为例［J］. 城市规划，2019（12）：69-77.

［54］ 姚之浩，田莉. 21世纪以来广州城市更新模式的变迁及管治转型研究［J］. 上海城市规划，2017（5）：29-34.

［55］ 谢涤湘，朱雪梅. 社会冲突、利益博弈与历史街区更新改造——以广州市恩宁路为例［J］. 城市发展研究，2014（3）：86-92.

［56］ 刘垚，田银生，周可斌. 从一元决策到多元参与——广州恩宁路旧城更新案例研究［J］. 城市规划，2015（8）：101-111.

［57］ 黄卫东. 城市治理演进与城市更新响应——深圳的先行试验［J］. 城市规划，2021（6）：19-29.

［58］ 邹兵. 存量发展模式的实践、成效与挑战——深圳城市更新实施的评估及延伸思考［J］. 城市规划，2017（1）：89-94.

［59］ 林强. 城市更新的制度安排与政策反思——以深圳为例［J］. 城市规划，2017（11）：52-55，71.

［60］ 于今. 城市更新进入新阶段后的诸多问题［Z/OL］（2014-7-7）［2022-3-15］. https://jz.docin.com/p-857524081.html.

［61］ 张庭伟. 从城市更新理论看理论溯源及范式转移［J］. 城市规划学刊，2020（1）：9-16.

［62］ NORTH D C. Institutions［J］. Journal of economic perspective, 1991（5）: 97-12.

［63］ TALLON A. Urban regeneration in the UK（2nd version）［M］. London: Routledge, 2013.

［64］ 杨连强. 利益差别与政策博弈：中央与地方关系的另类解读［J］. 重庆社会科学，2006（7）：101-105.

［65］ MUSTERD S, OSTENDORF W. Integrated urban renewal in the Netherlands: a critical appraisal［J］. Urban research and practice, 2008（1）: 78-92.

［66］ HESSE M. On borrowed size, flawed urbanisation and emerging enclave spaces: the exceptional urbanism of Luxembourg, Luxembourg［J］. European Urban and Regional Studies, 2016, 23（4）: 612-624.

［67］ LEARY M E, MCCARTHY J. The routledge companion to urban regeneration［M］. London: Routledge, 2013.

［68］ 吕斌. 日本实施城市更新的制度构建与施策体系［Z/OL］.（2020-03-14）［2021-02-02］. https://mp.weixin.qq.com/s/i0MsDWe1ibyxYDVyEhf8pA.

［69］ INNES J E, BOOHER D E. Planning with complexity: an introduction to collaborative rationality for public policy [M]. Oxford: Routledge,2010.

[70] 谢涤湘，李华聪. 我国城市更新中的权益博弈研究述评 [J]. 热带地理，2013（2）: 231-236.

[71] 王书评，郭菲. 城市老旧小区更新中多主体协同机制的构建 [J]. 城市规划学刊，2021（3）: 50-57.

[72] 弗里曼. 战略管理：利益相关者方法 [M]. 上海：上海译文出版社，2006.

[73] MITCHELL R K, AGLE B R, WOOD D J. Toward a theory of stakeholder identification and salience: defining the principle of who and what really counts [J]. Academy of Management Review, 1997, 22（4）: 853-886.

[74] CHARKHAM J P. Corporate governance: lessons from abroad [J]. European Business Journal, 1992, 4（2）: 8-16.

[75] CLARKSON M B E. A stakeholder framework for analyzing and evaluating corporate social performance [J]. The Academy of Management Review, 1995, 20（1）: 92-117.

[76] 任绍斌. 城市更新中的利益冲突与规划协调 [J]. 现代城市研究，2011（1）: 12-16.

[77] 王春兰. 上海城市更新中利益冲突与博弈的分析 [J]. 城市观察，2010（6）: 130-141.

[78] 姜杰，贾莎莎，于永川. 论城市更新的管理 [J]. 城市发展研究，2009（4）: 56-62.

[79] 李彦伯，诸大建. 城市历史街区发展中的"回应性决策主体"模型——以上海市田子坊为例 [J]. 城市规划，2014（6）: 66-72.

[80] 周安远，施建刚. 基于利益相关者分析的公众参与城市更新研究 [J]. 建筑经济，2009（10）: 21-24.

[81] 钱艳，任宏，唐建立. 基于利益相关者分析的工业遗址保护与再利用的可持续性评价框架研究——以重庆"二厂文创园"为例 [J]. 城市发展研究，2019（1）: 72-81.

[82] 丁轩，王新新. 利益集团理论 从政治学到经济学——利益集团理论述评 [J]. 国外社会科学，2008（2）: 63-68.

[83] 亚历山大·汉密尔顿，约翰·杰伊，詹姆斯·麦迪逊. 联邦党人文集 [M]. 北京：商务印书馆，1980.

[84] DAHL. R A Democracy in the United States: promise and performance [M]. Boston: Houghton Mifflin School,1981.

[85] 乔·B. 史蒂文斯. 集体选择经济学 [M]. 上海：上海人民出版社，2010.

[86] ARTHUR B. The process of government，Cambridge [J]. Belknap Press of Harvard University Press, 1967: 205.

[87] 戴维·杜鲁门. 政治过程 [M]. 天津：天津人民出版社，2005.

[88] 曼瑟尔·奥尔森. 集体行动的逻辑 [M]. 上海：上海人民出版社，上海三联书店，1995.

[89] 杨帆，张弛. 利益集团理论研究：一个跨学科的综述 [J]. 管理世界，2008（3）: 159-164.

[90] 陈家建. 法团主义与当代中国社会 [J]. 社会学研究，2010,25（2）: 30-43,243.

[91] 景跃进. 比较视野中的多元主义、精英主义与法团主义——一种在分歧中寻求逻辑结构的尝试 [J]. 江苏行政学院学报，2003（4）: 81-87.

[92] 高春芽. 利益集团形成机制探索：从多元主义到集体行动理论 [J]. 武汉大学学报（哲学社会科学版），2008（2）: 237-240.

[93] 约翰·C.卡尔霍恩. 卡尔霍恩文集 [M]. 广西：广西师范大学出版社，2015.

[94] SCHMITTER P C. Still the century of corporatism? [J]. The Review of Politics, 1974, 36（1）: 85-131.

［95］ 冯灿芳，张京祥，陈浩. 嵌入性治理：法团主义视角的中国新城空间开发研究［J］. 国际城市规划，2018（6）：102-109.

［96］ 哈维·莫罗奇，吴军，郭西. 城市作为增长机器：走向地方政治经济学［J］. 中国名城，2018（5）：4-13.

［97］ HARVEY D. Social justice，postmodernism and the city［J］. International Journal of Urban and Regional Research，1992（4）：588.

［98］ 吴飞. "空间实践"与诗意的抵抗——解读米歇尔·德塞图的日常生活实践理论［J］. 社会学研究，2009，24（2）：177-199，245-246.

［99］ 张京祥，殷洁，罗震东. 地域大事件营销效应的城市增长机器分析——以南京奥体新城为例［J］. 经济地理，2007（3）：452-457.

［100］ 张庭伟. 规划理论作为一种制度创新——论规划理论的多向性和理论发展轨迹的非线性［J］. 城市规划，2006（8）：9-18.

［101］ 张京祥，赵丹，陈浩. 增长主义的终结与中国城市规划的转型［J］. 城市规划，2013，37（1）：45-50，55.

［102］ 朱介鸣，刘宣，田莉. 城市土地规划与土地个体权益的关系——物权法对城市规划的深远影响［J］. 城市规划学刊，2007（4）：56-64.

［103］ 张杰，庞骏. 旧城更新模式的博弈与创新——兼论大规模激进与小规模渐进更新模式［J］. 规划师，2009，25（5）：73-77.

［104］ 张京祥. 规划决策民主化：基于城市管治的透视［J］. 人文地理，2005（3）：39-43.

［105］ 胡娟. 旧城更新进程中的城市规划决策分析［D］. 武汉：华中科技大学，2010.

［106］ 赵燕菁. 城市增长模式与经济学理论［J］. 城市规划学刊，2011（6）：12-19.

［107］ 陈易. 转型期中国城市更新的空间治理研究：机制与模式［D］. 南京：南京大学，2016.

［108］ STONE C N. Looking back to look forward：reflections on urban regime analysis［J］. Urban Affairs Review，2005，40（3）：309-341.

［109］ 约翰·冯·诺伊曼，奥斯卡·摩根斯特恩. 博弈论与经济行为［M］. 上海：生活·读书·新知三联书店，1994.

［110］ 朱富强. 博弈思维和社会困局［M］. 北京：经济管理出版社，2018.

［111］ Nash J F. Equilibrium points in N-person games［J］. Proceedings of the National Academy of Sciences，1950，36（1）：48-49.

［112］ 汪坚强. "民主化"的更新改造之路——对旧城更新改造中公众参与问题的思考［J］. 城市规划，2002（7）：43-46.

［113］ 王桢桢. 城市更新治理模式的比较与选择［J］. 城市观察，2010（3）：123-130.

［114］ 张杰，庞骏. 频繁调控与失效中的旧城土地制度反思［J］. 城市发展研究，2008（2）：92-98.

［115］ 张杰，庞骏，朱金华. 旧城更新拆迁博弈中的帕累托最优悖论解析［J］. 规划师，2008（9）：84-88.

［116］ 刘昕. 城市更新单元制度探索与实践——以深圳特色的城市更新年度计划编制为例［J］. 规划师，2010（11）：66-69.

［117］ 埃莉诺·奥斯特罗姆. 公共事物的治理之道：集体行动制度的演进［M］. 上海：上海译文出版社，2012.

［118］ 王志刚. 多中心治理理论的起源、发展与演变［J］. 东南大学学报（哲学社会科学版），2009（S2）：35-37.

［119］ ARNSTEIN S. A ladder of citizen participation［J］. Journal of the American Institute of Planners, 1969, 35（4）：216-224.

［120］ 蔡定剑. 公众参与及其在中国的发展［J］. 团结，2009（4）：32-35.

［121］ 张庭伟. 20世纪规划理论指导下的21世纪城市建设——关于"第三代规划理论"的讨论［J］. 城市规划学刊，2011（3）：1-7.

［122］ 曾文菁. 共建共治共享的城市更新治理模式探究［C］//面向高质量发展的空间治理——2021中国城市规划年会论文集（02城市更新），2021:624-631.

［123］ 易晓峰. 合作与权力下放：1980年代以来英国城市复兴的组织手段［J］. 国际城市规划，2009（3）：59-64.

［124］ 柯于璋. 社区主义治理模式之理论与实践——兼论台湾地区社区政策［J］. 公共行政学报，2005（9）：33-57.

［125］ 赵燕菁，宋涛. 城市更新的财务平衡分析——模式与实践［J］. 城市规划，2021（9）：53-61.

［126］ 唐燕，张璐. 从精英规划走向多元共治：北京责任规划师的制度建设与实践进展［J/OL］.（2021-04-16）［2021-11-26］. http://kns.cnki.net/kcms/detail/11.5583.TU.2.

［127］ 张庭伟. 从城市更新理论看理论溯源及范式转移［J］. 城市规划学刊，2020（1）：9-16.

［128］ 叶超，柴彦威，张小林. "空间的生产"理论、研究进展及其对中国城市研究的启示［J］. 经济地理，2011（3）：409-413.

［129］ 张京祥，陈浩. 基于空间再生产视角的西方城市空间更新解析［J］. 人文地理，2012（2）：1-5.

［130］ 郭文. "空间的生产"内涵、逻辑体系及对中国新型城镇化实践的思考［J］. 经济地理，2014（6）：32,33-39.

［131］ 吴金群，巢飞. 空间生产视角下我国城市行政区划调整的三元互动逻辑［J］. 人文地理，2022（3）：110-117.

［132］ 朱介鸣. 模糊产权下的中国城市发展［J］. 城市规划汇刊，2001（6）：22-25,79.

［133］ 刘彬，陈忠暖. 权力、资本与空间：历史街区改造背景下的城市消费空间生产——以成都远洋太古里为例［J］. 国际城市规划，2018（1）：75-80，118.

［134］ 李凯，王凯. 新马克思主义视野下中国开发区空间生产的内在逻辑［J］. 国际城市规划，2019（5）：50-58.

［135］ SMITH N. Toward a theory of gentrification a back to the city movement by capital, not people［J］. Journal of the American Planning Association, 1979, 45（4）：538-548.

［136］ 宋伟轩，刘春卉，汪毅，等. 基于"租差"理论的城市居住空间中产阶层化研究——以南京内城为例［J］. 地理学报，2017（12）：2115-2130.

［137］ 姜凯凯，高湿尘，宋伟轩. 我国城市更新的三元租差解释及启示［J］. 城市发展研究，2021（9）：101-108.

［138］ 段一行. 创新驱动城市自主更新的新模式［J］. 城市规划，2022（2）：100-107.

［139］ 王冰，杨虎涛. 论正外部性内在化的途径与绩效——庇古和科斯的正外部性内在化理论比较［J］. 东南学术，2002（6）：158-165.

［140］ 薛芳. 庇古福利经济伦理思想探析［D］. 南昌：江西师范大学，2005.

［141］ 黄淑玲. 福利经济学述评［J］. 沈阳工程学院学报（社会科学版），2007（4）：522-524.

[142] 陈美衍. 现代西方产权经济理论研究 [D]. 上海：复旦大学，2008.

[143] N Y. Welfare Economics [M]. UK: Macmillan Education, 1979.

[144] 李绍荣. 帕累托最优与一般均衡最优之差异 [J]. 经济科学，2002（2）：75-80.

[145] 黄少安. 资源配置效率标准的多元性与一致性原理——兼论帕累托效率标准 [J]. 经济评论，1995（3）：
45-51.

[146] 余永定，等. 西方经济学 [M]. 北京：经济科学出版社，1997.

[147] 张守一. 对一般均衡论和帕累托最优的新解释 [J]. 经济问题，2010（11）：4-7.

[148] 任荣荣，高洪玮. 美英日城市更新的投融资模式特点与经验启示 [J]. 宏观经济研究，2021（8）：168-
175.

[149] 王俊豪. 英国公用事业的民营化改革及其经验教训 [J]. 公共管理学报，2006（1）：65-70,78,110.

[150] 方伟，迟龙，王雅琪. 英国社区自主更新模式对广州老旧小区改造的启示——以拜克墙（Byker Wall）
社区更新为例 [C] //面向高质量发展的空间治理——2020中国城市规划年会论文集（02城市更新），
2021:899-907.

[151] 唐燕. 老旧小区改造的资金挑战与多元资本参与路径创建 [J]. 北京规划建设，2020（6）：79-82.

[152] 吴志强，伍江，张佳丽，李郇，赵燕菁，阳建强，王伟强，周静敏，刘佳燕，司马晓，林强，周俭. "城镇
老旧小区更新改造的实施机制"学术笔谈 [J]. 城市规划学刊，2021（3）：1-10.

[153] 吴易风. 产权理论：马克思和科斯的比较 [J]. 中国社会科学，2007（2）：4-18,204.

[154] H. R.科斯，等. 财产权利与制度变迁：产权学派与新制度学派译文集 [J]. 东岳论丛，1994（5）：33-
36.

[155] 刘诗白. 产权新论 [M]. 四川成都：西南财经大学出版社，1993.

[156] 张元庆，邱爱莲. 科斯产权理论与我国征地补偿制度设计重构 [J]. 农村经济，2013（6）：29-32.

[157] 张换兆，郝寿义. 制度租、土地增值收益与政府行为 [J]. 制度经济学研究，2008（2）：82-115.

[158] HARDIN G. The tragedy of the commons [J]. Science, 1968, 3859（162）: 1243-1248.

[159] HELLER M. The tragedy of the anticommons: property in the transition from marx to markets [J].
Harvard Law Review, 1998（3）: 621-688.

[160] 朱介鸣，罗赤. 可持续发展：遏制城市建设中的"公地"和"反公地"现象 [J]. 城市规划学刊，2008（1）：
30-36.

[161] 张雪，彭坤焘. "反公地悲剧"下电梯加装的集体行动何以可能? [J]. 城乡规划，2021（5）：99-107.

[162] 刘超. 城市更新的"土地陷阱"及其解释——基于珠三角地区的调研 [J]. 华南理工大学学报（社会科学
版），2019（2）：66-72.

[163] 周详，成玉宁. 产权制度与土地性质改造过程中上海里弄街区城市功能再定位的思考 [J]. 城市发展研
究，2019（5）：63-72.

[164] 何鹤鸣，张京祥. 产权交易的政策干预：城市存量用地再开发的新制度经济学解析 [J]. 经济地理，2017
（2）：7-14.

[165] 郑晓伟. 从"绝对产权"到"相对产权"控制——一个基于交易费用理论的控制性详细规划实效性分析 [J].
现代城市研究，2014（9）：71-76.

[166] 刘芳，张宇. 深圳市城市更新制度解析——基于产权重构和利益共享视角 [J]. 城市发展研究，2015（2）：
25-30.

［167］ 段德罡，杨萌，王乐楠. 土地产权视角下旧城更新规划研究——以西安市碑林区为例［J］. 上海城市规划，2015（3）：39-45.

［168］ 黄军林. 产权激励——面向城市空间资源再配置的空间治理创新［J］. 城市规划，2019（12）：78-87.

［169］ 马奕鸣. 紧凑城市理论的产生与发展［J］. 现代城市研究，2007（4）：10-16.

［170］ 陈秉钊. 城市，紧凑而生态［J］. 城市规划学刊，2008（3）：28-31.

［171］ 吕斌，祁磊. 紧凑城市理论对我国城市化的启示［J］. 城市规划学刊，2008（4）：61-63.

［172］ 耿宏兵. 紧凑但不拥挤——对紧凑城市理论在我国应用的思考［J］. 城市规划，2008（6）：48-54.

［173］ 邢琰. 规划单元开发中的土地混合使用规律及对中国建设的启示［D］. 北京：清华大学，2005.

［174］ 程遥，高捷，赵民. 多重控制目标下的用地分类体系构建的国际经验与启示［J］. 国际城市规划，2012（6）：3-9.

［175］ 夏南凯. 控制性详细规划［M］. 上海：同济大学出版社，2005.

［176］ 司马晓，邹兵. 对建立土地使用相容性管理规范体系的思考［J］. 城市规划汇刊，2003（4）：23-29.

［177］ 陈柏峰. 土地发展权的理论基础与制度前景［J］. 法学研究，2012（4）：99-114.

［178］ 林坚，许超诣. 土地发展权、空间管制与规划协同［J］. 城市规划，2014（1）：26-34.

［179］ 胡兰玲. 土地发展权论［J］. 河北法学，2002（2）：143-146.

［180］ 刘国臻. 中国土地发展权论纲［J］. 学术研究，2005（10）：64-68,147-148.

［181］ 张良悦. 美国的土地发展权与农地保护——城市化进程中农地保护的一种借鉴［J］. 经济问题探索，2008（7）：170-174.

［182］ 田莉，夏菁. 土地发展权与国土空间规划：治理逻辑、政策工具与实践应用［J］. 城市规划学刊，2021（6）：12-19.

［183］ 邱杰华. 基于土地发展权的广州土地再开发管制策略［C］//面向高质量发展的空间治理——2021中国城市规划年会论文集（02城市更新），2021:669-677.

［184］ 唐燕. 政府机构改革影响下的城市设计——与城乡规划管理的关系重构？［J］. 城市设计，2018（6）：44-53.

［185］ PUNTER J. Urban design and the British urban renaissance［M］. London: Routledge, 2009.

［186］ PARK S, SOHN D. The roles of urban design in urban regeneration: case studies of the housing market renewal pathfinder area in Newcastle, UK［J］. International Journal of Urban Sciences, 2013（3）: 316-330.

［187］ PUNTER J, CARMONA M. The design dimension of planning: theory, content, and best practice for design policies［M］. London: E & FN Spon, 1997.

［188］ GOSPODINI A. European cities in competition and the new 'uses' of urban design［J］. Journal of Urban Design, 2002（1）: 59.

［189］ HUTTON T A. The new economy of the inner city［J］. Cities, 2004,21:（2）: 89-108.

［190］ HUBBARD P. Urban design and city regeneration: social representations of entrepreneurial landscapes［J］. Urban Studies, 1996（8）: 1441-1461.

［191］ 周珂慧，相秉军. 面向治理现代化的西方城市设计研究述评——以美、英、德国家为例［C］//面向高质量发展的空间治理——2021中国城市规划年会论文集（04城市规划历史与理论），2021:208-220.

［192］ CARMONA M. Design governance: theorizing an urban design sub-field［J］. Journal of Urban

Design, 2006（8）: 705-730.

[193] 祝贺，唐燕. 英国城市设计运作的半正式机构介入：基于CABE的设计治理实证研究［J］. 国际城市规划，2019（4）: 120-126.

[194] 唐燕. 精细化治理时代的城市设计运作——基于二元思辨［J］. 城市规划，2020（2）: 20-26.

[195] 王建国. "城市再生"与城市设计［J］. 城市建筑，2009（2）: 3.

[196] 王世福，沈爽婷，莫浙娟. 城市更新中的城市设计策略思考［J］. 上海城市规划，2017（10）: 7-11.

[197] 梁思思. 存量更新视角下空间策划和城市设计联动机制思考［J］. 南方建筑，2017（5）: 15-19.

[198] 祝贺，唐燕，张璐. 北京城市更新中的城市设计治理工具创新［J］,2021（8）: 32-37.

[199] 约翰·彭特. 城市设计及英国城市复兴［M］. 武汉：华中科技大学出版社，2016.

[200] 黄家明，方卫东. 交易费用理论：从科斯到威廉姆森［J］. 合肥工业大学学报（社会科学版），2000（1）: 33-36.

[201] 彭真善，宋德勇. 交易成本理论的现实意义［J］. 财经理论与实践，2006（4）: 15-18.

[202] 道·诺斯. 制度变迁理论纲要［J］. 改革，1995（3）: 52-56.

[203] 周业安. 制度演化理论的新发展［J］. 教学与研究，2004（4）: 63-70.

[204] 马广奇. 制度变迁理论：评述与启示［J］. 生产力研究，2005（7）: 225-227,230-243.

[205] 赵燕菁. 制度经济学视角下的城市规划（上）［J］. 城市规划，2005（6）: 40-47.

[206] 石峰. 制度变迁与空间转型［D］. 南京：东南大学，2018.

[207] 滕熙. 新制度经济学视角下广州更新改造分析［C］//持续发展 理性规划——2017中国城市规划年会论文集（02城市更新），2017:1310-1319.

[208] FORESTER J. Planning in the face of conflict: negotiation and mediation strategies in local land use regulation［J］. Journal of the American Planning Association, 1987, 53（3）: 303-314.

[209] 姜梅，姜涛. "规划中的沟通"与"作为沟通的规划"——当代西方沟通规划理论概述［J］. 城市规划学刊，2008（2）: 31-38.

[210] DAVIDOFF P. Advocacy and pluralism in planning［J］. Journal of the American Institute of Planners, 1965, 31: 331-338.

[211] 陈方全. 倡导性规划理论及其启示［J］. 学习月刊，2007（24）: 35-36.

[212] 董金柱. 国外协作式规划的理论研究与规划实践［J］. 国外城市规划，2004（2）: 48-52.

[213] HEALEY P. Collaborative planning in a stakeholder society［J］. Town Planning Review, 1998, 69（1）: 1-21.

[214] 方可. 探索北京旧城居住区有机更新的适宜途径［D］. 北京：清华大学，2000.

[215] 特里·N·克拉克，李鹭. 场景理论的概念与分析：多国研究对中国的启示［J］. 东岳论丛，2017（38）: 16-24.

[216] 吴军. 城市社会学研究前沿：场景理论述评［J］. 社会学评论，2014（2）: 90-95.

[217] 吴军，夏建中，特里·克拉克. 场景理论与城市发展——芝加哥学派城市研究新理论范式［J］. 中国名城，2013（12）: 8-14.

[218] 赵炜，韩腾飞，李春玲. 场景理论在成都城市社区更新中的在地应用——以望平社区为例［J］. 上海城市规划，2021（5）: 38-43.

[219] 王韬，朱一中，张倩茹. 场景理论视角下的广州市工业用地更新研究——以文化创意产业园为例［J］. 现

代城市研究，2021（8）：66-72,82.

[220]　JONES C, DUNSE N，MARTIN D. The property market impact of british enterprise zones [J]. Journal of Property Research, 2003（4）：343-369.

[221]　张艳. 英国企业区建设实践及对我国的借鉴意义 [J]. 现代城市研究，2006（4）：40-44.

[222]　中国城市规划. 唐燕："尺度—管控—要素"多维适配的城市更新制度建设 [Z/OL].（2021-02-23）[2021-03-11]. https://mp.weixin.qq.com/s/xEmcY_1Zv-TORZhlEJfQ5A.

[223]　姚之浩，曾海鹰. 1950年代以来美国城市更新政策工具的演化与规律特征 [J]. 国际城市规划，2018（4）：18-24.

[224]　张更立. 走向三方合作的伙伴关系：西方城市更新政策的演变及其对中国的启示 [J]. 城市发展研究，2004（4）：26-32.

[225]　施媛. "连锁型"都市再生策略研究——以日本东京大手町开发案为例 [J]. 国际城市规划，2018（4）：132-138.

[226]　谭肖红，乌尔·阿特克，易鑫. 1960—2019年德国城市更新的制度设计和实践策略 [J]. 国际城市规划，2022,37（1）：40-52.

[227]　范利，乌尔·阿特克，蔡智，唐燕. 国家资助引导下的德国城市更新 [J]. 国际城市规划，2022（1）：16-21.

[228]　于洋. 纽约市区划条例的百年流变（1916—2016）——以私有公共空间建设为例 [J]. 国际城市规划，2016（2）：98-109.

[229]　陈立群. 多方共治的商业改进区 [J]. 国际城市规划，2019（4）：154-158.

[230]　刘迪，唐婧娴，赵宪峰，刘昊翼. 发达国家城市更新体系的比较研究及对我国的启示——以法德日英美五国为例 [J]. 国际城市规划，2021（3）：50-58.

[231]　拓道论道. 日本城市更新发展经验及借鉴 [Z/OL].（2022-05-19）[2022-08-04]. https://mp.weixin. qq.com/s/qxXKs__tP7qyxaHITGCFEA.

[232]　自然资源智库. 专家观点|谋求城市保护与现代发展共赢之路——英国城市更新实践经验与借鉴意义 [Z/OL].（2022-01-07）[2022-08-05]. https://mp.weixin.qq.com/s/uPlotKn2GBCYESgY 054ORQ.

[233]　翁超，庄宇. 美国容积率银行调控城市更新的运作模式研究——以西雅图及纽约市为例 [J/OL].（2022-1-20）[2022-08-05]. http://kns.cnki.net/kcms/detail/11.5583.TU.20201019.1525.002.html.

[234]　UniDesignLab. 硬核理论 | 新加坡如何进行城市更新 [Z/OL].（2021-12-28）[2022-08-05]. https://mp.weixin.qq.com/s/OtdqU8pt8xo7XgQULrvltA.

[235]　刘伟，苏剑. "新常态"下的中国宏观调控 [J]. 经济科学，2014（4）：5-13.

[236]　唐燕. 强化制度建设，推进城市更新：从简单的物质改造转向综合的社会治理 [J]. 环境经济，2020（13）：39-43.

[237]　上海市住房城乡建设管理委.《上海市城市更新条例》9月1日起正式施行 [Z/OL].（2021-08-27）[2021-09-24]. https://www.shanghai.gov.cn/nw31406/20210830/758e20855571455699a43daf e8b184aa.html.

[238]　中国城市中心. 一文看全《上海市城市更新条例》，附条例全文！[Z/OL].（2021-8-30）[2022-2-10]. https://m.thepaper.cn/baijiahao_14279313.

［239］ 刘飞，朱宁馨，蔺盈仪.《上海市城市更新条例》重点解析［Z/OL］.（2021-9-12）［2022-2-10］. https://www.sohu.com/a/487334550_480400.

［240］ 广州日报. 广州城市更新配套新政出炉［N/OL］.（2020-9-28）［2022-2-10］. http://ghzyj.gz.gov. cn/xwzx/xwbd/content/post_6799444.html.

［241］ 南方日报. 广州将再出5个城市更新配套政策［N/OL］.（2020-11-13）［2022-2-11］. http://ghzyj. gz.gov.cn/sjb/xw/xwbd/content/post_6909980.html.

［242］ 深圳市城市更新和土地整备局.《深圳经济特区城市更新条例》解读［Z/OL］.（2021-3-22）［2022-2-11］. http://www.sz.gov.cn/szcsgxtdz/gkmlpt/content/8/8614/post_8614137.html#19170.

［243］ 人民资讯. 入选全国第一批城市更新试点，成都如何先试先行?［Z/OL］.（2021-11-6）［2022-02-11］. https://baijiahao.baidu.com/s?id=1715685158490953547&wfr=spider&for=pc.

［244］ 成都市住房和城乡建设局. 实施城市有机更新行动 建设高品质生活宜居地［Z/OL］.（2021-01-15）［2022-02-11］. http://jst.sc.gov.cn/scjst/2021zjgzhy/2021/ 1/15/bbac6cd418ad497c85222b7f8fb 81fd3.shtml.

［245］ 潇湘晨报. 市规划和自然资源局在自然资源部UP论坛作城市更新工作交流［N/OL］.（2021-12-31）［2022-02-11］. https://baijiahao.baidu.com/s?id=1720633692382748534&wfr=spider&for=pc.

［246］ 潇湘晨报. 全方位探索城市更新的政策体系［N/OL］.（2021-12-8）［2022-02-11］. https://baijiahao. baidu.com/s?id=1718556188162312625&wfr=spider&for=pc.

［247］ 广州日报. 激活存量成城市更新核心考题［N/OL］.（2021-03-13）［2022-02-16］. https://gzdaily. dayoo.com/pc/html/2021-03/13/content_876_748030.htm.

［248］ 金台资讯. 成都今年计划启动59个片区更新项目［N/OL］.（2021-08-18）［2022-08-10］. https:// baijiahao.baidu.com/s?id=1708386097873312034&wfr=spider&for=pc.

［249］ 新闻晨报. 曹杨新村：打造人民城市建设的普陀"样本"［N/OL］.（2021-11-26）［2022-2-12］. https://baijiahao.baidu.com/s?id=1717418066269754550&wfr=spider&for=pc.

［250］ 杨辰，辛蕾. 曹杨新村社区更新的社会绩效评估——基于社会网络分析方法［J］. 城乡规划，2020（1）: 20-28.

［251］ 步敏，蒋应红，刘宙，等. 城市精细化管理背景下社区规划师在社区更新中的拓展实践——以上海曹杨新村"美丽家园"规划为例［J］. 上海城市规划，2019（6）: 60-65.

［252］ 田莉. 摇摆之间: 三旧改造中个体、集体与公众利益平衡［J］. 城市规划，2018（2）: 78-84.

［253］ 深圳商报. 深圳城中村或可去"申遗"［N/OL］.（2021-10-18）［2022-8-10］. https://www.sohu. com/a/495664050_121010226.

［254］ 深圳城市规划. 深圳市城中村（旧村）总体规划（2018-2025）［Z/OL］.（2021-10-11）［2022-8-10］. http://www.upssz.net.cn/newsinfo_803_5926.html.

［255］ 岳圆，冯妍言，赵聃，等. 基于可持续发展原则的深圳城中村价值研究——以南头古城为例［C］//共享与品质——2018中国城市规划年会论文集（02城市更新），2018:2062-2073.

［256］ 倪有为. 快速城镇化地区的历史风貌区保护路径探索——以深圳市南头古城为例［C］//城乡治理与规划改革——2014中国城市规划年会论文集（08 城市文化），2014:506-517.

［257］ 杨晓川，林勤，李彬彬. 空间权利视角下的历史街区微更新探究——以深圳市南头古城为例［J］. 建筑与文化，2022（1）: 103-105.

［258］ 李雪，宋盈莹. 深圳：让南头古城活起来［J］. 民生周刊，2021（26）：74-76.

［259］ 林怡琳. "城村共生"文化导向下的城市更新策略——以深圳南头古城为例［C］//持续发展 理性规划——2017中国城市规划年会论文集（02城市更新），2017:1206-1219.

［260］ URBANUS都市实践. 南头古城保护与更新，深圳，中国［J］. 世界建筑，2020（1）：24-31.

［261］ 唐燕，张璐，刘思璐. 2019年城市更新研究与实践热点回眸［J］. 科技导报，2020（3）：148-156.

［262］ 潘文静，徐轩轩，张娅薇. 城市更新中的历史文化传承与更新策略研究——以上海上生新所为例［J］. 2020（4）：164-168.

［263］ 罗洁梅，简祎，钱怡程，等. 城市文化遗产活化中的空间、活动与社会价值——以上海上生新所和香港大馆为例［C］//面向高质量发展的空间治理——2021中国城市规划年会论文集（09城市文化遗产保护），2021:52-62.

［264］ Oma ECADI. 上生·新所城市更新［J］. 建筑实践，2021（6）：142-163.

［265］ 邹钧文. 黄浦江45公里滨水公共空间贯通开放的规划回顾与思考［J］. 上海城市规划，2020（5）：46-51.

［266］ 孙一元. 西岸集团：迈向全球城市"卓越水岸"［J］. 上海国资，2021（1）：63-65.

［267］ 孙一元. 杨浦滨江：后工业未来水岸［J］. 上海国资，2021（1）：61-62.

［268］ 章明，张姿，张洁，等. 涤岸之兴——上海杨浦滨江南段滨水公共空间的复兴［J］. 建筑学报，2019(8)：16-26.

［269］ 王婷. 我国城市街道更新实践评述与启示［C］//面向高质量发展的空间治理——2020中国城市规划年会论文集（02城市更新），2021:692-700.

［270］ 张帆，骆悰，葛岩. 街道设计导则创新与规划转型思考［J］. 城市规划学刊，2018（2）：75-80.

［271］ 程婷. 上海苏家屯路街道精细化更新管理［J］. 上海建设科技，2019（4）：76-78.

［272］ 刘江德，徐磊青. 基于公众视野的城市街道更新评价研究——以上海为例［J］. 上海城市规划，2020（3）：101-108.

［273］ 上海规划资源. 上海市街道设计导则即将和大家见面啦［Z/OL］.（2016-6-13）［2022-2-16］. https://mp.weixin.qq.com/s/ywAd1ER7_foUN-WwNN3pRQ

［274］ 金姬. 从百年愚园路看魔都微更新［J］. 新民周刊，2018（50）：86-89.

［275］ 谭俊杰，常江，谢涤湘. 广州市恩宁路永庆坊微改造探索［J］. 规划师，2018（8）：62-67.

［276］ 陈楚宇. 广州恩宁路永庆坊微改造模式研究［D］. 广州：华南理工大学，2018.

［277］ 吴凯晴. "过渡态"下的"自上而下"城市修补——以广州恩宁路永庆坊为例［J］. 城市规划学刊，2017（4）：56-64.

［278］ 吴良镛. 新形势下北京规划建设战略的思考［J］. 北京规划建设，2007（2）：6-10.

［279］ 吴良镛. 从"有机更新"走向新的"有机秩序"——北京旧城居住区整治途径（二）［J］. 建筑学报，1991（2）：7-13.

［280］ 边兰春，井忠杰. 历史街区保护规划的探索和思考——以什刹海烟袋斜街地区保护规划为例［J］. 城市规划，2005（9）：44-48,59.

［281］ 刘蔓靓. 北京旧城传统居住街区小规模渐进式有机更新模式研究［D］. 北京：清华大学，2006.

［282］ 吴良镛. 北京旧城居住区的整治途径——城市细胞的有机更新与"新四合院"的探索［J］. 建筑学报，1989（7）：11-18.

［283］ 边兰春. 历史城市保护的发展趋势与北京旧城整体保护思考［J］. 北京规划建设，2012（6）：9-13.

［284］ 赵幸. 北京旧城历史居住街区保护与有机更新的系统性策略研究［D］. 北京：清华大学，2010.

［285］ 吴良镛，吴唯佳，毛其智，边兰春，王南，王辉. 建设文化精华区促进旧城整体保护［J］. 北京规划建设，2012（1）：8-11.

［286］ 张杰. 北京城市保护与改造的现状与问题［J］. 城市规划，2002（2）：73-75.

［287］ 孟延春. 北京危旧房改造中资金平衡的解决途径［J］. 城乡建设，2000（9）：21-22.

［288］ 方可. 北京旧城危旧房改造的一种新思路：发展"社区合作住房"［J］. 城市发展研究，1998（4）：33-37.

［289］ 谢东晓. 北京市危旧房改造的多目标分解模式［J］. 城市规划，2007（5）：47-51，77.

［290］ 张路峰，刘贺. 上世纪80年代末北京旧城危旧房改造试点研究——对现阶段北京旧城危旧房改造的反思与探索［J］. 北京规划建设，2016（6）：73-76.

［291］ 钱云，景娟. 北京市低收入社区的"循环衰败"及更新改造的多维度评价——以什刹海-金鱼池对比分析为例［J］. 现代城市研究，2013（12）：30-36.

［292］ 吴春. 大规模旧城改造过程中的社会空间重构［D］. 北京：清华大学，2010.

［293］ 曲蕾. 居住整合：北京旧城历史居住区保护与复兴的引导途径［D］. 北京：清华大学，2004.

［294］ 李健. 北京亟待更新改造老旧小区的现状及评估［J］. 城市，2007（3）：59-62.

［295］ 梁传志，李超. 北京市老旧小区综合改造主要做法与思考［J］. 建设科技，2016（9）：20-23.

［296］ 刘承水，刘玲玲，史兵，冀文彦. 老旧小区管理的现存问题及其解决途径［J］. 城市问题，2012（9）：83-85.

［297］ 刘佳燕，陈思羽. 老旧小区加装电梯项目后评估——以北京毛纺北小区为例［J］. 西部人居环境学刊，2018（5）：14-20.

［298］ 黄鹤，张璐. 北京西城老旧小区综合整治中的若干问题探讨［J］. 北京规划建设，2019（S2）：125-132.

［299］ 刘伯英，李匡. 北京工业建筑遗产现状与特点研究［J］. 北京规划建设，2011（1）：18-25.

［300］ 周陶洪. 旧工业区城市更新策略研究［D］. 北京：清华大学，2005.

［301］ 孔建华，杜蕊. 北京工业厂区改造中的自然拾掇与有机更新［J］. 城市问题，2010（3）：93-97.

［302］ 刘伯英，李匡. 首钢工业遗产保护规划与改造设计［J］. 建筑学报，2012（1）：30-35.

［303］ 贾林林. 城市更新背景下旧工业厂区空间重构研究［D］. 北京：北京建筑大学，2018.

［304］ 李镭. 从798工厂的变迁谈工业遗产的保护与再利用［J］. 山西建筑，2009（12）：36-37.

［305］ 龚钊，赵丹. 北京新版城市总体规划实施背景下老城城市更新公众参与研究［J］. 北京规划建设，2019（S2）：101-106.

［306］ 苏海威，胡章，李荣. 拆除重建类城市更新的改造模式和困境对比［J］. 规划师，2018（6）：123-128.

［307］ 赵晔. 北京城市更新的挑战与对策［J］. 北京规划建设，2021（1）：14-17.

［308］ 刁琳琳. 北京减量发展的体制机制创新［J］. 前线，2021（2）：62-66.

［309］ 王虹光，姚雨萌. 场所运营助力城市更新和基层治理的模式探究——以史家胡同博物馆运营为例［C］//活力城乡 美好人居——2019中国城市规划年会论文集（02城市更新），2019:333-341.

［310］ 韩亚楠，茅明睿，贺俊嘉，全靓玲，李大勇. 新技术驱动下城市微更新的设计赋权——基于北京双井街道参与式微更新实践［J］. 新建筑，2021（4）：11-17.

［311］ 城事会客厅. 城市更新三人行 | 边兰春：城市·更新话北京［Z/OL］.（2020-07-31）［2021-03-30］. https://mp.weixin.qq.com/s/Xvpp3fpLbCYV-BIs9uI4zA.

［312］ 个人图书馆. 北京城市规划之殇：1950年梁陈方案夭折［Z/OL］.（2011-05-06）［2022-08-10］. http://www.360doc.com/content/11/0506/10/5647275_114741612.shtml.

［313］ 个人图书馆. 京志 | 温故知新，历版"总规"带您回顾北京过往的城市规划与发展［Z/OL］.（2011-05-06）［2020-11-29］. http://www.360doc.com/content/19/1129/08/32 773547_876261004.shtml.

［314］ 方可. 当代北京旧城更新［M］. 北京：中国建筑工业出版社. 2000.

［315］ 北京市人民政府. 改建与扩建北京市规划草案的要点［Z］，1953.

［316］ 梁思成. 梁思成文集（第四卷）［M］. 北京：中国建筑工业出版社. 1986.

［317］ 戴娴璐. 城市更新策略背景下工业遗产建筑再设计研究——以北京798艺术中心为例［J］. 居舍，2020（32）：4，9-10.

［318］ 王崇烈，陈思伽. 北京城市更新实践历程回顾［J］. 北京规划建设，2021（6）：26-32.

［319］ 魏科. 1990—2004:北京两次大规模危改［J］. 北京规划建设，2005（6）：73-78.

［320］ 徐莹，黄健文. 我国旧城更新改造相关称谓背后的观念转变探析［J］. 城市观察，2011（2）：60-66.

［321］ 易成栋，韩丹，杨春志. 北京城市更新70年：历史与模式［J］. 中国房地产，2020（12）：38-45.

［322］ 张祖群. 空间错位：北京旧城改造与建设述评［J］. 美与时代（上），2011（12）：15-20.

［323］ 汪光焘. 北京历史文化名城保护与发展［M］. 北京：新华出版社，2002:87-89.

［324］ 张磊. "新常态"下城市更新治理模式比较与转型路径［J］. 城市发展研究，2015（12）：57-62.

［325］ 冯晓英. 北京重点村城市化建设的实践与反思［J］. 北京社会科学，2013（6）：56-62.

［326］ 陈晶，张磊. 城乡结合部农村居民点演变机制与案例分析——新制度主义视角的研究［J］. 城市发展研究，2014（9）：18-23.

［327］ 叶裕民. 中国统筹城乡发展的系统架构与实施路径［J］. 城市规划学刊，2013（1）：1-9.

［328］ 张磊，叶裕民，王海龙. 规划协同及其对复杂城市系统的影响——以北京市海淀区城乡结合部为例［J］. 规划师，2013（12）：22-26.

［329］ 张锦东. 历史街区保护视角下的北京旧城土地再开发与管理研究［M］. 北京：首都师范大学出版社. 2014.

［330］ 石晓冬，廖正昕，李楠，叶楠，石闻，柳洋，王亮，文爱平. 石晓冬：首都功能核心区——老北京，新起点［J］. 北京规划建设，2020（6）：190-194.

［331］ 北京规划自然资源. 一定要看看：北京·城市设计试点城市一周年发生的变化［EB/OL］.（2018-08-31）［2019-11-15］. https://mp.weixin.qq.com/s/Y9DbyrGw KGSUx2X5ePleJg.

［332］ 薛凤旋. 北京——由传统国都到社会主义首都［M］. 香港：香港大学出版社，1996.

［333］ 王凯. 从"梁陈方案"到"两轴两带多中心"［J］. 北京规划建设，2005（1）：32-38.

［334］ 李东泉，韩光辉. 1949年以来北京城市规划与城市发展的关系探析——以1949—2004年间的北京城市总体规划为例［J］. 北京社会科学，2013（5）：144-151.

［335］ 苏峰. 从北京七次城市总体规划看首都建设的基本思路［J］. 北京党史，2008（2）：21-24.

［336］ 吴良镛. 北京旧城保护研究（上篇）［J］. 北京规划建设，2005（1）：18-28.

［337］ 杨宇，吴唯佳. 发展模式转型：北京奥运会对城市发展的长期影响［J］. 北京规划建设，2012（3）：49-55.

［338］ 戚本超，周达. 奥运会与北京城市建设［J］. 城市问题，2008（7）：39-42.

［339］ 游鸿，王崇烈，陈思伽，等. 北京城市更新行动的制度挑战与优化策略［J］. 规划师. 2022（9）：22-30.

［340］ 北京规划自然资源. 城市更新的北京实践［Z/OL］.（2021-03-13）［2021-03-17］. https://
mp.weixin.qq.com/s/jAdRtSVRLgrvlEVGFPZIEA.

［341］ 唐燕. 城市更新制度建设——顶层设计与基层创建［Z/OL］.（2020-07-07）［2021-03-11］. https://
mp.weixin.qq.com/s/fYKJyv5jvDZDchS8Xk2OVQ.

［342］ 全联房地产商会城市更新分会. "全域型"城市更新模式的北京实践［Z/OL］.（2022-07-18）［2022-
08-11］. https://mp.weixin.qq.com/s/M5gU9zhnz-AJtvf0ezdPLQ.

［343］ 城市会客厅. 石晓冬：新总引领城市更新高质量发展|北京城市更新论坛［Z/OL］.（2022-08-03）
［2022-08-11］. https://mp.weixin.qq.com/s/VIYA92ZdzB1wl78euw2XVw.

［344］ 中国城市规划. 一图读懂北京新总规下的控制性详细规划［Z/OL］.（2022-03-02）［2022-08-12］.
https://mp.weixin.qq.com/s/MihncfR8-2f50HHGVL9v_A.

［345］ i自然全媒体. 规划小课|北京：城市更新释放"多规合一"改革红利［Z/OL］.（2021-11-04）［2022-
08-12］. https://mp.weixin.qq.com/s/dUHo1J7Rm EV75dCoKrmnwA.

［346］ 规划师笔记. 北京责任规划师实施一周年，以专业力量助力基层城市更新［Z/OL］.（2020-05-17）
［2020-12-22］. https://mp.weixin.qq.com/s/QSFIC_e4QeWuncSg9TAQBQ.

［347］ 社造联盟. 微空间·向阳而生 | 5 处小微空间精彩蜕变，总结大会圆满召开［Z/OL］.（2020-10-17）
［2020-12-22］. https://mp.weixin.qq.com/s/eDch6dhlOzxde Bn8SLBneQ.

［348］ 北京规划自然资源. "小空间 大生活"反响热烈，听听参与者们怎么说［Z/OL］.（2021-07-19）
［2022-08-11］. https://mp.weixin.qq.com/s/Sg1gMwpXUudt ATI4JsRMNQ.

［349］ 施卫良，冯斐菲，沈体雁，等. 责任规划师路在何方［J］. 城市规划，2020（2）：32-38.

［350］ 周晓华. 城市更新之市场模式［M］. 北京：机械工业出版社，2007.

［351］ 樊华，盛鸣，肇新宇. 产业导向下存量空间的城市片区更新统筹：以深圳梅林地区为例［J］. 规划师，2015
（11）：111-115.

［352］ 郭湘闽，冀萱，王冬雪，颜晓娜. 产权多元化背景下台湾都市更新中的权利变换制度及其启示［J］. 国际
城市规划，2020（3）：119-127.

［353］ 彭学礼. 都市更新相关子法探讨［N］. 台湾城市更新成果简报，2006-11-20（15）.

［354］ 周显坤. 城市更新区规划制度之研究［D］. 北京：清华大学，2017.

［355］ 戴小平，许良华，汤子雄，陈义勇. 政府统筹、连片开发——深圳市片区统筹城市更新规划探索与思路创新
［J］. 城市规划，2021（9）：62-69.

［356］ 方彬，葛幼松. 街区制发展历程中的街区形态演变与街区适宜尺度探讨［J］. 城市发展研究，2019（11）：
34-40.

［357］ 北京日报. 街区更新：实现城市精细化治理［N/OL］.（2019-06-03）［2021-01-05］. http://www.rmlt.
com.cn/2019/0603/548600.shtml.

［358］ 中青在线. 北京西城区出台街区整理实施方案［N/OL］.（2017-11-18）［2021-01-03］. http://news.
cyol.com/content/2017-11/18/content_16701151.htm.

［359］ 北京晨报. 梳理社区：西城推行街区整理［N/OL］.（2017-11-19）［2021-01-03］. https://baijiahao.
baidu.com/s?id=1584423672154684769&wfr=spider&for=pc.

［360］ 东城区人民政府. 东城区划分81片街区分类"更新"［Z/OL］.（2019-01-11）［2021-01-03］. http://www.bjdch.gov.cn/n1515644/n5685672/n5685692/c7282387/content.html.

［361］ 光明网. 北京东城推进街区更新 以打造试点示范街区为抓手［N/OL］.（2020-01-06）［2021-01-03］. https://m.gmw.cn/xinxi/2020-01/06/content_33459403.htm

［362］ 中华写字楼网. 东城发布《东城区街区更新实施意见（试行）》［Z/OL］.（2020-01-06）［2021-01-03］. http://news.officese.com/2019-11-18/151053.html.

［363］ 新浪网. 东城部署实施2020年街区更新工作 确定8个重点街区［Z/OL］.（2020-06-30）［2021-01-03］. http://k.sina.com.cn/article_6456450127_180d59c4f0200135bu.html?from=news&subch=onews.

［364］ 社会组织与公共治理观察. 社会治理创新与"新清河实验"［Z/OL］.（2020-10-26）［2021-01-04］. https://mp.weixin.qq.com/s/ExA9myti2D0w2D144ThNkQ.

［365］ 和合社会组织.【学院路街道】从融智到融治 城市品牌的塑造［Z/OL］.（2020-12-04）［2021-01-04］. https://mp.weixin.qq.com/s/0R9xKTwrmex-4Lm0xuIQrg.

［366］ 北京规划自然资源. 海师·海诗 | "4+1"工作法，让街区更新"有法可寻"［Z/OL］.（2019-11-19）［2021-01-04］. https://mp.weixin.qq.com/s/oqX1pFSsyH0gYd0nT1On_g.

［367］ 马红杰，赵晔，贾欣，黄莹. 推进以街区为单元的城市更新——北京街区更新工作规划研究［J］. 北京规划建设，2021（4）：7-10.

［368］ 网易. 北京老城区的人注意东城发布《东城区街区更新实施意见（试行）》［Z/OL］.（2019-11-19）［2021-01-03］. https://www.163.com/dy/article/EUBTNDU905359UFM.html.

［369］ 住房城乡建设高质量发展. 第一建闻|杨保军：坚持有效市场、有为政府相结合 推进多方参与的可持续城市更新［Z/OL］.（2022-06-10）［2022-8-10］. https://mp.weixin.qq.com/s/jnhKckjbpvU1z2GiW9quqA.

［370］ 新京报. 北京城市更新联盟成立 倡议开展全方位合作［N/OL］.（2022-07-12）［2022-8-10］. https://baijiahao.baidu.com/s?id=1738125285416229516&wfr=spider&for=pc.

［371］ 和讯网. 北京城市更新联盟成立，首创城发集团助力美好"新"生活［Z/OL］.（2022-07-13）［2022-8-10］. https://baijiahao.baidu.com/s?id=1738233341009582721&wfr=spider&for=pc.

［372］ 北青网. 引入资本、创新金融 城市更新多渠道融资［Z/OL］.（2022-08-02）［2022-8-10］. https://t.ynet.cn/baijia/33150175.html.

［373］ 唐燕，刘畅. 存量更新与减量规划导向下的北京市控规变革［J］. 规划师，2021（18）：5-10.

［374］ 北京规划自然资源. 北京城市更新"优秀案例"系列报道|⑧西城区月坛街道真武庙五里3号院项目［Z/OL］.（2022-08-03）［2022-8-10］. https://baijiahao.baidu.com/s?id=1740121760076205817&wfr=spider&for=pc.

［375］ 北京规划自然资源. 新阶段新理念新格局下的北京中心城区和新城地区街区控规改革创新［Z/OL］.（2020-12-30）［2022-8-10］. https://mp.weixin.qq.com/s/yCWXt_mR4y2EExdBc9PScg.

［376］ 北京市西城区企业和企业家联合会. 会员动态|【会员单位】新街高和－打造城市更新新样板 创新未来办公新生态［Z/OL］.（2019-07-25）［2022-8-10］. http://www.bjxchql.com/category/view/334.html.

［377］ 建外街道. 全市首个危旧楼房改建试点——建外街道光华里5、6号楼项目封顶［Z/OL］.（2021-12-14）［2022-8-10］. http://www.bjchy.gov.cn/dynamic/jxdt/8a24fe837db5cf84017db6c7f44e0167.html.

［378］ 北京规划自然资源. 回天控规批复：创新示范北京城市更新地区街区控规［Z/OL］.（2022-03-03）

［2022-8-10］. https://mp.weixin.qq.com/s/lVVq6uOVg-Y2-w2onwl4jg.

［379］　赵蔚. 社区规划的制度基础及社区规划师角色探讨［J］. 规划师，2013（9）：17-21.

［380］　陈有川. 规划师角色分化及其影响［J］. 城市规划，2001（8）：77-80.

［381］　成钢. 美国社区规划师的由来、工作职责与工作内容解析［J］. 规划师，2013（9）：22-25.

［382］　SMITH M, BEAZLEY M, Progrssive regimes，partnerships and the involvement of local
　　　　communities: a framework for evaluation［J］. Public Administration, 2000（4）：855-878.

［383］　刘玉亭，何深静，魏立华. 英国的社区规划及其对中国的启示［J］. 规划师，2009（3）：85-89.

［384］　弋念祖，许懋彦. 美好社区的营造战术——社会空间治理下的日本社区设计师角色观察［J］. 城市建筑，
　　　　2018（25）：47-50.

［385］　许志坚，宋宝麒. 民众参与城市空间改造之机制——以台北市推动"地区环境改造计划"与"社区规划师
　　　　制度"为例［J］. 城市发展研究，2003（1）：16-20.

［386］　杨芙蓉，黄应霖. 我国台湾地区社区规划师制度的形成与发展历程探究［J］. 规划师，2013（9）：31-
　　　　35,40.

［387］　施卫良. 对北京城市总体规划实施的几点思考［J］. 北京规划建设，2012（1）：6-8.

［388］　自然资源部. 北京：责任规划师聘任覆盖率达100%［Z/OL］.（2022-02-10）［2022-8-10］. https://
　　　　mp.weixin.qq.com/s?__biz=MzA4MDU2MjQzMg==&mid=2654081563&idx=2&sn=fa309849626f
　　　　da61f5497d1bd46466b5&chksm=8464e274b3136b6276b309c20eac3497630cfd375ca4d6280d
　　　　90ad6f36ebada1dfc6f9d28387&scene=27.

［389］　规划中国. 北京城市规划学会街区治理与责任规划师工作专委会正式成立［Z/OL］.（2019-06-14）
　　　　［2020-02-27］. https://mp.weixin.qq.com/s/KNreVyeRxyxUJWdT71OX4Q.

［390］　北京规划自然资源. 副中心"责任双师"招募丨乘运河风帆，展宏图之志［Z/OL］.（2020-05-15）
　　　　［2021-02-28］. https://mp.weixin.qq.com/s/4ooMjesK54AkftlkEG5JpQ.

［391］　北京规划自然资源. 持续推进！北京责任规划师制度渐成体系，覆盖318个街道乡镇［Z/OL］.（2020-
　　　　12-14）［2020-12-19］. https://mp.weixin.qq.com/s/Y1-uTAzAD4h3jcX2GRQ5mw.

［392］　WILDAVSKY A. Speaking truth to power: the art and craft of policy analysis［M］. Transaction
　　　　Publishers, 1979.

［393］　TAYLOR N. Urban planning theory since 1945［M］. London: SAGE Publications Ltd, 1998.

［394］　Friedmann J. The new political economy of planning: the rise of civil society［M］//DOUGLASS M,
　　　　FRIEDMANN J, eds. Cities for cities［M］. West Sussex: John Wiley & Sons, 1998.

［395］　Lefebvre H. The production of space［M］. Oxford: Blackwell, 1991.

［396］　Forester J. Planning in the face of conflict: negotiation and mediation strategies in local land use
　　　　regulation［J］. Journal of the American Planning Association, 1987（53）：303-314.

［397］　Sager T. Communicative planning theory: rationality versus power［M］. Aldershot: Avebury,
　　　　1994.

［398］　Healey P. Collaborative planning in a stakeholder society［J］. Town Planning Review, 1998（1）：
　　　　1-21.

［399］　唐燕. 精细化治理时代的城市设计运作——基于二元思辨［J］. 城市规划，2020（2）：20-26.

［400］　陈树强. 增权：社会工作理论与实践的新视角［J］. 社会学研究，2003（5）：70-83.

[401] 俞可平. 中国治理变迁30年（1978—2008）[J]. 吉林大学社会科学学报，2008（3）：5-17.

[402] 王名，蔡志鸿，王春婷. 社会共治：多元主体共同治理的实践探索与制度创新[J]. 中国行政管理，2014（12）：16-19.

[403] 张康之. 论参与治理、社会自治与合作治理[J]. 行政论坛，2008（6）：1-6.

[404] 清华大学建筑学院. 新闻丨我院城市规划系教师获评2019北京市优秀责任规划师[Z/OL].（2020-01-10）[2022-8-10]. https://mp.weixin.qq.com/s/3HwERRt3M4j3lhEk9fC-8g.

[405] 北京日报客户端. 两个"三年行动"，精细化改造! 北京背街小巷这样"逆袭"[Z/OL].（2022-05-26）[2022-08-10]. https://baijiahao.baidu.com/s?id=1733874964523209274&wfr=spider&for=pc.

[406] 北京日报. 背街小巷旧貌换新颜[N/OL].（2020-10-26）[2022-08-10]. http://www.beijing.gov.cn/renwen/jrbj/202010/t20201026_2120508.html.

[407] 北京CBD. "组合拳+绣花功夫"整治背街小巷 朝阳街巷焕新颜[Z/OL].（2018-07-09）[2019-11-21]. http://www.sohu.com/a/240025577_100015392.

[408] 北京晚报. 北京晚报：三里屯"脏街"脱胎换骨[N/OL].（2019-01-18）[2020-11-06]. https://mp.weixin.qq.com/s/-GVSerBvixM3xiU5tZcO1w.

[409] 人民网. 北京三里屯关爱联盟企业认领110个便民服务项目[N/OL].（2019-06-14）[2020-11-06]. https://www.sohu.com/a/320453995_114731.

[410] 新京报. 北京公园绿地500米服务半径覆盖率年底将提高到83%[N/OL].（2019-09-03）[2021-01-29]. http://beijing.qianlong.com/2019/0903/3396621.shtml.

[411] 北京时间. 北京城市小空间大改造 一大批口袋公园、车库花园、微空间在路上[Z/OL].（2017-12-21）[2020-11-05]. http://news.sina.com.cn/o/2017-12-22/doc-ifypwzxq5176723.shtml.

[412] 北京日报. 小空间，大生活：京城首批8个小微公共空间试点项目完工亮相[N/OL]. 2021-08-03[2022-08-10]. http://k.sina.com.cn/article_1893892941_70e2834d020011mua.html?sudaref=www.baidu.com&display=0&retcode=0.

[413] 章洪浩，张健. 城市运营视角下存量空间活化路径思考——以杭州西湖区蒋村片区为例[C] //面向高质量发展的空间治理：2020中国城市规划年会论文集（02城市更新），2021:1805-1813.

[414] 潇湘晨报. 北京全面开展老旧小区综合整治，努力打造"民生改善综合体"[N/OL].（2022-04-13）[2022-08-10]. https://baijiahao.baidu.com/s?id=1729922421567856876&wfr=spider&for=pc.

[415] 北京日报. 10个危旧楼房改建试点确定 共涉及楼房73栋 面积约13万平方米[N/OL].（2021-04-20）[2022-08-10]. https://baijiahao.baidu.com/s?id=1697545570682631597&wfr=spider&for=pc.

[416] 北京规划自然资源. 城市更新系列十三丨百姓的生活，百姓的院：惠新西街33号院更新改造[Z/OL].（2019-09-23）[2019-11-07]. https://mp.weixin.qq.com/s/aAlzc oK9L86R-yT3PpfVoQ.

[417] 北晚新视觉网. 北京老旧厂房改造新规试行，31处试点项目破局这一难题[Z/OL].（2019-12-23）[2021-01-20]. https://baijiahao.baidu.com/s?id=1653687622965863943&wfr=spider&for=pc.

[418] 黄文辉. 工业建筑遗产保护与更新机制研究[D]. 北京：北京建筑大学，2013.

[419] 北京石景山发布. 46个项目完工，近600亿投资落地：看新首钢转型发展这三年! [Z/OL].（2021-12-18）[2022-08-10]. https://baijiahao.baidu.com/s?id=1719413678054057585&wfr=spider&for=pc.

[420] 郭婧，吴克捷. 城市消费丨公共性·设计力·场域感——西单·场历次更新的启示[Z/OL].（2021-10-14）[2022-08-10]. https://mp.weixin.qq.com/s/j4eur2d9FA-lYQSJv70tBQ.

［421］　乡土中国. 北京"西单更新场"：城市焕新方法论［Z/OL］.（2021-08-14）［2022-03-20］. https://
mp.weixin.qq.com/s/vM5yQBSYJgw9xLILJRHN-A.

［422］　CAIC城市更新中心."二元产权结构"下政企协同改造的存量商业解析——北京西单更新场［Z/OL］.
（2022-03-11）［2022-03-20］. https://mp.weixin.qq.com/s/LJBS2xNnXahEudRniOUfQw.

［423］　金台资讯. 探访北京城市更新"最佳实践"案例 小规模渐进式"更新"首善之都［Z/OL］.（2022-07-16）
［2022-08-10］. https://baijiahao.baidu.com/s?id=1738471064217517284&wfr=spider&for=pc.

［424］　同衡规划. 规划实施 | 恽爽：运营前置推进城市更新规划实施［Z/OL］.（2022-07-15）［2022-08-10］.
https://www.thepaper.cn/newsDetail_forward_19032288.

［425］　北京规划自然资源. 轨道交通助力城市更新——宣武门地铁站改造及周边公共空间提升工程方案获批［Z/
OL］.（2021-11-18）［2022-08-10］. https://mp.weixin.qq.com/s/tJYvkaAEZ7pV9QkMAc-HrQ.

［426］　北京规划自然资源. 老站焕新颜，北新桥站焕新记［Z/OL］.（2021-12-21）［2022-08-10］. https://
mp.weixin.qq.com/s/EHmCyMU8eEHfeYesah8VWw.

［427］　薛杨，刘康宁. 北京历史文化街区有机更新策略研究［C］//面向高质量发展的空间治理——2020中国城
市规划年会论文集（02城市更新），2021：29-41.

［428］　家住东西城. 全市首例"促整院"落地西城！"申请式退租"未成功也有出路了？［Z/OL］.（2021-09-18）
［2022-08-10］. https://mp.weixin.qq.com/s/1PZd3NGhs051pG-CvDEWOw.

［429］　北京规划自然资源. 深度解读 | 北京危旧楼改建重磅政策出台，改造后可适当增加住宅面积［EB/OL］.
（2020-07-01）［2020-11-16］. https://mp.weixin.qq.com/s/KzCuP8z_Mzg52eOY46bC9A.

［430］　发现北京. CBD今年全面建设智慧楼宇体系［Z/OL］.（2019-07-10）［2021-01-28］. https://www.sohu.
com/a/325927240_120209831.

［431］　吕海虹. 在政策中探寻更新改造动力机制：对上海、深圳等城市更新相关办法的解读与思考［J］. 北京规
划建设，2021（4）：47-49.

［432］　王世福，张晓阳，费彦. 城市更新中的管治困境与创新策略思考［J］. 城乡规划，2018（4）：14-21，32.

［433］　赵燕菁. 存量规划：理论与实践［J］. 北京规划建设，2014（4）：153-156.

［434］　全联房地产商会城市更新分会. 北京走出小规模、渐进式城市更新模式［Z/OL］.（2022-08-02）
［2022-08-10］. https://mp.weixin.qq.com/s/SUwnXBhhrC46s Dq8vg7z5w.